Schildknecht
Management ganzheitlicher organisationaler Veränderung

**GABLER** EDITION WISSENSCHAFT

Carsten Schildknecht

# Management ganzheitlicher organisationaler Veränderung

Modell und Anwendung auf die Produkt- und Prozeßentwicklung

Mit einem Geleitwort
von Prof. Dr. Günter Specht

Springer Fachmedien Wiesbaden GmbH

Die Deutsche Bibliothek - CIP-Einheitsaufnahme

**Schildknecht, Carsten:**
Management ganzheitlicher organisationaler Veränderung :
Modell und Anwendung auf die Produkt- und Prozeßentwicklung
/ Carsten Schildknecht. Mit einem Geleitw. von Günter Specht.
- Wiesbaden : Dt. Univ.-Verl. ; Wiesbaden : Gabler, 1998
(Gabler Edition Wissenschaft)
Zugl.: Darmstadt, Techn. Univ., Diss., 1997

D 17

Rechte vorbehalten

© Springer Fachmedien Wiesbaden 1998
Ursprünglich erschienen bei Betriebswirtschaftlicher Verlag Dr. Th. Gabler GmbH,
Wiesbaden, 1998

Das Werk einschließlich aller seiner Teile ist urheberrechtlich geschützt. Jede
Verwertung außerhalb der engen Grenzen des Urheberrechtsgesetzes ist
ohne Zustimmung des Verlages unzulässig und strafbar. Das gilt insbesondere für Vervielfältigungen, Übersetzungen, Mikroverfilmungen und die
Einspeicherung und Verarbeitung in elektronischen Systemen.

http://www.gabler-online.de

Höchste inhaltliche und technische Qualität unserer Produkte ist unser Ziel. Bei der Produktion und
Auslieferung unserer Bücher wollen wir die Umwelt schonen: Dieses Buch ist auf säurefreiem und
chlorfrei gebleichtem Papier gedruckt.

Die Wiedergabe von Gebrauchsnamen, Handelsnamen, Warenbezeichnungen usw. in diesem
Werk berechtigt auch ohne besondere Kennzeichnung nicht zu der Annahme, daß solche Namen
im Sinne der Warenzeichen- und Markenschutz-Gesetzgebung als frei zu betrachten wären
und daher von jedermann benutzt werden dürften.

Lektorat: Ute Wrasmann / Annegret Heckmann

ISBN 978-3-8244-6418-0          ISBN 978-3-663-08705-2 (eBook)
DOI 10.1007/978-3-663-08705-2

Meiner Frau
und
meiner Tochter

# Geleitwort

Das Angebot konkurrierender Ansätze zum Management organisationaler Veränderung in der wissenschaftlichen Literatur ist groß. Viele der Ansätze sind pragmatischer Art und lassen eine theoretische Fundierung vermissen. Anders ist die Arbeit des Verfassers zu bewerten. Ihm gelingt es, eine tragfähige Brücke zwischen wissenschaftlichem Anspruch und praktischer Relevanz zu schlagen.

Das Hauptinteresse gilt einem effektiven und effizienten Veränderungsmanagement in der Produkt- und Prozeßentwicklung. Sie ist einerseits für den Erfolg der Unternehmen in einer dynamischen Umwelt von ausschlaggebender Bedeutung. Andererseits weist sie nach wie vor in den meisten Unternehmen erhebliche Leistungsdefizite auf.

Der Verfasser integriert in einem neuen Ansatz zum Management von Veränderung individuelle und organisationale Verhaltenstheorien. In einem ersten Schritt wird ein allgemeines Modell zur Gestaltung organisationaler Veränderung skizziert. Im zweiten Schritt wird dieses Modell auf die Veränderung der Produkt- und Prozeßentwicklung übertragen.

Eingehend setzt sich der Verfasser mit Strategien der Veränderung auseinander. Er zeigt Veränderungspfade zur ganzheitlichen Veränderung von Organisationen auf. Ein Veränderungspfad wird dabei als eine Serie von Veränderungsstrategien aufgefaßt. Dabei werden Konsolidierungs-, Restrukturierungs-, Revitalisierungs- und Regenerierungsstrategien unterschieden. Diese Strategien sind situativ auszuwählen und anzupassen.

Die Arbeit des Verfassers ist ein hervorragender Beitrag zur Weiterentwicklung einer Theorie des Managements ganzheitlicher organisationaler Veränderung. Die Leistungsfähigkeit des vom Verfasser entwickelten allgemeinen Modells hat sich bei der Übertragung auf das Problem der Veränderung der Produkt- und Prozeßentwicklung eindrucksvoll bestätigt. Bemerkenswert sind dabei die ungewöhnlich hohe Kreativität und Originalität sowie die Fähigkeit, komplexe Sachverhalte in klarer Form darzustellen und zu visualisieren.

Die Erfahrungen des Verfassers aus seiner praktischen Tätigkeit als Unternehmensberater wirken sich äußerst positiv aus. Die Verknüpfung theoretischer und methodischer Kenntnisse mit den Problemen der Praxis ist dem Verfasser bestens gelungen. Das Management der Produkt- und Prozeßentwicklung in Unternehmen erhält zahlreiche nützliche Anregungen. Wissenschaftlern und Praktikern bietet die Arbeit wertvolle Orientierungshilfen.

Das Werk des Verfassers ist ein bedeutender Schritt auf dem Weg zu einer Theorie und einer entsprechenden Technologie für das Management organisationaler Veränderungen. Die Arbeit dürfte ein wesentlicher Bestandteil der Literatur zu diesem Fragenkreis werden.

Prof. Dr. Günter Specht

# Vorwort

Die vielfach beschriebenen Herausforderungen des letzten Jahrzehnts - abrupter politischer Wandel, Intensivierung des Wettbewerbs durch Globalisierung, zunehmend fragmentierte und gesättigte Märkte mit anspruchsvolleren Kunden, technologischer Wandel insbesondere in den Informations- und Kommunikationstechnologien sowie Wertewandel in der postindustriellen Gesellschaft - werden durch neue Anspruchsdimensionen erweitert, aus denen neue Chancen und Risiken erwachsen. Dies sind insbesondere die *Dematerialisierung der Wertschöpfung* und der Übergang zum *Interpretationszeitalter*. Die materiellen Prozesse der Wertschöpfung und die Prozesse der Informationsverarbeitung werden zunehmend durch Lernprozesse zur Wissensgenerierung und durch Interpretationsprozesse zur Sinn- und Zweckstiftung verdrängt.

Mit dem erneuten Paradigmawechsel der Unternehmensanforderungen - der wachsenden Bedeutung immaterieller Ressourcen und interpretativer Fähigkeiten - verändern sich die Erfolgsfaktoren der Unternehmen und ihrer Wertschöpfungsprozesse. Die Fähigkeit, über geplante organisationale Veränderungen nachhaltige Wettbewerbsvorteile aufzubauen und zu sichern, wird zum zentralen Erfolgsfaktor für Unternehmen. Vor diesem Hintergrund erweist sich die Veränderung des Kernprozesses der Produkt- und Prozeßentwicklung als ein 'doppelter' Hebel zur Leistungssteigerung. Wie durch keinen anderen Kernprozeß wird durch den Entwicklungsprozeß ein Mikrokosmos des Unternehmens neu erschaffen und damit sein Transformationspfad zu neuen Fähigkeiten und Technologien sowie zu neuen Geschäftsfeldern und Markt- und Wettbewerbspositionen vorgezeichnet. Die Veränderung dieses Kernprozesses wird zu einer Veränderung der Fähigkeit, Erfolgspotentiale aufzubauen und zu realisieren.

Das Management von Veränderung ist angesichts des derzeitigen Paradigmawechsels der Anforderungen eine zentrale Problemstellung in Theorie und Praxis. Entsprechend der Problembedeutung kursiert gegenwärtig eine verwirrende Vielfalt von Erklärungs- und Gestaltungsansätzen für organisationales Verhalten und seine Veränderung. Ein großer Anteil dieser Modelle und Konzepte sind pragmatische Ansätze von zweifelhaftem wissenschaftlichen Wert, die sich als heuristische Prinzipien in einzelnen Fällen bewährt haben oder als neu etikettierte Wiedererfindungen das vorhandene Arsenal an Konzepten und Theorien referrieren, ohne einen Fortschritt für Theorie und Praxis zu erzielen.

In dieser Arbeit wird eine Modellskizze für das Management ganzheitlicher organisationaler Veränderung entworfen und im Kernprozeß der Produkt- und Prozeßentwicklung appliziert. Dabei ist das erklärte Nebenziel dieser Modellskizze, der verwirrenden Vielfalt der gegenwärtigen Ansätze in Theorie und Praxis ein konsistentes, integratives Konzept entgegenzusetzen, das die bestehenden Lücken und Schwächen dieser Ansätze aufzeigt und überwindet. Im Einzelnen lassen sich folgende Merkmale der Modellskizze hervorheben:

- Die Erarbeitung der Modellskizze geschieht auf Basis einer wissenschaftstheoretischen Fundierung, die für die Zielsetzung und den Gang, den Gegenstand und die Begriffsabgrenzung sowie für den methodischen Rahmen der Arbeit eindeutige und nachvollziehbare 'Spielregeln' vorgibt.

- Die Herleitung der Modellskizze setzt unmittelbar an den Problemen der Praxis an, die organisationale Leistung in dem betrachteten Kernprozeß nachhaltig zu verbessern, und zwar in Bezug auf die möglichen Ursachen für die Leistungslücken selber als auch für das Scheitern der eingeleiteten Veränderungsversuche.

- Der Entwurf der Modellskizze geschieht durch die Deduktion von praxisorientierten, technologischen Gestaltungshinweisen aus einer theoretischen Fundierung. Auf diese Art und Weise wird ein durchgängiger und konsistenter Bogen von allgemeinen, bewährten Verhaltenstheorien bis hin zu konkreten, situationsspezifischen Verhaltensweisen und Techniken für die Einleitung von Veränderungen in der Praxis gespannt.

- Die Modellskizze verbindet Theorien über individuelles Verhalten mit 'Theorien' über organisationales Verhalten. Damit wird einerseits dem Umstand Rechnung getragen, daß der Mensch angesichts der zunehmenden Bedeutung immaterieller Ressourcen der 'kritischste Erfolgsfaktor' des Unternehmens ist. Andererseits wird der Versuch unternommen, die Dynamik und Komplexität des Verhaltens in und von Organisationen ganzheitlich - jenseits der summarischen Betrachtung von individualtheoretischen Ansätzen - erklären und gestalten zu können.

- Die Modellskizze ist zwischen den extremen Erklärungs- und Gestaltungsparadigmen für organisationale Veränderung positioniert: zwischen der *zweck-rationalen Reprogrammierung* und der *Determinierung durch unbeeinflußbare Kräfte*. Damit wird weder der Versuch unternommen, die Veränderung von Organisationen mit der linear kausalen, eindimensionalen Reprogrammierung einer Maschine gleichzusetzen, noch wird der gestaltungshemmenden Hypothese gefolgt, daß sich naturalistische Systeme aufgrund ihrer Dynamik, Autonomie, Selbsreferenz und Komplexität jeglicher geplanter, zielorientierter Intervention entziehen.

- Das Management von Veränderung gemäß der Modellskizze folgt einem rekursiv und offen geregelten Prozeß. Durch die Abwendung vom sequentiellen Phasenmodell *Planung-Implementierung-Kontrolle* und die Hinwendung zum iterativen Phasenmodell *Unfreezing-Moving-Refreezing* wird vermieden, daß sich eine zunehmende Kluft zwischen dem formalen Organisationsmodell der Gestalter und dem realen Verhalten der Organisation und ihrer Mitglieder, zwischen dem Enthusiasmus der 'Veränderer' und dem Zynismus der 'Betroffenen' öffnet.

- Das Management von Veränderung gemäß der Modellskizze bedarf eines ganzheitlichen, d.h. eines vollständigen und mehrdimensionalen Spektrums an Inhalts- und Prozeßelementen, die in Abhängigkeit von der Ausgangs- und Zielsituation des Unternehmens zu einer spezifischen Veränderungsstrategie gestaltet werden müssen. Mit Hilfe des Modells lassen sich die häufig vorgenommenen singulären und eindimensionalen Interventionen hinsichtlich ihrer inhaltlichen und prozessualen Defizite abschätzen. Bestehende Konzepte und Techniken des Managements von Veränderung - wie etwa das *Business Process Reengineering* und das *Total Quality Management* - lassen sich als spezifische Veränderungsstrategien in das Modell integrieren und in Abhängigkeit der jeweiligen Situation hinsichtlich ihrer Stärken und Schwächen beurteilen.

Als Basis dieser Arbeit dienten neben den ausführlichen Literaturrecherchen meine eigenen Erfahrungen, die ich im Management von Veränderung - vor allem der Produkt- und Prozeßentwicklung - als Unternehmensberater bei McKinsey&Comp. sammeln konnte. Fruchtbare Impulse für die Entwicklung der organisationstheoretischen Ideen entstammen der "Special Initiative Organization" von McKinsey&Comp. - allen voran Dr. Michael Jung, Johannes Meier und Dr. Christoph Wolff. Zuvorderster Dank gilt jedoch meinem Referenten Prof. Dr. Günter Specht, TU Darmstadt, der mich - wie bereits im Studium - auch bei diesem schwierigen Vorhaben ideell und fachlich optimal unterstützt hat. Ebenfalls soll meinem Korreferenten Prof. Dr. Hans-Horst Schröder, RWTH Aachen für das fundierte und konstruktive Feedback gedankt sein. Nicht zuletzt gebührt besonderer Dank auch meiner Frau, die mich in den Höhen und Tiefen dieser Arbeit gleichermaßen unterstützt und die eine oder andere kreative Idee und kritische Frage eingebracht hat.

Carsten Schildknecht

# Inhaltsübersicht

**1 Problemorientierter Bezugsrahmen** ...................................................................... 1

1.1 Das Problem organisationaler Veränderung als Ausgangspunkt angewandter Wissenschaft ........................................................................................................ 1

1.2 Das Problem des Managements von Veränderung in der Praxis ......................... 5

**2 Wissenschaftlicher Bezugsrahmen** ........................................................................ 44

2.1 Wissenschaftstheoretische Fundierung ............................................................... 44

2.2 Zielsetzung und Gang der Arbeit ........................................................................ 69

2.3 Gegenstand der Arbeit und Begriffsabgrenzung ................................................. 73

2.4 Methodischer Rahmen der Arbeit ........................................................................ 79

**3 Skizze eines Modells zur Gestaltung von ganzheitlicher organisationaler Veränderung** ........................................................................................................... 84

3.1 Paradigmen zur Erklärung organisationalen Verhaltens und organisationaler Veränderung ........................................................................................................ 84

3.2 Organisationale Leistung als Zielkriterium organisationaler Veränderung ......... 90

3.3 Skizze eines Modells für leistungsorientiertes Verhalten ................................... 101

3.4 Skizze eines Modells für die Veränderung von leistungsorientiertem Verhalten ... 152

**4 Applikation der Modellskizze für die Veränderung der Produkt- und Prozeßentwicklung** .............................................................................................. 241

4.1 Meta-organisationales Zielsystem der Produkt- und Prozeßentwicklung .......... 242

4.2 Prozeß der Veränderung und prozeßspezifische Techniken .............................. 259

4.3 Inhalte der Veränderung und inhaltsspezifische Techniken ............................... 299

4.4 Veränderungsstrategien und -pfade der Produkt- und Prozeßentwicklung ....... 367

**Literaturverzeichnis** .................................................................................................. 391

# Inhaltsverzeichnis

Abbildungsverzeichnis ..................................................................................... XXI

Tabellenverzeichnis ......................................................................................... XXVII

**1 Problemorientierter Bezugsrahmen** ......................................................... 1

1.1 Das Problem organisationaler Veränderung als Ausgangspunkt angewandter Wissenschaft ........................................................................................... 1

1.2 Das Problem des Managements von Veränderung in der Praxis ............... 5

    1.2.1 Produkt- und Prozeßentwicklung als kritischer Erfolgsfaktor ............. 5

    1.2.2 Notwendigkeit von Veränderung zur Leistungssteigerung ................. 10

    1.2.3 Unzureichende Ansätze zum Management von Veränderung in der Praxis ............... 27

        1.2.3.1 Zweifelhafte Konzepte des Managements organisationaler Veränderung ........................ 27

        1.2.3.2 Defizite in der praktischen Umsetzung der Veränderungskonzepte ......... 41

**2 Wissenschaftlicher Bezugsrahmen** ........................................................... 44

2.1 Wissenschaftstheoretische Fundierung ...................................................... 44

    2.1.1 Zur Notwendigkeit wissenschaftstheoretischer Fundierung .............. 44

    2.1.2 Zielsetzung und Gegenstand der Wissenschaftstheorie ..................... 46

    2.1.3 Wissenschaftstheorie als methodologische Ebene zwischen Theorie und Meta-Methodologie ........ 46

    2.1.4 Wissenschaftstheoretische Grundpositionen und Forschungsprogramme ............... 49

        2.1.4.1 Kritischer Rationalismus und Konstruktivismus als Beispiele wissenschaftstheoretischer Grundpositionen ........... 49

        2.1.4.2 Zugrunde liegende Forschungsprogramme ............................. 57

    2.1.5 Zugrunde liegende wissenschaftstheoretische Positionen .................. 63

2.2 Zielsetzung und Gang der Arbeit ............................................................... 69

    2.2.1 Zielsetzung der Arbeit ........................................................................ 69

    2.2.2 Gang der Arbeit .................................................................................. 71

2.3 Gegenstand der Arbeit und Begriffsabgrenzung ....................................... 73

    2.3.1 Gegenstand der Arbeit ........................................................................ 73

    2.3.2 Begriffsabgrenzung ............................................................................ 74

2.4 Methodischer Rahmen der Arbeit .............................................................. 79

    2.4.1 Grundlagen der Theorie- und Modellbildung .................................... 79

    2.4.2 Modellbildung: Gestaltung ganzheitlicher organisationaler Veränderung .............. 81

    2.4.3 Zum Verzicht auf empirische Prüfung ............................................... 82

**3 Skizze eines Modells zur Gestaltung von ganzheitlicher organisationaler Veränderung** ...........84

3.1 Paradigmen zur Erklärung organisationalen Verhaltens und organisationaler Veränderung ...........84

   3.1.1 Organisationales Verhalten: maschinell oder naturalistisch? ...........84

   3.1.2 Organisationale Veränderung: zweck-rationale Reprogrammierung oder Determinierung durch unbeeinflußbare Kräfte? ...........87

3.2 Organisationale Leistung als Zielkriterium organisationaler Veränderung ...........90

   3.2.1 Skizze eines Konzepts der organisationalen Leistung ...........90

      3.2.1.1 Leistung als Grad der Zielerreichung ...........90

      3.2.1.2 Individuelle Leistung ...........91

      3.2.1.3 Organisationale Leistung ...........91

   3.2.2 Leistungssteigerung als Zielsetzung organisationaler Veränderung ...........95

      3.2.2.1 Leistungssteigerung als Vereinbarung individueller und organisationaler Zielsetzungen: eine 'concordia discors'? ...........95

      3.2.2.2 Leistungssteigerung als Erreichung von Leistungsniveaus im Markt- und Wettbewerbskontext ...........96

3.3 Skizze eines Modells für leistungsorientiertes Verhalten ...........101

   3.3.1 Individuelles leistungsorientiertes Verhalten ...........101

      3.3.1.1 Individuelles Verhalten als Funktion von Individuum und Umwelt ...........101

      3.3.1.2 Individuelles Verhalten determiniert durch das Zusammenspiel von affektivem, kognitivem und konativem Subsystem des Individuums ...........105

         3.3.1.2.1 Affektives Subsystem als zentraler Ort der Motive ...........105

         3.3.1.2.2 Motivation als Interaktion des affektiven und kognitiven Subsystem ...........107

         3.3.1.2.3 Einfache Prozesse des Zusammenspiels von affektivem, kognitivem und konativem Subsystem ...........113

         3.3.1.2.4 Prozesse höherer Ordnung des Zusammenspiels von affektivem, kognitivem und konativem Subsystem ...........118

      3.3.1.3 Individuelles Verhalten determiniert durch funktionalen, sozialen und mentalen Kontext der Umwelt ...........127

         3.3.1.3.1 Funktionaler Kontext ...........128

         3.3.1.3.2 Sozialer Kontext ...........130

         3.3.1.3.3 Mentaler Kontext ...........133

         3.3.1.3.4 Formales Organisationsmodell vs. reales Organisationsverhalten ...........136

   3.3.2 Organisationales leistungsorientiertes Verhalten ...........137

      3.3.2.1 Konstitution des organisationalen Verhaltens durch die Organisationsmitglieder ...........137

      3.3.2.2 Konstitution des organisationalen Verhaltens durch organisationale Handlungstheorien ...........140

      3.3.2.3 Konstitution des organisationalen Verhaltens durch organisationale Prozesse ...........143

3.3.2.3.1 Prozesse der Selbstorganisation .................................................................143
3.3.2.3.2 Prozesse des organisationalen Lernens .......................................................148
3.4 Skizze eines Modells für die Veränderung von leistungsorientiertem Verhalten ............152
  3.4.1 Inhaltstheoretischer Ansatz der Veränderung: Determinanten des
    organisationalen Verhaltens ....................................................................................153
    3.4.1.1 Organisationale Veränderung durch organisationsweites Justieren des
      individuellen Verhaltens ......................................................................................155
      3.4.1.1.1 Ansatz an der Veränderung der individuellen Motive ...........................155
      3.4.1.1.2 Ansatz an der Veränderung individueller Erwartungen und
        Interpretationen .....................................................................................159
      3.4.1.1.3 Ansatz an der Veränderung individueller Fähigkeiten und
        Fertigkeiten ............................................................................................162
      3.4.1.1.4 Ansatz an der Veränderung der organisationalen Kontexte...................164
    3.4.1.2 Organisationale Veränderung durch Verstärkung der
      Selbstorganisation und des organisationalen Lernens.........................................165
      3.4.1.2.1 Ansatz an den Prozessen der Selbstorganisation ...................................165
      3.4.1.2.2 Ansatz an den Prozessen des organisationalen Lernens........................167
    3.4.1.3 Organisationale Veränderung durch Veränderung personaler und
      organisationaler Determinanten ..........................................................................173
      3.4.1.3.1 Veränderung der Motivations- und Fähigkeitskomponente der
        Person......................................................................................................174
      3.4.1.3.2 Veränderung des funktionalen Kontextes der Organisation ..................175
      3.4.1.3.3 Veränderung des sozialen Kontextes der Organisation..........................179
      3.4.1.3.4 Veränderung des mentalen Kontextes der Organisation........................185
    3.4.1.4 Jenseits des inhaltstheoretischen Ansatzes..........................................................189
  3.4.2 Prozeßtheoretischer Ansatz der Veränderung: Phasen und Träger...........................190
    3.4.2.1 Veränderungsprozeß: sequentiell und geschlossen gesteuert oder
      rekursiv und offen geregelt?................................................................................190
    3.4.2.2 Phasen der Veränderung......................................................................................192
      3.4.2.2.1 Unfreezing - Wecken von Veränderungsbereitschaft und
        Förderung der Veränderungsfähigkeit ...................................................194
      3.4.2.2.2 Moving - Veränderung der Determinanten des
        leistungsorientierten Verhaltens und Entwicklung neuer
        Verhaltensweisen....................................................................................196
      3.4.2.2.3 Refreezing - Breites 'Enactment' bzw. Stabilisierung der
        Neuerung.................................................................................................199
    3.4.2.3 Träger der Veränderung......................................................................................202
      3.4.2.3.1 Aufgaben der Organisationsmitglieder ..................................................203
      3.4.2.3.2 Aufgaben externer Berater .....................................................................207
  3.4.3 Modellskizze zur Gestaltung organisationaler Veränderung....................................212
    3.4.3.1 Strategien der Veränderung.................................................................................214
      3.4.3.1.1 Generische Veränderungsstrategien: wesentliche Unterschiede und
        Gemeinsamkeiten....................................................................................214
      3.4.3.1.2 Inhaltliche Differenzierung der generischen
        Veränderungsstrategien...........................................................................217

3.4.3.1.3 Prozessuale Differenzierung der generischen
Veränderungsstrategien..................................................................222
3.4.3.1.4 Gesamtprofil der generischen Veränderungsstrategien....................228
3.4.3.2 Situative Auswahl und Anpassung der Veränderungsstrategien........................229
3.4.3.2.1 Zu schließende Leistungs- und Verhaltenslücke..........................................231
3.4.3.2.2 Bestehende Tendenzen zur organisationalen Veränderung......................236
3.4.3.3 Veränderungspfad als Serie von Veränderungsstrategien.....................238

**4 Applikation der Modellskizze für die Veränderung der Produkt- und Prozeßentwicklung..........................................................................................241**

4.1 Meta-organisationales Zielsystem der Produkt- und Prozeßentwicklung.......................242
    4.1.1 Organisationale Operationsziele der Produkt- und Prozeßentwicklung...................242
        4.1.1.1 Ziele des Ergebnisses der Entwicklung..............................................................243
        4.1.1.2 Ziele der Objekte der Entwicklung......................................................................245
        4.1.1.3 Ziele des Prozesses der Entwicklung .................................................................250
        4.1.1.4 Ziele des Einsatzes der Entwicklung..................................................................254
    4.1.2 Organisationale Potentialziele der Produkt- und Prozeßentwicklung .....................254
    4.1.3 Individuelle Verhaltensziele der Produkt- und Prozeßentwicklung ........................258

4.2 Prozeß der Veränderung und prozeßspezifische Techniken ...........................................259
    4.2.1 Sequentielle Aktivitäten des Veränderungsprozesses................................................261
        4.2.1.1 Kollektive Diagnose der Veränderungsnotwendigkeit......................................261
        4.2.1.1.1 Diagnose von Leistungslücken.........................................................................262
        4.2.1.1.2 Entwurf von Szenarien alternativer Reaktionen ..........................................272
        4.2.1.2 Kollektive Ursachenanalyse der Leistungslücke ...............................................272
        4.2.1.3 Kollektive Entwicklung von Veränderungsvision und neuen
Handlungstheorien ................................................................................................279
        4.2.1.3.1 Entwicklung einer Veränderungsvision .........................................................279
        4.2.1.3.2 Entwicklung neuer Niveaus in den organisationalen Kontexten und
in den Prozessen der Selbstorganisation und des organisationalen
Lernens....................................................................................................................282
        4.2.1.4 Entwicklung und Erprobung neuer Verhaltensmuster ....................................285
        4.2.1.5 Verbreitung der neuen Verhaltensmuster durch geteilte Kognitionen
und konformes Handeln .......................................................................................287
        4.2.1.6 Formale Gestaltung der organisationalen Kontexte und des
organisationalen Wissens......................................................................................289
        4.2.1.7 Institutionalisierung der organisationalen Veränderung..................................290
    4.2.2 Phasenübegreifende Aktivitäten des Veränderungsprozesses ..................................293
        4.2.2.1 Management der Aktivitäten und der Träger der Veränderung.....................293
        4.2.2.2 Impulse für den Aufbau von Veränderungsbereitschaft und -fähigkeit
und für die Beschleunigung des Verlernens.......................................................295
        4.2.2.3 Lernen über organisationale Veränderung.........................................................299

## Inhaltsverzeichnis

4.3 Inhalte der Veränderung und inhaltsspezifische Techniken .................................. 299
   4.3.1 Ansatz an der Motivationskomponente der Person ..................................... 301
      4.3.1.1 Zielsetzung-Rückmeldungs-Systeme ................................................... 302
      4.3.1.2 Formelle Anreizsysteme ........................................................................ 306
   4.3.2 Ansatz an der Fähigkeitskomponente der Person .......................................... 310
      4.3.2.1 Training funktionaler, sozialer und mentaler Fähigkeiten .................... 310
      4.3.2.2 Partizipative Laufbahnentwicklung ...................................................... 314
   4.3.3 Ansatz am funktionalen Kontext der Organisation ........................................ 315
      4.3.3.1 Entwicklungsstrategie und -programm .................................................. 315
      4.3.3.2 Struktureller Rahmen des Entwicklungsprojekts/-vorhabens ............... 323
      4.3.3.3 Ablaufstruktur des Entwicklungsprojekts/-vorhabens .......................... 329
      4.3.3.4 Aufbaustruktur des Entwicklungsprojekts/-vorhabens ......................... 333
      4.3.3.5 Regelungsstruktur des Entwicklungsprojekts/-vorhabens .................... 337
      4.3.3.6 Problem-Lösungs-Zyklen der Entwicklungsaufgaben .......................... 345
   4.3.4 Ansatz am sozialen Kontext der Organisation ................................................ 348
      4.3.4.1 Organisationales Interaktionsniveau der Produkt- und
              Prozeßentwicklung ................................................................................ 348
      4.3.4.2 Team- und Gruppeninteraktion der Produkt- und Prozeßentwicklung ... 353
      4.3.4.3 Führungsinteraktion der Produkt- und Prozeßentwicklung .................. 357
   4.3.5 Ansatz am mentalen Kontext ........................................................................... 360
      4.3.5.1 Mentales Leitbild der Produkt- und Prozeßentwicklung ...................... 362
      4.3.5.2 Normen, Standards und Symbolsysteme zur generellen Ausrichtung
              der Entwicklungsaktivitäten .................................................................. 365
      4.3.5.3 Visionäre Führung zur spezifischen Ausrichtung einzelner
              Entwicklungsvorhaben ........................................................................... 365

4.4 Veränderungsstrategien und -pfade der Produkt- und Prozeßentwicklung ........... 367
   4.4.1 Generische Veränderungsstrategien der Produkt- und Prozeßentwicklung ... 367
      4.4.1.1 Konsolidierungsstrategien der Produkt- und Prozeßentwicklung ........ 368
      4.4.1.2 Restrukturierungsstrategien der Produkt- und Prozeßentwicklung ...... 372
      4.4.1.3 Revitalisierungsstrategien der Produkt- und Prozeßentwicklung ........ 376
      4.4.1.4 Regenerierungsstrategien der Produkt- und Prozeßentwicklung ......... 379
   4.4.2 Situative Auswahl und Anpassung der Veränderungsstrategien der
        Produkt- und Prozeßentwicklung .................................................................. 381
      4.4.2.1 Zu schließende Leistungs- und Verhaltenslücke ................................... 382
      4.4.2.2 Bestehende Tendenzen zur organisationalen Veränderung .................. 385
   4.4.3 Veränderungspfade der Produkt- und Prozeßentwicklung ........................... 386

**Literaturverzeichnis** ...................................................................................................... **391**

# Abbildungsverzeichnis

Abbildung 1-1: Zusammenhang zwischen profitablem Wachstum und Effektivität/Effizienz unterschiedlicher 'Kernprozesse' ..................6

Abbildung 1-2: Zusammenhang zwischen Unternehmenserfolg und Entwicklungsleistung ..................7

Abbildung 1-3: Festlegung und Realisierung von operativen Zielen ..................8

Abbildung 1-4: Zeitfalle der Entwicklung ..................13

Abbildung 1-5: 'Point-based' vs. 'Set-based' Concurrent Engineering ..................15

Abbildung 1-6: Strategien der Serienwerkzeugherstellung japanischer Automobilproduzenten ..................16

Abbildung 1-7: Produkt- und Prozeßentwicklung als komplexe, netzartige Struktur ..................17

Abbildung 1-8: Zusammenhang zwischen Unternehmenserfolg und Komplexität am Beispiel der Computer- und Kommunikationsindustrie ..................19

Abbildung 1-9: Dominoeffekt internal verursachter Komplexität ..................21

Abbildung 1-10: Produkt- und Prozeßentwicklung als n-dimensionales Optimierungsproblem ..................23

Abbildung 1-11: Vielfalt von Verfahrensregelungen in der Entwicklung ..................25

Abbildung 1-12: Fehlende Gesamtvision und Integration eines Spektrums eindimensionaler und singulärer Veränderungsbemühungen ..................30

Abbildung 1-13: Zieldimensionalität organisationaler Veränderung und 'Trade-off-Shift' ..................32

Abbildung 1-14: Zielsetzungen im Markt- und Wettbewerbskontext ..................33

Abbildung 1-15: Dynamische Leistungslücke ..................34

Abbildung 1-16: Beitrag einzelner Maßnahmen zur Innovationszeitverkürzung ..................35

Abbildung 1-17: Verbesserungpotentiale von eindimensionalen und singulären vs. mehrdimensionalen und integrierten Veränderungsstrategien ..................36

Abbildung 2-1: Wissenschaftstheorie als methodologische Ebene zwischen Theorie und Meta-Methodologie ..................47

Abbildung 2-2: Wissenschaftstheoretische Grundpositionen: Kritischer Rationalismus vs. Konstruktivismus ..................50

Abbildung 2-3: Leitideen des verhaltenstheoretischen und des systemorientierten Ansatzes ..................59

Abbildung 2-4: Zugrunde liegende wissenschaftstheoretische Positionen ..................63

Abbildung 2-5: Gang der Arbeit ..................72

Abbildung 2-6: Prinzipdarstellung der Modellskizze zur Gestaltung ganzheitlicher organisationaler Veränderung ..................82

Abbildung 3-1: Klassifizierung von Modellen zur Erklärung organisationaler Veränderung ..................88

Abbildung 3-2: Organisationale Leistung als Grad der Erreichung organisationaler Ziele ... 92
Abbildung 3-3: Externaler und internaler organisationaler Fit ... 94
Abbildung 3-4: Leistungsniveaus im Markt- und Wettbewerbskontext als Zielsetzung organisationaler Veränderung ... 97
Abbildung 3-5: Leistungsniveau einer neuen Arena am Beispiel organisationaler Output-Ziele (Qualität) ... 100
Abbildung 3-6: Determinanten leistungsorientierten Verhaltens ... 102
Abbildung 3-7: Instrumentalitätsmodell nach Vroom ... 108
Abbildung 3-8: Motivations-mal-Fähigkeits-Modell zur Erklärung individuellen Verhaltens ... 114
Abbildung 3-9: Attributionstheorie nach Weiner ... 119
Abbildung 3-10: Determinierung des individuellen Verhaltens durch den funktionalen, mentalen und sozialen Kontext der Organisation ... 128
Abbildung 3-11: Wechselseitige Konstitution organisationalen und individuellen Verhaltens ... 139
Abbildung 3-12: Selbstreferentieller Zyklus zwischen Handlungstheorien, Handlungen und Veränderungen sowie Kontexte und Umwelt der Organisation ... 145
Abbildung 3-13: Modell des organisationalen Lernens am Beispiel der Organisationsgestaltung ... 150
Abbildung 3-14: Inhaltstheoretischer Ansatz: Veränderung der Determinanten des organisationalen Verhaltens ... 154
Abbildung 3-15: Inhalte und inhaltsspezifische Techniken der organisationalen Veränderung ... 173
Abbildung 3-16: Verbesserungsmaßnahmen geschäftsprozeßorientierter Reorganisation ... 177
Abbildung 3-17: Programm der 'Deep Dialogues' ... 181
Abbildung 3-18: Die Team-Leistungskurve ... 183
Abbildung 3-19: Prozeßtheoretischer Ansatz der Veränderung: Phasen und Träger ... 192
Abbildung 3-20: Phasen der Veränderung und ihre Wirkprinzipien ... 193
Abbildung 3-21: Überschreitung von 'Kippunkten' in den organisationalen Kontexten als Voraussetzung revolutionärer Veränderungen ... 198
Abbildung 3-22: Träger der Veränderung ... 203
Abbildung 3-23: Phasen der Veränderung und Aufgaben der Organisationsmitglieder ... 204
Abbildung 3-24: Phasen der Veränderung und Aufgaben externer Berater ... 209
Abbildung 3-25: Modellskizze: Gestaltung organisationaler Veränderung ... 213
Abbildung 3-26: Klassifizierung generischer Veränderungsstrategien ... 214
Abbildung 3-27: Inhaltliche Differenzierung der generischen Veränderungsstrategien ... 218

Abbildungsverzeichnis XXIII

Abbildung 3-28: Intensität der Phasen ..................................................................................222
Abbildung 3-29: Intensität und Verlaufsrichtung der Trägerbeteiligung ............................224
Abbildung 3-30: Situative Auswahl und Anpassung der Veränderungsstrategien .............230
Abbildung 3-31: Situative Auswahl und Anpassung der Veränderungsstrategien in Abhängigkeit der zu schließenden Leistungslücke im Markt- und Wettbewerbskontext ......................................................................................232
Abbildung 3-32: Situative Auswahl und Anpassung der Veränderungsstrategien in Abhängigkeit der zu schließenden Leistungslücke differenziert nach den Zielkomponenten ...................................................................233
Abbildung 3-33: Situative Auswahl und Anpassung der Veränderungsstrategien in Abhängigkeit der zu schließenden Verhaltenslücke ..................................235
Abbildung 3-34: Situative Auswahl und Anpassung der Veränderungsstrategien in Abhängigkeit der bestehenden Veränderungstendenzen ..........................236
Abbildung 3-35: Veränderungspfade von SAS und Nestlé ..................................................239
Abbildung 4-1: Zielsystem der Produkt- und Prozeßentwicklung ......................................243
Abbildung 4-2: Ergebnisziele der Produkt- und Prozeßentwicklung .................................244
Abbildung 4-3: Ziele der Objekte der Entwicklung ............................................................246
Abbildung 4-4: Kano-Modell der Kundenzufriedenheit .....................................................248
Abbildung 4-5: Ziele des Prozesses der Entwicklung .........................................................251
Abbildung 4-6: Phasen und Aktivitäten des Veränderungsprozesses ................................259
Abbildung 4-7: Prozeß der organisationalen Veränderung und Beispiele für Methoden, Techniken und Interventionsmaßnahmen ................................260
Abbildung 4-8: Vorgehensweise und Erfolgsfaktoren des Benchmarking ........................264
Abbildung 4-9: Benchmarking der Leistungslücke .............................................................268
Abbildung 4-10: Benchmarking der Ursachen von Leistungslücken .................................268
Abbildung 4-11: Vorgehensweise und Erfolgsfaktoren der kollektiven Rekonstruktion organisationaler Probleme mit der Survey-Guided-Feedback-Technik ..........................................................................270
Abbildung 4-12: Subjektive Einschätzung und 'tatsächliches' Niveau organisationaler Leistungsparameter ..........................................................271
Abbildung 4-13: Vorgehensweise und Erfolgsfaktoren der systematischen Ursachenanalyse und -beseitigung ...........................................................273
Abbildung 4-14: Vorgehensweise und Erfolgsfaktoren von Konfrontationstreffen ...........276
Abbildung 4-15: Problemverständnis des Managements vor detaillierter Rekonstruktion der Handlungstheorien und Verhaltensmuster .................277
Abbildung 4-16: Rekonstruktion organisationaler Handlungstheorien und Verhaltensmuster ......................................................................................278
Abbildung 4-17: Beispiel visionärer Zielsetzung für die Produkt- und Prozeßentwicklung ...................................................................................282
Abbildung 4-18: Neukonstruktion organisationaler Handlungstheorien und Verhaltensmuster in der Produkt- und Prozeßentwicklung ......................283

Abbildung 4-19: Simulation von Verbesserungsmaßnahmen in der Produkt- und
Prozeßentwicklung mit einem Business Dynamics-Modell ...................284

Abbildung 4-20: Vorgehensweise zur Pilotierung projektspezifischer
Lösungshypothesen ...............................................................................286

Abbildung 4-21: Organisationsweite Einführung grundsätzlicher Lösungsansätze ...............287

Abbildung 4-22: Grundsätzliche Lernthemen und konkrete Methoden und
Instrumente der Produkt- und Prozeßentwicklung ................................292

Abbildung 4-23: Projektorganisation zum Management organisationaler
Veränderung ..........................................................................................294

Abbildung 4-24: Vorgehensweise zur Analyse und Entwicklung des Bereitschafts-
und Fähigkeitsprofils .............................................................................296

Abbildung 4-25: Schema zur Ermittlung des Bereitschafts- und Fähigkeitsprofils ...............297

Abbildung 4-26: Bereitschafts- und Fähigkeitsprofil einer spezifischen Initiative in
einem einzelnen Organisationsbereich sowie des
Gesamtprogramms .................................................................................298

Abbildung 4-27: Inhalte organisationaler Veränderung der Produkt- und
Prozeßentwicklung und Beispiele für Konzepte, Methoden und
Instrumente ............................................................................................300

Abbildung 4-28: Darstellung der Elemente der Produkt- und Prozeßentwicklung
aus der Perspektive organisationaler Veränderung ...............................301

Abbildung 4-29: Gestaltungsparameter formeller Anreizsysteme .........................................309

Abbildung 4-30: Fähigkeitennetz zur dezentralen Planung und Kontrolle des
Fähigkeitenaufbaus ................................................................................313

Abbildung 4-31: Vorgehensweise zur dezentralen Planung und Kontrolle des
Fähigkeitenaufbaus mit dem Fähigkeitennetz .......................................314

Abbildung 4-32: Einzelmodell- und plattformbasierte Produktprogramm- bzw.
Entwicklungsstrategien .........................................................................319

Abbildung 4-33: Neuausrichtung und Bereinigung des Projektprogramms ..........................321

Abbildung 4-34: Funktionale Anforderungen unterschiedlicher Typen von
Entwicklungsaufgaben ..........................................................................326

Abbildung 4-35: Typische Defizite der Ablaufstruktur .........................................................331

Abbildung 4-36: Mögliche Ansatzpunkte zur Verbesserung der Ablaufstruktur ..................332

Abbildung 4-37: Klassisch funktionale vs. plattformbasierte Matrix-
Projektorganisation ...............................................................................336

Abbildung 4-38: Regelungskreise der Produkt- und Prozeßentwicklung .............................337

Abbildung 4-39: Phasenspezifische Aufgaben/Inhalte, Entscheidungen und
Diagnosekriterien der Design Reviews .................................................343

Abbildung 4-40: Generische Veränderungsstrategien der Produkt- und
Prozeßentwicklung (Inhaltliche Differenzierung) .................................368

Abbildung 4-41: Situative Auswahl und Anpassung der Veränderungsstrategien
der Produkt- und Prozeßentwicklung in Abhängigkeit der zu
schließenden Leistungslücke im Markt- und Wettbewerbskontext ......382

Abbildung 4-42: Situative Auswahl und Anpassung der Veränderungsstrategien in Abhängigkeit der zu schließenden Leistungslücke differenziert nach den Zielkomponenten ..................................................................383

Abbildung 4-43: Situative Auswahl und Anpassung der Veränderungsstrategien der Produkt- und Prozeßentwicklung in Abhängigkeit der bestehenden Veränderungstendenzen ........................................................385

Abbildung 4-44: Fallbeispiele für Veränderungpfade in der Produkt- und Prozeßentwicklung ...............................................................387

# Tabellenverzeichnis

Tabelle 1-1: Auseinanderklaffen des formalen Organisationsmodells und des realen Organisationsverhaltens ... 26

Tabelle 1-2: Mißerfolgsfaktoren für die organisationale Veränderung ... 42

Tabelle 2-1: Deduktiv-nomologisches Erklärungsschema und logische Umkehrung für Prognose und Technologie ... 52

Tabelle 2-2: Strukturorientierte Klassifikation kybernetischer Systeme ... 61

Tabelle 2-3: Deduktiv-nomologisches Erklärungsschema des verhaltenstheoretischen Ansatzes ... 81

Tabelle 3-1: Paradigmawechsel der Erklärung organisationalen Verhaltens ... 85

Tabelle 3-2: Vergleich affektiver und kognitiver Verhaltensdeterminanten unterschiedlicher Motivationsmodelle ... 111

Tabelle 3-3: Deduktiv-nomologisches Erklärungsschema der Erwartungs-mal-Wert-Theorie ... 112

Tabelle 3-4: Lerntheoretische Hypothesen des Zusammenhangs zwischen Verstärkung und Verhaltenstendenz ... 123

Tabelle 3-5: Potentielle Dissonanzen zwischen formalem Organisationsmodell und realem Organisationsverhalten ... 137

Tabelle 3-6: Veränderung organisationalen Verhaltens durch Ansatz an den individuellen Motiven ... 156

Tabelle 3-7: Veränderung organisationalen Verhaltens durch Ansatz an den individuellen Erwartungen und Interpretationen ... 160

Tabelle 3-8: Veränderung organisationalen Verhaltens durch Ansatz an den individuellen Fertigkeiten und Fähigkeiten ... 162

Tabelle 3-9: Veränderung organisationalen Verhaltens durch Ansatz an den organisationalen Kontexten ... 164

Tabelle 3-10: Veränderung organisationalen Verhaltens durch Ansatz an den Prozessen der Selbstorganisation ... 166

Tabelle 3-11: Veränderung organisationalen Verhaltens durch Ansatz an den Prozessen des organisationalen Lernens ... 170

Tabelle 3-12: Sechs-Phasen-Prozeß zur Verwirklichung des idealen Führungsverhaltens ... 185

Tabelle 3-13: Prozeß der Veränderung des mentalen Kontextes ... 186

Tabelle 3-14: Gemeinsame Gestaltungsprinzipien der generischen Veränderungsstrategien ... 216

Tabelle 3-15: Gesamtprofil der generischen Veränderungsstrategien ... 229

Tabelle 4-1: Gestaltungsparameter des Benchmarking ... 263

Tabelle 4-2: Typische Handlungstheorien der Produkt- und Prozeßentwicklung mit Reflexionsbedarf ... 279

Tabelle 4-3: Übliche Zielsetzungen für die organisationale Veränderung der
Produkt- und Prozeßentwicklung ..................................................................281
Tabelle 4-4: Gestaltung von Pilotprojekten in Abhängigkeit der diagnostizierten
Ursachen der Leistungslücken ......................................................................285
Tabelle 4-5: Regeln und Normen in der Produkt- und Prozeßentwicklung ......................290
Tabelle 4-6: Eigenschaften effektiver Aufgaben- und Aktivitätenpläne des
Veränderungsprozesses .................................................................................294
Tabelle 4-7: Typische Problemmuster der Zielsetzung-Rückmeldungs-Systeme ..................303
Tabelle 4-8: Typische Problemmuster der formellen Anreizsysteme ............................307
Tabelle 4-9: Typische Problemmuster des Trainings funktionaler, sozialer und
mentaler Fähigkeiten ....................................................................................311
Tabelle 4-10: Typische Problemmuster von Entwicklungsstrategien und -
programme .....................................................................................................316
Tabelle 4-11: Alternative Lösungsmuster für Entwicklungsstrategien und -
programme .....................................................................................................318
Tabelle 4-12: Typische Problemmuster des strukturellen Rahmens der
Entwicklungsprojekte/-vorhaben ..................................................................323
Tabelle 4-13: Typgerechte Anpassung des strukturellen Rahmens ...............................327
Tabelle 4-14: Typische Problemmuster der Ablaufstruktur ..........................................330
Tabelle 4-15: Typische Problemmuster der Aufbaustruktur .........................................334
Tabelle 4-16: Typische Problemmuster der Regelungsstruktur ....................................339
Tabelle 4-17: Ziele und Grundprinzipien des Design Review als zentrales
Regelungsinstrument ....................................................................................341
Tabelle 4-18: Typische Problemmuster des Einsatzes von Methoden und
Instrumenten der Design-Build-Test-Zyklen ..............................................346
Tabelle 4-19: Typische Problemmuster des organisationalen Interaktionsniveaus
der Produkt- und Prozeßentwicklung ..........................................................350
Tabelle 4-20: Typische Problemmuster der Team- und Gruppeninteraktion ..................354
Tabelle 4-21: Gängige Ansätze zum Aufbau von Teamleistung ...................................357
Tabelle 4-22: Indikatoren für Leistungslücken bzw. Probleme im mentalen
Kontext ..........................................................................................................361
Tabelle 4-23: Typische Problemmuster des mentalen Leitbilds der Produkt- und
Prozeßentwicklung ........................................................................................362

# 1 Problemorientierter Bezugsrahmen

## 1.1 Das Problem organisationaler Veränderung als Ausgangspunkt angewandter Wissenschaft

> "...*Revitalization. Restructuring. Reengineering. Organizational transformation. Business process redesign. Mission statements. Organizations as orchestras. The new organization. The information-based organization. The knowledge-intensive organization. The learning organization. The network organization. The shamrock organization. The self-designing organization. The informated organization. The cluster organization. The adaptive organization. The hybrid organization. The post-entrepreneurial organization. The transnational organization. Knowledge workers. Empowerment. ...*[1]"

> "*Ist der Bienenschwarm erregt, / Den das neuste Wort bewegt, / Sehe jeder wo er bleibe.*[2]"

Viele Unternehmen und Branchen erfahren seit Anfang dieses Jahrzehnts einen Wandel der Umweltanforderungen von bisher nicht gekanntem Ausmaß, der in seiner Radikalität zumindest mit dem Strukturbruch der Nachkriegszeit verglichen werden kann.[3] Bewährte Kulturen, Strategien, Strukturen und Verhaltensweisen werden in einem solchen Umfang in Frage gestellt, daß man von einem diskontinuierlichen Bruch[4] oder von einem Paradigmawechsel[5] sprechen kann. In einer solchen Zeit des Umbruchs stellen sich der Praxis zwei entscheidende Fragen: (1) Welche *organisationalen*[6] *Modelle* können erfolgreich die neuen Anforderungen meistern? Und (2) Wie läßt sich die *organisationale Veränderung* zu den neuen Modellen gestalten?

Zu diesen beiden Fragestellungen gibt es zur Zeit eine derartige Vielzahl möglicher Ansätze, daß sowohl in der Praxis als auch in der Wissenschaft eine gewisse Verwirrung festzustellen ist.[7] Bei der Untersuchung der Konzepte neuer *organisationaler Modelle* lassen sich häufig Parallelen erkennen, so daß ein Teil der entstandenen Vielfalt auf unterschiedliche Etikettierung durch die entsprechenden Verfasser zurückzuführen ist.[8] Im Bezug auf die Konzepte zur

---

[1] Eccles / Nohria, Beyond the Hype, 1992, S. 1.

[2] Schlegel, Jugendschriften, 1882, S. 395.

[3] Vgl. Bartlett / Ghoshal, Beyond the M-Form, 1993, S. 24; vgl. auch: "In der deutschen Wirtschaftsgeschichte hat es keine Zeit gegeben, in der bestehende Organisationsstrukturen in so weitreichender Weise in Frage gestellt, in der organisatorische Änderungen mit so tiefgreifenden Konsequenzen verfolgt wurden." Frese / Werder, Organisation, 1994, S. 3.

[4] Vgl. Handy, Beyond Certainty, 1995, S. 16.

[5] Vgl. Bleicher, Management of Change, 1994, S. 65.

[6] Der Begriff "organisational" wird als das Adjektiv des institutionalen Organisationsbegriffes verstanden.

[7] Vgl. Eccles / Nohria, Beyond the Hype, 1992, S. 4 und 6.

[8] Vgl. zum Beispiel die Parallelität der organisationalen Modelle des "Lean Managements" und des "Business Process Reengineering" in: Theuvsen, Business Reengineering, 1996, S. 72.

*organisationalen Veränderung* lassen sich jedoch hinter der begrifflichen Vielfalt kaum inhaltliche Konvergenzen feststellen. Die Ansätze schwanken zwischen den Extrema des kulturgetriebenen *evolutionären Wandels* mit begrenzten Gestaltungsmöglichkeiten bis hin zur struktur- und prozeßgetriebenen radikalen *Reprogrammierung*. Der situative Kontext, in dem sich die verschiedenen Konzepte als erfolgreich erweisen, ist weitgehend ungeklärt. Auch die Erfolgseinschätzungen für einzelne Konzepte divergieren erheblich. So schwankt das angegebene Ergebnis von *Reengineering-Projekten* beispielsweise zwischen revolutionären Erfolgsmeldungen, wie etwa Verringerung von Durchlaufzeiten um 70%, Reduzierung der Kosten um 30% und Qualitätserhöhung um 50%[9] und dem Ausweis nur marginaler Erfolgsbeiträge - beispielsweise einer Leistungssteigerung von weniger als 5% in der Hälfte der betrachteten Projekte.[10]

Angesichts der Orientierungslosigkeit bei der Auswahl der konkurrierenden Ansätze sowie der großen Unsicherheit, ob die Ansätze das halten können, was sie versprechen, stellt sich die Frage nach dem Beitrag der Betriebswirtschaftslehre, um diese Verwirrung aufzulösen. Das modische Wechselspiel der Managementkonzepte wird zunächst durch die zyklische Beschäftigung mit vernachlässigten oder akuten Problembereichen verursacht. In der Zeit der vergangenen Rezession dominierten z.B. struktur- und prozeßorientierte Veränderungsansätze zur Effizienzsteigerung. Darüber hinaus gibt es zahlreiche Interessensgruppen, die zu der modischen Vielfalt beitragen. Dazu gehören der Wissenschaftsbetrieb mit seinem Streben nach wissenschaftlicher Anerkennung und Reputation, die Unternehmungsberatungen auf der Suche nach neuen Produkten und Märkten[11] und auch die Manager der Unternehmenspraxis mit ihrem Streben nach persönlichem und betrieblichem Erfolg.[12] Das Ergebnis dieser Dynamik ist eine Vielzahl *pragmatischer Ansätze* von zweifelhaftem wissenschaftlichen Wert. Es sind einerseits Konzepte, die sich im Urteil der Praxis als *heuristische Prinzipien* bewährt haben, aber einer fundierten empirischen Absicherung entbehren.[13] Andererseits handelt es sich um *neu etikettierte Wiedererfindungen* von bereits bekannten Konzepten, d.h. um *alten Wein in neuen Schläuchen*.[14] In diesem 'Wirrwarr' lassen sich tatsächliche Innovationen, seien es neue Theorien oder Weiterentwicklungen vorhandener Theorien, nur schwer erkennen. Die Wissenschaft scheint keinen Fortschritt zu erzielen, sondern referiert zyklisch das vorhandene Arsenal von Konzepten und Theorien. Vor dem Hintergrund dieser Tendenzen stellt sich die Frage, welche Rolle die Betriebswirtschaftslehre zwischen wissenschaftlichem Anspruch und praktischer Relevanz überhaupt spielen kann und sollte.

---

[9] Vgl. Guba et al., Business Process Reengineering, 1993, S. 17.

[10] Vgl. Hall et al., Reengineering, 1994, S. 8.

[11] Vgl. zur Bedeutung der Unternehmensberatungen für die Verbreitung neuer Managementkonzepte: Neuberger, Moden und Mythen, 1987, Sp. 1495f.; Wirtz, Business Process Reengineering, 1996, S. 1026.

[12] Vgl. Dixon et al., Reengineering, 1995, S. 106.

[13] Vgl. Frese / Werder, Organisation, 1994, S. 7.

[14] Vgl. Eccles / Nohria, Beyond the Hype, 1992, S. 4f.; vgl z.B. die Klassifizierung der überwiegenden Fallbeispiele des Business Process Reengineering von Hammer / Champy als klassische Strategieprojekte: Simon, Michael Hammer und James Champy, 1994, S. 255.

Die heutige Betriebswirtschaftslehre wird nach herrschender Meinung als eine angewandte Wissenschaft verstanden, als eine Disziplin, die der Praxis dienen soll. Dies läßt sich an den programmatischen Äußerungen verschiedener Vertreter belegen. So formuliert Günther Schanz: „Indem innerhalb der BWL allgemeine (sozial)psychologische Theorien zur Anwendung kommen, ist das Fach eine *angewandte* bzw. *technologische* Disziplin. In methodologischer Hinsicht wird dabei von demselben Verhältnis ausgegangen, das zwischen Natur- und Ingenieurwissenschaften anzunehmen ist ... ."[15] Edmund Heinen[16] und Hans Ulrich et al.[17] betonen ebenfalls die Praxisorientierung, allerdings mit einer anderen Akzentuierung. Die Praxisorientierung der angewandten Betriebswirtschaftslehre und damit ihre Abgrenzung gegenüber reiner bzw. theoretischer Wissenschaft oder dem '*L'art pour L'art*-Verständnis' modellplatonischer Ansätze kann somit als ein kleinster gemeinsamer Nenner heutigen Wissenschaftsverständnisses angesehen werden. Darüber hinaus gibt es bereits - wie in den aufgeführten Zitaten nachvollzogen werden kann - bei der zugrundeliegenden Auslegung, was unter *angewandter* Wissenschaft genau zu verstehen sei, zwei grundsätzlich unterschiedliche Sichtweisen.[18]

1. „Eine 'angewandte Disziplin' kann als eine 'anwendbare' Disziplin in dem Sinne verstanden werden, daß sie (in der Praxis) anwendbare Ergebnisse liefern soll."[19]

2. „Eine 'angewandte Disziplin' kann als 'anwendende' Disziplin in dem Sinne aufgefaßt werden, daß sie (allgemeine) Theorien anwenden soll."[20]

Die Sichtweise von einer *anwendbaren* Disziplin betont die technologische Verwertbarkeit des Wissens zur Verbesserung des wirtschaftlichen Handelns. Ausgehend von praktischen Problemen steht ausschließlich die Gestaltung eben dieses Praxisausschnittes unter konstruktiver Verwendung des Wissens im Mittelpunkt - im Sinne einer Ableitung technologischer Aussagen, ohne den Umweg über die Theoriebildung gehen zu müssen.[21] Aus der Perspektive der Betriebwirtschaftslehre als einer *anwendbaren* Disziplin ist Praxisorientierung eng mit einer technologischen Orientierung und insofern mit dem Gestaltungsziel der Wissenschaft verknüpft. Viele der oben angeführten Ansätze scheinen einer derartigen Wissenschaftsauffassung zu entspringen.

---

[15] Schanz, Verhaltenswissenschaften, 1993, Sp. 4524.

[16] „Die Betriebswirtschaftslehre von heute ist nach herrschender Meinung eine angewandte d.h. praktisch-normative Disziplin ...", wobei unter der letzteren zu verstehen ist, „... daß sie Aussagen darüber abzuleiten hat, wie das Entscheidungsverhalten der Menschen in der Betriebswirtschaft sein soll, wenn diese bestimmte Ziele bestmöglich erreichen wollen." Heinen, Grundfragen, 1976, S. 368.

[17] Nach Ulrich et al. besteht der „... Zweck der Betriebswirtschaftslehre darin, handelnden Menschen das in bestimmten Problemsituationen benötigte Wissen zur Verfügung zu stellen", wobei der praktisch handelnde Mensch empirisches und methodisches Wissen benötigt. Ulrich et al., Praxisbezug, 1976, S. 135f..

[18] Vgl. auch zwei Arten der Praxisorientierung: Abel, Denken in theoretischen Modellen, 1979, S. 157.

[19] Kretschmann, Diffusion, 1990, S. 87; nach Kretschmann sind Vertreter dieser Sichtweise Grochla, Kirsch und Ulrich: ebda., S. 88.

[20] Ebda., S. 86; nach Kretschmann sind Vertreter dieser Sichtweise z.B. Raffée, Kosiol, Witte oder Schanz: ebda., S. 88.

[21] Vgl. Ulrich, Der systemorientierte Ansatz, 1971, S. 46 f..

Die Sichtweise von einer *anwendenden* Disziplin erfüllt die Forderung nach technologischer Verwertbarkeit, ohne auf die Erkenntnisse theoretischen Denkens und theoretischer Wissenschaft zu verzichten. Ebenfalls von Problemen der Praxis ausgehend, steht im Mittelpunkt einer so verstandenen Disziplin die Nutzung allgemeiner Theorien und deren tautologische Umformung in technologische Aussagen - nicht nur zur Optimierung menschlichen Handelns, sondern auch zur Erklärung desselben. Neben das Gestaltungsziel tritt also das Aufklärungsziel. In der Sichtweise der *anwendenden* Disziplin ist Praxisorientierung mit einer theoretischen *und* technologischen Orientierung und insofern mit dem Aufklärungs- *und* dem Gestaltungsziel der Wissenschaft assoziiert.

Im Rahmen des zugrunde liegenden Problems dieser Untersuchung und der Vielfalt der propagierten Ansätze erscheint die Sichtweise der Wissenschaft als einer *anwendenden* Disziplin sowohl für die Lösung des Problems als auch für den Fortschritt der Wissenschaft fruchtbringender. Im Mittelpunkt dieses Ansatzes stehen Theorien über individuelles Verhalten im organisationalen Kontext und Theorien über organisationales Verhalten in seinem Konstitutionszusammenhang.[22] Diese Theorien sollen mittels Umformung in technologische Aussagen für die Erklärung und Gestaltung organisationaler Veränderung herangezogen werden. Losgelöst von diesem problemorientierten Bezugsrahmen lassen zudem auch meta-theoretische Überlegungen in Anlehnung an den *kritischen Rationalismus* nur die hier verwendete Sichtweise zu.[23] Die Sichtweise einer *anwendbaren* Disziplin hingegen gehört eher in den Rahmen *konstruktivistisch* oder *empiristisch* orientierter Wissenschaftsprogramme.

Unabhängig von der dominierenden Sichtweise sind Probleme der Praxis zumindest Ausgangspunkt angewandter Wissenschaft und folglich ist die erste Aufgabe wissenschaftlicher Tätigkeit, diese auszuwählen und zu beschreiben. Probleme der Praxis existieren *per se* und haben insofern einen *vortheoretischen* Charakter. Deswegen soll das im folgenden betrachtete Problem vor dem Entwurf des wissenschaftlichen Bezugsrahmens möglichst praxisnah dargestellt werden. Der Verweis auf den *vortheoretischen* Charakter soll allerdings nicht implizieren, daß die Darstellung des Problems auf einer theorielosen, rein naiv empirischen Wahrnehmung beruht. Vielmehr handelt es sich, wie von Karl R. Popper formuliert, um eine Beobachtung des Problems, der bereits etwas *Theoretisches* vorausging:

> In der Wissenschaft spielt nicht so sehr die Wahrnehmung, wohl aber die Beobachtung eine große Rolle. Eine Beobachtung aber ist ein Vorgang, in dem wir uns äußerst aktiv verhalten. In der Beobachtung haben wir es mit einer Wahrnehmung zu tun, die planmäßig vorbereitet ist, die wir nicht „haben", sondern „machen", ... .[24]

---

[22] Vgl. z.B. die Parallelität zu den dominierende Forschungsperspektiven bei Bartlett / Ghoshal: Bartlett / Ghoshal, Beyond the M-Form, 1993, S. 43f..
[23] Vgl. Abel, Denken in theoretischen Modellen, 1979, S.157f.; vgl. Ausführungen in Kapitel 2.1.5.
[24] Popper, Naturgesetze, 1972, S. 44.

## 1.2 Das Problem des Managements von Veränderung in der Praxis

> "Noch nie war der Stellenwert der Fähigkeit, Organisationskonzepte entwickeln und erfolgreich umsetzen zu können, beim Aufbau und bei der Sicherung von Wettbewerbsvorteilen so hoch wie heute."[25]

Ein Teil der gegenwärtigen Veränderungsbemühungen in der Praxis bezieht sich auf die *Produkt- und Prozeßentwicklung* als den *zentrale · Kernprozeß* der betrieblichen Leistungserstellung, der die Nutzung wissenschaftlicher oder technischer Erkenntnisse und Erfahrungen zur anforderungsgerechten Gestaltung von neuen oder wesentlich verbesserten Produkten und Prozessen bezweckt.[26] Nachfolgend soll zunächst auf den Zusammenhang zwischen dem Unternehmenserfolg und dem Leistungsniveau der Produkt- und Prozeßentwicklung eingegangen werden, um vor diesem Hintergrund die Notwendigkeit der Leistungssteigerung in diesem Kernprozeß abzuleiten. Anschließend soll aufgezeigt werden, wieso viele Veränderungsansätze in der Praxis scheitern - trotz enormer Veränderungsnotwendigkeit und umfangreicher Bemühungen. Die Problemdarstellung dient nicht zur unmittelbaren Ableitung von Handlungsinformationen, sondern zur Beschreibung des Problems aus einer praxisnahen Perspektive unter Verwendung von z.T. *hermeneutischen* und *induktiven* Aussagen. Ihr Wert liegt in der *heuristischen* Funktion für die Entwicklung eines Modells organisationaler Veränderung, das der im Motto angeführten Bedeutung gerecht wird.

### 1.2.1 Produkt- und Prozeßentwicklung als kritischer Erfolgsfaktor

Das Leistungsniveau der Produkt- und Prozeßentwicklung beeinflußt den Unternehmenserfolg, d.h. die derzeitige und zukünftige Realisierung der Unternehmensziele, wie kaum ein anderer Prozeß der betrieblichen Leistungserstellung (vgl. Abbildung 1-1). Dabei lassen sich als Zusammenhänge unterscheiden: die Beeinflussung der Erreichung von (1) finanziellen Zielen, (2) operativen Zielen, (3) Potentialzielen und (4) individuellen Zielen.[27]

*Beeinflussung der Erreichung von finanziellen Zielen:* Effektive und effiziente Produkt- und Prozeßentwicklung leistet einen wesentlichen Beitrag zum Erreichen finanzieller Unternehmensziele. Ein Vergleich japanischer und amerikanischer Automobilproduzenten zeigt, daß es eine Korrelationstendenz zwischen profitablem Wachstum und Effektivität und Effizienz der Produkt- und Prozeßentwicklung gibt (vgl. Abbildung 1-1). Zudem scheint die Korrelation bei der Produkt- und Prozeßentwicklung stärker ausgeprägt zu sein als bei den anderen Prozessen der Leistungserstellung.

Eine solche Aussage wird in der Tendenz bestätigt, wenn der Zusammenhang zwischen der Leistung in der Produkt- und Prozeßentwicklung und der Marktanteilsveränderung über einen

---

[25] Frese / Werder, Organisation, 1994, S. 4.
[26] Vgl. Specht / Schmelzer, Qualitätsmanagement, 1990, S. 7; vgl. zur Begriffsabgrenzung Kapitel 2.3.2.
[27] Vgl. zu dem zugrundeliegenden Zielsystem Kapitel 3.2.1 und 4.1.

längeren Zeitraum betrachtet wird. Nach der Studie von Clark und Fujimoto zeichneten sich die Automobilfirmen, die in den 80er Jahren ein Marktanteilswachstum aufweisen konnten, durch hohe Leistung in der Entwicklung, gemessen an "Adjusted Engineering Hours, Adjusted Lead Time und Total Product Quality", aus.[28] Die Korrelation beschränkt sich im wesentlichen auf den Zusammenhang zwischen "Total Product Quality" und Marktanteilswachstum, während zwischen Entwicklungszeit bzw. -produktivität und Marktanteilswachstum keine signifikante Korrelation festgestellt werden konnte.[29]

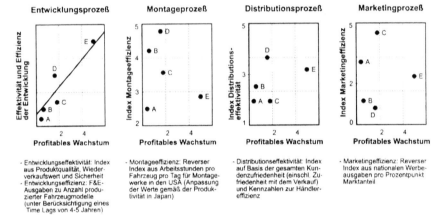

Abbildung 1-1: *Zusammenhang zwischen profitablem Wachstum und Effektivität/Effizienz unterschiedlicher 'Kernprozesse'*[30]

Nach Studien von McKinsey&Comp. in den Industrien Maschinenbau / Komponentenherstellung, Automobilzulieferung und Elektronik ergibt sich eine Korrelation zwischen Unternehmenserfolg und Entwicklungsleistung in Bezug auf mehrere Leistungsdimensionen.[31] Demnach weisen z.B. erfolgreiche Unternehmen des Maschinenbaus und der Komponentenherstellung - Erfolg gemessen an Eigenkapital- und Umsatzrendite, Umsatzwachstum und Liquidität[32] - eine signifikant höhere Leistung in der Entwicklung gemessen an Produktkosten, Qualitätsaufwand und Entwicklungszeit auf (vgl. Abbildung 1-2). Die Gegenüberstellung verweist insbesondere auf die Bedeutung der Entwicklungszeit. Die Verkürzung der Ent-

---

[28] Vgl. Clark / Fujimoto, Product Development Performance, 1991, S. 92f..

[29] Vgl. ebda., a.a.O..

[30] McKinsey&Comp., Arbeitspapier, 1996; zitierte Quellen: NADA, Harbour and Associates, Ad Age, Kelley Blue Book, JD Power, Automotive Executive, Annual Reports, Wards Year Book.

[31] Vgl. Rommel et al., Einfach überlegen, 1993, S. 77; Kluge et al., Wachstum durch Verzicht, 1994, S. 90 und 103ff.; Rommel et al., Qualität gewinnt, 1995, S. 9f. und 74ff..

[32] Vgl. Rommel et al., Einfach überlegen, 1993, S. 5.

wicklungszeit führt über mehrere Mechanismen zur einer Steigerung des Unternehmenserfolgs. Verkürzte Entwicklungszeiten reduzieren den Prognosezeitraum, so daß die Produktanforderungen der Kunden, der Produktion u.a. nachgelagerter Funktionen sicherer und präziser eingeschätzt werden können. Höhere Qualität gemessen an der Erfüllung von Kundenwünschen und höhere Effizienz in den nachgelagerten Prozessen bzw. Funktionen können sich so als Resultat ergeben. Weitere zeitinduzierte Erfolgspotentiale lassen sich durch das bessere Einhalten des marktgerechten Einführungszeitpunkts oder durch höhere Produkteinführungsfrequenzen realisieren.[33]

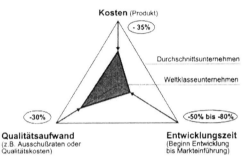

Abbildung 1-2: Zusammenhang zwischen Unternehmenserfolg und Entwicklungsleistung[34]

Nach einer Studie von Bean in der pharmazeutischen Industrie wirken sich die Intensität und das Management der Entwicklungsaktivitäten auf die Gesamtproduktivität des Unternehmens aus.[35] Mit zunehmender Intensität von F&E - gemessen als Anteil der F&E-Ausgaben am Umsatz - steigt die jährliche Wachstumsrate der Gesamtproduktivität - gemessen als Verhältnis von Umsatz zum gewichteten Faktoreinsatz von Arbeit, Kapital und Material.[36] Nach dieser Studie wirkt sich nicht nur die F&E-Intensität auf das Ausmaß des Produktivitätswachstums aus, sondern auch der Anteil von Grundlagenforschung und angewandter Forschung im F&E-Programm, die Organisation der F&E-Aktivitäten oder die Form der Programmplanung und -kontrolle.[37] Dieser Zusammenhang verweist auf das Potential, mit effektiver und effizienter Entwicklung die Nutzung der Produktionsfaktoren Arbeit, Kapital und Material erheblich zu verbessern.[38]

*Beeinflussung der Erreichung von operativen Zielen:* Der hohe Beitrag der Entwicklung zur Erreichung der finanziellen Unternehmensziele resultiert aus der starken Beeinflussung der

---

[33] Vgl. Specht/Beckmann, F&E-Management, 1996, S. 4.
[34] Vgl. Rommel et al., Einfach überlegen, 1993, S. 77.
[35] Vgl. Bean, R&D-Organizations, 1995.
[36] Vgl. ebda., S. 26.
[37] Vgl. ebda., a.a.O.
[38] Die Realisierung dieses "Leverage-Effects" ist einer der wesentlichen Gründe für die Einführung einer plattformbasierten Produktlinien- bzw. Projektprogrammplanung.

nachgelagerten operativen Prozesse und ihrer Ziele durch Entscheidungen und Aktivitäten, die in dem vorgelagerten Entwicklungsprozeß vollzogen worden sind. Nach einer Studie von Creese und Moore werden bereits in der Planungsphase des Entwicklungsprozesses 75% - 85% der kumulativen Produktlebenskosten festgelegt, während durch die Aktivitäten dieser Phase nur 5 - 7% der Gesamtkosten anfallen.[39] Die Erreichung von operativen Zielen hinsichtlich Montagezeit bzw. -kosten kann also nach abgeschlossener Entwicklung durch den Produktionsprozeß nur noch zu einem geringen Anteil beeinflußt werden. Der Zusammenhang zwischen Festlegung und Realisierung der operativen Ziele im Produktleben gilt nicht nur für die Produktkosten, sondern - zumindest qualitativ - auch für andere operative Zielgrößen wie z.B. Qualität, Flexibilität und Differenzierung (Abbildung 1-3).

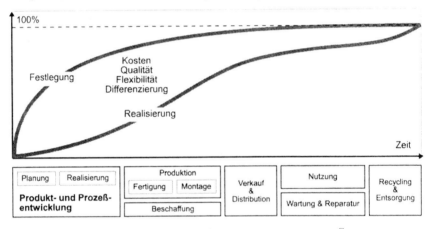

Abbildung 1-3: Festlegung und Realisierung von operativen Zielen[40]

Aus diesem Zusammenhang folgt unmittelbar, daß in den späteren Phasen des Produktlebens suboptimale Aktivitäten und Entscheidungen in der Entwicklung entweder gar nicht oder nur mit extrem hohem Aufwand behoben werden können. Nach einer Schätzung von Siemens für das Betriebssystem BS2000 betrugen die durchschnittlichen Kosten der Beseitigung eines Fehlers in der Entwicklungsphase 2000 DM, während die Beseitigung eines Fehlers im Feld mit durchschnittlichen Kosten von 10000 DM zu Buche schlägt.[41] Diese Einschätzung hängt vom jeweiligen situativen Kontext der Entwicklung ab, etwa von der Änderbarkeit des Produktes und der Wertschöpfungsprozesse, von den gebundenen Produktionsressourcen und ihrer Flexibilität und von der Reaktion der Kunden, so daß Abschätzungen für andere Produkte um ein Vielfaches extremer sein können.[42] Unabhängig von solchen quantitativen Einschät-

---

[39] Vgl. Creese / Moore, Cost Modeling, 1990, S. 25; vgl. auch: Nevins / Whitney, Concurrent Design, 1989, S. 3; Scholz / Andres, Produktstrategieplanung, 1991, S. 1; Woodruff / Phillips, Smarter Way, 1990, S. 110.

[40] Vgl. Specht / Beckmann, F&E-Management, 1996, S. 3.

[41] Vgl. ebda., S. 3f..

[42] Nach Woodruff / Phillips betragen die Kosten für "Design Changes" in der Konstruktionphase $ 1000 und in

Das Problem des Managements von Veränderung in der Praxis 9

zungen ist die qualitative Aussage eindeutig: Das Leistungsniveau der Entwicklung beeinflußt nicht nur die Erreichung von Entwicklungszielen im engeren Sinne, wie Produktqualität[43], Entwicklungszeit und -produktivität, sondern auch die Erreichung der Ziele in den anderen Phasen der Wertschöfung bzw. des Produktlebens. Niedrige Materialkosten lassen sich beispielsweise durch die Beschaffung bzw. durch den Einkauf nur schwerlich erreichen, wenn die entsprechenden Teile nicht produktionsgerecht konstruiert wurden oder wenn keine Gleichteilepolitik verfolgt wurde. Recycling und Entsorgung lassen sich nur dann kostengünstig durchführen, wenn in der Entwicklung entsprechende Materialien festgelegt wurden und das Produkt demontagegerecht konstruiert wurde.

*Beeinflussung der Erreichung von Potentialzielen:* Die Produkt- und Prozeßentwicklung kann nicht nur zur kurzfristigen Erreichung sondern auch zur langfristigen Sicherung der operativen Ziele, d.h. zur Verwirklichung der Potentialziele, beitragen. Die Entwicklung von Produkten und Prozessen ist eine Quelle der ständigen Erneuerung und des kontinuierlichen Wandels des Unternehmens.[44] Mit jedem neuen Produkt und jedem neuen Prozeß werden das Unternehmen und seine Wertschöpfungsprozesse partiell neu erschaffen. Die Innovativität der resultierenden Produkte und Prozesse entscheidet über die Radikalität der entsprechenden organisationalen Veränderung. Aus dieser Perspektive erklärt sich, weshalb die Abfolge von Entwicklungsvorhaben als Transformationspfad zu neuen Geschäftsfeldern und Markt- und Wettbewerbspositionen sowie zu neuen Technologien und Fähigkeiten betrachtet werden sollte.[45] Die Entwicklungsstrategie und das Projektportfolio stellen insofern einen wichtigen Transformationsmechanismus zwischen Markt- und Technologiestrategien einerseits und konkreten Produkten und Prozessen andererseits dar.

*Beeinflussung der Erreichung von individuellen Zielen:* Die Art und Weise der Organisation von Entwicklungsvorhaben beeinflußt zunächst die an dem Entwicklungsprozeß beteiligten Mitarbeiter in ihrer Zielerreichung. Die Gestaltung der Aufgaben, die Form des Leistungs-Feedbacks und die Art der Entlohnung beeinflussen, ob die Mitarbeiter mit ihrer Arbeit *intrinsische* oder *extrinsische* Valenzen verbinden und ob sie soziale Anerkennung oder Selbstverwirklichung erfahren können. Nachfolgendes Beispiel verdeutlicht diesen Zusammenhang.

Eine zu hohe Anzahl von Projekten je Mitarbeiter kann sich beispielsweise nachteilig auf die intrinsische Motivation auswirken, wenn sich eine Schere zwischen notwendigem und verfügbarem Aufwand ergibt und trotz besseren Wissens wichtige Teilaktivitäten unzureichend erledigt werden müssen. Dadurch werden unmittelbar mit der Arbeit verbundene Motive, wie etwa der Stolz auf die vollbrachte Leistung, nicht befriedigt. Nach der Attributionstheorie[46] führt ein Mißerfolg in einer solchen Situation zu Ärger und Aggressionen gegenüber den externen Verursachern, in diesem Fall den Managementinstanzen, die zu der Projektvielfalt bei-

---

der Produktionsphase $ 10.000.000: Woodruff / Phillips, Smarter Way, 1990, S. 110.
[43] Qualität verstanden als Erfüllungen von Kundenanforderungen und Zuverlässigkeit.
[44] Vgl. Wheelwright / Clark, Revolutionizing, 1992, S. 29; Bowen et al., Development Projects, 1994, S. 111.
[45] Vgl. Saad et al., F&E-Strategie, 1991, S. 31; Wheelwright / Clark, Revolutionizing, 1992, S. 29.
[46] Vgl. zur Attributionstheorie Kapitel 3.3.1.2.4.

tragen. Zusätzlich wird der Mitarbeiter die Ursache des Mißerfolgs, in diesem Fall die Projektvielfalt, in der Regel als stabil und für ihn unkontrollierbar einschätzen, so daß seine zukünftige Erfolgserwartung vermindert und sein Schamgefühl angesichts des Mißerfolgs ausgeschaltet wird. Als mögliche Folgen ergeben sich geringere Ausdauer und Intensität bei der zukünftigen Aufgabenbearbeitung oder sogar Resignation und Boykott. In extremen Situationen entwickeln Mitarbeiter Überlebensstrategien und Ersatzspiele, indem sie sich auf die Erfüllung von Formalismen, z.B. "Abhaken von Checklisten", konzentrieren, ohne jedoch die inhaltlich notwendige Tiefe erreichen zu können.

Auch auf Mitarbeiter nachgelagerter Wertschöpfungsstufen wirkt sich das Leistungsniveau der Entwicklung aus. Ein Erfolg oder Mißerfolg wird durch die Wertschöpfungskette weitergereicht mit ähnlichen Folgen für die Erreichung individueller Ziele. Neben den internen Konsequenzen wirken sich insbesondere auch die externen Konsequenzen erfolgreicher Entwicklung auf die Befriedigung individueller Bedürfnisse aus. Die Anerkennung erfolgreicher Produkte durch das soziale Umfeld führt bei den Organisationsmitgliedern zu einem Gefühl des Stolzes auf Leistung und Zugehörigkeit - ein Ausgangspunkt für viele Selbstverstärkungsmechanismen, wie etwa die Wettbewerbsvorteile bei der Rekrutierung oder die Entwicklung einer Kultur der Erfolgsmotivation mit entsprechender Innovations- und Risikoeinstellung.

### 1.2.2 Notwendigkeit von Veränderung zur Leistungssteigerung

Die Notwendigkeit zur Veränderung der Produkt- und Prozeßentwicklung ist gegeben, wenn im Markt- und Wettbewerbskontext ein unzureichendes Leistungsniveau erzielt wird, d.h. wenn die finanziellen, operativen, strategischen und individuellen Ziele nicht erreicht werden und der Entwicklungsprozeß nicht zum entscheidenden Vorteil gereicht. Betrachtet man die Studien und Veröffentlichungen der letzten Jahre,[47] so zeigt sich, daß zwischen verschiedenen Unternehmen erhebliche Leistungslücken bestehen, so daß zumindest für die leistungsschwachen Unternehmen ein enormer Handlungsbedarf besteht. Nach der 1990 veröffentlichten MIT-Studie in der Automobilindustrie wenden die japanischen Produzenten im Vergleich zu den europäischen und amerikanischen Produzenten beispielsweise für jedes neue Fahrzeug rund 40% weniger Entwicklungsstunden und rund 30% weniger Entwicklungszeit für ein Auto vergleichbarer Qualität auf.[48] Nach der McKinsey-Studie in der Automobilzuliefererindustrie wurden von den 167 weltweit untersuchten Unternehmen rund 60% als Unternehmen mit durchschnittlicher oder geringer Qualität eingeschätzt - gemessen an einem Qualitätsindex, in den Prozeß- und Designqualitätsindikatoren eingingen.[49] Unabhängig von der Exaktheit im Einzelfall zeigen diese Studien, daß allein angesichts des Leistungsgefälles eine Veränderungsnotwendigkeit existiert. Die leistungsschwachen Unternehmen versuchen, die

---

[47] Vgl. Womack et al., Machine, 1990; Clark / Fujimoto, Product Development Performance, 1991; Rommel et al., Einfach überlegen, 1993; Kluge et al., Wachstum durch Verzicht, 1994; Rommel et al. Qualität gewinnt, 1995.

[48] Vgl. Womack et al., Machine, 1990, S. 124.

[49] Vgl. Rommel et al., Qualität gewinnt, 1995, S. 33.

Lücke zu schließen, und die leistungsstarken Unternehmen versuchen, die Lücke als strategischen Wettbewerbsvorteil weiter auszubauen. Mit dieser relativ einfachen Feststellung ist zwar ein offensichtlicher Grund für die Notwendigkeit von Veränderungen gegeben; offen bleibt allerdings die Frage, weshalb so viele Unternehmen scheitern, das Leistungspotential der Entwicklung in vollem Umfang zu nutzen. In welche 'Fallen' tappen die Unternehmen auf dem Weg zur Verwirklichung des Leistungspotentials der Produkt- und Prozeßentwicklung?

*Falle Nr. 1 - Unzureichende organisationale Reaktion auf veränderte Umweltanforderungen*

Abrupter politischer Wandel, Intensivierung des Wettbewerbs durch Internationalisierung und Globalisierung, zunehmend fragmentierte und gesättigte Märkte mit anspruchsvollen Kunden, schneller technologischer Wandel vor allem in den Kommunikations- und Informationstechnologien und verändertes Wertegefüge in der post-industriellen Gesellschaft, so oder ähnlich wird der derzeitige radikale Wandel der Unternehmensumwelt beschrieben.[50] Besondere Bedeutung wird dabei dem Übergang vom Industrie- zum Informationszeitalter, von materiellen zu immateriellen Ressourcen als zentrale Wettbewerbsvorteile zugemessen.[51] Dieser postulierte Übergang bringt zwei wesentliche Veränderungen mit sich, die die Erfolgsmechanik in vielen Branchen verändert und organisationale Anpassungen hervorruft: die *Dematerialisierung der Wertschöpfung* und die *interpretative Leistung in der Informations- und Wissensverarbeitung*.[52]

Vor allem in der Konsumgüterindustrie ist der Trend zu beobachten, daß der materielle Anteil am Gesamtwert des Produktes abnimmt. Der immaterielle Anteil, repräsentiert durch das Kauf- und Konsumerlebnis, steigt stetig. Das Produkt entwickelt sich von einem Bündel technischer Spezifikationen zu einem 'Life style object'. In der Wertschöpfungskette des Unternehmens gewinnen dadurch immaterielle, geistige Aktivitäten zunehmend an Bedeutung. Die Fähigkeit, mit dem Produkt immaterielle Werte zu verbinden, die über die technischen Funktionen hinausgehen und mit dem Wertegefüge der Kunden harmonieren, wird zu einem entscheidenden Wettbewerbsvorteil. Dies erfordert die Schaffung von Wertegemeinschaften über die Unternehmensgrenzen hinaus, so daß die Organisationsmitglieder die Werte 'produzieren' können und die Kunden die Werte 'entschlüsseln und konsumieren' können.

> Sun's 13.000 employees are linked over a global network .... Everyone in the organization is interconnected, and the primary link among all these people is e-mail. Sun employees generate 1 million e-mail messages a day, meaning that each employee receives an average of 80 messages a day.[53]

---

[50] Vgl. z.B. Eccles / Nohria, Beyond the Hype, 1992, S. 3; Wheelwright / Clark, Revolutionizing, 1992, S. 3; Muzyka et al., Transformation, 1995, S. 347.

[51] Vgl. zu Bedeutung und Einfluß des technologischen Wandels in der Informations- und Kommunikationstechnologie: Morton, Organizational Forms, 1995, S. 339f..

[52] Vgl. Jung / Meier, Invisible Palaces, 1996, S. 13-16.

[53] Raduchel, Managing Change, 1994, S. 36.

Das Zitat von Sun Microsystems zeigt recht anschaulich, daß wir tatsächlich so etwas wie ein Informationszeitalter erreicht haben. Es zeigt allerdings auch, daß die knappe Ressource im Informationszeitalter nicht die Zugänglichkeit oder Beschaffung von Informationen ist, sondern die kognitive Verarbeitung der Informationen durch den Menschen. Bevor die Informationen zu anwendbarem, d.h. verhaltensdeterminierendem Wissen werden, müssen sie durch das Nadelöhr der menschlichen Wahrnehmung und Deutung. Bereits bei der Selektion, welche der 80 E-Mail Botschaften eine nähere Betrachtung verdienen, werden *interpretative Prozesse* - emotional oder kognitiv stimuliert - aktiviert. Die Vorstellung, daß sämtliche Mitarbeiter täglich eine individuelle Auswahl aus den verfügbaren Informationen treffen müssen, verdeutlicht die Gefahr des Informationsüberflusses für eine konsistente Ausrichtung des Unternehmens auf seine Visionen und Ziele. Im Informationszeitalter muß die Organisation folglich ein Muster für gemeinsame Interpretationen schaffen, das aufzeigt, welche Informationen wichtig sind und wie sie gedeutet werden sollen. Der strategische Wettbewerbsvorteil liegt also nicht nur in der Beschaffung von Informationen oder Wissen, sondern vor allem auch in der Entwicklung und Verbreitung eines *Interpretationsmusters* zur emotionalen und kognitiven Verarbeitung der Informationen.

Traditionelle Wettbewerbsvorteile - wie besserer Zugang zu materiellen und finanziellen Ressourcen, überlegene Produkt- und Prozeßtechnologien sowie 'Economies of Scale' - sind zwar nach wie vor wirksam, haben allerdings im Vergleich zu den angesprochenen eher kulturellen Faktoren an Bedeutung verloren.[54] Der Verweis auf die Organisationskultur, auf gemeinsame Wertgefüge und Interpretationsmuster führt zwangsläufig zu einer Rückbesinnung auf den Menschen und sein Verhalten als zentrale Ressource des Unternehmens.

Angesichts der veränderten Umweltanforderungen wird das vorherrschende organisationale Modell - auch in der Produkt- und Prozeßentwicklung - mit seinen dominierenden Kulturen, Strategien, Strukturen und Systemen grundlegend in Frage gestellt.[55] Als Gründe derzeitiger Anpassungsbemühungen werden folgende Defizite genannt: die begrenzte Leistungsfähigkeit zentraler Planungsansätze, die Ausbreitung bürokratischer Strukturen und Verhaltensweisen, mangelnde Bereitschaft und Fähigkeit zur Kooperation und mangelnde Leistungsanstrengung.[56] Die Veränderungsnotwendigkeit resultiert also aus den Defiziten der bürokratischen, funktionalen und auch divisionalen Organisationsmodelle angesichts der neuen Herausforderung. Ein neues Organisationsmodell zeichnet sich dementsprechend durch kleine unternehmerische Einheiten, weitreichende Dezentralisierung von Ressourcen und Delegation von Verantwortung, flache Hierarchien, reduzierte vertikale Planungs-, Koordinierungs- und Kontrollsysteme, Prozeßorientierung und interfunktionale Kommunikation und Integration aus.[57] Die entsprechende Managementphilosophie betont Führung durch Visionen und Werte, Vertrauen, Lernorientierung oder ganzheitliches Denken.

---

[54] Vgl. Pfeffer, Competive Advantage, 1994, S. 11.
[55] Vgl. Bartlett / Ghoshal, Beyond the M-Form, 1993, S. 24.
[56] Vgl. Frese / Werder, Organisation, 1995, S. 10-12, vgl. analog: Kilmann, Holistic Program, 1995, S. 176f..
[57] Vgl. Bartlett / Ghoshal, Beyond the M-Form, 1993, S. 41f.; Frese / Werder, Organisation, 1994, S. 7.

Das Problem des Managements von Veränderung in der Praxis 13

*Falle Nr. 2 - Mangelnde Schließung von Anpassungslücken durch Entwicklungsstrategie und -prozeß*

Die dramatischen Veränderungen, insbesondere die zunehmende Wettbewerbsdynamik und die wachsende technologische Komplexität, führen zu einer *Anpassungslücke* - auch als *Zeitschere* oder *Zeitfalle* bezeichnet - in der Entwicklung neuer Produkte und Prozesse.[58] Kürzere Produktlebenszyklen und tendenziell längere Produktentstehungsprozesse infolge zunehmender Technologie- und Produktkomplexität führen dazu, daß sich die Zeitspanne, in der sich die Entwicklungskosten amortisieren können, zunehmend verkürzt (vgl. Abbildung 1-4). In der Elektronikindustrie hat sich in einer Zeitspanne von 10 Jahren die Produktlebenszeit halbiert.[59] Gleichzeitig hat sich die 'Pay-off-Periode' verlängert, so daß sich die Zeitspanne, in der sich ein Produkt amortisieren kann, auf rund ein Jahr verkürzt hat. Diese Zeitschere führt zu der Notwendigkeit, die Strategie, das Programm und den Prozeß der Entwicklung entlang der Zeitdimension kontinuierlich zu verbessern. Zu den zahlreichen Maßnahmen die zur Verkürzung der Entwicklungszeit[60] dienen, gehört z.B. die systematische Nutzung externen Wissens durch Aufnahme fremder Ideen oder Patente und Lizenzen - eine Strategie, die nach den empirischen Untersuchungen von Mansfield die Innovationszeit um bis zu 30% verkürzen kann.[61]

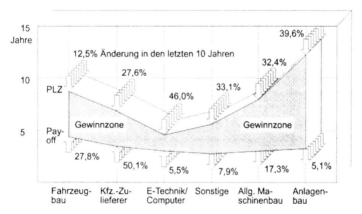

*Abbildung 1-4: Zeitfalle der Entwicklung*[62]

Das Unternehmen 3M reagiert auf die Dynamik der Zeitfalle, indem die Kennzahlen zur Führung der Geschäftseinheiten ständig verschärft werden. So stieg 1995 die Anforderung, 25%

---

[58] Vgl. Pfeiffer / Weiss, Zeitorientiertes Technologie-Management, 1990, S. 11; Kern, Problem, 1992, S. 21; Bleicher, Management of Change, 1994, S. 67; Specht / Beckmann, F&E-Management, 1996, S. 2.
[59] Vgl. Bullinger, F&E-heute, 1990; Wartschat / Wasserlos, Simultaneous Engineering, 1991, S. 23.
[60] Vgl. die Aufzählung in: de Pay, Verkürzung der Innovationszeit, 1995, S. 80.
[61] Vgl. Mansfield, Speed and Cost of Industrial Innovation, 1988, S. 1161.
[62] Bullinger, F&E-heute, 1990.

des Umsatzes mit Produkten zu erzielen, die innerhalb der letzten fünf Jahre eingeführt worden sind, auf 30% des Umsatzes mit bis zu vier Jahre alten Produkten.[63] Ein Unternehmen wie Sun Microsystems, das in einem Wettbewerbsumfeld agiert, in dem die Produktlebenszeiten, in diesem Fall Work Stations, nur 12 bis 18 Monate betragen, erzielt 95% seines Umsatz mit Erzeugnissen, die innerhalb der letzten zwei Jahre in den Markt eingeführt worden sind.[64] In einer solchen Dynamik haben auch die Geschäftsprozesse eine kurze Lebensdauer: Sun Microsystems verändert sie im Durchschnitt alle drei Jahre.[65]

*Falle Nr. 3 - Unzureichende Ausschöpfung weiterer Potentiale im Balanceakt zwischen konkurrierenden Zielen und Organisationsprinzipien*

Die derzeitige Diskussion in der Organisationstheorie betont die Notwendigkeit, an sich gegensätzliche Ziele und Organisationsprinzipien miteinander zu balancieren, beispielsweise *Kontrolle* und *'Empowerment'* miteinander in Einklang zu bringen.[66] Die Höhe des Niveaus, auf dem konkurrierende Ziele und Organisationsprinzipien miteinander noch harmonieren, kann durch innovative Organisationskonzepte - unterstützt durch moderne Informations- und Kommunikationstechnologien - stetig hinausgeschoben werden.

In der Produkt- und Prozeßentwicklung ist die Notwendigkeit für solche *Balanceakte* besonders stark ausgeprägt. Einerseits müssen alle Ziele der *Triade* Qualität, Kosten und Zeit gleichzeitig verwirklicht werden. Andererseits muß der Entwicklungsprozeß gleichzeitig hohe Kreativität und strikte Disziplin, interfunktionale Kooperation und funktionale Arbeitsteilung, systemorientierten Generalismus und detailorientierten Spezialismus sowie Kontrolle und Delegation verwirklichen. Die derzeitigen Lösungen, wie plattformbasierte Produktlinien, Entkopplung der Vorentwicklung, Simultaneous Engineering, Lieferantenintegration, interdisziplinäre Teams, meilensteinorientierte Phasenmodelle, 'heavy-weight' Projektmanagement etc. haben sich in den meisten Fällen als wirkungsvoll erwiesen, den Balanceakt auf ein höheres Niveau zu heben. Während eine große Anzahl von Unternehmen noch mit der Verwirklichung dieser Konzepte beschäftigt ist, experimentieren andere bereits mit neuen Innovationen.

Das Automobilunternehmen Toyota geht beispielsweise von einem "Point-based-" zu einem "Set-based Concurrent Engineering" über.[67] Dabei werden auf System- und Subsystemebene alternative Lösungsansätze definiert und parallel entwickelt. Die Optimierung entsteht nicht nur durch die mehrfache Rekursion von Design-Build-Test-Schleifen einer einzigen Lösung, sondern auch durch das Streichen der suboptimalen Lösung, wodurch die Anzahl der Rückkopplungsschleifen drastisch reduziert werden kann (vgl. Abbildung 1-5). Der Flugzeughersteller Boing setzt neue Maßstäbe in der Nutzung von Informations- und Kommunikations-

---

[63] Vgl. Muzyka et al.; Transformation, 1995, S. 347.
[64] Vgl. Raduchel, Managing Change, 1994, S. 36.
[65] Vgl. ebda., a.a.O..
[66] Vgl. z.B. Simons, Control, 1995.
[67] Vgl. ebda., S. 44.

Das Problem des Managements von Veränderung in der Praxis 15

technologie bei der Entwicklung der Boing 777.[68] Die Boing 777 wurde vollständig mit '3-D Solid Modeling Technology' konstruiert und sämtlich Montagevorgänge wurden per Computer simuliert. Mit dem Einsatz eines wissensbasierten Expertensystems wurden interaktiv, d.h. in der laufenden Entwicklung, Konstruktionsregeln zur Standardisierung formuliert und den Konstrukteuren zur Verfügung gestellt. Auf diese Art und Weise konnte auf einen physischen Prototypen des gesamten Flugzeugs vollständig verzichtet werden. Die Entwicklungszeit konnte verkürzt und Spezifikationsprobleme konnten um 75 - 80% reduziert werden.

*Abbildung 1-5. 'Point-based' vs 'Set-based' Concurrent Engineering*[69]

*Falle Nr. 4 - Mangelnde situative Anpassung von Best-Practice-Konzepten und -Instrumenten*

Ein Vielzahl von Strategien, Organisationskonzepten, Planungs- und Kontrollinstrumenten, Termin- und Kostenverfolgungssystemen, Qualitätssicherungsinstrumenten und CAx-Instrumenten sind entwickelt worden, um das Potential der Produkt- und Prozeßentwicklung voll auszuschöpfen. Die Implementierung dieser Konzepte und Instrumente wird zumeist durch das Bestreben ausgelöst, die Verfahrensweisen eines besonders erfolgreichen Unternehmens, die *'Best Practices'*, zu imitieren. Dabei standen auch in der Entwicklung insbesondere japanische Unternehmen im Mittelpunkt des Interesses.[70] Die Gefahr solcher Imitationen liegt in der unzureichenden Berücksichtigung *situativer Faktoren* bei der Auswahl und Anwendung. Die Übernahme von solchen Konzepten und Instrumenten erweist sich nur dann als förderlich für die Zielerreichung, wenn ein ausreichender *Fit* zur spezifischen Organisationskultur, zu den vorhanden Strategien, Aufgaben und Fähigkeiten sowie zur gegebenen Systemlandschaft existiert - und zwar in Bezug auf das Unternehmen als auch auf den konkreten Einsatzbereich und die spezifischen Projekte. Während die meisten europäischen und amerikanischen Automobilunternehmen mit interdisziplinären Teams und detaillierten Prozeßabläufen entwickeln, verwendet Toyota eine Matrixorganisation ohne vollständige Dedikation und Kolokation und beschränkt sich auf die Vorgabe von Meilensteinen ohne detaillierte Definition von Aktivitä-

---

[68] Vgl. Boing, Internet.
[69] Vgl. Ward et al., Toyota Paradox, 1995, S. 48 und 55.
[70] Vgl. für die Produkt- und Prozeßentwicklung: Bürgel et al.; Japanische Konkurrenz, 1995; de Pay, Verkürzung der Innovationszeit, 1995.

ten.[71] Dieser Unterschied ist zwar ein Grund, das eigene Vorgehen zu hinterfragen, aber nicht, das Vorgehen des 'Branchenprimus' unreflektiert zu übernehmen. Ein weiteres Beispiel aus der Automobilindustrie soll diesen Zusammenhang verdeutlichen.

*Abbildung 1-6: Strategien der Serienwerkzeugherstelllung japanischer Automobilproduzenten[72]*

Anfang der 90er Jahre sah die konventionelle Strategie der Serienwerkzeugherstellung, die auch überwiegend in Europa verfolgt wurde, folgenden Ablauf vor (vgl. Abbildung 1-6). Die Prototypen wurden aus Teilen hergestellt, die aus Hilfswerkzeugen stammten. Erst in der Produktionsvorbereitungsserie fand ein schneller Übergang zu Serienwerkzeugen statt. Die Nachteile dieses Vorgehens lagen im relativ späten Erkennen von Serienproblemen, in relativ hohen Werkzeugänderungskosten und in einem hohen Zeitbedarf für die Produktionsvorbereitungs- und Nullserie. Zwei Wettbewerber konnten aufgrund spezifischer Fähigkeiten andere Strategien anwenden, die jeweils im Vergleich zur konventionellen Strategie den Prozeß der Werkzeugherstellung verbesserten. Die eine Vorgehensweise sah eine extrem frühe, die andere eine extrem späte Serienwerkzeugherstellung vor. Im ersten Fall lagen die Vorteile in der frühen Erkennung von Serienproblemen, während mögliche Nachteile, vor allem die hohen Änderungskosten, durch die spezifischen Fähigkeiten ausgeglichen wurden. Das Unternehmen erreichte in der Regel bereits in frühen Phasen einen relativ stabilen Entwicklungsstand und verfügte über kostengünstige Verfahren zur Werkzeugänderung. Im zweiten Fall profitierte das Unternehmen von den geringen Änderungskosten der Serienwerkzeuge. Der Einsatz von sehr seriennahen Hilfswerkzeugen und die extrem schnelle Erstellung von Serienwerkzeugen mit einer geschlossenen CAD-CAM-Kette befähigten das Unternehmen, die möglichen Nachteile dieser Strategie - das zu späte Erkennen von Serienproblemen und die Verlängerung der Entwicklungszeit - auszugleichen. Aufgrund von spezifischen Fähigkeiten konnten beide Unternehmen mit grundlegend verschiedenen Strategien den Prozeß verbessern. Eine einfache Imitation ohne situative Anpassung hätte dieses Verbesserungspotential nicht realisiert.

---

[71] Vgl. Ward et al., Toyota Paradox, 1995, S. 44.
[72] McKinsey, Interviews mit den Herstellern.

Das Problem des Managements von Veränderung in der Praxis 17

*Falle Nr. 5 - Gefangenheit in den 'Teufelskreisen' einer dynamischen, netzartigen Struktur*

Die Produktentwicklung ist kein einfacher sequentieller Prozeß mit eindimensionalem Informationsfluß, sondern ein Prozeß, bei dem die "... Gesamtheit der Interdependenzen ... eine eher netzartige Struktur, sog. Aktivitäten-Cluster ..."[73] aufweist. Der Entwicklungsprozeß zeichnet sich durch einen niedrigen Grad der sequentiellen Prozeßstrukturierung und einen hohen Grad der interfunktionalen Zusammenarbeit aus.[74]

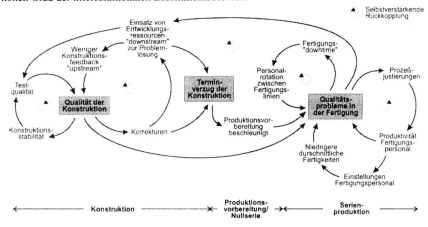

*Abbildung 1-7: Produkt- und Prozeßentwicklung als komplexe, netzartige Struktur*[75]

In der Regel werden in einem Unternehmen allerdings nicht nur ein Entwicklungsprozeß- bzw. projekt, sondern mehrere Projekte gleichzeitig abgewickelt, die sich in unterschiedlichen Phasen befinden können. Zudem fallen verschiedene Aufgaben in der Pflege bestehender Produkte an, die ebenfalls vom Entwicklungsbereich vollbracht werden müssen. Die verschiedenen Entwicklungsvorhaben und -aktivitäten sind durch den konkurrierenden Zugriff auf gemeinsame, knappe Ressourcen miteinander verknüpft. Die Eigenschaft des Entwicklungsprozesses als 'Aktivitätencluster' und die Interdependenzen über den gemeinsamen Ressourcenzugriff führen dazu, daß durch einmalige Probleme - wie z.B. Überbelastung durch Projektvielfalt oder Qualitätsprobleme in der Fertigung - *selbstverstärkende Rückkopplungsmechanismen* ausgelöst werden können, die als *Teufelskreise* ein schlechtes Leistungsniveau zementieren. Vor dem Hintergrund der eingangs gestellten Frage nach den Gründen für die mangelnde Realisierung des Leistungspotentials empfiehlt es sich also, die Entwicklung als eine *dynamische, netzartige Struktur* unterschiedlichster Prozesse und Aktivitäten zu betrachten, in

---

[73] Gaitanides, Business Reengineering, 1995, S. 70; vgl. dazu auch das Netzplanmodell in: de Pay, Verkürzung der Innovationszeit, 1995, S. 85.

[74] Vgl. zu dieser Prozeßklassifizierung: Teng et al., Business Process Reengineering, 1994, S. 15.

[75] Mass / Berkson, Going slow, 1995, S. 21; analog: Adler et al., Product Development Process, 1996, S. 139.

der zahlreiche positive oder negative *selbstverstärkende Rückkopplungsmechanismen* auftreten können (vgl. Abbildung 1-7).[76]

Ein Beispiel für eine einfache negative Rückkopplungsschleife ist der folgende Zusammenhang: Qualitätsprobleme in der Fertigung führen zum Einsatz von Entwicklungsressourcen zur Fehlerbeseitigung an existierenden Erzeugnissen. Dies wiederum führt zu unzureichendem Kapazitätseinsatz für die Fehlervermeidung bei der Entwicklung von neuen Erzeugnissen, was wiederum bewirkt, daß die Erzeugnisse zum Serienstart die Qualitätsziele nicht erreichen. Innerhalb der komplexen, netzartigen Struktur der gesamten Produkt- und Prozeßentwicklung ist diese Rekursionsschleife nur ein möglicher Wirkungszusammenhang, mit dem andere Zusammenhänge verwoben sind und sich überlagern (vgl. Abbildung 1-7).

Unternehmen oder F&E-Bereiche, die einmal in den Sog der Selbstverstärkung solcher *Teufelskreise* geraten sind, gelingt es zumeist nicht, das volle Leistungspotential der Entwicklung zu realisieren. Maßnahmen, die auf eine *inkrementelle* Verbesserung ausgerichtet sind - wie z.B. stärkere Formalisierung des Ablaufs und Einführung von Qualitätssicherungsinstrumenten - können die vorherrschenden Mechanismen oft nicht aufbrechen. Die Qualitätsprobleme der Fertigung, die infolge von Nacharbeit, Ausschuß und Gewährleistungen sowie von Image- und Loyalitätsverlusten zu erheblichen direkten und indirekten Kosten führen, haben im 'alltäglichen' operativen Geschäft höchste Priorität und dominieren folglich in der Konkurrenz um knappe Ressourcen. In der Regel ist deshalb ein *massives und radikales, projektübergreifendes* Maßnahmenbündel notwendig, das beispielsweise eine Bereinigung des Projektportfolios und die Beendigung einzelner Projekte, einen vorübergehenden Aufbau von Ressourcen, ein umfangreiches Fehlerbeseitigungsprogramm in der Fertigung und effektive Maßnahmen zur frühzeitigen Fehlervermeidung in der Entwicklung vorsieht. Allerdings greifen solche Maßnahmen nur dann, wenn sich die vorherrschenden individuellen Verhaltensweisen aller beteiligten Mitarbeiter verändern, denn letztlich konstituiert sich die dynamische, netzartige Struktur aus individuellem Verhalten.

***Falle Nr. 6 - Unzureichendes Komplexitätsmanagement zur Balancierung hoher Innovativität und Differenzierung vs. hoher Faktorproduktivität***

Innovationswettbewerb, d.h. die Fähigkeit, sich schnell und gezielt über neue Technologien und überlegene Produkte und Prozesse zu differenzieren, ist insbesondere in gesättigten Märkten ein entscheidender Wettbewerbsvorteil.[77] Hohe Innovativität und Differenzierung haben allerdings nicht nur eine positive Wirkung auf den Unternehmenserfolg. Die Gefahr von Innovationsstrategien, die sich durch eine hohe Frequenz neuer Produkte, durch ein breites Angebot von Varianten und durch eine hohe Produktdifferenzierung über Spezifikations-

---

[76] Vgl. Mass / Berkson, Going slow, 1995; Adler et al., Product Development Process, 1996.

[77] Vgl. Saad et al., F&E-Strategie, 1991, S. 14. Nach Clark / Fujimoto ist die hohe Innovationsrate der japanischen Automobilhersteller ein wesentlicher Erfolgsfaktor für die Marktanteilsgewinne der 80er Jahre in Europa und Nordamerika: Clark / Fujimoto, Product Development Performance, 1991, S. 90.

Das Problem des Managements von Veränderung in der Praxis

vielfalt auszeichnen, besteht in einem starken Anstieg der *Komplexität* in der gesamten Wertschöpfungskette des Unternehmens.[78]

Nach einer Studie der Unternehmensberatungsfirma McKinsey & Comp. zusammen mit der Stanford University und der Universität Augsburg in der Elektronikindustrie ergibt sich ein eindeutiger Zusammenhang zwischen Komplexität und Unternehmenserfolg. Erfolgreiche Unternehmen, gemessen an Umsatzrendite und -wachstum, verfügen über einen geringeren Grad der Komplexität, gemessen an der mit dem Umsatz gewichteten Variantenanzahl oder Teileanzahl.[79] Das Beispiel der Computer- und Kommunikationsindustrie aus dieser Untersuchung in Abbildung 1-8 zeigt darüber hinaus, daß die hohe Komplexität nicht nur *external* durch die Markt- und Produktstrategien des Unternehmens, sondern auch *internal* durch die Umsetzung dieser Strategien verursacht wird.

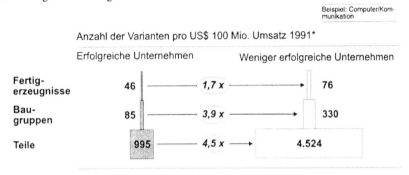

*Abbildung 1-8: Zusammenhang zwischen Unternehmenserfolg und Komplexität am Beispiel der Computer- und Kommunikationsindustrie[80]*

*External verursachte Komplexität:* In der Bemühung, durch eine Differenzierungsstrategie Marktanteile zu gewinnen, steigern die Unternehmen die Anzahl der Segmente und Nischen, die mit neuen Produkten und Varianten bedient werden.[81] Das Ergebnis dieser Entwicklung ist eine Vielfalt von Markt- und Kundensegmenten und Produktvarianten. Die hohe Variantenvielfalt führt nach der Untersuchung von Coenenberg / Prillmann - entgegen der strategischen Absicht vieler Unternehmen - nicht zwangsläufig zu einer relativen Verbesserung des Marktanteils und des Marktanteilswachstums.[82] Hohe Variantenvielfalt kann nach dieser Untersu-

---

[78] Vgl. dazu z.B. Coenenberg / Prillmann, Variantenvielfalt, 1995, S. 1234.

[79] Vgl. Kluge et al., Wachstum durch Verzicht, 1994, S. 41 und S. 45; für den Zusammenhang Umsatzrendite und Variantenvielfalt: Coenenberg / Prillmann, Variantenvielfalt, 1995, S. 1239 und 1253.

[80] Kluge et al., Wachstum durch Verzicht, 1994, S. 54.

[81] Nach einer Untersuchung von 29 Unternehmen durch Wildemann wurde die Anzahl der Varianten in stagnierenden Märkten zwischen 1980 und 1990 um 400 bis 520% gesteigert: Wildemann, Just-in-Time Konzept, 1990, S. 314.

[82] Vgl. Coenenberg / Prillmann, Variantenvielfalt, 1995, S. 1235ff..

chung sowohl positiv - z.B. in der Industrieelektronik/Meßtechnik - als auch negativ - z.B. in der Konsumelektronik/Kleinprodukte - mit dem Umsatzwachstum korrelieren.

Während sich die positiven Effekte der marktgetriebenen Vielfalt in Abhängigkeit vom Industriekontext einstellen, gefährden die negativen Effekte in jedem Fall die Kostenposition und die Produktivität des Unternehmens[83] sowie die Qualität in der gesamten Wertschöpfung, so daß sich unter dem Strich der bereits dargelegte negative Gesamteffekt der Vielfalt auf den Unternehmenserfolg ergeben kann. Zwei Mechanismen tragen wesentlich zu den negativen Auswirkungen der Vielfalt bei. Erstens, die Realisierung eines komplexen Innovationsportfolios führt zwangsläufig zu einem komplexen Projektportfolio in der Entwicklung, so daß - gleiche F&E-Intensität vorausgesetzt - zahlreiche Projekte mit 'unterkritischem' Kapazitätseinsatz abgewickelt werden müssen - mit den entsprechenden Folgen für Kosten und Qualität.[84] Zweitens, neue Varianten im Produktportfolio, die nicht in der Lage sind, vorhandene Wertschöpfungsprozesse oder Produktionsfaktoren zu nutzen, können zu zusätzlichen Investitionen und Kosten führen und die Gesamtproduktivität des Unternehmens schmälern. Diese Gefahr wird durch den Mangel der herkömmlichen Produktkalkulation, die *Komplexitätskosten*[85] verursachungsgerecht zuzuordnen, verstärkt. Durch die pauschale Zuschlüsselung der vielfaltsgetriebenen indirekten Kosten über die direkten Kosten werden Produkte, die nur in kleinen Mengen produziert und abgesetzt werden, mit einem zu geringen Anteil an den indirekten Kosten belastet. Dementsprechend werden zahlreiche Produkte mit kleinen Stückzahlen als profitabel ausgewiesen, obwohl sie nach einer verursachungsgerechten Kostenzuordnung negative Deckungsbeiträge bzw. Verluste erbringen würden.

*Internal verursachte Komplexität:* Das Beispiel der Computer-/Kommunikationsindustrie in Abbildung 1-8 zeigt, daß nur ein Teil des Komplexitätsproblems durch die Marktbedienung verursacht wird. Nach dieser Untersuchung benötigen erfolgreiche Unternehmen vergleichsweise weniger Baugruppen und Teile je Produktvariante. Sie haben also nicht nur eine geringere marktbedingte Variantenvielfalt, sondern federn diese Vielfalt durch Vermeidung und Beherrschung interner Komplexität besser ab. Dies wird erreicht, indem weniger Teile und Baugruppen je Produktvariante und/oder gleiche Teile und Baugruppen für verschiedene Produktvarianten verwendet werden. Unternehmen, die solche Strategien nicht verfolgen, erleiden infolge ausufernder Komplexität erhebliche Kosten- und Qualitätsprobleme.

Die zugrundeliegenden Mechanismen zwischen der internalen Komplexitätsverursachung und den Kosten- und Qualitätseffekten sind allerdings nicht immer offensichtlich. Das Beispiel in Abbildung 1-9 zeigt deutlich, wie die Entscheidungen in Entwicklung und Einkauf förmlich

---

[83] Vgl. ebda., S. 1237f..

[84] Vgl. zu den Folgen Falle 5.

[85] Komplexitätskosten sind die vielfaltsabhängigen Kostenanteile der direkten und vor allem der indirekten Bereiche wie Entwicklung oder Einkauf, die nicht von der Menge des Produktes oder des Teiles, sondern von dem jeweiligen Bearbeitungsvorgang bzw. Geschäftsvorgang der entsprechenden Variante abhängen, z.B. Los- oder Auftragsabhängigkeit. Sie betragen ca. 10-20% der Gesamtkosten: Wildemann, Fabrik als Labor, 1990, S. 617; Rommel et al., Einfach überlegen, 1993, S. 24.

Das Problem des Managements von Veränderung in der Praxis 21

zu einem '*Dominoeffekt der Komplexität*' führen können, dessen Konsequenz enorme Kosten- und Qualitätsprobleme in der Fertigung sind.

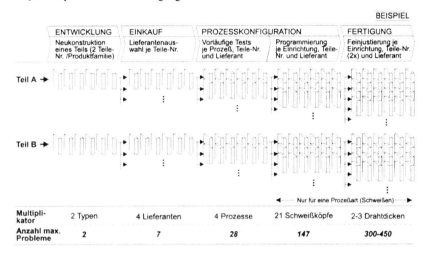

Abbildung 1-9: *Dominoeffekt internal verursachter Komplexität*

Die Entwicklung konstruiert für eine Produktfamilie von Elektromotoren zwei neue Kollektoren A und B, um die Kosten der Produktfamilie zu senken. Für diese Kollektoren bestimmt der Projekteinkauf vier Lieferanten, von denen alle A und nur drei B liefern. In der Prozeßkonfiguration werden für die vier Bearbeitungsprozesse an den Kollektoren - Pressen, Wickeln, Drehen und Schweißen - zunächst vorläufige Tests durchgeführt und dann die Serieneinrichtungen programmiert und eingestellt. Die Fertigung schließlich führt die Änderung in die Serie ein, indem die entsprechenden Prozesse feinjustiert werden. Die Entscheidung, die Kollektoren neu zu konstruieren, hat vier verschiedene Funktionen in fünf Prozeßschritten involviert. Entlang dem Prozeß von der Entwicklung bis zur Serieneinführung kumuliert die Komplexität aufgrund multiplikativer Mechanismen explosionsartig. Die Entwicklung muß zwei Probleme lösen, die Konstruktion zweier Kollektoren. Der Einkauf löst sieben Probleme, die Festlegung von sieben Teil-Lieferant-Kombinationen. In dem Vortest müssen bereits 28 Probleme gelöst werden. Die Lieferanten verwenden unterschiedliche Herstellungsverfahren für die zwei Kollektoren, so daß aus der Sicht der Prozeßkonfiguration nicht zwei, sondern sieben verschiedene Teile vorliegen. Allein für den Prozeß des Schweißens müssen anschließend in der Prozeßkonfiguration auf den Serieneinrichtungen 147 Probleme gelöst werden. 21 Schweißköpfe in drei Fertigungslinien müssen für sieben unterschiedliche Teil-Lieferant-Kombinationen programmiert werden. Die Fertigung schließlich muß unter Umständen 300-450 Probleme lösen. Je Fertigungslinie werden zwei bis drei Drahtdicken verwendet, die mit 147 Teil-Lieferant-Schweißkopf-Kombinationen verknüpft werden können. Dies geschieht in der laufenden Serie und folglich können erhebliche Qualitätsprobleme entstehen. Dieses Beispiel verdeutlicht, wie Komplexität entsteht und sich auswirkt. Die Entscheidung der Entwicklung, *zwei* Kollektortypen festzulegen und die Entscheidung des Einkaufs, *vier* Lieferanten auszuwählen, führen zu einer vermeidbaren Vielfalt. Durch die multiplikative Verstärkung dieser Komplexität entlang dem Entwicklungs- bzw. Änderungsprozeß wird die erzielte Kostenersparnis etwa durch den niedrigeren Einkaufspreis durch die direkten Kosten der Änderung und die indirekten Kosten infolge von Produktionsausfällen und Qualitätsproblemen vermutlich vollständig aufgezehrt. Vor diesem Hintergrund erweist sich die *Handlungstheorie* des Managements, durch nachträgliche Konstruktionsänderungen Kosten einzusparen als kontraproduktiv.

Das Ausmaß der external und internal verursachten Komplexität wird im wesentlichen durch die Planung und Realisierung von Produkten und Prozessen in der Entwicklung beeinflußt. Hier setzen deshalb auch die meisten Maßnahmen an. Dazu gehört die enge Kopplung von Unternehmens-, Markt- und Technologiestrategien mit der Entwicklungsstrategie. Als Lösungskonzepte in diesem Zusammenhang dienen die Gestaltung von Produkt- und Prozeßlinien nach dem Plattform- bzw. Baukastenprinzip, die Bündelung von Spezifikationen zu Ausstattungspaketen und die Modularisierung von Produkt- und Fertigungskonzepten. Die Einrichtung von Kernlieferanten, die Verfolgung einer Gleichteilepolitik mit Datenbankunterstützung oder die Minimierung der Teileanzahl mit Methoden der Wertgestaltung oder der fertigungsgerechten Konstruktion können ebenfalls zu einer Komplexitätsreduktion beitragen. Unterstützt werden solche Maßnahmen durch eine Berücksichtigung von Komplexitätskosten in der Kostenrechnung.

*Falle Nr. 7 - Erfolglose Strategien zur Bewältigung der Komplexität und des Risikos in der Entwicklung*

Die Entwicklung von neuen Produkten und Prozessen läßt sich als ein Optimierungsproblem auffassen, bei dem unterschiedlichste Anforderungen aus dem gesamten Produktleben, von der Produktion über die Nutzung durch den Kunden bis hin zur Entsorgung, in eine optimale Lösung für Produkt und Prozeß integriert werden müssen (vgl. Abbildung 1-10). In der Entwicklung müssen die Gestaltungsparameter für das Produkt und seine Prozesse folglich so festgelegt werden, daß sich als Lösungsvektor die Parameterkonstellation ergibt, die die zum Teil konkurrierenden Anforderungen bestmöglich erfüllt.

Die Gestaltungsparameter des Produktes sind beispielsweise verwendete Funktions- bzw. Wirkprinzipien, Art und Anzahl der Baugruppen oder geometrische Abmessungen einzelner Teile. Unterschiedliche Lebensphasen des Produktes stellen unterschiedliche Anforderungen an diese Gestaltungsparameter. Die Forderung nach kurzen Durchlaufzeiten beim Spritzgießen von Kunststoffkomponenten führt so z.B. zu entsprechenden Forderungen für die Gestaltung der Parameter 'Wanddicke' und 'Materialauswahl' des Spritzgußteils. Die gleichen Gestaltungsparameter wirken sich allerdings auch auf die Erfüllung von Kundenanforderungen wie etwa Zug- und Druckbelastungen oder Gewicht oder auf die Erfüllung von Entsorgungsanforderungen wie die Recyclingfähigkeit des eingesetzten Materials aus.

Die Vielzahl der Anforderungen und ihre wechselseitigen Verknüpfungen über die Gestaltungsparameter machen die Entwicklung zu einem *äußerst komplexen Optimierungsproblem*.

Zudem führt das zeitliche Auseinanderfallen von Entwicklung und Produktion, Nutzung etc. zu einer *Unsicherheit*, ob die Anforderungen sich tatsächlich, wie angenommen, ergeben und durch das Produkt und seine Prozesse erfüllt werden können. Im Bezug auf die Kundenanforderungen stellt sich z.B. die Frage, ob der Kunde bereit ist, für alle Optionen, die im Produkt vorgesehen sind, das entsprechende Preispremium zu zahlen. Komplexität und Unsicherheit führen zu einem hohen *Risiko* in der Entwicklung,[86] das sich - je nach Industrie - in äußerst hohen Mißerfolgsraten niederschlägt. In der pharmazeutischen Industrie beträgt die kumulative Erfolgsquote von der Idee bis zur Markerschließung beispielsweise 1:10.000.

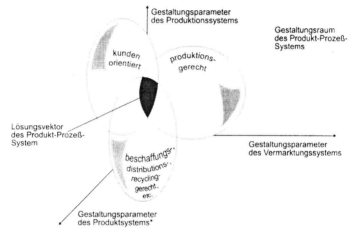

*Abbildung 1-10: Produkt- und Prozeßentwicklung als n-dimensionales Optimierungsproblem*

Zahlreiche Strategien, Konzepte und Instrumente können zur angestrebten 'Einfachheit und Sicherheit' bei der Entwicklung eines Produkt- und Prozeßsystems beitragen. Dazu gehören die Trennung von Vor- und Serienentwicklung, Patent- und Lizenzstrategien, die Verwirklichung von Simultaneous Engineering Ansätzen, die Einrichtung von interdisziplinären Teams oder der Einsatz von Instrumenten zur Qualitätssicherung oder fertigungsgerechten Gestaltung.[87] Allerdings sollten diese Strategien, Konzepte und Instrumente in dem Bewußtsein eingesetzt werden, daß die Einfachheit häufig durch eine *Priorisierung* erzielt wird. In dem vielzitierten Instrument der Qualitätssicherung, *Quality Function Deployment* (QFD),[88] wird die Integration von Produktionsanforderungen erst sehr spät explizit berücksichtigt. Nach dem Sollablauf des Instruments werden die zu erfüllenden Kundenanforderungen und das Produkt-

---

[86] Vgl. zu Unsicherheit und Risiko in der Entwicklung: Specht / Beckmann, F&E-Management, 1996, S. 26ff.; Saad et al., F&E-Strategie, 1991, S. 79ff..

[87] Vgl. Aufzählung in: Specht / Beckmann, F&E-Management, 1996, S. 30.

[88] Vgl. z.B. Hauser / Clausing, Stimme des Kunden, 1988; Akao, Quality Function Deployment, 1990.

konzept, d.h. die Funktionsmerkmale und die Merkmale von Produkt, Baugruppen und Bauteilen, festgelegt, ohne parallel dazu die Gestaltung des Produktionskonzepts, d.h. den Automatisierungsgrad, die Montagegesequenz etc., zu integrieren. QFD priorisiert bei der Produktgestaltung insofern die Integration der Kundenanforderungen gegenüber der Integration der Anforderungen, die sich z.b. aus der Abstimmung der Produkt- und Prozeßtechnologien ergeben. Wenn diese formale Priorisierung dazu führt, daß in den Anfangsphasen des Instruments tatsächlich keine Produktionsmitarbeiter beteiligt sind und die Produktionsanforderungen erst nach einer Übergabe der ausgefüllten Formblätter an die Produktionsabteilung berücksichtigt werden, dann wird die Strategie aller Voraussicht nach fehlschlagen, durch den Einsatz dieses Instrumentes die Komplexität und das Risiko der Entwicklung zu beherrschen.

*Falle Nr. 8 - Auseinanderklaffen des formalen Organisationsmodells und des realen Organisationsverhaltens*

In den Bemühungen der letzten Jahre, die Leistungslücke in der Entwicklung zu schließen, ist eine Vielzahl von *formalen* Gestaltungselementen verändert worden. Insbesondere die unternehmensweite Einrichtung von Qualitätsmanagementsystemen im Rahmen der Zertifizierungsbestrebungen à la Din ISO 9000ff. und QS9000 hat oft eine Vielfalt von neuen Organigrammen, Ablaufdiagrammen sowie Aufgaben- und Arbeitsplatzbeschreibungen beschert - mit dem Resultat, daß die Abläufe in zahlreichen Unternehmen eher bürokratischer und zähflüssiger als effektiver und effizienter geworden sind. Für den einzelnen Mitarbeiter führt diese Vielfalt von Verfahrensregeln eher zur Verwirrung und Resignation als zur Steigerung seines Leistungspotentials (vgl. Abbildung 1-11).

In dem in Abbildung 1-11 skizzierten Fallbeispiel liegt die Seitenanzahl der für einen Konstrukteur relevanten Dokumente des Entwicklungsablaufs bei einer Summe von über 1000.[89] Diese Vielfalt entsteht einerseits durch mehrere 'gesetzgebende' Instanzen im Unternehmen, andererseits durch die fehlende Priorisierung und Konzentration auf die kritischen Stellhebel der Entwicklung. In dem Unternehmen werden auf Konzern-, Geschäftsbereichs- und Abteilungsebene Dokumente zur Regelung des Entwicklungsablaufs verfaßt. Der Konzern formuliert Richtlinien, z.B. für die Qualitätssicherung in der Entwicklung, die von den Geschäftsbereichen in 'geltendes Recht' umgesetzt werden müssen. Die Entwicklungsabteilungen schließlich passen das Regelwerk situativ an ihr Projekt- und Aufgabenportfolio an, z.B. an die Entwicklung von mechanischen Teilen, elektronischen Teilen oder Software. Die resultierende Dokumentation für den einzelnen Konstrukteur ist gekennzeichnet durch Parallelität von Dokumenten zu gleichen Inhalten und durch Kreuzverweise zwischen Dokumenten verschiedener Ebenen, so daß Auslegungsprobleme auftreten müssen. Zudem ist das Regelwerk nicht priorisiert, so daß wichtige Verfahrensregeln - wie etwa über die grundsätzlichen Phasen, Aktivitäten und Meilensteine - auf einer Ebene mit weniger bedeutenden Anweisungen stehen - wie z.B. die Prozeduren zur Veränderung von Konstruktionszeichnungen. Das Fallbeispiel zeigt, wie eine unkontrolliert entstandene Vielfalt von formalen Regelungen eine pro-

---

[89] In dieser Summe sind Dokumente mit produkt-/konstruktionstechnischen Inhalten nicht berücksichtigt.

blemspezifische und schnelle Auswahl und Anwendung des Verfahrenswissens der Organisation gefährdet. Oft entsteht so eine *Kluft* zwischen dem *formal fixierten Idealbild* der Entwicklung und den *realen Abläufen und Strukturen*.

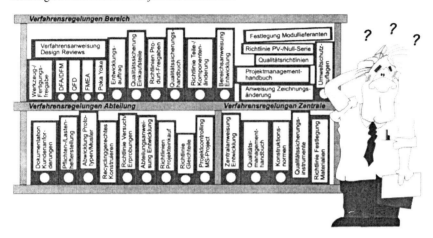

*Abbildung 1-11: Vielfalt von Verfahrensregelungen in der Entwicklung*

Durch die ausschließliche Konzentration auf formale Gestaltungshebel wird die Lücke zwischen dem *formalen Organisationsmodell* und dem *informalen Orgnisationsverhalten*, zwischen dem *Idealbild der Gestalter* und der *Realität der Organisation,* eher vergrößert als verkleinert. Der Grund liegt in dem begrenzten Einfluß von formalen Gestaltungsobjekten auf individuelles und damit auch organisationales Verhalten. Das individuelle Verhalten wird nicht direkt durch die objektiven Eigenschaften der Umwelt beeinflußt, sondern durch die individuelle Wahrnehmung und Interpretation dieser Eigenschaften. Diese werden im organisationalen Kontext durch soziale Prozesse beeinflußt, so daß individuelles und damit auch organisationales Verhalten nur bedingt durch formale Gestaltung beeinflußbar ist. Einige Beispiele aus funktionaler, sozialer und mentaler Perspektive der Organisation sollen diesen Zusammenhang veranschaulichen (vgl. Tabelle 1-1). Der eigentliche Zweck der Entwicklungsfunktion bzw. des Entwicklungsprozesses ergibt sich nicht nur aus der offiziellen Proklamation, sondern auch wesentlich aus den akuten Problemen und politischen Interessen im Tagesgeschäft. Die Entwicklungsstrategie und das Projektportfolio werden oft nicht nur durch die definierten Planungsprozeduren festgelegt, sondern sie entstehen auch durch Verpflichtungen gegenüber Kunden oder Vorgesetzten unkontrolliert auf allen Ebenen der Organisation. Der Umfang und die Qualität der sozialen Interaktion und Kommunikation wird eher durch vorhandene *interfunktionale Barrieren* wie etwa unterschiedliche Sprache oder dominierende Vorurteile als durch schriftlich fixierte Leitbilder wie etwa den Aufruf zur offenen Kommunikation beeinflußt.[90] Der ideelle, bindende Kern wird nachhaltiger durch die *kollektive Sinn-*

---

[90] Vgl. zur Bedeutung interfunktionaler Kommunikation in F&E z.B.: Saad et al., F&E-Strategie, 1991, S. 21f.

*stiftung* in sozialen Prozessen als durch die offizielle Proklamation von Leitvisionen beeinflußt. So kann die Proklamation: "Wir wollen mit unseren Produkten die Wohlfahrt der Gesellschaft steigern" ihre sinnstiftende Wirkung nicht entfalten, wenn der gesellschaftliche Nutzenbeitrag der Erzeugnisse nach der in der Organisation vorherrschenden kollektiven Auslegung der internen und externen Signale als äußerst bescheiden eingestuft wird.

|  | **Ideales / formales Organisationsmodell** | **Reales / informales Organisationsverhalten** |
| --- | --- | --- |
| **Funktionale Persp.** | • Offiziell proklamierte Zwecke/Ziele von F&E-Funktion/-Kernprozeß | • Tatsächliche Zwecke/Ziele von akuten Problemen, politischen Interessen und individuellen Motiven bestimmt |
|  | • Definierte Planungsprozeduren für Entwicklungsstrategie/-portfolio | • Tatsächliche Strategie-/Projektgenerierung unkontrolliert auf allen Ebenen der Organisation |
|  | • Organigramme der F&E-Abteilung und der Projektorganisation | • Tatsächliche Struktur durch erstarrte funtionale Steuerungs- und Berichtsstrukturen dominiert |
|  | • Phasen-/Meilensteindiagramme des Entwicklungsprozesses | • Tatsächliche Abläufe von Ressourcenverfügbarkeit und Rekursionsnotwendigkeiten geprägt |
|  | • Entscheidungs-/Unterschriftenregeln für Budget- und Freigabeprozeduren | • Faktische Budget-/Freigabeentscheidungen nach Machtverteilung und vorhandenen Freiheitsgraden |
|  | • Aufgaben-/Arbeitsplatzbeschreibung der F&E-Mitarbeiter | • Individuelle Arbeitsweisen durch 'Muddling Through' gekennzeichnet |
| **Soziale Persp.** | • Schriftlich fixierte Leitbilder für soziale Interaktion und Kommunikation | • Soziale Interaktion/Kommunikation durch interfunktionale Barrieren behindert: Sprache, Vorurteile etc. |
|  | • Offizielle Kommunikationswege und -systeme | • Informale Kommunikationswege durch individuelle Motivation und Interpretation geprägt |
|  | • Rollenbeschreibungen der Mitglieder des Simultaneous Engineering Teams | • Faktische Rollendifferenzierung nach individuellen Motivstrukturen und Fähigkeiten |
|  | • Führungsrichtlinien für Linien- und Projektvorgesetzte | • Individuelle Führungsstile nach individuellen Motivstrukturen und Fähigkeiten |
| **Mentale Persp.** | • Offiziell proklamierte Leitvisionen: z.B. Benefiz-, Qualitätsphilosophien | • Tatsächliche Leitvision durch kollektive Sinnstiftung und individuelle Werte geprägt |
|  | • Niedergeschriebener und kommunizierter Verhaltenskodex | • Faktischer Verhaltenskodex durch gelebte individuelle/subkulturelle Einstellungen und Werte dominiert |
|  | • Vorgegebene Symbole und symbolische Aktionen | • Individuelle Interpretationen und Deutungen von Symbolen und symbolischen Aktionen |

*Tabelle 1-1: Auseinanderklaffen des formalen Organisationsmodells und des realen Organisationsverhaltens*

Die Konzentration auf formale Gestaltungselemente führt dazu, daß eine bestehende Leistungslücke eher durch Mängel des formalen Organisationsmodells als des realen Organisationsverhaltens erklärt wird. Zur Schließung dieser Leistungslücke wird folglich das bestehende formale Modell durch ein vermeintlich verbessertes formales Modell ausgetauscht. Dadurch wird die Kluft zwischen dem Idealbild der Organisationsgestalter und der Realität der Organisation eher größer als kleiner. Es besteht die Gefahr, daß das Unternehmen in seinem Bestreben, das Leistungspotential der Entwicklung umfangreicher auszuschöpfen, scheitert.

## 1.2.3 Unzureichende Ansätze zum Management von Veränderung in der Praxis

Nur wenigen Unternehmen gelingt es, kontinuierlich signifikante Steigerungen in der Leistung der Entwicklung zu erzielen und das aufgezeigte Potential der Entwicklung für den Unternehmenserfolg zu realisieren,[91] obwohl die Bedeutung und das Ausmaß der Leistungslücke bekannt sind. Das Scheitern vieler Veränderungsbemühungen ist nicht nur ein Phänomen, das die Entwicklung betrifft. Von den derzeit wohl bedeutendsten Ansätzen zur Veränderung von Geschäftsprozessen, *Business Process Reengineering*[92] und *Total Quality Management (TQM)*[93], werden äußerst hohe Mißerfolgsquoten berichtet.[94] Nach einer Schätzung von Kilman scheitern 50 - 70% der Business Process Reengineering Ansätze und 75% der TQM Ansätze.[95] Der verbleibende Anteil erfolgreicher Veränderungsbemühungen zeichnet sich dagegen oft durch erstaunlich hohe Leistungssteigerungen aus. Nach einer Untersuchung von 20 Reengineering Projekten von Hall et al. gelang in sechs Fällen eine Reduzierung der Gesamtkosten des Geschäftsbereichs zwischen 13 und 22%.[96] Insgesamt ergibt sich im Bezug auf den Erfolg derzeitiger Veränderungsbemühungen ein durchwachsenes Bild mit deutlich negativer Tendenz.[97] Die mangelnde Fähigkeit zur organisationalen Veränderung erweist sich vor dem Hintergrund zunehmender Umweltdynamik und sich verkürzender *Reorganisationszyklen* als eine bedeutende Schwäche der Unternehmen. Zwei wesentliche Gründe sind dafür verantwortlich, daß die organisationalen Veränderungsbemühungen nicht zu kontinuierlichen und signifikanten Leistungssteigerungen beitragen und so zu einem entscheidenden Wettbewerbsvorteil werden: (1) Zweifelhafte Konzepte des Managements organisationaler Veränderung und (2) Defizite in der praktischen Umsetzung dieser Veränderungskonzepte.

### 1.2.3.1 Zweifelhafte Konzepte des Managements organisationaler Veränderung

Viele Veränderungsbestrebungen scheitern, weil die entsprechenden Ansätze auf einer *fehlerhaften Theorie* der Veränderung und auf einer *unzureichenden situativen Anpassung* an den jeweiligen Unternehmenskontext basieren. In Praxis und Wissenschaft kursieren theoretische Vorstellungen über das Verhalten und die Leistung in und von Organisationen sowie deren Veränderung, die sich aufgrund des *niedrigen empirischen Gehalts* und der *mangelnden empirischen Anwendbarkeit* nicht bewähren können.[98] Insbesondere viele Theorien über individu-

---

[91] Vgl. Wheelwright / Clark, Revolutionizing, 1992, S. 312.
[92] Business Process Reengineering verstanden als Organisationsmethodik und -modell zur kernprozeßorientierten Restrukturierung von Organisationseinheiten und zur Effizienzsteigerung der Kernprozesse nach: Hammer / Champy, Reengineering, 1993; Davenport, Process Innovation, 1993.
[93] Total Quality Management verstanden als kontinuierlicher Verbesserungsprozeß zur Erreichung unternehmenweiter Qualitätsziele nach: Deming, Crisis, 1986; Juran, Quality Road Map, 1991.
[94] Vgl. zu dieser Einschätzung: Garvin, Leveraging Processes, 1995, S. 80f..
[95] Vgl. Kilmann, Holistic Program, 1995, S. 176; ebenso zu Business Process Reengineering: Hall et al., Reengineering, 1994, S. 82; Champy im Interview mit Carl-Sime: Carl-Sime, Interview, 1994, S. 88.
[96] Vgl. Hall et al., Reengineering, 1994, S. 83.
[97] Vgl. zu dieser Einschätzung auch: Kotter, Leading Change, 1995, S. 59.
[98] Vgl. zu den Begriffen 'empirischer Gehalt' und 'empirische Anwendung' Kapitel 2.1.4.

elles Verhalten im organisationalen Kontext erscheinen revisionsbedürftig.[99] Neben der Fundierung der Veränderungsbemühungen auf nicht bewährte Theorien liegt ein weiterer konzeptioneller Mangel in der unzureichenden situativen Anpassung der Veränderungsprogramme.[100] Die Gestaltung der organisationalen Veränderung hängt von der angestrebten Zielsituation und der bestehenden Ausgangssituation ab, d.h. von der Höhe der zu schließenden Leistungslücke, der Art der verantwortlichen Ursachen und dem Ausmaß der notwendigen Verhaltensveränderung. Dazu gehören beispielsweise auch das bestehende Ausmaß der Bereitschaft und Fähigkeit der Organisation zur Veränderung sowie der Umfang von Widerständen gegen die Veränderung in der Organisation. Nachfolgend soll auf einige der beobachteten konzeptionellen Mängel eingegangen werden.

*Mangelndes Verständnis der tatsächlichen Ursachen der Leistungsprobleme*

Der Ausgangspunkt für konkrete Bemühungen zur organisationalen Veränderung ist ein wahrgenommenes Problem, in der Regel eine Leistungslücke zwischen dem definierten Zielanspruch und der tatsächlichen Zielerreichung. Der Erfolg der organisationalen Veränderung, d.h. die Schließung dieser Leistungslücke, hängt wesentlich davon ab, ob die zugrunde liegenden Ursachen identifiziert und beseitigt werden können. Nach Wheelwright und Clark können Veränderungsmaßnahmen in der Entwicklung, die nur die Symptome kurieren und nicht die tiefer liegenden Ursachen beheben, sogar zu einer Verschlechterung der Leistung führen.[101] Die Entwicklungszeit beispielsweise wird durch das Hinzufügen von formalen Verfahrensanweisungen, Checklisten und Meilensteinen nicht kürzer, sondern länger, wenn das eigentliche Problem etwa in der interfunktionalen Zusammenarbeit liegt. Das mangelnde Verständnis für die tatsächlichen Ursachen resultiert häufig aus der *voreiligen Annahme unzutreffender Ursachen* und aus dem *zu frühen Abbruch der Ursachenanalyse*.

*Voreilige Annahme unzutreffender Ursachen:* Eine Gefahr liegt in der voreiligen Übernahme 'schlüsselfertiger' Ursachenketten, die den Einsatz von standardisierten Veränderungsprogrammen oder 'Best-Practice-Verfahren' nahelegen.[102] Die Antwort auf Qualitätsprobleme ist nicht in jedem Fall die Implementierung eines TQM-Programms oder die Einführung von Qualitätssicherungsinstrumenten. Die Analyse der Verfahren von Wettbewerbern oder anderen Unternehmen durch Instrumente wie *Benchmarking* kann die detaillierte Analyse des eigenen spezifischen Problems nicht ersetzen. Die Diagnose von Problemen in bzw. durch die Produkt- und Prozeßentwicklung erscheint besonders anspruchsvoll, da Ursachen und Wirkungen zeitlich und örtlich auseinanderfallen und zahlreiche Interdependenzen sich zu einer komplexen Struktur überlagern.

---

[99] Vgl. Beer et al., Verjüngungskampagnen, 1990, S. 18.
[100] Vgl. Dickhout et al., Designing change programs, 1995, S. 101f..
[101] Vgl. Wheelwright / Clark, Revolutionizing, 1992, S. 326f..
[102] Vgl. die Kritik an der mangelnden Problem- und Ursachenorientierung des Einsatzes von Business Process Reengineering und Total Quality Management: Garvin, Leveraging Processes, 1995, S. 80-81.

*Zu früher Abbruch der Ursachenanalyse:* Die Analyse von Qualitätsproblemen in der Fertigung wird als mögliche direkte Ursachen z.B. die Lieferung von Einzelteilen außerhalb der Spezifikationen oder die Streuung einzelner Prozesse außerhalb der definierten Toleranzen identifizieren. Ein Ansatz an diesen Ursachen erster Ordnung kann die spezifischen Fehler zwar abstellen, verhindert allerdings nicht, daß ähnliche Probleme mit anderen Lieferanten oder Fertigungsprozessen auftauchen. Erst durch die Beseitigung der dahinter liegenden Ursachen - etwa die Definition von Toleranzen jenseits sicherer Prozeßstreuungen oder die Konstruktion unrobuster Erzeugnisse - kann das Problem nachhaltig abgestellt werden. Doch auch die Beseitigung der Probleme zweiter Ordnung tritt zu kurz, wenn beispielsweise die Verfahren zur Definition prozeßfähiger Toleranzen[103] oder zur Gestaltung robuster Produkte[104] zwar im 'Methodenpool' des Unternehmens vorhanden sind, allerdings nicht oder nur unzureichend eingesetzt werden. Die Ursachen hierfür können wiederum objektiv leicht nachvollziehbare Defizite sein, wie etwa unzureichendes Training, hohe Projekt- und Aufgabenvielfalt oder mangelnde interfunktionale Problemlösung. Allerdings treten mit zunehmender Analysetiefe viele Ursachen auf, die sich eher aus den *dominierenden Sichtweisen und Handlungstheorien* der beteiligten Mitarbeiter als aus den formalen Strukturen und Abläufen der Organisation ergeben. So könnte die fehlende Anwendung der genannten Verfahren z.B. dadurch begründet sein, daß viele Mitarbeiter aufgrund der Kurzlebigkeit und Vielfalt kontinuierlich eingeführter Instrumente zur Qualitätssicherung dem Beibehalten der alten Vorgehensweise die größte Erfolgswahrscheinlichkeit beimessen.

Die Ursachen für Leistungsprobleme liegen also nicht nur in den relativ objektiven Defiziten von Strategien, Strukturen, Prozessen und Systemen der Organisation, sondern vor allem auch in den vorherrschenden *Handlungstheorien*, die intern und extern die Wahrnehmung und das Handeln in und von Organisationen prägen.[105] Die dominierenden Sichtweisen über die internen Erfolgsmechanismen des individuellen und organisationalen Verhaltens können die zugrunde liegende Ursache für den fehlenden Aufbau neuer Fähigkeiten und für die Ablehnung neuer Verhaltensweisen sein.[106] Dementsprechend ist nach Wheelwright "... der bei weitem wichtigste Grund für den weltweiten Niedergang der amerikanischen Wettbewerbsfähigkeit in der Produktion ... in der Art zu suchen, wie das Management die Funktion und die Rolle der Produktion *einschätzt* und wie es diese Vorstellungen *glaubt*, umsetzen zu sollen."[107] Analog können die bestehenden Handlungstheorien über die externen Erfolgsmechanismen der Organisation in ihrem Umfeld verursachen, daß relevante Trends nicht erkannt oder umgedeutet

---

[103] Vgl. zum Konzept der Prozeßfähigkeit z.B.: VDA, Sicherung der Qualität, 1986, S. 51-68.

[104] Vgl. zum Konzept der robusten Produktgestaltung z.B.: Taguchi, Quality Engineering, 1989; Phadke, Quality Engineering, 1989.

[105] Vgl. Analogie zum Single-Loop und Double-Loop-Learning nach Argyris, z.B. in: Argyris, Richtig motivieren, 1995, S. 10f.

[106] Vgl. zum Zusammenhang zwischen Mythen, Kulturen und Glaubenssystemen und interner Anpassungsfähigkeit der Organisation: Barney, Organizational Culture, 1986; Tushman / O'Reilly, Ambidextrous Organizations, 1996, S. 18.

[107] Wheelwright, Competitive Edge, 1987, S. 84f. (Herv. d. Verf.).

werden und daß attraktive Segmente nicht beachtet und besetzt werden.[108] Eine Aussage von Lou Gerstner im Geschäftsbericht von 1993 verweist auf falsche Sichtweisen als Ursache von Leistungsproblemen: "We have been too bureaucratic and too *preoccupied* with *our own view of the world.*"[109] Der Umfang, in dem falsche Handlungstheorien als Ursache von Leistungsproblemen erkannt und ersetzt werden, entscheidet also wesentlich über die Tiefe und Nachhaltigkeit des Wandels.

*Fehlende Gesamtvision und Integration eines Spektrums eindimensionaler und singulärer Veränderungsbemühungen*

Vielen Veränderungsbestrebungen fehlt eine konsistente, richtungsweisende Gesamtvision, die in der Lage ist, ein Spektrum von singulären und oft inkompatiblen Maßnahmen und Projekten zu integrieren.[110]

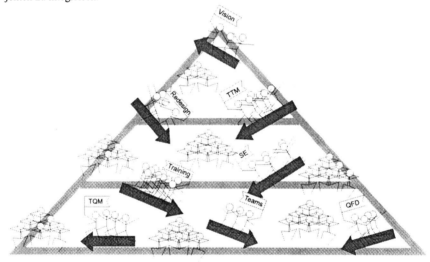

*Abbildung 1-12: Fehlende Gesamtvision und Integration eines Spektrums eindimensionaler und singularer Veränderungsbemühungen*

Sowohl innerhalb der Unternehmensführung als auch dezentral in der gesamten Organisation werden isolierte Initiativen gestartet, die um die Aufmerksamkeit und Kapazität der Mitarbeiter konkurrieren. Die einzelnen Initiativen - etwa die Qualitätszirkel der Produktion, die neuen Mitarbeiterbeurteilungs- und Trainingskonzepte der Personalabteilung oder das unternehmensweite TQM-Programm der Unternehmensführung - ergänzen sich nicht zu einem sinn-

---

[108] Vgl. zum Zusammenhang zwischen Umweltwahrnehmung, -interpretation und -konstruktion und externer Anpassungsfähigkeit: Weick, Enactment Processes, 1977; Daft et al., Scanning, 1988.
[109] Lou Gerstner, Annual Report IBM, 1993 (Herv. d. Verf.).
[110] Vgl. Kotter, Leading Change, 1995, S. 60-67.

vollen Gesamtprogramm. Das Ergebnis eines solchen Vorgehens sind Konfusion und Verwirrung statt *ganzheitliche* Neuausrichtung (vgl. Abbildung 1-12).

Das Problem der fehlenden Ganzheitlichkeit vieler Veränderungsbemühungen hat seine tieferen Wurzeln in den oft eindimensionalen theoretischen und konzeptionellen Vorstellungen über das 'Erfolgsgeheimnis' organisationaler Veränderungen. Nach Mintzberg und Westley reduziert ein großer Anteil der veröffentlichten Theorie und Forschung den Prozeß der Veränderung auf unzusammenhängende Dimensionen: einige isolierte Inhalte der Veränderung (Kultur oder Geschäftsprozesse), einige besondere Ansätze der Veränderung (Strategische Planung oder Organisationsentwicklung) und einige spezifische Strategien der Veränderung (Restrukturierung oder Renewal).[111] Notwendig ist also eine *ganzheitliche* Betrachtung der Dimensionen der *angestrebten Ziele*, der *betroffenen Inhalte* und *des gewählten Prozesses* der Veränderung sowie ihre *situative Verknüpfung* zu einer *optimalen Strategie* der Veränderung.[112]

***Eindimensionalität und Anspruchslosigkeit in Bezug auf die angestrebten Ziele der Veränderung***

Die Ziele der Organisation und der organisationalen Veränderung werden von den *Stakeholdern* des Unternehmens festgelegt. Als oberstes Ziel des Unternehmens wird oft die externe Bewährung, und zwar in einer Bandbreite zwischen Existenzsicherung und profitablem Wachstum genannt. Folglich beinhaltet die Zielsetzung für die organisationale Veränderung die Verbesserung der externen Bewährung und daraus abgeleitet die Verbesserung der internen Effizienz. Die Gefahr organisationaler Veränderungsprogramme kann darin bestehen, daß die angestrebten Ziele nicht auf die vollständige Realisierung des möglichen oder notwendigen Potentials ausgerichtet sind - häufig infolge der Definition eindimensionaler Zielsetzungen oder anspruchsloser Zielhöhen. Diese Gefahr resultiert in der Regel aus unzutreffenden Annahmen über den *Trade-off-Shift von konkurrierenden Zielen* und über die *notwendige Höhe des anzustrebenden Zielniveaus*.

*Unzureichender Trade-off-Shift von konkurrierenden Zielen:* Zwischen verschiedenen Zielen kann eine Konkurrenz-, Neutralitäts- oder Harmoniebeziehung herrschen. Entsprechend dieser Zielbeziehungen lassen sich Veränderungen in drei Typen klassifizieren.[113] (1) Eine eindimensionale Veränderung mit Trade-off ist gekennzeichnet durch die Verbesserung einer Zielgröße, z.B. Qualität, bei bewußter Verschlechterung einer anderen Zielgröße, z.B. Kosten. (2) Eine eindimensionale Veränderung ohne Trade-off besteht aus einer Verbesserung einer Zielgröße, z.B. Zeit, ohne Auswirkung auf die anderen Zielgrößen, z.B. Kosten und Qualität. (3) Eine mehrdimensionale Veränderung erreicht Verbesserungen entlang aller Zieldimensionen.

---

[111] Vgl. Mintzberg / Westley, Cycles, 1992, S. 39.
[112] Vgl dazu die nachfolgenden Abschnitte.
[113] Vgl. Frese / Werder, Organisation, 1994, S. 18-21.

Die eindimensionalen Typen der Veränderungen sind überwiegend in der Vergangenheit aufgetreten.[114] Als Beispiel für die eindimensionalen Veränderungen mit Trade-off können die strategisch motivierten Programme zur Positionierung des Unternehmens als Kosten- oder Qualitätsführer[115] verstanden werden. Als Beispiele für eindimensionale Veränderungen ohne Trade-off können die klassischen Rationalisierungsprogramme mit Kostenfokus, die *Total-Quality-Management*-Programme mit Qualitätsfokus und die *Time-based-Competition*-Programme mit Zeitfokus verstanden werden. In den letzten Jahren ist eine Abkehr von den eindimensionalen Programmen zu beobachten.[116] Viele organisationale Veränderungen zielen auf die gleichzeitige Verwirklichung von an sich konkurrierenden Zielen. Durch den *"Trade-off-Shift"*, d.h. durch die Verschiebung des Punktes, ab dem Trade-offs zwischen den konkurrierenden Zielen gemacht werden müssen, gelingt es vielen Unternehmen, die Situation der Zielharmonie auf immer höheren Leistungsniveaus zu realisieren.[117] Die zunehmende Realisierung des Harmoniefalls ist auf die Erweiterung der Ressourcenpotentiale, insbesondere auf die bessere Qualifikation der Mitarbeiter, die bessere Realisierung des Vertrauensprinzips und anderer innovativer Organisationskonzepte und auf den Technologieschub vor allem in den Informations- und Kommunikationstechnologien zurückzuführen.[118]

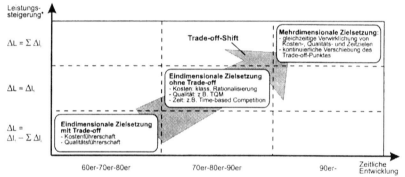

*Abbildung 1-13: Zieldimensionalität organisationaler Veränderung und 'Trade-off-Shift'*

Die Verfolgung eindimensionaler Zielsetzungen birgt die Gefahr, daß die Zielhöhe in der entsprechenden Dimension von Wettbewerbern erreicht wird, die gleichzeitig auch in den anderen Zieldimensionen überlegen sind. Der vermeintliche Kostenführer wird unter erheblichen Wettbewerbsdruck geraten, wenn ein Qualitätsführer in der Lage ist, in seinem Preissegment anzubieten. So verlockend sich die vereinfachende Botschaft vieler eindimensionaler Verän-

---

[114] Vgl. ebda., S. 21.
[115] Vgl. Porter, Wettbewerbsvorteile, 1989.
[116] Vgl. z.B. Hout im Bezug auf Time-based Competition: Hout, Time-Based Competition, 1996, S. 15.
[117] Vgl. Frese / Werder, Organisation, 1994, S. 23.
[118] Vgl. ebda., S. 22; Theuvsen, Business Reengineering, 1996, S. 78.

derungsprogramme auch anhört: Zielsetzungen, die nur eine Zieldimension verfolgen und nicht bestrebt sind - per Trade-off-Shift - gleichzeitig mehrere Zieldimensionen auf einem anspruchsvollen Leistungsniveau zu erreichen, sind im heutigen Markt- und Wettbewerbsumfeld äußerst riskant (vgl. Abbildung 1-13).[119]

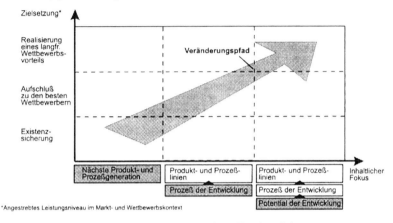

*Abbildung 1-14: Zielsetzungen im Markt- und Wettbewerbskontext*

*Unzureichende Höhe des angestrebten Leistungsniveaus:* Nicht nur die Anzahl gleichzeitig angestrebter Zieldimensionen, sondern auch die angestrebte Leistungshöhe entscheidet, in welchem Ausmaß die Veränderungsbemühungen das langfristige Unternehmensziel externe Bewährung und interne Effizienz verwirklichen können. Die Bandbreite der Zielsetzung von Veränderungsbestrebungen in der Entwicklung reicht dabei von der Existenzsicherung über die Schließung der Leistungslücke zu den besten Wettbewerbern bis hin zum Ausbau der Entwicklungsfähigkeit als entscheidenden Wettbewerbsvorteil.[120] Die Zielsetzung der Existenzsicherung ist geprägt durch den Fokus auf die nächste Generation von Produkten und Prozessen, deren Qualität und Kosten unter Umständen über die Existenz des Unternehmens entscheiden können. Die Zielsetzung der Schließung der Leistungslücke zu den besten Wettbewerbern ist in der Regel zusätzlich auf die Verbesserung des Entwicklungsprozesses gerichtet, während das Ziel, die Entwicklungsfähigkeit als entscheidenden Wettbewerbsvorteil auszubauen, sich zusätzlich auf die Potentiale - z.B. Mitarbeiterqualifikation und Produkt- und Prozeßtechnologien - bezieht. Ist im Markt- und Wettbewerbsumfeld die Entwicklungsfähigkeit der entscheidende Wettbewerbsfaktor, dann kann eine Zielsetzung, die den Fokus auf die nächste Produktgeneration lenkt, zwar kurzfristig das Überleben sichern, aber nicht langfristig die Anforderungen der Stakeholder an das Unternehmen zufriedenstellen. Ein *Pfad der*

---

[119] Vgl. dazu z.B. die Kritik am Business Process Reengineering, die Verbesserung in der Zieldimension Prozeß- und teilweise auch Delegationseffizienz mit Kompromissen bzw. Verschlechterungen in den Dimensionen Markt-, Ressourcen- und Motivationseffizienz zu bezahlen: Theuvsen, Business Reengineering, 1996, S. 76.
[120] Vgl. analog: Wheelwright / Clark, Revolutionizing, 1992, S. 335-337.

*organisationalen Veränderung* mit ansteigenden Zielansprüchen ist deshalb insbesondere bei schlechten Ausgangslagen notwendig (vgl. Abbildung 1-14).

Bei der Festlegung der zu schließenden Leistungslücke besteht zudem die Gefahr, daß die zeitliche Dimension der Leistungslücke vernachlässigt wird. Das Vergleichsniveau, z.B. die Entwicklungszeit des besten Wettbewerbers, verändert sich zeitlich, da die Wettbewerber ebenfalls ihre Leistung kontinuierlich verbessern. Es handelt sich um eine dynamische Leistungslücke (vgl. Abbildung 1-15).

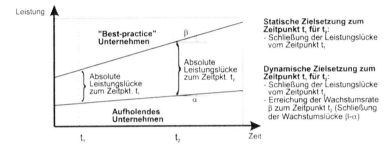

*Abbildung 1-15: Dynamische Leistungslücke*

Oft ist nicht nur das absolute Niveau, sondern auch die Wachstumsrate des Wettbewerbers höher, so daß die Zielsetzung für die Veränderungsbemühungen neben der einmaligen Schließung der absoluten Leistungslücke auch den Anschluß an die kontinuierliche Wachstumsrate beinhalten muß.

### *Eindimensionalität in Bezug auf die betroffenen Inhalte der Veränderung*

Ein weiterer konzeptioneller Mangel liegt in der unangemessenen *inhaltlichen Eindimensionalität* organisationaler Veränderung. Damit ist die Fokussierung auf nur einen oder wenige Konstituenten des organisationalen Verhaltens, d.h. auf Strategie, Struktur, Prozesse und Systeme, Kultur und Mitarbeiter gemeint. Diese Eindimensionalität resultiert einerseits aus vereinfachten theoretischen Vorstellungen von der Organisation bzw. vom organisationalen Verhalten, wie z.B. die Sichtweise der Organisation als *'Maschinenmodell'*. Andererseits wird häufig von einem linearen, kausalen Zusammenhang zwischen einer angestrebten Zieldimension und einer inhaltlichen Dimension ausgegangen, z.B. von einfachen Zusammenhängen zwischen Zeitzielen und Prozessen oder Qualitätszielen und Kultur. Zahlreiche Befunde aus Wissenschaft und Praxis verdeutlichen jedoch, daß die Vorstellung von solchen einfachen, linearen Zusammenhängen nicht haltbar ist. Im Gegenteil, die Befunde verweisen auf die Notwendigkeit, möglichst viele Konstituenten gleichzeitig anzugehen, um eine nachhaltige Leistungssteigerung in den angestrebten Zielgrößen zu bewirken.

Ein Teil des Mißerfolgs gegenwärtiger Veränderungsprogramme wird auf ihre inhaltliche Eindimensionalität zurückgeführt. Der Mißerfolg vieler *Business-Process-Reengineering*-Projekte erklärt sich nach einer Studie von Hall et al. durch die unzureichende inhaltliche Tie-

Das Problem des Managements von Veränderung in der Praxis 35

fe und Breite der Veränderung.[121] Danach korreliert der Erfolg von Reengineeringprojekten mit dem Ausmaß der Veränderung der sechs *Tiefenhebel* - Rollen und Pflichten, Leistungsmaßstäbe und -anreize, Organisationsstruktur, Informationstechnik, gemeinsame Werte und Fertigkeiten - und mit der *Breite* der Veränderung auf einer Skala zwischen funktionalen Einzelvorgängen und interfunktionalen komplexen Prozessen. Neben Business Process Reengineering werden auch andere Veränderungsansätze, wie etwa *Total Quality Management*, aufgrund ihrer inhaltlichen Eindimensionalität kritisiert. Nach Garvin vernachlässigen beide Ansätze in ihrer Konzentration auf die Verbesserung operativer Prozesse das Überdenken der Strategie, die Integration der singulär verbesserten Prozesse und die Verbesserung von 'Managementprozessen' wie etwa Entscheidungsprozesse.[122] Aufgrund dieser eindimensionalen Sichtweise sind viele der gegenwärtigen Ansätze eher als spezifische Instrumente zur Lösung abgegrenzter, konkreter Probleme als generische Programme zur ganzheitlichen Veränderung des Unternehmens zu betrachten.[123]

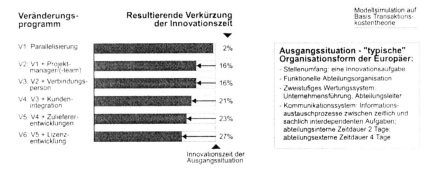

*Abbildung 1-16: Beitrag einzelner Maßnahmen zur Innovationszeitverkürzung[124]*

Die Effektivität von eindimensionalen und singulären Maßnahmen zur Verbesserung der Produkt- und Prozeßentwicklung ist besonders durch die komplexen Zusammenhänge des Entwicklungsprozesses gefährdet. Die singuläre Einführung der Parallelisierung von Entwicklungsabläufen kann beispielsweise nach den Modellrechnungen von de Pay die Innovationszeit um nur 2% verbessern, während bei gleichzeitiger Einführung des Parallelisierungs- und des Projektmanager-/Projektteamkonzepts eine Verkürzung um 16% erreicht werden kann (vgl. Abbildung 1-16).[125] Die niedrige Verbesserungsrate der singulären Einführung der Parallelisierung ergibt sich dadurch, daß die Zeitgewinnne durch die Parallelisierung der Aufgaben durch Zeitverluste infolge umfangreicherer Rekursionsschleifen vermindert werden.[126]

---

[121] Vgl. Hall et al., Reengineering, 1994, S. 82.
[122] Vgl. Garvin, Leveraging Processes, 1995, S. 80-81.
[123] Vgl. ebda., a.a.O.; Theuvsen, Business Reengineering, 1996, S. 80.
[124] Vgl. ebda., S. 96.
[125] Vgl. de Pay, Verkürzung der Innovationszeit, 1995, S. 88.
[126] Vgl. Schröder, Parallelisierung, 1994; de Pay, Verkürzung der Innovationszeit, 1995, S. 80.

Bei gleichzeitiger Einführung von Projektmanagern und -teams wird durch einen intensiveren Austausch von Informationen diese Rekursionszeit vermindert, so daß das Potential der Zeitverkürzung besser ausgeschöpft werden kann.[127]

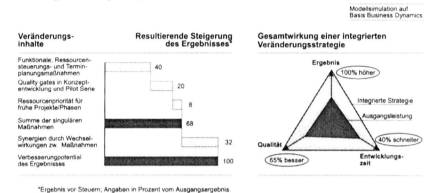

*Ergebnis vor Steuern; Angaben in Prozent vom Ausgangsergebnis.

*Abbildung 1-17: Verbesserungpotentiale von eindimensionalen und singulären vs. mehrdimensionalen und integrierten Veränderungsstrategien*[128]

Eindimensionale und singuläre Maßnahmen können im Vergleich zu dem realisierbaren Verbesserungspotential eines konsistenten, mehrdimensionalen Ansatzes oft nur zu marginalen Verbesserungen oder sogar zu Verschlechterungen führen. Nach dem *Business Dynamics Modell* von Mass und Berkson kann eine integrierte Veränderungsstrategie in der Entwicklung nicht nur die Verbesserungspotentiale der singulären Maßnahmen, sondern zudem auch das Synergiepotential aus dem Zusammenwirken der Einzelmaßnahmen realisieren.[129] Dieses (Synergiepotential) entsteht durch eine positive Aktivierung von selbstverstärkenden Mechanismen in einem komplexen Prozeß. Nach den Modellsimulationen von Mass und Berkson lassen sich 30% des gesamten Verbesserungspotentials nur durch die Realisierung dieses Synergiepotentials erreichen (vgl. Abbildung 1-17).[130]

Ein *integrierter, ganzheitlicher* Ansatz mit einem breiten inhaltlichen Spektrum erscheint notwendig, um erfolgreiche Veränderungen sowohl im gesamten Unternehmen als auch in der Produkt- und Prozeßentwicklung herbeizuführen. Neben der Verbesserung des Entwicklungsablaufes rücken damit auch die Entwicklungsstrategie, d.h. die Kopplung des Projektportfolios mit dem Markt- und Technologieportfolio, die Organisationsstruktur und die Führung, die Systeme sowie spezifische Fähigkeiten und Instrumente in den inhaltlichen Fokus der Veränderung. Insbesondere ist jedoch auch ein *personeller* Ansatz erforderlich, der in der Lage ist, die individuelle Leistung nachhaltig zu steigern.

---

[127] Vgl. ebda., a.a.O..
[128] Ebda., S. 25.
[129] Vgl. Mass / Berkson, Going slow, 1995, S. 24.
[130] Vgl. ebda., a.a.O..

## Eindimensionalität in Bezug auf den gewählten Prozeß der Veränderung

Die Eindimensionalität in Bezug auf den *gewählten Prozeß* der Veränderung ist ein weiterer Aspekt der angesprochenen Eindimensionalität der vorherrschenden Theorien und Konzepte über organisationale Veränderung. Unter dem Prozeß der Veränderung soll hier die zeitliche Struktur von Phasen, Aktivitäten oder Aufgaben mit den jeweiligen Trägern der Veränderung verstanden werden. Hinsichtlich der Veränderungsrate, d.h. des Veränderungsumfangs je Zeiteinheit, wird einerseits ein *inkrementelles* Vorgehen[131] und andererseits ein *radikales* Vorgehen[132] als erfolgsversprechend postuliert. Im Bezug auf die Initiierung der Veränderung, d.h. der maßgeblich treibenden Träger, schwanken die 'Empfehlungen' zwischen *Bottom-up-* und *Top-down*-Vorgehensweisen. Hinsichtlich der *Partizipation* der Mitarbeiter wird einerseits eine Beteiligung bereits in *frühen* Planungsphasen gefordert, andererseits eine Beteiligung erst in *späten* Umsetzungsphasen als ausreichend befunden. Dabei wird tendenziell bei einer Veränderung von eher 'weichen' Inhalten, wie Kultur und Werten, Fähigkeiten oder Motivation, eine inkrementelle Strategie mit Bottom-up-Initiierung und umfangreicher Partizipation als vorteilhaft betrachtet.[133] Hingegen wird bei einer Veränderung von 'harten' Inhalten wie Prozessen, Strukturen und Systemen eine radikale Strategie mit Top-down-Initiierung und geringerer Partizipation empfohlen.[134]

Das Problem dieser Polarisierung liegt darin begründet, daß die gegenwärtigen Veränderungsstrategien dazu neigen, Extrempositionen einzunehmen, obwohl nach den bereits vorgestellten Befunden jede tiefgreifende und nachhaltige Veränderung *weiche* und *harte* Inhalte umfassen muß. Dementsprechend wird der inkrementelle Prozeßtyp, der z.B. bei Programmen des Total Quality Managements und bei kontinuierlichen Verbesserungsprogrammen vorherrscht, in der Regel aufgrund der mangelnden Top-down-Vorgabe von Visionen und 'harten' Zielen kritisiert.[135] Dagegen werden als Defizite des Business Process Reengineering, eines Vertreters des radikalen Prozeßtyps, beispielsweise die Vernachlässigung der Erkenntnisse der Organisationsentwicklung und der partizipativen Systemgestaltung betrachtet.[136] Auch in Bezug auf die prozessuale Dimension der Veränderung erscheint ein *integrativer* Ansatz erforderlich, der in Abhängigkeit von Ausgangs- und Zielsituation und dem Zeitpunkt im Gesamtablauf einen flexiblen Wechsel zwischen radikalen und inkrementellen Prozeßtypen ermöglicht. In der Regel ist es zweckmäßig, radikales und inkrementelles Vorgehen "... in einer Art *Gegenstrom-*

---

[131] Vgl. z.B. Quinn, Strategies for Change, 1980; Pettigrew, Awakening Giant, 1985.

[132] Vgl. z.B. Miller / Friesen, Organizations, 1984.

[133] Vgl. die Veränderungsstrategien des "Renewing" und "Regenerating" in: Muzyka et al., Transformation, 1995, S. 349ff; "Revitalization" und "Renewal" in: Chakravarthy, Process of Transformation, 1996, S. 529ff..

[134] Vgl. die Veränderungsstrategien des "Reengineering" und "Restructuring" in: Muzyka et al., Transformation, 1995, S. 349ff.; "Restructuring" in: Chakravarthy, Process of Transformation, 1996, S. 529ff..

[135] Vgl. z.B. Muzyka et al. Transformation, 1995, S. 349.

[136] Vgl. Osterloh / Frost, Business Reengineering, 1994, S. 28.

*verfahren* miteinander zu verbinden"[137] und *Bottom-up-Selbstorganisation* und *Top-down-Steuerung* zu balancieren[138].

### Unzureichender Fokus auf individuelle Verhaltensveränderung vieler "Reprogrammierungs"-Strategien

Viele *Veränderungsstrategien*[139] basieren auf den Trugschluß, daß sich eine Organisation wie eine Maschine *reprogrammieren* läßt.[140] Dementsprechend sind solche Veränderungsbemühungen durch lange Planungsphasen gekennzeichnet, in denen ein kleines Team detaillierte Lösungen für Strukturen und Prozesse konzipiert und in Piloten testet. In der anschließenden Implementierungsphase werden dann die neuen Strukturen und Prozesse unternehmensweit - 'quasi per Knopfdruck' - eingeführt. Diese Strategien basieren auf der vereinfachten theoretischen Vorstellung, daß zwischen individuellem bzw. organisationalem Verhalten und institutionellen, formalen Parametern der Organisation ein linearer kausaler Zusammenhang besteht, so daß sich durch die einfache Einstellung der Gestaltungsparameter das gewünschte Leistungsresultat erzielen läßt. Nach einer solchen Vorstellung dienen die einzelnen Gestaltungsparameter dazu, die spezifischen leistungsdeterminierenden Schrauben des Maschinenmodells nachzujustieren. Durch die programmatische Verkündigung des Veränderungsprogrammes und durch den Entwurf und die Kommunikation neuer Visionen und Leitbilder sollen die Kulturen, Einstellungen und Werte in der Organisation neu fixiert werden. Durch unternehmensweite Schulungsprogramme sollen die Fähigkeiten in der Organisation gesteigert werden. Durch neue Anreizsysteme soll sich eine stärkere Motivation für leistungsorientiertes Verhalten entfalten. Durch neue formale Strukturen und Prozesse schließlich sollen die einzelne Aufgaben und Arbeitsinhalte effektiver und effizienter abgewickelt werden. Die Zusammenstellung des Veränderungsprogramms geschieht förmlich mit einer Checkliste, mit der sichergestellt wird, daß an jeder Leistungsdeterminante ein Maßnahmenpaket ansetzt.

Die Kritik an dieser Theorie der Veränderung setzt nicht an der Auswahl der Leistungsdeterminanten und Gestaltungsparameter an, sondern an der Art und Weise, wie die Veränderung herbeigeführt werden soll. Dabei ergeben sich folgende Defizite. (1) Das Phasenkonzept der Planung und Implementierung ist zu unflexibel, um die Komplexität und Dynamik organisationaler Veränderung zu bewältigen. Auch spezifische Instrumente zur Bewältigung dieser Komplexität und Dynamik, wie z.B. Experimente, Modellierung und Pilotierung, sind oft unzureichend, da die Lösungen, die sich in einem Bereich bewährt haben, nur *bedingt* übertragbar sind. (2) Der ausschließliche Ansatz an formalen Gestaltungsparametern wie z.B. fixierten Richtlinien, Organigrammen und Ablaufdiagrammen birgt die Gefahr, daß das tatsächliche Verhalten nicht verändert wird. Individuelles Verhalten wird wesentlich durch den informalen

---

[137] Krüger, Umsetzung, 1994, S. 202; vgl. Cooper / Markus, Menschen, 1996, S. 89.

[138] Vgl. Mastenbroek, Organizational Innovation, 1996, S. 12f..

[139] Als Veränderungsstrategien sollen situative Verknüpfungen der Ziel-, Inhalts- und Prozeßparameter betrachtet werden.

[140] Vgl. zu der nachfolgenden Kritik: Beer et al., Verjüngungskampagnen, 1990, S. 17; Hendry, Process Reengineering, 1995, S. 54f.; Hoover et al., Order to payment, 1996, S. 45.

Kontext der Organisation beeinflußt, der sich aus den vorherrschenden sozialen Mustern der Wahrnehmung und des Handelns ergibt. (3) Die zentrale Planung nutzt die Fähigkeit zur dezentralen Gestaltung und Selbstorganisation nur unzureichend. Einerseits verfügt die zentrale Planung nicht über die dezentralen Informationen der jeweiligen Anforderungen und Fähigkeiten. Andererseits führt die Trennung von Planung und Ausführung zu mangelnder Identifikation mit der Veränderungsaufgabe und zu Motivationsdefiziten in den veränderten Aufgabenumfeldern. Die Veränderungsprogramme nach der 'Theorie der Reprogrammierung' führen also eher zu bürokratischen und formalistischen Tendenzen als zu tatsächlichen Veränderungen des individuellen Verhaltens.[141] Die wesentliche Voraussetzung eines tiefgreifenden organisationalen Wandels, die Veränderung des individuellen Verhaltens,[142] kann folglich durch solche Reprogrammierungsversuche nicht ausreichend erfüllt werden.

*Unzureichender Aufbau breiter Veränderungsbereitschaft und -fähigkeit*

Veränderungsbereitschaft: Aus individueller Sicht hat das Ergebnis der von Reengineering und Restrukturierung geprägten Veränderungsbemühungen der letzten Jahre nicht nur positive Aspekte. "Weniger Arbeitsplätze, keine Arbeitsplatzgarantien, keine herkömmlichen Karrieren, keine 'heimatlichen' Abteilungen für Mitarbeiter ... und keine feste Aufgabe für Funktionsbereiche"[143] sind die negativen Aspekte der Veränderungsbemühungen auf dem Weg zu neuen Organisationsmodellen. In Anbetracht solcher Aussichten ist es verständlich, daß erhebliche Widerstände gegen alle Veränderungsbemühungen existieren und die Veränderungsbereitschaft oft sehr gering ist. Im Rahmen solcher Veränderungen leidet das *Vertrauen* zwischen Individuum und Institution, das - und hier zeigt sich die Ironie des Vorgehens - als eine wesentliche Voraussetzung für das Funktionieren der angestrebten Organisationsmodelle betrachtet wird.[144] Die Prinzipien des dezentralen Unternehmertums, der Mobilisierung der ausführenden Ebene und der offenen Kommunikation basieren wesentlich auf dem Vertrauen der Mitarbeiter in den operativen Einheiten. Die Veränderungsstrategie darf nicht die tatsächlichen potentiellen Widerstände vernachlässigen, sondern muß einen Balanceakt zwischen den *Kräften der Veränderung* und den *Kräften des Widerstands* bestreiten.[145] Dazu ist es notwendig, *strikte Disziplin* und *Fairness* sowie *positiv* und *negativ* bewertete Maßnahmen auf einem möglichst hohen Niveau unter Beteiligung aller Interessensgruppen gleichzeitig zu verwirklichen.[146]

Veränderungsfähigkeit: Der Mißerfolg vieler Veränderungsbemühungen wird dadurch begründet, daß die Fähigkeit der Organisation zur Veränderung zwar in der initiierenden Führungsgruppe, nicht aber dezentral in der Organisation vorhanden ist.[147] Die Fähigkeit zur de-

---

[141] Vgl. Mastenbroek, Organizational Innovation, 1996, S. 11.
[142] Vgl. Cooper / Markus, Menschen, 1996, S. 88.
[143] Womack, Hammer und Champy, 1995, S. 15.
[144] Vgl. Chakravarthy, Process of Transformation, 1996, S. 530f..
[145] Vgl. Strebel, Right Change Path, 1994, S. 29.
[146] Vgl. Chakravarthy, Process of Transformation, 1996, S. 532ff..
[147] Vgl. Katzenbach, Real Change Leaders, 1996, S. 150.

zentralen Veränderung wird durch Barrieren in Form von erstarrten Kulturen und Glaubenssystemen, Strukturen, Prozessen und Systemen sowie Fähigkeiten und Fertigkeiten eingeschränkt. Diese Barrieren entfalten im Zusammenwirken mit der geringen Verfügbarkeit von Kapazitäten und Ressourcen, die zur Reflexion und zum Lernen genutzt werden können, die Tendenz, Bestehendes nicht in Frage zu stellen. Das fehlende organisationale 'Fett'[148] der rationalisierten Organisation kann zu Einbußen in der Veränderungsfähigkeit führen, wenn die vorhandenen Managementkapazitäten der flachen Hierarchien vollständig mit der Bewältigung des operativen Geschäftes ausgelastet sind. Der Abbau solcher Barrieren erfordert, daß Kapazitätsreserven und stimulierende Umfelder zur *Reflexion* und zum *Lernen* aufgebaut werden und daß die Veränderungsfähigkeit zu einem zentralen Kriterien bei der Auswahl und Entwicklung von Führungskräften wird.[149]

*Kurzfristige Zeithorizonte und ergebnislose und inkonsistente Veränderungspfade*

Ein weiterer konzeptioneller Mangel vieler Veränderungsbestrebungen liegt in der Vorstellung begründet, daß nachhaltige organisationale Veränderung durch eine *einmalige* Intervention von *kurzer* Zeitdauer erzielbar ist. Diese Vorstellung führt zu voreiliger Erfolgserklärung und Beendigung der Anstrengungen, bevor die tiefer liegenden Ursachen des Problems behoben sind.[150] Ein nachhaltiger Wandel erfordert in der Regel eine Reihe von Phasen und Episoden der Veränderung mit spezifischen Zielen, Inhalten und Vorgehensweisen.[151] Organisationale Veränderung ist also ein zeitaufwendiger *Pfad* mit zum Teil wechselnden Veränderungsstrategien, der sich in der Regel nicht durch das Überspringen einzelner Phasen beschleunigen läßt.[152] Nach der Einschätzung von Zink dauert beispielsweise die umfassende Implementierung eines TQM-Programms fünf bis zehn Jahre.[153] Ein langfristiger Zeithorizont ist insbesondere für die Veränderung der Produkt- und Prozeßentwicklung erforderlich, da eine zeitliche Differenz allein durch das Auseinanderfallen von den Aktivitäten in der Entwicklung und den Erfolgsauswirkungen im Markt besteht.

Viele der eingeschlagenen Pfade der Veränderungsprogramme haben nicht die erwünschte Leistungssteigerung erzielt, sondern eine zunehmende Kluft zwischen der euphorischen Rhetorik der Initiatoren und dem Zynismus der Betroffenen erzeugt. Der Grund für diese Kluft ist in dem Muster zu sehen, das der Sequenz der Programme üblicherweise zugrunde liegt. Ein Unternehmen hat im typischen Veränderungspfad der letzten Jahre die Programme *Total Quality Management*, *Business Process Reengineering* und *Organizational Learning* durchlaufen.[154] Die Programme wurden jeweils mit anspruchsvollen Zielen und hohen Erfolgser-

---

[148] Vgl. zum Konzept des "Organizational Slacks": Singh, Performance, slack and risk taking, 1986; Jennings / Seaman; Organizational Adaptation, 1994, S. 461.
[149] Vgl. Katzenbach, Real Change Leaders, 1996, S. 158.
[150] Vgl. Kotter, Leading Change, 1995, S. 66.
[151] Vgl. Hall et al., Reengineering, 1994, S. 82; Cooper / Markus, Menschen, 1996, S. 88.
[152] Vgl. Kotter, Leading Change, 1995, S. 59f.
[153] Vgl. Zink, Total Quality Management, 1994, S. 48.
[154] Vgl. Kilmann, Holistic Program, 1995, S. 175ff..

wartungen angekündigt. Dabei wird dem jeweils neuen Programm die Fähigkeit zugesprochen, die Defizite und Lücken des abgelösten Programms exakt schließen zu können. Im Laufe des Programms folgen eine Vielzahl von Maßnahmen und Schulungs- und Trainingsaktivitäten, die die Leistung nachhaltig steigern sollen. Solche programmatischen Veränderungspfade können in einem Teufelskreis münden, der durch das wiederholte Scheitern, die Veränderung tatsächlich herbeizuführen, ausgelöst wird. Je mehr Programme scheitern und je mehr neue Programme mit neuen Schlagworten propagiert werden, desto geringer ist die Erfolgswahrscheinlichkeit des neuen Programms,[155] da der Verlust von Glaubwürdigkeit und Vertrauen in den Erfolg der Veränderung die tatsächliche Verhaltensänderung immer unwahrscheinlicher macht.

Ein weiterer Kritikpunkt an den Veränderungspfaden setzt an der *Inkonsistenz* aufeinanderfolgender Veränderungsstrategien an. Nach Chakravarthy beinhaltet der überwiegend in der Literatur zitierte Veränderungspfad die sequentielle Abfolge der Veränderungsstrategien, *Restructuring*, *Revitalization* und *Renewal*, wobei unter letzterem eine Art "Corporate Nirvana" zu verstehen ist.[156] Die Problematik dieser sequentiellen Abfolge liegt darin, daß in der Episode des Restructuring viele Fähigkeiten der Organisation, wie z.B. Unternehmertum in der ausführenden Ebene oder offene Kommunikation, zerstört werden, die als wesentliche Erfolgsfaktoren für die nachfolgenden Episoden der Veränderung gelten. Die Abfolge von zuerst 'sauren und harten' und dann 'süßen und weichen' Veränderungsstrategien ist deshalb zum Scheitern verurteilt.[157] Erfolgsversprechender erscheint das gleichzeitige Verfolgen der Strategien von Restructuring und Revitalization.

### 1.2.3.2 Defizite in der praktischen Umsetzung der Veränderungskonzepte

Das beste Konzept der organisationalen Veränderung kann nicht verhindern, daß Defizite in der praktischen Umsetzung den Erfolg des Veränderungsvorhabens gefährden. Aus der Vielzahl der genannten Erfolgs- und Mißerfolgsfaktoren in der Literatur bezieht sich nur ein kleiner Ausschnitt auf die konzeptionelle Umsetzung der Veränderung. Nach Beer et al. darf für einen erfolgreichen Veränderungsprozeß keiner der Faktoren 'Koordination', 'Engagement' und 'Kompetenz' fehlen.[158] Dabei bezeichnet 'Koordination' die Fähigkeit der Organisation, durch die interfunktionale und interaktive Zusammenarbeit eine nachhaltige Leistungssteigerung herbeizuführen. Das 'Engagement', d. h. die kreative Motivation der einzelnen Mitarbeiter oder ganzer Abteilungen, kann dabei die Erfolgsaussichten dieser gemeinsamen Initiativen deutlich erhöhen. Mit den 'Kompetenzen' sind schließlich fachliche und soziale Fähigkeiten gemeint wie das

---

[155] Vgl. Beer et al., Verjüngungskampagnen, 1993, S. 17 (Repr.).
[156] Vgl. Chakravarthy, Process of Transformation, 1996, S. 529ff..
[157] Vgl. ebda., S. 351.
[158] Vgl. Beer et al., Verjüngungskampagnen, 1990, S. 19.

... Verständnis für das Betriebsgeschehen insgesamt ... [und] analytische Fähigkeiten und Geschick in zwischenmenschlichen Beziehungen. Fehlt nur eines dieser Elemente, bricht der Veränderungsprozeß zusammen.[159]

Nach Kotter resultiert der Mißerfolg von organisationalen Veränderungen aus der fehlenden oder unzureichenden Ausführung der folgenden Schritte (vgl. Tabelle 1-2).[160]

| | |
|---|---|
| ① | Unzureichende Vermittlung der Dringlichkeit und Notwendigkeit der Veränderung |
| ② | Unzureichende Bildung einer mächtigen Koalition und eines effektiven Veränderungsteams |
| ③ | Fehlende oder mangelhafte Entwicklung von Vision und Strategien der Veränderung |
| ④ | Unzureichende Kommunikation der Vision und der Strategien in Wort und Tat |
| ⑤ | Fehlende Beseitigung von Widerständen gegen die neue Vision und die neuen Strategien und unzureichende Ermutigung zu Risiko und Experimenten |
| ⑥ | Fehlende systematische Planung, Realisierung, Entlohnung und Kommunikation von frühen Erfolgen |
| ⑦ | Zu frühe Erklärung des erfolgreichen Abschlusses, fehlende Konsolidierung der Verbesserung und unzureichende Rate kontinuierlicher Veränderung |
| ⑧ | Fehlende Verankerung der Veränderung in der Organisationskultur, unzureichende Verweise auf den Zusammenhang zwischen neuem Verhalten und Erfolg sowie mangelnde Einbettung in die Führung |

*Tabelle 1-2: Mißerfolgsfaktoren für die organisationale Veränderung*[161]

Zu Beginn der Veränderung besteht die Gefahr, die Dringlichkeit und Notwendigkeit der Veränderung nicht ausreichend zu vermitteln. Die unzureichende Bildung einer mächtigen Koalition und eines effektiven Veränderungsteams, die fehlende oder mangelhafte Entwicklung von Visionen und Strategien der Veränderung sowie ihre unzureichende Kommunikation in Wort und Tat sind weitere Risiken für den Erfolg des Veränderungsvorhabens. Mögliche Gründe für das Scheitern sind auch die fehlende Beseitigung von Widerständen gegen die neue Vision und die neuen Strategien und die fehlende systematische Planung und Realisierung von frühen Erfolgen. Schließlich können auch die zu frühe Erklärung des erfolgreichen Abschlusses und die fehlende Verankerung der Veränderung in der Organisationskultur den Mißerfolg herbeiführen.

*Fazit: Integration von individuellen und organisationalen Verhaltenstheorien in ein konsistentes Veränderungsmodell*

Die Ausführungen zur *Notwendigkeit von Veränderung zur Leistungssteigerung* und zu den *unzureichenden Ansätzen zum Management von Veränderung in der Praxis* dienen nicht nur dazu, die Bedeutung des betrachteten Themas aufzuzeigen. Aus ihnen lassen sich auch Anforderungen an die theoretische Fundierung ableiten. Aus dem Paradigmawechsel der Umweltanforderungen, aus dem Übergang zum Informations- oder besser Interpretationszeitalter und

---

[159] Ebda., a.a.O..
[160] Vgl. Kotter, Leading Change, 1995, S. 60-67.
[161] Vgl. ebda., a.a.O..

aus den Defiziten der formalen Gestaltungs- und Reprogrammierungsansätze wird ersichtlich, daß im Mittelpunkt eines Modells zur Erklärung und Gestaltung von organisationaler Veränderung Theorien über *individuelles* Verhalten und seine Veränderung stehen sollten. Damit wird der Rückbesinnung auf den Menschen als das "flexibelste Instrument unseres Systems" und den "kritischsten Erfolgsfaktor der Zukunft" [162] Rechnung getragen. Aus der Schwierigkeit, die Dynamik und Komplexität innerhalb und außerhalb der Organisation zu bewältigen, und aus der Unzulänglichkeit eindimensionaler, singulärer, linear kausaler Erklärungs- und Gestaltungsansätze ergibt sich die Notwendigkeit, theoretische Ansätze heranzuziehen, die die Dynamik und Komplexität des *organisationalen* Verhaltens *ganzheitlich* erklären können. Gesucht sind insbesondere Ansätze, die organisationales Verhalten jenseits der Summe des individuellen Verhaltens erklären können. Die wissenschaftliche Herausforderung besteht in der Verknüpfung von Theorien über individuelles Verhalten und organisationales Verhalten zu einem konsistenten Modell. Dieses entspricht dem universellen Trend, scheinbar Unvereinbares zu vereinbaren und zwar per *Trade-off-Shift* auf möglichst hohem Niveau.

---

[162] Vgl. Bleicher, Management of Change, 1994, S. 66 und 67.

## 2 Wissenschaftlicher Bezugsrahmen

> „Der Unterschied zwischen der Amöbe und Einstein besteht darin, daß beide zwar die Methode von Versuch und Irrtumselimination anwenden, aber die Amöbe nicht gern irrt, während Einstein gerade davon angezogen wird: Er sucht bewußt nach seinen Fehlern, in der Hoffnung, aus ihrer Entdeckung und Elimination etwas zu lernen."[163]
>
> „... it is not the accumulation of observations which I have in mind when I speak of the growth of scientific knowledge, but the repeated overthrow of scientific theories and their replacement by better and more satisfactory ones."[164]

### 2.1 Wissenschaftstheoretische Fundierung

#### 2.1.1 Zur Notwendigkeit wissenschaftstheoretischer Fundierung

Es mag überraschend erscheinen, im Zusammenhang mit der zugrunde liegenden Problemstellung eine wissenschaftstheoretische Fundierung anzustreben - nicht nur aufgrund der primär auf Gestaltung zielenden praxisnahen Ausrichtung der Arbeit, sondern auch aufgrund des seit den 80er Jahren insgesamt rückläufigen Trends, sich mit wissenschaftstheoretischen Fragestellungen explizit zu beschäftigen. Nach Kretschmanns diffusionstheoretischer Wissenschaftsforschung befindet sich das Forschungsprogramm des kritischen Rationalismus, gemessen an der Anzahl der Publikationen nach einer Phase der Implementierung, der Expansion und der Differenzierung seit den 80er Jahren in der Exhaustationsphase.[165] Das nachlassende wissenschaftliche Interesse an der bedeutendsten wissenschaftstheoretischen Grundkonzeption der Betriebswirtschaftslehre, dem kritischen Rationalismus, kann stellvertretend für die Attraktivitätseinbuße der Wissenschaftstheorie insgesamt gesehen werden. Kretschmann begründet die Abkehr von der Rezeption wissenschaftstheoretischer Programme mit einer *subjektivistisch-pragmatistischen Wende* in den Meta- und Objektwissenschaften.[166] Als weiteren Grund nennt er die zunehmend schwierigere Beurteilung der Leistungsfähigkeit wissenschaftstheoretischer Ergebnisse für außenstehende Objektwissenschaftler.[167] Im Fahrtwasser dieser subjektivistisch-pragmatischen Wende in den Wissenschaften gewannen pragmatisch orientierte Leitideen auch in der Betriebswirtschaftslehre an Bedeutung. Doch obwohl eine solche pragmatische Ausrichtung der Wissenschaft *per se* von meta-wissenschaftlichen Reflexionen nicht entbindet, besteht eine Neigung, unter dem Deckmantel des Pragmatismus ganz auf die meta-wissenschaftliche Fundierung von Forschungsvorhaben zu verzichten. Aus

---

[163] Popper, Objektive Erkenntnis, 1995, S. 71.
[164] Ders., Conjectures and Refutations, 1972, S. 215.
[165] Vgl. Kretschmann, Diffusion, 1990, S. 4ff.. Nach Morscher / Simons gibt es bereits Ende der 80er Jahre Anhaltspunkte für eine erneute Trendwende zu einer stärker objektiv-rationalen Wissenschaftstheorie: Morscher / Simons, Wissenschaftstheorie, 1988, S. 238.
[166] Vgl. Kretschmann, Diffusion, 1990, S. 144.
[167] Vgl. ebda., a.a.O..

den im folgenden genannten Gründen empfiehlt es sich jedoch, im Rahmen wissenschaftlichen Arbeitens zu wissenschaftstheoretischen Fragen Stellung zu nehmen:

- Jede wissenschaftliche Tätigkeit ist auf wissenschaftstheoretische Grundlagen angewiesen, denn sie regeln den strukturellen Aufbau der Wissenschaft, indem sie Zielsetzung, Gegenstand und methodisches Vorgehen bei der Problemlösung festlegen.
- Wissenschaftstheoretische Urteile werden bei jeder wissenschaftlichen Tätigkeit getroffen, denn sie „fließen ... als Vorverständnis in die wissenschaftliche Arbeit ein und determinieren den Wert der Ergebnisse in hohem Maße."[168] Bevor die ersten Aussagen zur Erklärung oder Gestaltung des Erkenntnisobjekts gefällt werden, sind bereits Basiswerturteile über Ziele und Methoden des wissenschaftlichen Arbeitens zumindest implizit getroffen worden. Eine kritische Reflexion dieser Basiswerturteile kann den Erfolg des Forschungsvorhabens wesentlich beeinflussen.
- In der Betriebswirtschaftslehre gibt es kein weithin akzeptiertes Paradigma im Sinne eines dominierenden Forschungsprogramms, das methodologische Grundpositionen hinsichtlich Ziel, Gegenstand und Methoden bzw. theoretische Leitsysteme vorgibt.[169] Dieser Pluralismus erfordert eine eigene Positionsbestimmung, ganz gleich, ob er in der Betriebswirtschaftslehre als erwünschter Dauerzustand[170] oder als Gefahr für ein dysfunktionales, fortschrittshemmendes Gegeneinander[171] gesehen wird.
- Der Glaube an Erkenntnisfortschritt als Zielsetzung für wissenschaftliches und metawissenschaftliches Erkenntnisstreben erfordert, daß jedes Forschungsvorhaben in Relation zu Bestehendem gesetzt werden sollte. Denn nur durch eine kritische Betrachtung neuer Theorien im Rahmen bestehender Wissenschaftsprogramme und vorhandener theoretischer Traditionen wird dem Erkenntnisfortschritt insgesamt Rechnung getragen.

Die große Bedeutung einer wissenschaftstheoretischen Fundierung darf allerdings nicht zu der Annahme verleiten, daß das Vorhaben, die Entdeckung, Begründung und Verwendung von Theorien nach meta-wissenschaftlichen Kriterien anzugehen, einfach durchzuführen sei. Vielmehr handelt es sich um ein Unterfangen, bei dem die Gefahr besteht, aufgrund pragmatischer Zielsetzungen die eigentliche wissenschaftliche Arbeit von dem programmatischen Anspruch der wissenschaftstheoretischen Fundierung zu entkoppeln. Nicht umsonst verweist Schanz darauf, „... daß vor allem Popper und Albert bereits seit geraumer Zeit sehr eifrig *zitiert*, kaum aber tatsächlich *rezipiert* werden."[172]

---

[168] Schanz, Ausgewählte Entwicklungslinien, 1990, S. 173.
[169] Vgl. Schanz, Methodologie, 1988, S. 4; ebenso: Jehle, Fortschritt, 1973, S. 101; Albert, Theorien, 1972, S. 3.
[170] Vgl. Feyerabend, Wider den Methodenzwang, 1983, S. 34.
[171] Vgl. Raffée, Gegenstand, 1993, S. 3.
[172] Schanz, Methodologie, 1988, S. VIII (Hervorhebungen im Original in Fettdruck); vgl. dazu auch die Probleme bei der Rezeption des kritischen Rationalismus in der Betriebswirtschaftslehre nach: Kretschmann, Diffusion, 1990, S. 157ff.

## 2.1.2 Zielsetzung und Gegenstand der Wissenschaftstheorie

Die Wissenschaftstheorie ist ähnlich wie die Wissenschaftsgeschichte oder die Wissenschaftssoziologie ein Bereich der Meta-Wissenschaft, d.h. der Wissenschaft über die Wissenschaften. Sie macht Aussagen über die Ziele und den Gegenstand der Wissenschaften, über ihre Aussagen(systeme) sowie über ihre grundlegenden Methoden und unterzieht die Wissenschaftspraxis einer kritischen Reflexion im Licht bestimmter Erkenntnisideale und Forschungsprogramme.[173] Die Wissenschaftstheorie widmet sich dem Problem der Erkenntnisgewinnung in den Wissenschaften; ihre Aussagen zielen

> ... letztlich auf Erkenntnisse über Eigenschaften und Zusammenhänge der *objektiven Realität*, die jedoch nur im Rahmen der *subjektiven Realität* erfaßt und durch Formen der *sprachlichen Realität* ausgedrückt werden können.[174]

Die gewählte Formulierung „einer kritischen Reflexion im Licht bestimmter Erkenntnisideale und Forschungsprogramme" läßt offen, ob es sich bei der Wissenschaftstheorie um eine normative oder eine technologische Disziplin handelt.[175] Sollen „kategorische Imperative der Forschung"[176] aufgestellt werden oder sollen Verfahrensweisen zur Erreichung der Wissenschaftsziele vorgeschlagen werden? Günter Schanz rät mit dem Verweis auf die fortschrittshemmenden Konsequenzen der normativen Ausrichtung zu einer technologischen Orientierung.[177] Dieser Standpunkt soll im Rahmen unseres Vorgehens übernommen werden.

## 2.1.3 Wissenschaftstheorie als methodologische Ebene zwischen Theorie und Meta-Methodologie

Die Wissenschaftstheorie trifft, wie bereits herausgestellt, Aussagen über die Wissenschaft, die ihrerseits wiederum Aussagen über die objektive Realität macht. Auch die Wissenschaftstheorie selbst kann kritischen Reflexionen unterzogen werden, so daß man insgesamt von drei Ebenen sprechen kann, der Ebene der realwissenschaftlichen Theorien, der der Methodologien und der der Meta-Methodologien (vgl. Abbildung 2-1). Dementsprechend läßt sich auch bei einer sprachlichen Betrachtung von drei Ebenen ausgehen; die Objektsprache formuliert Theorien über den Objektbereich, die Metasprache formuliert Aussagen über die Objektsprache und die Meta-Metasprache formuliert Aussagen über die Metasprache.[178]

---

[173] Vgl. Raffée / Abel, Aufgaben und aktuelle Tendenzen, 1979, S. 1; ähnlich: Albert, Erkenntnis und Recht, 1972, S. 222.

[174] Behrens, Wissenschaftstheorie, 1993, Sp. 4763 (Herv. d. Verf.).

[175] Vgl. Schanz, Methodologie, 1988, S. 4.

[176] Albert, Wissenschaft, 1982, S. 53.

[177] Vgl. Schanz, Methodologie, 1988, S. 4f.; dagegen die stärker normative Ausrichtung nach: Raffée / Abel, Aufgaben und aktuelle Tendenzen, 1979, S. 1.

[178] Vgl. Popper, Objektive Erkenntnis, 1995, S. 45f., ebenso: Spinner, Theoretischer Pluralismus, 1971, S. 31, ebenso: Albert, Konstruktion und Kritik, 1972, S. 128f..

*Anmerkungen zur meta-methodologischen Ebene:* „Die Betriebswirtschaftslehre ist wie jede Realwissenschaft, ja wie jede Wissenschaft schlechthin, daran interessiert, in ihren Erkenntnisbemühungen ständig voranzuschreiten, also immer bessere Aussagesysteme zu entwickeln."[179] Die Idee des Erkenntnisfortschrittes steht im Mittelpunkt methodologischer Reflexionen in der Betriebswirtschaftslehre; sie läßt sich als ein Kriterium verwenden, die Tauglichkeit wissenschaftstheoretischer Grundkonzeptionen und Forschungsprogramme zu beurteilen.[180] Was unter Erkenntnisfortschritt zu verstehen ist, kann man dem den Kapitel vorangestellten Motto von Karl R. Popper entnehmen. Erkenntnisfortschritt bedeutet hiernach nicht die Anhäufung von Beobachtungen, sondern die ständige Widerlegung alter Theorien und die Suche nach neuen zufriedenstellenderen Theorien; er geschieht evolutionär, als ein Prozeß von Versuch und Irrtumselimination.

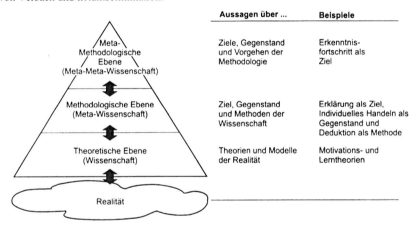

*Abbildung 2-1: Wissenschaftstheorie als methodologische Ebene zwischen Theorie und Meta-Methodologie*

*Anmerkungen zur methodologischen Ebene:* Die methodologische Ebene trifft Aussagen über Ziel, Gegenstand und Methoden der Wissenschaft, deren allgemeine Natur und konkrete Anwendung im Rahmen dieser Arbeit erörtert werden soll. An dieser Stelle soll nur kurz auf die in der Literatur häufig aufgeführte methodologische Untergliederung in *Entdeckungs-, Begründungs-* und *Verwendungszusammenhang* eingegangen werden.[181]

Der *Entdeckungszusammenhang* bezeichnet die heuristische Fragestellung, wie neue Theorien gefunden werden können. Im *Begründungszusammenhang* hingegen stehen logische Frage-

---

[179] Jehle, Fortschritt, 1973, S. 100.
[180] Vgl. dazu die „Prüfung betriebswirtschaftlicher Methodologien bezüglich ihrer Fähigkeit, den wissenschaftlichen Erkenntnisfortschritt zu fördern" in: Jehle, Fortschritt, 1973, S. 129ff.. Vgl. zum Evolutionsmodell des Erkenntnisfortschritts: Popper, Objektive Erkenntnis, 1995.
[181] Vgl. zum Entdeckungs- und Begründungszusamenhang: Jehle, Fortschritt, 1973, S. 103; zum Verwendungszusammenhang: Ulrich / Hill, Wissenschaftstheoretische Grundlagen, 1979, S. 167-169.

stellungen im Vordergrund, wie bereits entwickelte Theorien formal gebildet und hinsichtlich ihres Wahrheitsgehalts geprüft werden. Der *Verwendungszusammenhang* schließlich stellt die „Frage nach Zweck und Verwendung wissenschaftlicher Aussagen."[182]

Während sich die betriebswirtschaftliche Methodologie vor allem dem Begründungszusammenhang widmete - sei es absichtlich oder zufällig - wurde der Entdeckungszusammenhang oft in den Bereich der Wissenschaftspsychologie und -soziologie verwiesen.[183] Ulrich und Hill treiben diese Abgrenzungspraxis sogar noch weiter, indem sie den Verwendungszusammenhang in den Bereich der Wissenschaftspolitik stellen.[184] Diese Abgrenzung wird zu Recht kritisiert, da sie zum einen dem Ziel des Erkenntnisfortschrittes nicht gerecht wird,[185] zum anderen aber das Gedankengut von Poppers "Logik der Forschung" auf eine "Logik der Begründung" reduziert.[186] Folglich muß auch der Versuch abgelehnt werden, Forschungsprogramme und -methoden eindeutig dem Entdeckungs-, Begründungs- oder Verwendungszusammenhang zuzuordnen.[187] Vielmehr sollten die Entdeckung, Begründung und Verwendung von Theorien als sequentielle Phasen des Wissenschaftsprozesses verstanden werden, die - auf einer gemeinsamen Methodologie basierend - diesen in gleicher Weise konstituieren.

*Anmerkungen zur theoretischen Ebene:* In der theoretischen Ebene werden Aussagen über die strukturelle Beschaffenheit der Realität gemacht.[188] Theorien bewähren sich an den Fakten der Realität, während sich Methodologien als brauchbar erweisen, wenn sie sich bewährende Theorien hervorbringen. Erkenntnisfortsschritt wird allerdings nicht nur durch die Kritik einzelner Theorien im Sinne Poppers erzielt, sondern auch durch die Konfrontation alternativer Theorien im Sinne Paul Feyerabends oder durch die Konkurrenz ganzer Forschungsprogramme im Sinne Imre Lakatos.

Paul Feyerabend verweist darauf, „daß Daten, die eine Theorie widerlegen könnten, oft nur mit Hilfe einer dieser Theorie widersprechenden Alternative gewonnen werden ..."[189] und rät dem Wissenschaftler, „andere Ideen ein[zu]führen, das heißt, ... eine *pluralistische Methodologie* [zu] verwenden."[190]

> Erkenntnis in diesem Sinne ist keine Abfolge in sich widerspruchsfreier Theorien, die gegen eine Idealtheorie konvergieren; sie ist keine allmähliche Annäherung an die „Wahrheit". Sie ist ein stets anwachsendes *Meer miteinander unverträglicher ... Alternativen* ... .[191]

---

[182] Ulrich / Hill, Wissenschaftstheoretische Grundlagen, 1979, S. 167.
[183] Vgl. Jehle, Fortschritt, 1970, S. 103f.; ebenso: Schanz, Methodologie, 1988, S. 39.
[184] Vgl. Ulrich / Hill, Wissenschaftstheoretische Grundlagen, 1979, S. 167.
[185] Vgl. Schanz, Methodologie, 1988, S. 39.
[186] Vgl. Jehle, Fortschritt, 1973, S. 104.
[187] Vgl. zu dieser Kritik: Raffée, Gegenstand, 1993, S. 12; dagegen zu einer solchen Zuordnung: Ulrich / Hill, Wissenschaftstheoretische Grundlagen, 1979, S. 168.
[188] Vgl. Albert, Theorien, 1972, S. 7.
[189] Feyerabend, Wider den Methodenzwang, 1983, S. 34.
[190] Ebda., a.a.O..
[191] Ebda., a.a.O..

Nach Imre Lakatos kann das Problem des wissenschaftlichen Erkenntnisfortschritts nur im Rahmen der Methodologie der Forschungsprogramme sinnvoll diskutiert werden.[192] Forschungsprogramme sind charakterisiert durch eine Kontinuität, die eine wissenschaftliche Gemeinschaft bindet. Sie enthalten methodologische Regeln, die als *negative und positive Heuristiken* den wissenschaftlichen Weg weisen können. Als negative Heuristik bezeichnet Lakatos das Verbot, den *modus tollens* auf den *harten Kern* des Forschungsprogramms anzuwenden,[193] d.h. die Falsifikation der Basistheorien oder der Axiome des Programms auszuschließen. Stattdessen soll sich der *modus tollens* auf die Hilfshypothesen konzentrieren, die einen Schutzgürtel um den *harten Kern* bilden, während der harte Kern selbst vor voreiliger Elimination geschützt werden soll. Die positive Heuristik gibt Vorschläge oder Hinweise, wie der Schutzgürtel der Hilfshypothesen verbessert werden kann, um Widersprüche und Anomalien des Forschungsprogramms zu beseitigen.[194]

In der Betriebswirtschaftslehre haben sich verschiedene Ansätze von Forschungsprogrammen herausgebildet. Diese gehen über eine rein theoretische Ebene hinaus, indem sie methodologische Regeln für Ziele, Gegenstand und Methoden der Betriebswirtschaftslehre vorgeben. Insofern ist es wichtig, im Rahmen eines wissenschaftlichen Vorhabens auf den forschungsprogrammatischen Kontext einzugehen.

### 2.1.4 Wissenschaftstheoretische Grundpositionen und Forschungsprogramme

Auf jeder Ebene, sei es die theoretische, die methodologische oder die meta-methodologische, lassen sich Leitideen formulieren, die eine wissenschaftstheoretische Grundposition oder ein Forschungsprogramm kennzeichnen. Diese Leitideen sind die Programmpunkte, die Wissenschaftler innerhalb eines bestimmten Forschungsprogramms einen, sozusagen die „harten Kerne" in jeder Ebene,[195] sie kanalisieren die Forschungsbemühungen und besitzen deshalb heuristische Funktion. Wissenschaftstheoretische Grundpositionen - wie etwa der kritische Rationalismus oder der Konstruktivismus - grenzen sich in allen Ebenen durch verschiedene, oft gegensätzliche Leitideen gegeneinander ab. Forschungsprogramme - wie etwa der entscheidungsorientierte oder der verhaltensorientierte Ansatz - beziehen sich zum Teil auf gleiche wissenschaftstheoretische Grundpositionen und setzen folglich nicht auf allen Ebenen eigene Akzente.

#### 2.1.4.1 Kritischer Rationalismus und Konstruktivismus als Beispiele wissenschaftstheoretischer Grundpositionen

Bereits in den einleitenden Abschnitten, so z.B. in den Ausführungen zum Erkenntnisfortschritt, sind vom kritischen Rationalismus beeinflußte Positionen sichtbar geworden. An die-

---

[192] Vgl. Lakatos, Falsification, 1974, S. 132.
[193] Vgl. ebda., S. 133f.
[194] Vgl. ebda., S. 134ff.
[195] Vgl. Schanz, Metaphysik, 1990, S. 192.

ser Stelle soll nun auf wesentliche Aspekte des kritischen Rationalismus eingegangen werden, die zum einen dazu geeignet erscheinen, unsere eigene wissenschaftstheoretische Position abzugrenzen, zum anderen die notwendige Fundierung für die Forschungsprogramme legen, die sich an den kritischen Rationalismus anlehnen und auf die in dieser Arbeit Bezug genommen wird. Für diese Aufgabenstellung scheint eine Gegenüberstellung des kritischen Rationalismus mit dem Konstruktivismus besonders geeignet (vgl. Abbildung 2-2),[196] da letzterer als Grundposition für die eingangs beschriebene subjektivistisch-pragmatistische Wissenschaftsauffassung betrachtet werden kann.

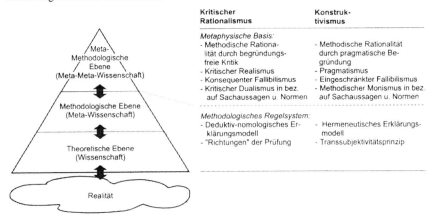

*Abbildung 2-2: Wissenschaftstheoretische Grundpositionen: Kritischer Rationalismus vs. Konstruktivismus*

### Leitideen des kritischen Rationalismus

Erkenntnisfortschritt geschieht nach Popper, wie bereits geschildert, evolutionär durch einen Prozeß von Versuch und Irrtumselimination. In Abgrenzung zum klassischen Rationalismus und Empirismus beruht wissenschaftliche Erkenntnis demnach nicht auf einem letzten und sicheren Fundament des Wissens - konstituiere es sich über die Vernunft oder die sinnliche Wahrnehmung, sondern auf systematischem Kritizismus. Dieser besagt, daß jeder absolute Begründungsversuch letztlich zum Scheitern verurteilt ist, da sich keine endgültigen wahren Aussagen finden lassen, die nicht wiederum kritischer Betrachtung zu unterziehen wären.[197] *Methodische Rationalität*, d.h. die Erreichung von Problemlösungsfortschritten unter Verwendung bestimmter Methoden, geschieht folglich *durch begründungsfreie Kritik.*[198]

---

[196] Vgl. Raffée / Abel, Aufgaben und aktuelle Tendenzen, 1979, S. 3ff.; ebenso zu Programmpunkten des kritischen Rationalismus: Schanz, Erkennen, 1988, S. 7ff..

[197] Vgl. zum Trilemma (Dogmatismus - unendlicher Regreß - psychologistische Basis): Popper, Logik der Forschung, S. 60f.; ebenso das Münchhausen-Trilemma nach: Albert, Traktat, 1991, S. 11ff..

[198] Vgl. Raffée / Abel, Aufgaben und aktuelle Tendenzen, 1979, S. 3.

Popper sieht das Hauptziel der Wissenschaft in der Suche nach Wahrheit[199] und fordert:

> Wir sollten versuchen, die dringendsten Probleme zu sehen oder zu entdecken und sie durch die Aufstellung wahrer Theorien zu lösen ...; jedenfalls sollten wir versuchen, Theorien aufzustellen, die der Wahrheit ein Stückchen näherkommen als die unserer Vorgänger.[200]

Dem Wahrheitsbegriff liegt ein Bekenntnis zum Realismus zugrunde, d.h. ein metaphysisches Glaubensbekenntnis, daß es eine objektive Realität gibt;[201] darauf aufbauend definiert Popper,

> „ ... daß Wahrheit die Übereinstimmung mit den Tatsachen (oder der Wirklichkeit) ist, oder, genauer, daß eine Theorie wahr ist genau dann, wenn sie mit den Tatsachen übereinstimmt.[202]

Die Idee der zutreffenden Darstellung der Wirklichkeit mit sprachlichen Mitteln bezeichnet man als *Korrespondenztheorie der Wahrheit*.[203] Die Wirklichkeit ist zwar indeterminiert,[204] aber dennoch existieren Gesetzmäßigkeiten,[205] die der Mensch erkennen kann, ohne jedoch absolute Gewißheit über ihre Wahrheit zu erlangen, denn „es kann keine absolute Gewißheit geben: Wir suchen nach der Wahrheit, aber wir besitzen sie nicht." [206] Gemeint ist also nicht ein naiver, sondern ein *kritischer Realismus*.

Die Wirklichkeit wird demnach durch prinzipiell falsifizierbare empirische Aussagen über die inhärenten Gesetzmäßigkeiten beschrieben, eine Annahme, die als *epistemologischer Fallibilismus* bezeichnet wird.[207] *Konsequenter Fallibilismus* bedeutet insofern, daß jegliche sichere Begründung von Aussagen und Theorien abgelehnt wird.

Popper geht davon aus, daß der Betrachtung von Normen und Sachaussagen unterschiedliche Beurteilungsprinzipien zugrunde liegen, daß ein *kritischer Dualismus in bezug auf Sachaussagen und Normen* vorliegt. Während Sachaussagen 'wahr' oder 'falsch' sind, können Normen nur 'gut' oder 'schlecht', 'annehmbar' oder 'unannehmbar' sein.[208] Sachaussagen werden an der 'Wahrheit' gemessen, Normen hingegen an meta-ethischen Kriterien, die letztlich willkürlich festlegbar sind.[209] Die Forderung nach einer im Aussagenbereich wertfreien Wissenschaft läßt sich folglich aus dem kritischen Rationalismus ableiten, ist dort allerdings nicht zwingend angelegt.[210]

---

[199] Vgl. Popper, Objektive Erkenntnis, 1995, S. 44.
[200] Ebda., a.a.O.
[201] Vgl. ebda., S. 38., ebenso: Albert, Wissenschaft, 1982, S. 13.
[202] Popper, Objektive Erkenntnis, 1995, S. 45.
[203] Vgl. Abel, Grundlagen, 1983, S. 5.
[204] Vgl. Popper, Objektive Erkenntnis, 1995, S. 235f.
[205] Vgl. ebda., S. 237ff.
[206] Ebda., S. 47; ebenso: Ders., Logik der Forschung, 1994, S. XXV.
[207] Vgl. Albert, Wissenschaft, 1982, S. 9f.; ebenso: Schanz, Erkennen, 1988, S. 8ff.
[208] Vgl. Popper, Offene Gesellschaft (Band 1), 1973, S. 91f..
[209] Vgl. ebda., S. 109.
[210] Vgl. Raffée / Abel, Aufgaben und aktuelle Tendenzen, 1979, S. 6.

Aufbauend auf den dargestellten Leitideen, die die metaphysische Basis des kritischen Rationalismus bilden, hat Popper für den Forschungsprozeß *ein methodologisches Regelsystem* aufgestellt, von dem hier das *deduktiv-nomologische Erklärungsmodell*[211] sowie die *Prüfung und Falsifikation* kurz angesprochen werden sollen.

Nach Popper ist „die Aufgabe der Wissenschaft ... teils theoretisch - Erklärung - und teils praktisch - Voraussage und technische Anwendung."[212] Eine Erklärung ist „eine logische Deduktion dessen, was erklärt werden soll - des Explikandum -, aus gewissen Prämissen - dem Explikans [den erklärenden Gesetzen und Bedingungen]."[213] Logisch umgekehrt eignet sich das deduktiv-nomologische Erklärungsschema auch zum Zweck praktischer Voraussagen, der Prognose, und technischer Anwendungen, der Technologie (vgl.Tabelle 2-1).[214]

|  | Erklärung | Prognose | Technologie |
|---|---|---|---|
| **Explikans** |  |  |  |
| - Allgemeine Sätze | gesucht | gegeben | gegeben |
| - Singuläre Anfangsbedingungen | gesucht | gegeben | gesucht |
| **Explikandum** | gegeben | gesucht | gegeben |

*Tabelle 2-1: Deduktiv-nomologisches Erklärungsschema und logische Umkehrung für Prognose und Technologie*[215]

Im Mittelpunkt wissenschaftlicher Betrachtung stehen nicht nur einzelne Gesetzesaussagen oder Hypothesen, sondern ganze Aussagensysteme, die zur Erklärung, Prognose oder Technologie verwendet werden können. Abel resümiert in diesem Zusammenhang treffend:

> Der Kern eines Strebens nach theoretischer Erkenntnis im Kritischen Rationalismus kann in der Suche nach möglichst bewährtem und systematischem nomologischen Wissen gesehen werden, d.h. in einer Suche nach Hypothesen über tieferliegende nomische (gesetzmäßige) strukturelle Beziehungen und einer Konstruktion von Systemen derartiger Hypothesen (eben: Theorien): Der systematische Charakter der Theorien ergibt sich aus der logischen Verknüpfung der nomologischen Hypothesen und einem relativ einheitlichen Begriffsapparat.[216]

Das *methodologische Regelsystem*[217] des kritischen Rationalismus enthält vier 'Richtungen', nach denen auf logisch-deduktivem Weg einzelne Sätze oder ganze Theorien *geprüft* werden sollen: Prüfung der inneren Widerspruchsfreiheit, des empirisch-wissenschaftlichen Gehalts, des Gehalts an wissenschaftlichen Fortschritt sowie der abgeleiteten Folgerungen durch

---

[211] Vgl. zur deduktiv-nomologischen Erklärungsmethode (Hempel-Popper- bzw. Hempel-Oppenheim-Schema): Raffée, Gegenstand, 1993, S. 18; Schanz, Methodologie, 1988, S. 58; ebenso: Hempel, Erklärungen, 1972, S. 238.

[212] Popper, Objektive Erkenntnis, 1995, S. 362.

[213] Ebda., S. 363.

[214] Vgl. ebda., S. 366f..

[215] Vgl. Prim / Tilmann, Grundlagen, 1975, S. 105; ebenso: Schanz, Methodologie, 1988, S. 66.

[216] Abel, Denken in theoretischen Modellen, 1979, S. 139.

[217] Vgl. zum methodologischen Regelsystem der Falsifikationslehre: Meyer, Methodologie, 1979, S. 32ff..

„empirische Anwendung".[218] Popper nennt „... eine Theorie bewährt, solange sie diese Prüfungen besteht ..."; anderenfalls sei sie falsifiziert.[219] Theorien sollen an Basissätzen geprüft werden, die als vorläufige Dogmen anerkannt und festgesetzt werden, aber grundsätzlich weiter kritisiert werden dürfen.[220] Erkenntnisfortschritt vollzieht sich nun durch die „natürliche Auslese" konkurrierender Hypothesen bzw. Theorien,[221] indem an den Theorien festgehalten wird, die sich in den Prüfungen am besten behauptet haben. Für die Prüfung selber schlägt Popper vor, daß vor der empirischen Prüfung zunächst untersucht werden soll, welche der Theorien den höheren empirischen Gehalt besitzt,[222] wobei eine Theorie empirisch gehaltvoll ist, wenn sie sich durch möglichst große Allgemeinheit und Präzision bzw. Bestimmtheit auszeichnet.[223] Die empirische Prüfung schließlich ermittelt die Wahrheitsähnlichkeit[224] der Theorien, indem sie die aus ihnen ableitbaren Folgerungen an den anerkannten Basissätzen prüft. Von den konkurrierenden Theorien wird diejenige eliminiert, die einen niedrigeren empirischen Gehalt und eine geringere Wahrheitsähnlichkeit besitzt. Steht keine alternative Theorie zur Verfügung, so kann durchaus an einer falsifizierten Theorie festgehalten werden, bis ein bessere gefunden wird.[225]

Anschließend soll noch kurz darauf verwiesen werden, daß die von Popper inspirierten Programme von Feyerabend und Lakatos für die betriebswirtschaftliche Methodologie von großer Bedeutung sind, insbesondere ihre Hinwendung zum theoretischen Pluralismus und der Theorie der Forschungsprogramme.[226] Nach Feyerabend führt Poppers Auslese von Theorien unweigerlich dazu, daß vor allem junge Theorien bewährten älteren Theorien unterliegen.[227] Er führt deshalb das Prinzip der Beharrlichkeit und das des Proliferierens ein,[228] lehnt jeglichen Theorienmonismus ab und fordert den theoretischen Pluralismus.[229] Auch Lakatos richtet sein Programm u.a. auf die Verbesserung der Popperschen Theorienauslese aus, indem er in den Mittelpunkt kritischer Betrachtung nicht einzelne Theorien, sondern ganze Serien von Theorien, eben Forschungsprogramme, stellt. Solange ein Forschungsprogramm in der Lage ist, Probleme zu lösen, d.h. solange seine Erklärungskraft gegeben ist, darf es nicht eliminiert werden.[230] Erst durch die übereinstimmende Meinung der wissenschaftlichen Gemeinschaft

---

[218] Popper, Logik der Forschung, 1994, S.7f..

[219] Ebda., S. 212.

[220] Vgl. ebda., S. 60ff., insbesondere S. 70f..

[221] Vgl. Popper, Objektive Erkenntnis, 1995, S. 273; ebenso: ders., Logik der Forschung, 1994, S. 73.

[222] Vgl. ders., Objektive Erkenntnis, 1995, S. 14ff..

[223] Vgl. ders., Logik der Forschung, 1994, S. 85. Wissenschaftliche Aussagen lassen sich als Wenn-Dann-Aussagen formulieren, wobei die Wenn-Komponente den Grad der Allgemeinheit und die Dann-Komponente den Grad der Präzion des Gesetzes festlegen: ebda., S. 85ff..

[224] Vgl. zum Begriff der Wahrheitsähnlichkeit: ders, Objektive Erkenntnis, 1995, S. 54ff..

[225] Vgl.ebda., S. 17, ebenso: Albert, Theorien, 1972, S. 9.

[226] Vgl. Schanz, Pluralismus, 1990, S. 103; ähnlich: Abel, Denken in theoretischen Modellen, 1979, S. 139.

[227] Vgl. ders., Wider dem Methodenzwang, 1983, S. 39ff..

[228] Vgl. ders., Consolations, 1974, S. 203ff..

[229] Vgl. ders., Wider dem Methodenzwang, 1983, S. 34.

[230] Vgl. Lakatos, Falsification, 1974, S. 155.

kann ein Forschungsprogramm degeneriert werden, wenn ein konkurrierendes höhere Erklärungskraft besitzt.[231]

Hans Albert schließlich hat einen großen Anteil daran, daß die Methodologie des kritischen Rationalismus in die Sozialwissenschaften insbesondere zur sozialwissenschaftlichen Theorie- und Modellbildung übertragen wurde.[232] Nach Albert kann für die Sozialwissenschaften der Theoriebegriff Poppers relativiert werden, indem sog. *Quasi-Theorien* verwendet werden, die raum-zeitlich beschränkte Gültigkeit aufweisen.[233]

### *Leitideen des Konstruktivismus*

Der Konstruktivismus bzw. die Erlanger Schule wurde maßgeblich von Paul Lorenzen begründet und hat inzwischen großen Einfluß auf die wissenschaftstheoretischen Diskussionen vor allem in der Betriebswirtschaftslehre genommen.[234] Die Vertreter konstruktivistisch-methodologischer Auffassung betrachten ihr Programm bewußt als eine Alternative zum kritischen Rationalismus, die sich vor allem gegen die kontrovers diskutierten Leitideen der Wertfreiheit und der begründungsfreien Kritik richtet.[235] Im Gegensatz zu den Anhängern einer kritisch-rational fundierten Wissenschaft plädieren die Konstruktivisten für eine normative Betriebswirtschaftslehre und eine pragmatische Begründung wissenschaftlicher Aussagen. In Abgrenzung zum kritischen Rationalismus wollen wir nachfolgend kurz die Leitideen des Konstruktivismus vorstellen (vgl. Abbildung 2-2).

Die methodische Rationalität durch begründungsfreie Kritik betrachten die Vertreter konstruktivistischer Wissenschaftstheorie als eine „schlichte Aufgabe des Begründungsanspruchs", zu der prinzipiell keine Veranlassung bestehe.[236] Vielmehr kann nach ihrer Auffassung eine *pragmatische Begründung* erzielt werden, indem „man den Anfang unseres Redens in einer dialogischen Situation der elementaren Lebenspraxis gemeinsam rekonstruiert."[237] Die Begründung erster Worte und Sätze geschieht also durch Übereinstimmung zwischen den Partnern eines Dialogs, in dem Rekurs auf nicht mehr erläuterungsbedürftige Worte und Sätze der elementaren Lebenspraxis genommen wird.[238]

Nach Auffassung der Konstruktivisten gibt es zwei wesentliche Kritikpunkte am kritisch-realistischen Wahrheitsbegriff, nämlich seine Beschränktheit auf wertfreie Aussagen und seine

---

[231] Vgl. ebda., a.a.O..
[232] Vgl. z.B. Albert, Theorien, 1972, S. 6ff..
[233] Vgl. ders., Theorie und Prognose, 1971, S. 131ff..
[234] Vgl. Abel, Grundlagen, 1983, S. 1f..
[235] Vgl. zur Kritik am Wertfreiheitsprinzip: Steinmann / Braun, Prinzip der Wertfreiheit, 1979, S. 194ff.; zur Kritik an der begründungsfreien Kritik: Gerum, Konstruktivismus, 1979, S. 205ff.; zu beachten ist, daß das Prinzip der Wertfreiheit kein expliziter Programmpunkt des kritischen Rationalismus ist (s.o.).
[236] Vgl. Gerum, Konstruktivismus, 1979, S. 205.
[237] Ebda., S. 206 (im Original mit Hervorhebungen).
[238] Vgl. ebda., S. 207.

Willkür bei der Wahrheitsbestimmung.[239] Die Begründung des letzteren Kritikpunktes ist nach Ansicht von Steinmann und Braun die fehlende Eignung der Korrespondenztheorie der Wahrheit, „methodisch die Übereinstimmung zwischen Aussagen und Tatsachen zu bestimmen ...,"[240] da eine solche Relation „ ... nur zwischen sich sprachlich konstituierenden Ebenen gedacht werden kann."[241] „Die Realität redet aber nicht, sondern schweigt,"[242] konstituiert sich also sprachfrei. Folglich kann die Wahrheit einer Aussage nur zirkulär, dogmatisch oder infinit behauptet werden, da die Bestimmung der Realität der Willkür des Prüfenden überlassen bleibt.[243] Anstelle des kritischen Realismus befürworten die Vertreter des Konstruktivismus einen *Pragmatismus* bei der Wahrheitsfindung.[244] Sowohl Tatsachenaussagen als auch Werturteile sollen in einem Dialog bzw. in einer Beratung mit dem Ziel eines qualifizierten Konsens auf ihren Wahrheitsgehalt überprüft werden,[245] wobei dieser Dialog als eine Kommunikation der Betroffenen bzw. der sich ihrer Probleme annehmenden Wissenschaftler zu verstehen ist.

Die pragmatische Begründung ermöglicht nach Ansicht der Konstruktivisten methodisch sichere, d.h. pragmatisch-wahre Aussagen. In Abgrenzung zum konsequenten Fallibilismus des kritischen Rationalismus arbeitet der Konstruktivismus demnach im Sinne eines *eingeschränkten Fallibilismus*.[246]

Im Gegensatz zu den Verfechtern des kritischen Rationalismus' vertreten Konstruktivisten einen *methodischen Monismus in Bezug auf Sachaussagen und Normen*. Mit Hilfe des vorgeschlagenen Dialogs zum qualifizierten Konsens lassen sich nicht nur Tatsachenaussagen, sondern auch Werturteile prüfen.[247] Damit plädiert der Konstruktivismus für eine normative Wissenschaft, deren Aufgabenbereich beinhaltet,

> ... zur Bewältigung praktischer Probleme beizutragen, und zwar zur Bewältigung von Problemen, die sich daraus ergeben, daß Personen oder Gruppen unverträgliche Ziele verfolgen ... und ihnen zur Realisierung bestimmter Zwecke keine geeigneten oder nicht ausreichend Mittel zur Verfügung stehen ... .[248]

Ähnlich wie im kritischen Rationalimus sind auch für den Konstruktivismus methodologische Regeln aufgestellt worden, die das wissenschaftliche Vorgehen anleiten. Nach konstruktivisti-

---

[239] Vgl. Abel, Grundlagen, 1983, S. 13.

[240] Steinmann / Braun, Konstruktvismus, 1979, S. 197.

[241] Ebda., S. 195.

[242] Kamlah / Lorenzen, Logische Propädeutik, 1973, S. 143.

[243] Vgl. Steinmann / Braun, Konstruktivismus, 1979, S. 196; vgl. zu subjektiver Wahrnehmung und Realität: Stadler / Kruse, Wirklichkeitskriterien, 1990; Varela, Kognitionswissenschaft, 1990.

[244] Vgl. das "pragmatische Realitätskriterium" in: von Uexküll, System, 1978, S. 121.

[245] Vgl. Steinmann / Braun, Konstruktivismus, 1979, S. 202; vgl. "gesellschaftliche Konstruktion von Wirklichkeit" in: Berger / Luckmann, Konstruktion der Wirklichkeit, 1969.

[246] Vgl. Raffée / Abel, Aufgaben und aktuelle Tendenzen, 1979, S. 7; analog das Konzept der "Viabilität" in: von Glasersfeld, Wissen, 1987.

[247] Vgl. Steinmann / Braun, Konstruktivismus, 1979, S. 202.

[248] Braun, Transsubjektivitätsprinzip, 1979, S. 209 (im Original mit Hervorhebungen).

scher Auffasssung soll in den Kulturwissenschaften - also auch in den Wirtschaftswissenschaften - die Methode des Verstehens, also das hermeneutische Erklärungsmodell, angewandt werden, während sich das deduktiv-nomologische Modell nur für die Naturwissenschaften eignet.[249] Der Vorteil des hermeneutischen Erklärungsmodells in den sozialwissenschaftlichen Disziplinen wird vor allem darin gesehen, daß nicht nur Wirkungszusammenhänge erklärt werden, sondern auch Sinnzusammenhänge und daß damit auf die „inneren Kräfte der Lebenssituation" geschlossen werden kann.[250]

Wichtiger Bestandteil des methodologischen Regelsystems des Konstruktivismus' sind desweiteren die Regeln, nach denen die Dialoge bzw. Beratungen zu erfolgen haben. Als „erstes Prinzip jeder vernünftigen Beratung" nennt Wolfram Braun das *Transsubjektivitätsprinzip*, nach dem jedes Argument transsubjektiv, d.h. verallgemeinerungsfähig sein soll und vorgefaßte Meinungen zugunsten eines gemeinsam gebildeten Wissens modifiziert werden sollen.[251] Darüberhinaus sollen die Teilnehmer des Dialogs *sachverständig* und *aufrichtig* sein, wobei unter ersterem die begriffliche „Wortgemeinsamkeit" und die methodologische „Satzgemeinsamkeit" über zu verfolgende Zwecke (Normen) und zu verwendende Mittel (Gesetze) verstanden wird.[252] Die Wortgemeinsamkeit ist nun Aufgabe der Logik, die Satzgemeinsamkeit Aufgabe der Wissenschaftstheorie. Mit der Aufrichtigkeit des Dialogs ist die bereits angesprochene Verallgemeinerungsfähigkeit der Argumente jedes Dialogpartners gemeint; diese ist Gegenstand der wissenschaftlichen Ethik.[253]

Mit dem klassischen Rationalismus und dem Konstruktivismus sind die beiden wohl wichtigsten wissenschaftstheoretischen Grundpositionen vorgestellt worden. In der Regel rekurrieren bestehende Forschungsprogramme auf eine dieser beiden Positionen oder zumindest auf einzelne Leitideen. An den klassischen Rationalismus lehnen sich beispielsweise der *verhaltenstheoretische Ansatz* von Günter Schanz[254] oder die *empirische Theorie der Unternehmung* von Eberhard Witte et al.[255] an, von denen letztere jedoch wegen der Vernachlässigung der Theoriebildung und der Überbetonung der empirischen Prüfung kritisiert wird.[256] Die *handlungstheoretische Forschungskonzeption* von Helmut Koch[257] ist hingegen mit der konstruktivistischen Grundposition verwandt.

---

[249] Vgl. Abel, Grundlagen, 1983, S. 2f..
[250] Vgl. Raffée, Gegenstand, 1993, S. 14.
[251] Braun, Transsubjektivitätsprinzip, 1979, S. 210f..
[252] Vgl. ebda., S. 211.
[253] Vgl. ebda., S. 212.
[254] Vgl. Schanz, Erkennen, 1988, S. 52.
[255] Vgl. Witte, Lehrgeld, 1977, S. 270ff.; ähnlich: Wossidlo, Zur empirischen Theorie, 1977, S. 118ff.; ähnlich: Albach, Ansätze zu einer empirischen Theorie, 1971, S. 140f..
[256] Vgl. Köhler, Forschungskonzeption, 1977, S. 306, ebenso: Kretschmann, Diffusion, 1990, S. 104ff..
[257] Vgl. Koch, Handlungstheoretische Konzeption, 1977, S. 283-300.

### 2.1.4.2 Zugrunde liegende Forschungsprogramme

Innerhalb der Forschungsprogramme in der Betriebswirtschaftslehre lassen sich zwei Basiskonzepte unterscheiden: das ökonomische und das sozialwissenschaftliche Basiskonzept.[258] Während im ersteren die Betriebswirtschaftslehre als „eigenständige, autonome Wirtschaftswissenschaft" betrachtet wird, liegt letzterem die Überzeugung zugrunde, daß die Betriebswirtschaftslehre eine „spezielle, interdisziplinär geöffnete Sozialwissenschaft" ist.[259] Im Mittelpunkt des ökonomischen Basiskonzepts steht das Menschenbild des *homo oeconomicus*, ein im Sinne des Rationalprinzips ausschließlich nutzenmaximierender Mensch, der bei vollkommener Voraussicht sein Handeln optimieren kann. Das sozialwissenschaftliche Basiskonzept hingegen stellt die Motivation menschlichen Handelns auf eine breitere Basis, nämlich auf die des Strebens nach Bedürfnisbefriedigung. Diese kurze Einführung soll als ausreichend betrachtet werden, damit eine Entscheidung für das sozialwissenschaftliche Basiskonzept nachvollzogen werden kann. Dafür sprechen nicht nur allgemeine wissenschaftstheoretische Überlegungen, wie sie in zahlreichen Plädoyers für diesen Ansatz vorgetragen werden,[260] sondern auch konkrete Überlegungen im Rahmen der Problemstellung dieser Arbeit. Allgemeine sozialwissenschaftliche Theorien aus dem Bereich der Verhaltenspsychologie erscheinen nämlich geeignet, „das Verhalten *in* Organisationen ... bzw. das Verhalten *von* Organisationen als *Spezialfall individuellen Verhaltens im sozialen Kontext*"[261] zu erklären. Im folgenden sollen zwei Forschungsprogramme vorgestellt werden - der verhaltenstheoretische und der systemorientierte Ansatz - die sich teilweise an den Positionen des kritischen Rationalismus' und des sozialwissenschaftlichen Basiskonzepts orientieren.[262]

*Verhaltenstheoretischer Ansatz*

Der verhaltenstheoretische Ansatz wurde von Günter Schanz auf der Basis wissenschaftstheoretischer Leitideen der klassischen Nationalökonomie in ihrer Rezeption durch Hans Albert konzipiert.[263] Nach Schanz ist der verhaltenstheoretische Ansatz „ ... als systematisch angelegter Versuch zu begreifen, Betriebswirtschaftslehre als Erfahrungswissenschaft zu konzipieren."[264] Er ist ein „vom kritischen Rationalismus inspiriertes Programm,"[265] das „in der Tradition der klassischen Nationalökonomie"[266] steht und „ ... sich als integrativer Bestandteil der

---

[258] Vgl. Raffée, Gegenstand, 1993, S. 25ff., ebenso: Specht, Einführung, 1990, S. 20f..

[259] Raffée, Gegenstand, 1993, S. 27.

[260] Vgl. ebda., a.a.O.; ähnlich: Schanz, Sozialwissenschaftliche Integration, 1990, S. 31-49, insbesondere S. 46; ähnlich: Kirsch, Verhaltenswissenschaftliche Fundierung, 1979, S. 107ff..

[261] Schanz, Sozialwissenschaftliche Integration, 1990, S. 46.

[262] Auf die Darstellung des faktortheoretischen Ansatzes, des entscheidungsorientierten Ansatzes, des situativen Ansatzes, des Marketingansatzes und der arbeitsorientierten Einzelwirtschaftslehre wird im Rahmen dieser Problemstellung verzichtet; vgl. dazu: Raffée, Gegenstand, 1993, S. 29ff..

[263] Vgl. Schanz, Erkennen, 1988, S. 55; ebenso: Kretschmann, Diffusion, 1990, S. 97.

[264] Schanz, Erkennen, 1988, S. 50.

[265] Ebda., S. 52.

[266] Ebda., S. 53.

Sozialwissenschaft [versteht].“²⁶⁷ Den Kern des systematischen Aufbaus bilden fünf Leitideen: der Glaube an Gesetzmäßigkeiten, der Individualismus als Analysemethode, das Nutzenstreben der Menschen, die Verhaltenssteuerung durch institutionelle Arrangements sowie die Sicherung der individuellen Freiheit (vgl. Abbildung 2-3).²⁶⁸ Mit diesen Leitideen soll der Betriebswirtschaftlehre ein Bezugsrahmen gegeben werden, „der dem Kriterium der Fortschrittsfähigkeit sowohl in theoretischer als auch in praktischer Hinsicht genügt,"²⁶⁹ d.h. dem Erkenntnis- und dem Gestaltungsinteresse gemäß der kritisch-rationalen Grundposition gerecht wird.²⁷⁰ Schanz entlehnt einen Teil seiner Leitideen der klassischen Nationalökonomie, insbesondere dem Werk von Adam Smith, das die Grundlage für die Idee der Freiheitssicherung legte.²⁷¹ Darüber hinaus rekurriert sein Programm auf „Teile der neueren (Sozial-)Psychologie,“²⁷² „ ... auf allgemeine Theorien über menschliches Verhalten, auf die im Zusammenhang mit der Erklärung betriebswirtschaftlich relevanter Sachverhalte zurückgegriffen werden kann."²⁷³ Der verhaltenstheoretische Ansatz ist folglich ein integratives sozialwissenschaftliches Programm im Sinne der Albertschen Forderung, Bereichsgrenzen wissenschaftlicher Einzeldisziplinen zur Förderung des Erkenntnisfortschritts zu überbrücken.²⁷⁴

Der verhaltenstheoretische Ansatz basiert auf fünf Leitideen, die Schanz in Anlehnung an Lakatos als die 'harten Kerne' seines Wissenschaftsprogramms betrachtet.²⁷⁵ Die metaphysische Leitidee, *Glaube an Gesetzmäßigkeiten*, rekurriert auf kritisch-rationales Gedankengut und beinhaltet die Überzeugung, daß das reale Geschehen Gesetzmäßigkeiten folgt,²⁷⁶ auf deren Erkenntnis sich das wissenschaftliche Streben richtet. Nach der methodischen Leitidee des Programms, dem *Individualismus als Analysemethode* bzw. dem *methodologischen Individualismus*, sind es nun die Gesetzesaussagen über individuelles Verhalten, die soziale Prozesse im allgemeinen und betriebswirtschaftliche Fragestellungen im besonderen erklären können,²⁷⁷ wobei das Verhalten von den Neigungen und dem Situationsverständnis der Individuen beeinflußt wird.²⁷⁸ Im Rahmen des methodologischen Individualismus' ist darüber hinaus auch eine institutionelle Sichtweise möglich, indem Institutionen als Quasi-Hand-

---

[267] Ebda., S. 56.
[268] Vgl. Schanz, Metaphysik, 1990, S. 193ff., ebenso: ders., Erkennen, 1988, S. 59ff..
[269] Ebda., S. 50.
[270] Vgl. ebda., S. 53.
[271] Vgl. ebda., S. 54.
[272] Ebda., a.a.O.
[273] Ebda., S. 58.
[274] Vgl. Albert, Theorien, 1972, S. 6; zu beachten ist, daß Hans Albert diese Forderung aus dem kritischen Rationalismus ableitet.
[275] Vgl. Schanz, Erkennen, 1988, S. 60.
[276] Vgl. ebda., S. 60f.; ebenso: Popper, Objektive Erkenntnis, 1995, S. 237ff..
[277] Vgl. Schanz, Erkennen, 1988, S. 65f..
[278] Vgl. ders., Metaphysik, 1990, S. 194.

# Wissenschaftstheoretische Fundierung

lungsträger betrachtet werden.[279] Die theoretische Leitidee vom *Nutzenstreben der Menschen* bzw. vom *Streben nach Bedürfnissen* faßt Günter Schanz wie folgt zusammen:

> Der Mensch wird als *zukunfts- bzw. zielorientiertes Wesen* betrachtet; sein Verhalten als „Zusammenspiel" von (individuenspezifischen) Bedürfnissen oder Motiven und (situationsspezifischen) Erwartungen begriffen.[280]

Die theoretische Leitidee vom *Nutzenstreben der Menschen* berührt also nicht nur das Motivations- sondern auch das Informationsproblem und greift insofern das Konzept der Erwartungs-Wert-Theorien auf.[281] Dieses theoretische Gedankengut kann als Basis für die praktische Leitidee des Ansatzes betrachtet werden, die *Verhaltenssteuerung durch institutionelle Arrangements*. Unter letzterer versteht Schanz strukturelle Regelungen der Aufbau- und Ablauforganisation, Anreizsysteme oder Unternehmungsverfassungen, kurzum „die Gesamtheit der direkt und indirekt wirkenden Steuerungsinstrumente."[282] Die praktische Leitidee, d.h. die verhaltenssteuernde Wirkung dieser institutionellen Arrangements, steht im Mittelpunkt des betriebswirtschaftlichen Erkenntnis- und Gestaltungsstrebens[283] und somit im Brennpunkt des verhaltenstheoretischen Ansatzes.

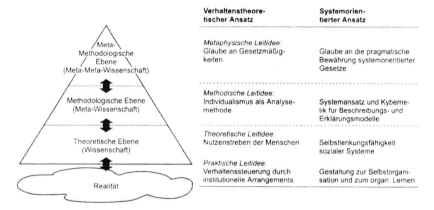

*Abbildung 2-3. Leitideen des verhaltenstheoretischen und des systemorientierten Ansatzes*

Neben diesen Leitideen wissenschaftstheoretischen Charakters nennt Günter Schanz die Idee von der institutionellen *Sicherung der individuellen Freiheit* als letzten zentralen Programmpunkt, als sozialphilosophische Leitvorstellung des Programms.[284] Mit ihr verbindet er ein Bekenntnis zum Grundwert der individuellen Freiheit, die mit anderen Grundwerten und

---

[279] Vgl. ders., Erkennen, 1988, S. 67.
[280] Vgl. ders., Metaphysik, 1990, S. 195, vgl. dazu auch: Albert, Individuelles Handeln, 1977, S. 185.
[281] Vgl. Schanz, Erkennen, 1990, S. 75.
[282] Ebda., S. 80.
[283] Vgl. ders., Metaphysik, 1990, S. 197.
[284] Vgl. ders., Erkennen, 1988, S. 86.

-bedürfnissen des Menschen konkurriert[285] und bei deren Befriedigung gegenüber vorrangigeren Bedürfnissen, wie etwa dem nach Existenzsicherung, eher Abstriche in Kauf genommen werden.[286] Aus der Idee der Freiheitssicherung leitet Güter Schanz das Strukturierungsprinzip der *individualisierten Organisation* ab, bei dem es darum geht,

> ... den Freiheitsbedürfnissen der Mitglieder am organisationalen Geschehen dadurch Rechnung zu tragen, daß ihnen eine *Mehrzahl von Arbeitssituationen* im Sinn von strukturalen Alternativen angeboten wird, unter denen sie eine *selbstbestimmte Auswahl* vornehmen können.[287]

### Systemorientierter Ansatz

Der systemorientierte Ansatz wurde im deutschsprachigen Raum maßgeblich von Hans Ulrich und seinen Mitarbeitern in St. Gallen begründet.[288] Er basiert auf einem umfassenden

> systemtheoretisch-kybernetischen Komplex ..., der Systeme sowohl unter statisch-struktureller als auch unter dynamisch-funktionaler (Systemverhalten) Perspektive zu erfassen und gestalten versucht.[289]

Dabei wird das Unternehmen als ein reales System mit bestimmten Eigenschaften wie 'dynamisch', 'offen', 'komplex', 'zweckorientiert' oder 'sozio-technisch' betrachtet.[290] Der systemorientierte Ansatz nutzt zur Beschreibung, Erklärung und Gestaltung von sozialen Systemen und ihrem Verhalten aus der Systemtheorie und der Kybernetik abgeleitete Modelle. Dabei eröffnet sich ein breites Spektrum an Vorstellungen über die Eigenschaften und die Verhaltensweisen eines Systems,[291] das von morphostatischen Systemen, die das Erreichen und Halten von Gleichgewichtszuständen anstreben, bis hin zu morphogenetischen Systemen, die auf die erweiterte Zielsetzung der *evolutorischen* Entwicklung ausgerichtet sind, reicht (vgl. Tabelle 2-2).[292] Der spezifische Organisationstyp, der das richtige Verhältnis von Verhaltensstabilisierung und Verhaltensvariierung aufweist, ergibt sich durch die situative Anpassung an bestimmte System-Umwelt-Konstellationen.[293]

Vor dem Hintergrund der zunehmenden Umweltdynamik scheinen sich die morphogenetischen Konzepte der neueren systemorientierten Ansätze besser für die Beschreibung, Erklärung und Gestaltung organisationaler Veränderung zu eignen. "Die neuere Systemtheorie versteht sich ganz explizit als eine Theorie selbstreferentieller Systeme ... ."[294] Damit rücken Ansätze wie etwa die Autopoiesestheorie nach Maturana und Varela[295] in den Mittelpunkt der

---

[285] Vgl. ebda., S. 86.
[286] Vgl. ebda., S. 87.
[287] Ebda., S. 89.
[288] Vgl. Raffée, Gegenstand, 1993, S. 33.
[289] Lehmann, Organisationstheorie, 1992, Sp. 1839.
[290] Vgl. Ulrich, Der systemorientierte Ansatz, 1971, S. 49.
[291] Vgl. z.B. die Übersicht zur Selbstorganisationsforschung in: Probst, Selbstorganisation, 1992, S. 2258.
[292] Vgl. Krieg, Kybernetische Grundlagen, 1971, S. 70.
[293] Vgl. Ulrich, Der systemorientierte Ansatz, 1971, S. 56.
[294] Knyphausen-Aufseß, Theorie, 1995, S. 13.
[295] Vgl. Maturana / Varela, Autopoieses, 1980; Maturana / Varela, Erkenntnis, 1987; vgl. die Rezeption durch:

Betrachtung. Autopoietische Systeme sind Systeme, die sich durch tätige Selbsterzeugung auszeichnen, d.h. sie erzeugen und erhalten sich selbst, um die Systemziele 'Identitätssicherung' und 'Selbsterhaltung' zu verwirklichen. Der Prozeß, in dem dies geschieht, verläuft zirkulär und selbstreferentiell, d.h. er vollzieht sich ausschließlich innerhalb systemeigener, miteinander verknüpfter Elemente. Die Zusammenhänge im System sind in ihrer Kausalität folglich nicht eindimensional und linear, sondern mehrdimensional und rekursiv. Autopoietische Systeme sind autonom, d.h. sie gestalten und organisieren sich selbst. Sie sind offen im Bezug auf den Austausch von Energie, Materie und Informationen mit der Umwelt. Mit der Offenheit des Systems ist jedoch keine einfache kontingenztheoretische Abhängigkeit gemeint. Der Bezug zur Umwelt, d.h. die Auswahl, Interpretation und Verwertung von Energie, Materie und Informationen, wird durch das System selbst definiert. Das System konstruiert seine Umwelt und definiert selbst seine Systemgrenzen durch Wahrnehmung und Interpretation vor dem Hintergrund der Zielsetzungen der Identitätssicherung und Selbsterhaltung. Komplexität und Redundanz an gestaltenden und lenkenden Elementen und Aktivitäten sind weitere Eigenschaften von autopoietischen Systemen. Ausgehend von dieser einleitenden Beschreibung sollen nachfolgend analog zum verhaltenstheoretischen Ansatz die wesentlichen Leitideen des systemorientierten Ansatzes kurz dargestellt werden.

| Strukturformen | Verhaltensformen | | |
|---|---|---|---|
| | Bewahrung angepaßter Gleichgewichtslagen | Totale Anpassung von Gleichgewichtslagen | Partielle Anpassung von Gleichgewichtslagen |
| Morphostatische Systeme | Monostabiles System | Ultrastabiles System | Multistabiles System |
| Morphogenetische Systeme | Äquifinales System | Selbstorganisierendes System | Selbstdifferenzierendes System |

*Tabelle 2-2: Strukturorientierte Klassifikation kybernetischer Systeme[296]*

Die meta-methodologische Leitidee des systemorientierten Ansatzes wird in der Literatur kontrovers diskutiert. Einerseits stehen viele Vertreter des systemorientierten Ansatzes in der Tradition von konstruktivistischen und pragmatischen Wissenschaftstheorien.[297] Andererseits wird betont, daß „der systemtheoretische Ansatz mit verschiedenen wissenschaftstheoretischen Konzeptionen vereinbar ... ist"[298] und sich folglich auch am kritischen Rationalismus orientieren kann.[299] Prinzipiell läßt sich der wissenschaftstheoretische Rahmen des kritischen Rationalismus auch auf die Theorien für organisationales Verhalten anwenden, die mit Hilfe

---

Knyphausen-Aufseß, Theorie, 1995, S. 11ff..

[296] Vgl. Krieg, Kybernetische Grundlagen, 1971, S. 70.

[297] Vgl. das Bekenntnis zum Pragmatismus bzw. die Distanzierung zum "logischen Empirismus" (entspricht dem kritischen Rationalismus) in: Ulrich, Der systemorientierte Ansatz, 1971, S. 46; Baitsch, Organisationen, 1993, S. 3-8.

[298] Ulrich, Der systemorientierte Ansatz, 1971, S. 48.

[299] Vgl. das Bekenntnis zur Bedeutung kausalanalytischer Erklärungen und die Distanzierung zum Pragmatismus: Ulrich et al., Praxisbezug, 1976, S. 139.

des systemorientierten Ansatzes abgeleitet und beschrieben werden. Der Analogieschluß von 'systemtheoretischen' und kybernetischen Modellen auf organisationale Modelle kann eine heuristische Funktion für die Entdeckung von Theorien ausüben. Für den weiteren Verlauf des Forschungsprozesses kann unabhängig von der Art der Entdeckung das methodologische Regelsystem des kritischen Rationalismus zur Begründung und Verwendung angewandt werden. Auch die Aussagensysteme des systemorientierten Ansatzes können auf dem deduktiv-nomologischen Erklärungsschema basieren.[300] Entsprechend wird die metaphysische Basis eines so verstandenen systemorientierten Ansatzes durch den Glauben begründet, „ ... dass [sic] es universelle Gesetzmäßigkeiten gibt, die für die Lenkung von Systemen irgendwelcher Art Gültigkeit besitzen."[301] Diese systemorientierten Gesetze bewähren sich aufgrund ihrer ganzheitlichen und integrierenden Betrachtungsweise oft besser zur Lösung komplexer Probleme als das „bisher so erfolgreiche analytische Denken,"[302] das in der Regel komplexen Systemen eindimensionale und linear kausale Zusammenhänge unterstellt. Dieser Gedankengang soll in der *metaphysischen Leitidee* des systemorientierten Ansatzes zusammengefaßt werden: der *Glaube an die pragmatische Bewährung systemorientierter Gesetze.*

Die *methodische Leitidee* besteht in der Nutzung des *Systemansatzes und der Kybernetik für Beschreibungs- und Erklärungsmodelle* von betriebswirtschaftlichen Problemstellungen. Mit Hilfe des Begriffssystems von Systemtheorie und Kybernetik werden Aufbau und Verhalten des betrachteten Objekts in Form von Modellen beschrieben, bevor im Analogieschluß allgemeine kybernetische und systemtheoretische Hypothesen des Erklärungsmodells auf das Problem übertragen und an der Realität geprüft werden.[303] Darüber hinaus lassen sich gemäß Hans Ulrich auch Erklärungen des Prinzips bzw. Musteraussagen verschiedener Wissenschaften verwenden, um Gestaltungsempfehlungen zu begründen.[304]

Die *theoretische Leitidee* des Programms, die *Selbstlenkungsfähigkeit sozialer Systeme* ist der Ausgangspunkt für die systemorientierte Modellbildung, mit den Lenkungsmechanismen erklärt und zur Lösung praktischer Probleme gestaltet werden sollen.[305] Im Mittelpunkt der technologischen Verwendung des Modells steht die Frage, wie Regelungsmechanismen zu gestalten sind, so daß offene Systeme in der Lage sind, ihren Zustand konstant zu halten und/oder Ziele außerhalb des Systems anzustreben[306].

Die Aufgabe der Betriebswirtschaftslehre besteht nach dem systemorientierten Ansatz weniger in dem Angebot fertiger Problemlösungen, sondern vielmehr in dem Aufzeigen von Gestaltungsmodellen, die genügend Flexibilität besitzen und Lernprozesse in der Unternehmung

---

[300] Ebda., a.a.O.
[301] Ebda., S. 138.
[302] Ulrich / Krieg, Management-Modell, 1973, S. 11.
[303] Vgl. Ulrich, Der Systemorientierte Ansatz, 1971, S. 45; ähnlich: Grochla/Lehmann/Renner, Identifikation 1984.
[304] Vgl. Ulrich, Betriebswirtschaftslehre, 1981, S. 15.
[305] Vgl. ders., Praxisbezug, 1976, S. 147.
[306] Vgl. Lehmann, Organisationstheorie, 1992, Sp. 1840.

fördern, um so eine Rückkehr in stabile oder dynamische Gleichgewichtslagen zu ermöglichen.[307] Ausgehend von dem derzeit dominierenden Strukturtyp, dem monostabilen System, sind die anzustrebenden Strukturtypen demnach die lernenden Systeme, wie etwa das selbstorganisierende oder das selbstdifferenzierende System. Diese *praktische Leitidee* soll *Gestaltung zur Selbstorganisation und zum organisationalem Lernen* genannt werden, eine Leitidee, die als 'Hilfe zu Selbsthilfe' zu verstehen ist.

### 2.1.5 Zugrunde liegende wissenschaftstheoretische Positionen

*Meta-methodologische Ebene*

*Erkenntnisfortschritt als methodologisches Ziel und Methodologie als technologische Disziplin:* Ein Grundpfeiler dieser wissenschaftstheoretischen Position ist das metaphysische Bekenntnis, daß Erkenntnisfortschritt das ureigenste Ziel der Wissenschaftstheorie und der Wissenschaft einschließlich der Betriebswirtschaftslehre ist. Die Wissenschaftstheorie wird als eine technologische Disziplin verstanden, die bezweckt, ganze Forschungsprogramme und einzelne Theorien auf diese Zielsetzung auszurichten (vgl. Abbildung 2-4).

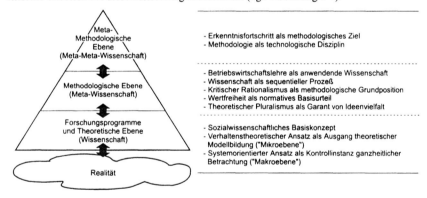

Abbildung 2-4: *Zugrunde liegende wissenschaftstheoretische Positionen*

*Methodologische Ebene*

*Betriebswirtschaftslehre als anwendende Disziplin und Wissenschaft als sequentieller Prozeß:* In der Betriebswirtschaftslehre ist die Lösung praktischer Probleme menschlichen Handelns der Gegenstand dieses wissenschaftlichen Erkenntnisstrebens; sie ist eine angewandte Wissenschaft im Sinne einer anwendenden Disziplin. Die Wissenschaft soll als ein sequentieller Prozeß der Entdeckung, Begründung und Verwendung betrachtet werden, in dem das Erklärungs- und das Gestaltungsziel prinzipiell gleichbedeutend sind, auch wenn im Rahmen dieser

---

[307] Vgl. Ulrich, Der systemorientierte Ansatz, 1971, S. 59.

Arbeit der Schwerpunkt auf dem Verwendungszusammenhang und dem Gestaltungsziel liegt. Gestaltung bedeutet hier die Anwendung allgemeiner bewährter theoretischer Sätze zur tautologischen Umformung in technologische Sätze, um praktische Probleme zu lösen. Diese Sichtweise verweist bereits auf die Anlehnung des Bezugsrahmens an die wissenschaftstheoretischen Positionen in der Tradition des kritischen Rationalismus.

*Kritischer Rationalismus als methodologische Grundposition:* Eine wissenschaftstheoretische Fundierung, die sich dem Gedankengut des kritischen Rationalismus verpflichtet, erscheint geeigneter als eine konstruktivistische Position, um die eingangs beschriebenen Erkenntnisideale der Betriebswirtschaftslehre zu verwirklichen - auch, wenn wiederholt auf Anwendungsprobleme des kritischen Rationalismus hingewiesen wird.[308]

Im kritischen Rationalismus wird methodische Rationalität durch begründungsfreie Kritik erzielt und insofern allen absoluten Begründungsversuchen eine Absage erteilt, da diese letztendlich dogmatisch, infinit oder zirkulär sein müssen.[309] Eben dieser Kritik muß sich auch die pragmatische Begründung der Konstruktivisten unterziehen, die einen Rekurs des Begründungsanfangs auf die elementare Lebenspraxis bzw. auf natürliche Bedürfnisse vorsieht.

Der Versuch der Konstruktivisten, den Wahrheitsbegriff pragmatisch über den Rekurs auf einen qualifizierten Konsens und nicht über eine zu ermittelnde Übereinstimmung mit der 'Wirklichkeit' zu definieren, mündet nach Bodo Abel in einer Aporie, die darin besteht, „ ... daß in diesem Konsensmodell über etwas entschieden werden soll, das durch diese Entscheidung letztendlich erst vorliegt."[310] 'Wahrheit' wird somit als eine Eigenschaft definiert, die vom Konsens und damit von der Wahrheitsfeststellung abhängig ist. Erst der Bezug auf die Wirklichkeit als unabhängige objektive Eigenschaft - wie im kritischen Realismus gefordert - ermöglicht die Feststellung der Wahrheit. Der qualifizierte Konsens eignet sich folglich nicht zur Definition, er kann lediglich als ein Verfahren zur Feststellung der Wahrheit im Sinne des kritischen Realismus' dienen.[311]

Nach Ansicht der Konstruktivisten lassen sich aufgrund der pragmatischen Begründung und des qualifizierten Konsens' methodisch sichere Aussagen treffen. Insofern kann im Konstruktivismus nicht von einem konsequenten, sondern allenfalls von einem eingeschränkten Fallibilismus gesprochen werden. Nun ist allerdings das Eintreten der Bedingungen des qualifizierten Konsens', die Transsubjektivität der Dialogteilnehmer, bereits mit hoher methodischer Unsicherheit verbunden, so daß das Ergebnis ebenfalls nicht objektiv sicher sein kann.[312] Es dürfte nämlich äußerst schwierig sein, die Dialogbedingungen, 'aufrichtig' und 'sachverständig' zu sein, erfolgsversprechend zu operationalisieren.

---

[308] Vgl. Meyer, Falsifikationslehre, 1979, S. 44ff.; ähnlich: Kubicek, Heuritische Bezugsrahmen, 1977, S. 9f..
[309] Vgl. Albert, Traktat, 1991, S. 11 ff.; umfangreichere Kritik in: Abel, Grundlagen, 1983, S. 36ff..
[310] Abel, Grundlagen, 1983, S. 26.
[311] Vgl. ebda., S. 27.
[312] Vgl. ebda., S. 32ff..

Der von den Konstruktivisten vorgeschlagene methodische Monismus in Bezug auf Sachaussagen und Normen ist analog zu der oben angeführten methodischen Kritik am Konsensmodell der Wahrheit ebenfalls zu verwerfen. Darüberhinaus verweist Popper darauf, daß Sachaussagen und Normen anhand von unterschiedlichen Kriterien, nämlich der Wahrheit im Sinne des Realismus sowie meta-ethischen Kriterien, geprüft werden müssen.[313] Diese Differenzierung ist insbesondere deshalb wertvoll, weil Wahrheit, d.h. die Übereinstimmung der Aussagen mit den Tatsachen, eine objektive Eigenschaft ist, während meta-ethische Kriterien, d.h. Art und Ausmaß der Befriedigung menschlicher Bedürfnisse, subjektiv festgelegt werden. Die Leitidee des kritischen Dualismus' in Bezug auf Sachaussagen und Normen erscheint aus diesen Gründen der konstruktivistischen Position überlegen.

Mit der Ablehnung der metaphysischen Basis des Konstruktivismus' fällt natürlich auch die Plausibilität seines methodologischen Regelsystems, der Hermeneutik und des Transsubjektivitätsprinzips. Die Hermeneutik ist nach Hans Raffée zwar für die heuristische Wissenschaftsfunktion von Bedeutung, kann allerdings die Methoden wissenschaftlicher Erklärung nicht ersetzen, da sie der kritischen Funktion nicht gerecht wird.[314] Das Transsubjektivitätsprinzip ist bereits oben aufgrund seiner schweren Operationalisierbarkeit kritisiert worden. Im Rahmen dieser Problemstellung soll eine Orientierung an dem methodologischen Regelsystem des kritischen Rationalismus vorgenommen werden. Das deduktiv-nomologische Erklärungsmodell wird in seiner logischen Umkehrung zur Technologiebildung verwendet.

*Wertfreiheit als normatives Basisurteil:* Die hier vertretene programmatische Forderung der Wertfreiheit der Wissenschaft ist, wie bereits herausgestellt, nicht ausdrücklich im kritischen Rationalismus als Programmpunkt angelegt, läßt sich allerdings aus der Leitidee des kritischen Dualismus in Bezug auf Sachaussagen und Normen ableiten. Normative Aussagen müssen an meta-ethischen Kriterien geprüft werden, die subjektiv, d.h. willkürlich, festgelegt werden. Normative Wissenschaft läßt sich folglich für bestimmte Zwecke leichter instrumentalisieren als eine Wissenschaft, die im Aussagenbereich wertfrei ist. Die Verfechter normativer Wissenschaft entgegnen solcher Kritik, daß die normative Fragestellung ein Bestandteil praktischer Probleme ist und daß folglich das Wertfreiheitsprinzip eine Verkürzung des Praxisverständnisses darstellt.[315] Die Vertreter einer im Sinne des kritischen Rationalismus' fundierten Wissenschaft betonen hingegen, daß normative Aussagen sehr wohl einer kritisch-rationalen Kritik mit Hilfe von sogenannten Brückenprinzipien und Kongruenz-Postulaten unterzogen werden können.[316] Demnach kann eine wertfreie Wissenschaft gleichzeitig Ansatzpunkte zur Problembewältigung liefern und ideologiekritisch sein, ohne wertende Empfehlungen geben zu müssen[317]. Das hier zugrunde liegende Verständnis von wertfreier Wissenschaft beruht dabei nicht auf dem Begriff der *praktisch-normativen* Wissenschaft von Edmund Hei-

---

[313] Vgl. Popper, Offene Gesellschaft (Band 1), 1973, S. 109.
[314] Vgl. Raffée, Gegenstand, 1993, S. 14f..
[315] Vgl. Steinmann / Braun, Konstruktivismus, 1979, S. 191.
[316] Vgl. Abel, Kritischer Rationalismus, 1979, S. 218f..
[317] Vgl. ebda., S. 231.

nen, in der Empfehlungen zwar nicht für Ziele, sehr wohl aber für Mittel ausgesprochen werden.[318] Vielmehr soll sich an einem Wertfreiheitsbegriff orientiert werden, der sowohl in Zielals auch in Mittelaussagen wertneutral ist, indem ausgehend von hypothetisch angenommen Zielsetzungen Informationen über Handlungsempfehlungen gegegeben werden.[319] Diese Modifizierung des Wertfreiheitsbegriffs trägt insbesondere dem Argument Rechnung, daß das Ziel-Mittel-Verhältnis von der Betrachtungsebene abhängt, d.h. daß die Mittel einer Ziel-Mittel-Ebene wiederum als Ziele der nächsten Ebene aufgefaßt werden können.[320] Das Postulat der Wertfreiheit ist selbst ein normatives Urteil auf methodologischer Ebene, eben ein normatives Basisurteil.

*Theoretischer Pluralismus als Garant von Ideenvielfalt:* Die Lösung des Problems soll nicht auf einer einzelnen Theorie oder auf einem einzelnen Forschungsprogramm beruhen. Vielmehr ist ein theoretischer Pluralismus als Garant für eine Ideenvielfalt zu fordern, der die Erklärungs- und Gestaltungskraft nutzen kann, die in der Konkurrenz alternativer Theorien bzw. Forschungsprogramme liegt. Diese Positionierung gegen einen theoretischen Purismus soll nicht implizieren, daß wir uns auch gegen einen method(olog)ischen Purismus aussprechen, d.h. einen method(olog)ischen Pluralismus anstreben.[321] Wenn nachfolgend Theorien verschiedener Forschungsprogramme aufgegriffen werden, wie etwa des verhaltenstheoretischen oder des systemorientierten Ansatzes, so geschieht dies im Rahmen der hier dargelegten wissenschaftstheoretischen Fundierung. Der Vorteil des theoretischen Pluralismus' liegt in der bestmöglichen Förderung des Erkenntnisfortschritts durch wechselseitige Kritik,[322] denn verschiedene theoretische Programme können zum einen dieselben Aspekte des Problems unterschiedlich gut erklären, zum anderen aber werden bestimmte Aspekte im Licht einzelner Theorien erst sichtbar und können so einer sinnvollen Lösung zugeführt werden. Im Falle dieser Problemstellung widmet sich der verhaltenstheoretische Ansatz dem Problem aus einer individuellen Perspektive, während der systemorientierte Ansatz das Problem aus einer organisationalen Perspektive betrachtet.

### Forschungsprogramme und theoretische Ebene

*Sozialwissenschaftliches Basiskonzept:* Dieser Arbeit liegt selbstredend das sozialwissenschaftliche Basiskonzept zugrunde, da die sozialwissenschafliche Integration und das bedürfnisorientierte Menschenbild unerläßlich für die Betriebswirtschaftslehre insgesamt und für die Erklärung von Veränderungsprozessen im besonderen erscheinen. Das bedeutendste Programm des ökonomischen Basiskonzepts, der *faktortheoretische Ansatz* nach Gutenberg, hat zwar wertvolle Beiträge zur Produktions- und Kostentheorie, Finanz- und Absatzwirtschaft gelei-

---

[318] Vgl. Heinen, Zum Wissenschaftsprogramm, 1969, S. 9.

[319] Vgl. Schanz, Wider das Selbstverständnis, 1990, S. 140.

[320] Vgl. Abel, Kritischer Rationalismus, 1979, S. 230.

[321] Vgl. dagegen das Plädoyer gegen den Methodenmonismus in: Kosiol, Erkenntnisgegenstand, 1960, S. 5f..

[322] Vgl. z.B. Spinner, Theoretischer Pluralismus, 1971, S. 17ff..

stet, ist aber vor allem wegen seines fehlenden Einbezugs sozialwissenschaftlicher Erkenntnisse im Rahmen dieser Arbeit nicht zu verfolgen.[323]

Dem *situativen Ansatz*[324] mangelt es ebenfalls am Einbezug sozialwissenschaftlicher Theorien, insbesondere der Theorien zur individuellen Motivation und anderer wichtiger Verhaltensdeterminanten, um die Entstehung von Organisationsstrukturen tatsächlich erklären zu können.[325] Desweiteren fehlt ihm aufgrund des strikten Determininismus' in Bezug auf die situativ bedingte Anpassung die Einbeziehung der Gestaltung als Erklärungselement.[326] Der Versuch des situativen Ansatzes, Unterschiede zwischen realen Organisationsstrukturen auf Unterschiede in den Situationen der jeweiligen Organisationen zurückzuführen,[327] birgt die Gefahr, daß anstelle der Prüfung von Theorien lediglich nach 'irgendwelchen' Korrelationen von Struktur- und Situationsvariablen gesucht wird, daß also insgesamt der empirische Aspekt überbetont wird.[328] Die Ablehnung des situativen Ansatzes bedeutet jedoch nicht eine Abkehr von der Idee der situativen Bedingtheit von praktischen Problemlösungen; vielmehr soll dieser Idee durch eine präzise Angabe der singulären Anfangsbedingungen im deduktiv-nomologischen Erklärungsschema Rechnung getragen werden.

Der *entscheidungsorientierte Ansatz*[329] scheint mit seiner Beschränkung auf die Erklärung von Entscheidungsprozessen und die Bereitstellung von Verhaltensempfehlungen für Entscheidungsträger nur einen Teilaspekt des eingangs beschriebenen Problems zu beleuchten, nämlich Entscheidungsverhalten und -logik in Veränderungsprozessen. Dies mag sicherlich ein bedeutender Aspekt des Problems sein, der allerdings durch den breiteren verhaltenstheoretischen Ansatz mit abgedeckt wird.[330] Letzterer kann darüber hinaus auch z.B. die Aspekte der individuellen Arbeitszufriedenheit und Leistungsbereitschaft beleuchten, die in einem Veränderungsprozeß ebenfalls von großer Bedeutung sind.

Der *evolutionsorientierte Ansatz*, der auf dem systemorientierten Ansatz basiert, stellt die Möglichkeit des geplanten organisatorischen Wandels generell in Frage;[331] stattdessen wird organisationaler Wandel als evolutionärer Prozeß aus Variation, Selektion und Retention bzw. Reproduktion erklärt, der der rationalen Gestaltung durch den Menschen entzogen ist.[332] Die Annahme unbeeinflußbarer evolutorischer Gesetze als Auslöser des organisationalen Wandels

---

[323] Vgl. auch weitere Kritikpunkte: Raffée, Gegenstand, 1993, S. 31.

[324] Vgl. zum situativen Ansatz: Staehle, Empirische Analyse, 1977, S. 112f.; Kieser / Kubicek, Organisation, 1992, S. 33-65; Ebers, Organisationstheorie, 1992, Sp. 1817-1838; Raffée, Gegenstand, 1993, S. 37-40.

[325] Vgl. Schanz, Ausgewählte Entwicklungslinien, 1990, S. 177.

[326] Vgl. Frese, Organisationstheorie, 1992, Sp. 1709.

[327] Vgl. Kieser / Kubicek, Organisation, 1992, S. 45f..

[328] Vgl. dazu auch: Abel, Denken in theoretischen Modellen, 1979, S. 141f..

[329] Vgl. Heinen, Der entscheidungsorienierte Ansatz, 1971, S. 21-37; Schreyögg, Organisationstheorie, 1992, Sp. 1746-1757; Laux, Organisationstheorie, 1992, Sp. 1733-1745.

[330] Vgl. Schanz, Metaphysik, 1990, S. 198f.; weitere Kritik: Raffée, Gegenstand, 1993, S. 32f.; zur Kritik an der Betriebswirtschaftslehre als praktisch-normative Disziplin s.o..

[331] Vgl. Frese, Organisationstheorie, 1992, Sp. 1711; Kieser, Organisationstheorie, 1992, Sp. 1758.

[332] Vgl. Kieser, Organisationstheorie, 1992, Sp. 1760f..

kann zu einem 'apologetischen Mißbrauch' führen, wenn unerwünschte Zustände mit dem Verweis auf ihre Unvermeidlichkeit fatalistisch hingenommen werden.[333] Dies widerspricht unserer grundlegenden Überzeugung, daß geplanter organisationaler Wandel sehr wohl durch zweck-orientiertes Handeln initiiert und gelenkt werden kann und sollte.

Die angeführten Forschungsprogramme bezogen sich grundsätzlich auch auf allgemeine organisatorische Fragestellungen; weitere Forschungsprogramme wie etwa der *Marketingansatz* beinhalten bereits eine „spezifische inhaltliche Ausformung",[334] die bereits einen relativ engen Rahmen für Zweck und Mittel eines Veränderungsprozesses abstecken würde. Sicherlich ist die Ausrichtung des Unternehmens auf die Absatz- und Beschaffungsmärkte ein wesentliches Ziel des Veränderungsprozesses; allerdings ist damit noch nicht die eigentliche Frage beantwortet, wie ein solcher Veränderungsprozeß zu gestalten ist, um die angestrebten Ziele zu verwirklichen. Zur Beantwortung dieser Frage erscheinen - wie nachfolgend dargelegt werden soll - der verhaltenstheoretische und systemorientierte Ansatz am geeignetsten zu sein.

*Verhaltenstheoretischer Ansatz als Ausgang theoretischer Modellbildung und systemorientierter Ansatz als Kontrollinstanz ganzheitlicher Betrachtung:* Zunächst erscheint es vielleicht fragwürdig, bei der Betrachtung der zu untersuchenden Problemstellung zwei Ansätze zu wählen, nämlich den verhaltenstheoretischen und den systemorientierten, die sich in zahlreichen Punkten zu widersprechen scheinen. Ein Teil der Widersprüche kann mit dem Verweis auf die einheitliche wissenschaftstheoretische Fundierung für beide Ansätze aus dem Weg geräumt werden. Die wissenschaftstheoretische Basis des hier verwendeten systemorientierten Ansatzes ist folglich nicht pragmatistischer oder konstruktivistischer Natur, sondern entspricht den bereits entworfenen Prinzipien in Anlehnung an den kritischen Rationalismus.[335] Weitere Widersprüche lassen sich aufklären, wenn wir kurz unser Verständnis der beiden Ansätze darlegen.

Der verhaltenstheoretische Ansatz basiert mit seiner metaphysischen Leitidee vom Glauben an Gesetzmäßigkeiten eindeutig auf kritisch-rationalem Gedankengut und kann weitgehend unverändert im Rahmen dieser Arbeit rezipiert werden. Allenfalls die sozialphilosophische Leitvorstellung des Programms, die Sicherung der individuellen Freiheit, ist als eigenständiges Prinzip aus zwei Gründen abzulehnen. Zum einen ergibt sich eine logische Überschneidung zur theoretischen Leitidee des Ansatzes, dem Nutzenstreben der Menschen - für den Fall, daß man individuelle Freiheit als menschliches Bedürfnis begreift. Zum anderen wird der Priorisierung verschiedener menschlicher Bedürfnisse, z.B. materielle Entlohnung vs. individuelle Freiheit, normativ zu Gunsten der Freiheitssicherung vorgegriffen. Alle weiteren Leitideen - Individualismus als Analysemethode,[336] Nutzenstreben der Menschen und Verhaltenssteuerung durch institutionelle Arrangements - bilden grundsätzlich einen geeigneten Rahmen, um

---

[333] Vgl. zum apologetischen Mißbrauch sozialer Gesetze: Popper, Elend, 1971, S. 6f..
[334] Raffée, Gegenstand, 1993, S. 42.
[335] Diese Sichtweise läßt Hans Ulrich et al. ausdrücklich zu: Ulrich et al., Praxisbezug, 1976, S. 139.
[336] 'Individualismus als Analysemethode' und 'methodologischer Individualismus' werden synonym verwendet.

theoretische Modelle zur Problemlösung abzuleiten.[337] Ausgangspunkt dieser theoretischen Modellbildung ist dabei der methodologische Individualismus, d.h. das methodische Vorgehen, soziale Prozesse (Makroprozesse) durch Gesetze über individuelles Verhalten (Mikrogesetze) zu erklären. Die Erklärungskraft eines solchen Vorgehens würde ausreichen, wenn man annähme, daß das Ganze der Summe der Teile entspräche. Dies ist allerdings auch nach der Auffassung von Günter Schanz nicht immer gegeben, da

> der Informationswert, der die individuellen Akteure betreffenden Aussagen geringer ... [sein kann] als derjenige, der in den Aussagen über das Quasiverhalten kollektiver Akteure enthalten ist.[338]

Folglich ist eine institutionelle Sichtweise erforderlich, in der Makroprozesse mit Makrogesetzen erklärt werden. Fraglich ist, inwieweit Gesetze über individuelles Verhalten auch „institutionelles Quasi-Verhalten kollektiver Akteure"[339] erklären können. Vor dem Hintergrund dieser Fragestellung soll auf die Beschreibungs- und Erklärungsmodelle der Systemtheorie und Kybernetik zurückgegriffen werden, ohne jedoch die methodologische Basis des systemorientierten Ansatzes zu übernehmen.[340] Das Problem soll sozusagen in einer Zangenbewegung gelöst werden, indem der *verhaltenstheoretischen Ansatz als Ausgang theoretischer Modellbildung (individuelle Mikroebene)* und der *systemorientierten Ansatz als eine Art Kontrollinstanz ganzheitlicher Betrachtung (organisationale Makroebene)* verwendet werden soll.

## 2.2 Zielsetzung und Gang der Arbeit

### 2.2.1 Zielsetzung der Arbeit

Das Ziel der Wissenschaft schlechthin ist, wie bereits mehrfach herausgestellt, der Erkenntnisfortschritt; im Falle der Betriebswirtschaftslehre als einer anwendungsorientierten Realwissenschaft lassen sich aus diesem Ziel Unterziele ableiten. So spricht man von Aufklärung und Steuerung[341] oder Erklärung und Gestaltung,[342] von heuristischer und kritischer[343] oder von theoretischer und pragmatischer Zielsetzung[344] der Wissenschaft. Hier soll das Begriffspaar *Erklärung und Gestaltung* verwendet werden, wobei unter ersterem das theoretische und unter letzterem das pragmatische Wissenschaftsziel zu verstehen ist. „Einen Vorgang 'kausal [zu]

---

[337] Vgl. Gebert, Organisationsentwicklung, 1993, Sp. 3007 und 3009; dagegen zur Kritik an verhaltenstheoretischen Leitideen z.B.: Köhler, Forschungskonzeption, 1977, S. 307f.; Kubicek, Heuristische Bezugsrahmen, 1977, S. 10f..
[338] Schanz, Verhaltenswissenschaften, 1993, Sp. 4531.
[339] Ders., Erkennen, 1988, S. 67; ders., Verhaltenswissenschaften, 1993, Sp. 4531.
[340] Vgl. zur Kritik am systemorientierten Ansatz z.B.: ders., Pluralismus, 1990, S. 111f.; ders., Metaphysik, 1990, S. 199f.; Raffée, Gegenstand, 1993, S. 34.
[341] Vgl. Raffée, Gegenstand, 1993, S. 4.
[342] Vgl. Schanz, Erkennen, 1988, S. 25ff..
[343] Vgl. Raffée, Gegenstand, 1993, S. 4.
[344] Vgl. Köhler, Forschungskonzeption, 1977, S. 304.

erklären' heißt, einen Satz, der ihn beschreibt, aus *Gesetzen und Randbedingungen* deduktiv ab[zu]leiten."[345] Erklärung ist also, wie bereits in den Ausführungen zum deduktiv-nomologischen Erklärungsschema gezeigt, die logische Deduktion des Explikans aus dem Explikandum. Bei der Gestaltung hingegen geht es um die technologische Verwendung theoretischen Wissens, indem die Ursache-Wirkung-Aussagen der Erklärung in Zweck-Mittel-Aussagen tautologisch umgeformt werden.

Im Rahmen dieser Arbeit soll der Schwerpunkt in der Gestaltung, also in dem pragmatischen Wissenschaftsziel liegen. Zielsetzung ist nicht, Theorien zu entdecken oder zu begründen, sondern „bewährte Theorien"[346] zur Problemlösung zu verwenden. Auf Basis individueller und organisationaler Verhaltenstheorien soll ein theoretisches Modell abgeleitet werden, das Handlungsinformationen geben soll, wie bei einer gegebenen Ausgangssituation und einer angestrebten Zielsituation die Veränderung in der Produkt- und Prozeßentwicklung zu gestalten ist. Dabei betrachten wir die Ausgangs- und Zielsituation als die *singuläre Anfangsbedingung* des deduktiv-nomologischen Schemas, während das Veränderungsprogramm mit seinen einzelnen Elementen aus *allgemeinen Sätzen* bzw. *nomologischen Hypothesen* abgeleitet wird. Der *Zweck* dieses technologischen Aussagensystems ist es, von einer gegebenen Ausgangssituation in eine angestrebte Zielsituation zu gelangen; das *Mittel* ist die Veränderung selbst mit der situativ bedingten Ausprägung einzelner Programmelemente.[347]

Die Aussagen selbst sollen wertneutral sein, denn ausgehend von einer unterstellten Ausgangs- und Zielsituation sollen lediglich *Informationen* über Handlungsmöglichkeiten gegeben werden, die die erwünschte Veränderung herbeiführen können. Die eigentliche Auswahl, d.h. die normative Festlegung von Zielen und Mitteln soll den Handelnden in den Unternehmen überlassen bleiben, die die Priorisierung normativer Aussagen anhand der ihnen vorgegebenen bzw. eigenen meta-ethischen Kriterien vornehmen können. Es wird also eine bewußte Beschränkung auf wertneutrale technologische Aussagen vorgenommen, denn das Abwägen von Zielen und Mitteln im Rahmen eines Veränderungsprogramms ist Aufgabe der verschiedenen Interessenvertreter im Unternehmen. Dieser Zielsetzungsprozeß sollte ein fester Bestandteil der frühen Phasen des Veränderungsprozesses sein, in denen Art und Ausmaß der Veränderung mit allen Beteiligten abgestimmt werden.

Zusammenfassend läßt sich die Zielsetzung dieser Arbeit auch als ein Beitrag zur theoretischen Integration verschiedener Ansätze zur Gestaltung organisationaler Veränderung beschreiben - wie sie von Diether Gebert gefordert wird:

> Gesucht ist ... eine theoretische Integration: Eine *Theorie des Wandels sozialer Systeme*, innerhalb derer die verschiedenen Maßnahmen sowie die ... Kriterien für den geplanten organisatorischen

---

[345] Popper, Logik der Forschung, 1994, S. 31.

[346] Vgl. zur Kritik an der Bewährtheit sozialwissenschaftlicher Theorien: Kubicek, Heuristische Bezugsrahmen, 1977, S. 11; dagegen: Abel, Grundlagen, 1983, S. 63ff.; Schanz, Sozialwissenschaftliche Integration, 1990, S. 33.

[347] Vgl. zur Kritik dieses Vorgehens das Theorie-Praxis-Problem in: Behrens, Wissenschaftstheorie, 1993, Sp. 4769f..

Wandel in einer aufeinander bezogenen Weise ihre (theoretische) „Platzanweisung" erfahren, um so das Zusammenspiel der verschiedenen Einflußgrößen verstehen und letztlich steuern zu können ..."[348].

Eine solche Zielsetzung ist sehr anspruchsvoll, denn selbst einzelne Organisationsentwicklungsmaßnahmen sind in ihrer Wirkweise noch nicht vollständig erklärt, insbesondere hinsichtlich ihrer Randbedingungen.[349] In diesem Zusammenhang resümiert Diether Gebert zu Recht, daß „eine [solche] Theorie des Wandels sozialer Systeme ... bisher noch nicht einmal in Ansätzen am Horizont zu erkennen [ist]."[350]

## 2.2.2 Gang der Arbeit

Der Gang der Arbeit wird maßgeblich von der dargelegten wissenschaftstheoretischen Position geprägt. Die auf Gestaltung ausgerichtete Zielsetzung der Arbeit erfordert das deduktivnomologische Vorgehen einer Ableitung technologischer Aussagen aus allgemeinen Theorien, deren Bewährung hinreichend geprüft wurde. In Abgrenzung zu anderen Vorgehensweisen liegt der Schwerpunkt dieses Vorgehens in der Ableitung eines theoretischen Modells aus „bewährten Sätzen" der Verhaltenswissenschaften und der Organisationstheorie. Deshalb wird eine Vorgehensweise benötigt, die die Bildung theoretischer Modelle anleitet.[351] Alternative Forschungsstrategien, die den Schwerpunkt auf eine empirische Arbeit mit heuristischer Zielsetzung legen, wie z.B. die "Konstruktionsstrategie empirischer Forschung" nach Herbert Kubicek,[352] oder solche, die nicht explizit die Anwendung "bewährter Sätze" thematisieren, wie die "Stadien des Forschungsprozesses" nach Richard Köhler,[353] erscheinen in diesem Zusammenhang ungeeignet. Im einzelnen stellt sich der Gang unserer Arbeit wie folgt dar (vgl. Abbildung 2-5).

Im problemorientierten Bezugsrahmen des ersten Kapitels wird das Management organisationaler Veränderung einerseits als Ausgangspunkt für angewandte Wissenschaft und andererseits als konkretes Problem in der Praxis vorgestellt. Angesichts der Vielfalt unterschiedlichster Ansätze zur Lösung der Veränderungsproblematik und der daraus resultierenden Orientierungslosigkeit stellt sich die Frage nach der wissenschaftlichen Funktion der Betriebswirtschaftslehre. Angesichts der hohen Bedeutung der Produkt- und Prozeßentwicklung für den Unternehmenserfolg, des hohen Ausmaßes an Veränderungsnotwendigkeit zur Leistungssteigerung und der hohen Anzahl unzureichender Ansätze zum Management organisationaler Veränderung stellt sich die Frage, welche Modelle, Theorien oder Konzepte zur Lösung des Problems heranzuziehen sind. Die Problemdarstellung des ersten Kapitels bildet zugleich die Begründung für die Notwendigkeit einer wissenschaftstheoretischen Fundierung an

---

[348] Gebert, Organisationsentwicklung, 1993, Sp. 3017.
[349] Vgl. ebda., Sp. 3014ff..
[350] Ebda., Sp. 3017.
[351] Vgl. zur theoretischen Modellbildung Kapitel 2.4.1 und 2.4.2.
[352] Vgl. Kubicek, Heuristische Bezugsrahmen, 1977, S. 3-37.
[353] Vgl. Köhler, Research Methods, 1990.

sich sowie für die Auswahl der wissenschaftstheoretischen Positionen in Zielsetzung und Gang, Gegenstand und Methodik der Arbeit im zweiten Kapitel.

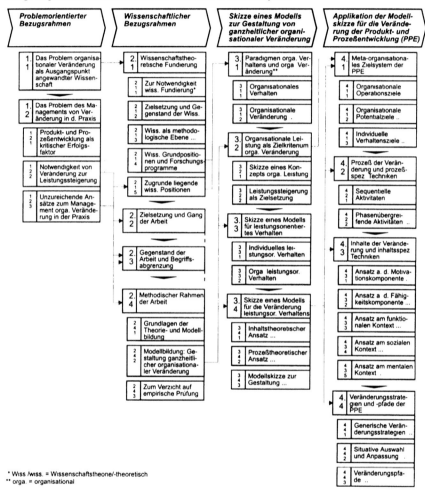

*Abbildung 2-5: Gang der Arbeit*

Das dritte Kapitel beginnt mit einem Überblick über das Spektrum der Paradigmen zur Erklärung von organisationalem Verhalten und von organisationaler Veränderung. Innerhalb dieses Spektrums wird die eigene Position, die bereits in den ausgewählten wissenschaftstheoretischen Grundpositionen und Forschungsprogrammen ersichtlich wurde, dargestellt. Auf der Basis des methodischen Rahmens zur Modellbildung im zweiten Kapitel wird im dritten Kapitel ein Modell zur Gestaltung organisationaler Veränderung skizziert. Dazu wird zunächst die organisationale Leistung als Zielkriterium der organisationalen Veränderung eingeführt, bevor anschließend ein Modell für leistungsorientiertes Verhalten skizziert wird. Dieses Modell konstituiert sich aus Theorien über individuelles und organisationales leistungsorientiertens Verhalten, wobei auf individual-/motivationspsychologische Theorien und auf Theorien der Konstitution des organisationalen Verhaltens, der Selbstorganisation und des organisationalen Lernens zurückgegriffen wird. Auf der Basis der Modellskizze des leistungsorientierten Verhaltens wird anschließend die Modellskizze zur *Veränderung* des leistungsorientierten Verhaltens abgeleitet. Einerseits konstituiert sich diese Modellskizze aus einem inhaltstheoretischen Ansatz, bei dem Aussagen zum Inhalt der organisationalen Veränderung, d.h. zu den Determinanten des organisationalen Verhaltens im Mittelpunkt stehen. Andererseits beinhaltet die Modellskizze einen prozeßtheoretischen Ansatz, in dem Aussagen über Phasen und Träger der Veränderung gemacht werden. Die eigentliche Modellskizze zur Gestaltung der Veränderung bezweckt, Strategien der Veränderung, d.h. Kombinationen von Inhalts- und Prozeßelementen, in Abhängigkeit vom situativen Kontext zu formulieren, wobei als situativer Kontext die bestehende Ausgangssituation und die angestrebte Zielsituation der spezifischen Veränderung aufgefaßt werden.

Im vierten Kapitel wird die Modellskizze des dritten Kapitels für die Produkt- und Prozeßentwicklung appliziert. Zunächst wird ein meta-organisationales Zielsystem der Produkt- und Prozeßentwicklung vorgestellt, mit dem mögliche Ausgangs- und Zielsituationen in der Produkt- und Prozeßentwicklung im Bezug auf das Leistungsniveau und die zugrunde liegenden Verhaltensmuster geschildert und klassifiziert werden können. Anschließend werden die Elemente der des prozeß- und inhaltstheoretischen Ansatzes organisationaler Veränderung in der Produkt- und Prozeßentwicklung zusammengefaßt, bevor mögliche Veränderungsstrategien und -pfade und ihre situative Auswahl und Anpassung vorgestellt werden.

## 2.3 Gegenstand der Arbeit und Begriffsabgrenzung

### 2.3.1 Gegenstand der Arbeit

Der Gegenstand der Betriebswirtschaftslehre ist das Verhalten von Wirtschaftssubjekten, das sich auf wirtschaftliche Güter bezieht. Der Verhaltensbegriff umfaßt dabei sowohl unbewußtes Reagieren als auch willensgesteuertes Agieren, das als *Handeln* bezeichnet wird.[354] Wirtschaftssubjekte sind sowohl Institutionen als auch Individuen, und zwar in ihrer Funktion als Produzenten und Konsumenten.

Der Gegenstand dieser Untersuchung ist die Gesamtheit der notwendigen Handlungen in Unternehmen, um eine Veränderung in der Produkt- und Prozeßentwicklung von einer gegebenen Ausgangssituation in eine angestrebte Zielsituation herbeizuführen. Dabei richtet sich das Erkenntnisstreben nicht nur auf bewußte Handlungen, sondern auch auf unbewußtes Reagie-

---

[354] Vgl. Schanz, Verhaltenswissenschaften, 1993, Sp. 4522.

ren, da beides den Erfolg von individuellen und organisationalen Veränderungen erheblich beeinflußt. Im Mittelpunkt steht ein Ausschnitt der betrieblichen Leistungserstellung, der Kernprozeß der Produkt- und Prozeßentwicklung, auf den sich die Veränderung beziehen soll. Die Hauptfragestellung der Arbeit ist, welche Handlungen, welche institutionellen Arrangements in den organisationalen Kontexten geeignet sind, um das individuelle Verhalten aller an diesem Kernprozeß beteiligten Mitarbeiter und damit das organisationale Verhalten insgesamt so zu verändern, daß die angestrebte Zielsetzung der Veränderung erreicht wird. Die Bezugnahme auf den Kernprozeß als Gegenstand der Veränderung soll verdeutlichen, daß sich die Veränderung nicht aufbauorganisatorisch auf die Entwicklungsabteilung lokalisieren läßt. Vielmehr ist diesbezüglich eine prozeßorientierte, interfunktionale Sichtweise erforderlich.

Im Rahmen dieser Untersuchungen wird versucht, der anspruchsvollen Forderung von Eberhard Witte gerecht zu werden, der formuliert: „Optimal ist ein Projektzuschnitt dann, wenn praktische Relevanz, theoretische Attraktivität und Zugang zum empirischen Feld sichergestellt werden können."[355]

## 2.3.2 Begriffsabgrenzung

Die Sprache ist in der Wissenschaft von außerordentlicher Bedeutung; sie ermöglicht, die subjektiven Beobachtungen der objektiven Realität für eine weitere Verwertung durch Wissenschaft und Praxis festzuhalten. Die Sprache dient somit der Beschreibung der Realität und der Formulierung von Theorien, die die strukturelle Beschaffenheit der Realität erklären sollen. Damit allerdings der Wahrheitsgehalt von Theorien intersubjektiv prüfbar wird, muß auch die zugrundeliegende Sprache intersubjektiv nachvollziehbar sein. Folglich ist die Definition und Abgrenzung eines Begriffsschemas vor der Bildung von theoretischen Modellen vorzunehmen.[356]

Die Begriffsbildung unterliegt der Forderung nach Präzision, Konsistenz und Validität.[357] Der Grad der Präzision ist abhängig von der Menge der Ereignisse, die sich einem Begriff zuordnen lassen. Als Konsistenz wird die einheitliche Verwendung des Begriffs bezeichnet. Von Validität schließlich spricht man, wenn „der Begriff tatsächlich das bezeichnet, was zu bezeichnen beabsichtigt wird."[358] Präzision, Konsistenz und Validität der verwendeten Begriffe sind insbesondere für Befragungen im Rahmen empirischer Untersuchungen erforderlich, vor allem, wenn die Begriffe operationalisiert, d.h. mit Hilfe bestimmter Indikatoren gemessen werden sollen. Diesen Anforderungen an die Begriffsbildung soll im Rahmen dieser Arbeit Folge geleistet werden, da sie zum einen für die Bildung theoretischer Modelle unerläßlich sind, zum anderen eine nachfolgende empirische Prüfung des Modells erleichtern.

---

[355] Witte, Lehrgeld, 1977, S. 272.
[356] Vgl. auch Chmielewicz, Forschungskonzeptionen, 1979, S. 43ff..
[357] Vgl. Schanz, Methodologie, 1988, S. 20f.
[358] Ebda., S. 21.

## Gegenstand der Arbeit und Begriffsabgrenzung

Bei der Begriffsabgrenzung soll mit dem Titel der Arbeit begonnen werden: *Management ganzheitlicher organisationaler Veränderung - Skizze eines Modells und seiner Applikation in der Produkt- und Prozeßentwicklung.* Zur Unterstützung der Abgrenzung werden die Begriffe der *'Organisationsentwicklung'*, des *'geplanten Wandels'* und der *'Reorganisation'* sowie der *'strategischen Unternehmensentwicklung'* herangezogen.

Der Begriff *'Management'* wird im Sinne von Führung verwendet:[359]

> Unter Führung kann man ... die Gesamtheit der Institutionen, Tätigkeiten und Instrumente verstehen, welcher der Willensbildung und der Willensdurchsetzung dienen.[360]

Dabei werden der Willensbildung die Phasen 'Planung' und 'Entscheidung', der Willensdurchsetzung die Phasen 'Anordnung' und 'Kontrolle' zugeordnet. An dieser Stelle sollen keine Aussagen über den Umfang der Planbarkeit und Implementierbarkeit von Veränderungen in und von Organisationen getroffen werden, sondern es soll betont werden, daß es sich um eine erfahrungsbezogene, bewußte Veränderung handelt, in der durch Aktivitäten der Willensbildung und Durchsetzung zumindest Impulse für die Veränderung gesetzt werden können.

Im Mittelpunkt steht das Management *organisationaler* Veränderung, d.h. um Veränderungen in und von Organisationen, wobei der Begriff *'organisational'* als Adjektiv des institutionellen Organisationsbegriffs verwendet wird. Die organisationale Veränderung soll sich durch *Ganzheitlichkeit* auszeichnen.[361] Der Begriff *'Ganzheitlichkeit'* hat zwei wichtige Aspekte: (1) Mit Ganzheitlichkeit kann die Vollständigkeit und Mehrdimensionalität der zugrundeliegenden Perspektive in Bezug auf die Ziele, die Inhalte und die Prozesse der Veränderung bezeichnet werden. Dies bedeutet nicht, daß unabhängig vom situativen Kontext immer alle Ziel-, Inhalts- oder Prozeßtypen beteiligt sein müssen, sondern daß das breite, ganzheitliche Spektrum der situativen Auswahl und Anpassung zugrunde gelegt wird. Singularität und Eindimensionalität sind nicht im Modell der organisationalen Veränderung angelegt, sondern sie treten allenfalls zur Lösung spezifischer Probleme auf. (2) Der Begriff *'Ganzheitlichkeit'* konnotiert nicht nur die Aspekte der Vollständigkeit und Mehrdimensionalität, sondern auch die der Integration und Koordination von Ziel-, Inhalts- und Prozeßtypen zu einem konsistenten Ganzen. Insofern zeichnet sich eine ganzheitliche Veränderung durch „die inhaltlich aufeinander abgestimmte Beachtung aller interdependenten, das Verhalten bestimmenden Einflußgrößen"[362] aus. Der Begriff der *Ganzheitlichkeit* ist somit ein wesentliches Unterscheidungskriterium zu alternativen Ansätzen organisationaler Veränderung.

> Organisationsentwicklung stellt den Versuch dar ... auf verhaltenswissenschaftlicher Basis ... eine Organisation ... und dabei speziell ... die Arbeits-, Führungs- und Kooperationsmuster ... im Sinne des geplanten organisatorischen Wandels ... gezielt von einem Zustand 1 zu einem Zustand 2 hin

---

[359] Vgl. Specht, Einführung, 1990, S. 79; ähnlich: Wöhe, Einführung, 1986, S. 87.
[360] Rühli, Beiträge, 1975, S. 10.
[361] Vgl. zum ganzheitlichen Denken: Ulrich / Probst, Anleitung zum ganzheitlichen Denken, 1988, S. 11.
[362] Gebert, Organisationsentwicklung, 1993, Sp. 3010.

zu entwickeln, wobei ... die Qualität des Zustandes 2 zu Beginn der Organisationsentwicklungsbemühungen nur in Umrissen (und nicht bereits in operationalisierter Form) bekannt ist.[363]

Zunächst soll auf die gemeinsamen Aspekte der Begriffe *ganzheitliche organisationale Veränderung* und *Organisationsentwicklung* eingegangen werden. Organisationsentwicklung wird auch als eine Entwicklung und Veränderung von Organisationen verstanden,[364] wobei hier ebenfalls der institutionale Organisationsbegriff gemeint ist. Desweiteren implizieren beide Ansätze, daß die Veränderung durch einen Managementprozeß im oben beschriebenen Sinne gestaltet und gesteuert wird. Letzterer Aspekt wird insbesondere in der Definition von Norbert Thom deutlich, der die Organisationsentwicklung als „... eine Konzeption für die *Planung, Initiierung und Durchführung* von Änderungsprozessen in sozialen Systemen ('Organisationen') ..."[365] bezeichnet. Ebenfalls gemeinsam ist den beiden Begriffen das Verständnis, daß eine Veränderung eine Organisation von einer Ausgangssituation - einem Zustand 1 - in eine Zielsituation - einem Zustand 2 - überführt.

Der Unterschied zwischen den beiden Ansätze besteht nach unserem Verständnis vor allem darin, daß in der Organisationsentwicklung mit ihrer individualpsychologischen, verhaltenswissenschaftlichen Basis die individuelle Perspektive dominiert. Der ganzheitliche Ansatz versucht hingegen eine individualtheoretische bzw. individualpsychologische und eine organisationale bzw. soziologische Perspektive zu integrieren.[366] Folglich nutzt die Organisationsentwicklung in erster Linie die Mittel der Organisation[367] und Führung und unterliegt damit im Grad der erzielbaren Veränderung gewissen Beschränkungen. Nach Gebert lassen sich individuumzentrierte, strukturorientierte und prozeßorientierte Ansätze in der Organisationsentwicklung unterscheiden,[368] die vor allem auf die Veränderung der Arbeits-, Führungs- und Kooperationsmuster hinwirken sollen. Im Gegensatz zu dieser partiellen und evolutionären Sichtweise soll eine ganzheitliche Veränderung sämtliche Ziel-, Inhalts- und Prozeßregister ziehen. Damit geraten auch die Unternehmensphilosophie bzw. -vision, die Ziele und Grundsätze der Unternehmenspolitik sowie strategische Aspekte auf Unternehmens- und Funktionsebene in das Spektrum der Veränderung. Die in ihrer hierarchischen Wirkungsweise *'bottom-up-orientierte'* Organisationsentwicklung wird um Veränderungselemente ergänzt, die 'top-down' wirken, und die Dominanz der evolutionären Prozeßtypen wird durch die Ergänzung revolutionärer Prozeßtypen der Veränderung gebrochen, so daß von einem ganzheitlichen Spektrum gesprochen werden kann. Der letzte Punkt der Abgrenzung der beiden Begriffe richtet sich auf die normative Grundposition zahlreicher Vertreter der Organisationsentwick-

---

[363] Ebda., Sp. 3007.

[364] Vgl. auch: Gesellschaft für Organisationsentwicklung, Leitbild, 1980.

[365] Norbert Thom, Organisationsentwicklung, 1992, Sp. 1478 (Herv. d. Verf.).

[366] Mit der Integration von "organisationalen Theorien" z.B. der Selbstorganisation und des organisationalen Lernens wird die "Verengung des Organisationsentwicklungsansatzes" aufgegeben: Steinmann / Schreyögg, Management, 1993, S. 442; vgl. auch: Hodgetts et al., New Paradigm Organizations, 1994, S. 10.

[367] In diesem Zusammenhang ist der funktionale Organisationsbegriff gemeint, der auch z.B. der Organisationsgestaltung (vgl. Bleicher, Organisatorische Gestaltung, 1992, Sp. 1883-1900) oder der Organisationsmethodik (vgl. Krüger, Organisationsmethodik, 1992, Sp. 1572-1589) zugrunde liegt.

[368] Vgl. Gebert, Organisationsentwicklung, 1993, Sp. 3012.

lung.[369] Gemäß dem Postulat der Wertfreiheit soll insbesondere eine Differenzierung zum Verständnis der Organisationsentwicklung als einer „dezidiert humanitär-emanzipatorisch orientierte Wissenschaftsdisziplin"[370] angestrebt werden.

Im Grad des möglichen Veränderungsumfangs entspricht der Begriff der *'ganzheitlichen organisationalen Veränderung'* den Begriffen der *'Reorganisation'* und des *'geplanten organisatorischen Wandels'*. Reorganisationen sind nach Eduard Gabele „umfassende, tiefgreifende Veränderungen (major changes)."[371] Die Begriffe *'Reorganisation'* und *'geplanter organisatorischer Wandel'* werden synonym verwendet.[372] Sie bezeichnen eine organisationale Veränderung, die viele Merkmale des ganzen Unternehmens betrifft, viele Personen beteiligt und in ihren Interessen berührt, die nicht alltäglich, sondern selten, stark und innovativ ist und deren Wirkungen für alle Beteiligten weitreichende Konsequenzen haben.[373] Bei einem solchen Verständnis von *Reorganisation* bzw. *geplantem organisatorischen Wandel* besteht eine eindeutige Abgrenzung zu dem Begriff der *'ganzheitlichen organisationalen Veränderung'* nur dann, wenn man von einem strukturalen bzw. funktionalen Organisationsbegriff ausgeht und somit den Inhalt der Veränderung auf den der *organisatorischen Gestaltung*[374] beschränkt. Wenn das Spektrum der Gestaltung sich nicht nur auf individuumzentrierte, strukturorientierte und prozeßorientierte Maßnahmen bezieht, sondern auch Maßnahmen der Unternehmensphilosophie, der Unternehmenskultur, der Unternehmens- und Führungsgrundsätze sowie der Unternehmensstrategien beinhaltet,[375] verwischen die begrifflichen Grenzen vollends.

In der Potentialorientierung entspricht der Ansatz der ganzheitlichen organisationalen Veränderung dem Ansatz der *strategischen Unternehmensentwicklung*[376] bzw. *des strategischen Managements*[377] - allerdings mit einem Fokus auf die Entwicklung und Realisierung von internen Potentialen wie etwa Motivation und Fähigkeit der Mitarbeiter. *Strategisches Management* ist

> die Steuerung und Koordination der langfristigen Evolution des Unternehmens und seiner Aufgabenumwelten ... über eine konzeptionelle Gesamtsicht der Unternehmenspolitik bzw. der Entwicklung der Erfolgspotentiale.[378]

Dabei bezeichnet die Unternehmenspolitik „die grundlegenden Maximen (Ziele, Grundsätze, Strategien), die das Handeln des Unternehmens bzw. seiner Organe prägen."[379] Das *Manage-*

---

[369] Vgl. Thom, Organisationsentwicklung, 1992, Sp. 1479.

[370] Gebhardt, Organisationsentwicklung, 1989, S. 200; vgl auch: Frese, Organisationstheorie, 1992, Sp. 1724.

[371] Gabele, Reorganisation, 1992, Sp. 2197.

[372] Vgl. z.B. Kirsch et al., Management des geplanten Wandels, 1979, S. 20.

[373] Vgl. Gabele, Reorganisation, 1992, Sp. 2197; ähnlich: Kirsch et al., Management des geplanten Wandels, 1979, S. 18.

[374] Vgl. zur organisatorischen Gestaltung: Bleicher, Organisatorische Gestaltung, 1992, Sp. 1883-1900.

[375] Vgl. zu dieser inhaltlichen Breite: Gabele, Reorganisationen, 1992, Sp. 2209.

[376] Vgl. ebda., Sp. 2201f.

[377] Vgl. Kirsch, Betriebswirtschaftslehre, 1993, S. 300-319, insbesondere S. 319.

[378] Ders., Strategische Unternehmungsführung, 1993, Sp. 4105.

[379] Ebda., Sp. 4095.

*ment ganzheitlicher organisationaler Veränderung* ist mit dem *Strategischen Management* insofern verwandt, als es sich in konzeptioneller Gesamtsicht auch auf die Entwicklung von Erfolgspotentialen richtet und folglich Ziele, Grundsätze und Strategien nicht unverändert läßt. Allerdings fokussiert sich der Ansatz dieser Untersuchung auf die Entwicklung und Realisierung von internen Erfolgspotentialen. Externes Potentialmanagement wie etwa Marktrepositionierungen, Akquisitionen und Kooperationen sollen nur als Eingangsgrößen bzw. als Auslöser für ganzheitliche organisationale Veränderung betrachtet werden. Ein wesentlicher Unterschied besteht darin, daß die ganzheitliche organisationale Veränderung nicht nur auf der strategischen Ebene, sondern zugleich auch auf der operativen und individuellen Ebene ansetzt. Zudem ist strategisches Management in der Regel eine kontinuierliche Aufgabe, während die hier betrachteten Veränderungsvorhaben zumeist von beschränkter zeitlicher Dauer sind. Die Einleitung ganzheitlicher Veränderung geschieht folglich nicht regelmäßig oder permanent, sondern eher ad-hoc oder fallweise, oft durch die Diskrepanzen zwischen dem geforderten Zielanspruch und der tatsächlichen Zielerreichung ausgelöst.

Die Applikation der Modellskizze der ganzheitlichen organisationalen Veränderung bezieht sich auf die *Produkt- und Prozeßentwicklung* - einen Abschnitt der Forschung & Entwicklung (F&E). Die vorgelagerten F&E-Aktivitäten, die Grundlagenforschung, die Technologieentwicklung und die Vorentwicklung, sollen nur am Rande betrachtet werden.[380]

> Die *Produkt- und Prozeßentwicklung* ... hat die Aufgabe, unmittelbar ein konkretes Produkt und/oder einen konkreten Prozeß auf der Basis von Wissen und Fähigkeiten aus der Grundlagenforschung, der Technologie- und Vorentwicklung einerseits und aus dem Bereich der Anwendungsfelder und Märkte andererseits hervorzubringen.[381]

Innerhalb der Produkt- und Prozeßentwicklung soll schwerpunktmäßig die *Serienentwicklung*[382] betrachtet werden. Das Ergebnis des so abgegrenzten Entwicklungsprozesses ist die Einführung eines Serienproduktes mit den dazu erforderlichen Wertschöpfungsprozessen. Die gleichzeitige Betrachtung von Produkt- *und* Prozeßentwicklung spiegelt das Grundverständnis wieder, daß die Entwicklung von Produkt und Prozessen im modernen F&E-Management als ein integrativer Prozeß gesehen wird, insbesondere aufgrund der aktivitäts- und funktionsübergreifenden Integrationsaspekte.[383] Zur Kennzeichnung dieser Sichtweise läßt sich auch der Begriff *Integrierte Produkt- und Prozeßentwicklung* verwenden.

Das Management ganzheitlicher organisationaler Veränderung bezweckt, die *organisationale Leistung* nachhaltig zu steigern. Die organisationale Leistung ist der Grad der Zielerreichung, wobei organisationale Operationsziele, organisationale Potentialziele und indviduelle Verhaltensziele unterschieden werden.[384] In Fall der Applikation handelt es sich um das Zielsystem

---

[380] Vgl. zur Gliederung der F&E: Specht / Beckmann, F&E-Management, 1996, S. 16f., dagegen: Staudt, Forschung und Entwicklung, 1993, Sp. 1186f..
[381] Specht / Beckmann, F&E-Management, 1996, S. 17.
[382] In Abgrenzung zur Auftragsentwicklung bei Einzelfertigung und Kleinserien.
[383] Vgl. zu Integrationsaspekten der F&E: Specht / Beckmann, F&E-Management, 1996, S. 35ff.
[384] Vgl. die Parallele zum Effektivitätsbegriff nach: Scholz, Effektivität und Effizienz, 1992, Sp. 538ff.; Schanz, Gestaltung, 1990, S. 205ff..

der Produkt- und Prozeßentwicklung. Die angestrebte Leistungssteigerung findet im Markt- und Wettbewerbskontext statt. Das Unternehmen versucht, durch die eingeleitete Veränderung seine relative Leistungsposition im Vergleich zu einem '*meta-organisationalen*' Leistungsniveau zu verbessern, indem es sowohl die absolute als auch die dynamische Leistungslücke schließt. Die organisationale Veränderung kann z.B. bezwecken, das Leistungsniveau des Besten in dem entsprechenden Markt- und Wettbewerbumfeld zu erreichen oder ein neues Leistungsniveau jenseits von derzeitig Erreichtem zu definieren.

## 2.4 Methodischer Rahmen der Arbeit

### 2.4.1 Grundlagen der Theorie- und Modellbildung

Der methodische Rahmen der Arbeit basiert, wie bereits in der wissenschaftstheoretischen Fundierung herausgearbeitet, auf dem deduktiv-nomologischen Erklärungsmodell, das in seiner logischen Umkehrung zur Technologiebildung verwendet werden soll. Auf Basis von Theorien über individuelles und organisationales Verhalten soll ein theoretisches Modell abgeleitet werden, das Informationen über Handlungsempfehlungen gibt, wie bei gegebener Ausgangssituation und angestrebter Zielsituation die Veränderung in der Produkt- und Prozeßentwicklung zu gestalten ist. Nachfolgend soll dargelegt werden, was unter Theorie- und Modellbildung zu verstehen ist und wie konkret vorgegangen werden soll.

Der Theoriebegriff wird in der Betriebswirtschaftslehre sehr uneinheitlich verwendet.[385] Nach Hans Albert sind Theorien als eine Menge von nomologischen Hypothesen (Gesetzesaussagen) zu betrachten, die durch logische Ableitungsbeziehungen miteinander verbunden und „mit Hilfe eines relativ *einheitlichen Begriffsapparates* formuliert sind."[386] Allgemeine, bewährte nomologische Hypothesen (Gesetze) dienen bei der *Theoriebildung* als Grundannahmen, als Axiome, von denen sogenannte Theoreme mittleren und niedrigeren Niveaus deduktiv abgeleitet werden.[387] Die Deduktion ist allerdings „eine Methode der bloßen Übertragung von Informationen von Prämissen auf Konklusionen,"[388] d.h. die Erklärungskraft der Theoreme steht und fällt mit der Bewährtheit der als Axiome verwendeten Gesetzesaussagen. Neben der Anforderung der Bewährtheit an jedes einzelne Axiom sind in der Theoriebildung weitere Anforderungen zu erfüllen. Die verwendeten Axiome sollen untereinander widerspruchsfrei sein (Konsistenzpostulat), voneinander unabhängig sein (Unabhängigkeitspostulat), sparsam gebraucht werden (Ökonomiepostulat) und vollständig sein (Vollständigkeitspostulat).[389]

---

[385] Vgl. Jehle, Fortschritt, 1973, S. 103.
[386] Albert, Gesetzesbegriff, 1973, S. 134.
[387] Vgl. Schanz, Methodologie, 1988, S. 30.
[388] Ebda, S. 30.
[389] Vgl. Schanz, Methodologie, 1988, S. 31f..

Will man nun mit ... Theorien die Probleme der Wirtschaftswissenschaften theoretisch bewältigen ..., so muß man die jeweiligen speziellen komplexen Bedingungskonstellationen in Modellen hinreichend approximativ erfassen und in einen Zusammenhang mit diesem nomologischen Wissen bringen.[390]

Theorien lassen sich demnach nicht unmittelbar zur spezifischen Problemlösung verwenden; dies kann nur durch eine *theoretische Modellbildung* geschehen.[391]

Als *theoretische Modelle* bezeichnet Mario Bunge die Verknüpfung von Theorien mit Beschreibungsmodellen,[392] wobei unter letzteren die „schematische Repräsentation eines konkreten Objektes" zu verstehen ist.[393] Beschreibungsmodelle sind also Repräsentationen, die ihr Bezugsobjekt immer nur partial, abstrahiert und idealisiert abbilden, d.h. sie sind vereinfachte homomorphe Abbilder eines Ausschnitts der ökonomischen Wirklichkeit.[394] Sie werden zur Anwendung von Theorien auf spezifische Ausschnitte der Realität konstruiert und schematisieren die Anwendungssituation bzw. die Bedingungskonstellation im Rahmen des Begriffsapparates der zugrundegelegten Theorie.[395] Dabei ist es weder möglich noch erforderlich, auf spezielle Einzelfälle umfassend einzugehen; vielmehr bezieht sich die theoretische Modellbildung auf typische Konstellationen in bestimmten Bereichen bzw. auf idealtypische Annahmen über die Bezugsobjekte,[396] in diesem Fall auf das Management organisationaler Veränderung. Einen solchen Bezug auf Ereignistypen bzw. Ereignisarten als Gegenstand der Erklärung und Gestaltung bezeichnet Bodo Abel als *Anwendungsskizzen* oder *Anwendungen im Prinzip*.[397] Derartige theoretische Modelle können als Interpretationsmuster verstanden werden, die für die detaillierte Anwendung im Rahmen eines konkreten praktischen Problems spezifiziert werden können.[398]

Zusätzlich zu den bereits oben geschilderten Anforderungen für Theorien lassen sich weitere Gestaltungsrichtlinien für die theoretische Modellbildung formulieren. Die in dem Modell verwendeten Begriffe sollten eindeutig definiert sein, das Modell sollte logisch hinreichend sein, den intendierten Zweck zu erfüllen, und empirisch gehaltvoll sein, d.h. hohen Realitätsbezug und Informationsgehalt besitzen.[399] Aus der Sicht der Benutzer (z.B. der Praxis) formuliert, sollte ein Modell einfach, robust, leicht zu steuern, anpassungsfähig, vollständig und einfach in der Kommunikation sein.[400]

---

[390] Abel, Denken in theoretischen Modellen, 1979, S. 147.
[391] Bunge, Models, 1969, S. 213.
[392] Vgl. ebda., S. 209ff..
[393] Ebda., S. 209.
[394] Vgl. Eichhorn, Modell und Theorie, 1979, S. 66.
[395] Vgl. Albert, Theorien, 1972, S. 12.
[396] Vgl. Abel, Denken in theoretischen Modellen, 1979, S. 151f..
[397] Vgl. ebda., S. 152; ähnlich: ders., Grundlagen, 1983, S. 61.
[398] Vgl. Schanz, Methodologie, 1988, S. 63.
[399] Vgl. Eichhorn, Modell und Theorie, 1979, S. 78f..
[400] Vgl. Kirsch, Verhaltenswissenschaftliche Fundierung, 1979, S. 116f..

Die in dieser Arbeit zu verwendenden Theorien beziehen sich nicht auf das reale Problem selbst, sondern auf ein begriffliches Beschreibungsmodell. Die nachfolgende theoretische Modellbildung kann folglich als das methodische Vorgehen verstanden werden, das zugrunde liegende Problem bzw. die Anwendungssituation in Beschreibungsmodellen approximativ so zu repräsentieren, daß mit Hilfe von Theorien reale Ereignisse bzw. Problemlösungen erklärt werden können.[401] Liegt erst das theoretische Modell vor, so kann dieses durch tautologische Umformung zur Technologiebildung und damit zur Verwirklichung des Gestaltungsziels dieser Arbeit genutzt werden.

### 2.4.2 Modellbildung: Gestaltung ganzheitlicher organisationaler Veränderung

Die betriebswirtschaftliche Theorie- bzw. Modellbildung soll nach dem verhaltenstheoretischen Ansatz auf der Basis verhaltenswissenschaftlicher bzw. (sozial-)psychologischer Gesetze und Theorien geschehen. Im deduktiv-nomologischen Erklärungsschema läßt sich diese Art der Theoriebildung wie folgt darstellen (vgl. Tabelle 2-3).

| Explikans | |
|---|---|
| - Allgemeine Sätze G (i): | (sozial-)psychologische Gesetze (i = 1,...,m) |
| - Singuläre Anfangs-<br>bedingungen A (j): | betriebswirtschaftlich relevante soziale Bedingungen (situativer Kontext) (j = 1,...,n) |
| Explikandum | betriebswirtschaftlich relevantes (soziales) Verhaltensresultat |

*Tabelle 2-3: Deduktiv-nomologisches Erklärungsschema des verhaltenstheoretischen Ansatzes*[402]

In ähnlicher Form lassen sich das deduktiv-nomologische Erklärungsschema und seine technologische Umformung auch zur Theorie- und Modellbildung auf der Basis organisationaler bzw. soziologischer Gesetze und Theorien nutzen. Zur Skizze des Modells ganzheitlicher organisationaler Veränderung wird dieses Schema zweifach angewandt (vgl. Abbildung 2-6).

(1) Das Schema wird zur Erklärung und Gestaltung des leistungsorientierten Verhaltens von Individuen und Organisationen eingesetzt. Auf diese Art und Weise lassen sich in dem Modell die *Ausgangs-* und die *Zielsituation* der Veränderung erklären oder gestalten. Im Unterschied zum verhaltenstheoretischen Ansatz soll allerdings versucht werden, organisationales Verhalten nicht nur als "institutionelles Quasi-Verhalten" durch individualpsychologische Gesetze, sondern auch durch organisationstheoretische "Gesetze" zu erklären. Dies geschieht in dem Wissen, daß die empirische Bewährung der Organisationstheorien vergleichsweise niedrig ist.[403]

(2) Das Schema wird verwendet, um die *Veränderung* von individuellem und organisationalem Verhalten zu erklären und zu gestalten. Die singulären Anfangsbedingungen der Verände-

---

[401] Vgl. Abel, Grundlagen, 1983, S. 60.
[402] Vgl. Schanz, Grundlagen, 1977, S. 85.
[403] Vgl. z.B. Frese / Werder, Organisation, 1994, S. 7.

rung werden durch die Ausgangssituation mit den entsprechenden singulären Anfangsbedingungen des Ausgangsverhaltens und der entsprechenden Ausgangsleistung beschrieben. Die allgemeinen Sätze bzw. die nomologischen Hypothesen beziehen sich auf die Verhaltens*änderung* von Individuen und Organisationen. Das Explikandum ist die Zielsituation, d.h. die veränderten singulären Anfangsbedingungen des Zielverhaltens und die angestrebte Zielleistung. In der technologischen Verwendung dieses Modells sind folglich Ausgangs- und Zielsituation gegeben, während die Informationen über Handlungsmöglichkeiten zur Gestaltung von Veränderungen gesucht werden.

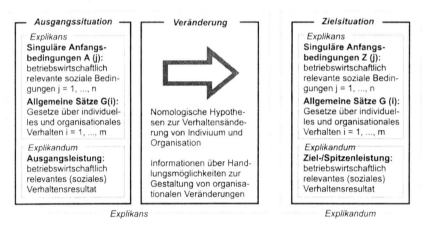

*Abbildung 2-6: Prinzipdarstellung der Modellskizze zur Gestaltung ganzheitlicher organisationaler Veränderung*

Das Modell zur Erklärung bzw. Gestaltung ganzheitlicher Veränderung entsteht durch eine Verschränkung des Verhaltensmodells der Ausgangs- und Zielsituation und des Veränderungsmodells des Übergangs. Die Modellskizze für ganzheitliche organisationale Veränderung basiert somit auf einer Modellskizze für individuelles und organisationales Verhalten.

### 2.4.3 Zum Verzicht auf empirische Prüfung

Die aus dem Modell abgeleiteten technologischen Aussagen haben hypothetischen bzw. spekulativen Charakter, insbesondere im Bezug auf ihre Anfangsbedingungen, und sollten deshalb prinzipiell nicht nur logisch - hinsichtlich der Widerspruchsfreiheit oder des empirischwissenschaftlichen Gehalts - sondern auch empirisch hinsichtlich der Wahrheitsähnlichkeit geprüft werden.

Der Schwerpunkt dieser Arbeit liegt in der theoretischen bzw. technologischen Modellbildung mit dem Ziel der Gestaltung, während auf die empirische Prüfung der dabei generierten Hypothesen an dieser Stelle verzichtet werden soll. Dies soll nicht implizieren, daß wir eine empirische Prüfung prinzipiell für überflüssig halten. Vielmehr konzentrieren wir uns auf einen Abschnitt des Forschungsprozesses, allerdings in der Hoffnung, daß in einer nachfolgenden Arbeit die abgeleiteten Hypothesen zur empirischen Prüfung aufgegriffen werden.[404] Um diese Arbeitsteilung zu erleichtern, soll jedoch der Versuch unternommen werden, die Anforderungen der empirischen Prüfung an die theoretische Modellbildung zu berücksichtigen.

Die hier zugrunde liegende Sichtweise von der Funktion empirischer Forschung entspricht der Methode des theoriegeleiteten Empirismus', den Günter Schanz als Empirismus$_2$ bezeichnet, in Abgrenzung zu einem eher „theorielosen Empirismus", dem Empirismus$_1$.[405] Mehrfach wird in der Literatur auf das Theoriedefizit der empirischen Forschung in den Sozialwissenschaften, insbesondere auf die überbetonten Prüfstrategien empirischer Forschung hingewiesen.[406] Mit der Gegenüberstellung von Empirismus$_1$ vs. Empirismus$_2$ läßt sich die Position des theoriegeleiteten Empirismus gut gegenüber naiv empiristischen Positionen abgrenzen.[407] Im Gegensatz zum Empirismus$_1$, dem „theorielosen Empirismus", der durch das (ziellose) Anhäufen von Fakten und durch die Prüfung von *ad hoc-Hypothesen* charakterisiert wird,[408] soll zur Hypothesenbildung im Rahmen des Empirismus$_2$ auf ein theoretisches System bzw. Modell zurückgegriffen werden, in dessen Kontext die empirischen Ergebnisse adäquat interpretiert werden können.[409] Damit erhält die empirische Forschung eine solide theoretische Fundierung, die allerdings im Gegensatz zum „theorielosen Empirismus" mit den ausführlichen Vorarbeiten des „spekulativen Denkens (Theorie)" und des „deduktiven Argumentierens (Logik)" verbunden ist.[410] Aufgrund des hohen Anspruchs und Umfangs dieser Vorarbeiten erscheint es vertretbar, sich in einem zeitlich begrenzten Forschungsvorhaben auf diesen Abschnitt des Forschungsprozesses zu konzentrieren.

Abschließend soll in diesem Zusammenhang noch kurz auf die Funktion der Fallbeispiele dieser Arbeit eingegangen werden. Die Fallbeispiele sollen kein Ersatz für eine empirische Prüfung sein; sie sollen lediglich verdeutlichen, wie das theoretische Modell bzw. die Anwendungsskizze zur Lösung konkreter Probleme spezifiziert werden können. Eberhard Witte verweist zu Recht darauf, daß Einzelfallstudien zwar heuristische Impulse insbesondere bei erstmaliger Untersuchung eines Problemfeldes liefern können, in der Regel aber allenfalls in der Phase der Pilotstudie eingesetzt werden, um die Operationalisierbarkeit der Variablen oder die Zugänglichkeit des empirischen Feldes zu prüfen.[411] Für die Ableitung von Rückschlüssen auf die Hypothesen des theoretischen Modells können sie folglich nicht dienen.

---

[404] Vgl. zur Möglichkeit der wissenschaftlichen Arbeitsteilung: Popper, Logik der Forschung, 1994, S. 72f.; ähnlich: Witte, Lehrgeld, 1977, S. 275; dagegen: Kubicek, Heuristische Bezugsrahmen, 1977, S. 15.

[405] Vgl. Schanz, Jenseits von Empirismus$_1$, 1990, S. 144f..

[406] Vgl. Kubicek, Heuristische Bezugsrahmen, 1977, S. 8; ähnlich: Wollnik, Explorative Verwendung, 1977, S. 40; ähnlich: Köhler, Forschungskonzeption, 1977, S. 315.

[407] Vgl. zur Kritik dieser Gegenüberstellung: Witte, Lehrgeld, 1977, S. 272.

[408] Vgl. Schanz, Jenseits von Empirismus$_1$, 1990, S. 154;

[409] Vgl. ders., Sozialwissenschaftliche Integration, 1979, S. 128.

[410] Ders., Jenseits von Empirismus$_1$, 1990, S. 155.

[411] Vgl. Witte, Lehrgeld, 1977, S. 278.

# 3 Skizze eines Modells zur Gestaltung von ganzheitlicher organisationaler Veränderung

> "... change in organizations can be depicted as a system of moving cycles, ... concentric ... to represent the various contents of organizational change at different levels of abstraction, circumferential ... to represent different means and processes of change, tangential ... to represent particular episodes of change and the stages they go through ...and spiraling ... to represent the sequences of change and their patterns over time in an ongoing organization."[1]

## 3.1 Paradigmen zur Erklärung organisationalen Verhaltens und organisationaler Veränderung

Für das Verhalten in und von Organisationen sowie für die Veränderung desselben gibt es eine Vielzahl von Paradigmen mit mehr oder weniger solider wissenschaftlicher Fundierung, die der Erklärung und Gestaltung dienen. Bevor in diesem Kapitel das Modell zur Gestaltung ganzheitlicher organisationaler Veränderung skizziert wird, soll ein Spannungsfeld extremer Positionen zur Erklärung von organisationalem Verhalten und organisationaler Veränderung aufgezeigt werden. Einerseits ermöglicht dies eine Positionierung des eigenen Ansatzes in der gegenwärtigen wissenschaftlichen Diskussion, andererseits bietet sich so eine Möglichkeit, den theoretischen Pluralismus anzudeuten, der auch diesem Versuch zugrundeliegt, auf Basis eines verhaltenstheoretischen und systemorientierten Ansatzes Handlungsinformationen für die Gestaltung von Veränderungen in der Produkt- und Prozessentwicklung abzuleiten.

### 3.1.1 Organisationales Verhalten: maschinell oder naturalistisch?

Als ein Pol des Spannungsfeldes läßt sich das Paradigma des *Maschinenmodells* wählen, da es in der Vergangenheit die Erklärung und Gestaltung organisationalen Verhaltens geprägt hat und in der Gegenwart in mehr oder weniger expliziter Form weiterhin als Fundierung von Erklärungs- und Gestaltungsversuchen dient. Das Spektrum der Ansätze, die in der Tradition dieses Paradigmas stehen, reicht von den älteren (Ansätzen) von Nordsieck[2] und Kosiol[3] über das Bürokratiemodell Max Webers[4] bis hin zu den jüngeren (Ansätzen) des Business Process Reengineering[5]. Diese Modelle betrachten die Organisation als ein statisches, zweck-rationales Instrument, mit dem sich individuelles Verhalten auf vorgegebene Ziele ausrichten läßt. Individuelle Motivation und Verhalten unterliegen monokausalen linearen Gesetzmäßigkeiten,

---

[1] Mintzberg / Westley, Cycles, 1992, S. 39f..
[2] Vgl. z.B. Nordsieck, Betriebsorganisation, 1961.
[3] Vgl. z.B. Kosiol, Unternehmung, 1966.
[4] Vgl. z.B. Weber, Wirtschaft, 1964.
[5] Vgl. zur Sichtweise der Organisation als "set of processes": Hammer / Champy, Reengineering, 1993, S. 2; vgl. Kritik des "Machine Modells" im Business Process Reengineering: Hendry, Process Reengineering, 1995, S. 53.

die sich mit Anreizsystemen, Aufbau- und Ablaufstrukturen, Entscheidungssystemen oder Rollenbeschreibungen beliebig instrumentalisieren lassen. Die dem Maschinenmodell zugrunde liegenden Zweck-Mittel-Relationen können jedoch nicht nur an einer individuellen, sondern auch an einer organisationalen Ebene ansetzen. Anstelle der *'Trivialmaschine Mensch'*[6] tritt dann die *'Trivialmaschine Organisation'*, die sich durch funktionale Systemrationalität auszeichnet. In solchen systemorientierten Modellen werden auf Basis einfacher technologischer Aussagen über Transformationsbeziehungen zwischen Input- und Outputfaktoren Handlungsinformationen abgeleitet.

| Von... | | Zu... |
|---|---|---|
| • abstrakt-sozialtechnologischem System<br>- Personenkollektiven<br>- Hierarchie<br>- Kontrolle | ⇒ | lebensweltlich konstituierten Zusammenhängen mit eigenen spezifischen Kulturen und Subkulturen<br>- Sinnsystemen<br>- Heterarchie<br>- "Empowerment" |
| • objektiv-versachlichter Struktur | ⇒ | subjektiv-differierenden kognitiven Landkarten der eigenen Organisation |
| • zielorientierten-monolithischen Blöcken<br>- Simplizität<br>- linearer Kausalität<br>- Mechanik | ⇒ | naturalistischen Systemen<br>- Komplexität<br>- wechselseitiger Beeinflussung<br>- Holographie |
| • Rationalität als ureigenstem Merkmal<br>- Determinismus | ⇒ | Rationalität als gepflegtem Mythos<br>- Unbestimmtheit |
| • dauerhafter Stabilität | ⇒ | permanenter Bewegung |

*Tabelle 3-1: Paradigmawechsel der Erklärung organisationalen Verhaltens*[7]

Bereits auf einer theoretischen Ebene erscheint das oben beschriebene Paradigma ungeeignet zu sein, organisationale Gestaltungsansätze zu liefern, die der begrenzten Rationalität und der kognitiven Fundierung individuellen Verhaltens sowie der Dynamik und Komplexität organisationalen Verhaltens und seiner situativen Determiniertheit gerecht werden. In der Praxis hat sich freilich gezeigt, daß in den wenigsten Fällen Monokausalität vorliegt und unbeabsichtigte Nebeneffekte die Regel sind. Insofern erscheint es nicht verwunderlich, daß zu dem zweckgerichteten intentionalen, rationalen Handeln des Maschinenmodells Gegenpositionen entwickelt wurden. Alternative Erklärungsansätze für individuelles bzw. organisationales Handeln verweisen auf seine externe Bedingtheit und Kontrolle oder auf seine Zufälligkeit und seine Konstitution durch Prozesse sozialer Konstruktion.[8] Zusammenfassend läßt sich der Paradigmawechsel von traditionellen zu modernen Modellen wie in Tabelle 3-1 darstellen.

Der Vorstellung von einer Organisation als einem *abstrakt-sozialtechnologischen System*, das durch eine Gruppe konkreter Individuen abgegrenzt wird, wird die Konzeption der Organisation als *lebensweltlich konstituierte Zusammenhänge mit eigenen spezifischen Kulturen und*

---

[6] Vgl. zu diesem Begriff: von Foerster, Sicht, 1985.
[7] In Anlehnung an: Türk, Organisationssoziologie, 1992, Sp. 1639.
[8] Vgl. zur Klassifizierung von Ansätzen der Organisationsforschung: Pfeffer, Organizations, 1982.

*Subkulturen* entgegengehalten. Die Organisation wird nicht durch abgrenzbare Individuen, sondern durch sozial definierte Handlungszusammenhänge begründet.[9] Diese entstehen durch individuelles Verhalten, das sich über individuelle Wahrnehmung bzw. Interpretation an den *Sinnsystemen* der Organisation orientiert. Diese wiederum werden in Sozialisations- und Interaktionsprozessen kollektiv konstituiert, wobei eine einheitliche Kultur oder verschiedene Subkulturen entstehen können. Insofern basiert organisationales Verhalten nicht alleine auf der hierarchisch und zentralistisch vorgegebenen Zweckrationalität, sondern auf einer heterarchischen und multizentrischen Gestaltung, beeinflußt von u.U. lokal differenzierten Sinnsystemen.[10]

Gemäß dem propagierten Paradigmawechsel ist nicht die *objektiv-versachlichte Struktur* ausschlaggebend für organisationales Verhalten, sondern es sind vielmehr *subjektiv-differierende kognitive Landkarten*. Nicht die reale Struktur der Organisation bildet also die Grundlage des Verhaltens, sondern individuelle und kollektive Wahrnehmungs- und Interpretationsprozesse derselben. So wird die Objektivität der Organisation durch die Perspektivität der Handelnden in Frage gestellt.[11]

In Abgrenzung gegen eine Konzeption von Organisationen als *zielorientiert-monolithischen Blöcken* verweisen alternative Ansätze auf eine Analogie zu *naturalistischen Systemen* in Anlehnung an biologische Modelle und Theorien.[12] Den Eigenschaften der Simplizität, der linearen Kausalität und Mechanik wird Komplexität, wechselseitige Beeinflussung und Holographie entgegengehalten.

Nach traditionellen Ansätzen ist *Rationalität ein ureigenstes Merkmal* des Handelns in und von Organisationen. Demgegenüber wird in Gegenpositionen bezweifelt, daß Handlungen eindeutig determinierbar sind. Vielmehr wird die Unbestimmtheit des Handelns betont und damit erscheint die Rationalitätsannahme als ein *gepflegter Mythos*, der der Selbstdarstellung und Legitimation organisationalen Verhaltens gegenüber der Gesellschaft dient. Rationalität ist insofern nicht inhärentes Merkmal der Organisation, sondern ein von der Gesellschaft akzeptiertes Verhaltensmuster.[13]

Im Paradigma des Maschinenmodells unterliegt organisationales Verhalten statischen, gleichsam ehernen Gesetzmäßigkeiten. Zur Dynamik organisationaler Entwicklung wird kein oder nur ein geringer Erklärungsbeitrag geliefert. In konträren Paradigmen dominiert hingegen die Sichtweise, daß Organisationen permanent in Bewegung sind - ständig ihre Gestalt wandeln. Auf diesen letzten Aspekt des Paradigmawechsels soll im nächsten Abschnitt ausführlicher eingegangen werden.

---

[9] Vgl. Türk, Organisationssoziologie, 1992, Sp. 1634.
[10] Vgl. zur Gegenüberstellung Hierarchie vs. Heterarchie: Clark, Paradigmatic Shift, 1985, S. 43 ff..
[11] Vgl. zur Gegenüberstellung Objektivität vs. Perspektivität: ebda., a.a.O..
[12] Vgl. die Theorie autopoietischer Systeme nach: Maturana / Varela, Erkenntnis, 1987; dies., Autopoiesis, 1980.
[13] Vgl. zur Theorie der Rationalitätsfassaden: Meyer / Rowan, Institutionalized Organizations, 1977, S. 340ff..

Die hier dargestellten Positionen zeigen die Bandbreite der Erklärungsansätze für Verhalten in und von Organisationen auf. In ihrer extremen Rezeption weisen beide Positionen Unzulänglichkeiten auf. Das Maschinenmodell kann zu extrem mechanistischen Gestaltungsansätzen verführen, die der komplexen Verknüpfung unterschiedlichster Determinanten des organisationalen Verhaltens nicht gerecht werden, so daß unbeabsichtigte und oft unerwünschte Nebeneffekte vorprogrammiert erscheinen. Die Gegenpositionen können hingegen zu einem gewissen Fatalismus verführen, insbesondere bei der Infragestellung jeglicher zweckrationaler Interventionsversuche. Folglich erscheint eine Balancierung der Extrempositionen der Paradigmen angebracht. Neuere Ansätze der Organisationstheorie versuchen, diese Balancierung anzustreben, indem durch innovative Lösungen scheinbar gegensätzliche Aspekte der beiden Positionen gleichzeitig verwirklicht werden, wie z.B. Kontrolle und "Empowerment"[14] oder zentrale Steuerung und dezentrale Selbstorganisation.[15]

### 3.1.2 Organisationale Veränderung: zweck-rationale Reprogrammierung oder Determinierung durch unbeeinflußbare Kräfte?

Im Gegensatz zum Maschinenmodell gehen modernere Ansätze davon aus, daß sich Organisationen permanent verändern. Dabei unterscheiden sich die Erklärungsansätze hinsichtlich der Vorstellung, ob die Veränderung umweltdeterminiert - d.h. exogen - oder strukturdeterminiert - d.h. endogen - ausgelöst wird (vgl. Abbildung 3-1). Desweiteren lassen sich die Ansätze hinsichtlich der Antriebskraft bzw. der Steuerung der Veränderung differenzieren.[16] Als Antriebskraft von Veränderungsprozessen kann intentionales individuelles bzw. organisationales Verhalten gesehen werden.[17] In diesem Fall läßt sich der Veränderungsprozeß beeinflussen bzw. steuern, wobei für diese Steuerung Modelle der zweck-rationalen Reprogrammierung oder der "epigenetisch-reflexiven Optimierung"[18] verwendet werden. Die Antriebskraft kann allerdings auch in endogenen bzw. exogenen Kräften gesehen werden, die sich zwar aus dem Verhalten in und von Organisationen ergeben, sich aber nicht oder nur geringfügig zielorientiert beeinflussen lassen.[19]

Zu den Modellen der *zweck-rationalen Reprogrammierung* zählen solche Ansätze, die das an sich statische Maschinenmodell um eine dynamische Komponente erweitern. Veränderungen können durch Reprogrammierung der *Trivialmaschine* erreicht werden, indem Aufbau- und Ablauforganisation, Anreizsysteme oder Entscheidungssysteme formal neu gestaltet werden.

---

[14] Vgl. Simons, Control, 1995, S. 81.
[15] Vgl. Mastenbroek, Organizational Innovation, 1996, S. 9ff..
[16] Vgl. die Abgrenzung "strategic choice" vs. "ecology" z.B. in: Jennings / Seaman; Organizational Adaptation, 1994, S. 460; Stacey, Science of Complexity, 1995, S. 477.
[17] Vgl. z.B. Galbraith, Complex Organizations, 1973; Miles, Macro Organization Behavior, 1980; Fombrum / Ginsberg, Shifting Gears, 1990; Zajac / Kraatz, Diametric Forces Modell, 1993.
[18] Vgl. zu diesem Begriff: Türk, Neuere Entwicklungen, 1989, S. 58.
[19] Vgl. z.B. Pfeffer and Salancik, External Control, 1978; Quinn, Strategies for change, 1980; Hannan and Freeman, Structural Inertia, 1984.

Zu diesen Modellen gehören nicht nur traditionelle Ansätze. Gerade auch neuere Ansätze des *Business Process Reengineering*[20] und der *Restrukturierung*[21] tendieren oft zu extrem vereinfachten instrumentalistischen Erklärungs- und Gestaltungsversuchen, so daß diese zu den Modellen der zweck-rationalen Reprogrammierung gezählt werden können. So wird Business Process Reengineering beispielsweise als "*ingenieurmäßiges Organisieren*" verstanden, dessen Methoden

> ... den Reorganisationsprozeß systematischer [machen] und ... erheblich dazu bei[tragen], daß Reorganisationsvorhaben transparent, planbar, *personell unabhängig* und letzlich sicher vonstatten gehen.[22]

Diese Veränderungsversuche können an interner Effizienz oder externer Bewährung ansetzen. *Business Process Reengineering* ist durch seine Fokussierung auf Geschäftsprozesse eher strukturdeterminiert und auf interne Effizienz ausgerichtet, während viele Restrukturierungsansätze mit dem Fokus auf "Financial Restructuring" und Akquisitions- bzw. Desinvestitionsstrategien eher umweltdeterminiert auf externe Bewährung zielen.

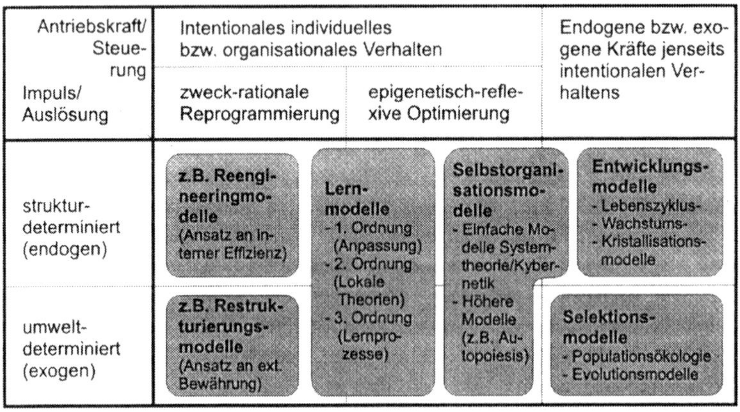

| Antriebskraft/ Steuerung Impuls/ Auslösung | Intentionales individuelles bzw. organisationales Verhalten | | Endogene bzw. exogene Kräfte jenseits intentionalen Verhaltens |
|---|---|---|---|
| | zweck-rationale Reprogrammierung | epigenetisch-reflexive Optimierung | |
| strukturdeterminiert (endogen) | z.B. Reengineeringmodelle (Ansatz an interner Effizienz) | Lernmodelle - 1. Ordnung (Anpassung) - 2. Ordnung (Lokale Theorien) - 3. Ordnung (Lernprozesse) | Selbstorganisationsmodelle - Einfache Modelle Systemtheorie/Kybernetik - Höhere Modelle (z.B. Autopoiesis) | Entwicklungsmodelle - Lebenszyklus- - Wachstums- - Kristallisationsmodelle |
| umweltdeterminiert (exogen) | z.B. Restrukturierungsmodelle (Ansatz an ext. Bewährung) | | | Selektionsmodelle - Populationsökologie - Evolutionsmodelle |

*Abbildung 3-1: Klassifizierung von Modellen zur Erklärung organisationaler Veränderung*[23]

Aktive Einflußnahme durch intentionales Verhalten kann nicht nur durch zweck-rationale Reprogrammierung, sondern auch durch *epigenetisch-reflexive Optimierung* geschehen. Im Unterschied zur zweck-rationalen Reprogrammierung steht im Mittelpunkt des Veränderungsprozesses nicht die Implementierung einer vorab geplanten formalen Lösung durch den Orga-

---

[20] Vgl. zum Business Process Reengineering als Reprogrammierungsansatz z.B.: Hammer / Champy, Reengineering, 1993; Wirtz, Business Process Reengineering, 1996; vgl. zur Kritik dieser Sichtweise z.B.: Müller-Merbach, Kernprozesse, 1994, S. 102; Hendry, Process Reengineering, 1995, S. 53.
[21] Vgl. zur Restrukturierung z.B.: Klein / Paarsch, Aufbau eines Restrukturierungskonzepts, 1994; Muzyka et al., Transformation, 1995, S. 349; vgl. zur Kritik: Chakravarthy, Process of Transformation, 1996, S. 529ff..
[22] Brecht et al., Business Engineering, 1995, S. 123 (Herv. d. Verf.).
[23] Eigene Darstellung in Anlehnung an: Türk, Neuere Entwicklungen, 1989, S. 51-107.

nisator, sondern die Fähigkeit von Individuen bzw. eines Systems zur Selbstveränderung auf Basis reflexiver kognitiver Prozesse. Demzufolge fallen in dieses Spektrum Lernmodelle[24] oder z.T. auch Modelle der Selbstorganisation.[25] Lernprozesse sind insofern strukturdeterminiert, als interne Effizienzkriterien für ihre Steuerung verantwortlich sind; sie sind umweltdeterminiert, da wahrgenommene Umweltereignisse sowohl Stimuli als auch Verstärkermechanismen im Lernmodell sein können.

Einige Ansätze bezweifeln die Möglichkeit einer gezielten Steuerung bzw. Einflußnahme auf Veränderungsprozesse. Zu ihnen lassen sich die Entwicklungsmodelle[26] und die Selektionsmodelle[27] zählen. Nach den Entwicklungsmodellen wird die Veränderung durch endogene Triebkräfte hervorgerufen, die " ... das System zu einer mehr oder weniger vorherbestimmten Entfaltung treiben",[28] so daß man von einem "endogenen teleologischen Determinismus"[29] sprechen kann. Selektionsmodelle hingegen gehen von der Vorstellung aus, daß die Umwelt besser adaptierte Organisationen selektiert, so daß Veränderungen durch exogene Dynamik in Form von Adaptions- und Selektionsprozessen geschehen.[30]

Diese kurze Darstellung von Modellen zur Erklärung organisationaler Veränderungsprozesse soll als ausreichend betrachtet werden, um das eigene Modell zu positionieren. Die Entwicklungs- und Selektionsmodelle scheinen ungeeignet zu sein, ex ante Handlungsinformationen abzuleiten, um organisationale Veränderungsprozesse gezielt zu gestalten. Ihr Erklärungsinhalt bezieht sich auf eine Ex-post-Beschreibung von Organisationsentwicklungen. Zudem erscheint der Verweis auf endogene oder exogene Kräfte als nicht beeinflußbare Antriebskräfte der Veränderung unzufriedenstellend, denn letztlich konstituieren sich organisationales Verhalten und seine Veränderung aus individuellem Verhalten, das einer Beeinflussung unterliegt, über deren Ausmaß und Umfang sich sicherlich streiten läßt. Das andere Ende des Kontinuums repräsentieren die Modelle der zweck-rationalen Reprogrammierung. Wie bereits in der Kritik an dem Maschinenmodell angedeutet, basieren Reprogrammierungsmodelle auf

---

[24] Vgl. zur Abgrenzung von Lern- und Evolutionsprozessen und zum Konzept des Lernens als *bewußte* Anstrengung: Reber, Lernen, 1992, Sp. 1241; vgl. die Lernmodelle nach: Argyris / Schön, Organizational Learning, 1978; Hedberg, How Organizations Learn, 1981; Fiol / Lyles, Organizational Learning, 1985.

[25] Modelle der Selbstorganisation werden z.T. bei ausgeprägter immanenter Determination auch den Entwicklungsmodellen zugeordnet: Türk, Neuere Entwicklungen, 1989, S. 56; vgl. die Selbstorganisationsmodelle nach: Probst, Selbst-Organisation, 1987; ders., Selbstorganisation, 1992.

[26] Dazu gehören *Lebenszyklusmodelle* nach: Quinn / Cameron, Organizational Life Cycles, 1983; Mintzberg, Organization Life Cycles, 1984; Flamholtz, Managing Organizational Transition, 1995; *Wachstumsmodelle* nach: Child / Kieser, Development of Organizations, 1981; Filley / Aldag, Organizational Growth, 1980 und *Kristallisationsmodelle* nach: Masuch, Vicious Circles, 1985, vgl. zu dieser Klassifikation: Türk, Neuere Entwicklungen, 1989, S. 58-79.

[27] Dazu gehören z.B. die *Modelle der Populationsökologie* nach: Hannan / Freeman, Population Ecology,1977; dies., Structural Inertia, 1984 und die *Evolutionsmodelle* nach: McKelvey, Organizational Systematics, 1982; McKelvey / Aldrich, Populations, 1983; vgl. zu dieser Klassifikation: Türk, Neuere Entwicklungen, 1989, S. 84.

[28] Türk, Neuere Entwicklungen, 1989, S. 57.

[29] Ebda., S. 56.

[30] Ebda., S. 56.

vereinfachten linearen monokausalen Zweck-Mittel-Relationen, die die Bedeutung von kognitiven und reflexiven Prozessen auf individueller und organisationaler Ebene unterschätzen. In der Praxis zeigt sich als Reaktion auf häufige Reprogrammierungsversuche z.T. eine zunehmende Entkopplung der formalen Organisationspläne und Berichtssysteme von den realen Abläufen und Strukturen. Das Ausmaß von unkoordinierter Selbstorganisation und Ersatzspielen nimmt zu. Das hier entwickelte Modell soll zwischen diesen beiden Extrempolen positioniert werden. Folglich wird für die Erklärung bzw. Gestaltung organisationaler Veränderungsprozesse auf Theorien des organisationalen Lernens und der Selbstorganisation zurückgegriffen.

## 3.2 Organisationale Leistung als Zielkriterium organisationaler Veränderung

### 3.2.1 Skizze eines Konzepts der organisationalen Leistung

#### 3.2.1.1 Leistung als Grad der Zielerreichung

Ausgangspunkt der Leistungsdefinition ist eine Input-Transformation-Output-Betrachtung. Die Leistung einer Person bzw. eines Unternehmens ergibt sich durch die Transformation von Einsätzen (Input) in Ergebnisse (output).[31] Dabei wird die Leistung eines Mitarbeiters bzw. eines Unternehmens nicht nur am Ergebnis bzw. am Output der betrieblichen Tätigkeit gemessen,[32] sondern auch an der Output-Input-Relation.

Die Leistung soll als das zentrale Kriterium betrachtet werden, um den Erfolg von Unternehmen zu bestimmen. Als Grundlage der Leistungsbewertung dient der Grad der Zielerreichung in Bezug auf Output-Ziele und auf Ziele der Output-Input-Relation. Ein so verstandener Leistungsbegriff weist große Ähnlichkeit zu einem Effektivitätsbegriff auf,[33] bei dem Effektivität als Oberziel der Effizienz betrachtet wird, wobei „Effektivität ... als Maßgröße für Zielerreichung (Output) und Effizienz ... als Maßgröße für Wirtschaftlichkeit (Output/Input-Relation)"[34] definiert werden.

Die Bestimmung des Leistungsbegriffs weist im Zusammenhang mit der hier behandelten Themenstellung im Vergleich zum Effektivitätsbegriff einen wesentlichen Vorteil auf: die Verknüpfung und die Durchgängigkeit zwischen dem individuellen Zielkriterium - abgeleitet vom individualpsychologischen verhaltenstheoretischen Leistungsbegriff - und dem organisationalen Zielkriterium - abgeleitet vom organisationstheoretischen Leistungsbegriff - lassen sich aussagefähiger darstellen.

---

[31] Vgl. Schanz, Organisationsgestaltung, 1994, S. 54.
[32] Vgl. zu diesem Leistungsbegriff i.e.S.: Wöhe, Einführung, 1986, S. 887.
[33] Vgl. die Gleichsetzung von Leistungsfähigkeit und Effektivität: Schanz, Organisationsgestaltung, 1994, S. 45.
[34] Scholz, Effektivität und Effizienz, 1992, Sp. 533; vgl. auch: Schanz, Organisationsgestaltung, 1994, S. 46.

### 3.2.1.2 Individuelle Leistung

Ausgangspunkt der Modellskizze dieses Kapitels bilden Theorien über individuelles Verhalten und individuelle Leistung. Individuelle (Arbeits-)Leistung läßt sich definieren als ein

> ... nach Art und Menge bestimmtes Arbeitsergebnis, welche[s] ein Resultat des auf wirtschaftliche Zielsetzung ausgerichteten Einsatzes psycho-physischer Anstrengung darstellt.[35]

Der Leistungsbegriff ist also an Art und Menge eines Arbeitsergebnisses geknüpft, d.h. an Güter und Dienste, die nach vorgegebenen Zielmaßstäben bewertet werden. Individuelle Leistung mißt sich ebenfalls am Grad der Zielerreichung. Sie ist das Ergebnis leistungsorientierten Verhaltens. Organisationales Verhalten und organisationale Leistung konstituieren sich letztlich aus individuellem Verhalten und individueller Leistung. Dennoch läßt sich - wie noch gezeigt wird - organisationale Leistung nicht als eine einfache Summe der individuellen Teilleistungen auffassen.

### 3.2.1.3 Organisationale Leistung

Der Begriff der organisationalen Leistung ist bereits als das Resultat organisationaler Transformationsprozesse eingeführt worden. Die Grundlage für die Bewertung der Leistung ist der Grad der Zielerreichung. Damit wird der Begriff der organisationalen Leistung an das Zielsystem des Unternehmens bzw. übergeordneter Interessensgruppen und Instanzen geknüpft. Nachfolgend sollen kurz zwei Ansätze für organisationale Zielsysteme vorgestellt werden.

*Zielssystem der organisationalen Leistung*

Die eigentliche Zielgröße der Organisation und der organisationalen Gestaltung ist die organisationale Leistung. Die Gesamtleistung der Organisation läßt sich als Zielerreichungsgrad der Organisation als Ganzes auffassen.[36] Die Ziele stammen von den Interessensgruppen der Organisation, den sogenannten "Stakeholders", die "... gesetzlich, faktisch oder vertraglich begründete Ansprüche an und Eingriffsmöglichkeiten in das Unternehmen"[37] besitzen. Zu ihnen gehören die Arbeitnehmer, die leitenden Angestellten, die Eigentümer, Kunden und Lieferanten, staatliche Institutionen sowie weitere Personen und Gruppen des sozialen Umfeldes.

Die Vielfältigkeit an möglichen Ausprägungen und Kombinationen der relevanten Interessensgruppen und des sozialen Umfeldes der Organisation verdeutlicht, daß es kein übergeordnetes "richtiges" Zielsystem und damit auch keine allgemeingültigen Leistungskriterien gibt. Die Darstellung des Zielsystems bezweckt nicht, Ziele zu priorisieren oder in ihrer Art und Höhe vorzugeben. Der Zielsetzungsprozeß ist selbst ein Bestandteil des Veränderungsprozesses. Er obliegt dem Interessensausgleich der Stakeholder der Organisation. Gemäß unserer Forderung nach Wertfreiheit ist also das Zielsystem lediglich eine Klassifizierung möglicher Ziele, die allerdings erst das Aufstellen von technologischen Aussagen ermöglicht.

---

[35] Vgl. Engelhard, Leistungsdeterminanten, 1992, Sp. 1254.
[36] Vgl. Parallelität zum Effektivitätsbegriff in: Scholz, Effektivität und Effizienz, 1992, Sp. 536.
[37] Vgl. ebda., a.a.O..

Das Zielsystem, das der Bestimmung der organisationalen Leistung zugrundeliegt, besteht aus drei Zielkomponenten: den organisationalen Operationszielen, den organisationalen Potentialzielen und den individuellen Verhaltenszielen (vgl. Abbildung 3-2).[38]

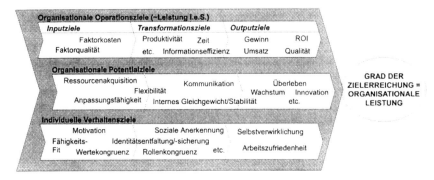

*Abbildung 3-2: Organisationale Leistung als Grad der Erreichung organisationaler Ziele*

*Organisationale Operationsziele bzw. organisationale operative Ziele:* Der Ausgangspunkt der Ableitung des Zielsystems ist analog zur Leistungsdefinition eine einfache Input-Transformation-Output-Betrachtung. Die organisationalen Operationsziele sind die klassischen Ziele der Betriebswirtschaftslehre. Es sind die Ziele des operativen Systems, das auf eine "wirksame, produktive Aufgabenerfüllung"[39] ausgerichtet ist. Zu ihnen gehören nicht nur die Output- bzw. Ergebnis-Ziele wie etwa Umsatz, Gewinn, ROI und Qualität, sondern auch Inputziele und Transformationsziele bzw. Ziele der Input-Output-Relation. Damit gehören zu den organisationalen Operationszielen auch Wirtschaftlichkeitsziele wie Produktivität oder Informationseffizienz.[40]

*Organisationale Potentialziele:* Die zweite Komponente des Zielsystems, die organisationalen Potentialziele, betrifft die langfristige Sicherung der Erreichung der organisationalen operativen Ziele,[41] d.h. der Verwirklichung der Output-, Transformations- und Inputziele in der Zukunft. Damit ist die strategische Ebene des Aufbaus und der Realisierung von Leistungspotentialen gemeint.[42] Die Leistungspotentiale beziehen sich letztlich auf das operative System der Organisation, und folglich läßt sich z.T. eine grobe Zuordnung der Potentialziele zu den Komponenten Input, Transformation und Output vornehmen. Strategische Ziele der

---

[38] Vgl. Potentialziele, Wirtschaftlichkeitsziele, Ergebnisziele und verhaltensbezogene Ziele als Effektivitätskriterien nach: Scholz, Effektivität und Effizienz, 1992, Sp. 536ff.; organisationale Effizienz, organisationale Flexibilität und Potentiale zur Befriedigung individueller Bedürfnisse als Komponenten der organisationalen Effektivität nach: Schanz, Gestaltung, 1990, S. 205ff..

[39] Vgl. Schanz, Gestaltung, 1990, S. 206.

[40] Vgl. zum Begriff der Wirtschaftlichkeitsziele: Scholz, Effektivität und Effizienz, 1992, Sp. 538ff..

[41] Vgl. zum Begriff der Potentialziele: ebda., a.a.O.., vgl. zur Definition: Schanz, Gestaltung, 1990, S. 208f..

[42] Vgl. zum strategischen Management als potentialorientiertes Management Scholz, Management, 1987, S. 5-6.

Ressourcenakquisition beziehen sich z.B. auf die langfristige Sicherung erfolgsoptimaler Kosten und Qualität der Einsatzfaktoren. Andere Potentialziele wie etwa Flexibilität, Anpassungsfähigkeit oder Überleben sind hingegen in ihrer Begrifflichkeit so allgemein, daß sich keine unmittelbare Zuordnung anbietet.

*Individuelle Verhaltensziele:* Einerseits werden die organisationalen Transformationsprozesse und damit auch das operative System der Organisation durch das individuelle Verhalten der Organisationsmitglieder konstituiert. Andererseits wirkt die Organisation determinierend auf individuelles Verhalten zurück. Die Realisierung von "Potentialen zur Befriedigung individueller Bedürfnisse"[43] bzw. die Verwirklichung von "verhaltensbezogenen Zielen",[44] kurz: die individuellen Verhaltensziele sind von zentraler Bedeutung für die organisationale Leistung. Die organisationalen Rahmenbedingungen beeinflussen als Kontext des individuellen Verhaltens den Umfang der Bedürfnisbefriedigung, den das Individuum durch seine Arbeit und Mitgliedschaft in der Organisation erfährt. Individuelle Bedürfnisse wirken sich in Form von Motivationsprozessen auf die individuelle und damit auch auf die organisationale Leistung aus. Dieser funktionale Zusammenhang zwischen individueller Bedürfnisbefriedigung und organisationaler Leistung mag als ausreichend betrachtet werden, um die individuellen Verhaltensziele als gleichberechtigte Komponente der organisationalen Leistung zu betrachten.[45] Eine Gewichtung der organisationalen Operationsziele, d.h. der Leistung i.e.S., und der individuellen Verhaltenszielen wird deshalb nicht angestrebt.

### Gestaltungsziel "Organisationaler Fit"

Vor dem Hintergrund der auf Veränderung zielenden Gestaltungsperspektive ist es sinnvoll, das bisher statische Konzept der organisationalen Leistung und des organisationalen Zielsystems zu einem dynamischen Konzept zu erweitern. Als langfristige übergeordnete Ziele der Organisation werden Identitätssicherung, Überlebensfähigkeit oder Selbsterhaltung genannt. Die erfolgreiche Verwirklichung dieser Ziele hängt nach dem *Konzept des organisationalen Fits* von dem *externalen Fit* zwischen der Umwelt und der Organisation bzw. ihren Komponenten und von dem *internalen Fit* zwischen den Komponenten der Organisation ab, die z.B. in System bzw. Struktur, Strategie und Kultur gegliedert werden können (vgl. Abbildung 3-3).[46] Dabei soll unter 'Fit' die " ... Kompatibilität von mindestens zwei Variablen hinsichtlich konkreter Ziele verstanden werden."[47]

Für das Konzept des organisationalen Fits gibt es einige wichtige Aspekte. (1) Die *Kontingenzhypothese* besagt, daß es keinen generellen, sondern nur einen situativen Fit gibt. Externaler und internaler Fit hängen vom Kontext, d.h. von der spezifischen Ausprägung der Um-

---

[43] Vgl. Schanz, Gestaltung, 1990, S. 209.

[44] Vgl. Scholz, Effektivität und Effizienz, 1990, S. 538ff..

[45] Auf eine Anlehnung an das Paradigma der Human-Relations-Bewegung bzw. eine Abgrenzung gegenüber dem Paradigma des Scientific Management als Begründungsbasis für individuelle Potentialziele kann demnach verzichtet werden; vgl. Engelhard, Leistungsdeterminanten, 1992, S. 1255.

[46] Vgl. Scholz, Effektivität und Effizienz, 1992, Sp. 543; Nadler / Tushman, Model, 1982, 162ff..

[47] Scholz, Effektivität und Effizienz, 1992, Sp. 543.

welt und der Komponenten der Organisation angesichts der angestrebten Ziele ab.[48] (2) Die *Hypothese der Equifinalität* besagt, daß unterschiedliche Ausprägungen des internalen Fits quasi auf verschiedenen Anpassungsniveaus an die Umwelt zu gleichem Erfolg führen können.[49] Die Existenz einer besten situativen Anpassung der Organisation an die Umwelt wird also bestritten. (3) Die *Hypothese der kognitiven Landkarten*[50] besagt, daß der organisationale Fit von der Wahrnehmung und der Interpretation der handelnden Menschen der Organisation abhängt. Eine "objektiv" notwendige Veränderung wird von der Organisation nur dann initiiert und energisch durchgesetzt, wenn ein internaler oder externaler 'Misfit' wahrgenommen wird. Dies ist nicht selbstverständlich. Denn zum Ziel der Identitätssicherung können - zumindest kurzfristig - auch Asssimilationsprozesse z.B. der Umdeutung oder Leugnung von Widersprüchen beitragen.

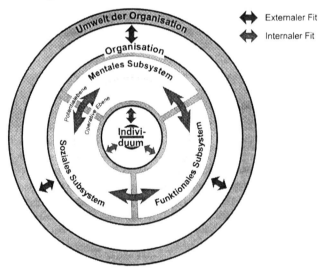

*Abbildung 3-3: Externaler und internaler organisationaler Fit*

Die Sicherung des externalen und internalen Fits - auch als externe Bewährung und interne Effizienz bezeichnet - in Bezug auf das Zielsystem des Unternehmens kann als die wesentliche Zielsetzung der organisationalen Veränderung betrachtet werden.[51] Die Anpassungsfähigkeit der Organisation in diesen beiden Dimensionen determiniert wesentlich ihre langfristige Leistungsfähigkeit.

---

[48] Vgl. den Konfigurationsansatz nach: Miller / Friesen, Organisations, 1984.
[49] Vgl. dazu die "Adaptive states" nach: Chakravarthy, Adaptation, 1982; vgl. die Untersuchung von: Jennings / Seaman, Organizational Adaptation, 1994.
[50] Vgl. Weick, Cognitive Processes, 1979; Weick / Bougon, Cognitive Maps, 1986.
[51] Vgl. z.B. Duncan / Weiss, Organizational Learning, 1979, S. 98ff.

## 3.2.2 Leistungssteigerung als Zielsetzung organisationaler Veränderung

### 3.2.2.1 Leistungssteigerung als Vereinbarung individueller und organisationaler Zielsetzungen: eine 'concordia discors'?

Die organisationale Leistung ist als zentrale Zielsetzung der Organisation eingeführt worden. Folglich ist es naheliegend, die Steigerung der organisationalen Leistung als Zielsetzung der organisationalen Veränderung zu betrachten. Die geplante Veränderung ist auf die gleichzeitige Verbesserung der organisationalen Operations-, der organisationalen Potential- und der individuellen Verhaltensziele ausgerichtet. Diese Zielsetzung ähnelt der Zielsetzung der Organisationsentwicklung, die Thom wie folgt zusammenfaßt:

> Die generelle Zielrichtung der OE-Aktivitäten liegt in der Verbesserung des Problemlösungspotentials und der Innovationsfähigkeit des Gesamtsystems, in der Erhöhung seiner Gesamteffizienz sowie in der Ausweitung von Chancen zur individuellen Entfaltung aller Systemmitglieder.[52]

In der Literatur werden zwei Zielbündel der Organisationsentwicklung genannt: (1) die Erhöhung der Leistungsfähigkeit bzw. der Wirksamkeit (Effektivität) der Organisation und (2) die Humanisierung der Arbeit bzw. die Verbesserung der Gesundheit der Organisation.[53]

Die Fragestellung, die sich anschließt, lautet: Stehen diese Teilziele in einem komplementären, konkurrierenden oder indifferenten Verhältnis? Muß der Versuch, gleichzeitig organisationale Operations- und Potentialziele einerseits und individuelle Verhaltensziele andererseits zu verwirklichen, als eine nicht realisierbare *concordia discors* eine Utopie bleiben? Wie die Modellskizze noch zeigen wird, gibt es durchaus komplementäre Effekte zwischen der Verwirklichung der scheinbar konkurrierenden Ziele.[54] Die Berücksichtigung bestimmter Aufgabenmerkmale, wie etwa Variabilität, Ganzheitlichkeit, Bedeutung, Autonomie und Feedback, trägt z.B. sowohl zur Verwirklichung organisationaler Ziele - wie Anpassungsfähigkeit oder Lernfähigkeit - als auch zur Verwirklichung individueller Ziele - wie etwa Selbstverwirklichung oder soziale Anerkennung - bei. Durch innovative Lösungen läßt sich das Niveau der Zielharmonie stetig hinausschieben. Eine "Wertproblematik"[55] oder "ein aporetischer Zusammenhang"[56] zwischen den Zielbündeln ist nicht inhärent in der Beziehung zwischen Individuum und Organisation angelegt. Allerdings verfügen verschiedene Gestaltungsalternativen auch über einen unterschiedlichen Realisierungsgrad der Teilziele. Die Maximierung aller drei Zieldimensionen geschieht nicht automatisch, sondern bedarf eines Abwägens unterschiedlichster Alternativen in Bezug auf die zu berücksichtigenden Ziele und Interessen.

---

[52] Thom, Organisationsentwicklung, 1992, Sp. 1478; ebenso: Staehle, Organisationsentwicklung, 1992, Sp. 1478 und 1480.

[53] Vgl. Schanz, 1994, Organisationsgestaltung, S. 402; Staehle, Organisationsentwicklung, 1992, Sp. 1480; Rosenstiel, Organisationspsychologie, 1992, Sp. 1625; Gebhardt, Organisationsentwicklung, 1989, S. 200.

[54] Vgl. dazu auch: Staehle, Organisationsentwicklung, 1992, Sp. 1480.

[55] Rosenstiel, Organisationspsychologie, Sp. 1625.

[56] Stolz / Türk, Individuum und Organisation, 1992, Sp. 843.

### 3.2.2.2 Leistungssteigerung als Erreichung von Leistungsniveaus im Markt- und Wettbewerbskontext

Die bisherigen Ausführungen zur Leistungssteigerung als zentrale Zielsetzung der organisationalen Veränderung haben die Frage nach der anzustrebenden Zielhöhe bzw. dem anzustrebenden Leistungsniveau unbeantwortet gelassen - abgesehen von dem Hinweis, daß die Ziele in Art und Höhe durch die Stakeholder der Organisation definiert werden.

Das angestrebte Leistungsniveau hängt einerseits von der Ausgangssituation der Organisation im Markt- und Wettbewerbsumfeld und andererseits von dem Anspruchsniveau der Organisation bzw. ihrer Stakeholder ab. Die Ziele werden in Art und Höhe wesentlich von der Markt- und Wettbewerbssituation determiniert. Die Kunden z.B. beeinflussen die Preis- und Qualitätsziele der Produkte des Unternehmens. Der Kapitalmarkt wirkt auf das Zielniveau der Kapitalverzinsung ein. Oder der Arbeitsmarkt und der Gesetzgeber beeinflussen die Arbeitsbedingungen und damit das Zielniveau der individuellen Bedürfnisbefriedigung. Ein Unternehmen übernimmt die vielfältigen Interessen und Anforderungen von Kunden, Lieferanten, Arbeitnehmern u.a. in sein Zielsystem und versucht, sie zu verwirklichen. Dies geschieht in der Regel nicht in einer Monopolstellung, sondern im Wettbewerb mit anderen Unternehmen. Das Zielsystem eines Unternehmens wird aus einem Markt- und Wettbewerbskontext abgeleitet, der prinzipiell in ähnlicher Form auch für andere Unternehmen gilt bzw. in ähnlicher Form von ihren Interessensvertretern wahrgenommen werden kann. Demzufolge gibt es eine Art *meta-organisationales* Zielsystem, das sich aus den organisationalen Zielsystemen im Markt- und Wettbewerbskontext konstituiert. Ein solches meta-organisationales Zielsystem beinhaltet nicht nur die Zielkriterien, sondern auch deren Höhe und repräsentiert gleichsam das Leistungsniveau, das aus Markt- und Wettbewerbssicht von einem Unternehmen erreicht bzw. übertroffen werden muß, um zu überleben bzw. besonders erfolgreich zu sein. Die Transparenz des meta-organisationalen Zielsystems wird durch Industriestudien,[57] durch einzelne Wettbewerbsvergleiche, durch Börsennotierungen, durch Kundenbefragungen über Qualität und Service[58] und viele andere Informationsquellen hergestellt.

Das angestrebte Leistungsniveau der organisationalen Veränderung orientiert sich an dem meta-organisationalen Zielsystem des entsprechenden Markt- und Wettbewerbsumfeldes. Die Organisation, repräsentiert durch ihre handelnden Mitglieder und Interessensgruppen, wird anstreben, ihre relative Leistungsposition im Vergleich zum meta-organisationalen Leistungsniveau zu verbessern. Ein Unternehmen, dessen Leistung sich am unteren Ende des meta-organisationalen Leistungsniveaus befindet, wird tendenziell versuchen, mit dem Durchschnitt seiner Wettbewerber gleichzuziehen. Hingegen wird ein Unternehmen, dessen Leistungsniveau sich bereits am oberen Ende befindet, versuchen, seinen Vorsprung auszubauen. Die Wahl des angestrebten Leistungsniveaus hängt jedoch nicht nur von der relativen Position des Unternehmens ab, sondern auch von dem Anspruchsniveau der Stakeholder. Diese können

---

[57] Vgl. z.B. für die Automobilindustrie: Womack et al., Machine, 1990; Clark / Fujimoto, Product Development Performance, 1991; Rommel et al. Qualität gewinnt, 1995.
[58] Vgl. z.B. für die Automobilindustrie die Qualitätsindices nach J. D. Power oder die Pannenstatistik des ADAC.

z.B. das Erreichen des Durchschnitts entweder als die endgültige Zielerreichung der Veränderung werten oder nur als ein Zwischenziel auf dem Weg zur Spitze akzeptieren.

Nachfolgend wollen wir auf fünf Leistungsniveaus kurz eingehen, die sich meta-organisational ableiten lassen und prinzipiell als Zielsetzungen für organisationale Veränderungen in Frage kommen: (1) Leistungsniveau der Existenzsicherung (2) Leistungsniveau des Durchschnitts (3) Leistungsniveau des Besten (4) Leistungsniveau von Break-Points und (5) Leistungsniveau einer neuen Arena (vgl. Abbildung 3-4).

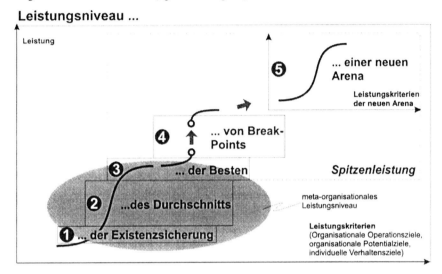

*Abbildung 3-4: Leistungsniveaus im Markt- und Wettbewerbskontext als Zielsetzung organisationaler Veränderung*

*Leistungsniveau der Existenzsicherung und des Durchschnitts:* Die untersten Leistungsniveaus, die als Zielsetzung der Veränderung in Frage kommen, sind die der Existenzsicherung und des Durchschnitts. Im Markt- und Wettbewerbsvergleich wird eine Zielerreichung angestrebt, die die Anforderungen von Kunden, Kapitalgebern u. a. Interessensgruppen zu einem solchen Ausmaß befriedigt, daß die Kosten eines Wechsels zum Wettbewerber höher sind als der zusätzliche Nutzen. Solche Kosten können durch bereits gebundenes Kapital, zusätzliche Informationen, Entfernung etc. entstehen.

*Leistungsniveau der Besten:* Die meisten Veränderungsvorhaben in Literatur und Praxis sind darauf ausgerichtet, das Leistungsniveau des besten Wettbewerbers im Markt zu erreichen. Als zentrales Instrument, diese Leistungslücke festzustellen und ihre Ursachen zu erforschen, wird das *Benchmarking* angesehen.[59] Es dient dem Vergleich der eigenen Leistung vor

---

[59] Vgl. zum Benchmarking: Horváth / Herter, Benchmarking, 1992; Braun / Lawrence, Vergleich, 1995.

allem in Bezug auf organisationale Operations- und Potentialziele mit der Leistung der besten Unternehmen der eigenen oder aber auch einer fremden Branche. Das Spektrum des Benchmarkings reicht von der Imitation von Produkten[60] bis hin zur systematischen Optimierung der gesamten Wertschöpfungsprozesse und -potentiale. Zur Analyse des Leistungspotentials in der Wertschöpfungskette wird empfohlen, neben den Wettbewerbern vor allem auch branchenfremde Unternehmen zu betrachten, die in der jeweiligen Wertschöpfungsstufe führend sind.[61] Auf diese Art und Weise ergibt sich als Leistungsniveau der Besten die Summe der jeweils besten Teilleistungen. Zu beachten ist allerdings, daß die besten Unternehmen im Vergleich zu dem Durchschnitt nicht nur über einen absoluten Leistungsvorsprung verfügen, sondern auch einen steileren Wachstumsgradienten aufweisen können. Die Leistungslücke ist also nicht nur statischer, sondern auch dynamischer Natur.

*Leistungsniveau von Break Points:* In vielen Märkten existieren Schlüsselkriterien für Leistungsschwellen, sogenannte *Break Points,*[62] deren Erreichen ein Sprung in der Erfolgsdynamik auslöst.[63] Diese diskontinuierlichen Leistungssprünge können dadurch entstehen, daß bisher konkurrierende Ziele gleichzeitig verwirklicht werden oder daß durch das Erreichen einer bestimmten Zielhöhe sich z.B. ein Sprung im Kundennutzen ergibt. Die Zielsetzung, das Leistungsniveau von Break Points zu erreichen, ist nicht auf die Schließung einer aktuellen, sondern einer latenten Leistungslücke ausgerichtet, die sich durch etablierte Kompromisse ergeben hat.[64] Solche Kompromisse entstehen zum Teil durch bewußte 'Trade-Offs' zwischen konkurrierenden Zielen angesichts operativer oder technologischer Nebenbedingungen, zum Teil aber auch durch die unzureichende Kenntnis existierender Break Points.

Ein Beispiel soll das Konzept der Break Points erläutern.[65] Im Markt der Fotoentwicklung ist die Entwicklungszeit, d.h. die Zeit zwischen der Abgabe des Films und dem Empfang der Bilder, ein bedeutendes Schlüsselkriterium im organisationalen Zielsystem, da sie eine wichtige Dimension des Kundennutzen repräsentiert. Die Verkürzung der Entwicklungszeit von 14 Stunden auf zwölf Stunden ist zwar eine Verbesserung entlang dieser Zieldimension, führt allerdings für den Kunden nicht zu einer wahrnehmbaren Steigerung seines Nutzens. In beiden Fällen liegt ein Tag zwischen Abgabe der Filme und Empfang der Fotos. Erst die Verkürzung der Entwicklungszeit auf acht Stunden oder gar auf zwei Stunden führt zu einem Sprung im Kundennutzen. Der Film kann nun vor der Arbeit bzw. vor dem Einkaufen abgegeben werden und nach der Arbeit bzw. dem Einkaufen können die entwickelten Fotos mitgenommen wer-

---

[60] Vgl. z.B. Reverse Engineering mit einer Konstruktionsanalyse auf Basis der *Design for Assembly-Methode*: Dewhurst / Boothroyd, Design for Assembly, 1990.

[61] Vgl. z.B. das Logistik-Benchmarking von Xerox mit dem Versandhandelsunternehmen L.L. Bean: Tucker et al., How to measure, 1987.

[62] Vgl. zum Begriff der „Break Points": Rommel et al., Einfach Überlegen, 1993, S. 11.

[63] Vgl. die Beispiele der Unternehmen Schwab, Southwest Airlines und Home Depot in: Stalk et al., Breaking Compromises, 1996, S. 134.

[64] Vgl. zum Zusammenhang zwischen "Breaking Compromises" und "Breakaway Growth": Stalk et al., Breaking Compromises, 1996, S. 131ff..

[65] Vgl. Rommel et al., Einfach Überlegen, 1993, S. 11.

den. Das Unternehmen, das als erstes die entsprechenden Entwicklungszeiten im Markt anbieten kann, hat ceteris paribus sprunghaft einen Wettbewerbsvorteil aufgebaut. Break Points existieren nicht nur im Absatzmarkt, sondern auch im Beschaffungsmarkt, Kapitalmarkt oder Arbeitsmarkt. Sie existieren nicht nur in Bezug auf die Nutzendimensionen der Produkte und Dienstleistungen, sondern auch in Bezug auf die Kernprozesse und Fähigkeiten des Unternehmens. So ist z.B. anzunehmen, daß Nutzenschwellen in der Verkürzung der Innovationszeit oder in der Beschleunigung der Auftragsabwicklung bestehen. Im Rahmen organisationaler Veränderungsbemühungen kann ein Unternehmen ein neues Leistungsniveau definieren, indem in mehreren Zieldimensionen Break-Points überschritten werden. Dadurch verbessert sich schlagartig seine relative Position im Vergleich zum meta-organisationalen Leistungsniveau.

*Leistungsniveau einer neuen Arena:* Die bisher vorgestellten Leistungsniveaus haben sich bei gleichen Leistungskriterien nur durch die unterschiedliche Zielhöhe im Vergleich zum meta-organisationalen Referenzsystem unterschieden. Im Fallbeispiel der Fotoentwicklungszeit mag das Leistungsniveau der Existenzsicherung 20 Stunden betragen, das des Durchschnitts 14 Stunden, das des Besten zwölf Stunden und das des Break-Points zwei Stunden. Allen Niveaus ist jedoch gemein, daß die Entwicklungszeit ein wichtiges Leistungskriterium darstellt. Es sind die Regeln der alten Arena, nach denen der Markt- und Wettbewerbsmechanismus funktioniert. Ein neue Arena wird eröffnet, wenn es einem Unternehmen gelingt, vollkommen neue Leistungskriterien im Markt zu definieren und zu erfüllen. Dazu ist es notwendig, latente Nutzendimensionen zu erkennen und zu befriedigen.

Die Einführung des Walkmans oder des portablen CD-Players durch Sony kann als ein Beispiel für die Eröffnung einer neuen Arena betrachtet werden (vgl. Abbildung 3-5).[66] Den Ausgangspunkt bildet die Vision, einen Sprung im Kundennutzen zu ereichen, indem die Verfügbarkeit des Musikgenusses für den Kunden gesteigert wird. Entsprechend dieser Vorstellung wurde das Konzept des "highly portable CD player[s] that can be enjoyed anytime, anywhere and by anyone" formuliert, das die neuen Zielkriterien bereits andeutet. Zu den bisherigen Leistungskriterien der klassischen nicht portablen CD-Player (Deck Type) kamen die Leistungskriterien Volumen, Gewicht und Energieverbrauch hinzu, die die neue Dimension des Kundennutzens 'Portabilität' erst ermöglichen. Nach der Eröffnung der neuen Arena durch die Einführung des portablen Displayers (D-50) richteten sich die Bemühungen dann auf die Erreichung des Break-points "Pocket Size" (D-88). Anschließend galt es, die Position des Besten zu verteidigen, indem entlang der neu eingeführten Zieldimensionen ständig weitere Verbesserungen erzielt worden.

Durch die Aktivierung neuer Dimensionen des Kundennutzens und die Umsetzung in neue Leistungskriterien ist es möglich, das meta-organisationale Leistungsniveau in Bezug auf die Absatzziele neu zu definieren und so eine vollkommen neue Arena zu eröffnen. In Erweiterung dieses Fallbeispiels zeichnet sich das *'Leistungsniveau einer neuen Arena'* dadurch aus,

---

[66] Vgl. Sanderson, Design for Manufacture, 1991.

daß ein breites Spektrum von neuen organisationalen Leistungsdimensionen definiert wird. Dabei sind nicht nur die 'Output-Kriterien' des Zielsystems - in dem Fallbeispiel die Eigenschaften des Produktes - betroffen, sondern auch die Zielgrößen der organisationalen Wertschöpfungsprozesse und Einsatzfaktoren, der organisationalen Leistungspotentiale sowie des individuellen Verhaltens.

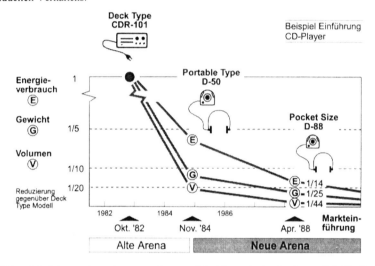

*Abbildung 3-5: Leistungsniveau einer neuen Arena am Beispiel organisationaler Output-Ziele (Qualität)*[67]

Durch das Konzept der Leistungsniveaus wird die Zielsetzung der organisationalen Veränderung im Markt- und Wettbewerbskontext verankert. Es ist zu beachten, daß das meta-organisationale Zielsystem und Leistungsniveau durch organisationale und interorganisationale Wahrnehmungs-, Interpretations- und Handlungsmuster in einem Netzwerk aus Kunden, Wettbewerbern, Lieferanten u.a. definiert wird. Es konstituiert sich als *'kon-sensuelle Überlappung'* organisationaler Zielsysteme und Leistungsniveaus. Folglich kann die Konstruktion des meta-organisationalen Zielsystems, etwa für die Ableitung des Anspruchniveaus eines Veränderungsprogramms, nur als ein möglicher Approximationsversuch eines 'übergeordneten richtigen' Zielsystem aufgefaßt werden.

---

[67] Daten nach: Sanderson, Design for Manufacture, 1991.

## 3.3 Skizze eines Modells für leistungsorientiertes Verhalten

> "... only about 40% of employee intelligence and creativity potential is currently mobilized."[68]

### 3.3.1 Individuelles leistungsorientiertes Verhalten

Zur Erklärung des *individuellen* leistungsorientierten Verhaltens gibt es eine Vielzahl allgemeinpsychologischer Konzeptionen: zu nennen wären etwa triebtheoretische Ansätze nach Freud oder Hull, kognitive Motivationstheorien nach Lewin oder Atkinson, humanistische Ansätze nach McGregor oder handlungstheoretische Konzepte nach Hacker oder Volpert.[69] Für die nachfolgende Modellskizze erscheinen kognitive Motivationstheorien am besten geeignet.[70]

#### 3.3.1.1 Individuelles Verhalten als Funktion von Individuum und Umwelt

Ausgangspunkt der Erklärung des individuellen Verhaltens soll die Feldtheorie von Kurt Lewin sein.[71] Die Feldtheorie - an sich ein meta-theoretischer Ansatz[72] - geht in Analogie zur Physik von der Vorstellung aus, daß das Verhalten durch die Kräfte eines psychologischen Feldes, den sogenannten Lebensraum, determiniert wird. Das psychologische Feld wiederum entsteht aus der Interaktion zwischen der handelnden Person und der Umwelt, so daß sich individuelles Verhalten als eine Funktion von Person und Umwelt darstellen läßt.

$$V = f(P, U)$$

Dabei betont Lewin, daß nicht die objektive bzw. reale Umwelt ausschlaggebend für das Verhalten ist, sondern ihre subjektive Wahrnehmung durch die Person. Person und Umwelt lassen sich in strukturelle und dynamische Komponenten unterscheiden. Ihre Interaktion beschreibt Lewin mit dem Konstrukt der Spannung und der Valenz. Die Spannung entsteht aus einem Bedürfniszustand der Person und ist die Voraussetzung, daß einem Objekt der Umwelt eine Valenz beigemessen wird. Die Valenz (Va) ist eine Funktion der Bedürfnisspannung der Person (t) und der wahrgenommenen "Natur" des Zielobjekts (G), kurz $Va = f(t,G)$. Die Valenz des begehrten Objekts ist die Quelle des Kräftefeldes, die das Verhalten verursacht. Die resultierende Kraft (Kr) hängt jedoch nicht nur von der Valenz, sondern auch von der psychologischen Distanz (e) ab, die als ein Maß für die "relative Position von Person und Zielbereich"[73] definiert wird. Für die psychologische Kraft gilt der folgende funktionale Zusammenhang.[74]

---

[68] Malone, 21st Century, 1996.
[69] Vgl. dazu den Überblick in: Weiner, Motivationspsychologie, 1988; Heckhausen, Motivation, 1989; Brandstätter, Verhaltens- und Leistungsbedingungen, 1993, S. 214f..
[70] Vgl. Abel, Grundlagen, 1983, S. 63; Schanz, Sozialwissenschaftliche Integration, 1990, S. 33
[71] Vgl. Lewin, Feldtheorie, 1963.
[72] Vgl. Witte, Sozialpsychologie, 1994, S. 144; Schanz, Arbeitsverhalten, 1992, Sp. 407.
[73] Heckhausen, Motivation, 1989, S. 145.
[74] Witte, Sozialpsychologie, 1994, S. 145f..

$$Kr = \{f(t, G)\} / e$$

Die psychologische Kraft ist die resultierende Motivation, d.h. die Verhaltensbereitschaft, mit der die Person das Zielobjekt anstrebt. Dabei nimmt die verhaltensbestimmende Kraft mit der Nähe zur Erreichung des Zielobjektes zu. Nach Erreichung des Zielobjektes vermindern sich die Spannung, Valenz und Kraft: die Handlung wird beendet.

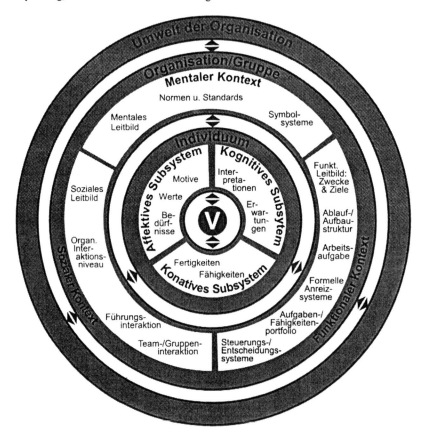

*Abbildung 3-6: Determinanten leistungsorientierten Verhaltens*

An dieser Stelle sollen zwei Aspekte der Theorie Lewins als Ausgangspunkt für die Modellbildung betrachtet werden. Zum einen hängt individuelles Verhalten von der Person und ihrer Umwelt ab. Dabei ist das Verhalten situationsspezifisch, d.h. abhängig von der jeweiligen Situation und ihrer Wahrnehmung.[75] Damit soll nicht bestritten werden, daß es aufgrund von

---

[75] Unter dem Begriff der 'Situation' soll im Abgrenzung zum Begriff der 'Umwelt' der momentane Zustand von

dominanten Persönlichkeitseigenschaften in verschiedenen Situationen konsistente Verhaltensweisen geben kann.[76] Zum anderen lassen sich in der Modellbildung die Person und die Umwelt in jeweils untergeordnete Komponenten weiter differenzieren, durch deren Interaktion das Verhalten determiniert wird.[77] Als Komponenten der Person lassen sich das *affektive*, das *kognitive* und das *konative Subsystem* unterscheiden.[78] Als Komponenten der Umwelt soll zwischen einem *funktionalen*, einem *sozialen* und einem *mentalen Kontext*[79] und zwar auf der Ebene der Gruppe, der gesamten Organisation und der Organisationsumwelt differenziert werden (vgl. Abbildung 3-6).

Im Unterschied zu der häufig verwendeten Unterscheidung der Personenkomponenten in *Leistungsfähigkeit und -bereitschaft*[80] liegt unserem Modell die Differenzierung in oben genannte Subsysteme zugrunde, um die strukturellen Komponenten des Modells besser von den Interaktionsprozessen zwischen den Modellkomponenten zu unterscheiden. Die Leistungsbereitschaft bzw. die Motivation[81] zur Handlung ergibt sich demnach als ein Prozeß der Einwirkung von Motiven und Werten des affektiven Subsystems sowie von Erwartungen und Interpretationen des kognitiven Subsystems auf das konative Subsystem.[82] Durch die differenzierte Darstellung der Subsysteme und ihrer Interaktionen läßt sich insbesondere die bedeutsame Unterscheidung von Motiven bzw. Motivstrukturen als Zustand des affektiven Subsystems und Motivation bzw. Leistungsbereitschaft als ein Prozeß des Zusammenspiels der Subsysteme besser nachvollziehen.[83] Die Leistungsfähigkeit schließlich wird überwiegend durch Zustände und Prozesse repräsentiert, die durch das konative Subsystem beeinflußt werden.

Die in der Literatur dargestellten Ansätze zur Kategorisierung der Umweltkomponenten sind bei weitem nicht so einheitlich wie die der Personenkomponenten. Als Umwelt- bzw. Situationsmerkmale werden z.B. "funktions-, struktur- und prozeßbedingte Einflußfaktoren",[84]

---

Person *und* Umwelt verstanden werden.

[76] Vgl. die "Eigenschaft vs. Situation" Kontroverse zwischen Eigenschaftstheoretikern und sozialen Lerntheoretikern in: Weiner, Motivationspsychologie, 1988, S. 186.

[77] Eine Vielzahl von Erklärungsmodellen für leistungsorientiertes Verhalten in der betriebswirtschaftlichen bzw. angrenzenden Literatur rezipiert diesen theoretischen Bezugsrahmen: Engelhard, Leistungsdeterminanten, 1992, S. 1256ff; Brandstätter, Verhaltens- und Leistungsbedingungen, 1993, S. 216ff.; Kleinbeck / Quast, Motivation, 1992, Sp. 1420; Gebert / Rosenstiel, Organisationspsychologie, 1989, S. 64f.; Schanz, Verhaltenswissenschaften und Betriebswirtschaftslehre, 1993, Sp. 4528ff.; Weinert, Motivation, 1992, Sp. 1430.

[78] Vgl. Witte, Sozialpsychologie, 1994, S. 138ff..

[79] Vgl. Jung / Meier, Invisible Palaces, 1996, S. 24ff..

[80] Vgl. z.B. Engelhard, Leistungsdeterminanten, 1992, S. 1256ff.; Gebert / Rosenstiel, Organisationspsychologie, 1989, S. 64f.; Schanz, Arbeitsverhalten, 1992, Sp. 407.

[81] Nach Engelhard beinhaltet die Leistungsbereitschaft nicht nur die psychische Motivation, sondern auch die physische Disposition: Engelhard, Leistungsdeterminanten, 1992, Sp. 1258ff..

[82] Vgl. Definition der Motivation nach: Witte, Sozialpsychologie, 1994, S. 14; Definition der Leistungsbereitschaft nach: Schanz, Verhaltenswissenschaften und Betriebswirtschaftslehre, 1993, Sp. 4528.

[83] Damit wird die Unterscheidung in Inhalts- und Prozeßtheorien der Motivation nachvollzogen; vgl. Campbell et al., Managerial Behavior, 1970.

[84] Engelhard, Leistungsdeterminanten, 1992, S. 1261f..

"Struktur, Funktionen und Aufgaben"[85] oder "Tätigkeitsmerkmale, soziales Umfeld, Geld- und Entwicklungsanreize und Merkmale der Organisation"[86] genannt, wobei sich die Begriffsinhalte stark unterscheiden. Auch die Hygiene-Faktoren nach Herzberg sind eine Klassifizierung von Kontext-Faktoren der Arbeit. Zu ihnen gehören die Politik und Administration des Unternehmens, die Führung/Beaufsichtigung, die Bezahlung, die zwischenpersönlichen Beziehungen sowie die Arbeitsbedingungen.[87]

Die Kategorisierung der Umweltkomponenten dieses Modells soll theoriegeleitet vor dem Hintergrund des zugrunde liegenden Erklärungsziels, des leistungsorientierten Verhaltens und seiner Veränderung, vorgenommen werden.[88] Als Ansatzpunkt soll die im Valenzbegriff von Lewin beschriebene Korrespondenz gewählt werden - zwischen den 'Spannungen' der Person, hervorgerufen durch Bedürfnisse, und den Eigenschaften bzw. Anreizen der Zielobjekte der Umwelt, mit denen die Bedürfnisse befriedigt werden können. Demzufolge erscheint eine Kategorisierung sinnvoll, nach der sich diese Korrespondenz zwischen den Umweltobjekten bzw. ihren Anreizen und den Bedürfnissen herstellen läßt. Unter Bezugnahme auf Bedürfnishierarchien (z.B. nach Lawler) läßt sich so eine Kategorisierung in einen funktionalen, einen sozialen und einen mentalen Kontext ableiten, wobei die Objekte der entsprechenden Kontexte eher funktionale Bedürfnisse, d.h. *Existenzbedürfnisse und Sicherheit*, eher soziale Bedürfnisse, d.h. *Zugehörigkeit und Geselligkeit sowie Anerkennung und Ansehen* und eher mentale Bedürfnisse d.h. *Selbständigkeit und Freiheit sowie Zuständigkeit und Selbstverwirklichung* befriedigen können.[89] Diese Klassifizierung soll nicht nahelegen, daß die Objekte der entsprechenden Kontexte nur die mit ihnen direkt korrespondierenden Bedürfnisse befriedigen können. Vielmehr besteht ein Netz von Interaktionen zwischen den Objekten der einzelnen Kontexte sowie den Subsystemen und Prozessen der Person.

Nachfolgend werden zunächst die personenbezogenen Subsysteme sowie ihr Zusammenspiel in einfachen und höheren Prozessen beschrieben. Anschließend wird auf die Kontexte der Umwelt (der Person) eingegangen, bevor schließlich die Prozesse der Interaktion zwischen den personenbezogenen Subsystemen und den umweltbezogenen Kontexten mit ihren entsprechenden Verhaltenskonsequenzen dargestellt werden.

---

[85] Kleinbeck / Quast, Motivation, 1992, Sp. 1420.
[86] Schanz, Arbeitsverhalten, 1992, Sp. 408.
[87] Vgl. zur Motivations-Hygiene-Theorie von Herzberg: Weinert, Motivation, 1992, Sp. 1435; Semmer / Udris, Bedeutung, 1993, S. 138.
[88] Vgl die Forderung von Gebert / Rosenstiel nach einer "... theoretisch begründeten Klassifikation von Situationsvariablen, die gegenüber den jeweiligen Erfolgskriterien Erklärungsrelevanz aufweist ...": Gebert / Rosenstiel, Organisationspsychologie, 1989, S. 24.
[89] Vgl. Lawler, Motivierung, 1977, S. 55.

### 3.3.1.2 Individuelles Verhalten determiniert durch das Zusammenspiel von affektivem, kognitivem und konativem Subsystem des Individuums

#### 3.3.1.2.1 Affektives Subsystem als zentraler Ort der Motive

Das affektive Subsystem ist nach Witte der 'zentrale Ort' der Motive,[90] die durch eine " ... emotionale Stellungnahme nach der Einwirkung einer Situation auf interne Zustände"[91] entstehen. Im Unterschied zu einer stark affektiv dominierten Motivationstheorie gehen wir somit davon aus, daß der Motiventfaltung bereits Wahrnehmungsprozesse zugrundeliegen. Motive sind sozusagen eine Kombination aus den internen Bedürfniszuständen, die positiv oder negativ für eine Handlung sein können (z.b. Hunger), und dem externen Aufforderungscharakter der Situation, der anziehend oder abstoßend sein kann (z.b. Sauberkeit des Restaurants).[92] In diesem Sinne weist der Begriff des Motivs nach Witte große Ähnlichkeit zum Valenzbegriff nach Lewin auf.[93] Der Valenzbegriff kann vom Motivbegriff differenziert werden, indem die Valenz als eine Art von Maß für das Motiv aufgefaßt werden kann.

Individuelle Verhaltensbereitschaft wird nicht durch ein einziges Motiv, sondern durch eine Vielzahl z.T. konkurrierender Motive beeinflußt, so daß man von einer individuellen Motivstruktur sprechen kann. Zur Beschreibung dieser Motivstrukturen sind zahlreiche Hierarchiekonzepte und Klassifizierungsschemata entwickelt worden.[94] Zwei wichtige Aspekte dieser Ansätze sollen näher betrachtet werden.

Als erster Aspekt soll die Unterscheidung in niedergeordnete und höhergeordnete Bedürfnisse, wie man sie aus den Motivklassifizierungen nach Maslow, Alderfer oder Lawler[95] ableiten kann, betrachtet werden. Für das Verhältnis zwischen den niedergeordneten und höhergeordneten Motiven sind nach Maslow zwei Hypothesen wichtig.[96] Erstens: es besteht eine *hierarchische Beziehung* zwischen den Motiven, d.h. höhergeordnete Motive wie z.B. die Selbstachtung oder die Selbstverwirklichung beeinflussen erst dann das Verhalten, wenn niedergeordnete wie z.B. physiologische Bedürfnisse oder das Bedürfnis nach Sicherheit befriedigt sind. Zweitens: es gilt das *Homöostaseprinzip* für niedergeordnete Motive, d.h. niedergeordnete Motive, nach Maslow die sogenannten *Defizitmotive*, beeinflussen nur in einem Ungleichgewichtszustand das Verhalten, während höhergeordnete Motive, die sogenannten *Wachstumsmotive*, permanent auf das Verhalten einwirken können. In der Terminologie Lewins läßt sich formulieren: höhergeordnete Motive beruhen auf Bedürfnisspannungen, die permanent wirken, so daß entsprechende Zielobjekte ständig eine Valenz und damit eine ver-

---

[90] Vgl. Witte, Sozialpsychologie, 1994, S. 139.
[91] Ebda., a.a.O..
[92] Ebda., S. 141.
[93] Lewin definiert die Valenz als eine Funktion der Bedürfnisspannung der Person und der wahrgenommenen Natur des Zielobjekts, kurz Va = f (t, G) (s.o.).
[94] Vgl. die kurze Einführung von: Weinert, Motivation, 1992, Sp. 1432ff..
[95] Maslow, Motivation, 1977, S. 89; Alderfer, Empirical Test, 1969; Lawler, Motivierung, 1977, S. 55.
[96] Maslow, Motivation, 1977, S. 106.

haltensbestimmende Kraft entfalten können. Übertragen auf individuelles Verhalten im organisationalen Umfeld bedeutet dies, daß die organisationalen Kontexte Anreize enthalten sollten, die nicht nur niedergeordnete Motive, sondern vor allem auch höhergeordnete Motive entfalten können.[97]

Als zweiter Aspekt soll die Unterscheidung von *intrinsischer und extrinsischer Valenz* von Motiven, insbesondere in Bezug auf die Arbeitsleistung, betrachtet werden.[98] Die Arbeitsleistung kann einerseits als ein extrinsisches Motiv verstanden werden, wenn sie lediglich als Mittel zur Befriedigung anderer Bedürfnisse dient. Sie kann andererseits als ein intrinsisches Motiv betrachtet werden, wenn aus ihr selber Befriedigung gezogen wird. Nach den Theorien der Leistungsmotivation von McClelland und Atkinson[99] sowie nach der Motivations-Hygiene-Theorie von Herzberg[100] besitzt das Leistungsmotiv intrinsische Valenz, d.h. das Streben nach Leistung kann als eine stabile Verhaltenstendenz betrachtet werden. Darüberhinaus wird nicht nur der Leistung, sondern auch dem Arbeitsinhalt intrinsische Valenz beigemessen.[101] Auf Basis dieser Theorien sind Leistung und Arbeit nicht nur Mittel zum Zweck, sondern intrinsische Motive, die durch die Anreize des organisationalen Kontextes, z.B. durch Leistungsbeurteilungen oder entsprechend gestaltete Arbeitsaufgaben die Bereitschaft zum leistungsorientierten Verhalten verstärken können. Zahlreiche Gestaltungsansätze setzen an diesen Zusammenhängen an.[102]

Innerhalb der Motivstrukturen lassen sich keine dominanten interindividuellen Konstellationen nachweisen. Vielmehr hat sich in zahlreichen Untersuchungen erwiesen, daß sich eine Übereinstimmung der spezifischen Motivstruktur der jeweiligen Person mit der spezifischen Anreizstruktur der organisationalen Kontexte positiv auf Leistung und Anstrengung auswirkt.[103] Leistungsmotivierte Personen werden demnach eher durch Leistungsanreize, machtmotivierte Personen werden eher durch Machtanreize zu höherer Anstrengung bewegt. Für die Gestaltung der organisationalen Kontexte bedeutet dies, daß sich organisationale Anreizstrukturen infolge der individuell differenzierten Motivstrukturen unterschiedlich auf das individuelle Verhalten auswirken. Damit erweisen sich *Partizipation und Individualisierung* als bedeutende Prinzipien der Organisationsgestaltung, um den Fit von Motivstrukturen und Anreizstrukturen herzustellen.

---

[97] Weder die Annahme der hierarchischen Beziehung noch die Geltung des Homöostaseprinzips konnte bisher empirisch nachgewiesen werden: Gebert / Rosenstiel, Organisationspsychologie, 1989, S. 39f..
[98] Vgl. Staw, Motivation, 1976.
[99] Vgl. McClelland, Achieving Society, 1961; Atkinson, Motivationsforschung, 1975.
[100] Vgl. Herzberg et al., Motivation, 1967.
[101] Vgl. Arbeit als *Motivator / Inhaltsfaktor* der Motivations-Hygiene-Theorie: Herzberg et al., Motivation, 1967.
[102] Vgl. z.B. das *Job-Characteristics-Modell* nach: Hackman / Oldham, Work Redesign, 1980, S. 77 und 81; Merkmale der Aufgabengestaltung nach: Ulich, Gestaltung, 1993, S. 191f..
[103] Vgl. French, Effects, 1958; McClelland, Human Motivation, 1985; Six / Kleinbeck, Motivation, 1989.

### 3.3.1.2.2 Motivation als Interaktion des affektiven und kognitiven Subsystem

Das kognitive Subsystem dient der Wahrnehmung, der Erklärung und anderen kognitiven Prozessen. In ihm sind Wahrnehmungs- und Erklärungshypothesen gespeichert, mit denen Interpretationen, Differenzierungen, Erwartungen und Einstellungen vorgenommen werden.[104] Während im affektiven Subsystem eine emotionale Stellungnahme, das Motiv, gebildet wird, findet im kognitiven Subsystem eine Suche nach Gründen und Zielen des Verhaltens statt.[105] Die Motivation ergibt sich als "... Einwirkung des affektiven und kognitiven Subsystems auf das konative bei der Auswahl einer Handlung aus einem Handlungsspektrum unter einer Zielperspektive."[106]

Die Verknüpfung von Motiven und Erwartungen als Erklärung der Motivation bzw. Verhaltensbereitschaft ist Gegenstand der *Erwartungs-mal-Wert-Theorien* der Motivation.

> Grundidee der Erwartungs-mal-Wert-Theorie ist, daß bei der Wahl zwischen mehreren Handlungsalternativen jene bevorzugt wird, bei der das Produkt von erzielbaren Wert (Anreiz) mit der Wahrscheinlichkeit, ihn zu erzielen (Erwartung), maximal ist.[107]

***Instrumentalitäts- bzw. VIE-Modell nach Vroom***

Das *Instrumentalitätsmodell bzw. VIE-Modell* nach Vroom ist die wohl am weitesten verbreitete Erwartungs-mal-Wert-Theorie.[108] Das Instrumentalitätsmodell unterliegt einer zweistufigen Betrachtungsweise (vgl. Abbildung 3-7). Eine Handlung - z.B. die Anwendung eines Qualitätssicherungsinstrumentes in der Produktentwicklung - führt zu mehreren Handlungsergebnissen - z.B. zu einem hohen Ergebnisbeitrag oder zu hoher Qualität des Produktes - die ihrerseits mehrere Handlungsfolgen - z.B. monetäre Anreize oder Entwicklungsanreize durch Beförderung oder Kompetenzerweiterung - nach sich ziehen. Die Erwartung, daß eine Handlung zu einem Handlungsergebnis führt, wird als Ergebniserwartung (expectancy) bezeichnet. Die Erwartung, daß ein Handlungsergebnis zu den Handlungsfolgen führt, wird als Instrumentalitätserwartung (instrumentality) bezeichnet.[109] Die psychologische Kraft, die Handlung i auszuführen, ergibt sich aus der Summe der mit den jeweiligen Ergebniserwartungen gewichteten Valenzen aller Handlungsergebnisse. Dieser Zusammenhang wird als Handlungsmodell bezeichnet. Die Valenz eines Handlungsergebnisses j ergibt sich wiederum aus der Summe der mit der Instrumentalitätserwartung gewichteten Valenzen aller Handlungsfolgen. Dieser Zusammenhang wird als Valenzmodell bezeichnet. Es gilt der funktionale Zusammenhang:

---

[104] Vgl. Witte, Sozialpsychologie, 1994, S. 171.
[105] Ebda., S. 140.
[106] Ebda., S. 141.
[107] Heckhausen, Motivation, 1989, S. 134.
[108] Vgl. Vroom, Work and Motivation, 1964; zur nachfolgenden Darstellung: Heckhausen, Motivation, 1989, S. 182ff.; VIE steht für *V*alence x *I*nstrumentality x *E*xpectancy.
[109] In Anpassung an den betriebswirtschaftlichen Kontext spricht man auch von der *Anstrengungs-Resultats-Erwartung* und der *Resultats-Gratifikations-Erwartung*: Lawler, Motivierung, 1977, S. 49ff..

Handlungsmodell: $F_i = f\left[\sum (E_{ij} \times V_j)\right]$    Valenzmodell: $V_j = f\left[\sum (V_k \times I_{jk})\right]$

Bei einer Wahlmöglichkeit wird nun die Handlungsalternative gewählt, bei der die psychologische Kraft am höchsten ist. Die psychologische Kraft bzw. Verhaltenstendenz einer Handlung i ist umso höher, (1) je höher die Ergebniserwartungen $E_{ij}$ sind, daß die Handlungsergebnisse j erzielt werden, (2) je höher die Instrumentalitätserwartungen des Handlungsergebnisses j für Handlungsfolgen k bis n sind und (3) je höher die Valenzen der Handlungsfolgen k bis n sind.[110]

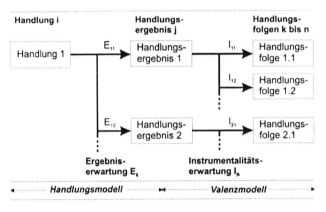

*Abbildung 3-7: Instrumentalitätsmodell nach Vroom*

Die Valenzen der Handlungsfolgen und die Instrumentalitätserwartung können nicht nur positiv, sondern auch negativ sein. Bei einer negativen Valenz der Handlungsfolge und einer positiven Instrumentalitätserwartung ist die Valenz des Handlungsergebnisses negativ: die Handlung wird unterlassen. Sind sowohl die Valenz der Handlungsfolge und die Instrumentalitätserwartung negativ, dann ist die Valenz des Handlungsergebnisses positiv: die Handlung wird vorgenommen um die negativen Konsequenzen zu vermeiden. Nach dem Instrumentalitätsmodell können negative Anreize bei furchtbezogener Anreizmotivation in gleicher Weise zur einer Erhöhung der psychologischen Kraft und damit zur Motivierung führen wie positive Anreize.[111] Die Differenzierung in unmittelbare Ergebnisse der Handlung und mittelbare Folgen bedarf der Abgrenzung zur Konzeption der extrinsischen und intrinsischen Valenzen. Die Handlungsergebnisse können zu einer direkten Bedürfnisbefriedigung beitragen, wie z.B. hohe Leistung bei leistungsmotivierten Individuen. Allerdings liegt zwischen dem Erzielen des Handlungsergebnisses, d.h. der hohen Leistung, und der intrinsischen Valenz, die dem Leistungsmotiv beigemessen wird, ein Prozeß der Selbstreflexion, so daß nicht nur die externen

---

[110] Instrumentalität und Valenz der Handlungsergebnisse müssen gleiche Vorzeichen aufweisen, um motivierend zu wirken (s.u.).
[111] Vgl. Heckhausen, Motivation, 1989, S. 183.

sondern auch die internen Valenzen der Ebene der Handlungsfolgen zugeordnet werden können.[112]

Das Instrumentalitätsmodell fand durch empirische Überprüfung im wesentlichen Bestätigung,[113] wobei betont werden sollte, daß sich die Erklärungskraft des Modells nicht auf das Handlungsergebnis selbst, sondern auf den "aufgewendeten Anstrengungsgrad bei der Verfolgung eines Handlungsziels"[114] bezieht. Das Modell unterstellt allerdings aufgrund der hohen Komplexität der Verknüpfungen zwischen Handlungen, Ergebnissen und Folgen sowie Erwartungen und Valenzen ein sehr hohes Leistungsvermögen des kognitiven Subsystems. Aufgrund der allerdings nur begrenzten menschlichen Fähigkeit zur Wahrnehmung und Informationsverarbeitung und der z.T. uneindeutigen Präferenzordnung zwischen unterschiedlichen Motiven und Anreizen erscheint die exakte Prognose individuellen Handelns mit dem Vroom-Modell deshalb nur bedingt plausibel. Ein weiterer Kritikpunkt betrifft die multiplikative Verknüpfung und die damit unterstellte Unabhängigkeit von Erwartung und Valenz. Eine niedrige eingeschätzte Erfolgswahrscheinlichkeit kann auch zu einer Minderung der Valenz führen und umgekehrt kann eine hohe Valenz eine Überschätzung der Erfolgswahrscheinlichkeit nach sich ziehen.[115]

*Theorie der Leistungsmotivation bzw. Risikowahl-Modell nach Atkinson*

Auch die *Theorie der Leistungsmotivation* bzw. das *Risikowahl-Modell* nach Atkinson kann zu den Erwartungs-mal-Wert-Theorien gezählt werden.[116] Die Leistungsmotivation wird als Ergebnis eines Konfliktes zwischen Hoffnung auf Erfolg, der sog. Erfolgstendenz, und Furcht vor Mißerfolg, der sog. Mißerfolgstendenz, erklärt. Dabei wird die Erfolgstendenz als Produkt des Leistungsmotivs bzw. Erfolgsmotivs ($M_e$), der subjektiv erwarteten Wahrscheinlichkeit, erfolgreich zu sein ($W_e$) und des Anreizes des Erfolgs ($A_e$) aufgefaßt. Die Mißerfolgstendenz ergibt sich analog als Produkt des Motivs, Mißerfolg zu vermeiden ($M_m$), der subjektiv erwarteten Wahrscheinlichkeit des Mißerfolgs ($W_m$) und des negativen Anreizes von Mißerfolg ($A_m$). Für die resultierende Verhaltenstendenz gilt demnach:

$$T_r = (M_e \times W_e \times A_e) - (M_m \times W_m \times A_m)$$

In der Theorie der Leistungsmotivation ist die Valenz im Unterschied zur Instrumentalitätstheorie in ihre Komponenten der Bedürfnisspannung der Person - hier Erfolgs- bzw. Mißerfolgsmotiv - und der Eigenschaft des Zielobjektes - hier Anreiz von Erfolg bzw. Mißerfolg - aufgespalten. Im Mittelpunkt der Theorie stehen nunmehr konkrete Motive. Das Leistungsmotiv wird, wie bereits erwähnt, als "die Fähigkeit zum Erleben von Stolz über erbrachte Lei-

---

[112] Vgl. ebda., S. 187.
[113] Vgl. ebda., S. 184 und 187; Semmer / Udris, Bedeutung, 1993, S. 140; dagegen: Gebert / Rosenstiel, Organisationspsychologie, 1989, S. 56.
[114] Heckhausen, Motivation, 1989, S. 184.
[115] Vgl. Gebert / Rosenstiel, Organisationspsycholgie, 1989, S. 57; vgl. dagegen die Theorie der Leistungsmotivation nach Atkinson (s.u.).
[116] Vgl. Atkinson, Motivationsforschung, 1975; zur nachfolgenden Darstellung: Weiner, Motivationspsychologie, 1988, S. 151ff.; Heckhausen, Motivation, 1989, S. 175ff. und 248ff..

stungen"[117] bestimmt. Das Mißerfolgsmotiv wird dementsprechend als "das Vermögen zum Erleben von Scham über die Nichterreichung eines Ziels"[118] aufgefaßt. Die Erfolgswahrscheinlichkeit und der Anreiz von Erfolg sind nach Atkinson keine unabhängigen Variablen, sondern der empfundene Anreiz des Erfolges ist umso höher, je niedriger die Erfolgswahrscheinlichkeit ist. Es gilt der Zusammenhang: $A_e = 1 - W_e$.[119] Analog gilt für die Wahrscheinlichkeit und den Anreiz des Mißerfolgs: $A_m = 1 - W_m$. Desweiteren wird angenommen, daß sich die Erfolgs- und die Mißerfolgswahrscheinlichkeit zu eins aufaddieren, so daß sich für die resultierende Verhaltenstendenz ergibt:

$$T_r = (M_e - M_m) [W_e \times (1 - W_e)]$$

Aus dieser Gleichung folgt nun, daß bei Personen, bei denen das Leistungsmotiv $M_e$ kleiner als das Mißerfolgsmotiv ist, $T_r$ negativ wird, d.h. daß leistungsbezogene Tätigkeiten nicht angestrebt werden. Nun ist Verhalten in der Regel überdeterminiert und, wie z.B. in der Instrumentalitätstheorie von Vroom angenommen, nicht nur durch ein Motiv verursacht. Folglich gilt:

Leistungsverhalten = $T_r$ + extrinsische Motivation $(T_{ex})$[120]

Die bedeutendste Hypothese dieser Theorie lautet, daß Personen mit hoher resultierender Leistungsmotivation besonders stark von Aufgaben mit mittlerem Schwierigkeitsgrad, d.h. mittlerer Erfolgswahrscheinlichkeit, angezogen werden, während Personen mit niedriger resultierender Leistungsmotivation einfache oder schwierige Aufgaben bevorzugen.[121] In empirischen Untersuchungen zum Anspruchsniveau, zur Ausdauer und zur Aufgabenwahl bzw. zum Risikowahlverhalten hat sich bestätigt, daß Aufgaben mit mittlerer Schwierigkeit eher von Personen mit hoher Leistungsmotivation als von Personen mit niedriger Leistungsmotivation gewählt werden. Allerdings bevorzugen auch Personen mit niedriger Leistungsmotivation Aufgaben mit mittlerem Schwierigkeitsgrad gegenüber solchen mit niedrigem und hohem Schwierigkeitsgrad.[122] Für diese mit der Theorie unverträglichen empirischen Befunde bieten sich folgende Erklärungen an. Das Leistungsverhalten wird, wie bereits herausgestellt, nicht nur durch das Leistungsmotiv, sondern auch durch andere Motive beeinflußt. Die Verhaltenstendenz, Aufgaben mittleren Schwierigkeitsgrads auszuwählen, kann auch mit dem damit verbundenen Informationsgewinn über die Anstrengung und die Fähigkeit der handelnden Person erklärt werden.[123] Das unterschiedliche Verhalten von hoch und niedrig leistungsmotivierten Personen würde folglich nicht nur aus unterschiedlichen emotionalen Antizipationen

---

[117] Weiner, Motivationspsychologie, 1988, S. 153.

[118] Ebda., S. 154.

[119] Dieser Zusammenhang hat sich empirisch bestätigt: ebda., S. 153f..

[120] Vgl. dagegen empirische Befunde, nach denen intrinsische Motivation durch extrinsische beeinträchtigt wird, d.h. nach denen Wechselwirkungen zwischen intrinsischer und extrinsischer Motivation besteht: ebda., S. 201ff.

[121] Vgl. ebda., S. 159, Heckhausen, Motivation, 1989, S. 178.

[122] Vgl. ebda., S. 400; Weiner, Motivationspsychologie, 1988, S. 178.

[123] Vgl. ebda., S. 163.

(Stolz bzw. Scham), sondern auch aus unterschiedlichen Bedürfnissen nach Rückkopplung und Selbsteinschätzung resultieren.[124]

### Zusammenfassung der Motivationsmodelle nach den Erwartungs-mal-Wert-Theorien

Mit der Feldtheorie von Lewin, der Instrumentalitätstheorie von Vroom und der Theorie der Leistungsmotivation von Atkinson sind drei Ansätze vorgestellt worden, die die Motivation zu Handeln als eine Verknüpfung von affektiven und kognitiven Faktoren erklären. Alle drei Theorien gehen davon aus, daß die Motivation eine Funktion des Bedürfniszustandes der Person, der wahrgenommen Eigenschaften eines Zielobjektes in der Umwelt und einer Erfahrungs- bzw. Lernvariablen ist (vgl. Tabelle 3-2).

Im Unterschied zur Feldtheorie und zur Theorie der Leistungsmotivation differenziert die Instrumentalitätstheorie die Valenz der Handlungsfolge nicht in die Lewinschen Komponenten der Bedürfnisspannung und der Natur des Zielobjekts. Wie bereits herausgestellt, betrachten wir die Valenz in Anlehnung an Lewin als die Interaktion zwischen dem Bedürfniszustand der Person, den Bedürfnisspannungen, und den Anreizen bzw. Eigenschaften des Zielobjektes.

|  | Bedürfniszustand der Person | Eigenschaft eines Zielobjekts in der Umwelt | Erfahrungs- / Lernvariable |
|---|---|---|---|
| Feldtheorie (nach Lewin) | Bedürfnisspannung (t) | "Natur" des Zielobjkts (G) | psychologische Distanz (e) |
| Instrumentalitätstheorie (nach Vroom) | Valenz der Handlungsfolge ($V_k$) || Ergebnis- und Instrumentalitätserwartung ($E_{ij}$ und $I_{jk}$) |
| Theorie der Leistungsmotivation (nach Atkinson) | Leistungsmotiv ($M_e$) bzw. Mißerfolgsmotiv ($M_m$) | Anreiz des Erfolgs ($A_e$) bzw. Anreiz des Mißerfolgs ($A_m$) | Erfolgs- bzw. Mißerfolgswahrscheinlichkeit ($W_e$ bzw. $W_m$) |

*Tabelle 3-2: Vergleich affektiver und kognitiver Verhaltensdeterminanten unterschiedlicher Motivationsmodelle[125]*

Ein weiterer bedeutender Unterschied besteht zwischen dem zugrunde liegenden Konstrukt der Bedürfniszustände der Person. Die Theorie der Leistungsmotivation beschränkt sich zunächst einmal auf ein zentrales Bedürfnis, eben das Leistungsmotiv.[126] Der Überdeterminiertheit menschlichen Handelns wird erst durch die Einführung der zusätzlichen Erklärungsvariablen der extrinsischen Motivation Rechnung getragen. Die Feldtheorie und die Instrumentalitätstheorie hingegen berücksichtigen die multikausale Determiniertheit menschlichen Handelns durch unterschiedliche Bedürfnisse, die in die Bedürfnisspannung bzw. die Handlungsfolgen einfließen. Das Leistungsmotiv bei Atkinson ist zudem eine stabile Persönlichkeitseigenschaft, während Lewin in seiner Feldtheorie von temporären Spannungszuständen aus geht.[127] Demzufolge leiten sich bei Atkinson Motivationsprozesse nicht aus homöostatischen Ungleichgewichtszuständen ab. Das Leistungsmotiv ist in der Maslowschen Terminologie ein

---

[124] Vgl. ebda., S. 165.
[125] In Anlehnung an: ebda., S. 157.
[126] Der Motivbegriff nach Atkinson unterscheidet sich von dem von uns gewählten (s.o.).
[127] Weiner, Motivationspsychologie, 1988, S. 156.

höhergeordnetes Wachstumsmotiv, das sich permanent auf das Verhalten auswirken kann. Durch die Aufspaltung der Bedürfniskomponente in einen positiven und einen negativen Anteil führt Atkinson Persönlichkeitsmerkmale in die Motivationstheorie ein, mit denen sich interindividuelle Unterschiede in Bezug auf Erfolgs- und Mißerfolgsorientiertheit abbilden lassen.[128] In den Theorien von Lewin und Vroom ergeben sich interindividuelle Unterschiede hingegen erst durch die Berücksichtigung individueller Bedürfnisstrukturen und individueller Erwartungsbildung.

Die Verwandschaft zwischen der psychologischen Distanz des Lewinschen Modells und der Erwartung bzw. Erfolgswahrscheinlichkeit der beiden anderen Ansätze erscheint zunächst nicht offensichtlich. Die psycholgsiche Distanz, d.h. "die relative Position von Person und Zielbereich",[129] ergibt sich durch kognitive Einschätzungen, in die Interpretationen der Situation als z.B. Ernst- oder Spielsituation oder der Neuigkeitsgrad der Handlung einfließen.[130] Insofern kann das eher allgemeine Konstrukt der psychologischen Distanz kognitiv als eine Erfahrungs- oder Lernvariable interpretiert werden.[131] In der Theorie der Leistungsmotivation ist im Unterschied zu den Ansätzen von Lewin und Vroom ein funktionaler Zusammenhang zwischen dem Anreizwert des Zielobjektes und der Wahrscheinlichkeitserwartung angenommen. Es bleibt offen, ob dieser funktionale Zusammenhang nur für den Sonderfall der Leistungsmotivation gilt oder ob ein solcher oder ähnlicher Zusammenhang auch für andere Motive unterstellt werden kann.[132]

| Explikans | |
|---|---|
| - Allgemeiner Satz G: | Bei einer bestimmten Stärke N des Motivs M, bestimmten Anreizmerkmalen I und einer bestimmten subjektiven Erwartung der Zielerreichung P ist die Wahl der Verhaltensalternative V zu erwarten. |
| - Singuläre Anfangsbedingungen A. | - Bei H ist das Motiv M in der Stärke N ausgeprägt.<br>- H kogniziert die Anreizmerkmale des Zielobjektes I.<br>- H geht von der subjektiven Erfolgserwartung P aus |
| Explikandum | H zeigt das Verhalten V |

*Tabelle 3-3: Deduktiv-nomologisches Erklärungsschema der Erwartungs-mal-Wert-Theorie[133]*

Mit Hilfe der *Erwartungs-mal-Wert-Theorien* läßt sich das Verhalten der Person H aus einem allgemeinen Satz bzw. einer Gesetzesaussage und aus den singulären Anfangsbedingungen bzw. den Antezedenzbedingungen ableiten (vgl. Tabelle 3-3). Die Anfangsbedingungen in dieser Theorie beinhalten die sogenannten *intentionalen Faktoren*, die Motivstärke, die Anreizmerkmale von Zielobjekten und die kognitive Erwartungskomponente, die selbst widerum

---

[128] Vgl. Witte, Sozialpsychologie, 1994, S. 169.
[129] Heckhausen, Motivation, 1989, S. 142.
[130] Vgl. Witte, Sozialpsychologie, 1994, S. 169.
[131] Vgl. Weiner, Motivationspsychologie, 1988, S. 156.
[132] Vgl. ebda., a.a.O.; vgl. Kritik an der von Vroom angenommenen Unabhängigkeit der Variablen (s.o.).
[133] Vgl. Abel, Grundlagen, 1983, S. 82; Abel verwendet den Begriff der subsumtionstheoretischen Erklärung synonym für den der deduktiv-nomologische Erklärung.

zum Explikandum eines Erklärungsschemas werden können.[134] Kognitive Theorien, wie z.B. *die Attributionstheorie*, versuchen die Veränderung der intentionalen Faktoren - z.B. die Erwartungsänderung - zu erklären. Anhand dieser kurzen Darstellung läßt sich nachvollziehen, wie - ausgehend von den Erwartungs-mal-Wert-Theorien und der Attributionstheorie als grundlegende Axiome - ein theoretisches Modell zur Erklärung zielorientierten Verhaltens abgeleitet werden kann.

Zusammenfassend sollte hervorgehoben werden, daß die Motivation leistungsorientierten Verhaltens eine Funktion individueller Motivstrukturen im Sinne der Interaktion von Bedürfniszuständen und Eigenschaften von Zielobjekten und subjektiver Lern- und Erfahrungskomponenten ist, die (1) interindividuelle Unterschiede aufweist, (2) multikausal determiniert ist, (3) auf intrinsischer Valenz beruhen kann, (4) nicht nur aus einem Ungleichgewichtszustand resultiert sowie (5) durch laufende kognitive Prozesse und gespeicherte Erwartungs- und Erklärungshypothesen determiniert ist. Mit der Berücksichtigung subjektiver Erwartungen erhalten Interventionen zur Gestaltung individuellen Verhaltens eine neue Dimension. Ausschlaggebend ist nicht nur die objektive Realität der gesetzten Anreize, sondern Erwartungen oder Interpretationen über Eintreten und Wert derselben. Damit erscheinen Transparenz, Kalkulierbarkeit und Konsistenz sich als bedeutende Merkmale von Anreizmechanismen zu erweisen. Die Veränderung von Verhalten bedarf folglich nicht nur der Neugestaltung der Objekte der organisationalen Kontexte sondern auch der Rekonstruktion individueller Wahrnehmungen, Erwartungen und Interpretationen.

Das Handlungsergebnis ist - wie bereits angedeutet - nicht nur durch die psychologische Kraft bzw. die Motivation determiniert, sondern auch durch die individuelle Fähigkeit, die entsprechenden Handlung auszuführen.[135] Damit ist der Zusammenhang von affektiven, kognitiven und konativen Subsystem angesprochen, dem wir uns im nächsten Abschnitt widmen wollen.

### 3.3.1.2.3 Einfache Prozesse des Zusammenspiels von affektivem, kognitivem und konativem Subsystem

Das konative Subsystem repräsentiert nach Witte „ ... die Handlungsseite, d.h. alle Äußerungsformen von physiologischen Reaktionen über motorische, non-verbale bis zu verbalen Handlungen."[136] Damit ist das konative Subsystem der zentrale Ort der Leistungsfähigkeit sowie der motorischen, sozialen und mentalen Fertigkeiten. Hier werden die Güte und das Ausmaß des Spektrums an Handlungsmöglichkeiten und Verhaltensweisen bestimmt, die in einer konkreten Situation eingesetzt werden können. Dabei soll nachfolgend eine Beschränkung auf willentlich gesteuerte Handlungen vorgenommen werden.

---

[134] Vgl. ebda., S. 83.

[135] Darüber hinaus wird die Leistung auch durch die physische Disposition, d.h. durch die intraindividuelle Variation der Leistungsbereitschaft, determiniert vgl. Engelhard, Leistungsdeterminanten, 1992, S. 1256ff.

[136] Witte, Sozialpsychologie, 1994, S. 171.

## Ausführungs- bzw. Motivations-mal-Fähigkeits-Modell

Die Motivation bzw. die Verhaltensbereitschaft entsteht, wie bereits geschildert, durch die Einwirkung des affektiven und des kognitiven Subsystems auf das konative Subsystem. Die Erzielung eines Handlungsergebnisses bedarf jedoch nicht nur der Motivation, sondern auch der Fähigkeit, die entsprechende Handlung durchzuführen. Für die funktionale Beschreibung dieses Zusammenhangs läßt sich in Erweiterung des Instrumentalitätsmodells das *Ausführungsmodell* von Vroom anwenden.[137] Demnach gilt für das Handlungsergebnis:

$$\text{Handlungsergebnis} = f\,(\text{Fähigkeit} \times \text{Motivation})^{138}$$

Nach einer Differenzierung der Motivation gemäß der Modelle des letzten Abschnittes ergibt sich das Handlungsergebnis schließlich als eine Funktion der multiplikativen Verknüpfung des Motiv- bzw. Valenz-Faktors, des Erfahrungs- bzw. Lern-Faktors und des Fähigkeits-Faktors (vgl. Abbildung 3-8).

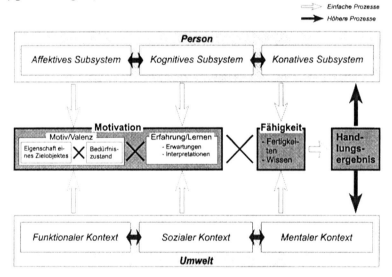

*Abbildung 3-8: Motivations-mal-Fähigkeits-Modell zur Erklärung individuellen Verhaltens*

Das Ausführungs- bzw. Motivations-mal-Fähigkeits-Modell konnte im Gegensatz zu dem Valenz- und Handlungsmodell bisher nicht empirisch bestätigt werden.[139] Trotzdem soll es als Ausgangspunkt dieser Betrachtung verwendet werden. Nachfolgend sollen in diesem Ab-

---

[137] Heckhausen, Motivation, 1989, S. 185.
[138] Vgl. analog: Atkinson, Motivational Determinants, 1974, S. 389-410; vgl. die umfangreiche Rezeption dieses Modells in der betriebswirtschaftlichen Literatur, z.B.: Engelhard, Leistungsdeterminanten, 1992, S. 1256ff.; Schanz, Arbeitsverhalten, 1992, Sp. 407.
[139] Vgl. Heckhausen, Motivation, 1989, S. 185; ebenso: Weinert, Motivation, 1992, Sp. 1430.

schnitt mögliche Modellerweiterungen erörtert werden, bevor im nächsten Abschnitt ein Ausblick auf Prozesse höherer Ordnung gegeben wird.

*Modellerweiterung hinsichtlich zeitlicher Wirkung der Motivation*

Die Einwirkung der Motivation auf das Handlungsergebnis läßt sich anhand des Entscheidungszeitpunkts, zielgemäß zu handeln, in zwei Phasen unterteilen: die *prädezisionale* und die *postdezisionale* Phase.[140] In der prädezisionalen Phase wird die Auswahl einer Handlung aus einem Handlungsspektrum unter einer Zielperspektive vorgenommen. In der postdezisionalen Phase hingegen geht es darum, die entsprechende Handlung so auszuführen, daß das damit verbundene Ziel erreicht wird. Nach dem Entscheidungszeitpunkt wirkt die Motivation über die Mechanismen der Intensität und der Ausdauer auf das Handlungsergebnis ein.[141] Mit Intensität wird der Anstrengungsgrad bezeichnet; unter Ausdauer versteht man die Zeitspanne der Auseinandersetzung mit der Aufgabe bzw. der Handlung. Die Ausdauer im Sinne der kontinuierlichen Beschäftigung mit einer Aufgabe wird nicht nur durch die Motivation der entsprechenden Handlung, sondern auch durch konkurrierende Handlungstendenzen alternativer Tätigkeiten beeinflußt.[142] Die Ausdauer, im Sinne der Wiederaufnahme einer Handlung nach ihrer Unterbrechung, entsteht durch *Trägheitstendenzen*, unter denen man 'Restspannungen' unerledigter Handlungstendenzen versteht.[143] Die Einwirkung der Motivation auf das Handlungsergebnis darf man sich demnach nicht punktuell und eindimensional vorstellen, sondern sie erweist sich vielmehr als ein dynamischer vielschichtiger Prozeß, in dem sich verschiedene Handlungstendenzen überlagern oder sogar abwechseln können.

*Modellerweiterung hinsichtlich zukünftiger Handlungsziele und kontingenter Handlungspfade*

Neben der Schubkraft von Trägheitstendenzen können auch "Zugkräfte in Gestalt von Valenzen künftiger Handlungsziele"[144] auf Motivation und Ausdauer einwirken. Wie bereits in der Instrumentalitätstheorie von Vroom angedeutet, kann sich ein *zukünftiges Handlungsziel* für eine gegenwärtige Handlung motivierend auswirken, auch wenn diese nur eine Voraussetzung für eine nächste Handlung auf dem Weg zum Ziel ist. Ein solcher Handlungspfad, der auf ein Ziel in der Zukunft ausgerichtet ist und dessen einzelne Schritte logisch aufeinander aufbauen, wird *kontingenter Handlungspfad* genannt.[145] Raynor hat für die Motivationswirkung zukünftiger Handlungsziele und kontingenter Handlungspfade einige Hypothesen abgeleitet, von denen zwei in diesem Zusammenhang bedeutend erscheinen.[146] Erstens, eine befähigte erfolgs-

---

[140] Vgl. Heckhausen, Perspektiven, 1987, S. 121-142; vgl. ähnlich: Weinert, Motivation, 1992, Sp. 1430.
[141] Intensität und Ausdauer hängen unmittelbar von der Motivationsstärke ab: vgl. Heckhausen, Motivation, 1989, S. 259ff..
[142] Vgl. Revision des Risikowahl-Modells nach Feather und Nygard in: ebda., a.a.O..
[143] Vgl. Konzept der Trägheitstendenz nach Atkinson und Cartwright sowie Weiner in: ebda., S. 261ff..
[144] Heckhausen, Motivation, 1980, S. 420.
[145] Vgl. Begriffsdefinition nach Raynor in: ebda., S. 421.
[146] Vgl. ebda., S. 423ff..

motivierte Person ist umso stärker durch eine bevorstehende Handlung motiviert, je weiter sich der entsprechende Handlungspfad in die Zukunft eröffnet. Zweitens, je größer die empfundene zeitliche Länge des Pfades ist, d.h. je größer die Distanz zum Oberziel ist, desto geringer ist die Motivationsstärke. Der Ansatz von Raynor, der sich teilweise empirisch bestätigen ließ, verweist auf die motivierende Kraft von *zukunftsorientierten Oberzielen* auf bevorstehende Handlungen in einem kontingenten Handlungspfad.[147] Diese Modellerweiterung erweist sich somit für unserer Problemstellung als nützlich, da sich das Handeln im Rahmen organisationaler Veränderungen sowohl durch Zukunftsbezogenheit als auch durch kontingente Handlungspfade auszeichnet.

*Modellerweiterung hinsichtlich des funktionalen Zusammenhangs zwischen Motivation und Handlungsergebnis bzw. Leistungsresultat*

Nach dem vorgestellten Prozeßmodell liegt die Vermutung nahe, daß mit der Zunahme der Motivationsstärke auch die Güte und die Menge des Handlungsergebnisses bzw. des Leistungsresultates zunimmt. Diese Vermutung erscheint auch dadurch gerechtfertigt, daß mit zunehmender Motivationsstärke auch die Intensität und Ausdauer bei der Ausführung der Handlung steigen. Nach Atkinson besteht zwischen der Motivationsstärke einer Aufgabe und der Effizienz, d.h. der Güte ihrer Ausführung, eine *umgekehrt U-förmige Beziehung*.[148] Die maximale Leistungsgüte ergibt sich demnach nicht durch eine maximale Motivationsstärke. Die optimale Motivationsstärke ist dabei umso niedriger, je schwieriger und komplexer die Aufgabe, d.h. je niedriger die subjektive Erfolgswahrscheinlichkeit ist. Bei schwierigen Aufgaben stellt sich bereits bei relativ niedriger Motivationsstärke ein Optimum der Leistungsgüte ein. Niedrigere oder höhere Motivationsstärke führen zu 'Unter- oder Übermotivation'. Obwohl diese Theorie nur unzureichend empirisch belegt ist,[149] erscheint sie uns als Hinweis geeignet, daß die in dem Modell unterstellten einfachen Beziehungen zwischen der Motivationsstärke und dem Leistungsresultat tatsächlich komplexer sind.

*Modellerweiterung hinsichtlich der Bedeutung der Handlung als Grenzziehung zur Identitätssicherung*

Nach dem oben beschriebenen Modell wird die Handlung ausgeführt, deren Motivationsstärke dominant ist. In dem Systemansatz von Witte geschieht die Steuerung der Handlungsauswahl durch das Konzept der Grenzziehung.[150] Die Handlungen werden nach Witte aus dem Handlungsspektrum so ausgewählt, daß die Person durch *flexible Grenzziehung* ihre *Identität* sichern kann.[151] Dabei versteht Witte die *Identität* als das "Steuerungsziel des Individualsy-

---

[147] Vgl. ebda., S. 424.
[148] Vgl. Atkinson, Strength of Motivation, 1974, S. 200.
[149] Vgl. Heckhausen, Motivation, 1989, S. 263f..
[150] Vgl. Witte, Sozialpsychologie, 1994, S. 171; Grenzziehung ist analog zur Motivation von den inneren Zuständen, den Zielbewertungen und dem Handlungsspektrum als Erfahrungs- bzw. Lern-Faktor abhängig.
[151] Vgl. Witte, Sozialpsychologie, 1994, S. 142; Nach Witte sind Identität und Grenzziehung " ... theoretische Begriffe, die nicht auf beobachtbare Ereignisse reduzierbar sind, die aber zur Erklärung und Differenzierung bestimmter empirischer Erscheinungen herangezogen werden": ebda., S. 141f..

stems" und die *Grenzziehung* als " ... die identitätssichernde Reaktion auf die Wechselwirkungen von internen Systemeigenschaften und äußeren Einflüssen."[152] Die flexible Grenzziehung bewirkt, daß Einflüsse von außen auf die Subsysteme und entsprechend motivierte Handlungen nach außen so kontrolliert werden, daß die Identität der Person nicht bedroht wird. Dementsprechend reagiert eine Person bei Bedrohung der Identität mit verstärkter Grenzziehung, d.h. mit einer Filterung oder Umdeutung äußerer Anreize gemäß dem internen Zustand, so daß die resultierenden Handlungen die Identität sichern können.

***Modellerweiterung hinsichtlich der Interpretation von Ernst- und Spielsituationen***

Das Konzept der Identität und der Grenzziehung gewinnt insbesondere dann an Bedeutung, wenn die Handlung in Abhängigkeit vom individuellen Situationsverständnis erklärt werden soll. Die Grenzziehung wird nämlich dadurch beeinflußt, ob eine Person eine Situation als *Ernst-* oder *Spielsituation* interpretiert.[153] In einer Spielsituation ist die Identität durch das Handlungsergebnis weniger bedroht, die Grenzziehung wird gelockert und es werden eher neuartige, weniger vertraute Handlungen gewählt. Es kommt zu einer kreativen Akkomodation neuer Verhaltensweisen.[154] In einer Ernstsituation hingegen wird eher auf bekannte Handlungsschemata zurückgegriffen, um so die Situation über Wahrnehmungs- und Interpretationsprozesse an den internen Zustand der Subsysteme anzupassen (*Assimilation*).[155]

Durch die Einführung des konativen Subsystems und der Fähigkeit als Determinanten leistungsorientierten Handelns ist eine weitere Komponente aufgezeigt worden, an dem die Beeinflussung bzw. die Veränderung individuellen Verhaltens ansetzen kann. Die individuelle Leistungsfähigkeit wird nicht nur durch die genetisch vorgeprägte physische und psychische Konstitution bestimmt, sondern sie läßt sich durch Trainingsmaßnahmen in gewissem Umfang beeinflussen.[156] In der Personalentwicklung bzw. Organisationsgestaltung geht man davon aus, daß ein Fit zwischen der Fähigkeitsstruktur der Person und der Anforderungsstruktur der Aufgabe zu einem optimalen Leistungsresultat führt.[157]

In den Modellerweiterungen sind weitere wichtige Aspekte für individuelles leistungsorientiertes Verhalten und für die Veränderung desselben erläutert worden. Das Konzept der Intensität und der Ausdauer zeigt die nachhaltige Wirkung der Motivation und die Bedeutung konkurrierender Handlungstendenzen auf; insbesondere können Handlungen durch Trägheitstendenzen wieder aufgenommen werden. Dies erscheint wichtig vor dem Hintergrund eines Veränderungsprozesses, in dem alte Verhaltensweisen durch neue ersetzt werden sollen. Die Modellerweiterung hinsichtlich zukünftiger Handlungsziele und kontingenter Handlungspfade verweist auf die Bindungskraft übergeordneter Ziele und damit auf die Bedeutung von Ziel-

---

[152] Ebda, S. 142.
[153] Vgl. Begriffsdefininition in Anlehnung an Huizinga in: ebda., S. 155.
[154] Vgl. ebda., S. 170.
[155] Vgl. ebda. a.a.O..
[156] Vgl. Engelhard, Leistungsdeterminanten, 1992, Sp. 1257f..
[157] Vgl. Gebert / Rosenstiel, Organisationspsychologie, 1989, S. 58.

setzungsprozessen sowohl für die Wertschöpfungsprozesse des Unternehmens, als auch für ihre Veränderung. Die Hypothese der umgekehrt U-förmigen Beziehung zwischen Motivationsstärke und Leistungsresultat verweist zum einen auf die Möglichkeit der 'Übermotivation', zum anderen auf die komplexen und nicht-linearen Interdependenzen zwischen den Komponenten des obigen Modells. Die Modellerweiterungen durch die Einführung von Identität und Grenzziehung sowie durch die Differenzierung in Ernst- und Spielsituationen zeigen wiederum die Bedeutung von kognitiven Prozessen der Wahrnehmung und Interpretation auf. Zur Aufnahme von innovativen Verhaltensweisen erscheint es förderlich zu sein, die Bedingungskonstellation von Spielsituationen herzustellen. Dies ist in der Tat ein Gestaltungsmerkmal von Veränderungsprozessen, das sich in der Praxis z.B. in der Form von Pilotprojekten finden läßt.

### 3.3.1.2.4 Prozesse höherer Ordnung des Zusammenspiels von affektivem, kognitivem und konativem Subsystem

Das einfache motivationspsychologische Modell des letzten Abschnitts soll aus zwei wesentlichen Gründen um *Prozesse höherer Ordnung* erweitert werden. Einerseits wirken das gewählte Verhalten und das erzielte Leistungsresultat auf die intentionalen Faktoren, d.h. auf die Motiv- und Erfahrungs-/Lernvariable, und damit auf das zukünftige Verhalten zurück. Die Erklärung dieser Rückkopplungsprozesse ist insbesondere im organisationalen Kontext, in dem der einzelne Mitarbeiter über einen langen Zeitraum oft ähnliche Aufgaben ausübt, sehr wichtig. Andererseits liegt die 'Triebfeder individuellen Verhaltens' nicht nur im Hedonismus bzw. 'Lust-Unlust-Prinzip'[158] einer angestrebten Maximierung der Bedürfnisbefriedigung, sondern auch im Streben nach Kompetenz und kognitiver Bewältigung der Umwelt und der eigenen Person.[159] Aus diesen beiden Gründen erscheint es notwendig, auf die *Prozesse der Erklärung und Bewertung von Handlungsergebnissen*[160] und auf *Lernprozesse* einzugehen.

*Prozesse der Erklärung von Handlungsergebnissen: Attributionsprozesse*

Das leistungsorientierte Verhalten wird durch die Ursachen beeinflußt, auf die eine Person den Erfolg und Mißerfolg vergangener Handlungsergebnisse zurückführt. Mit der Wahrnehmung von Ursachen und den damit verbundenen Konsequenzen für das Handeln beschäftigen sich Attributionstheoretiker wie Heider, Kelley oder Weiner.[161] Die Attributionstheorie nach Weiner ist in Abbildung 3-9 dargestellt.

In Abhängigkeit von verschiedenen *Antezedenzbedingungen* - wie spezifischen Informationen über vorausgegangene eigene bzw. fremde Leistungsergebnisse, kausalen Schemata[162] oder

---

[158] Weiner, Motivationspsychologie, 1988, S. 218.

[159] Vgl. ebda., a.a.O..

[160] Vgl. zur Differenzierung in Prozesse der Erklärung und Prozesse der Bewertung von Handlungsergebnissen: Gebert / Rosenstiel, Organisationspsychologie, 1989, S. 66.

[161] Vgl. Weiner, Motivationspsychologie, 1988, S. 220.

[162] Kausale Schemata sind relativ beständige kognitive Strukturen, die von einer Person als Erklärungstypen zwischen Handlungsereignis und Ursachen herangezogen werden. Das Schema der *multiplen notwendigen Ursa-*

individuelle Bevorzugung bestimmter Erklärungsmuster - werden Ursachen für Erfolg bzw. Mißerfolg von vergangenen als auch von zukünftigen Handlungsergebnissen abgeleitet.[163] Die wichtigsten *Ursachen* bzw. *Kausalfaktoren* sind dabei Fähigkeit und Anstrengung sowie Aufgabenschwierigkeit und Zufall.[164] Ergeben die wahrgenommenen Informationen z.B. ein konsistentes Bild des Mißerfolgs bei vergleichbaren Aufgaben in der Vergangenheit, so wird als Ursache dafür die Schwierigkeit der Aufgabe bzw. der Mangel an Fähigkeit herangezogen. Tritt hingegen nach wiederholtem Mißerfolg ein Erfolg auf, so wird dies eher mit zusätzlicher Anstrengung oder Zufall erklärt. Insgesamt wird Erfolg eher auf internale Faktoren, also Fähigkeit und Anstrengung, Mißerfolg eher auf externale Faktoren, also Aufgabenschwierigkeit und Zufall, zurückgeführt.[165] Diese Befunde deuten nach Weiner " ... auf selbstwertsteigernde und selbstwertverteidigende attributionale Tendenzen hin."[166] Die Verteidigung des Selbstwertes zeigt sich insbesondere dann deutlich, wenn Personen mit einem Selbstkonzept hoher Fähigkeit den Mißerfolg mit Zufall erklären und die zukünftige Erfolgserwartung bei einer ähnlichen Aufgabe nicht ändern. Eine solche Ursachenerklärung ermöglicht, den Selbstwert zu verteidigen. Die kognitiven Prozesse der Informationsaufnahme und Attribuierung werden also, wie bereits angedeutet, so gesteuert, daß die Identität des Individuums gewahrt bleibt.

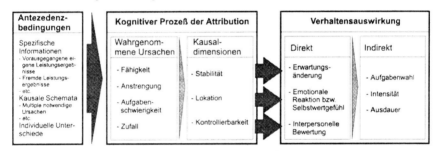

*Abbildung 3-9: Attributionstheorie nach Weiner*

Zur Erklärung der Beeinflussung des Verhaltens durch die Kausalattribution sollen die Ursachen bezüglich der Dimensionen der *Lokation*, der *Stabilität* und der *Kontrollierbarkeit* klassifiziert werden.[167] Die Handlungsergebnisse können *internal* - d.h. durch die Person - oder *external* - d.h. durch die Umwelt - verursacht sein. Dieses Kontinuum von internaler bis hin zu externaler Kausalität soll als *Lokationsdimension* bezeichnet werden. Desweiteren können die Ursachen als *stabil* oder als *variabel* betrachtet werden, womit die *Stabilitätsdimension*

---

chen wird z.B. zur Erklärung ungewöhnlicher bzw. extremer Ereignisse wie etwa dem Erfolg bei einer sehr schwierigen Aufgabe herangezogen. Dieser Erfolg ist entsprechend dem Schema eine Folge von hoher Fähigkeit *und* starker Anstrengung: Weiner, Motivationspsychologie, 1988, S. 267.

[163] Vgl. ebda., S. 269.
[164] Vgl. ebda., S. 258.
[165] Vgl. ebda., S. 263.
[166] Ebda., S. 263 und 281.
[167] Vgl. ebda., S. 277.

angesprochen wäre. Schließlich lassen sich die Ursachen als *kontrollierbar* oder als *unkontrollierbar* betrachten. Entsprechend dieser Definitionen kann man die 'Fähigkeit' als eine stabile, internale und unkontrollierbare Ursache betrachten. Bei der Klassifikation der Ursachen sollte allerdings beachtet werden, daß die Zuordnung interindividuell verschieden sein kann.[168]

Die Erklärung von Handlungsergebnissen mit Ursachen, die als stabil bzw. instabil angesehen werden, beeinflußt die *Erwartungsänderung* nach Erfolg bzw. Mißerfolg.[169] Schätzt eine Person die Ursache für ein Handlungsergebnis - z.b. Fähigkeit oder Aufgabenschwierigkeit - als stabil ein, so wird bei Erfolg bzw. Mißerfolg die subjektive Wahrscheinlichkeit zukünftigen Erfolgs bzw. Mißerfolgs in einer ähnlichen Situation stark zu- bzw. abnehmen. Wird hingegen die Ursache - z.B. Anstrengung oder Zufall - als variabel eingeschätzt, so wird sich die Erwartung zukünftigen Erfolgs bzw. Mißerfolgs kaum ändern. Bei Attribution eines Handlungsergebnisses auf variable Faktoren kann es darüber hinaus auch zu 'a-typischen Erwartungsänderungen' kommen, indem nach erzieltem Erfolg eine Abnahme und nach erfahrenem Mißerfolg eine Zunahme der Erwartung eintritt.[170] Diese Erwartungsveränderung, der sogenannte 'Trugschluß des Spielers', ist deswegen atypisch, da bei zufallsabhängigen Ergebnissen, z.B. in einem Glücksspiel, die Möglichkeit des Eintretens aufeinanderfolgender Handlungsergebnisse voneinander unabhängig ist. Diese Hypothesen ließen sich im wesentlichen empirisch bestätigen.[171]

Die Kausalattribution führt nicht nur zu Erwartungsänderungen, sondern sie bestimmt auch die *emotionalen Reaktionen bzw. Selbstwertgefühle* auf Erfolg und Mißerfolg.[172] Dabei scheinen spezifische Korrespondenzen zwischen den herangezogenen Dimensionen bzw. Kausalfaktoren und den hervorgerufenen Emotionen zu bestehen.[173] Die Erklärung von Erfolg durch internale Faktoren wie Fähigkeit und Anstrengung führt zu Stolz bzw. zu einem Gefühl erhöhten Selbstwerts, während die Erklärung von Mißerfolg durch internale Faktoren zu Scham bzw. zu einem Gefühl erniedrigten Selbstwerts führt. Ärger und Agression werden empfunden, wenn Mißerfolg durch von anderen Personen kontrollierte Faktoren erklärt wird. Ein Gefühl der Dankbarkeit stellt sich ein, wenn ein Erfolg Ursachen zugeschrieben wird, die durch andere kontrolliert werden. Die stärksten emotionalen Reaktionen ergeben sich, wenn das Handlungsergebnis auf internale Ursachen, d.h. Fähigkeit oder Anstrengung, zurückgeführt wird. Darüberhinaus beeinflussen Attributionen auch die interpersonellen Bewertungen. Wird ein Handlungsergebnis auf kontrollierbare Ursachen wie Anstrengung zurückgeführt, so wird Erfolg besonders stark belohnt und Mißerfolg besonders hart bestraft.[174]

---

[168] Vgl. ebda., S. 270.
[169] Vgl. ebda., S. 274; vgl. auch Theorie der "Lokation der Kontrolle" nach Rotter in: ebda., S. 195 ff..
[170] Vgl. ebda., S. 196 und 278.
[171] Vgl. ebda., S. 196 und 275.
[172] Vgl. ebda., S. 283.
[173] Vgl. ebda., S. 315.
[174] Vgl. ebda., S. 314.

Schließlich wirken sich die Kausalattributionen auch über eine Beeinflussung der *Aufgabenwahl*, der *Intensität* und der *Ausdauer* auf leistungsorientiertes Verhalten aus.[175] Die Attributionstheorie ermöglicht so, die Befunde der Theorie der Leistungsmotivation von Atkinson alternativ zu erklären.[176] Personen mit unterschiedlicher Leistungsmotivation unterscheiden sich in ihrer Kausalattribution von Erfolg und Mißerfolg. Erfolgsmotivierte Personen erklären Erfolg mit hoher Fähigkeit und Anstrengung und Mißerfolg mit mangelnder Anstrengung.[177] Sie tendieren folglich aufgrund der positiven emotionalen Reaktionen von Stolz und Kompetenz, die mit der Attribution von Erfolg auf internale Ursachen verknüpft sind, in ähnlichen Situationen auch in der Zukunft zu Leistungsverhalten. Sie wählen Aufgaben mittlerer Schwierigkeit, weil ihnen diese die beste Rückmeldung über ihre eigenen Fähigkeiten und Anstrengungen liefern. Denn Erfolg bzw. Mißerfolg bei Aufgaben geringer oder hoher Schwierigkeit würde nicht mit den internalen Faktoren, sondern mit Zufall oder Aufgabenschwierigkeit begründet. Erfolgsmotivierte Personen zeigen hohe Intensität und Ausdauer im Leistungsverhalten, da sie Erfolg und Mißerfolg auf die Anstrengung zurückführen. Mißerfolgsmotivierte Personen hingegen schreiben Erfolg eher externalen Ursachen - d.h. dem Zufall oder der Aufgabenschwierigkeit - zu und führen Mißerfolg in der Regel auf mangelnde Fähigkeit zurück. Sie tendieren deswegen nicht so stark wie erfolgsmotivierte Personen zu leistungsorientiertem Verhalten, da die Anreizwirkung der hervorgerufenen Selbstwertgefühle schwächer ist. Sie bevorzugen leichte oder schwierige Aufgaben, um die für die Selbsteinschätzung relevanten Informationen möglichst gering zu halten. Schließlich zeigen mißerfolgsmotivierte Personen geringere Ausdauer und Intensität bei der Aufgabenbearbeitung, da sie Erfolg eher durch externale und unkontrollierbare Faktoren - wie Zufall oder Aufgabenschwierigkeit - erklären, als durch internale und kontrollierbare Faktoren wie Anstrengung.

Die Attributionstheorie zeigt, wie in Abhängigkeit von unterschiedlichen Antezedenzbedingungen sich verschiedene Formen der Kausalattribution auf Erwartungsänderungen, Selbstwertgefühle und interpersonelle Bewertungen sowie auf Aufgabenwahl, Intensität und Ausdauer und damit auf das Verhalten auswirken können. Die Erklärung von Handlungsergebnissen wirkt also auf das Handeln zurück.

In dem motivationspsychologischen Modell sind wir davon ausgegangen, daß ein Anreiz durch die Umwelt eine affektive Reaktion auslöst bzw. mit einem Bedürfniszustand korrespondiert, sich so als Motiv entfaltet und schließlich verknüpft mit einem kognitiven Faktor sich zur Motivation entwickelt. Aus attributionstheoretischer Perspektive liegt der Motivbildung bereits der kognitive Prozeß der Attribution zugrunde. Das Erfolgsmotiv und die damit verbunden Gefühle von Stolz und Kompetenz ergeben sich beispielsweise als " ... Fähigkeit, Erfolg als durch internale Faktoren bedingt und Mißerfolg als durch instabile Faktoren verursacht wahrzunehmen."[178] Motive sind demnach nicht nur affektiver Natur, sondern werden,

---

[175] Vgl. ebda., S. 295ff.
[176] Vgl. ebda., S. 296 und 301ff..
[177] Vgl. ebda., S. 302.
[178] Vgl. ebda., S. 301.

wie bereits in der Motivdefinition nach Witte angedeutet, auch durch kognitive Prozesse beeinflußt. Für die Intervention in leistungsorientiertes Verhalten ergibt sich dadurch die Möglichkeit, durch die Veränderung der Kausalattribution auf die Stärke von Erfolgsmotiven und damit auf das Handlungsergebnis einzuwirken. Gelingt es z.B., die Erklärung von Mißerfolg dahingehend zu verändern, daß der Mißerfolg, der sich aufgrund mangelnder Fähigkeit einstellte, einer mangelnden Anstrengung zugeschrieben wird, werden Personen bei Anzeichen eines erneuten Mißerfolgs nicht resignieren, sondern ihre Anstrengungen intensivieren. Die Folge einer solchermaßen induzierten Erfolgsmotivation wären eine höhere Intensität und Ausdauer und dementsprechend eine Steigerung von Güte und Menge des Leistungsresultats.

Neben der Differenzierung von Situationen als Ernst- oder Spielsituation hat auch eine Differenzierung in *fähigkeitsabhängige oder zufallsabhängige Situationen* einen Einfluß auf individuelles Verhalten. Durch die Beeinflussung der Antezedenzbedingungen - z.B. durch die gezielte Information der handelnden Person über Erfolg bzw. Mißerfolg einer Bezugsgruppe - kann die Situationsinterpretation der Person so verändert werden, daß eher leistungsfördernde Kausalattributionen gebildet werden. Die Beeinflussung der Situationswahrnehmung ist folglich eine Interventionsmöglichkeit, um leistungsorientiertes Verhalten zielgerichtet zu gestalten.

*Prozesse der Bewertung von Handlungsergebnissen: Soziale Vergleichsprozesse*

Im Rahmen des bereits postulierten Strebens nach kognitiver Bewältigung der Umwelt und der eigenen Person lassen sich auch die Prozesse zur Bewertung von Handlungsergebnissen - z.B. soziale Vergleichsprozesse[179] - einordnen. Einen Erklärungsbeitrag zur Auswirkung sozialer Vergleichsprozesse auf leistungsorientiertes Verhalten liefert die Gleichheitstheorie von Adams.[180] Die Gleichheitstheorie geht davon aus, daß Personen zur Bewertung ihres Handlungsergebnisses die eigene Relation zwischen Einsatz und Ertrag mit der einer Bezugsperson vergleichen. Eine Abweichung zwischen diesen Relationen löst Spannungen bedingt durch Gerechtigkeitsempfindungen aus und führt zu Versuchen, diese zu reduzieren.[181] Dabei können die Spannungen objektiv durch tatsächliche Veränderung von Einsatz und Ertrag oder subjektiv durch kognitive Prozesse der Reinterpretation oder durch Wechsel der Bezugsperson abgebaut werden. Übertragen auf den Zusammenhang zwischen dem Leistungsentgelt und dem Einsatz von Leistungsqualität und -quantität hat sich diese Theorie nur zum Teil bestätigt.[182] Dennoch erscheint sie wertvoll, da sie die Verbindung zwischen der Motivation individuellen Verhaltens und kognitiver Vergleichsprozesse im sozialen Kontext aufzeigt.

---

[179] Vgl. zur Theorie der sozialen Vergleichsprozesse: Witte, Sozialpsychologie, 1994, S. 162ff..
[180] Vgl. Gebert / Rosenstiel, Organisationspsychologie, 1989, S. 68; Weinert, Motivation, 1992, Sp. 1437f..
[181] Vgl ebda., Sp. 1438.
[182] Vgl. Gebert / Rosenstiel, Organisationspsychologie, 1989, S. 69f..

Skizze eines Modells für leistungsorientiertes Verhalten 123

*Lernprozesse nach der behavioristischen Lerntheorie, der sozial-kognitiven Lerntheorie und den Theorien des Wissenserwerbs bzw. der Informationsverarbeitung*
Lerntheorien liefern Erklärungsbeiträge über den Erwerb von Erwartungen bzw. Interpretationen, Einstellungen bzw. Werten, Wissen bzw. Kenntnissen, Problemlöse- und Lernstrategien sowie von motorischen Fähigkeiten und Fertigkeiten,[183] kurzum über die Veränderung von leistungsorientierten Verhalten an sich und seinen Determinanten.[184] Aus dem weiten Spektrum der Lerntheorien sollen kurz drei Lernmechanismen herangezogen werden: (1) das Verstärkungsprinzip der behavioristischen Lerntheorie[185], (2) das Modellernen der sozial-kognitiven Lerntheorie[186] und (3) das Lernen als Wissenserwerb bzw. als Informationsverarbeitung.[187]

| | |
|---|---|
| Erfolgshypothese - Verstärkungsprinzip der Lerntheorie | Je häufiger eine Aktivität einer Person belohnt wird, mit um so größerer Wahrscheinlichkeit wird diese Person die Aktivität ausführen. |
| Reizhypothese - Generalisierungsprinzip der Lerntheorie | Wenn in der Vergangenheit ein bestimmter Reiz oder eine Menge von Reizen eine Aktivität begleitet hat, die belohnt worden ist, dann wird eine Person um so eher diese oder eine ähnliche Aktivität ausführen, je ähnlicher die gegenwärtigen Reize den vergangenen sind. |
| Werthypothese - Motivationsprinzip der Lerntheorie | Je wertvoller die Belohnung einer Aktivität für eine Person ist, desto eher wird sie die Aktivität ausführen. |
| Entbehrungs-Sättigungs-Hypoth. - Sättigungsprinzip der Lerntheorie | Je öfter eine Person in der nahen Vergangenheit eine bestimmte Belohnung erhalten hat, desto weniger wertvoll wird für sie jede zusätzliche Belohnungseinheit. |
| Frustrations-Aggressions-Hypothese | Wenn die Aktivität einer Person nicht, wie erwartet, belohnt oder bestraft wird, wird die Person ärgerlich, und im Ärger sind die Ergebnisse aggressiven Verhaltens belohnend. |

*Tabelle 3-4: Lerntheoretische Hypothesen des Zusammenhangs zwischen Verstärkung und Verhaltenstendenz[188]*

*Verstärkungsprinzip der behavioristischen Lerntheorie:* Als Ausgangspunkt der lerntheoretischen Aussagen zur Veränderung von Erwartungen und leistungsorientiertem Verhalten sollen zunächst lerntheoretische Hypothesen betrachtet werden, die den Zusammenhang zwischen der Verstärkung des Reiz-Reaktions-Mechanismus und der Verhaltenstendenz erklären (vgl. Tabelle 3-4).

Das Verstärkungsprinzip und die abgeleiteten Hypothesen scheinen auf den ersten Blick gut geeignet zu sein, auf Basis der Modellskizze individuellen Verhaltens Gestaltungsinformatio-

---

[183] Vgl. Steiner, Lerntheorien, 1992, Sp. 1264.
[184] Vgl. Reber, Lernen, 1992, Sp. 1241.
[185] Zur behavioristischen Lerntheorie gehören der Ansatz der klassischen Konditionierung nach Pawlow, der instrumentellen Konditionierung nach Skinner und der operanten Konditionierung nach Thorndike: vgl. Steiner, Lerntheorie, 1992, Sp. 1265.
[186] Vgl. zur sozialen Lerntheorie: Bandura, Social Learning Theory, 1977; ders. Social Foundations, 1986; Rotter in: Weiner, Motivationspsychologie, 1988, S. 187ff..
[187] Vgl. Miller et al., Strategien des Handelns, 1973.
[188] Vgl. Homans, Soziale Prozesse, 1972, S. 59-105; ähnlich: Grün, Lerntheorien, 1993, Sp. 2598f.; diese Hypothesen lassen sich zu dem Ansatz der instrumentellen Konditionierung zählen.

nen für Veränderungsprozesse abzuleiten. Die beständige Verstärkung einer Handlung mit einer wertvollen Belohnung erhöht die subjektive Instrumentalitätserwartung und damit die Valenz der entsprechenden Handlung, so daß zukünftige Handlungen in ähnlichen Situationen eine stärkere Verhaltenstendenz und damit eine höhere Leistung aufweisen. Allerdings wird der behavioristische Ansatz der Bedeutung der sozialen und kognitiven Komponenten des Lernens nicht gerecht. Diese Komponenten werden von den nachfolgenden Theorien stärker betont.

*Modellernen der sozial-kognitiven Lerntheorie:* Nach der Theorie des Beobachtungs- bzw. Modellernens von Banduras und Walters kann die Veränderung von Erwartungen, Einstellungen und Wissen nicht nur durch eigene Erfahrung, sondern auch durch die Beobachtung des Verhaltens anderer Personen und der mit dem Verhalten verknüpften Gratifikationen erzielt werden.[189] Das Modellernen besteht allerdings nicht nur aus Wahrnehmungs- oder Beobachtungsprozessen, sondern auch aus Prozessen der Interpretation, Symbolisierung und Selbstreflexivität, die bei der Konstruktion von internalen Modellen auf Basis eigener und fremder Erfahrung auftreten.[190] Durch die internalen Modelle als Orientierungsmuster des Verhaltens tritt an die Stelle der Unmittelbarkeit auslösender und verstärkender Stimuli die Fähigkeit vorausschauend, selbstbestimmend und innovativ zu handeln.[191]

*Lernen als Wissenserwerb bzw. als Informationsverarbeitung:* Kognitive Prozesse dienen nicht nur der Verwirklichung des *hedonistischen Prinzips*, sondern sie besitzen auch an sich für den Menschen einen Wert. Der Mensch versucht, sich selbst und die Umwelt kognitiv zu bewältigen und zu verstehen. Dabei lernt er nicht nur durch Beobachtung eigener oder fremder Erfahrungen, sondern auch durch Informationsverarbeitung bzw. durch Erwerb von Wissen. Lernen als Erwerb von Wissen besteht aus den Teilprozessen des *Verstehens*, des *Abspeicherns* und des *Abrufens* (Wiedererinnern).[192] Das Vorwissen ist in Form von Bedeutungszusammenhängen, von sogenannten *semantischen Netzwerken*, im Langzeitgedächtnis gespeichert. Den Teil des semantischen Netzwerkes, der auf ein Stichwort hin ins Kurzzeitgedächtnis abgerufen wird, bezeichnet man als ein *Schema*. Solche Schemata wie z.B. "Design Review", "Produkt Audit" oder "Simultaneous Engineering" sind Konzepte, die zur Lösung von Problemen bzw. zur Bearbeitung von Aufgaben herangezogen werden. Als *Scripts* bezeichnet man Schemata, die sich " ... auf relativ stereotyp ablaufende Geschehnisse unseres Alltags ... beziehen".[193] Dazu lassen sich Standardprozesse - wie z.B. die Routineabläufe bestimmter Erprobungen in der Produkt- und Prozeßentwicklung - zählen. "*Schemata* und *Scripts* sind die *bedeutungstragenden Einheiten* unseres *begrifflichen Wissens* wie auch unseres *Verfahrenswissens* (know-how)."[194] Der erste Schritt des Wissenserwerbs, das Verstehen, besteht aus ei-

---

[189] Vgl. Weiner, Motivationspsychologie, 1988, S. 181ff..
[190] Vgl. Reber, Lernen, 1992, Sp. 1246.
[191] Vgl. ebda., a.a.O..
[192] Vgl. Steiner, Lerntheorien, 1992, Sp. 1270.
[193] Vgl. ebda., a.a.O..
[194] Ebda., a.a.O..

nem Vergleich und einer Integration von neuen Informationen mit Teilen des vorhandenen semantischen Netzwerks. Die Informationsaufnahme kann dabei durch Lesen oder Hören eines Textes oder durch Betrachtung von Symbolen, Bildern oder Modellen, mit denen Begriffe und Verfahren kodiert werden, geschehen. Für den zweiten Schritt des Wissenserwerbs, das Abspeichern, werden *reduktive* und *elaborative Prozesse* herangezogen.[195] Reduktive Prozesse dienen der Komprimierung und Verkleinerung der Informationsfülle, indem dichtere Informationseinheiten aufgebaut werden. Wörter und Sätze werden zu einzelnen Begriffen zusammengefaßt. Elaborative Prozesse dienen der Verankerung des Wissens im Gedächnis z.B. über visuelle Vorstellungen, Analogien und Schlüsselbegriffe. Die Verknüpfung des neuen Wissens mit Schlüsselbegriffen ist die Voraussetzung für den dritten Schritt des Wissenserwerbs, das Abrufen des Wissens.

Besondere Bedeutung im Zusammenhang mit organisationalen Veränderungsprozessen hat das Erlernen neuer bzw. verbesserter Geschäftsabläufe - in diesem Fall z.B. das Erlernen des Entwicklungsablaufs bzw. einzelner Teilabläufe. Das Erlernen von Abläufen ist ein Erwerb von Verfahrenswissen bzw. Know-how, in dem Handlungen in den Lernprozeß integriert werden. Anstelle des Reiz-Reaktions-Mechanismus verweisen Vertreter des Informationsverarbeitungsansatzes auf einen Zyklus des *'Test-Operate-Test-Exit'* als Grundeinheit des Lernens.[196] Handlungen und ihre Ergebnisse dienen dazu, mentale Modelle des Ablaufes, die durch begriffliche oder bildliche kognitive Prozesse aufgebaut werden, zu prüfen und zu verbessern. Ein neuer Ablauf wird dann von einem Mitarbeiter verstanden, wenn er diesen modellhaft simulieren kann.[197]

*Prozesse der Rückkopplung: Arbeitszufriedenheit*

Die Arbeitszufriedenheit ist ein bedeutendes Konzept, um Rückkopplungsprozesse zwischen dem erzielten Handlungsergebnis und den Subsystemen der Person bzw. den Kontexten der Umwelt zu erklären. Die Bereitschaft zum leistungsorientierten Verhalten ist als ein Prozeß des Zusammenspiels von Anreizen der Umwelt, Bedürfniszuständen des affektiven Subsystems und Wahrnehmungs- bzw. Attributionsprozessen des kognitiven Subsystems dargestellt worden. Im Rahmen dieses Modells läßt sich *'Arbeitszufriedenheit'* als ein interner Zustand auffassen, der sich als Folge realisierter bzw. nicht realisierter Bedürfnisbefriedigung durch die Arbeit und deren Leistungsresultaten sowie den damit verbundenen Anreizen ergibt.[198] Die Arbeitszufriedenheit resultiert folglich aus einem Soll-Ist-Vergleich zwischen der erwarteten und der wahrgenommenen Bedürfnisbefriedigung und führt zu einem inneren Zustand, auf den die Person bei Zufriedenheit mit gelockerter und bei Unzufriedenheit mit verstärkter Grenzziehung reagiert. Dementsprechend reicht das Spektrum der Reaktionen auf Unzufriedenheit von konkreten Handlungen - wie z.B. der Beseitigung oder Vermeidung der Ursachen

---

[195] Vgl. ebda., Sp. 1271.
[196] Vgl. Miller et al., Strategien des Handelns, 1973.
[197] Vgl. Steiner, Lerntheorien, 1992, Sp. 1272.
[198] In Anlehnung an: Schanz, Verhaltenswissenschaften und Betriebswirtschaftslehre, 1993, Sp. 4529.

von Unzufriedenheit - bis hin zu subjektiven Anpassungsprozessen - wie z.B. der Senkung des Anspruchsniveaus oder der Umdeutung der Handlungsergebnisse und -folgen. Dieser Prozeß der Entstehung und Verarbeitung von (Un-)Zufriedenheit wird wesentlich beeinflußt durch kausale Attribution. So hängt z.B. die Art der Reaktion auf Unzufriedenheit von der Lokation, der Kontrollierbarkeit und der Stabilität der wahrgenommen Ursachen ab. Wird die Unzufriedenheit auf nicht kontrollierbare, externale und stabile Ursachen zurückgeführt - z.B. auf eine zu hohe Aufgabenschwierigkeit, so wird die betroffene Person in Zukunft solche Aufgaben vermeiden - etwa durch Stellenwechsel oder Kündigung. Desweiteren wird die Arbeitszufriedenheit auch von sozialen Vergleichsprozessen beeinflußt.[199]

Im Rahmen dieser Untersuchung ist insbesondere der Zusammenhang zwischen Leistung und Arbeitszufriedenheit und die Rückkopplung von Arbeitszufriedenheit auf Leistung von Interesse. Die Leistung führt auf zwei Wegen zur Arbeitszufriedenheit: direkt bei intrinsischer Motivation und indirekt über die Folgen der Leistung bei extrinsischer Motivation. Der Rückkopplungsmechanismus von Arbeitszufriedenheit auf Leistung funktioniert nach dem theoretischen Modell über eine Steigerung der Valenz und der Erwartungen. Arbeitszufriedenheit aufgrund einer spezifischen Handlung führt dazu, daß die Valenz, die ein entsprechender Anreiz in einem Bedürfniszustand entfaltet, bei einer ähnlichen Handlung in einer ähnlichen Situation zukünftig höher ist.[200] Desweiteren werden auch die Ergebniserwartungen der entsprechenden Handlung und die Instrumentalitätserwartungen zwischen Ergebnissen und deren Folgen gestärkt, so daß auch über den kognitiven Faktor die Motivation zum Leistungsverhalten gesteigert wird. Nach dem motivationspsychologischen Modell kann Arbeitszufriedenheit also zu höherer Leistung führen.[201] Diese These konnte in der empirischen Forschung bisher nicht eindeutig bestätigt werden, was allerdings durch die schwierige Operationalisierbarkeit und durch die mehrdimensionale Determiniertheit des Leistungsverhaltens erklärt werden kann.[202] Trotz dieser Schwierigkeiten in der empirischen Forschung läßt sich davon ausgehen, daß ein funktionaler Zusamenhang zwischen Leistung und Arbeitszufriedenheit und vice versa besteht, denn die Wahrnehmung der Handlung und ihrer Ergebnisse und Folgen führt zu einem neuen Bedürfniszustand, der sich seinerseits auf zukünftige Handlungen auswirkt.

Mit der Attributionstheorie, der Gleichheitstheorie, den Lerntheorien und dem Konzept der Arbeitszufriedenheit sind dem einfachen motivationspsychologischen Modell höhere selbstreflexive Prozesse hinzugefügt worden. Diese Prozesse verstärken die kognitive Konzeption des Modells und verweisen auf die Bedeutung der Reflexion auf die eigene Person und die Umwelt durch Wahrnehmung, Erwartungsbildung und Interpretation. Dabei handelt es sich nicht nur um die Wahrnehmung und Erwartungsbildung bezüglich einzelner Zielobjekte, sondern

---

[199] Vgl. ebda., a.a.O..
[200] Vgl. Gebert / Rosenstiel, Organisationspsychologie, 1989, S. 79.
[201] Diese These wird als die sog. "Kuhsoziologische These" bezeichnet - "Glücklichere Kühe geben mehr Milch": Gebert / Rosenstiel, Organisationspsychologie, 1989, S. 78.
[202] Vgl. ebda., a.a.O.; Engelhard, Leistungsdeterminanten, 1992, S. 1261.

um die Interpretation von situativen Konstellationen verschiedener Objekte des funktionalen, sozialen und mentalen Kontextes.

### 3.3.1.3 Individuelles Verhalten determiniert durch funktionalen, sozialen und mentalen Kontext der Umwelt

> "Discipline is that attribute of an organization's context that induces its members to strive to meet all expectations generated by their explicit or implicit commitments."[203]

Die Umwelt der Person, der funktionale, soziale und mentale Kontext der Organisation wirkt sich als Determinante in Motivations-, Attributions- oder Lernprozessen in vielfätiger Weise auf das individuelle Verhalten aus. In dem erweiterten motivationspsychologischen Modell beeinflussen die Eigenschaften bzw. die Anreize der Umweltobjekte die Motiv- bzw. Valenzbildung und wirken über die Erwartungsbildung auf die Motivation. Die organisationalen Kontexte repräsentieren ein *System von Anreizen,* das durch die Aktivierung von individuellen Bedürfnissen individuelles Verhalten auf organisationale Ziele ausrichten kann. Die Anreize des *funktionalen* Kontextes, wie z.B. bestimmter Aufgabenmerkmale und Arbeitsentgelte, korrespondieren tendenziell mit Existenz- und Sicherheitsbedürfnissen.[204] Die Anreize des *sozialen* Kontextes wie die Beurteilung durch Mitarbeiter und Vorgesetzte korrespondieren ihrerseits mit den sozialen Bedürfnissen der Zughörigkeit und Gesellichkeit sowie der Anerkennung und des Ansehens, während die Anreize des *mentalen* Kontextes wie inspirierende und überzeugende Leitideen an die Bedürfnisse der Selbständigkeit und Freiheit sowie Zuständigkeit und Selbstverwirklichung anknüpfen. Aus dieser Perspektive beinhaltet das Anreizsystem der Organisation die Summe aller Anreize und nicht nur die formalisierten Anreize - wie die Entgelt- und Entwicklungsanreize.

Die organisationalen Kontexte beeinflussen das individuelle Verhalten nicht direkt über ihre objektiven Anreize bzw. Eigenschaften, sondern indirekt über deren Wahrnehmung und Interpretation durch die Organisationsmitglieder. Nach der Theorie der *Leistungsmotivation* gibt es einen unmittelbaren funktionalen Zusammenhang zwischen dem Anreiz des Erfolges, also der Eigenschaft eines Objektes der Umwelt, und der Erfolgswahrscheinlichkeit, d.h. der Erwartung. Einen reichhaltigeren theoretischen Fundus über den Zusammenhang zwischen der Umwelt - bzw. dem situativen Kontext - und der Erwartung läßt sich in der sozialen Lerntheorie und der bereits dargestellten Attributionstheorie finden. In der *Theorie sozialen Lernens* nach Rotter ergibt sich die *Verstärkungserwartung* als Funktion einer situationsspezifischen Erwartungskomponente und einer aus anderen Situationen generalisierten Erwartungskomponente.[205] Nach der *Attributionstheorie* beeinflussen die Antezedenzbedingungen, die u.a. spezifische Informationen über den situativen Kontext enthalten, die Kausalattribution, die ihrerseits über Erwartungsänderungen und sogar emotionale Reaktionen das Verhalten determi-

---

[203] Ghoshal / Bartlett, Linking Organizational Context, 1994.
[204] Vgl. zu dieser Bedürfnisklassifikation: Lawler, Motivierung, 1977, S. 55.
[205] Rotters Theorie des sozialen Lernens ist ähnlich der Erwartungs-mal-Wert-Theorien aufgebaut: Verhaltenspotential = f { Verstärkungserwartung, Verstärkungswert}: Weiner, Motivationspsychologie, 1988, S. 188.

niert. In diesem Zusammenhang steht nicht nur die Wahrnehmung einzelner Objekte der Umwelt im Vordergrund der Betrachtung, sondern die Interpretation situativer Kontexte, die in ihrer Auslegung als Ernst- oder Spielsituationen bzw. als fähigkeits- oder zufallsabhängige Situationen leistungsorientiertes Verhalten beeinflussen.

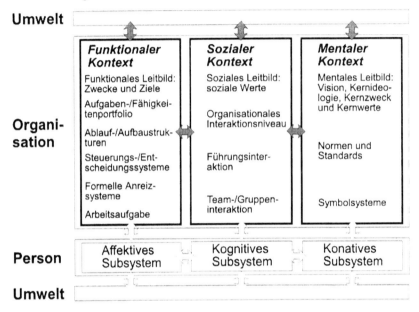

*Abbildung 3-10: Determinierung des individuellen Verhaltens durch den funktionalen, mentalen und sozialen Kontext der Organisation*

#### 3.3.1.3.1 Funktionaler Kontext

Der funktionale Kontext beinhaltet alle Faktoren, die unmittelbar die Transformationsprozesse zur Leistungserstellung konstituieren. Dazu gehören das *funktionale Leitbild* der Organisation, das *organisationale Aufgaben- und Fähigkeitsportfolio*, die *Ablauf- und Aufbaustrukturen*, die *Steuerungs- und Entscheidungssysteme* sowie die *formellen Anreizsysteme*. Desweiteren gehört zum funktionalen Kontext die *Arbeitsaufgabe* für den einzelnen Mitarbeiter. Aus der organisationalen Perspektive dienen die Komponenten des funktionalen Kontextes dazu, gemäß dem Zweck der Organisation das entsprechende Aufgaben- und Fähigkeitenportfolio abzuleiten und über Ablauf- und Aufbaustrukturen, Steuerungs- und Entscheidungssysteme sowie formelle Anreizsysteme die Aufgabe selbst und ihre Bearbeitung durch den einzelnen Mitarbeiter zu gestalten. Aus der individuellen Perspektive repräsentiert der funktionale Kontext die Gesamtheit der funktions- und aufgabenbezogenen Eigenschaften der Organisation, die von den einzelnen Mitarbeitern wahrgenommen werden.

*Funktionales Leitbild:* Das Leitbild des funktionalen Kontextes beinhaltet den Zweck und die Ziele der Organisation im engeren Sinne.[206] Dazu gehören beispielsweise Aussagen über die hergestellten Produkte und die bedienten Marktsegmente oder konkrete Zielsetzungen für verfolgte Strategien und operative Prozesse. Gemeint sind also die jeweils aktuellen Zwecke und Ziele der Organisation, die das individuelle Verhalten entsprechend der jeweiligen Gesamtaufgabe ausrichten können. Im Unterschied zum mentalen Leitbild kann sich das funktionale Leitbild kurzfristig gemäß den Anforderungen an die Organisation verändern.

*Aufgaben- und Fähigkeitenportfolio:* In der Regel besteht der Zweck des Unternehmens nicht darin, eine einzelne Aufgabe zu bewältigen, sondern vielmehr ein ganzes Aufgabenportfolio. Verschiedene Märkte werden mit verschiedenen Produkten unter Nutzung unterschiedlichster Fähigkeiten bedient. Das Aufgaben- und Fähigkeitenportfolio der Organisation ist der Rahmen für die Ableitung individueller Aufgaben und Fähigkeiten.

*Ablauf- und Aufbaustrukturen:* Die Ablauf- und Aufbaustrukturen dienen der Analyse und Synthese der Aufgaben der Organisation. Mit diesen Strukturen werden auch die organisationalen Positionen festgelegt, die eine Aufgabenspezialisierung und Verhaltensformalisierung für den einzelnen Mitarbeiter vorsehen.[207] Die Gestaltung der Ablauf- und Aufbaustrukturen hat einen erheblichen Einfluß auf die Merkmale der Arbeitsaufgabe und damit auch auf die individuelle Leistung. Kleine, autonome Einheiten können beispielsweise dazu beitragen, daß die Bedürfnisse der Selbständigkeit, Freiheit und Zuständigkeit positive Verhaltenstendenzen entfalten.[208]

*Steuerungs- und Entscheidungssysteme:* Die Steuerungssysteme[209] dienen dazu, das individuelle und organisationale Verhalten auf die Zwecke und Ziele der Organisation auszurichten. Dazu werden Ziele formuliert und vereinbart. Die Abweichungen zwischen angestrebten und tatsächlichen Leistungen werden ermittelt, in ihren Ursachen erforscht und zur Verhaltenskorrektur zurück vermittelt, so daß per Verhaltensänderung die Leistungslücke geschlossen werden kann. In der Regel sind an die Steuerungssysteme die formellen Anreizsysteme gekoppelt. Die formalen Steuerungssysteme, wie etwa strategisches und operatives Controlling, sind nicht die einzigen Komponenten des organisationalen Kontextes, die individuelles Verhalten auf organisationale Ziele ausrichten. Verhaltensdeterminierende Kräfte können alle Komponenten entfalten, insbesondere wird in diesem Zusammenhang auf den Einfluß von Organisationsstruktur und -kultur[210] sowie von Wertesystemen, Verhaltenskodices und Kommunikationssystemen[211] verwiesen.

---

[206] Vgl. Analogie zu "strategic mission" und "performance standards": Bartlett / Ghoshal, Beyond the M-form, 1993, S. 29.

[207] Vgl. Schanz, Organisationsgestaltung, 1994, S. 153.

[208] Vgl. Tushman / O'Reilly, Ambidextrous Organizations, 1996, S. 25.

[209] Der Begriff der 'Steuerung' entspricht dem Begriff des 'Controlling i. w. S.' nach: Horváth, Controlling, 1990, S. 26.

[210] Vgl. Flamholtz, Organizational Control, 1996, S. 599ff.

[211] Vgl. Simons, Control, 1995, S. 81.

*Formelle Anreizsysteme:* Der organisationale Kontext repräsentiert ein System von Anreizen für individuelles Verhalten. *Formelle* Anreizsysteme halten nur einen Ausschnitt der verhaltensdeterminierenden Anreize, zumeist Geld- und Entwicklungsanreize, als Belohnung für erzielte Leistungsresultate bereit. Mit diesen Gratifikationen von Leistungsresultaten soll extrinsische Motivation entfaltet werden, um das leistungsorientierte Arbeitsverhalten positiv zu verstärken.

*Arbeitsaufgabe:* Die Eigenschaften der gestellten bzw. gewählten Aufgabe haben im Vergleich zu den anderen Komponenten des funktionalen Kontextes den wohl unmittelbarsten Einfluß auf individuelles Verhalten. Die Aufgabenschwierigkeit wirkt nach der Theorie der Leistungsmotivation auf die subjektive Erfolgswahrscheinlichkeit und damit auch auf den Anreiz des Erfolges und bestimmt so die resultierende Verhaltensbereitschaft. Auch in der Attributionstheorie ist die Aufgabenschwierigkeit eine zentrale situative Variable. Die Erklärung von Erfolg durch geringe Aufgabenschwierigkeit führt zu einer Veränderung der Erfolgswahrscheinlichkeit bei ähnlichen Aufgaben bzw. Situationen, so daß auch durch die Kausalattribution ein Einfluß von Aufgabenschwierigkeit auf leistungsorientiertes Verhalten erklärt wird. Die Aufgabenschwierigkeit determiniert Verhalten jedoch nicht nur über die Motivationskomponente, sondern auch über die Fähigkeitskomponente. Eine Person erreicht dann ihr Leistungsoptimum, wenn das aufgabenbezogene Anforderungsprofil mit ihrem individuellen Fähigkeitsprofil übereinstimmt.[212] Die Arbeitsaufgabe kann - wie bereits herausgestellt - im Falle intrinsischer Motivation direkt oder im Falle extrinsischer Motivation indirekt über gekoppelte Anreize zur Bedürfnisbefriedigung bzw. zur Arbeitszufriedenheit führen. Durch die Berücksichtigung bestimmter Merkmale, z.B. "Variabilität, Ganzheitlichkeit, Bedeutung, Autonomie und Feedback"[213] bei der Gestaltung der Arbeitsaufgabe, wird versucht, an bestimmte Bedürfnisse wie Selbständigkeit, Freiheit, Zuständigkeit und Selbstverwirklichung direkt anzuknüpfen, um die positiven Auswirkungen der intrinsischen Motivation auf Leistung und Zufriedenheit zu nutzen.

### 3.3.1.3.2 Sozialer Kontext

Der Einfluß des sozialen Kontextes auf individuelles Verhalten ergibt sich durch den Einfluß interpersoneller Beziehungen vor allem auf die Befriedigung individueller sozialer Bedürfnisse. Der soziale Kontext konstituiert sich duch das *soziale Leitbild* und durch das allgemeine *Niveau der Interaktionen in der Organisation*. Zudem ergibt sich der soziale Kontext durch die konkreten *horizontalen Interaktionen* zwischen den Mitgliedern einer Gruppe und durch die konkreten *vertikalen Interaktionen* zwischen einem Vorgesetzten und weisungsmäßig unterstellten Mitarbeitern. Die horizontalen Interaktionen sollen als *Team- bzw. Gruppeninteraktionen* bezeichnet werden, die vertikalen Interaktionen sollen als *Führungsinteraktionen* aufgefaßt werden. Durch die Führungsinteraktion und die Team-/Gruppeninteraktion bilden

---

[212] Vgl. Engelhard, Leistungsdeterminanten, 1992, Sp. 1261.
[213] Hackman / Oldham, Work Redesign, 1980, S. 77 und 81.

sich Rollen und damit auch Machtverhältnisse heraus, die sowohl formaler als auch informaler Natur sein können.

Die Beeinflussung des individuellen leistungsorientierten Verhaltens durch den sozialen Kontext ist bereits seit den Hawthorne-Studien der 30er Jahre Gegenstand der organisationspsychologischen Forschung.[214] Das Ziel solcher Untersuchungen besteht darin, den Einfluß von sozialen Beziehungen auf die Leistungsmotivation und das Leistungshandeln zu erforschen, die durch Kooperation und Konkurrenz, Gruppenbildung, Gruppenziele und Gruppenleistung entstehen.[215] Neben dem motivationspsychologischen Einfluß des sozialen Kontextes, der letztlich durch die sozialen Bedürfnisse wie Zugehörigkeit, Geselligkeit, Anerkennung und Ansehen verursacht wird, üben auch kognitive Prozesse des sozialen Kontextes einen großen Einfluß auf individuelles Verhalten aus. Die Wahrnehmung des sozialen Kontextes wirkt, wie bereits herausgestellt, über soziale Vergleichsprozesse und über Kausalattribution auf die Erwartungsbildung und auf emotionale Reaktionen und beeinflußt so das Verhalten. Eine zentrale Bedeutung spielt der soziale Kontext auch in den Theorien des sozialen Lernens, insbesondere in der Theorie des Beobachtungs- bzw. Modellernens nach Banduras und Walters. Nach diesen Theorien können sich Personen Erwartungen und Interpretationen sowie Wissen und Fertigkeiten durch das Beobachten anderer Personen aneignen.[216] Der Erwerb der Verhaltensdeterminanten des kognitiven Subsystems geschieht also - wie im Behaviorismus unterstellt - nicht nur durch eigene Erfahrungen, sondern auch durch Modellbeoachtung im sozialen Kontext. Nachfolgend sollen kurz die einzelnen Komponenten des sozialen Kontextes vorgestellt werden.

> ... the first section of ABB's statement of values is listed as 'Corporate Unity'. Elaborating on this core value the policy bible defines clearly ... the expectation that individuals and groups would interact 'with mutual confidence, respect and trust ... to eliminate the we/they attitude ... and to remain flexible, open and generous.[217]

*Soziales Leitbild:* Die Art und Weise des Verhaltens im sozialen Kontext - wie z.B. der Grad und Umfang der Zusammenarbeit und Kommunikation - hängen wesentlich von den in der Organisation dominierenden sozialen Werten ab. Insbesondere die Umwelt- und Organisationsentwicklungen der letzten Jahre haben dazu beigetragen, daß im Wertesystem der Organisation den sozialen Werte eine zunehmende Bedeutung zugemessen wird. Zu diesen Werten gehören umfangreiche Kollaboration, kollektive Verantwortung, Offenheit in der Kommunikation, gegenseitiger Respekt und Vertrauen.[218]

*Interaktionsniveau der Organisation:* Das zugrunde liegende soziale Leitbild beeinflußt maßgeblich das Niveau bzw. die Qualität der Interaktionen in der Organisation. Der Aus-

---

[214] Rosenstiel, Organisationspsychologie, 1992, Sp. 1620.
[215] Vgl. zum sozialen Kontext der Leistungsmotivation: Weiner, Motivationspsychologie, 1988, S. 175ff..
[216] Vgl. Weiner, Motivationspsychologie, 1988, S. 181ff..
[217] Bartlett / Ghoshal, Beyond the M-Form, 1993, S. 34.
[218] Vgl. z.B. Majchrzak / Wang, Functional Mind-Set, 1996, S. 95; Bartlett / Ghoshal, Beyond the M-Form, 1993, S. 34.

tausch von Informationen, Ressourcen und Wissen hängt wesentlich davon ab, inwieweit kollaboratives Verhalten und kollektive Verantwortung in der Organisation als Werte vorhanden sind und gefördert werden. Die Qualität der Interaktionen ergibt sich durch die Art und Weise, wie Infomationen kollektiv geteilt und interpretiert werden, wie Entscheidungen über strategische oder operative Veränderungen in gemeinsamen Diskussionen erarbeitet werden, wie persönliche Netzwerke gebildet und genutzt werden oder wie die Zugänglichkeit zu dezentral verteiltem Wissen sichergestellt wird.[219] Auch die Sprache beeinflußt die Qualität der Interaktionen in der Organisation. Sie dient einerseits dazu, Ideen zu kommunizieren, andererseits vermittelt sie oft implizit soziale Werte, wie etwa Respekt oder Anerkennung.[220]

*Horizontale Interaktion - Team-/Gruppeninteraktion:* Der Zusammenhang zwischen der Team-/Gruppeninteraktion und leistungsorientiertem Verhalten hängt von der Attraktivität der Gruppe für den Einzelnen, der sogenannten *Gruppenkohäsion*, und von der gemeinsam als gültig betrachteten *Leistungsnorm der Gruppe* ab. Die Gruppenkohäsion ist

> ... dabei im wesentlichen eine Funktion der wahrgenommen Instrumentalität (sensu Vroom) der Mitgliedschaft in dieser Gruppe für die Befriedigung der [sozialen] Bedürfnisse.[221]

Die Gruppenkohäsion führt über Prozesse der Normierung und des sozialen Drucks zu einer Konformität des Verhaltens, d.h. die Handlungen entsprechen den überindividuellen Standards der Gruppe, so daß die Varianz der Verhaltensweisen sinkt.[222] Dabei besteht eine positive Korrelation nur zwischen der Höhe der Gruppenkohäsion und der Varianz des Leistungsverhaltens.[223] Die Höhe der Gruppenkohäsion korreliert dagegen nur dann positiv mit der Leistungshöhe, wenn die Leistungsnorm der Gruppe hoch ist.[224] Eine hohe Leistung wirkt wiederum auf die Gruppenkohäsion zurück, insbesondere dann, wenn die Gruppenziele mit den gestellten Leistungsanforderungen identisch sind und ein Mindestmaß an Kooperation zur Erreichung der Leistung erforderlich war.[225] Aus diesen Thesen ergeben sich Implikationen für eine leistungsoptimale Gestaltung von Arbeitsgruppen bzw. Teams. Durch die Größe und Zusammensetzung der Gruppe, die Kontakthäufigkeit ihrer Mitglieder und die Art der zu bewältigenden Aufgaben läßt sich z.B. die Attraktivität und damit die Gruppenkohäsion steigern. Eine minimale Differenz zwischen Gruppenzielen und Organisationszielen sowie die Gemeinsamkeit bei der Aufgabenlösung sichern eine positive Rückkopplung. Diese Gestaltungsinformationen dürfen allerdings nicht darüber hinweg täuschen, daß hohe Gruppenkohäsion und Verhaltenskonformität sich in bestimmten Situationen auch nachteilig auf die Leistung auswirken können, z.B. wenn veränderte Situationen einen Bruch in den Verhaltensweisen erfordern.

---

[219] Vgl. Simons, Control, 1995, S. 86; Bartlett / Ghoshal, Beyond the M-Form, 1993, S. 34.
[220] Vgl. zur Bedeutung der Sprache: Tannen, Power of Talk, 1995.
[221] Gebert / Rosenstiel, Organisationspsychologie, 1989, S. 123.
[222] Vgl. Hackmann, Group influences, 1976, S. 1496ff.; Witte, Verhalten, 1979, S. 129ff..
[223] Vgl. Irle, Sozialpsychologie, 1975, S. 487; Hackman, Group influences, 1976, S. 1516.
[224] Vgl. Irle, Sozialpsychologie, 1975, S. 487; Hackman, Group influences, 1976, S. 1516.
[225] Gebert / Rosenstiel, Organisationspsychologie, 1989, S. 128.

*Vertikale Interaktion - Führungsinteraktion:* Die vertikale Interaktion der Führung ist neben der horizontalen Interaktion eine weitere bedeutende Leistungsdeterminante des sozialen Kontextes. Als Führung soll " ... die unmittelbare absichtliche und zielbezogene Einflußnahme einer Person auf das Verhalten der Mitglieder einer Arbeitsgruppe ..."[226] bezeichnet werden. Nach der Modellskizze individuellen Verhaltens kann eine solche Einflußnahme durch Bereitstellung von Anreizen, durch Beeinflussung kognitiver Prozesse der Erwartungsbildung oder Attribution sowie durch Steigerung von Fertigkeiten und Wissen geschehen.[227] Insbesondere erhalten Vorgesetzte im Rahmen des Modellernens große Einflußmöglichkeiten. Einerseits können Instrumentalitätserwartungen zwischen Handlungsergebnissen und ihren Folgen durch konsistentes Führungsverhalten verstärkt werden, andererseits besitzen sie als Vorbilder eine Modellfunktion im Beobachtungslernen. Neben motivationspsychologischen Ansätzen zur Erklärung von Führungserfolg gibt es personalistische[228] und kontingenztheoretische[229] Ansätze. Erstere erklären Führungserfolg durch die Eigenschaft der führenden Person, letztere betonen die Bedeutung des situativen Kontextes als Determinante des Führungserfolges. Nach dem motivationspsychologischen Modell ist Führungsverhalten, wie jedes Verhalten, eine Funktion von Person *und* Umwelt. Der Führungserfolg, d.h. der positive Einfluß der Führung auf die Leistung einer Gruppe bzw. eines Individuums, wird durch das Führungsverhalten determiniert, das sich als Funktion der Eigenschaften der vorgesetzen Person und des situativen Kontextes ergibt. Als wichtige situative Variablen in Bezug auf das Führungsverhalten werden Merkmale der Aufgabenstruktur, Merkmale der Geführten und Merkmale der Gruppe genannt.[230] Wiederum zeigt sich, daß individuelles Verhalten durch ein komplexes und reflexives Netz interdependenter Beziehungen überdeterminiert ist.

### 3.3.1.3.3 Mentaler Kontext

Der organisationale Kontext besitzt verhaltensdeterminierende immaterielle, ideelle Eigenschaften, die über die eher materiellen funktionalen und sozialen Merkmale hinausgehen und im mentalen Kontext zusammengefaßt werden sollen. Der mentale Kontext beinhaltet die mentalen Vorstellungs- und Orientierungsmuster der Organisation, die das individuelle Verhalten und die individuelle Leistung beeinflussen. Er konstituiert sich aus dem mentalen Leitbild, den Normen und Standards und den Symbolsystemen.[231]

> HP's core ideology ... includes a deep respect for the individual, a dedication to affordable quality and reliability, a commitment to community responsibility ..., and a view that the company exists to make technical contributions for the advancement and welfare of humanity.[232]

---

[226] Ebda., S. 150.
[227] Vgl. die führungspsychologischen Weg-Ziel-Theorien nach Evans, House und Neuberger, in denen zur Erklärung des Führungserfolgs erwartungswerttheoretische Motivationskonzepte herangezogen werden: ebda., S. 156.
[228] Vgl. zur Darstellung des personalistischen Ansatz: ebda., S. 150ff..
[229] Vgl. Kontingenzansatz von Fiedler bzw. allgemeine Kontingenzansätze: ebda., S. 161ff..
[230] Vgl. ebda., S. 164.
[231] Vgl. zu dieser Dreiteilung: Schein, Organizational Culture, 1985, S. 14.
[232] Vgl. Collins / Porras, Vision, 1996, S. 66.

*Mentales Leitbild:* Das mentale Leitbild ist die metaphysische Glaubensbasis der Organisation, die aus einer eher statischen, auf die Gegenwart gerichteten Komponente der *Kernideologie* und aus einer eher dynamischen, auf die Zukunft gerichteten Komponente der *Vision* besteht.[233] Die Kernideologie beantwortet die Frage, weshalb existiert die Organisation und wofür steht sie; die Vision beantwortet die Frage, wohin geht die Organisation, was will sie erreichen und schaffen. Die Kernideologie besteht aus zwei wesentlichen Komponenten, dem *Kernzweck* und den *Kernwerten* der Organisation. Der *Kernzweck* ist der 'raison d'être' der Organisation, der sinnstiftende fundamentale Zweck, der die einzelnen Mitglieder der Organisation inspiriert, motiviert und anleitet, einen wertvollen Beitrag für die Gesellschaft zu leisten.[234] Im Unterschied zu einem Zweckbegriff i.e.S. hat der Kernzweck einen missionarischen und idealistischen Inhalt, der sich z.B. an allgemeinen Werten wie gesellschaftlicher Wohlfahrt und öffentlichem Interesse orientiert.[235] Während sich der Zweck i.e.S. innerhalb weniger Jahre ändern kann - beispielsweise von der Herstellung von Schreibmaschinen zu der von Computern - kann der Kernzweck - die Unterstützung bei der Anfertigung von Dokumenten und bei der Verbreitung von Informationen und Wissen - über Jahrzehnte gültig bleiben.

Die *Kernwerte* verkörpern eine geringe Anzahl von Leitprinzipien über die Art und Weise, wie die Organisation Wert schöpft, über das angestrebte Leistungsniveau und über die Verhaltensweisen der Organisationsmitglieder im Innen- und Außenverhältnis.[236] Die Kernwerte rekurrieren auf die intrinsischen Motive der Organisationsmitglieder, so daß auf eine extrinsische Begründung bzw. Rechtfertigung verzichtet werden kann.[237] Wie der Kernzweck wirken die Kernwerte inspirierend und motivierend auf das individuelle Verhalten und zwar entlang der vorgegebenen Richtung.

Die *Kernideologie* begründet die Identität der Organisation aus einer statischen Perspektive. Das mentale Leitbild einer Organisation hat auch eine visionäre, auf die Zukunft ausgerichtete Komponente, die für eine Zeispanne von 10 bis 30 Jahren Ziele setzt und den visionären Zustand beschreibt.[238] Kernideologien und Visionen konstituieren sich nicht durch ihre schriftliche Fixierung. Sie entfalten ihre verhaltensdeterminierende Kraft nur dann, wenn sie als "grundlegende Orientierungs- und Vorstellungsmuster"[239] auf den individuellen Werten, Motiven und Verhaltensweisen basieren.

*Normen und Standards:* Normen und Standards sind "*konkretisierte* Wertvorstellungen und Verhaltensstandards,"[240] die motivationspsychologische und kognitive Prozesse beeinflussen

---

[233] Vgl. ebda., S. 66ff.
[234] Vgl. ebda., 1996, S. 68; Bartlett / Ghoshal, Beyond the M-Form, 1993, S. 38f.
[235] Vgl. das einleitende Motto; vgl. den "core purpose" von ABB in: ebda., S. 39.
[236] Vgl. Simons, Control, 1995, S. 82; vgl. auch: Schein, Organizational Culture, 1985, S. 86.
[237] Vgl. Collins / Porras, Vision, 1996, S. 66.
[238] Vgl. ebda., a.a.O..
[239] Schreyögg, Organisationskultur, 1992, Sp. 1528.
[240] Ebda., a.a.O. (Herv. d. Verf.).

können und so individuelles Verhalten determinieren. Diese werden mit zunehmender Bedeutung neuer Organisationsprinzipien - wie etwa dem *dezentralem Unternehmertum* - nicht als Gebote, sondern als Verbote formuliert.[241] Dadurch soll einerseits der gewonnene Spielraum für autonomes Handeln nicht zu stark begrenzt werden, andererseits sollen der dezentralen Geschäftstüchtigkeit klare Grenzen aufgezeigt werden, um das Unternehmen vor allem langfristig vor Schaden zu bewahren. Solche Verhaltensnormen können je nach Industriekontext auf die Vermeidung bestimmter Kunden oder Marktsegmente, auf den vertraulichen Umgang mit Klienteninformationen oder auf die Einhaltung von Umweltschutzauflagen gerichtet sein. Die Verletzung solcher Normen und Standards wird entsprechend bestraft - nicht zuletzt wegen der Vorbildfunktion und Signalwirkung für die gesamte Organisation.

*Symbolsysteme:* Symbolsysteme schließlich sind Vermittlungs- und Darstellungsmuster des mentalen Leitbilds und der Normen und Standards.[242] Zu ihnen lassen sich sprachliche Artefakte wie etwa Anekdoten, Geschichten und Legenden von Firmengründern bzw. bedeutenden Ereignissen oder eine organisationsspezifische Semantik mit eigenen Begriffen zählen. Desweiteren gehören zu den Symbolsystemen auch dingliche Artefakte wie z.B. Architektur, Logoi, Insignien und Kleidung oder auch interpersonale Artefakte wie z.B. Bräuche, Ritualien und Zeremonien für den täglichen Umgang der Mitarbeiter und für herausragende Ereignisse wie etwa Einstand, Beförderung und Belobigung.[243]

Das Konzept des mentalen Kontextes bedarf einer Abgrenzung zum Konzept der *Organisationskultur.*[244] Die Organisationskultur ist nicht mit dem mentalen Kontext, sondern mit einem Phänomen gleichzusetzen, das den funktionalen, sozialen und mentalen Kontext prinzipiell in gleicher Weise betrifft. Allerdings sind die Eigenschaften der Organisationskultur, wie etwa die Eigenschaften eines unbewußten und impliziten Phänomens, ausgeprägter im mentalen Kontext vorhanden, während auf den funktionalen und sozialen Kontext im stärkeren Umfang die Eigenschaften von Struktur-, Prozeß- oder Systemkonzepten zutreffen.[245]

Der mentale Kontext ist nicht ein vom Individuum losgelöstes Konstrukt, sondern er konstituiert sich letztlich durch die Werte, Motive, Einstellungen und Erwartungen des Individuums.[246] Der mentale Kontext ist zugleich ein Resultat von individuellem Verhalten und eine Determinante für individuelles Verhalten. Letzterer Zusammenhang läßt sich als ein Wirkmechanismus von kollektiven Normen und Standards sowie Wahrnehmungs- und Interpretationsmustern auf individuelle motivationspsychologische und kognitive Prozesse ableiten. Es gibt empirische Befunde, die diesen Zusammenhang bestätigen. So ergaben die Untersuchun-

---

[241] Vgl. Simons, Control, 1995, S. 84.

[242] Vgl. Schein, Organizational Culture, 1985, S. 14.

[243] Vgl. Holling / Müller, Organisationspsychologie, 1993, S. 63.

[244] Vgl. zur Definition der Organisationskultur: Schein, Organizational Culture, 1985, S. 5ff. und Schreyögg, Organisationskultur, 1992, Sp. 1526.

[245] Die häufig verwendeten Organisationskomponenten Kultur, Strategie, Struktur und Systeme verlaufen quasi horizontal zu dem Modell der organisationalen Kontexte.

[246] Vgl. die individuale Prägung des Organisationskulturbegriffes z.B. in Bleicher, Unternehmungskultur, 1992, Sp. 2243.

gen von Holland, daß die Wahl des Arbeitsplatzes, das Verbleiben und der Aufstieg innerhalb der Organisation vom Grad der Übereinstimmung der Motiv- und Wertstruktur zwischen der Person und der Organisation abhängt.[247]

Die verhaltensdeterminierende Wirkung des mentalen Kontextes wird in Zukunft an Bedeutung gewinnen. Denn bei einer zunehmenden Dynamisierung der Umwelt, die sich vor allem auf den funktionalen und sozialen Kontext auswirkt, erhält der mentale Kontext als ordnungsgenerierende, stabilisierende und sinnstiftende Funktion für die individuelle Identitätssicherung und Orientierung zunehmende Bedeutung.

### 3.3.1.3.4 Formales Organisationsmodell vs. reales Organisationsverhalten

Die organisationalen Kontexte weisen hinsichtlich der Beeinflussung des individuellen Verhaltens zwei wichtige Aspekte auf. Erstens, die Komponenten der organisationalen Kontexte bilden ein *interdependentes, dynamisches und komplexes Netz wechselseitiger Beziehungen*, so daß die Interventionen in einem Kontext nicht nur zu den direkt bezweckten Effekten führen, sondern auch indirekte u.U. kontraproduktive Verhaltensveränderungen bewirken können. So kann beispielsweise die Gratifikation der Leistung eines einzelnen Mitarbeiters durch das formale Anreizsystem nicht zu einer Verstärkung des leistungsorientierten Verhaltens in der Zukunft führen, wenn der Erfolg durch Ursachen erklärt wird, die von der Person nicht kontrollierbar sind. Eine solche Kausalattribution des Erfolgs wird nicht nur die individuelle Erfolgserwartung und Verhaltenstendenz der belohnten Person nicht steigern, sondern kann zudem zu negativen interpersonellen Bewertungen in der Arbeitsgruppe der entsprechenden Person führen.[248] Die positiven Gefühle des Glücks und der Dankbarkeit werden durch die negativen Gefühle fehlender sozialer Anerkennung überlagert.

Zweitens, das *formale Organisationsmodell* und das *reale Organisationsverhalten* sind in der Regel nicht deckungsgleich (vgl. Tabelle 3-5).[249] Nach dem Modell zur Erklärung individuellen Verhaltens sind es nicht die objektiven Eigenschaften der Umweltobjekte, die die Handlungsmotive entfalten, sondern die Wahrnehmung derselben. Analog ist es nicht die objektive Situation, die die Erwartungsbildung determiniert, sondern die subjektiven Interpretationen derselben. Folglich beeinflußt die formale Gestaltung der organisationalen Kontexte nur über ihre informale Auslegung das leistungsorientierte Verhalten. Dissonanzen zwischen der formalen Ebene und der informalen Ebene können dazu führen, daß sich eine Kluft zwischen einem Idealbild der Führungsebene und dem Realbild der ausführenden Ebene öffnet. Informationen und Signale der ausführenden Ebene können falsch interpretiert werden. Kausalattributionen der Führungsebene können auf nicht zutreffende Ursachen verweisen, so daß entsprechende Reaktionen nicht die tatsächlichen Probleme lösen. Interventionsprogramme unterliefen der Gefahr, daß eine bestehende ideal-formale Ebene durch eine neue ersetzt wird, ohne

---

[247] Vgl. Holland, Making Vocational Choices, 1985.
[248] Vgl. Weiner, Motivationspsychologie, 1988, S. 295.
[249] Vgl. auch Falle Nr. 8 in Kapitel 1.2.2.

daß sich die organisationale Leistung verbessert bzw. die Transmission zwischen Führungsebene und ausführender Ebene wieder hergestellt wird.

| | Funktionale Perspektive | Soziale Perspektive | Mentale Perspektive |
|---|---|---|---|
| Ideales/ formales Organisationsmodell | • Offiziell proklamierte funktionale Leitbilder. Zwecke und Ziele<br>• Formal definierte Aufgaben- und Fähigkeitenportfolios<br>• Schriflich konzipierte Ablauf- und Aufbaustrukturen<br>• Formal definierte Steuerungs- und Entscheidungssysteme<br>• Offizielle formelle Anreizsysteme<br>• Aufgaben-/Arbeitsplatzbeschreibungen | • Schriftlich fixierte soziale Leitbilder<br>• Offizielle Interaktionswege und -systeme<br>• Definierte Regeln für Team- und Gruppenarbeit<br>• Führungsrichtlinien | • Offiziell proklamierte mentale Leibilder: Kernideologie und Vision<br>• Niedergeschriebene und kommunizierte Verhaltensnormen und -standards<br>• Vorgegebene Symbole und symbolische Aktionen |
| Reales/ informales Organisationsverhalten | • Tatsächlich politische Zwecke und individuelle Ziele<br>• Zufällig und unkontrolliert entstandene Aufgaben- und Fähigkeitenportfolios<br>• "Gelebte" Abläufe und Strukturen des "Tagesgeschäfts"<br>• Faktische Steuerungs- und Entscheidungswege<br>• Spontane, unstrukturierte Anreizwirkungen durch alle Kontexte<br>• Individuelle Arbeitsweisen | • Interfunktionale Barrieren: Sprache, Vorurteile etc.<br>• Informale Kommunikationswege<br>• Faktische Gruppendynamik: Rollendifferenzierung etc.<br>• Individuelle Führungsstile | • Kollektive Sinnstiftung und individuelle Werte<br>• Praktisch bewährte Verhaltensregeln<br>• Individuelle Interpretation von Symbolen und symbolischen Aktionen |

*Tabelle 3-5: Potentielle Dissonanzen zwischen formalem Organisationsmodell und realem Organisationsverhalten[250]*

### 3.3.2 Organisationales leistungsorientiertes Verhalten

#### 3.3.2.1 Konstitution des organisationalen Verhaltens durch die Organisationsmitglieder

Organisationales leistungsorientiertes Verhalten entsteht aus dem individuellen leistungsorientierten Verhalten einer Vielzahl von Personen, die zueinander in wechselseitigen Beziehungen stehen und deren Verhalten durch die subjektiven Ausprägungen der Verhaltensdeterminanten beeinflußt wird. Zur Ableitung eines Modells zur Erklärung des organisationalen Verhaltens aus dem individualpsychologischen Modell lassen sich folgende Vorgehensweisen wählen: (a) Konstruktion des Modells organisationalen Verhaltens als summarische Addition der individualpsychologischen Modelle der Organisationsteilnehmer mit allen wechselseitigen Beziehungen, (b) Übertragung des individualpsychologischen Modells auf Institutionen als *'Quasi-Handlungsträger'*[251] und (c) Ableitung einer zum individualpsychologischen Modell kompatiblen Theorie organisationalen Verhaltens. Die Alternative (a) ist zum einen aufgrund

---

[250] In Anlehnung an: Türk, Neuere Entwicklungen, 1989, S. 47.
[251] Vgl. Schanz, Erkennen, 1988, S. 67.

der Komplexität und zum anderen aufgrund des hohen Determinismus eines solchen Modells abzulehnen. Die Alternative (b) geht, wie bereits in Kapitel 2.1.4 diskutiert, implizit von der These aus, daß das Ganze der Summe der Teile entspricht. Die unzureichende institutionelle Sichtweise dieser Alternative wird durch Alternative (c) überwunden, die folglich diesem Vorgehen zugrunde liegt. Bei der Herleitung des Modells des organisationalen Verhaltens soll zunächst an der *Theorie organisierenden Handelns* nach Weick, insbesondere an dem Konzept der *"Enactment Processes"* angeknüpft werden.[252]

Weick betont den reproduktiven Charakter individuellen und organisationalen Verhaltens, die sich in sog. *"Enactment Processes"* gegenseitig konstituieren.[253] Organisationales Verhalten wird durch individuelles Verhalten dadurch begründet, daß sich individuelle kognitive Prozesse der Wahrnehmung oder Interpretation durch soziale Interaktion zu '*überlappenden kognitiven Mustern*' der Organisation verdichten, die als Orientierungsmuster für Interpretation und Handeln dienen.[254] Am Beispiel eines Orchesters erklärt Weick, daß sich individuelle kognitive Muster, die z.B. den Zusammenhang zwischen der zugeschriebenen Klasse eines Komponisten und der Güte der musikalischen Darbietung abbilden, über die sozialen Prozesse des erstmaligen Aufführens und der anschließenden gemeinsamen Kritik einander angleichen. Die Bildung solcher überlappender kognitiver Muster ist nach Weick eine wichtige Voraussetzung für die Kooperation der individuellen Musiker und ihrer Töne zu einem harmonischen Orchester und seiner Darbietung.[255] Neben dieser kognitiven Konstitution wird das organisationale Verhalten materiell durch die Bereitstellung der Arbeitskraft, d.h. durch das individuelle Handeln konstituiert. Organisationale Strukturen und Prozesse werden folglich durch kollektive Interpretations- und Handlungsmuster erzeugt, die sich durch soziale Interaktionen herausbilden.

Individuelles Verhalten wird nun seinerseits durch organisationales Verhalten und seine Manifestation in immateriellen und materiellen Interpretations- und Handlungsmustern beeinflußt. Dabei ist zu berücksichtigen, daß die Organisationsmitglieder nur partiell der Organisation angehören, da sie sich auch in anderen sozialen Kontexten bewegen.[256] Dies führt dazu, daß u.U. Konflikte zwischen dem Orientierungsmuster der Organisation und dem der Familie oder anderer sozialer Kontexte auftreten können.

Übertragen auf das Modell des leistungsorientierten Verhaltens folgt aus diesem Konzept, daß die Objekte und Artefakte des funktionalen, sozialen und mentalen Kontextes ihre verhaltensdeterminierende Kraft nur dann entfalten, wenn sie in Form von kollektiven Wahrnehmungs- bzw. Interpretations- und Handlungsmustern konstituiert und ständig reproduziert werden.

---

[252] Vgl. Weick, Enactment Processes, S. 267-300; Weick, Cognitive Processes, 1979, S. 41-74, insbesondere S. 47.
[253] Vgl. Weick, Enactment Processes, 1977, S. 291, vgl. Bezüge zum psychologischen Konstruktivismus nach Watzlawik und zum Konzept der Autopoiesis nach Maturana / Varela.
[254] Vgl. ebda., S. 295.
[255] Vgl. ebda., S. 295f.
[256] Vgl. das Konzept des partiellen Einschlusses: Allport, Structuronomic Conception, 1962, S. 3ff..

Damit erklären sich auch die möglichen Dissonanzen zwischen dem formalen Organisationsmodell und dem realen Organisationsverhalten. Die Objekte der Kontexte - z.B. das Führungsleitbild der Organisation - konstituieren sich durch kollektive Muster auf Basis individueller Einstellungen und Handlungen in Bezug zur Führung. Die Formulierung des Führungsleitbildes ist in diesem Konstitutionsprozeß nur eine Determinante, die wirkungslos bleibt, wenn die reproduzierten kollektiven Interpretations- und Handlungsmuster der Führung inhaltlich davon divergieren.

*Abbildung 3-11: Wechselseitige Konstitution organisationalen und individuellen Verhaltens*[257]

Nach dem Konzept der *'Enactment Processes'* konstituieren Individuen durch ihre Wahrnehmungen und ihr Verhalten in sozialen Interaktionsprozessen die Organisation und organisationales Verhalten. Das Verhältnis zwischen den organisationalen Kontexten und dem Individuum ist dabei als ein "*ko-evolutionäres Korrespendenzverhältnis*"[258] zu verstehen, das vom Individuum durch die Identitätssicherung und Grenzziehung sowie durch die Bedürfnisse nach Selbstverwirklichung, Zuständigkeit, Selbständigkeit und Freiheit gesteuert wird. Mangelnde Beteiligung und Kontrolle des Einzelnen bei der Konstruktion der organisationalen Kontexte führt dazu, daß nicht-konforme Interpretationen und Handlungen zur Wahrung der Identität vorgenommen werden.[259] Hingegen führt wahrgenommene Kontrolle - z.B. durch das Übereinstimmen individueller und organisationaler Entwicklungspfade oder durch hohe Autonomie der Arbeitsaufgaben - zu positiven emotionalen Reaktionen und fördert leistungsorientiertes Verhalten. Diese wenigen Anmerkungen mögen die Kompatibilität des Weickschen Konzepts mit dem erweiterten motivationspsychologischen Modell für leistungsorientiertes Verhalten andeuten.

---

[257] In Anlehnung an das Konzept der "*Enactment Processes*": Weick, Enactment Processes, 1977, S. 295f..
[258] Stolz / Türk, Individuum und Organisation, 1992, Sp. 852.
[259] Vgl. zur Wahrnehmung von Kontrolle die Attributionstheorie; zur Identitätssicherung das Konzept der Grenzziehung.

Das Konzept der 'Enactment Processes' führt zwar alle organisationsgestaltenden Maßnahmen letztlich auf das Individuum zurück, knüpft allerdings an organisationale Orientierungsmuster und Prozesse an, die über eine rein individualpsychologische Perspektive hinausgehen. Zu den organisationalen Prozessen, die sich mit dem Konstitutionsmodell aus dem psychologischen Erklärungsansatz ableiten lassen, können auch die Prozesse der *Selbstorganisation* und des *organisationalen Lernens* gezählt werden. Dabei sollen die individuelle bzw. (sozial-)psychologische und die organisationale bzw. organisationstheoretische Ebene in ihrer Determinierung des leistungsorientierten Verhaltens prinzipiell als gleichbedeutend betrachtet werden. "Organisierende Tätigkeit der Menschen und Selbstorganisation des Systems interagieren."[260]

### 3.3.2.2 Konstitution des organisationalen Verhaltens durch organisationale Handlungstheorien

Zentraler Bestandteil des Weickschen Konstitutionskonzepts organisationalen Verhaltens sind die kollektiven Orientierungsmuster, die einerseits durch überlappende Kognitionen und konformes Handeln der Individuen entstehen und andererseits individuelle Kognitionen und Handeln wiederum beeinflussen. Die kollektiven Orientierungsmuster entsprechen insofern *organisationalen Handlungstheorien*, die bewußt oder unbewußt organisationales Handeln für die Organisation selbst erklären und gestalten.

Das Konzept der *organisationalen Handlungstheorien* entspricht den Konzepten des "Organizations as a body of thought" bzw. "Organization as a body of schemata" nach Weick,[261] der "Theories-in-use" nach Argyris / Schön,[262] dem Konzept der "Local theories" nach Elden[263] oder dem Konzept der "Paradigmatic Frameworks" nach Duncan / Weiss.[264] Als organisationale Handlungstheorien sollen kollektiv geteilte Erwartungen über die funktionalen Zusammenhänge zwischen den Zielen der Organisation, der Umwelt, der organisationalen Kontexte sowie der Organisationsteilnehmer und ihrer Handlungen bezeichnet werden. Sie beziehen sich auf die soziale Konstruktion organisationsinterner und -externer Realität. Organisationale Handlungstheorien entstehen durch 'Enactment Processes'. Sie manifestieren sich in kollektiven Orientierungsmustern, mit denen Situationswahrnehmungen bestimmten Handlungstypen zugeordnet werden. Als organisationale Handlungstheorien sollen nicht nur vollständige Modelle zur Erklärung von organisationaler Leistung oder der Veränderung derselben verstanden werden, sondern auch Aussagen über einzelne Zusammenhänge etwa zwischen den Eigenschaften eines Anreizsystems und dem Verhalten bestimmter Mitarbeitergruppen.

---

[260] Weick, Prozeß des Organisierens, 1985.
[261] Vgl. Weick, Cognitive Processes, 1979, S. 48-61, insbesondere S. 53.
[262] Argyris / Schön, Organizational Learning, 1978.
[263] Elden, Democratization, 1983, S. 21-33.
[264] Vgl. Duncan / Weiss, Organizational Learning, 1979, S. 9; die Rezeption des Paradigma-Begriffs nach Kuhn.

Nach der Einführung des Konzepts der organisationalen Handlungstheorien bedarf es einer Abgrenzung zum *mentalen Kontext* und dem *Konzept der Organisationskultur*. Organisationale Handlungstheorien können auch Objekte des mentalen Kontext in den funktionalen Zusammenhang integrieren. So könnte die organisationale Handlungstheorie zur Durchführung eines Veränderungsprozesses etwa folgenden funktionalen Zusammenhang unterstellen:

> Ein erfolgreicher Veränderungsprozeß startet mit der Rekonstruktion der Basisannahmen und der Definition einer neuen Vision, gefolgt von einer Restrukturierung der Kernprozesse und einer anschließenden Mobilisierungskampagne.

In diesem Fall beinhaltet die organisationale Handlungstheorie zur Erzielung erfolgreicher Veränderungsprozesse auch Objekte des mentalen Kontextes.

Auf die Bedeutung der kollektiven Wahrnehmungs-, Interpretations- und Orientierungsmuster der organisationalen Kontexte für individuelles und damit organisationales Verhalten verweist auch das Konzept der *Organisationskultur*, wie es z.B. durch Schein geprägt worden ist.[265] Als Organisationskultur wird (a) ein implizites, in der Regel unreflektiertes Phänomen, (b) ein Ergebnis von Lern- und Sozialisationsprozessen im Umgang mit der internen und externen Umwelt, (c) ein kollektives Wahrnehmungs- und Interpretationsmuster der Umwelt und ihrer Stimuli sowie (d) ein kollektives Orientierungsmuster des individuellen und damit des organisationalen Handelns verstanden.[266]

Die Definition der Organisationskultur zeigt deutliche Parallelen zum Konzept der organisationalen Handlungstheorien. Unterschiede lassen sich in zwei wesentlichen Aspekten feststellen. Erstens, das Konzept der organisationalen Handlungstheorien bezieht sich auf *explizite* und *implizite* Orientierungsmuster, so daß sich aus einer Interventionsperspektive ein breites Spektrum expliziter und impliziter Erklärungs- und Gestaltungsansätze ergibt. Zweitens, das Konzept der organisationalen Handlungstheorien besitzt einen klaren Fokus auf die Zusammenhänge zwischen der organisationalen Leistung und den Orientierungs- und Verhaltensmustern der Organisation und ermöglicht so eine bessere Handlungsperspektive für das Management organisationaler Veränderung.

> The key in these firms is a reliance on a strong, widely shared corporate culture to promote integration across the company and to encourage identification and sharing of information and resources .... The culture also provides consistency and promotes trust and predictability.[267]

Beide Konzepte, das der organisationalen Handlungstheorien und das der Organisationskultur, verweisen auf die verhaltensdeterminierende Wirkung von kollektiven Orientierungsmustern. Das angeführte Motto gibt induktive Hinweise für einen funktionalen Zusammenhang zwischen der 'Qualität' der Organisationskultur bzw. der kollektiven Orientierungsmuster und der organisationalen Leistung. Allerdings konnte eine einfache Hypothese - wie *etwa: „je stärker die Organisationskultur, desto höher die organisationale Leistung"* - bisher weder theoretisch

---

[265] Vgl. zur Definition der Organisationskultur: Schein, Organizational Culture, 1985, S. 9.
[266] Vgl. Schein, Organizational Culture, 1985, S. 5ff.; Schreyögg, Organisationskultur, 1992, Sp. 1526.
[267] Tushman / O'Reilly, Ambidextrous Organizations, 1996, S. 25.

abgeleitet noch empirisch nachgewiesen werden.[268] Es lassen sich zwar Bewertungsdimensionen und damit Operationalisierungskriterien des Begriffs 'Stärke der Organisationskultur' finden, aber bereits die Diskussion von einigen unterstützenden bzw. nicht unterstützenden Aspekten läßt vermuten, daß die Antezedenzbedingungen dieser These so eng formuliert werden müssen, daß der empirische Gehalt sehr niedrig ist.

Es gilt, folgende Fragestellungen zu erörtern: Wann läßt sich eine Organisationskultur als stark bezeichnen? Eine Organisationskultur ist dann stark, wenn sie sich durch hohe Prägnanz, d.h. hohe Klarheit und Konsistenz der Orientierung, durch hohen Verbreitungsgrad, d.h. hohes Ausmaß und Homogenität der individuellen Aufnahme, sowie durch hohe Verankerungstiefe, d.h. umfangreiche Internalisierung und Durchdringung, auszeichnet.[269] Entsprechend dieser Definition weisen starke Organisationskulturen folgende Aspekte auf, die zu hoher Leistung führen können: (1) geringer formaler Regelungsbedarf, (2) rasche Entscheidungsfindung und -umsetzung durch gemeinsame Sprache, konsistente Präferenzsysteme und allseits akzeptierte Visionen, (3) geringer Kontrollaufwand und (4) Motivation, Teamgeist und Engagement.[270] Hingegen kann sich eine negative Korrelation zwischen der Stärke der Organisationskultur und der Leistungshöhe durch folgende Aspekte ergeben: (1) Tendenz zur Ausschließung, (2) Mangel an Flexibilität bei notwendigen Anpassungen, (3) emotionale Barrieren bei der Umsetzung von Ideen und (4) kollektive Vermeidungshaltung zur kritischen Selbstreflexion.[271] Diese Gegenüberstellung zeigt, daß die Differenzierung in starke und schwache Kulturen bzw. kollektive Orientierungsmuster mit den entsprechenden Folgen für die organisationale Leistung problematisch ist, wenn man sie losgelöst vom situativen Kontext führt. Es läßt sich vermuten, daß sich starke Kulturen hoher Homogenität insbesondere in stabilen Situationen gut bewähren, während diese Homogenität in Situationsumbrüchen u.U. kontraproduktiv ist.

Die Diagnose der organisationalen Handlungstheorien ist bedeutend, um leistungsorientiertes Verhalten und seine Veränderung in Organisationen zu verstehen und zu gestalten. Organisationale Handlungstheorien sind in der Regel nicht bewußt, sondern beeinflussen implizit das Handeln in und von Organisationen. Sie manifestieren sich in den Objekten und Artefakten der organisationalen Kontexte. Für die Veränderung organisationalen Verhaltens ist es notwendig, bestehende Handlungstheorien zu hinterfragen, gegebenenfalls zu falsifizieren und durch bessere zu ersetzen.

---

[268] Vgl. Schreyögg, Organisationskultur, 1992, Sp. 1531.
[269] Vgl. ebda., Sp. 1530f.
[270] Vgl.ebda., Sp. 1531f.
[271] Vgl. ebda., Sp. 1532f.

### 3.3.2.3 Konstitution des organisationalen Verhaltens durch organisationale Prozesse

### 3.3.2.3.1 Prozesse der Selbstorganisation

Die Prozesse der Selbstorganisation werden durch individuelle Eigenschaften der Person - insbesondere durch das Grundbedürfnis der Identitätssicherung und die Fähigkeit zur Selbstreferenz - ermöglicht. Nach Probst umfaßt Selbstorganisation

> ... alle Prozesse, die aus einem System heraus von selbst entstehen und in diesem „Selbst" Ordnung entstehen lassen, verbessern oder erhalten, [wobei] ... Ordnung ... in sozialen Systemen das Ergebnis relativ autonomer, auf sich selbst bezogener, reich und vielfältig vernetzter Strukturen und Verhaltensweisen (Handlungen, Operationen) [ist].[272]

Organisationen lassen sich als selbstorganisierende Systeme auffassen.[273] In ihnen ist Ordnung nicht nur das Ergebnis zielorientierten Organisierens, sondern auch das Ergebnis kollektiver Interpretations- und Handlungsmuster und umfaßt so *alle* Strukturen und Verhaltensweisen in der Organisation. Ordnung manifestiert sich in dem eingeführten Modell im funktionalen, sozialen und mentalen Kontext der Organisation; sie generiert sich nicht nur durch die formale Gestaltung der Objekte, sondern vor allem durch ihre informale Auslegung in kollektiven Handlungs- und Wahrnehmungsprozessen.

Das Konzept der Selbstorganisation kann zur Erklärung von Aspekten des organisationalen Verhaltens herangezogen werden, bei denen individualpsychologische Theorien ungeeignet erscheinen. Dazu lassen sich die Charakteristiken selbstorganisierender sozialer Systeme wie Autonomie, Komplexität, Redundanz und Selbstreferenz[274] heranziehen.

*Identitätssicherung und Selbsterhaltung als Ziele selbstorganisierender Systeme*

Nach dem Konzept autopoietischer Systeme nach Maturana und Varela ist das oberste Ziel der Aktivitäten des Systems die Sicherung der Identität, wobei unter Identität "... das einzigartige Muster der Relationen der systemkonstituierenden Komponenten und ihrer Relationen"[275] verstanden wird. Diese Zieldefinition übernehmen wir für die Selbstorganisation, da selbstorganisierende Systeme Eigenschaften wie Selbstreferenz oder Autonomie aufweisen, die auch für autopoietische Systeme charakteristisch sind.[276] Der Identitätssicherung dient die Selbsterhaltung als ein untergeordnetes Ziel.

*Organisationale Handlungstheorien als Referenzsystem*

Das Konzept der organisationalen Handlungstheorien ist als Referenzsystem bedeutend für die

---

[272] Probst, Selbstorganisation, 1992, Sp. 2255f..

[273] Vgl. Probst, Selbst-Organisation, 1987; Hejl, Soziale Systeme, 1990; Baitsch, Organisationen, 1993; Knyphausen-Aufseß, Theorie, 1995, S. 339f.; "die dafür nötigen Kenzeichen wie Komplexität, Selbstreferenz, Redundanz und Autonomie sind bei Arbeitsorganisationen vorzufinden": Baitsch, Organisationen, 1993, S. 40.

[274] Vgl. Probst, Selbstorganisation, 1992, Sp. 2259.

[275] Maturana / Varela, Baum der Erkenntnis, 1987, S. 23.

[276] Vgl. zum Verhältnis Autopoiesis vs. Selbstorganisation: Baitsch, Organisationen, 1993, S. 18.

organisationalen Prozesse der Selbstreflexion und des Lernens. Wahrgenommener Erfolg oder Mißerfolg wirkt in Abhängigkeit der vorgenommenen Kausalattributionen auf die organisationalen Handlungstheorien zurück. Die Handlungstheorien können dadurch hinterfragt und geändert werden - mit den entsprechenden Anpassungen in den organisationalen Kontexten. Die Möglichkeit zur Selbstreflexion der organisationalen Handlungstheorien ist allerdings, wie bereits angedeutet, begrenzt. Die Einführung neuer Orientierungsmuster wird man in der Regel nicht den Verfechtern der alten Handlungstheorien zutrauen. In diesem Zusammenhang erscheint die Rekonstruktion von Handlungstheorien durch Externe vorteilhaft zu sein.

*Selbstreferenz und die Fähigkeit zur Veränderung*

Selbstreferenz erscheint im Zusammenhang mit organisationalen Veränderungsprozessen als ein besonders bedeutendes Charakteristikum von Organisationen. Als Selbstreferenz betrachtet man folgende Eigenschaft: "Jedes Verhalten wirkt auf sich selbst, auf das System zurück und wird zum Ausgangspunkt für weiteres Verhalten."[277] Organisationales Verhalten ist auf das Ziel der Identitätssicherung und der Selbsterhaltung ausgerichtet und orientiert sich an den organisationalen Handlungstheorien. Die Handlungstheorien determinieren zwar individuelles Verhalten; allerdings verfügt das Individuum über zwei Eigenschaften, die Instabilitäten in Form von Abweichungen und Widersprüchen zu den dominierenden Handlungstheorien erzeugen: die partielle Zugehörigkeit zur Organisation und die Fähigkeit zur Selbstreflexion.[278] Die partielle Zugehörigkeit bezeichnet den Umstand, daß das Individuum sich auch in anderen sozialen Kontexten als dem der Organisation bewegt. Die Fähigkeit zur Selbstreflexion kommt in den bereits betrachteten psychologischen Prozessen der Erklärung und Bewertung des eigenen Zustandes sowie der eigenen Handlungen zum Ausdruck. Die Abweichungen und Widersprüche durch den 'Störfaktor Mensch' können durch verschiedene Ursachen hervorgerufen werden. Sie können z.B. aus wahrgenommenen Widersprüchen zwischen verschiedenen Quellen kollektiver Orientierungsmuster resultieren: z.B. Widersprüche zwischen den formulierten Normen und den beobachteten Verhaltensweisen oder Widersprüche zwischen den Normen der Organisation und denen der Umwelt.

Die Abweichungen und Widersprüche sind allerdings nicht nur eine Gefahr für die Organisation, sondern auch eine Chance für die Entwicklung und das Lernen.[279] Dabei wird postuliert: Je stringenter, je geschlossener die immanente Logik der Orientierungsmuster ist, desto wahrscheinlicher ist konformes organisationales Verhalten und desto unwahrscheinlicher sind Widersprüche.[280] Die Fähigkeit zur Selbstreferenz und zur Veränderung scheint mit der Stärke der Verhaltensdeterminierung der Handlungstheorien abzunehmen. Die Implikationen für die Gestaltung von Veränderungsprozessen sind offensichtlich. Die strukturellen Kopplungen der

---

[277] Probst, Selbstorganisation, 1992, Sp. 2261; vgl. auch die Definition von "Reflexion" in: Luhmann, Soziale Systeme, 1984, S. 17.
[278] Vgl. Baitsch, Organisationen, 1993, S. 183.
[279] Vgl. ebda., S. 31.
[280] Vgl. ebda., S. 26.

organisationalen Kontexte müssen Freiräume für Widersprüche öffnen - als Keimzellen für Selbstorganisation und organisationales Lernen.[281]

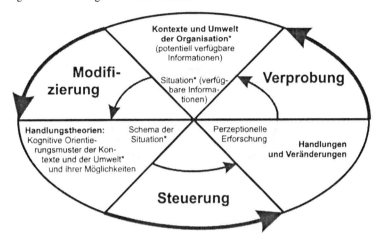

*Abbildung 3-12: Selbstreferentieller Zyklus zwischen Handlungstheorien, Handlungen und Veränderungen sowie Kontexte und Umwelt der Organisation*[282]

Der Zusammenhang zwischen den Handlungstheorien, den Handlungen und den Veränderungen sowie den organisationalen Kontexten und der Umwelt der Organisation läßt sich in Anlehnung an Neisser's *"Perceptual Cycle"* als selbstreferentieller, geschlossener Zyklus darstellen (vgl. Abbildung 3-12). Die Handlungstheorien als kognitive Orientierungsmuster der Kontexte und der Umwelt sowie ihrer Möglichkeiten steuern Handlungen und Veränderungen, deren interne und externe 'Verprobung' zu neuen verfügbaren Informationen führen, die wiederum in Modifikationen der Handlungstheorien resultieren können. Dieser Zyklus ist selbstreferentiell und kann selbstverstärkende Tendenzen aufweisen. Die Handlungstheorien können sich im Sinne von *'Self-fulfilling Prophecies'* durch die Steuerung der Wahrnehmungen und Handlungen sowie der Verprobung auf konforme Ausschnitte der Welt - d.h der Organisation oder der Umwelt - sich selbst bestätigen.[283] Die Handlungstheorien sind Bestandteil der organisationalen Identität und folglich bestehen eher Tendenzen, an ihnen festzuhalten als sie zu modifizieren.

---

[281] Diese Implikation ergibt sich auch aus der individualpsychologischen Perspektive der Kausalattribution, nach der extern kontrollierte Ursachen als Erklärung für Mißerfolg negativ empfunden werden. Situationen, die als extern kontrolliert eingeschätzt werden, wirken sich folglich über niedrige Anreizvermittlung negativ auf leistungsorientiertes Verhalten aus.

[282] In Anlehnung an Neisser's *'Perceptual Cycle'* zitiert nach: Weick, Cognitive Processes, 1979, S. 50ff..

[283] Vgl. ebda., S. 51f..

## Autonomie und das Verhältnis zur Umwelt

Eine wichtige Eigenschaft selbstorganisierender Systeme in Bezug auf ihre Zielsetzung der Identitätssicherung ist die Autonomie.

> Autonomie liegt vor, wenn die Elemente, Beziehungen und Interaktionen, die das System als Einheit und damit seine Identität definieren, nur das System selbst involvieren. Es ist also nicht fremdbestimmt.[284]

Mit der Eigenschaft der Autonomie wird das Verhältnis der Organisation zur Umwelt angesprochen. Im Gegensatz zu einfachen kontingenztheoretischen Ansätzen,[285] die erfolgreiche organisationale Veränderung in Abhängigkeit von der Güte der Anpassung der inneren Strukturen an die Umwelt erklären, soll hier ein Ansatz gewählt werden, der stärker kognitive Prozesse berücksichtigt.[286] Das Konzept der *'Enactment Processes'* nach Weick wird auf eine 'Konstruktion' der Umwelt durch die Organisation ausgedehnt.[287] Die Kontingenz, also die Übereinstimmung der inneren Strukturen und der Umwelt, ist nur durch Wahrnehmung und Interpretation des für die Organisation handelnden Menschen feststellbar. In diesem Zusammenhang funktionieren die organisationalen Handlungstheorien gleichsam als eine Art Suchraster, mit dem der relevante Umweltausschnitt gefunden und interpretiert wird. Die Umwelt wird also von den Organisationen auf Basis spezifischer Handlungstheorien als ein mentales Modell konstruiert.[288] Sie ist demzufolge nicht nur Input für die Anpassung organisationaler Strukturen, sondern auch Output der Konstruktion durch organisationale Handlungstheorien.[289]

## Komplexität und die kritische Masse der Veränderung

Die Organisation und das organisationale Verhalten sind äußerst komplex. Die Komplexität eines sozialen Systems hat positive und negative Aspekte. Einerseits besagt die These der *'Requisite Variety'*, daß

> ... ein System die Komplexität der Umwelt nur verarbeiten kann, wenn es selbst hinreichend komplex ist, also genügend Möglichkeiten der Beobachtung und der Verarbeitung von Beobachtungen einschließt.[290]

Die Prozesse der Selbstorganisation produzieren *ex definitione* organisationale Komplexität, um die Komplexität der Umwelt zu bewältigen. Andererseits werden mit hoher Komplexität auch ein hoher Grad an Unsicherheit und Risiko und ein niedriger Grad an interner Effizienz verbunden.

---

[284] Probst, Selbstorganisation, 1992, Sp. 2259.
[285] Vgl. systemorientierte Ansätze mit starken kontingenztheoretischen Zügen, z.B. das Konzept des polyadaptiven Systems nach: Krieg, Kybernetische Grundlagen, 1971, S. 70.
[286] Vgl. Knyphausen-Aufseß, Theorie, 1995, S. 308ff..
[287] Vgl. Weick, Enactment Processes, 1977, S. 267.
[288] Vgl. Herbst, Kontextbezogene Vernetzung, 1988, S. 113ff..
[289] Beachte die Differenzierung zu einem radikalen Konstruktivismus.
[290] Knyphausen-Aufseß, Theorie, 1995, S. 328.

Die hohe Interaktivität, die Beziehungsdichte, die Anzahl verschiedenartiger Teile und deren Geschichte, die Wahlmöglichkeiten oder Handlungsspielräume, die Dynamik im System führen zur Nichtvorhersagbarkeit der Resultate.[291]

Die hohe Komplexität der Interaktionen des Systems mit der Umwelt - z.B. die Vielfalt der angebotenen Produktvarianten - führt in der Regel auch zu höheren Transaktions- und Organisationskosten. Aus den positiven und negativen Aspekten der Komplexität ergibt sich für die Organisationsgestaltung die Anforderung, Komplexitäts*produktion* und *-reduktion* zu balancieren. "Komplexität ist nicht unbedingt ein Problem, sondern kann vielmehr auch die Lösung eines Problems sein."[292]

Auch für die Veränderung von Organisationen liefert das Komplexitätskonstrukt bedeutende Hinweise. Mit der Komplexität, insbesondere mit der hohen Anzahl interdependenter Beziehungen, ist eine gewisse Resistenz gegen Veränderungen verbunden - aufgrund der Überdeterminiertheit individuellen Verhaltens. Folglich führen Interventionen in den organisationalen Kontexten erst dann zu einer Veränderung des individuellen Verhaltens, wenn eine kritische Masse von Verhaltensdeterminanten verändert worden sind, so daß die Verhaltenstendenz bzw. Motivationsstärke der neuen Verhaltensweisen dominiert.

*Redundanz und heterarchische Gestaltung*

Mit der Eigenschaft der Komplexität ist die der Redundanz verknüpft. Die Redundanz bezeichnet den Umstand, daß es nicht einen einzigen Gestalter gibt, vielmehr ist jedes Organisationsmitglied ein (potentieller) Gestalter.[293] Der Prozeß der Ordnungsgenerierung geschieht nicht nur hierarchisch, sondern polyzentrisch und heterarchisch. Dies führt zu einer Redundanz an Steuerungs- und Lenkungspotentialen, die die Überdeterminiertheit des Handelns in und von Organisationen verstärkt. Für die Gestaltung des organisationales Veränderungsprozesses bedeutet dies, daß möglichst viele Funktionen und Fähigkeiten des Gestaltens und des Veränderns dezentral in der Organisation aufgebaut werden. "Natürlicher Teil des Organisierens wird damit der Aufbau von Mehrfachqualifikationen und die Verteilung und Ausweitung von Managementkompetenzen."[294]

*Organisationales Lernen als Umgang mit internen und externen Widersprüchen*

Mit der Eigenschaft der Selbstreferenz ist eine wesentliche Voraussetzung für organisationale Lernprozesse und damit ein Erklärungsansatz für organisationale Veränderung eingeführt worden. Die Veränderung von Organisationen vollzieht sich als ein selbstreflexiver Prozeß der Auflösung von Widersprüchen in internen und externen Interaktionsprozessen und im daraus schöpfenden organisationalen Lernen.[295] Nach Piaget erfolgt die Auseinandersetzung mit

---

[291] Probst, Selbstorganisation, 1992, Sp. 2260.
[292] Vgl. Knyphausen-Aufseß, Theorie, 1995, S. 335.
[293] Probst, Selbstorganisation, 1992, Sp. 2260.
[294] Ebda. a.a.O..
[295] Vgl. Baitsch, Organisationen, 1993, S. 33.

Widersprüchen durch Assimilationsprozesse und Akkomodationsprozesse sowie durch ein Zusammenwirken derselben in Adaptionsprozessen.[296] Assimilationsprozesse setzen nicht an der Veränderung der organisationalen Struktur an, sondern formen die Widersprüche um und ordnen sie der vorhandenen Struktur unter. In diesem Fall findet kein organisationales Lernen statt, denn Widersprüche interner oder externer Herkunft führen nicht zu einer Anpassung der organisationalen Kontexte oder der organisationalen Handlungstheorien, sondern zu einer Umdeutung oder Ignoranz entsprechender Signale. Akkomodationsprozesse sind hingegen Lernprozesse, da die Organisation auf die wahrgenommenen Widersprüche mit Strukturanpassungen reagiert. Adaptionsprozesse beinhalten hingegen sowohl eine Rekonstruktion der Umwelt als auch eine Anpassung der organisationalen Kontexte und der organisationalen Handlungstheorien.

### 3.3.2.3.2 Prozesse des organisationalen Lernens

Organisationales Lernen wird durch individuelle Lernprozesse konstituiert, weist allerdings Eigenschaften auf, die nicht ausschließlich durch individualpsychologische Lerntheorien erklärt werden können.[297] Der Lernerfolg einer Organisation hängt nicht nur von den individuellen Lernprozessen und dem individuellen Wissen einzelner Mitglieder, sondern auch von den kollektiven und sozialen Prozessen ab, mit denen individuelles Lernen und Wissen verknüpft wird.[298] Deshalb erscheint es sinnvoll, im Rahmen dieser Untersuchung neben den individuellen Lerntheorien auch Konzepte des organisationalen Lernens heranzuziehen.

*Externe Bewährung und interne Effizienz als Zielsetzung organisationalen Lernens*

Nach dem Konzept der Selbstorganisation können die Identitätssicherung und die Selbsterhaltung als inhärente Ziele organisationaler Prozesse betrachtet werden. Das Konzept des organisationalen Lernens hingegen richtet sich in einer Einengung dieser Perspektive auf den selbstreferentiellen Anpassungsprozeß der Organisation an ihre Umwelt.[299] Als eigentliches Erfolgskriterium des organisationalem Lernens gilt also die *externe Bewährung* und davon abgeleitet die *interne Effizienz* der Organisation und nicht die Identitätssicherung. Folglich können nicht alle Prozesse, die der Identitätssicherung der Organisation dienen, als Lernprozesse bezeichnet werden. So lassen sich z.B. Assimilationsprozesse, d.h. Prozesse der Unterordnung von Informationen und Signale unter bestehende Orientierungsmuster durch Umformung oder Umdeutung, nicht als Lernprozesse verstehen.

*Niveaus des organisationalen Lernens*

Die Organisation lernt extrovers über ihr Verhältnis zur Umwelt und introvers über die Inter-

---

[296] Piaget nach: ebda., a.a.O..

[297] Vgl. zur Kritik des einfachen Analogieschlusses von individuellen auf organisationale Lerntheorien: Duncan / Weiss, Organizational Learning, 1979, S. 88; Reber, Lernen, 1992, S. 1244; Grün, Lerntheorien, 1992, Sp. 2603; dagegen Argumente für den Analogieschluß: Schanz, Organisationsgestaltung, 1994, S. 432.

[298] Vgl. Duncan / Weiss, Organizational Learning, 1979, S. 89f.

[299] Vgl. Reber, Lernen, 1992, Sp. 1241.

aktionen von Personen in den organisationalen Kontexten und zwar gemäß den Lernzielen: externe Bewältigung und interne Effizienz. Dabei lassen sich verschiedene Lernniveaus bzw. Lernstufen unterscheiden. Das evolutionäre Lernen[300] stellt die niedrigste Stufe des organisationalen Lernens dar. Bei diesem Lernniveau wird auf unerwarteten Mißerfolg bzw. Erfolg mit alternativen Handlungen reagiert, die allerdings mit den bestehenden Handlungstheorien konform sind. Das organisationale Wissen wird verfeinert, d.h. bestehende Aussagen werden in ihrer Instrumentalität präzisiert oder neue zu den bestehenden Handlungstheorien konforme Aussagen werden hinzugefügt. Die entsprechenden Veränderungen in den organisationalen Kontexten stellen die bestehenden Handlungstheorien nicht in Frage. Die "Governing Variables"[301] bzw. die "paradigmatic frameworks,"[302] d.h. die Orientierungsmuster für Wahrnehmung und Handeln, werden nicht reflektiert, sie bleiben unangetastet. Erst bei dem höheren Lernniveau des „revolutionären Lernens"[303] werden die organisationalen Handlungstheorien zum Gegenstand der Selbstreflexion und Veränderung. Zu einem revolutionären Lernzyklus kommt es allerdings erst dann, wenn hinreichend viele Widersprüche zwischen der 'tatsächlichen' und der wahrgenommenen bzw. angestrebten organisationalen Leistung - Duncan / Weiss sprechen hier von "*Performance gaps*"[304] - auftreten. Die dritte und höchste Stufe des organisationalen Lernens ist nach Argyris / Schön das "*Deutero-learning*,"[305] womit das Lernen des Lernens bzw. die Verbesserung der organisationalen Lernfähigkeit selbst angesprochen ist.

Am Beispiel des Lernens über die Organisationsgestaltung soll der Zusammenhang zwischen dem Gestaltungsprozeß als Gegenstand des Lernens, den Lernniveaus sowie den organisationalen Handlungstheorien und dem organisationalen Wissen erklärt werden.[306] Ausgangspunkt der Modellbetrachtung ist die objektive Umwelt mit ihren Chancen und Risiken für die Organisation. Die Organisation orientiert ihr Verhalten jedoch nur an einem Umweltausschnitt bzw. "*Domain*"[307], bei dessen Auswahl die organisationalen Handlungstheorien als eine Art von Suchraster dienen. Die für die organisationale Aufgabenbewältigung relevanten Umweltobjekte und -zustände innerhalb des "Domains" werden durch "Enactment Processes" in

---

[300] Vgl. die entsprechenden Konzeptionen - das "*Single-loop learning*" nach: Argyris / Schön, Organizational Learning, 1978; Argyris, Organizational Learning, 1992, S. 8 ff; das „*Anpassungslernen*" nach: Hedberg, How Organizations Learn, 1981, S. 10; das Lernen als "*evolutionary process*" nach: Duncan / Weiss, Organizational Learning, 1979, S. 97. Das evolutionäre Lernen beinhaltet auch Adaptions- bzw. inkrementale Anpassungsprozesse, dagegen: Fiol / Lyles, Organizational Learning, 1985, S. 81.

[301] Argyris, Organizational Learning, 1992, S. 8.

[302] Duncan / Weiss, Organizational Learning, 1979, S. 91.

[303] Vgl. das "Double-loop learning" nach: Argyris / Schön, Organizational Learning, 1978; Argyris, Organizational Learning, 1992, S. 8 ff.; das "Turn-over learning" nach Hedberg, How Organizations Learn, 1981, S. 10; das Lernen als "paradigmen revolutions" nach Duncan / Weiss, Organizational Learning, 1979, S. 97.

[304] Ebda., S. 95.

[305] Vgl. Argyris / Schön, Organizationale Learning, 1978.

[306] Das im folgenden dargestellte Modell ist eine Erweiterung des Modells von: Duncan / Weiss, Organizational Learning, 1979, S. 98.

[307] Duncan / Weiss verwenden diesen Begriff in Anlehnung an Levine / White: Duncan / Weiss, Organizational Learning, 1979, S. 98.

mentalen Modellen abgebildet. Markt- und Wettbewerbssituationen werden beispielsweise als 'komplex' und 'dynamisch' oder als 'einfach' und 'statisch' wahrgenommen.[308] Auf Basis der organisationalen Modelle von der Umwelt erfolgen die Strategieformulierung und ihre Implementierung durch die Organisationsgestaltung. Dies erfolgt unter Anwendung der organisationalen Handlungstheorien und des explizit artikulierten bzw. formulierten organisationalen Wissens. Der Fit zwischen Organisation und Umwelt wird verändert mit den entsprechenden Folgen für die externe Bewährung und die interne Effizienz, d.h. für die Leistung der Organisation. Damit ist der Prozeß der Organisationsgestaltung abgeschlossen.

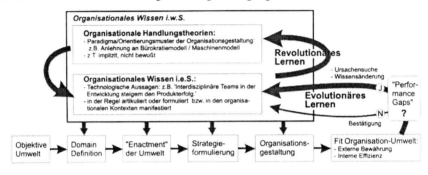

*Abbildung 3-13: Modell des organisationalen Lernens am Beispiel der Organisationsgestaltung*[309]

'Gelernt' wurde bis jetzt allerdings nichts. Es ist lediglich organisationales Wissen aus einer bestehenden Basis verwendet worden. Vom organisationalen Lernen läßt sich erst dann sprechen, wenn durch Leistungslücken zwischen 'tatsächlicher' und erwarteter Leistung reflexive Prozesse in Gang gesetzt werden. Der ausgebliebene Erfolg eines entwickelten Produktes trotz interdisziplinärer Teams, trotz früher Lieferanteneinbindung etc. führt zu einer Ursachensuche und zu einer Veränderung des Wissens, wenn man den Mißerfolg auf die entsprechenden technologischen Aussagen zurückführt. Die Wissensänderung kann aus einem Ersatz der fehlerhaften Aussage bestehen oder aus einer Präzisierung der 'Wenn-' bzw. der 'Dann-Komponente' der Aussage. So könnte die resultierende Wissensänderung im obigen Beispiel folgendermaßen lauten: Interdisziplinäre Teams steigern den Produkterfolg nur bei der Entwicklung von neuen Plattformen, bei der Entwicklung von Applikationen aus bestehenden Plattformen reicht eine funktionale Bearbeitung aus.[310] Damit wäre ein evolutionärer Lernzyklus vollzogen. Das neue Wissen steht für gestaltende Maßnahmen - wie die Einrichtung eines Lenkungskreises zur Klassifikation der Entwicklungsprojekte - zur Verfügung. Die implizite organisationale Handlungstheorie - beispielsweise die Anlehnung an ein Bürokratiemodell bzw.

---

[308] Vgl. ebda., S. 99ff..

[309] In Anlehnung an Duncan / Weiss, Organizational Learning, 1979, S. 98.

[310] Als Plattform bezeichnet man eine Produktfamilie bzw. Baureihe, die eine maximale Kommunalität in Bezug auf verwendete Teile, Lieferanten etc. aufweist. In der Plattformplanung werden bereits sämtliche Applikationen konzeptionell und konstruktiv definiert, bevor das erste Produkt zur Serienreife entwickelt wird.

Maschinenmodell - wird allerdings nicht notwendigerweise reflektiert. Dies geschieht erst, wenn hinreichend viele Aussagen des organisationalen Wissens nicht mehr zu den Handlungstheorien konform sind oder wenn sich eine Leistungslücke nur mit einem Paradigmawechsel schließen läßt.

*Organisationales Wissen als Ergebnis organisationalen Lernens*

Organisationale Lernprozesse führen zu einer Veränderung des organisationalen Wissens infolge der Reduktion von Irrtümern und Widersprüchen angesichts erfahrener interner oder externer Ereignisse. Organisationales Wissen besteht aus technologischen Aussagen zwischen dem organisationalen Verhalten und der resultierenden Leistung, d.h. der externen Bewährung und der internen Effizienz. Im Unterschied zu individuellem Wissen hat organisationales Wissen eine soziale Dimension. Es wird zwar individuell generiert, muß allerdings kommuniziert, akzepziert und in bestehendes, z.T. interindividuell verschiedenes Wissen integriert werden. Organisationales Wissen ist also kommunizierbares, konsensuell geteiltes und integriertes Wissen.[311] Als Speichersysteme für dieses Wissen lassen sich Objekte und Artefakte der organisationalen Kontexte wie z.B. Organigramme, Ablaufdiagramme, Qualitätshandbücher etc. auffassen.[312] Die organisationalen Handlungstheorien hingegen können nur dann als organisationales Wissen i.e.S. bezeichnet werden, wenn sie kollektiv rekonstruiert wurden und sich explizit in den organisationalen Kontexten niederschlagen. Mit dem Erwerb von Wissen ist der Lernprozeß allerdings noch nicht abgeschlossen. Erst die materielle oder immaterielle Veränderung der organisationalen Kontexte und/oder des organisationalen Verhaltens beendet den Lernzyklus.[313]

*Organisationale Lernzyklen als kumulative Veränderungsprozesse*

Organisationale Lernprozesse bestehen nicht aus dem einmaligen Durchlaufen eines Zyklus, sonder lassen sich vielmehr als kumulative Prozesse auffassen, d.h. es gibt eine Richtung des Veränderungsprozesses entlang eines Optimierungspfades in Bezug auf unterstellte interne Zielgrößen.[314] Organisationales Lernen resultiert in Abgrenzung zu den evolutionären Veränderungsprozessen der Entwicklungs- und Selektionsmodelle und auch zu dem Prozeß der Selbstorganisation stärker aus einer bewußten, zielorientierten Anstrengung. Für das Management organisationaler Veränderung kann das Konzept des organisationalen Lernens deshalb gut genutzt werden. Dabei lassen sich einerseits Gestaltungsinformationen für den Gegenstand der Veränderung ableiten - z.B. Konstruktionsprinzipien für die lernende Organisation. Andererseits kann der Prozeß der Veränderung selbst als ein Lernprozeß aufgefaßt werden, indem Gestaltungsinformationen über Phasen oder Träger des Lernens in den Vordergrund rücken.

In diesem Abschnitt ist organisationales Verhalten durch die Konzepte der 'Enactment

---

[311] Vgl. Duncan / Weiss, Organizational Learning, 1979, S. 87.
[312] Vgl. zum Begriff des Speichersystems: Pawlowsky, Betriebliche Qualifikationsstrategien, 1992, S. 202.
[313] Vg. Argyris, Organizational Learning, 1992, S. 9.
[314] Vgl. Türk, Neuere Entwicklungen, 1989, S. 57.

Processes', der organisationalen Handlungstheorien, der Selbstorganisation und des organisationalen Lernens erklärt wurden. Mit den gewählten Ansätzen können zahlreiche Phänomene des organisationalen Verhaltens besser erklärt werden, als dies mit individualpsychologischen Theorien der Fall wäre. Die Gestaltung sollte freilich an beiden Perspektiven ansetzen, der organisationalen und der individuellen Verhaltensperspektive. Es zeigt sich, "... daß Selbstorganisation und Fremdorganisation keine sich ausschließenden Alternativen sind, sondern wechselseitig aufeinander verweisen."[315] "Organisieren wird zu einer über das System verteilten Aufgabe, zur Kontextgestaltung, zur katalytischen Förderung der Entwicklungsfähigkeit."[316] Insofern bestätigt sich unsere Positionierung in Bezug auf die Paradigmen organisationalen Verhaltens und seiner Veränderung - zwischen maschinellen und naturalistischen Modellen sowie zwischen zweck-rationaler Reprogrammierung und Determinierung durch unbeeinflußbare Kräfte.

## 3.4 Skizze eines Modells für die Veränderung von leistungsorientiertem Verhalten

*"Die Kunst des Fortschrittes besteht darin, inmitten des Wechsels Ordnung zu halten. Und inmitten der Ordnung den Wechsel aufrecht zu erhalten, das ist es, was wir noch deutlicher lernen müssen."[317]*

Im Mittelpunkt der Modellskizze stehen Veränderungsprozesse, die zu einem gewissen Umfang geplant und gesteuert werden. Organisationen verändern sich durch Prozesse der Selbstorganisation und des organisationalen Lernens allerdings auch, ohne daß durch Interventionen bewußt eingegriffen wird.[318] Bewußte Interventionen und unbewußte organisationale Prozesse überlappen sich und interagieren; die Grenzen sind fließend.[319] Die Konzentration auf geplante Veränderung erfordert deshalb, daß (1) organisationale Prozesse etwa der Selbstorganisation und des organisationalen Lernens für geplante Interventionen 'genutzt' werden und daß (2) organisationale Prozesse jenseits der geplanten Veränderung in Bezug auf ihre Leistungsdeterminierung im Modell berücksichtigt werden. Auch durch die Nutzung der Selbstorganisation oder des organisationalen Lernens für geplante Veränderungsprozesse kann nicht verhindert werden, daß unbezweckte organisationale Prozesse wiederum als Reaktion auf die Intervention auftreten. Mit unbezweckten Effekten ist in jedem Fall zu rechnen, so daß sich der Veränderungsprozeß nicht durch einen einfachen *'Planungs-Implementierungs-Kontroll-Algorhythmus'* abbilden läßt.

---

[315] Knyphausen-Aufseß, Theorie, 1995, S. 342.
[316] Probst, Selbstorganisation, 1992, Sp. 2264.
[317] Alfred North Whitehead zitiert nach: Bleicher, Management of Change, 1994, S. 69.
[318] Vgl. Mintzberg / Westley, Cycles, 1992, S. 46; dazu gehören auch Sozialisationsprozesse: Weiner, Motivationspsychologie, 1988, S. 171 ff.; Gebert / Rosenstiel, Organisationspsychologie, 1989, S. 85 ff.; Schanz, Organisationsgestaltung, 1994, S. 83 ff.
[319] Vgl. Knyphausen-Aufseß, Theorie, 1995, S. 342; Mastenbroek, Organizational Innovation, 1996, S. 10ff.

## 3.4.1 Inhaltstheoretischer Ansatz der Veränderung: Determinanten des organisationalen Verhaltens

Organisationales leistungsorientiertes Verhalten wird nach dem Konzept der 'Enactment Processes' durch individuelles Verhalten konstituiert. Individuelles Verhalten seinerseits wird nach dem individual- bzw. motivationspsychologischen Modell als ein Zusammenspiel der individuellen Leistungsdeterminanten, d.h. der Subsysteme der Person und der Kontexte der Organisation und der Umwelt aufgefaßt. Aus diesen beiden Ansätzen lassen sich zwei wesentliche Schlüsse für die organisationale Veränderung ableiten (vgl. Abbildung 3-14).

*(1)* Die Determinanten für individuelle Leistung sind auch die Determinanten für organisationale Leistung. Alle möglichen Maßnahmen im Rahmen eines Veränderungsprozesses setzen entweder an den Subsystemen der Person oder an den Kontexten auf Gruppen- und Organisationsebene an, und zwar unabhängig davon, ob man für den Zusammenhang zwischen den Kontexten und Subsystemen eine *individual-* oder eine *sozial-/organisationstheoretische* Perspektive einnimmt. Die Interventionen in individuelle Prozesse - wie Motivation und individuelles Lernen - und in organisationale Prozesse - wie Selbstorganisation oder organisationales Lernen - setzen letztlich an den gleichen Determinanten an.

*(2)* Der Zusammenhang zwischen den Leistungsdeterminanten und der organisationalen Leistung kann und sollte aus einer individual- und einer sozial-/organisationstheoretischen Perspektive erklärt werden. Die Gestaltungsansätze zur Veränderung des organisationalen Verhaltens sollten deshalb beide Perspektiven nutzen.[320]

*Individualtheoretische Perspektive organisationaler Veränderung:* Aus der individual-/motivationspsychologischen Perspektive ergibt sich organisationales Verhalten als die Summe individuellen Verhaltens. Folglich verändert sich organisationales Verhalten, wenn die Summe der individuellen Verhaltensweisen verändert werden. Nach dem Modell des individuellen leistungsorientierten Verhaltens kann dies durch eine Veränderung der entsprechenden Leistungsdeterminanten erreicht werden. Dabei betonen personenzentrierte Interventionen in erster Linie einen Ansatz an den Subsystemen der Person, organisationszentrierte Interventionen dagegen einen Ansatz an den organisationalen Kontexten.

*Sozial-/organisationstheoretische Perspektive organisationaler Veränderung:* Aus der soziologischen bzw. organisationstheoretischen Perspektive ist organisationales Verhalten die Summe des individuellen Verhaltens *plus X*. Organisationales Verhalten wird zwar durch individuelles Verhalten konstituiert, aber nicht in einem linearen, eindimensionalen und summarischen Prozeß, sondern in einem sozialen Interaktionsprozeß mit rekursiven Zusammenhängen zwischen den sich kollektiv konstituierenden organisationalen Orientierungsmustern und individuellen Kognitionen und Verhaltensweisen. Das Zusammenspiel der Leistungsdetermi-

---

[320] Damit wird versucht der Forderung zu entsprechen, die Konzepte des organisationalen Lernens (und der Selbstorganisation) und das Konzept der Organisationsentwicklung zu integrieren; vgl. Schanz, Organisationsgestaltung, 1994, S. 431; Hodgetts et al., New Paradigm Organizations, 1994, S. 10.

nanten gewinnt dadurch eine Eigendynamik, die besser durch die Konzepte der organisationalen Handlungstheorien sowie der Selbstorganisation und des organisationalen Lernens erklärt und gestaltet werden als durch die individualpsychologischen Theorien.

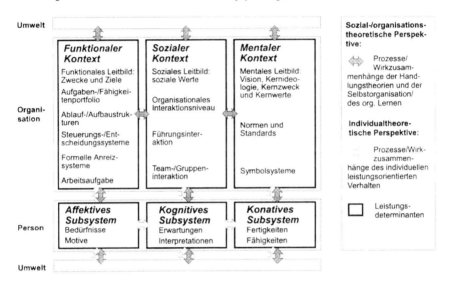

*Abbildung 3-14: Inhaltstheoretischer Ansatz: Veränderung der Determinanten des organisationalen Verhaltens*

Es ist naheliegend, für die Erklärung und Gestaltung der organisationalen Veränderung einen *inhaltstheoretischen Ansatz* zu wählen, bei dem der organisationale Wandel durch eine Veränderung der Determinanten des organisationalen Verhaltens eingeleitet wird.[321] Dieser Ansatz kann hinsichtlich der beiden Perspektiven differenziert werden. Einerseits läßt sich die organisationale Veränderung als '*organisationsweites Justieren des individuellen Verhaltens*' verstehen (Kapitel 3.4.1.1). In diesem Fall sind die Leistungsdeterminanten gemäß dem individualpsychologischen Modell zu verändern. Andererseits kann die organisationale Veränderung als eine '*Verstärkung der Selbstorganisation und des organisationalen Lernens*' betrachtet werden (Kapitel 3.4.1.2). In diesem Fall ergibt sich die Veränderung der Leistungsdeterminanten gemäß der organisationstheoretischen Perspektive. Angesichts des Umstandes, daß die Interventionen unabhängig von der Perspektive an den gleichen Determinanten ansetzen, sollten diese Perspektiven in einer zusammenfassenden Darstellung der Inhalte der Veränderung integriert werden (Kapitel 3.4.1.3).

---

[321] Nach Mintzberg / Westley zählen zu einem inhaltlichen Ansatz: "change in organization (state): culture, structure, systems, and people" und "change in strategy (direction): vision, positions, programs, and facilities: Mintzberg / Westley, Cycles, 1992, S. 40.

### 3.4.1.1 Organisationale Veränderung durch organisationsweites Justieren des individuellen Verhaltens

Das individuelle leistungsorientierte Verhalten ist als Funktion der Subsysteme der Person und der Kontexte der Organisation beschrieben worden. Aus diesem individual-/motivationspsychologischen Modell lassen sich deduktiv Handlungsinformationen für die Veränderung der individuellen und damit auch der organisationalen Leistung ableiten.

#### 3.4.1.1.1 Ansatz an der Veränderung der individuellen Motive

Motive sind eine bedeutende Determinante für leistungsorientiertes Verhalten. Folglich kann durch die Veränderung der individuellen Motivstruktur eine positive Auswirkung auf das leistungsorientierte Verhalten erzielt werden. Motive entfalten sich durch die Interaktion zwischen den Eigenschaften eines Zielobjektes der organisationalen Kontexte und den internen Bedürfniszuständen der Person. Die Veränderung der individuellen Motivstruktur bzw. des affektiven Subsystems kann sich in Anlehnung an das Modell leistungsorientierten Verhaltens auf fünf Arten vollziehen: (1) durch die Veränderung der Bedürfnisstruktur der Person, z. B. durch eine Steigerung des Leistungsbedürfnisses, (2) durch die Veränderung der Eigenschaften von Zielobjekten der organisationalen Kontexte, (3) durch die Verbesserung des Fits zwischen individueller Bedürfnisstruktur und Objekteigenschaften der organisationalen Kontexte, (4) durch die Beeinflussung der selbstreflexiven Prozesse der Kausalattribution, der sozialen Vergleichsprozesse und der Arbeitszufriedenheit und (5) durch Prozesse der Zielsetzung und Rückmeldung (vgl. Tabelle 3-6).

*Veränderung der Bedürfnisstruktur der Person:* Die individuelle Bedürfnisstruktur und die Stärke einzelner Bedürfnisse - z.B. des Leistungsbedürfnisses - werden als individuelle Eigenschaften der Person betrachtet, die zum Teil angeboren sind, zum Teil allerdings auch durch langfristige Sozialisationsprozesse insbesondere in der Kindheit beeinflußt werden.[322] Die Effektivität von Interventionen und kurzfristigen Programmen zur Veränderung der Bedürfnisse und insbesondere des Leistungsbedürfnisses ist deswegen umstritten.[323] McClelland und Winter entwickelten Trainingskurse zur Veränderung des Leistungsbedürfnisses, bei denen sie positive Effekte auf leistungsorientiertes Verhalten nachweisen konnten.[324] Allerdings läßt sich nicht nachvollziehen, ob die positiven Resultate bezüglich des leistungsorientierten Verhaltens ausschließlich auf die Motivänderung zurückzuführen sind.

*Veränderung der Eigenschaften von Zielobjekten der organisationalen Kontexte:* Erfolgversprechender erscheint ein Ansatz an den individuellen Motiven zu sein, bei dem die Eigenschaften der Zielobjekte der organisationalen Kontexte verändert werden. Durch eine Effektivitätssteigerung der Anreizsysteme kann beispielsweise die extrinsische Valenz von Arbeit

---

[322] Vgl. Weiner, Motivationspsychologie, 1988, S. 173f..

[323] Vgl. ebda., S. 174f..

[324] Vgl. McClelland / Winter, Motivating economic achievement, 1969 zitiert nach: Weiner, Motivationspsychologie, 1988, S. 174; vgl. auch: Rosenstiel / Gebert, Organisationspsychologie, 1989, S. 218-221.

und Leistung verstärkt werden. Sowohl die Leistungsvergütung in Form der Bezahlung als auch die Gewährleistung von Aufstiegs- und Entwicklungschancen wirken motivierend und können zu Leistungssteigerungen führen.[325] Die Aufstiegs- und Entwicklungsmöglichkeiten entfalten die Motive nach persönlichem Wachstum - wie z.B. Erweiterung des Verantwortungs- und Kompetenzbereichs.

| Prinzipien zur Verhaltensveränderung | Gestaltungsinformationen für organisationale Veränderung | Mögliche Gestaltungsansätze |
|---|---|---|
| 1. Veränderung der Bedürfnisstruktur der Person | ⇒ z.B. Verstärkung der intrinsischen Valenz des Leistungsbedürfnisses | ⇒ Motivtrainings |
| 2. Veränderung der Eigenschaften von Zielobjekten der organisationalen Kontexte (Anreizsystem i.w.S.) | ⇒ Verstärkung der extrinsischen Valenz von Arbeit und Leistung<br>⇒ Veränderung der Objekte der organisationalen Kontexte | ⇒ Anreizsystem i.e.S.: Entgelte, Entwicklungsanreize etc.<br>⇒ Anreizsystem i.w.S.: Soziale Kontakte, geteilte Werte etc. |
| 3. Verbesserung des Fits zwischen individueller Bedürfnisstruktur und Objekteigenschaften der organisationalen Kontexte (Anreizsy. i.w.S.)<br>Beeinflussung der Prozesse der Identitätssicherung bzw. -entfaltung und der individuellen Grenzziehung | ⇒ Partizipation der Betroffenen und individuelle Wahl<br>⇒ Einräumung von Freiräumen zur dezentralen Gestaltung und Selbstorganisation<br>⇒ Kongruenz zwischen der individuell angestrebten Identitätsentwicklung und der organisational vorgesehenen Laufbahn | ⇒ Individualisierung bei der Organisationsgestaltung<br>⇒ Gestaltung der Arbeitsaufgabe<br>⇒ Partizipative Personalentwicklung bzw. Lebens-/Karriereplanung |
| 4. Beeinflussung der Attributionsprozesse durch Ansatz an den Antezedenzbedingungen (z.B. Informationen: eigene/fremde Erfolge/Mißerfolge)<br>Beeinflussung der sozialen Vergleichsprozesse<br>Beeinflussung des Prozesses der Arbeitszufriedenheit | ⇒ Verstärkung der Kausalattribution durch internale Ursachen (Fähigkeit und Anstrengung)<br>⇒ Schaffung eines Klimas erfolgmotivierter Verhaltenstendenzen<br>⇒ Verbesserung der Leistungsgerechtigkeit von Anreizsystemen<br>⇒ Steigerung der intrinsischen Valenz der Arbeit<br>⇒ Steigerung der extrinsischen Valenz der Arbeit | ⇒ Informations-/Kommunikationspolitik bei der Initiierung von Veränderung<br>⇒ Führungsverhalten<br>⇒ Anreizsysteme i.e.S.<br>⇒ Gestaltung der Arbeitsaufgabe<br>⇒ Anreizsysteme i.e.S. |
| 5. Prozesse der Zielsetzung und Rückmeldung | ⇒ Setzung hoher, spezifischer u. konkreter Ziele unter der Prämisse der Akzeptanz<br>⇒ Mit Zielsetzung abgestimmte präzise Leistungsrückmeldung<br>⇒ Nutzung der Anreizwirkung von übergeordneten Zielen | ⇒ Vereinbarung von Zielen mit Mirabeitern (Partizipation)<br>⇒ Regelmäßige Leistungsbeurteilungen/Ergebnis- und Prozeßrückmeldungen (Visualisierung)<br>⇒ Geteilte langfristige Visionen und Ziele |

*Tabelle 3-6: Veränderung organisationalen Verhaltens durch Ansatz an den individuellen Motiven*

Nicht nur die Veränderung der Anreizsysteme i.e.S. führt zu Motivänderungen. Auch die Veränderung anderer Objekte der organisationalen Kontexte kann sich über eine Motivveränderung auf eine Verhaltensveränderung auswirken. Durch die Veränderung sozialer Beziehungen - etwa durch die Einführung eines neuen Führungsstils - können beispielsweise Bedürfnisse der Verantwortung oder Selbstverwirklichung besser befriedigt werden. Beispielsweise gelang es der Firma Higashimuru, ein negativ bewertetes Rotationsverfahren durch eine Verknüpfung mit Beurteilungs- und Entwicklungsanreizen in ein motivierendes Instrument der

---

[325] Vgl. z.B. Kleinbeck / Quast, Motivation, 1992, Sp. 1425f..

Führungskräfteentwicklung zu verwandeln.[326] Dies gelang, da das Instrument nach der Einführung neuer Verfahrensregeln mit positiven Werten wie Leistung, Gerechtigkeit und Fairness verbunden wurde, die bei den Mitarbeitern an latente Bedürfnisse anknüpfen und entsprechende Motive entfalten konnte.

*Verbesserung des Fits zwischen individueller Bedürfnisstruktur und Objekteigenschaften der organisationalen Kontexte:* Dieser Ansatz erfordert eine Individualisierung der organisationalen Kontexte, die weit über das Cafeteriakonzept eines Entgeltsystems hinaus geht.[327] Leistungsmotivierte Personen werden durch eine Verstärkung von Leistungsanreizen wie Feedback und Gratifikation zu höherer Anstrengung und Leistung bewegt; machtmotivierte Personen werden durch eine Verstärkung von Machtanreizen wie Verantwortung und Kontrolle zu positiv beeinflußt.[328] Durch eine solche Individualisierung werden in einem großen Umfang die Vorteile der intrinsischen Motivation genutzt. Arbeit und Leistung werden direkt als Mittel der Bedürfnisbefriedigung gesehen, ohne daß weitere Instrumentalitäten zu indirekten Anreizen herangezogen werden müssen. Die subjektive Wahrscheinlichkeit der Bedürfnisbefriedigung steigt und damit nehmen auch die Valenz und die Motivation sowie die Intensität und Anstrengung für die entsprechende Handlung zu. Allerdings besteht zwischen dem Bereitstellen zusätzlicher Anreize und der Erzielung zusätzlicher Leistung nicht unbedingt ein direkt proportionales Verhältnis. So weist das Homöostaseprinzip darauf hin, daß bei niedergeordneten Bedürfnissen - wie Existenzbedürfnissen oder dem Bedürfnis nach Sicherheit - Sättigungszustände auftreten können, bei denen entsprechende Anreize keine Motive mehr entfalten. Die Individualisierung als Prinzip der Organisationsgestaltung impliziert für die Gestaltung organisationaler Veränderung, daß durch eine starke Partizipation der Organisationsteilnehmer Freiräume zur dezentralen Gestaltung und zur Selbstorganisation eingeräumt werden sollten.

Die derzeit geäußerten hohen Anforderungen an individuelles Verhalten in Bezug auf Risikobereitschaft, Einsatzwille und Unternehmertum verändern die Quellen der individuellen Identitätssicherung und den Umfang der individuellen Grenzziehung der Organisationsmitglieder. Damit gewinnt die Herstellung einer Kongruenz zwischen der individuell angestrebten Identitätsentwicklung und der organisationalen Laufbahn zunehmend an Bedeutung. Als Konsequenz ergibt sich eine partizipative Gestaltung der Personalentwicklung. Zur Reflexion über den persönlichen Werdegang läßt sich beispielsweise die Methodik des "Life-Career Planning" einsetzen, bei der in Kleingruppen versucht wird, eine Kongruenz zwischen individuellen Lebens- und Karrierezielen herzustellen.[329]

*Beeinflussung der Attributionsprozesse, der sozialen Vergleichsprozesse und der Arbeitszufriedenheit:* Die selbstreflexiven kognitiven Prozesse zur Erklärung und Bewertung von Handlungsergebnissen - wie etwa Attributionsprozesse, soziale Vergleichsprozesse und

---

[326] Vgl. Cooper / Markus, Menschen, 1996, S. 84ff..
[327] Vgl. zur Individualisierung als Strukturierungsprinzip: Schanz, Organisationsgestaltung, 1994, S. 94ff..
[328] Vgl. French, Effects, 1958; McClelland, Human Motivation, 1985; Six / Kleinbeck, Motivation, 1989.
[329] Vgl. die Methodik "Life-Career Planing" in: Lippitt, Developing Life Plans, 1978, S. 231-238.

Rückkopplungsprozesse der Arbeitszufriedenheit - wirken nicht nur auf die kognitiven Determinanten, sondern auch auf die affektiven Determinanten leistungsorientierten Verhaltens. Eine Veränderung dieser Prozesse kann also auch zu Effekten auf leistungsorientiertes Verhalten führen. Die Attributionstheorie nach Weiner führt emotionale Reaktionen vor allem auf die wahrgenommene Lokation der Ursachen für Erfolg bzw. Mißerfolg zurück.[330] Dabei erscheint die Erklärung von Erfolg oder Mißerfolg durch internale Ursachen wie Fähigkeit oder Anstrengung für das leistungsorientierte Verhalten vorteilhafter als die Erklärung durch externale Ursachen wie Zufall oder Aufgabenschwierigkeit. Die Tendenz zum leistungsorientierten Verhalten ist stärker, wenn ein Erfolg durch eigene Fähigkeit oder Anstrengung erklärt wird. Denn die resultierenden emotionalen Reaktionen von Stolz, gesteigertem Selbstwert- und Kompetenzgefühl erhöhen den Anreiz, in einer ähnlichen Situation hohe Intensität und Anstrengung im leistungsorientierten Verhalten zu zeigen. Dagegen führt die Erklärung von Erfolg durch externale Ursachen eher zu Gefühlen der Überraschung oder Dankbarkeit, so daß die Anreizwirkung, in vergleichbaren Situationen leistungsorientiertes Verhalten zu zeigen, nur unwesentlich verstärkt wird. Als Implikation für die Gestaltung von Veränderungsprozessen ergibt sich, daß durch die Gestaltung der Arbeitssituation und der für den Mitarbeiter verfügbaren Informationen die Tendenz zur Kausalattribution durch internale Faktoren verstärkt werden sollte. Es ergeben sich positive Effekte auf leistungsorientiertes Verhalten, wenn so ein organisationales Klima erzeugt wird, in dem erfolgsmotivierte Tendenzen stärker sind als mißerfolgsmotivierte Tendenzen.

*Prozesse der Zielsetzung und Rückmeldung:* In der Theorie des Risikowahl-Modells ergeben sich die Zielsetzung und die Aufgabenwahl als Ergebnis des Motivationsprozesses. Nach der *Zielsetzungstheorie* von Locke und Latham sind extern vorgegebene Ziele als Ausgangspunkt der Motivbildung " ... die bedeutsamsten motivationspsychologischen Wirkgrößen für Leistungen."[331] Zielsetzungsprozesse wirken auf die Leistung durch die Steuerung von Aufmerksamkeit und Handlungen, die Mobilisierung von Energie, die Erhöhung der Ausdauer und die Förderung der Suche nach adäquaten Handlungsstrategien.[332] Die wohl wichtigste Hypothese der Zielsetzungstheorie lautet: "Je höher, spezifischer und konkreter Ziele formuliert werden, desto höher fallen die aus diesen Zielsetzungen resultierenden Leistungen aus."[333] So entfaltet die spezifische Zielsetzung „*Verkürzung der Entwicklungszeit um 30%*" eine höhere Zielbindung als die allgemeine Zielsetzung „*Verbesserung des Entwicklungsablaufs*". Präzise Angaben sind insbesondere zu Zielinhalt, -umfang, -frist und -verantwortung zu machen.[334]

Die Zielsetzung allein führt nach den Untersuchungen von Locke und Latham allerdings nur zu geringen Auswirkungen auf die Leistung. Erst durch den abgestimmten Einsatz von Ziel-

---

[330] Vgl. Weiner, Motivationspsychologie, 1988, S. 283.

[331] Kleinbeck, Arbeitsmotivation, 1996, S. 84; vgl. zur Zielsetzungstheorie auch: Kleinbeck / Quast, Motivation, 1992, Sp. 1423; Weinert, Motivation, 1992, Sp. 1440f.; Semmer / Udris, Bedeutung, 1993, S. 141f.

[332] Vgl. Semmer / Udris, Bedeutung, 1993, S. 142.

[333] Kleinbeck, Arbeitsmotivation, 1996, S. 84f..

[334] Vgl. Bühner, Mitarbeiter, 1995, S. 60.

setzung und Rückmeldung der Leistungsresultate kann das volle Potential der Zielsetzungstechnik ausgeschöpft werden.[335] Die Rückmeldungen sollten ebenfalls spezifisch und konkret sein, damit sich ihre infomative und motivierende Funktion im Handlungsprozeß voll auswirken kann.[336] Zudem erweisen sich nicht nur Ergebnis- sondern auch Prozeßrückmeldungen - d.h. Rückmeldungen über Zwischenergebnisse - als leistungsförderlich. Als Kommunikations- bzw. Informationsinstrument zur Zielsetzung und Rückmeldung eignet sich der Einsatz von visuellen Mitteln, mit denen gesetzte Ziele und erreichte Leistungen eine ständige Präsenz erhalten.

Der Zielsetzungsprozeß unterliegt einer wichtigen Prämisse, die die direkt proportionale Funktion zwischen der gesetzten Zielhöhe und der resultierenden Leistung in Richtung der umgekehrt U-förmigen Funktion des Risikowahl-Modells verändert.[337] Die gesetzten Ziele müssen vom Empfänger akzeptiert und internalisiert werden. Dies geschieht umso eher, je wahrscheinlicher das mit dem Ziel verbundene Leistungsresultat erreicht wird und je größer die Kongruenz zu den persönlichen Motiven ist.[338] Die Wahrscheinlichkeit der Akzeptanz gesetzter Ziele sinkt also, wenn die subjektive Erwartung, daß eine bestimmte Handlung zu einem Ergebnis führt und daß man in der Lage ist, die Handlung erfolgreich durchzuführen, niedrig ist. Es scheint vorteilhaft, eine Partizipation bei der Zielsetzung - also eine *Zielvereinbarung* - anzustreben, um die Akzeptanz gesetzter Ziele in einem Dialog sicherzustellen.[339] Neben der Setzung kurz- bis mittelfristiger Ziele läßt sich im Rahmen eines Veränderungsprozesses auch die motivierende Kraft von zukunftsorientierten Oberzielen für gegenwärtige Handlungen ausnutzen.

### 3.4.1.1.2 Ansatz an der Veränderung individueller Erwartungen und Interpretationen

Die Motivation bzw. die Verhaltensbereitschaft wird nicht nur von einer affektiven Komponente sondern auch von einer kognitiven Komponente, die Erfahrungs- und Lernprozesse abbildet, und einer konativen Komponente, die Fähigkeiten und Fertigkeiten beinhaltet, beeinflußt. Die Veränderung dieser Komponenten läßt sich neben den bereits eingeführten Theorien der Erklärung und Bewertung von Handlungsergebnissen vor allem durch individuelle Lerntheorien erklären. Die Veränderung der individuellen Erwartungen und Interpretationen kann in Anlehnung an das Modell leistungsorientierten Verhaltens durch vier Prinzipien geschehen: (1) durch die behavioristische Verstärkung der Instrumentalität, (2) durch das sozialkognitive Lernen am Modell, (3) durch die Beeinflussung der individuellen Grenzziehung zur Identitätssicherung und (4) durch die Beeinflussung der selbstreflexiven Prozesse der Kausalattribution und der Arbeitszufriedenheit (vgl. Tabelle 3-7).

---

[335] Vgl. Kleinbeck / Quast, Motivation, 1992, Sp. 1423.

[336] Vgl. ders., Arbeitsmotivation, 1996, S. 56.

[337] Vgl. zur Diskussion des Zusammenhangs gesetzte bzw. gewählte Zielhöhe vs. resultierende Leistung: Heckhausen, Motivation, 1989, S. 264ff.:

[338] Vgl. Kleinbeck, Arbeitsmotivation, 1996, S. 49.

[339] Zur Fragestellung der Partizipation gibt es zur Zeit keine durch Untersuchungsergebnisse abgesicherte Antwort: ebda., S. 61.

| Prinzipien zur Verhaltens-veränderung | Gestaltungsinformationen für organisationale Veränderung | Mögliche Gestaltungsansätze |
|---|---|---|
| 1. Verstärkung der Instrumentalität (Verstärkungsprinzip der behavioristischen Lerntheorie) | ⇒ Erhöhung der Belohnungshäufigkeit von Aktivitäten<br>⇒ Schaffung von Transparenz, Kalkulierbarkeit und Konsistenz von Anreizen/Gratifikationen | ⇒ Anreizsystem i.w.S.<br>⇒ Anreizsystem i.e.S. |
| 2. Lernen am Modell (Sozial-kognitive Lerntheorie) | ⇒ Nutzung der Modellwirkung von Vorgesetzten und anderen wichtigen Bezugspersonen<br>⇒ Auswahl und Instrumentalisierung von Promotoren der Veränderung | ⇒ Führungsverhalten<br>⇒ 'Change Champions' |
| 3. Beeinflussung der individuellen Grenzziehung zur Identitätssicherung | ⇒ Schaffung bzw. Vermittlung situativer Eigenschaften der Spielsituation zur Förderung der Akkomodation neuer Verhaltensweisen | ⇒ Form des Übergangs: Pilote, "grüne Wiese" etc. |
| 4. Beeinflussung der Kausalattribution durch Ansatz an den Antezedenzbedingungen (z.B. Informationen: eigene / fremde Erfolge/ Mißerfolge)[340] | ⇒ Verstärkung der Kausalattribution durch stabile / variable Ursachen (Fähigkeit und Aufgabenschwierigkeit / Anstrengung und Zufall) bei Erfolg / Mißerfolg von vergangenen Verhalten bzw. Veränderungen[341]<br>⇒ Schaffung von Erfolgsmotivation bzw. Hoffnung auf Erfolg durch Verstärkung der Kausalattribution durch stabile und internale Ursachen (z.B. Fähigkeit) für das gesamte Veränderungsvorhaben | ⇒ Kommunikations- und Informationspolitik bei der Initiierung von Veränderungen (z.B. Benchmarking) |
| Beeinflussung des Prozesses der Arbeitszufriedenheit | ⇒ Verstärkung der Ergebniserwartung zwischen Arbeit und Leistung<br>⇒ Verstärkung der Instrumentalitätserwartung zwischen Leistung und Gratifikationen | ⇒ Aufgabengestaltung und Fähigkeiten, Fit, Leistungsbeurteilung<br>⇒ Anreizsysteme i.e.S. (s.o.) |

*Tabelle 3-7: Veränderung organisationalen Verhaltens durch Ansatz an den individuellen Erwartungen und Interpretationen*

*Behavioristische Verstärkung der Instrumentalität*: Nach der behavioristischen Lerntheorie kann eine Leistungssteigerung durch eine Effektivitätssteigerung der Auslösestimuli - wie z.B. Zielsetzungs- oder Planungsmechanismen - und der Verstärkungsmechanismen bzw. Anreizsysteme erfolgen.[342] Die subjektiven Erwartungen über die Instrumentalität zwischen einem Handlungsergebnis und den entsprechenden Gratifikationen können durch die Erhöhung der Häufigkeit von Belohnungen verstärkt werden, wobei nicht nur die formalen Gratifikationen der Anreizsysteme i.e.S. gemeint sind, sondern z.B. auch spontane Anerkennungen im sozialen Kontext. Die subjektiven Erwartungen werden zudem auch durch die Schaffung von Transparenz, Kalkulierbarkeit und Konsistenz der Anreizsysteme verstärkt. Allerdings darf die verhaltensdeterminierende Wirkung solcher Verstärkungen nicht überschätzt werden. Im Vergleich zu einer Aktivierung intrinsischer Motivation erscheint die ausschließliche Verstärkung extrinsischer Motivationsmechanismen in ihren Möglichkeiten zur Verhaltensbeeinflussung sehr eingeschränkt.[343]

---

[340] Vgl. Programme zur Veränderung von Kausalattributionen in: Weiner, Motivationspsychologie, 1988, S. 297.

[341] Vgl. die Gestaltungsversuche, bei Mißerfolg die Attribution 'durch mangelnde Fähigkeit' durch die Attribution 'durch mangelnde Anstrengung' zu ersetzen, um Resignation und Hoffnungslosigkeit bei ähnlichen Aufgaben in ähnlichen Situationen in der Zukunft zu verhindern: ebda., S. 298.

[342] Vgl. Reber, Lernen, 1992, Sp. 1244f..

[343] Vgl. zur Beschränktheit extrinsischer Motivation: Argyris, Richtig Motivieren, 1995, S. 16f.

*Sozial-kognitives Lernen am Modell:* Die sozial-kognitiven Theorien des Modellernens implizieren für die Gestaltung von Veränderungsprozessen, daß der soziale Kontext, d.h. die Verhaltensweisen von Vorgesetzten und anderen wichtigen Bezugspersonen, eine starke Modellwirkung ausüben kann. Die individuellen Erwartungen und Interpretationen können nachhaltig durch das Führungsverhalten geprägt werden. Die effektive Auswahl und Instrumentalisierung von Promotoren der organisationalen Veränderung - den sogenannten *'Change Champions'* - kann die kognitiv induzierte Verhaltensveränderung beschleunigen.

*Beeinflussung der individuellen Grenzziehung zur Identitätssicherung:* Das Bestreben der Menschen, durch die individuelle Grenzziehung die Identität zu sichern und Situationen unter Kontrolle zu halten, führt zu *defensivem Denken*.[344] Ein solches Denken fördert die Entwicklung von Handlungstheorien, die das eigene Verhalten parteiisch unterstützen, anstelle die Suche nach innovativen und verbesserten Verhaltensweisen einzuleiten. Durch zahlreiche Strategien läßt sich die individuelle Grenzziehung zur Identitätssicherung beeinflussen. So kann beispielsweise die Vermittlung von Eigenschaften einer *Spielsituation* die Akkomodation neuer Verhaltensweisen zu fördern. Im Rahmen organisationaler Veränderung dienen Pilotprojekte oder Experimente auf der 'grünen Wiese' dazu, das persönlich empfundene Risiko innovativer Verhaltensweisen zu begrenzen.

*Beeinflussung der selbstreflexiven Prozesse der Kausalattribution und der Arbeitszufriedenheit:* Die Art und Weise, in der Erfolge oder Mißerfolge von Verhaltensweisen und Veränderungsversuchen erklärt werden, bestimmt die individuelle Erwartungsbildung und damit die Verhaltenstendenz. Beispielsweise kann durch die gezielte Information über die Erfolge von Veränderungen in anderen Unternehmen die Erfolgserwartung im eigenen Unternehmen beeinflußt werden, wenn dieser Erfolg durch übertragbare Ursachen wie z.B. Anstrengung erklärt wird. Das *Benchmarking* anderer Unternehmen kann nicht nur dazu beitragen, die Wissenslücken hinsichtlich der *Best Practices* zu schließen, sondern auch die Erwartung und Hoffnung auf den eigenen Erfolg zu verstärken.

Auch an den Prozeß der Arbeitszufriedenheit läßt sich anknüpfen, um die verhaltensdeterminierenden Erwartungen und Interpretationen zu verändern. Einerseits kann durch die Gestaltung der Arbeitsaufgabe, durch die Steigerung der individuellen Fähigkeiten sowie durch die Verbesserung des Fits zwischen Anforderungen und Fähigkeiten die Ergebniserwartung zwischen dem Arbeitseinsatz und dem Leistungsresultat verbessert werden. Auf diese Art und Weise wird die intrinsische Valenz der Arbeit gestärkt. Die Leistungsbeurteilung stellt den notwendigen Rückkopplungsmechanismus her. Andererseits kann die Instrumentalitätserwartung und damit die extrinsische Valenz der Arbeit durch einen Ansatz am Anreizsystem verstärkt werden.

---

[344] Vgl. zum defensiven Denken: ebda., S. 11f.

### 3.4.1.1.3 Ansatz an der Veränderung individueller Fähigkeiten und Fertigkeiten

Das leistungsorientierte Verhalten kann auch durch die Veränderung der individuellen Fähigkeiten und Fertigkeiten bzw. des konativen Subsystems beeinflußt werden. Hierzu lassen sich zwei Ansätze zählen: (1) der Erwerb von neuen bzw. die Verbesserung der bestehenden motorischen/funktionalen, sozialen und mentalen Fertigkeiten durch Lernen und Training und (2) die Verbesserung des Fits von individuellen Fähigkeitsstrukturen und organisationalen Anforderungsstrukturen[345] (vgl. Tabelle 3-8).

| Prinzipien zur Verhaltensveränd. | Gestaltungsinformationen für organisationale Veränderung | Mögliche Gestaltungsansätze |
|---|---|---|
| 1. Erwerb von neuen/Verbesserung der bestehenden motorischen bzw. funktionalen, sozialen und mentalen Fertigkeiten und Fähigkeiten | ⇒ Förderung des Erwerbs neuer Verhaltensweisen im sozialen Kontext | ⇒ Laboratoriumstraining bzw. Sensitivitätstraining, Encounter-Gruppen, Transaktionsanalyse etc. |
| | ⇒ Förderung des Erwerbs von begrifflichem Wissen und Verfahrenswissen (Lernen als Wissenserwerb bzw. als Informationsverarbeitung) | ⇒ Umsetzung primärer Lernstrategien: Paraphrasierung, bild-/symbolhafte Kodierung, Dichte/Häufigkeit von Visualisierungen etc. |
| | | ⇒ Umsetzung sekundärer Lernstrategien: Vermittlung eines mittleren Anforderungsdrucks; Optimierung der Lernprozesse hinsichtlich Zielsetzung, Lernbereitschaft, Zeitmanagement und Planung, Kontrolle der Zielerreichung und Maßnahmen bei Erfolg und Mißerfolg |
| | ⇒ Training neuer/verbesserter Verhaltensweisen | ⇒ Training "On-the-job" d.h. Training im spezifischen funktionalen, sozialen und mentalen Kontext der Person |
| 2. Verbesserung des Fits von individuellen Fähigkeitsstrukturen und organisationalen Anforderungsstrukturen | ⇒ Individualisierung, Partizipation und Selbstbestimmung | ⇒ Partizipative Personalentwicklung bzw. Lebens-/Karriereplanung |
| | ⇒ Freiräume in der Gestaltung der funktionalen, sozialen und mentalen Kontexte | ⇒ Freiräume in der Gestaltung bzw. zur Selbstorganisation bei Aufgaben, interpersonellen Beziehungen etc. |

*Tabelle 3-8: Veränderung organisationalen Verhaltens durch Ansatz an den individuellen Fertigkeiten und Fähigkeiten*

*Erwerb von neuen bzw. die Verbesserung der bestehenden motorischen/funktionalen, sozialen und mentalen Fertigkeiten durch Lernen und Training:* Die überwiegende Anzahl der Methoden des personalen Ansatzes der Organisationsentwicklung zielt auf den Erwerb bzw. die Verbesserung der sozialen Fähigkeiten der einzelnen Organisationsmitglieder.[346] Zu diesen Methoden gehören beispielsweise das Laboratoriums- bzw. das Sensitivitätstraining,[347] die Encounter-Gruppen[348] oder die Transaktionsanalyse.[349] Gemeinsam ist diesen Methoden die Zielsetzung, die individuellen Verhaltensweisen im sozialen Kontext zu verbessern, indem die

---

[345] Vgl. zum Passungsprinzip: Kleinbeck / Quast, Motivation, 1992, S. 1426.
[346] Vgl. "Individual and Educational Interventions" in: French et al., Organization Development, 1978, S. 195ff..
[347] Vgl. dazu: ebda., S. 197ff.; Gebert, Organisationsentwicklung, 1992, Sp. 3012.
[348] Vgl. dazu: French et al., Organization Development, 1978, S. 197ff.; Schanz, Organisationsgestaltung, 1994, S. 419.
[349] Vgl. dazu: Rush / McGrath, Transactional Analysis, 1978, S. 223-230; Schanz, Organisationsgestaltung, 1994, S. 419ff..

eigenen als auch die fremden Verhaltensdeterminanten reflektiert werden. Das Laboratoriumstraining beispielsweise bezweckt,

> ...gruppendynamische Prozesse ... erkennen und verstehen zu lernen ..., die Effekte des eigenen Verhaltens ... auf andere erkennen und verstehen zu lernen ..., Verhaltenskorrekturen zu ermöglichen, indem ein verändertes Verhalten erprobt wird, sowie ... die Bedeutsamkeit gruppendynamischer und interpersonaler Prozesse für den Arbeitsvollzug und das Arbeitsergebnis erkennen zu können.[350]

Die individuenzentrierten Ansätze können organisationalen Wandel gezielt unterstützen. Allerdings hängt ihre Effektivität von der Qualität des Coachings und der Relevanz für den Arbeitskontext ab.

Der Erwerb von begrifflichem Wissen und Verfahrenswissen kann mittels primärer und sekundärer Lernstrategien unterstützt werden.[351] Primärstrategien beinhalten Gestaltungsinformationen für die direkte Verbesserung des Lernergebnisses. Dabei wird an den Prozessen des Verstehens, Speicherns und Abrufens unmittelbar angesetzt, indem die aufgenommenen Informationen z.B. mit eigenen Worten umschrieben, bildhaft in Ablaufdiagrammen dargestellt oder zu wichtigen Definitionen verdichtet werden. Sekundärstrategien richten sich auf die Verbesserung des Lernprozesses. Damit rückt auch die Gestaltung der organisationalen Kontexte zur Verbesserung der individuellen Lernprozesse in den Mittelpunkt. Bedeutend ist dabei die These, daß der Zusammenhang zwischen dem Anforderungsdruck und der Lern- und Problemlösungsfähigkeit sich 'umgekehrt U-förmig' verhält.[352] Niedriger Anforderungsdruck führt infolge von 'Denkfaulheit' und 'Lethargie' zu suboptimaler Lernfähigkeit und hoher Anforderungsdruck führt infolge von 'Denkausfällen', 'Abwehr', 'Frustration' und 'Aggression' zu suboptimaler Lernfähigkeit. Ein Optimum der Lern- und Problemlösefähigkeit wird folglich bei mittlerem Anforderungsdruck erreicht.[353] Nach dieser These treten besonders innovative Ergebnisse des Lernens oder des Problemlösens eher in Situationen ein, deren Bedrohlichkeit in einem mittleren Bereich eingeschätzt wird. Neben diesem recht allgemeinen Gestaltungshinweis richten sich sekundäre Lernstrategien auf das

> Zeitmanagement und die Planung beim Lernen, auf die Schaffung einer optimalen Lernbereitschaft und das Aufrechterhalten derselben über die Lernzeit hinweg sowie auf eine permanente Kontrolle der eigenen Lernprozesse, der Zielsetzungen, der Zielerreichung und der nötigen Maßnahmen bei Erfolg und Mißerfolg ... .[354]

Der Erwerb von Wissen ist eine wichtige Voraussetzung, um Fähigkeiten und Fertigkeiten entfalten zu können. Bei manuellen Tätigkeiten konstituiert sich der Erwerb von Fertigkeiten nicht nur aus dem Erwerb von Verfahrenswissen, sondern auch aus einer Einübung der moto-

---

[350] Gebert, Organisationsentwicklung, 1992, Sp. 3012.
[351] Vgl. Steiner, Lerntheorien, 1992, Sp. 1273.
[352] Vgl. Reber, Lernen, 1992, Sp. 1246.
[353] Vgl. die Parallelität zum "umgekehrt U-förmigen" Zusammenhang zwischen Leistungsgüte und Motivationsstärke (Kapitel 3.3.1.2.3) oder zwischen der Verhaltenstendenz und der Aufgabenschwierigkeit (insbesondere für leistungsmotivierte Personen) (Kapitel 3.3.1.2.2).
[354] Steiner, Lerntheorien, 1992, Sp. 1273.

rischen Bewegungsabläufe und der Verfahrensabläufe. Rein dispositive oder geistige Tätigkeiten werden ebenfalls durch die Aufnahme von Verfahrenswissen und das Einüben der Abläufe erworben. Die Vorgänge des Lernens und des Einübens sollten nicht voneinander getrennt werden. Denn begriffliche Konzepte werden oft erst durch ihre Umsetzung an konkreten Beispielen verstanden und für eine weitere Verwendung internalisiert. Moderne Trainings- oder Coaching-Konzepte setzen an diesem Aspekt an, indem neue Verhaltensweisen und Techniken zur Problemlösung und Aufgabenbewältigung "on-the-job", d.h. am Arbeitsplatz an realen Problemstellungen in dem spezifischen funktionalen, sozialen und mentalen Kontext vermittelt werden.[355]

*Verbesserung des Fits von individuellen Fähigkeitsstrukturen und organisationalen Anforderungsstrukturen:* Die Verbesserung des Fits von individueller Fähigkeitsstruktur und organisationaler Anforderungsstruktur läßt sich einerseits durch eine Individualisierung und Partizipation bezüglich der Personalentwicklung und andererseits durch die Einräumung von Freiräumen in der Gestaltung des funktionalen, sozialen und mentalen Kontextes - z.B. durch Freiräume zur Gestaltung von Aufgaben oder zur Entwicklung von interpersonellen Beziehungen - erreichen.

### 3.4.1.1.4 Ansatz an der Veränderung der organisationalen Kontexte

Die Veränderung der organisationalen Kontexte kann aus einer individualtheoretischen Perspektive (1) über die Veränderung der Eigenschaften ihrer Objekte (z.B. der Aufgaben, Entscheidungssysteme, Führungsstile oder Normen und Standards) und (2) über die Veränderung der Wahrnehmung bzw. Interpretation dieser Objekte und der jeweiligen Situation zu einer Veränderung des leistungsorientieren Verhaltens führen (vgl. Tabelle 3-9).

| Prinzipien zur Verhaltensveränderung | Gestaltungsinformationen für organisationale Veränderung |
|---|---|
| ① Veränderung der Eigenschaften der Objekte der organisationalen Kontexte | ⇒ Veränderung von Strukturen und Prozessen der organisationalen Kontexte<br>⇒ Veränderung von Anreizmechanismen zwischen organisationalen Objekten und individuellen Bedürfnissen etc. |
| ② Veränderung der Wahrnehmung und Interpretation der jeweiligen Objekte und Situationen | ⇒ Aufzeigen von Widersprüchen zwischen "formaler" Gestaltung und "informaler" Auslegung der Kontexte<br>⇒ Kommunikation des "erwünschten" Objekt-/Situationsverständnisses durch Wort und Tat etc. |

*Tabelle 3-9: Veränderung organisationalen Verhaltens durch Ansatz an den organisationalen Kontexten*[356]

---

[355] Zur Bedeutung des Trainings im Arbeitskontext: Schwendner, Trainer, 1995, S. 29.
[356] Vgl. die zusammenfassende Darstellung der Ansätze der organisationalen Kontexte in Kapitel 3.4.1.3.

### 3.4.1.2 Organisationale Veränderung durch Verstärkung der Selbstorganisation und des organisationalen Lernens

> *"In fact, I would argue that the rate at which individuals and organizations learn may become the only sustainable competitive advantage, especially in knowledge-intensive industries."*[357]

Organisationales Verhalten konstituiert sich zwar durch individuelles Verhalten, weist allerdings Eigenschaften auf, die sich besser mit den Konzepten der Selbstorganisation und des organisationalen Lernens beschreiben lassen als mit den psychologischen Theorien und Modellen. Insbesondere erscheint die inhärente Dynamik dieser Ansätze bedeutungsvoll für die Erklärung und Gestaltung organisationaler Veränderung. Die gestaltenden Maßnahmen einer Intervention und die Prozesse der Selbstorganisation und des organisationalen Lernen überlagern sich. Auch der unmittelbare Ansatz der Intervention an den Wirkmechanismen der Selbstorganisation und des organisationalen Lernens verhindert nicht, daß ungeplante oder unkontrollierte organisationale selbstreflexive Prozesse wiederum als Reaktion auftreten.

#### 3.4.1.2.1 Ansatz an den Prozessen der Selbstorganisation

Aus der Perspektive des Konzepts der Selbstorganisation lassen sich Gestaltungsinformationen für die organisationale Veränderung ableiten, die die individualpsychologische Perspektive des Ansatzes an den individuellen Leistungsdeterminanten ergänzen und z.T. bestätigen können. Durch den Ansatz an der Selbstorganisation werden letztlich die individuellen Prozesse der Identitätssicherung und Selbstreferenz gefördert.

> Organisieren wird zu einer über das System verteilten Aufgabe, zur Kontextgestaltung, zur katalytischen Förderung der Entwicklung(sfähigkeit).[358]

Durch Interventionen in die Prozesse der Selbstorganisation läßt sich auf eine Veränderung der organisationalen Leistung hinwirken. Es können Gestaltungsinformationen sowohl für den Gegenstand bzw. den Inhalt der Veränderung als auch für den Prozeß der Veränderung abgeleitet werden. Dabei empfiehlt sich ein Ansatz an den Charakteristiken selbstorganisierender Systeme, d.h. an (1) Selbstreferenz, (2) Autonomie, (3) Komplexität und (4) Redundanz (vgl. Tabelle 3-10).

*Ansatz an der Selbstreferenz bzw. dem selbstreferentiellen Zyklus:* Eine wesentliche Eigenschaft der Selbstorganisation ist die Fähigkeit der Organisation zur Selbstreferenz. Als Referenzsysteme können dabei die organisationalen Handlungstheorien betrachtet werden. Diese sind in einem selbstreferentiellen Zyklus mit den Handlungen bzw. Veränderungen sowie den organisationalen Kontexten und der Umwelt der Organisation verknüpft. In diesen selbstreferentiellen Zyklus läßt sich intervenierend eingreifen, um eine Veränderung des leistungsorientierten Verhaltens zu initiieren. Durch die Rekonstruktion der Handlungstheorien wird die Voraussetzung geschaffen, diese zu hinterfragen und neu zu gestalten. Diese Rekonstruktion

---

[357] Stata, Organizational Learning, 1989, S. 64 (im Original kursiv).
[358] Probst, Selbstorganisation, 1992, Sp. 2265.

ist kein individueller analytischer Prozeß, sondern ein kollektiver 'Enactment Process', der zumeist der Prozeßberatung bzw. des Prozeß-Coachings durch Externe bedarf. Neben der bewußten und geplanten Reflexion der Handlungstheorien kann durch die Schaffung von Freiräumen zur Selbstreferenz und durch die Nutzung der partiellen Zugehörigkeit der Organisationsmitglieder eine Veränderung leistungsorientierten Verhaltens eingeleitet werden, die über die Wirkung der geplanten Veränderung hinausgeht.

| Prinzipien zur Verhaltensveränd. | Gestaltungsinformationen für organisationale Veränderung | Mögliche Gestaltungsansätze |
|---|---|---|
| 1. Ansatz an der Selbstreferenz bzw dem selbstreferentiellen Zyklus | ⇒ (Re)Konstruktion der Handlungstheorien in kollektiven 'Enactment Processes" <br> ⇒ Nutzung der Prozeßberatung / des Prozeß-Coachings durch Externe <br> ⇒ Schaffung von Freiräumen zur Selbstreferenz, Nutzung der partiellen Zugehörigkeit der Organisationsmitglieder | ⇒ Prozeß der Veränderung: Einsatz von Dialogtechniken, Konfrontationstreffen etc. als Ausgangsbasis der Veränderung <br> ⇒ Träger der Veränderung: Fach- und Sozialpromotor; Generalist mit breitem Wissen; Coach, Moderator und Mentor mit Fähigkeit zur Motivation, zur sozialen Integration und Synthese ('Teamfähigkeit') <br> ⇒ Verstärkung der Selbstgestaltung, -steuerung und -entwicklung durch entsprechende Gestaltung der organisationalen Kontexte: bestimmte Merkmale der Arbeitsaufgaben, kleine operative Einheiten, flache Hierarchien, geringe Zahl an Fach- und Koordinationsstellen etc. <br> ⇒ Schaffung einer Kultur des konstruktiven Umgangs mit Widersprüchen und des Experimentierens mit alternativen Theorien |
| 2. Ansatz an der Autonomie | ⇒ Ermöglichung von managementbezogenen Handlungsspielräumen <br> ⇒ Verbesserung der System-Umwelt-Grenzziehung, der Umweltperspektive | ⇒ Dezentrale, autonome Einheiten; Unternehmertum: eigenverantwortlicher Umgang mit internen und externen Chancen und Risiken <br> ⇒ (Re)Konstruktion der Handlungstheorien in Bezug auf relevante Umweltausschnitte und bestehende mentale Modelle der Umwelt |
| 3. Berücksichtigung der Komplexität" | ⇒ Schaffung ganzheitlicher, 'geschlossener' Aufgaben-/ Veränderungsbereiche <br> ⇒ Veränderung hinreichend vieler Systemelemente ('Kritische Masse') <br> ⇒ Offene und flexible Planungs-/ Gestaltungsprozesse | ⇒ Dezentrale, autonome Einheiten, Process Owner etc. <br> ⇒ Veränderung hinreichend vieler Verhaltensdeterminanten der organisationalen Kontexte und Beteiligung hinreichend vieler Organisationsmitglieder an den 'Enactment Processes' <br> ⇒ Steuerung der Veränderung als offener Prozeß (Flexibilität bei unvorhergesehenen Effekten) |
| 4. Ansatz an der Redundanz | ⇒ Umfangreicher Aufbau dezentraler Gestaltungs- und Veränderungsbereitschaft und -fähigkeit <br> ⇒ Verteilung der Veränderungsaufgabe über das ganze System | ⇒ Partizipation bei der Veränderung, "Heterarchische Gestaltung" etc. <br> ⇒ Aufbau von Mehrfachqualifikationen und Verteilung und Ausweitung von Mangementkompetenzen |

*Tabelle 3-10: Veränderung organisationalen Verhaltens durch Ansatz an den Prozessen der Selbstorganisation[359]*

*Ansatz an der Autonomie, der Komplexität und der Redundanz:* Aus der Perspektive der Selbstorganisation ergeben sich für die Organisation spezifische Gestaltungsprinzipien, die der Selbstreferenz, Autonomie, Komplexität und Redundanz sozialer Systeme gerecht werden. Managementbezogene Handlungsspielräume sollten ermöglicht werden, ganzheiteitli-

---

[359] Vgl. ebda., Sp. 2260.

che, geschlossene Aufgaben- und Verantwortungsbereiche sollten eingerichtet werden und dezentrale Gestaltungs- und Veränderungsbereitschaft und -fähigkeit sollten aufgebaut werden. Solche Gestaltungsprinzipien beherrschen viele der gegenwärtigen Veränderungsbemühungen, die bezwecken, Unternehmertum und Eigenverantwortung in partizipativen und heterarchischen Gestaltungsprozessen zu verstärken.[360] Sun Microsystems Gestaltungsprinzip - "loosely coupled but highly aligned" - kann als ein Beispiel für eine solche Selbstorganisationsperspektive betrachtet werden.[361]

Das Konzept der Selbstorganisation liefert vor allem auch Gestaltungsinformationen für den Prozeß der Veränderung. Aus den Eigenschaften der Selbstreferenz und der Autonomie lassen sich Gestaltungsinformationen für die grundsätzliche Vorgehensweise zur (Re-)Konstruktion von internalen und externalen Handlungstheorien als Ausgangspunkt organisationaler Veränderung ableiten. Die Eigenschaft der Komplexität impliziert für den Veränderungsprozeß, daß hinreichend viele Verhaltensdeterminanten der organisationalen Kontexte verändert und hinreichend viele Organisationsmitglieder an den den 'Enactment Processes' beteiligt werden sollten. Aus der Eigenschaft der Redundanz schließlich läßt sich ableiten, daß die Veränderungsaufgabe über das ganze System verteilt werden sollte, indem Mehrfachqualifikationen aufgebaut und Managementkompetenzen verteilt und erweitert werden.

### 3.4.1.2.2 Ansatz an den Prozessen des organisationalen Lernens

Durch die Verbesserung der organisationalen Lernprozesse kann die organisationale Leistung ebenfalls gesteigert werden.[362] Zur Ableitung von Gestaltungsinformationen sollen folgende Ansatzpunkte betrachtet werden: (1) der Ansatz am Individuum als Subjekt des Lernens, (2) der Ansatz an der Organisation als Subjekt des Lernens, (3) der Ansatz am Objekt bzw. an verschiedenen Niveaus des organisationalen Lernens, (4) der Ansatz am Ergebnis des organisationalen Lernens bzw. an den Eigenschaften des organisationalen Wissens und schließlich (5) der Ansatz am Verlernen bzw. an den Widerständen des organisationalen Lernens (vgl. Tabelle 3-11).

*Ansatz am Individuum als Subjekt des Lernens:* Das Subjekt des organisationalen Lernens sind letztlich die einzelnen Mitglieder der Organisation; durch ihr Lernen und Wissen wird das organisationale Lernen und Wissen konstituiert. Folglich trägt eine Verbesserung des individuellen Lernens im organisationalen Kontext - etwa durch Nutzung von *Verstärkungsprinzipien*, durch Förderung des *sozialen Lernens* oder durch Umsetzung von *Primär- und Sekundärstrategien des Wissenserwerbs* - auch zu einer Verbesserung des organisationalen Lernens bei. Als weiterer individueller Ansatzpunkt läßt sich die Förderung kritischer Fähigkeiten zum organisationalen Lernen durch die *Personalauswahl* und *-entwicklung* nennen. Gemeint sind vor allem soziale Fertigkeiten und Kompetenzen, Fähigkeiten im Umgang mit

---

[360] Vgl. zur Anwendung solche Gestaltungsprinzipien: Bartlett / Ghoshal, Beyond the M-Form, 1993, S. 29f. und 33f.; Frese / Werder, Organisation, 1995, S. 7ff.; Muzyka et al. Transformation, 1995, S. 353f..

[361] Vgl. Raduchel, Managing Change, 1994, S. 37.

[362] Vgl. dazu z.B. die Untersuchung von Hadamitzky: Hadamitzky, Restrukturierung, 1995, S. 184f..

Konflikten und die Fähigkeit, auf einer Fachbasis statt auf einer Machtbasis organisationales Wissen zu ändern.[363]

*Ansatz an der Organisation als Subjekt des Lernens:* Die Umwelt der Organisation stellt unterschiedliche Anforderungen an die Lernfähigkeit und damit an die Struktur der Organisation.[364] Stabile und einfache Umweltzustände erfordern eher ein *zentrales Lernen*, etwa im Sinne einer funktionalen Spezialisierung, so daß eher eine funktionale Organisationsstruktur adäquat erscheint. Dynamische und komplexe Umweltzustände erfordern hingegen ein *dezentrales Lernen*, so daß eher eine dezentrale Organisationsstruktur angebracht scheint. Die Organisationsarchitektur läßt sich an die Lernnotwendigkeit und -fähigkeit der Organisation anpassen. Nach Levinthal und March erleichtern eng gekoppelte Systeme das Entdecken von Fehlern, während lose gekoppelte Systeme mit Puffern zwischen den Systemelementen die Interpretation und Diagnostik der Fehler fördern.[365] Liegt die Schwierigkeit des Lernens in der Entdeckung von Fehlern, empfiehlt sich also eine enge Kopplung der Systemelemente, so daß durch Puffer entsprechende Fehler nicht aufgefangen werden können, sondern unmittelbar sichtbar werden. Diesen Lernmechanismus nutzen die Produktionskonzepte der *Just-in-Time-Fertigung* und der *Lean Production*. Liegt hingegen die wesentliche Herausforderung in der Interpretation und Diagnostik der Fehler, so empfiehlt sich eine relativ lose Kopplung der Systemelemente, um autonome Einheiten zu schaffen, deren Komplexität zur Umwelt überschaubar ist. Auf diesem Lernmechanismus basieren die Gestaltungsprinzipien, die überschaubare, autonome Einheiten fordern.

Das Konzept des organisationalen Lernens geht von der Vorstellung aus, daß die Organisation die Fähigkeit besitzt, ihre operativen Prozesse lernend zu verbessern. Dies bedeutet, daß die Organisation neben dem *operativen System* zur Leistungserbringung über ein *reflexives Meta-System* zum Lernen verfügen muß, das die operativen Systeme reflektiert und die entsprechenden Lernergebnisse durchsetzt.[366] Diese Vorstellung führt in Bezug auf die Veränderung von Organisationen zu einigen wichtigen Implikationen.

Die Organisation sollte eine zweigleisige Organisationsarchitektur aufweisen, indem jeder Mitarbeiter angehalten wird, in einem operativen und einem reflexiven Modus zu arbeiten. Diese reflexiven Modi können durch die Einrichtung von *Lateralstrukturen* wie Stabsstellen, Liaison-Positionen, Wissensdatenbanken oder Informations- und Kommunikationsplattformen, durch *reflexive organisationale Programme* bzw. *Routinen* oder durch *reflexive Rollen* bzw. *Positionen* auf ein gemeinsames Lernziel ausgerichtet werden. Zahlreiche Gestaltungsprinzipien, Techniken und Instrumente zielen auf die Verwirklichung der zweigleisigen Organisationsarchitektur. Bei der Einrichtung von Lateralstrukturen zur Förderung des organi-

---

[363] In Anlehnung an "Certain skill ... for lateral relations to work": Duncan / Weiss, Organizational Learning, 1979, S. 111.
[364] Vgl. ebda., S. 105ff..
[365] Vgl. Levinthal / March, Myopia of Learning, 1993, S. 97.
[366] Vgl. Türk, Neuere Entwicklungen, 1989, S. 94.

sationalen Lernens sind nach Duncan / Weiss einige Gestaltungsprinzipien zu beachten.[367] Die Anreizsysteme sollten neben der operativen Leistung auch die Lernerfolge honorieren. Zur Sicherung der Umsetzung der Lernergebnisse in das operative System sollten Linienmanager innerhalb des reflexiven Meta-Systems konkrete Verantwortlichkeiten und Aufgaben übernehmen. Als ein Beispiel für reflexive organisationale Programme bzw. Routinen kann der 'Review-Prozeß' von Mettler-Toledo betrachtet werden.[368] In diesem Review ist jeder Bereich verpflichtet, nach vielfältigen Kriterien seine Effektivität und Effizienz zu prüfen und zu verbessern. Im Gegensatz zu den klassischen strategischen Planungsrunden zeichnet sich dieser Prozeß durch eine extrem hohe Bereitschaft der beteiligten Einheiten aus, Bestehendes grundlegend in Frage zu stellen, fundamentale Verbesserungen zu erzielen und dabei voneinander zu lernen. Ein weiteres Beispiel für reflexive organisationale Routinen sind z.B. *Simulationsspiele*, mit denen tatsächliche oder auch für die Simulation definierte 'Profitcenter' innerhalb der Organisation in einem Kunden-Lieferanten-Mechanismus ihre operativen Prozesse optimieren können.[369] Auf diese Art und Weise kann unternehmerisches Denken erlernt werden, auch wenn die organisatorischen Strukturen nicht tatsächlich eingeführt werden.

Mit der zweigleisigen Organisationsarchitektur sollte gewährleistet werden, daß die *Nutzung* und der *Erwerb* von Wissen in einem ausgeglichenen Verhältnis stattfindet.[370] Erfolg kann zu einer Überbetonung der Nutzungskomponente und zu einer Vernachlässigung der Erwerbskomponente führen, indem Ressourcen vom reflexiven Meta-System in das operative System verlagert werden. Mißerfolg hingegen führt zum entgegengesetzten Effekt. Durch die Gestaltung der Organisationsstrukturen und Anreizsysteme sowie durch die Einwirkung auf individuelle Einstellungen kann die notwendige Balance zwischen Nutzung und Erwerb realisiert werden.[371]

Die Organisation benötigt Kapazitätsreserven zum Lernen. Die ausschließliche Beschäftigung mit den operativen Prozessen unter hohem Erfolgsdruck scheint das organisationale Lernen zu hemmen. Die Annahme innovativer Verhaltensweisen wird, wie bereits angedeutet, durch mittleren Anforderungsdruck in 'Quasi-Spielsituationen' optimal gefördert. Dazu müssen zusätzliche Kapazitätsreserven aufgebaut bzw. aktiviert werden.

*Ansatz am Objekt bzw. den verschiedenen Niveaus des organisationalen Lernens:* Die Organisation ist nicht nur Subjekt, sondern zugleich auch Objekt des Lernens. Durch die Nutzung verschiedener Quellen des Lernens, durch das gezielte *Aufzeigen von Leistungslücken* und durch die *Differenzierung der Organisationsarchitektur* läßt sich an dem Objekt bzw. an den verschiedenen Niveaus des organisationalen Lernens ansetzen.

---

[367] Vgl. Duncan / Weiss, Organizational Learning, 1979, S. 110f..
[368] Vgl. Muzyka, Transformation, 1995, S. 360f..
[369] Vgl. das System der Preissteuerung der Firma Higashimaru Shoyu: Cooper / Markus, Menschen, 1996, S. 81f..
[370] Vgl. Levinthal / March, Myopia of Learning, 1993, S. 105ff..
[371] Vgl. ebda., S. 107ff..

| | Prinzipien zur Verhaltensverä. | Gestaltungsinformationen für organisationale Veränderung | Mögliche Gestaltungsansätze |
|---|---|---|---|
| 1. | Ansatz am Individuum als Subjekt des Lernens | ⇒ Förderung des individuellen Lernens im organisat. Kontext<br>⇒ Förderung kritischer Fähigkeiten | ⇒ Ansatz am Verstärkungsprinzip, am sozialen Lernen und am Lernen als Wissenserwerb (vgl. Tabelle 3-8)<br>⇒ Personalauswahl-/-entwicklungskriterien: soziale Fertigkeiten/Kompetenz, Umgang mit Konflikten, Fach- statt Machtentscheidungen etc. |
| 2. | Ansatz an der Organisation (bzw. den organisationalen Kontexten) als Subjekt des Lernens | ⇒ Anpassung der Organisationsarchitektur an die Lernanforderungen der Umwelt<br>⇒ Anpassung der Organisationsarchitektur an die Lernnotwendigkeit der Organisation<br>⇒ Schaffung einer zweigleisigen Organisationsarchitektur: eines operativen Systems v.a. zur Leistungserbringung und eines reflexiven Meta-Systems v.a. zum Lernen | ⇒ Funktionale Organisation bei stabilen und einfachen Umweltanforderungen, dezentrale Organisation bei dynamischen und komplexen Umweltanforderungen<br>⇒ Enge Systemkopplung verbessert das Entdecken systemweiter Fehler (JIT/Lean Production); lose Systemkopplung und Puffer verbessern die Interpretation/-Diagnose der Fehler (dezentrale autonome Einheiten)<br>⇒ auf personaler Ebene: Ergänzung des operativen Modus um einen reflexiven Modus<br>⇒ auf organisationaler Ebene:<br>• Einrichtung von Lateralstrukturen, z.B. Stabsstellen, Liaison-Positionen, Wissensdatenbanken, Informations-/Kommunikationsplattformen etc.<br>• Gestaltungskriterien für Lateralstrukturen: Partizipation am Anreizsystem, Einbindung von Linienmanagern (Implementierungsnähe), Ausstattung mit Umsetzungskompetenz etc.<br>• Ergänzung operativer Programme/Routinen durch reflexive: Reviews, Simulationsspiele etc.<br>• Ergänzung operativer Rollen/Positionen durch reflexive: 'Querdenker' etc.<br>⇒ Vorhaltung von Kapazitätsreserven für das Lernen |
| 3. | Ansatz am Objekt bzw. den verschiedenen Niveaus des organisationalen Lernens | ⇒ Nutzung verschiedener Quellen des Lernens<br>⇒ Aufzeigen von Leistungslücken<br>⇒ Differenzierung der Organisationsarchitektur nach Lernniveaus | ⇒ Intern: Vergangene Erfolge/Mißerfolge, Experimente/Pilotversuche etc.; Extern: Allianzen, Wettbewerber, Kunden und Lieferanten, Berater, Hochschulen etc.<br>⇒ Lücken zwischen 'tatsächlicher' Leistung und wahrgenommener Leistung gemäß Selbsteinschätzung (Konfrontationstreffen / Survey-Guided-Feedback)<br>⇒ Lücken zwischen 'tatsächlicher' Leistung und angestrebter Leistung gemäß Zielvorgabe (z.B. einer Wettbewerbsleistung) (Benchmarking)<br>⇒ Evolutionäres Lernen im operativen System: Qualitätszirkel, Lernstattkonzepte, Instrumente zur Qualitätssicherung und zur Effizienzsteigerung etc.<br>⇒ Revolutionäres Lernen und Lernen des Lernens im reflexiven Meta-System: Interfunktionale Projektteams, Workshops/Trainings über effektives Lernen etc. |
| 4. | Ansatz am Ergebnis des organisationalen Lernens bzw. den Eigenschaften des organisationalen Wissens | ⇒ Personifizierung der Verantwortung für die Entdeckung/Speicherung/Verwendung v. Wissen<br>⇒ Steigerung der Kommunizierbarkeit<br>⇒ Steigerung der Akzeptanz (konsensuell geteilt)<br>⇒ Steigerung der Integrierbarkeit | ⇒ Übertragung der Verantwortung für organisationales Wissen an Stabsstellen, Netzwerke oder andere organisationale Funktionen/Institutionen<br>⇒ Zielgruppenspezifische Umsetzung in Sprache, Symbolen und Bildern<br>⇒ Erwerb des Wissens in kollektiven Prozessen und Appell an emotionale Werte und rationale Kriterien<br>⇒ Sicherung der Problem- und Kontextbezogenheit, d.h. der persönlichen Relevanz |
| 5. | Ansatz am Verlernen bzw. den Widerständen des Lernens | ⇒ Überwindung von defensivem Denken und Abwehrroutinen<br>⇒ Einleitung deutlicher Diskontinuitäten | ⇒ Falsifizierung herrschender Handlungstheorien und Rekonstruktion bestehender Interaktionspraktiken<br>⇒ Abrupte und tiefgreifende Veränderung von Strukturen;<br>⇒ Neuberufung mit extern rekrutiertem Führungspersonal |

*Tabelle 3-11: Veränderung organisationalen Verhaltens durch Ansatz an den Prozessen des organisationalen Lernens*

Interne Quellen für organisationales Lernen sind beipielsweise die Ursachenzusammenhänge vergangener Erfolge und Mißerfolge oder die Ergebnisse von Experimenten und Pilotversuchen für innovative Lösungen. Dabei lassen sich oft kreative Techniken nutzen. So hat die Firma Higashimaru Shoyu beispielsweise mit einem relativ einfachen, aber wirkungsvollen Experiment Rationalisierungspotentiale realisieren können.[372] Innerhalb einer Einheit wurde in einem Versuch geklärt, unter welchen Bedingungen mit der Hälfte der Belegschaft die gleichen Ergebnisse erzielt werden können. Ein solches Experiment nötigt alle Beteiligten, in radikalen Verbesserungssprüngen zu denken und so grundlegend neue und innovative Lösungen anzustreben. Als externe Quellen können sich Allianzen, Wettbewerber, Kunden und Lieferanten, Unternehmensberater oder Hochschulen erweisen.

Das Aufzeigen von Leistungslücken ist eine wichtige Voraussetzung, organisationale Lernprozesse zu stimulieren. Dabei sollte beachtet werden, daß nicht nur zwischen der 'tatsächlichen' Leistung und einer angestrebten Leistung - etwa dem Leistungsniveau eines Wettbewerbers - eine Lücke bestehen kann, sondern auch zwischen der 'tatsächlichen' Leistung und der wahrgenommenen Leistung gemäß eigener Selbsteinschätzung. Als Instrument zur Aufdeckung der Leistungslücke zum Wettbewerber läßt sich das *Benchmarking* einsetzen. Hingegen sollten zur Aufdeckung der Leistungslücke zwischen tatsächlicher und wahrgenommener Leistung Techniken eingesetzt werden, die die kollektive Desillusionierung fördern - wie etwa *Konfrontationstreffen* oder *Survey-Guided-Feedback*.

Die Organisationsarchitektur läßt sich nach den Lernniveaus differenzieren.[373] Im operativen System finden neben der Anwendung des Wissens eher evolutionäre Lernprozesse statt, die sich auf die kontinuierliche Verbesserung der Kernprozesse oder -funktionen richten. Dazu werden Techniken wie *Qualitätszirkel* und *Lernstatt-Konzepte,* Instrumente zur Qualitätssicherung wie *Statistical Process Control* oder *Ishikawa-Diagramme* und Instrumente zur Effizienzsteigerung wie *Prozeßdiagramme* oder *Kernkostenanalysen* eingesetzt. Revolutionäres Lernen und Lernen über das Lernen wird hingegen eher im reflexiven Meta-System vollzogen. Dazu werden beispielsweise *interfunktionale Teams* gebildet, die nach fundamental neuen Lösungen für die organisatonale Aufgabenerfüllung suchen. Desweiteren werden in *Workshop-Serien* grundsätzliche Konzepte und Instrumente zum effektiven Lernen trainiert, um den Lernprozeß als solchen zu verbessern.[374]

*Ansatz am Ergebnis des organisationalen Lernens bzw. den Eigenschaften des organisationalen Wissens:* Kritisch ist nicht so sehr der Erwerb des organisationalen Wissens durch individuelles Lernen, sondern der Zugang zum Wissen und seine Verwendung in der Organisation.[375] Organisationales Wissen entsteht, wie bereits herausgestellt, indem es kommuniziert wird, konsensuell geteilt wird und in bestehendes Wissen integriert wird. Diese Eigenschaften

---

[372] Vgl. Cooper / Markus, Menschen, 1996, S. 85f..

[373] Vgl. z.B. die Differenzierung in "gradual process track", "radical process track" und "learning process track" in: Kilmann, Holistic Program, 1995, S. 178ff..

[374] Vgl. die Beispiele in: Watkins / Marsick, Learning Organization, 1993.

[375] Vgl. Duncan / Weiss, Organizational Learning, 1979, S. 86.

lassen sich fördern, indem sie explizit in die *personifizierte Verantwortung* von Stabsstellen, Netzwerken oder anderen Funktionen und Institutionen der Organisation gestellt werden.[376] Die Stabsstelle für Qualitätssicherung läßt sich beispielsweise als die Schaltzentrale für die Entwicklung bzw. Entdeckung, Speicherung und Verwendung des organisationalen Wissens über Qualität in der Entwicklung und Produktion verstehen. Die Lernprozesse, d.h. die Verifikation bzw. Falsifikation einzelner Aussagen des organisationalen Wissens, finden überwiegend in den operativen Einheiten statt. Die Stabsstelle sichert die dort gemachten Erfahrungen für eine breite Verwendung und fördert insofern den Übergang vom individuellen zum organisationalen Lernen und Wissen.

*Ansatz am Verlernen bzw. an den Widerständen des organisationalen Lernens:* Das Lernen neuer Einstellungen oder Verhaltensweisen setzt das Verlernen und den Abbau von Widerständen voraus. Das Lernen wird durch defensives Denken und organisationale Abwehrroutinen systematisch verhindert.[377] Alte Orientierungsmuster, die zu bestimmten Verhaltensweisen motiviert haben, besitzen Trägheitstendenzen, die durch die neuen Handlungstheorien überwunden werden müssen. Eine neue Handlungstheorie wird dann verhaltensdeterminierend, wenn sie stärkere Verhaltenstendenzen entfaltet als die alten Theorien. Nach dem Konzept der 'Enactment Processes' ist es für das organisationale Verlernen notwendig, daß die alten Handlungstheorien und ihre Konstituierung in den organisationalen Kontexten kollektiv demontiert und durch neue Handlungstheorien ersetzt werden.

Die Gestaltungsansätze zur Überwindung der organisationalen Widerstände und zur Beschleunigung der organisationalen Verlernprozesse müssen gleichzeitig Vertrauen, Offenheit und Verantwortungsbereitschaft fördern und Betroffenheit über individuelle und organisationale Leistungslücken schaffen. Dazu ist es notwendig, daß die herrschenden Handlungstheorien und die bestehenden Interaktions- und Kommunikationspraktiken verbessert werden.[378] Dies kann durch *Dialogtechniken* oder *Konfrontationstreffen* erreicht werden. Das Verlernen kann zudem durch abrupte und tiefgreifende Veränderung der organisationalen Aufbau- und Ablaufstrukturen oder durch die Neuberufung von extern rekrutiertem Führungspersonal beschleunigt werden.[379]

Die aus den organisationalen Prozessen abgeleiteten Gestaltungsinformationen lassen sich letztlich hinsichtlich ihrer Wirkung nicht eindeutig dem Inhalt oder dem Prozeß zuordnen. Inhalt und Prozeß der Veränderung, d.h. Ziel und Weg, verschwimmen.[380] Die Erhöhung der Selbstreferenz der Organisation bedarf selbstreferentieller Prozesse, die Nutzung der Redundanz in der Organisation bedarf hoher Partizipation, d.h. Redundanz, im Veränderungsprozeß. Die Erhöhung der Lernfähigkeit der Organisation bedarf organisationaler Lernprozesse. Durch die ersten Schritte des Veränderungsprogramms wird die Organisation bereits in Richtung des

---

[376] Vgl. ebda., a.a.O..
[377] Vgl. Argyris, Richtig motivieren, 1995, S. 11ff..
[378] Vgl. ebda., S. 18.
[379] Vgl. Reber, Lernen, 1992, Sp. 1252.
[380] Vgl. die Analogie zur Kaizen-Philosophie: Imai, Kaizen, 1986.

Ziels verändert. Die Verquickung von Weg und Ziel ist allerdings nichts Beunruhigendes, sondern sie stellt vielmehr ein wesentliches Element organisationaler Veränderung und organisationalen Lernens dar, an dem sich gestaltend angreifen läßt.

### 3.4.1.3 Organisationale Veränderung durch Veränderung personaler und organisationaler Determinanten

Auf der Basis der abgeleiteten Gestaltungsinformationen sollen im folgenden Abschnitt mögliche Inhalte und inhaltsspezifische Techniken der Veränderung zusammengefaßt werden. Diese Darstellung bezweckt, mögliche Gestaltungsansätze an der personalen und organisationalen Ebene vorzustellen, um den integrativen Rahmen des Modells zu verdeutlichen. Vollständigkeit und Differenziertheit wird nicht angestrebt.

*Abbildung 3-15: Inhalte und inhaltsspezifische Techniken der organisationalen Veränderung*

### 3.4.1.3.1 Veränderung der Motivations- und Fähigkeitskomponente der Person

Die direkte Einflußnahme auf die personellen Verhaltensdeterminanten ist Gegenstand des klassischen Personalmanagements und der personalen bzw. individuenzentrierten Ansätze der Organisationsentwicklung. Von dem breiten Aufgabenspektrum des Personalmanagements[381] sollen hier nur die unmittelbaren Ansätze an der Motivationskomponente - z.B. die formellen Anreizsysteme - und die unmittelbaren Ansätze an der Fähigkeitskomponente, d.h. der Personalentwicklung[382] - z.B. die Laufbahnentwicklung - dargestellt werden. Auch der personale Ansatz der Organisationsentwicklung richtet sich auf die "Veränderung der inneren Verhaltensbedingungen, d.h. der individuellen Werte und Einstellungen der Organisationsmitglieder."[383] Die entsprechenden Techniken wie z.B. Lebens-/Karriereplanung, Sensitivitäts- bzw. Laboratoriumstraining, Encounter-Gruppen oder Transaktionsanalyse[384] lassen sich in dem konzeptionellen Rahmen dieses Modelles als 'methodisches Rüstzeug' gut integrieren.

*Veränderung der Motivationskomponente:* Die direkte Veränderung der Motivationskomponente kann durch die *Motivtrainings,* durch die Veränderung der *formellen Anreizsysteme* oder durch die Veränderung der *Systeme der Zielsetzung und Rückmeldung* erreicht werden.[385] Nachfolgend soll kurz auf die Rolle von Anreizsystemen im Rahmen organisationaler Veränderung eingegangen werden.

Als formelle Anreizsysteme sollen die Anreizsysteme im engeren Sinne bezeichnet werden, die leistungsorientierte Entlohnungs- und Entwicklungsanreize bereithalten. Die Annahme neuer Verhaltensweisen kann durch formelle Anreize, die an ihre Ausführung gekoppelt sind, verstärkt werden. Dazu bedarf es der Veränderung bzw. Entwicklung von Instrumentalitätserwartungen zwischen neuen Handlungsweisen und -ergebnissen und den entsprechenden Gratifikationen. Entscheidend für die Motivation, neue Verhaltensweisen anzunehmen, ist neben der Valenz der Anreize allerdings die Instrumentalitäts*erwartung* der einzelnen Mitarbeiter. Folglich darf die Wirkung formeller Anreizsysteme im Rahmen von organisationalen Veränderungsbestrebungen nicht überschätzt werden. Denn einerseits sind mit alten Handlungsweisen und -ergebnissen noch positive Instrumentalitäten und Valenzen verbunden, andererseits diffundieren neue Instrumentalitäten und Valenzen nur langsam - in Abhängigkeit von der Häufigkeit, der Transparenz, Konsistenz und Kalkulierbarkeit der erfahrenen Verstärkung.

Im Rahmen tiefgreifender organisationaler Veränderung kann deshalb die Neugestaltung des Anreizsystems im engeren Sinne, d.h. der unmittelbar leistungsbezogenen Entlohnungs- und

---

[381] Vgl. z.B. die Gliederung in: Berthel, Personalmanagement, 1989.

[382] Vgl. zur Definition der Personalentwicklung als Qualifizierungsmaßnahmen: Neuberger, Personalentwicklung, 1990, S. 1ff.; Thom, Personalentwicklung, 1992, Sp. 3077.

[383] Kubicek et al., Organisationsentwicklung, 1980, S. 298.

[384] Vgl. zu personal-/individuenzentrierten Ansätzen der Organisationsentwicklung: Thom, Organisationsentwicklung, 1992, Sp. 1477ff.; Gebert / Rosenstiel, Organisationspsychologie, 1989, S. 189ff..

[385] Prinzipiell lassen sich die Anreizsysteme sowohl der individuellen als auch organisationalen Interventionsebene zuordnen. Im Unterschied zur bisherigen Zuordnung werden die Gestaltungsansätze der formellen Anreizsysteme im folgenden der personalen Ebene zugeordnet, um die unmittelbare Beeinflussung des individuellen Verhaltens deutlich zu machen.

Entwicklungsanreize, nur ein erster Schritt sein. Dieser Schritt ist allerdings notwendig, da die formellen Anreize unmittelbar an die Leistung bzw. die Zielerreichung und damit an die Steuerungssysteme gekoppelt sind, die in der Regel ebenfalls von der Veränderung betroffen sind. Tiefgreifender Wandel erfordert allerdings auch eine Veränderung von Anreizen im weiteren Sinne aus den funktionalen, sozialen und mentalen Kontexten der Organisation - etwa zur Förderung von neuen Einstellungen und Werten - wie etwa der Zusammenarbeit im Team oder der Philosophie kontinuierlicher Verbesserung und Lernens.[386]

*Veränderung der Fähigkeitskomponente:* Die Fähigkeitskomponente läßt sich durch das Training funktionaler, sozialer und mentaler Fähigkeiten verändern. Die Trainingskonzepte sollte die *primären und sekundären Lernstrategien* nutzen. Moderne Trainingskonzepte wie etwa das *Training-on-the-Job* fördern den Erwerb und die Anwendung neuen Wissens im spezifischen organisationalen Kontext der Person. Dadurch werden die persönliche Relevanz und die situative Anpassung des Erlernten sichergestellt. Für das Training der sozialen Fähigkeiten eignen sich insbesondere die personalen Techniken der Organisationsentwicklung, zu denen das *Laboratoriumstraining* bzw. das *Sensitivitätstraining*, die *Encounter-Gruppen* oder die *Transaktionsanalyse* zählen. Neben dem Training läßt sich die Fähigkeitskomponente gezielt durch die Ansätze und Techniken einer partizipativen und individualisierten *Laufbahnentwicklung* fördern, die Freiräume zur Selbstorganisation einräumt. Dazu kann beispielsweise die Technik der *Lebens-/Karriereplanung* eingesetzt werden. Eine so konzipierte Laufbahnentwicklung wirkt sich nicht nur auf die Fähigkeits- sondern auch auf die Motivationskomponente positiv aus.

### 3.4.1.3.2 Veränderung des funktionalen Kontextes der Organisation

Eine Vielzahl der Veränderungsprozesse in 'Theorie' und Praxis versucht ausschließlich über den funktionalen Kontext die Leistung in und von Organisationen zu verbessern. Aus der Perspektive des Modells für organisationales Verhalten bieten sich dafür fünf Gestaltungsansätze an: (1) das funktionale Leitbild, (2) das Aufgaben- und Fähigkeitenportfolio, (3) die Ablauf- und Aufbaustrukturen, (4) die Steuerungs- und Entscheidungssysteme und (5) die individuelle Arbeitsaufgabe.

*Veränderung des funktionalen Leitbilds:* Technologische, gesellschaftliche und andere Veränderungen der Umwelt können eine Organisation dazu veranlassen, ihre engeren Zwecke und Ziele zu hinterfragen, insbesondere dann, wenn das Unternehmen sich zunehmend von seinem eigentlichen Kernzweck entfernt. Die situative Anpassung der engeren Zwecke und Ziele gemäß dem Kernzweck basiert zunächst einmal auf der Kenntnis desselben. Folglich sind die entsprechenden Interventionstechniken wie *'Business Model Reframing'* eng mit der Diagnose des eigentlichen Kernzwecks des Unternehmens verknüpft. Diese Techniken liefern Heuristiken zur Eröffnung neuer Lösungsräume für bestehende Geschäftsmodelle. So kann sich beispielsweise der Zweck eines Unternehmens von einem Bierhersteller über einen Getränkehersteller zu einem Dienstleister für Freizeitbedürfnisse oder von einem Uhrenhersteller zu einem

---
[386] Vgl. zu Anforderungen an Anreizsysteme: Kilmann, Holistic Program, 1995, S. 179.

'Life-style-Unternehmen' verändern.[387] Mit solchen 'Remodellierungen' wird das potentielle Geschäftsvolumen enorm vergrößert. Für die dezentralen unternehmerischen Einheiten und Mitarbeiter wird ein neuer Rahmen für die Geschäftsentwicklung aufgespannt.

*Veränderung des organisationalen Aufgaben- und Fähigkeitenportfolios:* Mit der Veränderung organisationaler Aufgaben und Fähigkeiten ist ein Bereich des strategischen Managements angesprochen.[388] Zur Intervention in das Aufgabenspektrum des Unternehmens dienen beispielsweise Repositionierungen einzelner Geschäftseinheiten und Produktbereiche mit Hilfe der Methoden der *Industriestrukturmodelle* à la Porter[389] und der *Portfolioplanung*, wie sie z.B. durch die Unternehmensberatung Boston Consulting Group geprägt wurde.[390] Die Zielsetzung solcher Repositionierungsbemühungen liegt darin, im Wettbewerbsvergleich die Stellung vor allem am Absatzmarkt zu verbessern. Hohe Wettbewerbfähigkeit und Unternehmenserfolg erfordern neben der 'Ouputperspektive' der Repositionierungsansätze auch eine 'Inputperspektive', die durch die ressourcen- und fähigkeitenorientierte Ansätze des strategischen Managements gewährleistet wird.[391] Zu den Ansätzen zur Veränderung der organisationalen Fähigkeiten gehört beispielsweise das Konzept der *Konzentration auf Kernkompetenzen*.[392] Dieses bezweckt, durch die Fokussierung auf bestimmte Produkt- und Prozeßtechnologien, Wertschöpfungsstufen und andere Fähigkeiten kurzfristig nicht imitierbare Wettbewerbsvorteile zu realisieren.

*Veränderung der Ablauf- und Aufbaustrukturen:* Die Veränderung der Ablauf- und Aufbaustrukturen ist Gegenstand der Organisationsgestaltung bzw. der Reorganisation im engeren Sinne. Die derzeitigen Umstrukturierungen sind geprägt durch folgende organisatorische Maßnahmen: Geschäftssegmentierung, Delegation von Verantwortung, Hierarchieabflachung, Profit-Center, prozeß- bzw. produktorientierte Strukturen und kundenorientierte Strukturen.[393] Mit diesen Reorganisationsformen sollen die Gestaltungsprinzipen - Erhöhung der Eigenverantwortung, Bildung überschaubarer Bereiche, Einbringung von Marktdruck und Harmonisierung von Schnittstellen - verwirklicht werden.[394]

Ein eindrucksvolles Beispiel für die Ergebnisse eines organisationalen Wandels gemäß diesen Gestaltungsprinzipien ist das Unternehmen ABB.[395] Das Unternehmen bestand 1993 nach einer Übergangszeit radikaler Dezentralisierung aus sieben Geschäftssegmenten, 65 Geschäfts-

---

[387] Vgl. zu diesen Beispielen: Krüger, Umsetzung, 1994, S. 200.
[388] Vgl. zum strategischen Managements: Kirsch, Strategische Unternehmensführung, 1993, Sp. 4105.
[389] Vgl. Porter, Wettbewerbsvorteile, 1989.
[390] Vgl. zur Vorteilsmatrix der Boston Consulting Group: Ringlstetter / Knyphausen, Ansatzpunkte, 1992, 1992, S. 125ff..
[391] Vgl. zum "ressourcenorientierten" Ansatz und zu dem Ansatz der "Organizational Capabilities": Knyphausen-Aufseß, Theorie, 1995, S. 82ff..
[392] Vgl. zum Konzept der Kernkompetenzen: Prahalad / Hamel, Kernkompetenzen, 1991.
[393] Vgl. Frese / Werder, Organisation, 1994, S. 7.
[394] Vgl. ebda, S. 7ff..
[395] Vgl. Bartlett / Ghoshal, Beyond the M-Form, 1993, S. 27ff..

bereichen, 1300 Geschäftseinheiten und 3500 Profitcentern. Eine Geschäftseinheit hatte zu diesem Zeitpunkt im Durchschnitt 200 Beschäftigte und $25 Millionen Jahresumsatz, also die Struktur eines mittelständischen Unternehmens. Die Geschäftseinheiten wurden mit nur zwei Führungsebenen gesteuert. In der Konzernzentrale waren weniger als 100 Mitarbeiter beschäftigt. Nach der Aussage des Konzernführers Barnevik tragen die massive Dezentralisierung und Atomisierung der Organisation dazu bei, daß die Mitarbeiter das Sicherheitsgefühl der Mitgliedschaft in einer großen Organisation verlieren und stattdessen Motivation und Stolz gewinnen, direkt zu dem Erfolg der Geschäftseinheiten beitragen zu können.[396]

Die Ansätze zur Veränderung von Ablauf- bzw. Aufbaustrukturen sind in den letzten Jahren insbesondere von dem Konzept des *Business Process Reengineering* geprägt worden. Business Process Reengineering ist ein Konzept zur kernprozeßorientierten Restrukturierung, das 'Empfehlungen' sowohl in Bezug auf die organisatorischen Lösungen als auch in Bezug auf die Organisationsmethodik und -techniken bereitstellt, um eine nachhaltige und umfassende Effizienzsteigerung zu erzielen.[397]

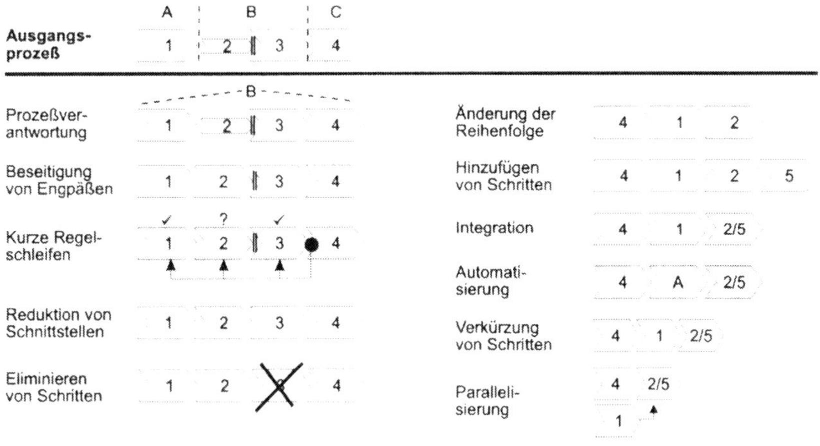

*Abbildung 3-16: Verbesserungsmaßnahmen geschäftsprozeßorientierter Reorganisation*

Im Unterschied zu einem sehr umfassenden Verständnis[398] soll das Business Process Reengineering hier als ein Instrument verstanden werden, mit dem spezifische Probleme aus einer prozeßorientierten Perspektive gelöst werden können. Die angestrebten organisatorischen Lösungen des Reengineerings gleichen den bereits dargestellten Reorganisationsformen und Gestaltungsprinzipien, wobei der Informations- und Kommunikationstechnologie eine Schlüsselrolle in der Realisierung von Effizienzpotentialen zugewiesen wird. Der Fokus liegt auf pro-

---

[396] Vgl. ebda., S. 28.
[397] Vgl. Theuvsen, Business Reengineering, 1996, S. 66f..
[398] Vgl. z.B. den sehr breiten Ansatz von: Ascari et al., Reengineering and Organizational Change, 1995.

zeßorientierten Strukturen, die - je nach Prozeßvariante - von der funktionalen Prozeßorganisation über die Process-owner-Organisation bis hin zu Prozeßteams reichen können.[399] In Bezug auf die Organisationsmethodik werden in der Regel radikale Veränderungsstrategien mit Top-Down-Orientierung bzw. 'technokratisch-elitäre Planungskonzepte' empfohlen.[400] Zu den konkreten Techniken gehören beispielsweise Phasenschemata zur Vorgehensweise von Reengineering-Projekten[401] und Instrumente zur Identifikation, Klassifikation und Selektion der (Kern-)Prozesse[402] oder zur Analyse und Gestaltung derselben.[403] Typische Verbesserungsmaßnahmen sind beispielsweise die Eliminierung redundanter Tätigkeiten oder die Parallelisierung von Tätigkeiten (vgl. Abbildung 3-16).[404]

*Veränderung der Steuerungs- und Entscheidungssysteme:* Die Veränderung der Ablauf- und Aufbaustrukturen impliziert in der Regel auch eine Veränderung der Steuerungs- und Entscheidungssysteme. Mit zunehmendem Grad an Autonomie und Ganzheitlichkeit dezentraler Einheiten verlieren die klassischen hierarchischen Weisungs- und Kontrollsysteme ihre Wirksamkeit. In den dezentralen Einheiten muß ein vollständiger Steuerungszyklus mit den Funktionen der Zielsetzung und Planung, der Ausführung, der Soll-Ist-Kontrolle und der Abweichungsanalyse und -reaktion abgebildet werden, damit der Zielsetzungsmechanismus motivierend wirkt und die 'Unternehmer vor Ort' bzw. die 'Prozeßeigentümer' ergebnisverantwortlich handeln können.

Im Rahmen von organisationalen Veränderungen müssen folglich auch die entsprechenden *Controlling-, Berichts- und MIS-Systeme* angepaßt bzw. neu entwickelt werden. Das Funktionsspektrum der vertikalen Kontrollsysteme wird reduziert auf die Ziel- und Richtungsvorgabe und auf die 'Kontrolle' einiger wichtiger, zumeist finanzieller Ergebnisgrößen.[405] Neue Steuerungszyklen wie *Projekt Reviews* oder *Produkt-, Verfahrens- und Systemaudits* werden eingeführt, um organisationales Lernen gemäß den gesetzten Zielen zu beschleunigen. Entlang der Wertschöpfungskette werden Kunden-Lieferanten-Beziehungen mit *internen Qualitätsgarantien* eingerichtet, um für die operativen Einheiten geschlossene Steuerungszyklen mit Endkundenausrichtung zu schaffen.[406] Als Ausgleich für die abnehmende Bedeutung hierarchischer Kontrollsysteme werden die 'Kontrollmechanismen' der sozialen und mentalen Kontexte bedeutender für die Steuerung des individuellen bzw. organisationalen Verhaltens.

---

[399] Vgl. Gaitanides, Business Reengineering, 1995, S. 71
[400] Vgl. Picot / Franck, Prozeßorganisation, 1995, S. 21.
[401] Vgl. z.B. Gerpott / Wittkemper, Business Process Redesign, 1995, S. 147; Nippa / Klemmer, Praxis, 1995, S. 169.
[402] Vgl. Gaitanides, Business Reengineering, 1995, S. 71; Nippa, Anforderungen, 1995, S. 54.
[403] Vgl. z.B. die Übersicht der Methoden in: Gerpott / Wittkemper, Business Process Redesign, 1995, S. 162; Nippa / Klemmer, Praxis, 1995, S. 173 und 175.
[404] Vgl. z.B. die Übersicht der Maßnahmen in: Gerpott / Wittkemper, Business Process Redesign, 1995, S. 156; Gaitanides, Business Reengineering, 1995, S. 73.
[405] Vgl. zur Veränderung der 'klassischen' Kontrollsysteme: Simons, Control, 1995, S. 81; Flamholtz, Organizational Control, 1996, S. 599ff..
[406] Vgl. Hart, Qualitätsgarantien, 1995.

Das soziale Leitbild und das Muster der sozialen Interaktion sowie das mentale Leitbild und die Normen und Standards üben eine verhaltensdeterminierende Wirkung aus, die durch die neuen Organisationsmodelle genutzt werden soll.

*Veränderung der individuellen Arbeitsaufgabe:* In einer organisationalen Veränderung aus der Perspektive der 'klassischen' Organisationsgestaltung ergibt sich das Spektrum individueller Arbeitsaufgaben quasi deterministisch aus der Unternehmensaufgabe. Zunächst wird die Marktaufgabe der Unternehmens anhand von Kriterien wie Verrichtung, Objekt etc. in Teilaufgaben zerlegt, die wiederum nach funktionalen, prozessualen und anderen Kriterien den Organisationseinheiten zugeordnet werden.[407] Als Ergebnis dieser *Aufgabenanalyse und -synthese* ergibt sich die Aufgabenbeschreibung für Abteilungen, Stabsstellen und andere Organisationseinheiten, die schließlich in einzelne Positionen bzw. Stellen zergliedert werden. Auf diese Art und Weise erhält man für jede Position in Form einer *Stellenbeschreibung* das Anforderungsprofil, das mit dem Fähigkeitenprofil eines Mitarbeiters zur Deckung gebracht werden muß.

Diese Vorgehensweise zur Ableitung der Aufgabenmerkmale und Anforderungsprofile ist in zweierlei Hinsicht zu kritisieren. Einerseits kann die statische und mechanistische Perspektive nicht die dynamischen und komplexen Herausforderungen heutiger Aufgaben und ihrer Umwelten meistern. Andererseits wird nicht ausreichend an der intrinsischen Motivation angeknüpft, die sich durch die *Individualisierung* der Organisationsgestaltung realisieren läßt. Weder können förderliche Aufgabenmerkmale wie Variabilität, Ganzheitlichkeit, Bedeutung, Autonomie und Feedback ausreichend berücksichtigt werden, noch werden die angestrebte individuelle Identitätsentwicklung und die vorgesehene organisationale Karriereplanung zur Kongruenz gebracht. Nur durch *Partizipation* und *dezentrale Organisationsgestaltung* können die notwendigen Freiräume zur individuellen Gestaltung der funktionalen, sozialen und mentalen Anforderungen - wie z.B. Aufgabenschwierigkeit, Interaktionsdichte - gewährt werden.

### 3.4.1.3.3 Veränderung des sozialen Kontextes der Organisation

Viele der derzeitigen Veränderungsbemühungen knüpfen nur unzureichend an einer Veränderung des sozialen Kontextes an. Die hohe verhaltensdeterminierende Wirkung der individuellen sozialen Motive und der organisationalen sozialen Phänomene verweist allerdings auf die Notwendigkeit, organisationale Veränderung auch aus der Perspektive des sozialen Kontextes zu betrachten. Nach dem eingeführten Modell lassen sich vier Interventionsansätze unterscheiden, die Veränderung (1) des sozialen Leitbilds, (2) des Interaktionsniveaus der Organisation, (3) der Team-/Gruppeninteraktion und (4) der Führungsinteraktion.

*Veränderung des sozialen Leitbilds:* Zur Veränderung des dominierenden sozialen Leitbildes gehört mehr als die Formulierung von sozialen Werten in *'Policy Bibles'* oder anderen Kodices. Die Werte, die die 'Qualität' der sozialen Interaktion beeinflussen, konstituieren sich in Form von kollektiven Orientierungs- und Handlungsmustern. Zur Veränderung der sozialen

---
[407] Vgl. Picot / Franck, Prozeßorganisation, 1995, S. 17.

Werte bedarf es neben der formalen Fixierung also vor allem der Transformation der Werte in Handlungen durch die Organisation und vor allem durch ihre Führungskräfte. Dazu gehören die Selektion und Promotion von Mitarbeitern, deren Verhalten die neuen Werte widerspiegelt, die Sanktionierung von Verhaltensweisen, die nicht den neuen Werten entsprechen und das Verhalten der Führungskräfte selber in ihrer Funktion als *'Role Model'*.[408]

*Veränderung des Interaktionsniveaus der Organisation:* Die Qualität der sozialen Interaktionen der Organisation wird durch zahlreiche Barrieren gestört, durch deren Überwindung ein erhebliches Verbesserungspotential individueller und organisationaler Leistung realisiert werden kann. Zu diesen Barrieren gehören beispielsweise fehlendes Vertrauen und hohe Anonymität sowie "Defensive Routines,"[409] die der Sicherung der Identität und Wahrung der Kontrolle dienen. Funktionales Bereichsdenken - genährt durch enge Verantwortungsbereiche, funktionale Entwicklungspfade, eigene Sprachen oder örtliche Trennung - ist eine weitere Hürde für die Verbesserung des Interaktionsniveaus.[410] Viele Veränderungsstrategien unterstellen, daß die Interventionen im funktionalen Kontext - z.B. der Übergang von einer funktionalen Abteilungsorganisation zu einer Projektorganisation - die notwendigen Veränderungen des sozialen Kontextes automatisch nach sich ziehen. Mit der Definition der Projektorganisation werden die Barrieren gegenüber effektiver Interaktion allenfalls sichtbar, nicht aber nachhaltig überwunden. Die Entwicklung effektiver sozialer Interaktionen kann folglich als ein wichtiger Teil organisationaler Veränderung betrachtet werden. Die Ansätze zur Veränderung des Interaktionsniveaus der Organisation lassen sich grob in zwei Maßnahmengruppen ordnen: in eher *'weiche'* Maßnahmen zur Beeinflussung des sozialen Leibilds und zur Schaffung zahlreicher informaler sozialer Netzwerke und in eher *'harte'* Maßnahmen zur Realisierung vielfältiger formaler und informaler Interaktionsmöglichkeiten.

Zur ersten Maßnahmengruppe können die organisations- und prozeßorientierten Techniken der Organisationsentwicklung gezählt werden.[411] Die Methodik der *Datenerhebung und Rückkopplung* (Survey-Guided-Feedback) kann beispielsweise dazu eingesetzt werden, auf Basis eines 'Surveys' in einem kollektiven Prozeß die Probleme der sozialen Interaktion zu erkennen, zu analysieren und zu lösen.[412] Auch die Technik der *Konfrontationstreffen* ist geeignet, Probleme der sozialen Interaktion aufzudecken und zu lösen.[413] Ein Beispiel für die umfangreiche Nutzung solcher Techniken ist das Transformationsprogrammm von General Electric, indem *'Offsite-Workshops'* als *'unnatural acts in unnatural places'* genutzt worden sind, um die Qualität des Dialogs und der Interaktionen in der Organisation zu verbessern.[414] Das Tatsumaki-Programm des japanischen Unternehmens Higashimaru Shoyu knüpft eben-

---

[408] Vgl. Bartlett / Ghoshal, Beyond the M-Form, 1993, S. 34.
[409] Vgl. Argyris, Organizational Defenses, 1990.
[410] Vgl. Majchrzak / Wang, Functional Mind-sets, 1995, S. 94f..
[411] Vgl. die Übersicht in: French et al., Organization Development, 1978, S. 113ff.; Gebert, Organisationsentwicklung, 1992, Sp. 3012ff.; Schanz, Organisationsgestaltung, 1994, S. 417ff..
[412] Vgl. Bowers / Franklin, Survey-Guided Development, 1978, S. 184ff..
[413] Vgl. Beckhard, Confrontation Meeting, 1978, S. 130ff..
[414] Vgl. Tichy / Sherman, Control your destiny, 1993.

falls an solche Techniken an.[415] Die Gruppenleiter der Produktion wurden ohne Vorwarnung zu einem dreitägigen Seminar außerhalb der Firma veranlaßt, in dem sie über die Präsentation ihrer Produkte in Supermärkten und über die Vorgehensweisen in Fabriken anderer Hersteller lernen sollten. Die Zielsetzung war einerseits die Reflexion über eigene Aufgaben und das Lernen von anderen, andererseits die nachhaltige Verbesserung des Interaktionsniveaus zwischen den Gruppenleitern. Mit Hilfe des kreativen Einsatzes solcher Techniken kann das Interaktionsniveau der Organisation wesentlich verbessert werden, indem neue soziale Leitbilder kollektiv konstruiert und informale soziale Netzwerke geschaffen werden.[416] Dabei ist insbesondere die Bereitschaft und Fähigkeit der Führung zum Dialog ein wichtiger Erfolgsfaktor.[417]

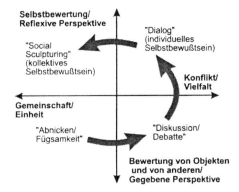

*Abbildung 3-17: Programm der 'Deep Dialogues'*

Moderne Ansätze wie etwa die Moderationstechniken nach Argyris knüpfen an die Tradition der Organisationsentwicklung an, die sozialen Interaktionsprozesse tiefgreifend zu erfassen und zu verändern.[418] *Systematische Konversationstechniken* wie etwa die Programme der *'Deep Dialogues'* bezwecken, offene Kommunikation, Vertrauen und selbstreflexives Bewußtsein einzuführen, ohne allerdings die potentiell positiven Auswirkungen von Furcht, Risiko oder 'peer pressure' aufzuheben.[419] Ziel dieser Dialogprogramme ist der Wandel der sozialen Interaktion von einer Kultur des 'Abnickens' und der 'Fügsamkeit' hin zu einer Kultur der 'Einheit ohne Konformität' und der 'Selbstreflexivität' (vgl. Abbildung 3-17). Ein solcher Wandel forciert organisationales Lernen und tiefgreifende Veränderung.

---

[415] Vgl. Cooper / Markus, Menschen, 1996, S. 82.
[416] Vgl. zur Gestaltung sozialer Netzwerke: Cook / Emerson, Exchange Networks, 1984; Charan, Networks, 1991; Krackhardt / Hanson, Informelle Netzwerke, 1994.
[417] Vgl. z.B. das Interview mit L. A. Bossidy von AlliedSignal: Tichy / Charan, CEO as Coach, 1995, S. 70.
[418] Vgl. Argyris, Organizational Learning, 1992.
[419] Vgl. Jung / Meier, Invisible Palaces, 1995, S. 26.

Zur Gruppe der eher 'harten' Maßnahmen lassen sich die direkten Ansätze zur Gestaltung der Interaktionsgemeinschaft und der Interaktionsprozesse zählen. Die Qualität der Interaktionen hängt wesentlich davon ab, wie die Interaktionsgemeinschaft gestaltet ist. Dazu gehören Überlegungen zu Zweck und Aufgabe der Gemeinschaft, zu Art und Anzahl der Mitglieder, zu Art und Anzahl der Führer oder zum physischen Layout der Arbeitsstätte. Eine funktionierende soziale Gemeinschaft gruppiert sich demnach beispielsweise um einen charismatischen Führer oder darf eine gewisse Mitgliederanzahl nicht überschreiten. Nach den Untersuchungen von Majchrzak und Wang korrelieren beispielsweise kollaboratives Verhalten und hohe Leistung mit vier kritischen Maßnahmen: Einrichtung überlappender Verantwortungsbereiche, Kopplung von Anreizen an die Gemeinschaftsleistung, Veränderung des physischen Layouts und direkte Unterstützung der Zusammenarbeit über Einheiten hinweg.[420] Die Gestaltung des physischen Layouts der Arbeitsstätte bestimmt wesentlich die Anzahl, Dichte und Art der Kontakte zwischen den Mitarbeitern und unterstützt damit die Offenheit der Kommunikation, den Austausch von Ideen und die Schaffung kollektiver Verantwortung.

Einen Beitrag zu Verbesserung der sozialen Interaktionsprozesse liefert auch die Einrichtung von *Kommunikations- und Dialogplattformen*. Mit Hilfe moderner Informations- und Kommunikationstechnologien sowie herkömmlicher Moderations- und Workshop-Techniken können Interaktionssysteme realisiert werden, die die Organisation in einem Dialog auf wichtige Informationen für strategische Risiken und Chancen fokussieren.[421] Mit einem solchen Interaktionssystem ist es möglich, einen Fokus auf wechselnde, vom Management als wichtig erachtete Informationen herzustellen. Unter Beteiligung aller Ebenen der Organisation können diese Informationen kollektiv interpretiert und entsprechende Maßnahmen abgeleitet werden. Ein solches System kann zu einem Katalysator eines kontinuierlichen Dialogs über die zugrunde liegenden Daten, die abgeleiteten Interpretationen und die ergriffenen Maßnahmen zwischen den Ebenen der Organisation werden.[422] Das Unternehmen ABB nutzt z.B. sein Accounting- und Kommunikationssystem (ABACUS) in zweierlei Hinsicht.[423] Einerseits unterstützt das System vertikal als 'klassisches Controlling-Instrument' die Berichts-, Steuerungs- und Beurteilungsvorgänge, andererseits dient es horizontal als innovative Informations-, Kommunikations- und Dialogplattform, um die dezentralen Fähigkeiten und Ressourcen bereichsübergreifend zu nutzen. Mit Hilfe dieser Dialogplattform gelingt es ABB, die Bildung persönlicher Netzwerke, spontaner Diskussionsforen und anderer informaler Interaktionen zu fördern, so daß trotz hoher Dezentralisierung ein ausreichendes Maß an horizontaler Integration und Synergie erzielt wird. Durch die gezielte Stärkung der horizontalen Integration erreicht ABB eine so hohe Qualität der Interaktion, daß beispielsweise Verbesserungsprogramme eines Bereiches ohne zentrale Direktive unternehmensweit übernommen werden.[424]

---

[420] Vgl. ebda., a.a.O..
[421] Vgl. Simons, Control, 1995, S. 87; Jung / Meier, Invisible Palaces, 195. S. 27.
[422] Vgl. Simons, Control, 1995, S. 87.
[423] Vgl. Bartlett / Ghoshal, Beyond the M-Form, 1993, S. 26 und 33.
[424] Vgl. ebda., S. 35.

## Skizze eines Modells für die Veränderung von leistungsorientierten Verhalten

*Veränderung der Team-/Gruppeninteraktion:* Nach den Forschungsergebnissen zur Arbeitsgruppe kann die Effektivitätssteigerung von Gruppen bzw. Teams durch eine Verstärkung der Attraktivität bzw. Kohäsion der Gruppen bei gleichzeitiger Steigerung der als gültig betrachteten Leistungsnorm erreicht werden.[425] Entsprechend dieser These setzen die Techniken zur Verbesserung der Team- bzw. Gruppeninteraktion an der Gestaltung der Ziele und Aufgaben sowie der Größe, der Zusammensetzung, der Rollen und der Kontakthäufigkeit der Teams/Gruppen an.[426] Dabei ist insbesondere die Partizipation der Mitglieder bei der Gestaltung der Team- und Gruppenmerkmale - z.B. in Form der Zielvereinbarung - bedeutend, da so sichergestellt werden kann, daß die Mitgliedschaft in der Gruppe ausreichend wahrgenommene Instrumentalität für die Befriedigung individueller Bedürfnisse bereitstellt.

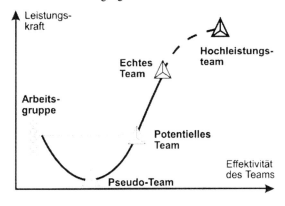

*Abbildung 3-18: Die Team-Leistungskurve[427]*

Im Rahmen der Organisationsentwicklung ist eine breite Palette von Techniken zur Intervention in Gruppen und Teams entwickelt worden.[428] Die Technik der *Teamentwicklung* richtet sich beispielsweise auf die Verbesserung der Leistungen und Beziehungen in Arbeitsgruppen.[429] Als Zielsetzung der Intervention kann die Überführung einer neuen oder bestehenden Arbeitsgruppe singulärer Individuen mit geringer Kohäsion und niedriger Leistung in ein 'Hochleistungsteam' betrachtet werden (vgl. Abbildung 3-18).[430] Dabei zeichnet sich ein Hochleistungsteam durch folgende Merkmale aus: eine geringe Anzahl von Personen, austauschbare und komplementäre Fähigkeiten, ein tieferer Sinn für die gemeinsame Sache, ge-

---

[425] Vgl. Gebert / Rosenstiel, Organisationspsychologie, 1989, S. 122ff..

[426] Vgl. zur Verbesserung der Team-/Gruppeninteraktion: Carlson / LaFasto, Teamwork, 1989; Katzenbach / Smith, Teams, 1993; Leavitt / Lipman-Blumen, Hot Groups, 1995.

[427] Vgl. Katzenbach / Smith, Teams, 1993, S. 118.

[428] Vgl. die Übersicht in: French et al., Organizational Development, 1978, S. 148ff.; Schanz, Organisationsgestaltung, 1994, S. 422.

[429] Vgl. Beckhard, Team-Building Efforts, 1978, S. 149f..

[430] Vgl. Katzenbach / Smith, Teams, 1993, S. 118f..

meinsame spezifische und ambitionierte Leistungsziele, sorgfältig ausgearbeitete Arbeitsansätze sowie umfassende gegenseitige Verantwortung und Engagement der einzelnen Mitglieder für die persönliche Entwicklung und den Erfolg ihrer Teamkollegen.[431]

Eine Verbesserung der Team-/Gruppeninteraktion kann auch durch die Techniken der *Kleingruppenarbeit* wie z.B. der *Qualitätszirkel* oder der *Lernstatt-Konzepte* erzielt werden.[432] Die Qualitätszirkel sind insbesondere im Rahmen von unternehmensweiten *Total Quality Management*-Programmen bekannt geworden. Qualitätszirkel sind Gruppen mit freiwilliger Mitgliedschaft in den operativen Einheiten, die in einem relativ unstrukturierten Prozeß Probleme in ihren Einheiten diskutieren und Lösungen generieren. Angestrebte Ziele können dabei Effizienzsteigerungen bzw. Kostenreduzierungen, Qualitätssteigerungen oder Verbesserungen der Arbeitsbedingungen sein. Lernstatt-Konzepte bezwecken, das Lernen über den eigenen Arbeitsbereich in Kleingruppen zu fördern. Unter Anleitung von Moderatoren wird nach neuen Lösungsansätzen gesucht, um die Qualität der Produkte zu steigern, die Arbeitsbedingungen und Arbeitsabläufe zu optimieren oder den Gestaltungsspielraum und die Handlungskompetenzen der Mitarbeiter zu erweitern.

*Veränderung der Führungsinteraktion:* Die Theorien über effektives Führungsverhalten unterliegen mit der Einführung neuer Organisationsmodelle ebenfalls einem Paradigmawechsel. Die Rolle der obersten Führungsebene verändert sich von der eines Ressourcenverteilers und Kontrolleurs hin zu der eines Sinn- und Zweckstifters und Herausforderers des Status Quo.[433] Die Funktionen der Führung der operativen Geschäftseinheiten wandeln sich von der Problemlösung und Implementierung hin zu Unternehmertum und Hauptleistungsträgerschaft.[434] Mit der Schaffung dezentraler autonomer und selbstorganisierender Einheiten entstehen neue Führungsfunktionen. Die Führungsaufgaben umfassen nunmehr die Einrichtung der Arenen, in denen die selbstorganisierenden Prozesse ablaufen, die Anreicherung dieser Prozesse durch eigene Beiträge wie z.B. Rahmendaten, Sinnstiftung oder normative Orientierung sowie die Institutionalisierung eines kontinuierlichen Lernprozesses.[435] Im Rahmen dieser Entwicklung werden partizipative Führungsstile zunehmend wichtiger. Das Führen wird zum *Coaching*,[436] zum *sokratischen Hinterfragen*[437] des Status Quo und zum *Role Modeling* von Zwecken und Werten.

Eine breite Palette von Techniken kann zur Veränderung des Führungsverhaltens entlang der skizzierten Richtung eingesetzt werden. Die neuen Anforderungen führen zu neuen Kriterien für die *Rekrutierung* und *Entwicklung von Führungskräften*. So gewinnen beispielsweise Fä-

---

[431] Vgl. Katzenbach / Smith, Teams, 1993, S. 114 und 127; analog: Katz, High Performance R&D-Teams, 1994, S. 245; Leavitt / Lipman-Blumen, Hot Groups, 1995, S. 110ff..
[432] Vgl. Schanz, Organisationsgestaltung, 1994, S. 423.
[433] Vgl. Bartlett / Ghoshal, Beyond the M-form, 1993, S. 45.
[434] Vgl. ebda., a.a.O..
[435] Vgl. Knyphausen-Aufseß, Theorie, 1995, S. 343f..
[436] Vgl. zur Bedeutung des Coaching: Tichy / Charan, CEO as Coach, 1995.
[437] Vgl. zum Führen mit sokratischen Fragen: Cooper / Markus, Menschen, 1996, S. 81.

higkeiten zur Entfaltung sozialer und mentaler Bindungen zunehmend an Bedeutung. Desweiteren können viele der *personalen* und *gruppenorientierten Ansätze* dazu beitragen, das Führungsverhalten zu reflektieren, zu verbessern und zu trainieren. In den 70er und 80er Jahren wurde die Technik der '*Managerial Grids*' von Blake / Mouton eingesetzt, um das Führungsverhalten organisationsweit zu diagnostizieren und zu verändern.[438] Das Führungsverhalten wird in dieser Technik auf einer 9x9-Matrix mit den Achsen Leistungs-/Sachorientierung ("concern for production") und Mitarbeiter-/Personenorientierung ("concern for people") abgebildet. Ziel der Interventionsbemühungen ist es, das Idealverhalten mit höchster Mitarbeiter- und Leistungsorientierung zu erreichen. Diese Veränderung soll durch einen strukturierten Prozeß mit sechs Phasen erzielt werden (vgl. Tabelle 3-12).

| 1. | Grid-Laboratorium-Seminar/-Training: Diagnose des derzeitigen Führungsstils und der Einübung des 9/9-Verhaltens |
|---|---|
| 2. | Teamentwicklung: Einübung des neuen Verhaltens zwischen Vorgesetzten und unmittelbar Untergebenen (von oben nach unten) |
| 3. | Entwicklung von Intergruppenbeziehungen: Vertrauensvolle Kooperation zwischen organisatorisch getrennten Personen/Gruppen |
| 4. | Zielsetzung für die Gesamtorganisation: Entwurf eines Ideal-Modells für die ganze Organisation zur Verwirklichung ökonomischer Ziele |
| 5. | Implementierung des Ideal-Modells |
| 6. | Stabilisierung: Systematische Kritik zur Stabilisierung neuer Strukturen und Verhaltensmuster, Messung der Differenz Vorher-Nachher mit Fragebogen |

*Tabelle 3-12: Sechs-Phasen-Prozeß zur Verwirklichung des idealen Führungsverhaltens*[439]

Aufgrund seines Umfangs in Bezug auf die Inhalte, die Techniken und die betroffenen Organisationsebenen der Veränderung geht dieses Verfahren über einen rein inhaltlichen Ansatz am Führungsverhalten hinaus.[440] Es kann insofern als eine umfangreiche Veränderungsstrategie verstanden werden. Fraglich ist allerdings, ob die gewählten Achsen und das anzustrebende Idealverhalten dem skizzierten heutigen Führungsverständnis entspricht.

### 3.4.1.3.4 Veränderung des mentalen Kontextes der Organisation

Die Veränderung des leistungsorientierten Verhaltens kann nicht nur durch die Veränderung des funktionalen oder sozialen Kontextes, sondern auch durch Interventionen im mentalen Kontext ausgelöst werden. Nach dem hier entwickelten Modell kann durch eine Veränderung (1) des mentalen Leitbilds, (2) der Normen und Standards und (3) der Symbolsysteme das leistungsorientierte Verhalten in und von Organisationen verändert werden. Bevor einige konkrete Ansätze an diesen Komponenten behandelt werden, sollen zwei zentrale Fragen bezüglich der Veränderung des mentalen Kontextes kurz erörtert werden: die Möglichkeit der Veränderbarkeit in einem 'geplanten' Prozeß und die Bedeutung der symbolischen Führung.

---

[438] Vgl. Blake / Mouton, Overview of the Grid, 1978, S. 175ff..
[439] Vgl. ebda., S. 181f..
[440] Vgl. die Bewertung des Ansatzes in: Thom, Organisationsentwicklung, 1992, Sp. 1485.

Bei der Ableitung von Gestaltungsinformationen für den mentalen Kontext sollte man nicht von der instrumentalistischen Sichtweise der 'Kulturingenieure' ausgehen.[441] Der mentale Kontext konstituiert sich letztlich durch individuelle Werte und Einstellungen, Wahrnehmungen und Interpretationen sowie Handlungen, so daß seine Veränderung sich als ein kollektiver und langfristiger Prozeß darstellt, der sich für kurzfristige Programme nicht beliebig instrumentalisieren läßt.[442] Folglich sollte bei der Ableitung von Gestaltungsinformationen von der " ... Idee des geplanten Wandels im Sinne des Initiierens einer Veränderung in einem grundsätzlich offenen Prozeß"[443] ausgegangen werden. Ausgangsbasis eines so verstandenen Veränderungsprozesses des mentalen Kontextes ist die kollektive Analyse bzw. Rekonstruktion der herrschenden mentalen Leitbilder, Normen, Standards und Symbolsysteme (vgl. Tabelle 3-13).[444] Dabei wird die Veränderung erleichtert, wenn die Orientierungsmuster des mentalen Kontextes bei der Bewältigung von internen und externen Problemen versagen, z.B. wenn die dominierenden Normen in der Organisation eher leistungshemmend als leistungsfördernd sind. Die Krise und Kritik des bestehenden mentalen Kontextes ermöglicht so die kollektive Konstruktion neuer Orientierungsmuster bzw. die Übernahme bereits herausgebildeter subkultureller Orientierungsmuster für die gesamte Organisation. Die breite Akzeptanz der neuen Leitbilder, Normen, Standards und Symbolsysteme setzt freilich erst mit ihrer Bewährung und ihrer Konstitution ein: immateriell durch die geteilte Interpretation und durch konforme Handlungen. materiell durch die Formalisierung des mentalen Leitbilds, durch die Formulierung von Normen und Standards sowie durch die Veränderung der Symbolsysteme.

| 1. | Kollektive Analyse bzw. Rekonstruktion des mentalen Kontextes als Ausgangsbasis |
|---|---|
| 2. | Versagen der mentalen Leitbilder sowie der Normen und Standards für interne und externe Problembewältigung als Voraussetzung |
| 3. | Kollektive Konstruktion neuer mentaler Orientierungsmuster bzw. Übernahme bereits existierender Orientierungsmuster und breite Akzeptanz bei Bewährung |
| 4. | Vollständige Konstituierung des mentalen Leitbilds: immateriell durch geteilte Interpretationen und konforme Handlungen und materiell durch die Formalisierung von mentalem Leitbild, die Formulierung von Normen/Standards sowie durch die Veränderung der Symbolsysteme |

*Tabelle 3-13: Prozeß der Veränderung des mentalen Kontextes*[445]

Im Zusammenhang mit der Veränderung von Werten, Normen und Standards wird häufig auf das Konzept der *symbolischen Führung* verwiesen. Mit dem Begriff der Führung wird eine unmittelbare Einflußnahme auf das Verhalten bezeichnet. Nach dem Konzept der symboli-

---

[441] Vgl. zum Begriff der 'Kulturingenieure': Schreyögg, Organisationskultur, 1992, Sp. 1527.
[442] Vgl. zur Kritik der instrumentalistischen Sichtweise der Kultur: Türk, Neuere Entwicklungen, 1989, S. 110.
[443] Ebda., Sp. 1535.
[444] Vgl. Bleicher, Unternehmungskultur, 1992, Sp. 2250.
[445] Vgl. die Parallele zum Verlauf von Kulturwandlungsprozessen nach Dyer: 1. Krise der herkömmlichen Orientierungsmuster, 2. Reaktion mit Verunsicherung und Kritik / Verlust an Glaubwürdigkeit, 3. Entstehung von Schattenkulturen / Aufbau neuer Orientierungsmuster, 4. Konflikt zwischen alten und neuen Orientierungsmustern, 5. Akzeptanz der neuen Orientierungsmuster nach Bewährung und 6. Vollständige immaterielle und materielle Konstituierung: Dyer, Cycle of Cultural Evolution, 1985, S. 200-229.

schen Führung geschieht diese Einflußnahme durch Signalisierung und Verschlüsselung allgemeiner Verhaltenserwartungen mit Hilfe von mentalen Leitbildern, Normen, Standards und Symbolsystemen.[446] Die mentalen Orientierungsmuster und die symbolische Führung beeinflussen sich dabei wechselseitig.[447] Die symbolische Führung ist ein kritischer Faktor in der Entstehung und Veränderung des mentalen Kontextes, während der mentale Kontext seinerseits über formelle oder informelle Leitbilder auf die Führung zurückwirkt. Einiger Berühmtheit erfreuen sich die vielzitierten Beispiele der symbolischen Aktionen von Ray Kroc, MacDonald, oder William Hewlett, Hewlett-Packard, die der Vermittlung der Leistungsstandards 'Qualität' oder 'Sauberkeit' dienten.[448] Argyris warnt allerdings vor einer oberflächlichen Anwendung von Führungstechniken wie *'Management by Walk Around'*, da die Führungskräfte auf diese Art und Weise nicht die Grundinformationen und Verhaltenseinsichten bekommen, die sie eigentlich benötigen, um organisationales Lernen zu stimulieren und tiefgreifenden Wandel herbeizuführen.[449]

*Veränderung des mentalen Leitbilds:* Das mentale Leitbild ist die metaphysische Glaubensbasis der Organisation, die aus einer eher statischen, auf die Gegenwart gerichteten Komponente der Kernideologie und aus einer eher dynamischen, auf die Zukunft gerichtete Komponente der Vision besteht.[450] An dieser Stelle sollen die Ansätze an der Kernideologie, d.h. an Kernzweck und Kernwerten erörtert werden, während die Veränderung der Vision im Rahmen der Darstellung des Veränderungsprozesses behandelt werden soll. Der Kernzweck der Organisation ist ihr sinnstiftender, fundamentaler Zweck, der in der Regel über einen langen Zeitraum konstant bleibt.

Die Nutzung des Kernzwecks im Rahmen organisationaler Veränderung - beispielsweise für *Business Modell Reframing* - setzt voraus, daß der Kernzweck bekannt ist und kollektiv geteilt wird. Eine Technik zur Entdeckung des Kernzwecks ist das wiederholte Fragen nach dem Grund für die Existenz des Unternehmens (*'five whys'*).[451] Die Antworten der ersten Fragerunde werden sich vermutlich auf die hergestellten Produkte oder Dienstleistungen beziehen. Erst nach tieferer Ursachenerforschung werden Existenzgründe genannt, die die einzelnen Mitglieder der Organisation inspirieren, motivieren und anleiten, einen wertvollen Beitrag zu leisten. Auf diese Art und Weise ist es möglich, den Lösungsraum - wie bei British Airways geschehen - vom engen Fokus des Flugtransportunternehmens auf den breiten Fokus eines Dienstleistungsunternehmens zu erweitern.[452] Weitere Techniken knüpfen an Fragen der Existenz oder der Bedeutung des Unternehmens an: Welche Verluste entstünden der Gesellschaft, wenn das Unternehmen nicht mehr existierte? Warum ist es wichtig, daß das Unternehmen

---

[446] Vgl. Gebert / Rosenstiel, Organisationspsychologie, 1989, S. 170.
[447] Vgl. Schein, Organizational Culture, 1985, S. 313 und 326.
[448] Vgl. Peters / Waterman, Excellence, 1983, S. 15, 173.
[449] Vgl. Argyris, Richtig motivieren, 1995, S. 9.
[450] Vgl. Collins / Porras, Vision, 1996, S. 66.
[451] Vgl. ebda., S. 70.
[452] Vgl. zu diesem Beispiel: Tushman / O'Reilly, Ambidextrous Organizations, 1996, S. 21.

existiert? Welchen tieferen Sinn müßte der Unternehmenszweck erfüllen, damit die Mitarbeiter motiviert und inspiriert werden, kontinuierlich außerordentlich wertvolle Beiträge für das Unternehmen zu leisten, auch wenn attraktive Alternativen vorhanden sind?[453]

Neben dem Kernzweck besteht die Kernideologie aus den Kernwerten, einer geringen Anzahl von Leitprinzipien über die Art und Weise der Wertschöpfung, über das angestrebte Leistungsniveau und über grundlegende internale und externale Verhaltensweisen. Für die Artikulierung und Identifizierung von Kernwerten gibt es einige Gestaltungshinweise und Techniken.[454] Die langfristigen Kernwerte sollten klar gegenüber den kurz- und mittelfristigen strategischen und operativen Zielen differenziert werden. Qualität ist nicht notwendigerweise ein Kernwert, auch wenn es ein Bestandteil der strategischen Positionierung und eine Zielsetzung operativer Programme ist. Es gibt keinen universell gültigen Set von Kernwerten. Die Kernwerte haben intrinsischen Wert für die Mitglieder der Organisation und folglich sollte bei der Identifizierung der Kernwerte von einer individuellen auf eine organisationale Perspektive geschlossen werden. Die Auswahl des Teams, das die Kernwerte erarbeitet, ist deshalb sehr kritisch. Collins und Porras empfehlen die Bestimmung der Kernwerte mit einer '*Mars Group*', einer Gruppe von fünf bis sieben Organisationsmitgliedern, die man zum Mars schikken würde, wenn dort die Organisation mit ihren wertvollsten Attributen wieder erschaffen werden müßte.[455] So wird sichergestellt, daß die formulierten Kernwerte authentisch, überzeugend und repräsentativ für den "genetischen Code des Unternehmens sind."[456]

Die dargestellten Techniken können allerdings lediglich dazu beitragen, daß die Kernideologie und die Kernwerte entdeckt werden, ins Bewußtsein geraten und präzisiert und ausgefeilt werden. Die Definition und Formulierung von Kernideologien und Werten verfehlen ihre Wirkung, wenn sie nicht in Form von individuellen Einstellungen und Handlungen kollektiv konstiuiert werden. Auch mit der symbolischen Führung kann kein radikaler Wandel von Kernzweck und Kernwerten erzielt werden; es handelt sich vielmehr um einen Prozeß des "shaping and embedding"[457] des mentalen Leitbildes durch überzeugende und inspirierende Kommunikation in Wort und Tat. Oft ist dabei der Einsatz von extern rekrutierten Trägern neuer mentaler Leitbilder notwendig, um diesen Wandlungsprozeß zu beschleunigen bzw. überhaupt zu ermöglichen.[458]

*Veränderung der Normen und Standards:* Normen und Standards sind konkretisierte Wertvorstellungen und Verhaltensleitlinien. Zweierlei Mechanismen können die Wirkung von Normen und Standards verstärken. Bei der Formulierung der Normen und Standards sollten die Chancen und Risiken, die durch mögliche Verhaltensweisen der Organisationmitglieder entstehen können, antizipiert werden. So sollten innovatives Verhalten und dezentrales Unter-

---

[453] Vgl. Collins / Porras, Vision, 1996, S. 71.
[454] Vgl. ebda., S. 66ff..
[455] Vgl. ebda., S. 67.
[456] Vgl. ebda., a.a.O..
[457] Vgl. Bartlett / Ghoshal, Beyond the M-Form, 1993, S. 38f..
[458] Vgl. Bleicher, Management of Change, 1994, S. 68.

nehmertum durch normative Aufforderungen zu Risikobereitschaft, Initiative, Offenheit und Autonomie gefördert werden.[459] Hingegen sollten für schädigendes Verhalten - wie die Verletzung von Vertraulichkeitsverpflichtungen, die Überschreitung von Risikogrenzen oder die Verletzung von Straf- und Zivilrechten - strikte Verbote formuliert werden. Die Formulierung von Normen und Standards wird allerdings erst dann zu einer nachhaltig wirksamen Verhaltensrichtlinie, wenn diese auch hinreichend rigoros und klar eingefordert werden.[460] So erscheint z.B. die Entlassung eines Unternehmensberaters, der ein leichtes Vertraulichkeitsdelikt begangen hat, als unangemessen hart, ist allerdings ein nachhaltiger Weg, für alle Mitarbeiter eindeutig zu signalisieren, daß eine Verhaltensnorm überschritten wurde, die für die Existenz des Unternehmens fundamental ist.

*Veränderung der Symbolsysteme:* Der Ansatz an den Symbolsystemen der Organisation ist nur dann erfolgsversprechend, wenn über die Veränderung der dinglichen, sprachlichen oder interpersonellen Artefakte hinaus auch die mit ihnen verknüpften Interpretationen und Erwartungen verändert werden. Die Abschaffung von Statussymbolen oder Priviligien - wie z.B. reservierte Parkplätze oder Kantinen für Führungskräfte - kann nur dann das Gefühl des Vertrauens in die Organisation und des Respekts für den einzelnen Mitarbeiter stärken, wenn der Aufrichtigkeit solcher Maßnahmen geglaubt wird. Gelingt es, die Glaubhaftigkeit herzustellen, können selbst relativ einfache Maßnahmen - wie etwa der Verzicht auf Hemd und Krawatte, die räumliche Integration der Vorgesetzten in ihre Einheiten oder die spontane Teilnahme eines Vorstandsmitglieds an Treffen operativer Einheiten - zur Veränderung individueller Werte und Einstellungen beitragen.

Mit den Gestaltungsinformationen zur Veränderung des mentalen Kontextes sind noch keine Implikationen für die erzielbare Stärke seiner verhaltensdeterminierenden Wirkung gegeben worden. Wie bereits angedeutet, besteht zwischen der Stärke der organisationalen Orientierungsmuster und der organisationalen Leistung kein einfacher linearer Zusammenhang. Die Gestaltung von starken Orientierungsmustern, d.h. die Schaffung hoher Prägnanz, hohen Verbreitungsgrads und hoher Verankerungstiefe, wirkt sich bei relativ stabilen Situationen tendenziell positiv auf die organisationale Leistung aus. In dynamischen und instabilen Situationen können sich die Eigenschaften von starken Orientierungsmustern wie hoher Homogenität oder hoher Verankerungstiefe dagegen auch dysfunktional auswirken.

### 3.4.1.4 Jenseits des inhaltstheoretischen Ansatzes

Der Ansatz an den Determinanten des organisationalen leistungsorientierten Verhaltens enthält überwiegend Aussagen zum Inhalt bzw. Gegenstand der Veränderung, während der Prozeß der Veränderung - abgesehen von dem trivialen Hinweis, daß sich die Determinanten verändern müssen - unklar bleibt. Es stellt sich folgende Frage: Gibt es einen theoretisch fundierten Hintergrund für die Gestaltung von Veränderungsprozessen, der über den einfachen

---

[459] Vgl. Tushman / O'Reilly, Ambidextrous Organizations, 1996, S. 25.
[460] Vgl. Simons, Control, 1995, S. 84.

inhaltstheoretischen Ansatz der Determinantenänderung hinausgeht? Oder anders formuliert: Besteht ein erfolgreicher Veränderungsprozeß nur aus einem einfachen Justieren des individuellen Verhaltens oder aus einer einfachen Verstärkung der Prozesse der Selbstorganisation und des organisationalen Lernens?

Die Beantwortung dieser Frage ist in der prinzipiellen Darstellung des Modells im methodischen Rahmen der Arbeit bereits implizit erfolgt. Dort sind wir von der Existenz eines eigenständigen Erklärungs- bzw. Gestaltungsansatzes für Veränderungsprozesse ausgegangen, der jenseits der 'Binsenweisheit' liegt, daß die Veränderung von einer Ausgangsleistung zu einer Zielleistung durch die Änderung der singulären Anfangsbedingungen, d.h. der Leistungsdeterminanten erzielt wird. Denn damit ist nur das 'Was', d.h. der Inhalt bzw. Gegenstand der Veränderung, geklärt worden, nicht allerdings das 'Wie', d.h. der Prozeß der Veränderung mit seinen Phasen und Trägern. Die eingangs geschilderten Probleme der Praxis im Management von Veränderungsprozessen sowie der Verweis auf die enge Verknüpfung zwischen geplanter Veränderung der Determinanten und ungeplanten organisationalen Prozessen verdeutlichen allerdings, daß einer *Prozeßtheorie der Veränderung* große Bedeutung beigemessen werden muß.[461] Dies soll allerdings nicht implizieren, daß die Prozeßtheorie die Inhaltstheorie ersetzen kann. Vielmehr zeigt sie Gestaltungsinformationen auf, um in einem geplanten Prozeß den Gegenstand der Veränderung zu definieren und anzugehen.

### 3.4.2 Prozeßtheoretischer Ansatz der Veränderung: Phasen und Träger

#### 3.4.2.1 Veränderungsprozeß: sequentiell und geschlossen gesteuert oder rekursiv und offen geregelt?

Klassische Vorgehensmodelle für organisationale Veränderungen gehen von einer eindimensionalen kausalen und sequentiellen Verknüpfung der Phasen 'Diagnose', 'Planung', 'Implementierung' und 'Kontrolle' aus.[462] Anstelle der kollektiven Konstruktion von neuen Handlungstheorien, neuen Verhaltensweisen und veränderten organisationalen Kontexten sieht das klassische Vorgehensmodell eine Planungsphase mit einem kleinen Teilnehmerkreis und eine organisationsweite Implementierungsphase zur Umsetzung der Konzepte vor. Durch formal geplante und umgesetzte Veränderungen der organisationalen Kontexte soll eine Veränderung des individuellen und damit auch des organisationalen Verhaltens durch die determinierende Wirkung der Kontexte quasi erzwungen werden.

Dieses eindimensionale Vorgehensmodell wird dem komplexen wechselseitigen Konstitutionsverhältnis zwischen individuellem und organisationalem Verhalten nach dem Konzept der *'Enactment Processes'* nicht gerecht. Daraus ergeben sich folgende Risiken. (1) Das Pha-

---

[461] Vgl. zur Bedeutung des Prozeßfokus' organisationaler Veränderung z.B.: Chakravarthy, Process of Transformation, 1996, S. 537.

[462] Vgl. dazu z.B.: die Definition von Organisationsplanung und Implementierung im Handbuch der Organisation: Drumm, Organisationsplanung, 1992, Sp. 1590; Marr / Kötting, Implementierung, 1992, Sp. 827.

senkonzept der Planung und Implementierung im Sinne eines *'Total System Approaches'* ist zu unflexibel, um die Komplexität und Dynamik organisationaler Veränderung zu bewältigen.[463] Abweichungen zwischen den ursprünglichen Plänen und der tatsächlichen Implementierung sind vorprogrammiert, da in der Planungsphase noch weitgehende Unklarheit über Ziel und Weg besteht. (2) Der ausschließliche Ansatz an formalen Gestaltungselementen birgt die Gefahr, daß die Kluft zwischen dem formalen Organisationsmodell der Gestalter und dem realen Verhalten der Organisation vergrößert wird. Ersatzspiele und Fassaden entstehen; die verhaltensdeterminierende Wirkung der organisationalen Kontexte entfaltet sich nicht im gewünschten Umfang. (3) Die zentrale Planung nutzt die Fähigkeit zur dezentralen Gestaltung, Selbstorganisation und zum Lernen nur unzureichend. Die zentrale Planungsgruppe verfügt in der Regel nicht über die dezentralen Informationen über Anforderungen einerseits und Fähigkeitenprofile andererseits. Mit dem Informationsdefizit steigt das Risiko, daß die *'Blue-Print-Organisationsreform'* scheitert. Zudem führt eine Trennung von Planung und Implementierung dazu, daß die Freiräume zur individuellen Gestaltung eng begrenzt werden, so daß die leistungsverstärkenden Prinzipien der individuellen Wahl, der Kongruenz von Lebens- und Karriereplanung und damit auch der intrinsischer Motivation in der Regel nicht realisiert werden können.

Ein rekursiver und offen geregelter Veränderungsprozeß scheint für innovative und tiefgreifende Veränderungen folglich geeigneter zu sein als ein sequentieller und geschlossen gesteuerter.[464] In einem solchen Veränderungsprozeß wechseln sich Planungs- und Implementierungsaktivitäten in iterativen Schleifen ab. Die Planung verändert sich von einer langfristigen Phase detaillierter konzeptioneller Gestaltung zu kurzen Phasen konzeptioneller Impulse auf einer breiten Basis der Partizipation. Die Implementierung wird von einer Sequenz innerhalb eines Projektablaufs zu einem den Veränderungsprozeß begleitenden Management von Aufgaben, Methoden und Techniken der organisationalen Veränderung.[465]

Aus der Vielzahl von Phasenschemata zur Gestaltung von Veränderungsprozessen[466] soll das *Phasenmodell* nach Lewin in seiner Erweiterung von Schein[467] verwendet werden, da dieses Modell im Gegensatz zu den formalistischen Planungs-Implementierungs-Ansätzen an grundlegenden Theorien zur Verhaltensveränderung ansetzt. Dieser Ansatz wird - insbesondere auch in den letzten Jahren - oft zur Erklärung und Gestaltung von organisationaler Veränderung rezipiert.[468] Er kann verstanden werden als "comprehensive change theory which explains how to initiate change, how to manage the total change process, and how to stabilize

---

[463] Vgl. zu dieser Kritik: Krüger, Organisationsmethodik, 1992, Sp. 1580; Orlikowski / Hofman, Improvisational Model, 1997, S. 20.

[464] Vgl. Krüger, Organisationsmethodik, 1992, Sp. 1580ff; Orlikowski / Hofman, Improvisational Model, 1997, S. 12.

[465] Vgl. Krüger, Organisationsstrategien, 1994, S. 198.

[466] Vgl. z.B. die Zusammenstellung in: Gebert / Rosenstiel, Organisationspsychologie, 1989, S. 275ff.; Thom, Organisationsentwicklung, 1992, Sp. 1477ff.; Schanz, Organisationsgestaltung, 1994, S. 403ff..

[467] Vgl. Lewin, Frontiers, 1947; Schein, Organizational Psychology, 1980, S. 243ff..

[468] Vgl. z.B. Strebel, Right Change Path, 1994, S. 29.

desired change outcomes."[469] Er besteht aus den Phasen *'unfreezing'*, *'moving'* und *'refreezing'*.[470]

Das *Trägermodell* des Veränderungsprozesses läßt sich aus Rollentheorien oder Beratungsmodellen ableiten, die auf die Aufgaben und Beziehungen der am Veränderungsprozeß beteiligten Personen und Gruppen eingehen. In diesem Zusammenhang kommen Theorien über *'Change Agent'*, *'Client system'* und *'Change Catalyst*[471] bzw. über *'Klienten- und Beratersysteme*[472] zur Anwendung.

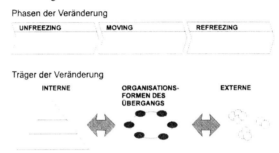

*Abbildung 3-19: Prozeßtheoretischer Ansatz der Veränderung: Phasen und Träger*

Das *Prozeßmodell* der organisationalen Veränderung verknüpft Phasen und Träger, verbindet also die konkreten Aufgaben und Aktivitäten zu bestimmten Zeitpunkten mit den Verantwortlichen für die Initiierung, die Entscheidung, die Planung, die Durchführung oder die Kontrolle von Aufgaben im Veränderungsprozeß. An dieser Stelle soll lediglich der Rahmen für ein Prozeßmodell vorgegeben werden (vgl. Abbildung 3-19). Die inhaltliche Konkretisierung geschieht durch die Verknüpfung bestimmter Phasen mit bestimmten Trägern vor dem Hintergrund des jeweiligen Ziels und Inhalts des Veränderungsprozesses. Damit sind die Strategien zum Management von Veränderungsprozessen angesprochen, die im nächsten Abschnitt erörtert werden sollen.

### 3.4.2.2 Phasen der Veränderung

Das 'Unfreezing-Moving-Refreezing'-Modell von Lewin - hier in seiner Rezeption durch Schein - basiert auf Annahmen über organisationales Verhalten und seine Veränderung, die sich auch aus dem hier vorgestellten Modell ableiten lassen. Dazu gehört, daß die organisatio-

---

[469] Schein, Organizational Psychology, 1980, S. 243.
[470] Vgl. die Parallelität zu den Phasen eines "full process of change": (1) "conceiveing the change (learning)", (2) "shifting the mindset (vision)" und (3) "programing ... the consequences (planning)" nach: Mintzberg / Westley, Cycles, 1992, S. 44f.; ebenso die Phasen des Veränderungsprozesses von General Electric: (1) "Awakening", (2) "Creating a vision" und (3) "Making Revolution a Way of Life" in: Tichy / Sherman, Control your Destiny, 1993.
[471] Vgl. Thom, Organisationsentwicklung, 1992, Sp. 1477ff..
[472] Vgl. Schanz, Organisationsgestaltung, 1994, S. 397ff..

nale Veränderung einerseits durch die Veränderung des individuellen Verhaltens und andererseits durch die Prozesse des Lernens und Verlernens sowie der Selbstorganisation konstituiert wird.[473] Als weitere Annahmen für dieses Modell nennt Schein: die Bedeutung der Veränderungsbereitschaft und die Schwierigkeit, diese zu erzeugen, den Widerstand und die Unsicherheit, die mit der Veränderung individueller Werte und Einstellungen verbunden sind sowie den Umstand, daß der Veränderungsprozeß ein mehrphasiger Zyklus ist.[474] Nachfolgend werden die Phasen und ihre Wirkprinzipien im einzelnen erörtert (vgl. Abbildung 3-20).

### UNFREEZING
Wecken von Veränderungsbereitschaft und Förderung von Veränderungsfähigkeit

**Kollektive Falsifikation der Handlungstheorien:**
- Aufzeigen von Leistungslücken zwischen 'tatsächlicher' und wahrgenommener bzw. angestrebter Leistung
- Aufzeigen von Widersprüchen zwischen formalem Organisationsmodell und realem Organisationsverhalten
- Aufzeigen des Versagens der Orientierungsmuster für interne/externe Problembewältigung

**Abbau von Widerständen:**
- Akzeptanzförderung - Erzeugung des Gefühls von Sicherheit trotz Wandel:
  . Offene Kommunikation: Gründe/Ziele
  . Partizipation/kollektive Gestaltung
  . Sicherheitsgarantien etc.
- Erzeugung von Vertrauen, Hoffnung auf Erfolg und Erfolgsmotivation ...
  . durch Kausalattribution erfolgreicher (erfolgloser) Veränderungen durch stabile/internale (variable) Ursachen: Fähigkeit/Anstrengung (Zufall/Anstreng.)
  . durch Balancierung Disziplin - Fairness
- Schaffung von Spiel-/Experimentiersituationen/mittlerem Anforderungsdruck
- Kongruenz zw. individuell angestrebter und organis. vorgesehener Entwicklung
- Diagnose/Abbau organis. Barrieren: Anreiz-, Berichtssysteme etc.

**Aufbau von Veränderungsfähigkeit:**
- Aufbau dezentraler Gestaltungs-/Veränderungsspielräume, -funktionen und -kompetenzen
- Schaffung ganzheitlicher, geschlossener Veränderungsbereiche
- Aufbau eines zentral ausgerichteten reflexiven Meta-Systems zum organisationalen Lernen/Veränderung
- Aufbau/Aktivierung von Kapazitätsreserven zum Lernen/Verändern

### MOVING
Veränderung der Determinanten der Leistung und Entwicklung neuer Verhaltensweisen

**Kollektive Konstruktion einer Veränderungsvision/neuer Handlungstheorien**
- Aufstellung einer Veränderungsvision
- Überschreitung von 'Kippunkten' im mentalen, sozialen und funktionalen Kontext sowie in den organisationalen Prozessen der Selbstorganisation und des Lernens
- Veränderung von hinreichend vielen Verhaltensdeterminanten in den organisationalen Kontexten
- Partizipation hinreichend vieler Organisationsmitglieder

**Entwicklung und Erprobung neuer Verhaltensweisen:**
- Nutzung von verschiedenen Informationsquellen/Experementiermodi zur Entwicklung neuer Verhaltensweisen
- Nutzung primärer/sekundärer Lernstrategien/Training on the Job zur Einübung neuer Verhaltensweisen
- Nutzung von 'Change Champions' als Rollenmodell der Veränderung
- Aufzeigen der Bewährung neuer Orientierungsmuster für interne/externe Problembewältigung

**Beschleunigung des Verlernens:**
- Appell an emotionale Werte und rationale Kriterien zur Falsifikation alter/Verifikation neuer Handlungstheorien
- Induzierung von Gefühlen der Unsicherheit/Ungewißheit sowie Schuld/Angst bezügl. alter Handlungstheorien/Verhalten
- Sanktionierung alter/Belohnung neuer Verhaltensweisen
- Personalwechsel in Schlüsselpositionen

### REFREEZING
Breites 'Enactment' bzw. Stabilisierung des neuen Verhaltens

**Kollektive Konstitution des neuen organisationalen Verhaltens durch geteilte Kognitionen und konformes Handeln:**
- Nutzung symbolischer Führung/Modellwirkung von Referenzpersonen
- Kommunikation der Neuerungen in Wort und Tat: Fortschrittsberichte etc.
- Planung, Realisierung und Kommunikation von 'Early Wins'
- Förderung Transformation individuelles in organisationales Wissen durch Steigerung von Kommunizierbarkeit, Akzeptanz und Integrierbarkeit

**Anpassung der organisationalen Kontexte und des organisationalen Wissens:**
- Umsetzung neuer Handlungstheorien in (in-)formale Objekte/Artefakte der organisationalen Kontexte
- Ergänzung der organisationalen Wissensbasis (z.B. Handbücher) um neue/geänderte technologische Aussagen
- Institutionalisierung des Veränderungsmomentums
- Einräumung von Freiräumen zur dezentralen Gestaltung, Selbstorganisation/Selbstreferenz und organisat. Lernen
- Individuelle Wahl bzw. Individualisierung und Partizipation bei Organisations-/Aufgabengestaltung

**Lernen über organisationale Veränderung:**
- Erweiterung des Wissens über Management von Veränderungen
- Verifikation/Falsifikation der technologischen Aussagen zw. Erfolg/Mißerfolg der Veränd. und den Gestaltungselementen: Inhalt, Prozeß und Techniken

*Abbildung 3-20. Phasen der Veränderung und ihre Wirkprinzipien*

---

[473] Vgl. Schein, Organizational Psychology, 1980, S. 243f..
[474] Vgl. ebda., a.a.O..

### 3.4.2.2.1 Unfreezing - Wecken von Veränderungsbereitschaft und Förderung der Veränderungsfähigkeit

In der Feldtheorie Lewins wird die Verhaltenstendenz als eine Kraft in einem psychologischen Feld beschrieben. Veränderungsprozesse werden nach diesem Modell durch die Veränderung der verhaltensbestimmenden Kräfte, durch das 'Auftauen' der Determinanten des leistungsorientierten Verhaltens initiiert. Die Einleitung von Veränderung erfordert die Bereitschaft, gegenwärtige Handlungstheorien und Verhaltensweisen zu erforschen und in Frage zu stellen. Für das Wecken der *Veränderungsbereitschaft* stehen grundsätzlich zwei Wirkprinzipien zur Verfügung: die kollektive Falsifikation der Handlungstheorie, d.h. der bestehenden Orientierungsmuster der Wahrnehmung bzw. Interpretation und des Verhaltens, und der Abbau von Widerständen. Das dritte Wirkprinzip dieser Phase betrifft den Aufbau der *Veränderungsfähigkeit*.

*Kollektive Falsifikation der Handlungstheorie:* Tiefgreifende organisationale Veränderungen setzen, wie bereits im Konzept des organisationalen Lernens betont, an einer Modifikation bzw. Falsifikation der organisationalen Handlungstheorien an.[475] Erst der Nachweis des Versagens der bestehenden Orientierungsmuster für interne und externe Problembewältigung schafft die Voraussetzung für eine nachhaltige Verhaltensänderung. Die Rekonstruktion und Falsifikation der Handlungstheorien erfordert, daß Assimilationsprozesse zur Wahrung bestehender Orientierungsmuster, d.h. Prozesse der Umdeutung, Verleugnung oder Ignoranz von widersprüchlichen Signalen, aufgedeckt werden. Denn nur das Aufzeigen von Leistungslücken und Widersprüchen kann die Legitimation bestehender Handlungstheorien, die sich auf die 'Bewährheit' des Faktischen stützen, in Frage stellen. Dabei kann die Initiierung der Falsifikation durch einen Führer oder eine kleine Führungsgruppe ausgelöst werden, die die Notwendigkeit erkennen, diese durch interne Diagnosen oder externe Gutachten für alle sichtbar offen legen oder sie sogar durch bewußte Maßnahmen wie z.B. bilanztechnische Verlustausweise verstärken.[476] Eine breite Veränderungsbereitschaft wird allerdings erst dann erreicht, wenn die Falsifikation bestehender Orientierungsmuster nicht nur der Überzeugung einer kleinen Führungsgruppe entspricht, sondern in der Organisation kollektiv geteilt wird.

*Abbau von Widerständen:* Die Erzeugung von Veränderungsbereitschaft kann als ein schwieriger Balanceakt zwischen dem verunsichernden Infragestellen der alten Orientierungsmuster und der Wahrung von individueller Sicherheit und Kontinuität betrachtet werden.[477] Einerseits wird die Überzeugung, daß die Veränderung zwingend erforderlich ist, nur durch die Falsifikation der bestehenden Orientierungsmuster und die damit verbundenen Angst- und Unsicherheitsgefühle erzielt. Andererseits reagieren die von der Veränderung betroffenen Personen bei zunehmender Bedrohung ihrer Sicherheit mit Widerstand gegen die Veränderung in Form von defensivem Denken und Abwehrroutinen.[478] Folglich erfordert die

---

[475] Vgl. Baitsch, Organisationen, 1993, S. 186.
[476] Vgl. dazu z.B. Tichy / Charan, CEO as Coach, 1995, S. 70; Kotter, Leading Change, 1995, S. 60.
[477] Vgl. Schein, Organizational Psychology, 1980, S. 244f..
[478] Vgl. Argyris, Richtig motivieren, 1995, S. 11ff..

Initiierung von Veränderungsprozessen, daß Widerstände - vor allem *Akzeptanzbarrieren* - erkannt und abgebaut werden müssen.[479]

Die Widerstände können durch frühzeitige offene Kommunikation der Veränderungsgründe und -ziele, durch Partizipation und kollektive Gestaltung, durch Sicherheitsgarantien gegenüber betroffenen Mitarbeiter, durch frühe Erfolgserlebnisse und durch gezielte Förderung und Belohnung neuer Verhaltensweisen beseitigt werden.[480] Mit solchen Maßnahmen können die Gefühle der Unsicherheit und des Schams angesichts der falsifisierten Ausgangssituation durch die Gefühle der Zuversicht und des Stolzes angesichts einer angestrebten Zielsituation überwunden werden. Wird zusätzlich das Vertrauen in den Erfolg des Veränderungsprozesses gestärkt - beispielsweise durch entsprechende Fallbeispiele erfolgreicher Veränderungen - kann eine nachhaltige Bereitschaft zur Veränderung aufgebaut werden.[481] Das Mißtrauen des einzelnen Mitarbeiters gegenüber der Organisation kann als eine grunsätzliche Barriere gegen Veränderung betrachtet werden. Ein erster sinnvoller Schritt zum Aufbau eines Klimas des Vertrauens ist die Wahrung von Disziplin gegenüber den zwischen den einzelnen Mitarbeitern und der Organisation getroffenen Leistungsvereinbarungen.[482] Allerdings erfordert die Vertrauensbildung neben Disziplin auch Fairness in Form von begründeten Ausnahmen der Einforderung des Leistungsversprechens. Erst die Balancierung von Disziplin und Fairness schafft eine Vertrauensbasis, die die Risikobereitschaft und Innovativität im Rahmen organisationaler Veränderung fördert. Zur Wahrung der Sicherheit und zur Bildung von Vertrauen trägt auch die Schaffung von Spiel- bzw. Experimentiersituationen mit mittlerem Anforderungsdruck bei - etwa durch Simulationen und Tests mit Modellen oder in Pilotbereichen. Auf die Identitätssicherung zielt auch die Individualisierung der organisationalen Veränderung. Die Perspektive, daß die individuell angestrebte und organisational vorgesehene Entwicklung kongruent sind, wird die Veränderungsbereitschaft wesentlichen beeinflussen.

Neben den personellen Akzeptanzbarrieren gibt es organisationale Barrieren wie verkrustete Organisationsstrukturen, Berichtsysteme oder Anreizsysteme, die ebenfalls die Annahme neuer Verhaltensweisen behindern.[483] Diese *systematischen Barrieren* der organisationalen Kontexte müssen organisationsweit identifiziert und entsprechend den neuen Orientierungsmustern und Verhaltensweisen abgeschafft bzw. angepaßt werden.

*Aufbau von Veränderungsfähigkeit:* Tiefgreifende Veränderungsprozesse erfordern eine breite Basis der Veränderungsfähigkeit in der Organisation. Dazu scheint es notwendig, die Veränderungsaufgabe über die gesamte Organisation, d.h. über möglichst viele Organisationsmitglieder zu verteilen. Deshalb sollten Gestaltungs- und Veränderungsfunktionen und

---

[479] Vgl. zu Akzeptanzbarrieren: Krüger, Organisationsstrategien, 1994, S. 206.
[480] Vgl. zu dieser Aufzählung: Staehle, Organisationsentwicklung, 1992, Sp. 1486.
[481] Vgl. die 'Formel' des *'Resistance Management'*: C = [ABD] > X   C: Change, A: Dissatisfaction with status quo, B: Desirability of proposed change or end state, D: Practicability of the change, X: Cost of Changing: Beckhard / Harris, Organizational Transitions, 1987, S. 94.
[482] Vgl. Chakravarthy, Process of Transformation, 1996, S. 534.
[483] Vgl. dazu die "Systemic Barriers" in: Kilmann, Holistic Program, 1995, S. 181; ebenso: Kotter, Leading Change, 1995, S. 64f..

-kompetenzen dezentral aufgebaut werden, indem ganzheitliche und geschlossene Veränderungsbereiche geschaffen und in die Verantwortung der entsprechenden Mitarbeiter gestellt werden. Die so dezentral eingeleiteten Prozesse der Selbstorganisation und des organisationalen Lernens lassen sich durch ein reflexives Meta-System, z.B. in Form von Lateralstrukturen wie Stabsstellen oder Projektstrukturen, zentral auf ein gemeinsames Veränderungsziel ausrichten. Der Aufbau von Veränderungsfähigkeit beinhaltet darüber hinaus auch die Aktivierung von Ressourcen, um die Parallelität von operativen und reflexiven Aufgaben zu ermöglichen.

Der Aufbau von Veränderungsbereitschaft und -fähigkeit ist eine kontinuierliche Aufgabe im Veränderungsprozeß, die zum Start des Vorhabens begonnen wird und bis zum Ende fortlaufender Aufmerksamkeit bedarf. Nach einer Schätzung von Kotter müssen 75% des Managements von der Veränderungsnotwendigkeit überzeugt werden, bevor die kritische Masse für nachhaltige Veränderung erreicht ist.[484] Zur Erreichung und Sicherung einer derartig hohen Bereitschaft und Fähigkeit ist ein subtiles *'Commitment Planning'* erforderlich, das für Zielgruppen innerhalb der Organisation entsprechend ihrem jeweiligen Bereitschafts- und Fähigkeitsgrad spezifische Informations-, Kommunikations- oder Trainingsmaßnahmen vorsieht.[485] Dazu ist es notwendig, mit Fokusgruppen, Survey-Guided-Feedback-Methoden, Mitarbeiterbefragungen, Dialogtechniken und anderen Techniken den jeweiligen Bereitschafts- bzw. Fähigkeitsgrad einzelner Mitarbeiter oder ganzer Gruppen während des Veränderungsprozesses regelmäßig zu verfolgen.[486]

### 3.4.2.2.2 Moving - Veränderung der Determinanten des leistungsorientierten Verhaltens und Entwicklung neuer Verhaltensweisen

In der Phase des 'Unfreezing' ist durch die Infragestellung der organisationalen Orientierungsmuster ein Prozeß des organisationalen Verlernens eingeleitet worden,[487] um so die Voraussetzung für organisationales Lernen zu schaffen.[488] In der Phase des 'Moving' wird die Veränderung der Determinanten des leistungsorientierten Verhaltens eingeleitet, so daß sich neue Verhaltensweisen entfalten können. Dabei ist die Aktivierung der folgenden Wirkprinzipien förderlich: (1) die kollektive Konstruktion einer Veränderungsvision und neuer Handlungstheorien, (2) die Entwicklung und Erprobung neuer Verhaltensweisen und (3) die Beschleunigung des Verlernens.

*Kollektive Konstruktion einer Veränderungsvision und neuer Handlungstheorien:* Tiefgreifende und nachhaltige Veränderungsprozesse erfordern einen Paradigmawechsel, bei dem die neuen Orientierungsmuster eine höhere Verhaltenstendenz als die alten konkurrierenden auslösen und (damit) zu höherer Leistung führen können. Die neuen Orientierungsmuster

---

[484] Vgl. ebda., S. 61.
[485] Vgl. Beckhard / Harris, Organizational Transitions, 1987, S. 93ff..
[486] Vgl. Kilmann, Holistic Program, 1995, S. 183.
[487] Vgl. zum organisationalen Verlernen: McGill / Slocum, Unlearning the Organization, 1993, S. 67ff..
[488] Vgl. Baitsch, Organisationen, 1993, S. 189.

sollten also ein Momentum auslösen, das das Verhalten der Organisation auf ein neues gemeinsames, anspruchsvolles Ziel in der Zukunft ausrichtet.

Eine begeisternde und inspirierende *Vision* für die Veränderung vermag das individuelle Anspruchsniveau an die eigene und organisationale Leistung nachhaltig zu steigern und so ein Spannungsfeld zwischen bestehenden und angestrebten Leistungen und Verhaltensweisen zu erzeugen, das zu einer Quelle ständiger Verbesserungen und Innovationen wird.[489] Nach Collins und Porras besteht eine Vision aus einem anspruchsvollen, geradezu 'kühnen' Ziel und einer 'lebendigen' Beschreibung eines 'Bildes' der Zielsituation.[490] Die Zielkomponente der Vision ist äußerst anspruchsvoll, fokussiert die Veränderungsbestrebungen einer Organisation, vereinigt die soziale Gemeinschaft um eine zentrale begeisternde Idee und hat eine klare Zeitspanne, die je nach der Perspektive der Veränderung einige Jahre oder sogar Jahrzehnte betragen kann. Beispiele für visionäre Ziele sind "Democratize the Automobile" von Ford Anfang des Jahrhunderts, "Crush Adidas" von Nike in den 50er Jahren oder "Become number one or two in every market we serve ..." von General Electric in den 80er Jahren.[491] Die Bildkomponente der Vision ist eine lebendige, inspirierende und spezifische Beschreibung des Zustandes der Erreichung des visionären Ziels. Die Entwicklung der Vision kann durch einen Führer oder ein Führungsteam geschehen. Wirksam wird die Vision allerdings erst, wenn sie auf einer breiten Basis kollektiv geteilt wird: "Building a visionary company requires 1% vision and 99% alignment."[492]

Es stellt sich nun die Frage, wie neue Visionen, Orientierungsmuster oder Handlungstheorien beschaffen sein müssen, damit sie eine höhere Verhaltenstendenz als die bestehenden entfalten können. Aus der Analogie zum physikalischen Konzept des Kräftegleichgewichts bzw. der Gleichgewichtslagen läßt sich die Schlußfolgerung ableiten, daß die Rückkehr des organisationalen Verhaltens zu alten Mustern bzw. in alte Gleichgewichtslagen sich nur dann vermeiden läßt, wenn mit den neuen Handlungstheorien ein Niveau des leistungsorientierten Verhaltens konstituiert wird, das sich durch die Überschreitung von gewissen Kippunkten auszeichnet (vgl. Abbildung 3-21).[493] Die Handlungstheorien manifestieren sich letztlich in den organisationalen Kontexten. Folglich ist es nach einem solchen mechanischen Analogieschluß erforderlich, daß im Rahmen des Veränderungsprozesses die organisationalen Kontexte in ihrem Niveau der Einflußnahme auf individuelles und damit organisationales Verhalten die Kippunkte überschreiten, so daß sich eine neue Gleichgewichtslage einstellt. Im mentalen Kontext sollten neue Visionen und Ideen eine verhaltens- und leistungsdeterminierende Kraft jenseits dieser Kippunkte entfalten können. Im sozialen Kontext sollte die Qualität der interpersonellen Beziehungen auf Gruppen- und Organisationsebene sich deutlich von dem derzeitigen Niveau unterscheiden. Im funktionalen Kontext schließlich sollten die Transformations-

---

[489] Vgl. Bartlett / Ghoshal, Beyond the M-Form, 1993, S. 38f..
[490] Vgl. Collins / Porras, Vision, 1996, S. 73.
[491] Vgl. ebda., S. 72.
[492] Vgl. ebda., S. 77.
[493] Vgl. dazu das Konzept der *'Change Thresholds'* in: Jung / Meier, Invisible Palaces, 1996, S. 45.

beziehungen deutlich besser 'organisiert' sein, d.h. ebenfalls zu einer deutlichen Verbesserung des leistungsorientierten Verhaltens beitragen. Dieser Sprung auf ein höheres Niveau des leistungsorientierten Verhaltens durch das Ansetzen an den organisationalen Kontexten bedeutet allerdings nicht, daß das Verhalten - im Sinne einer Parameteroptimierung des Maschinenmodells - stärker determiniert wird. Vielmehr sollte dieser Sprung auch zu einem Sprung in der Qualität der organisationalen Prozesse der Selbstorganisation und des organisationalen Lernens führen.

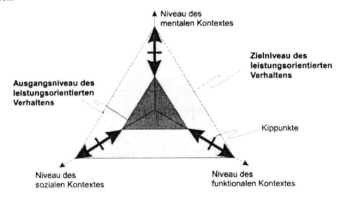

*Abbildung 3-21: Überschreitung von 'Kippunkten' in den organisationalen Kontexten als Voraussetzung revolutionärer Veränderungen*

Die Analogie zum Konzept der Gleichgewichtslagen läßt sich nicht nur für einen qualitativen Aspekt der Veränderung, sondern auch für einen quantitativen Aspekt verwenden. Organisationales Verhalten wird konstituiert durch individuelles Verhalten. Folglich existiert eine Schwelle der Partizipation der Organisationsmitglieder, die überschritten werden muß, damit sich das organisationale Verhalten hin zu einem höheren Leistungsniveau verändern kann. Desweiteren sollte beachtet werden, daß individuelles Verhalten überdeterminiert ist. Folglich sollte auch die Anzahl der veränderten Leistungsdeterminanten einen Schwellenwert überschreiten, damit die erzielte Veränderung sich nachhaltig durchsetzt.

*Entwicklung und Erprobung neuer Verhaltensweisen:* Die Konstruktion einer neuen Handlungstheorie stellt nur den Rahmen für neue Verhaltensweisen bereit. Diese müssen entsprechend den neuen Orientierungsmustern erst entwickelt und erprobt und dann für die breite Verwendung in der Organisation eingeübt bzw. trainiert werden. Für die Entwicklung sollte auf Experimentiermodi und verschiedene Informationsquellen interner und externer Natur zurückgegriffen werden. Das Training neuer Konzepte, Techniken oder Instrumente sollte auf einer breiten Basis in der Organisation, aber spezifisch für den jeweiligen Arbeitskontext erfolgen.[494] In der Erprobung wird schließlich geprüft, ob die neuen Verhaltensweisen zu einer Schließung der Leistungslücke beitragen können. Damit zeigt sich, ob sich die neuen Orientie-

---

[494] Vgl. Kilmann, Holistic Program, 1995, S. 183.

rungsmuster für die interne und externe Problembewältigung bewähren. Zur Einübung der neuen Verhaltensweisen lassen sich die individuellen lerntheoretischen Konzepte und die Ansätze des Modellernens anwenden.[495] Besonders veränderungsbereite und -fähige Personen, die darüber hinaus im Ansehen der Mitarbeiter über einen Referenz- oder Vorbildcharakter verfügen, können als Rollenmodelle für die Veränderung eingesetzt werden, indem sie im Projektteam oder in einem Pilotbereich aktiv mitwirken.

*Beschleunigung des Verlernens:* Organisationale Orientierungsmuster und Verhaltensweisen besitzen Trägheitstendenzen, die einerseits durch die Konstruktion neuer und überlegener Handlungstheorien, andererseits durch die Falsifikation der alten Muster überwunden werden können. Die Beschleunigung des Verlernens setzt an der Falsifikation der alten Orientierungsmuster an, indem an emotionale Reaktionen wie Schamgefühle ob eines Mißerfolgs und an rationale Kriterien wie etwa neue Kontingenzen appelliert wird. Nach Schein sind auch Gefühle der Unsicherheit und Ungewißheit sowie der Schuld und Angst in Bezug auf die alten Verhaltensmuster förderlich für das Verlernen.[496] Desweiteren kann das Verlernen durch die Sanktionierung alter und die Belohnung neuer Verhaltensweisen systematisch beschleunigt werden. Unter Umständen kann es sogar notwendig sein, organisationales Verlernen durch einen Personalwechsel in Schlüsselpositionen einzuleiten.[497]

### 3.4.2.2.3 Refreezing - Breites 'Enactment' bzw. Stabilisierung der Neuerung

In der Phase des 'Moving' sind neue Handlungstheorien konstruiert und neue Verhaltensweisen erlernt worden. Die nachhaltige Veränderung individuellen Verhaltens und damit auch organisationalen Verhaltens bedarf allerdings der kollektiven Konstituierung der Neuerungen auf einer breiten Basis in 'Enactment Processes'. Das neue Verhalten wird stabilisiert und gleichsam 'eingefroren'. Eine Person wird nur dann langfristig an den neuen Sichtweisen, Einstellungen und Verhaltensweisen festhalten, wenn eine Konformität mit den Orientierungsmustern der funktionalen, sozialen und mentalen Kontexte der Organisation besteht. Dabei ist nicht allein die formalisierte Gestaltung - wie z.B. das Aufstellen von neuen Führungsrichtlinien - entscheidend für die individuelle Orientierung, sondern auch ihre tatsächliche Auslegung und Verwendung im Kontext der handelnden Person.

Nach Jung und Maier gibt es vier Haupterfolgsfaktoren für die Stabilisierung der Veränderung.[498] (1) Zunächst sollte, wie bereits individualpsychologisch abgeleitet, eine Kongruenz zwischen der individuellen und der institutionellen Entwicklung bestehen. (2) Die Veränderungsvision sollte möglichst *gut vereinfacht* sein, damit sie ihre mentale und emotionale Bindungskraft voll entfalten kann. (3) Die Veränderungsvision sollte sich gut explizieren lassen, d.h. sie sollte sich gut in konkrete Handlungen umsetzen lassen und Kriterien zur Messung des Erfolgs beinhalten. (4) Schließlich sollte die Veränderungsvision eine sichtbare Diskonti-

---

[495] Vgl. Schein, Organizational Psychology, 1980, S. 245.
[496] Vgl. ebda., S. 244.
[497] Vgl. Kilmann, Holistic Program, 1995, S. 181.
[498] Vgl. Jung / Meier, Invisible Palaces, 1996, S. 46f..

nuität repräsentieren. Durch die Verbreitung der Vision „*In allem ein bißchen besser*" werden bestehende Orientierungsmuster nicht in Frage gestellt. Erst der revolutionäre Bruch führt zu neuen Verhaltensweisen und damit zu einem Leistungssprung.

Drei Mechanismen unterstützen die Stabilisierung der Neuerung: (1) die kollektive Konstitution des neuen organisationalen Verhaltens durch geteilte Kognitionen und konformes Handeln, (2) die Anpassung der organisationalen Kontexte und des organisationalen Wissens und (3) das Lernen über organisationale Veränderung.

*Kollektive Konstitution des neuen organisationalen Verhaltens durch geteilte Kognitionen und konformes Handeln:* Das neue organisationale Verhalten konstituiert sich durch verändertes individuelles Verhalten und durch veränderte individuelle Sichtweisen und Interpretationen. Zielführend erscheint also nicht die 'programmatische Hau-Ruck-Methodik' vieler Mobilisierungs- oder Implementierungsprogramme, die die breite Verhaltensänderung gemäß eines entworfenen Konzeptes über Kommunikations- und Schulungsaktivitäten bezwecken soll. Vielmehr ist es notwendig, daß sich die Neuerungen nicht nur formal und materiell manifestieren, sondern sich durch soziale Prozesse geteilter Wahrnehmungen und Interprationen sowie konformer Handlungsweisen als kollektiv konstruierte Realität bewahrheiten.

Die Konstitution des neuen organisationalen Verhaltens läßt sich durch symbolische Führung unterstützen, indem signifikante Bezugspersonen die neuen Einstellungen und Verhaltensweisen aktiv vorleben.[499] Der programmatische Aufruf eines Vorgesetzten zu neuen Verhaltensweisen im Rahmen eines Veränderungsprogrammes entfaltet allerdings erst dann seine verhaltensdeterminierende Kraft, wenn die neuen Maßstäbe auch im operativen Geschäft angewendet werden. Wenn allerdings die Absicht des reflexiven Modus' im operativen Modus nicht unterstützt wird, werden die offiziell proklamierten Veränderungsabsichten umgedeutet oder ignoriert. An die Stelle von tatsächlicher Verhaltensänderung als Reaktion auf das Veränderungsprogramm treten Ersatzspiele und der Aufbau von Fassaden. Das Veränderungsprogramm degeneriert zu einem Schauspiel, das Ressourcen für eigene Gremien, Workshops oder Berichtssysteme verbraucht, ohne die angestrebte Leistung zu erreichen. Tatsächliche Verhaltensänderung erfordert also eine Kommunikation der Neuerungen in Wort und Tat. Dazu können Fortschrittsberichte in Firmenzeitungen oder Firmen-TV-Sendungen oder auch Erfolgsmeldungen auf Betriebsversammlungen oder anderen Veranstaltungen einen Beitrag leisten, indem sie den Zusammenhang zwischen den neuen Verhaltensweisen und dem erzielten Erfolg herausstellen.

Die Konstitution neuer Orientierungsmuster und neuen Verhaltens kann auch durch das Auftreten von ersten frühen Erfolgen erzielt werden. Diese sollten aufgrund ihrer großen Bedeutsamkeit für das Momentum des Veränderungsprozesses bewußt herbeigeführt und entsprechend 'gefeiert' und kommuniziert werden.[500] Als eine weitere wichtige Voraussetzung für ein erfolgreiches Veränderungsprogramm erscheint die Transformation von individuellem

---

[499] Vgl. Schein, Organizational Behavior, 1980, S. 246.
[500] Vgl. Kotter, Leading Change, 1995, S. 65.

Wissen der Innovatoren der Veränderung zu organisationalem Wissen. Dies läßt sich durch die Steigerung des Kommunizierbarkeit, der Akzeptanz und der Integrierbarkeit des Wissens fördern.

*Anpassung der organisationalen Kontexte und des organisationalen Wissens:* Erst wenn sich das neue Verhalten durch geteilte Kognitionen und konformes Handeln kollektiv konstituiert hat, lassen sich die materiellen und formalisierten Orientierungsmuster der organisationalen Kontexte und des organisationalen Wissens sinnvoll ändern.[501] Im Gegensatz zu einem Prozeßmodell, das eine eindimensionale kausale und sequentielle Verknüpfung zwischen der Veränderung von formalen Strukturen oder Abläufen und der Veränderung des organisationalen Verhaltens unterstellt, erscheint es sinnvoller, von einer wechselseitig kausalen und simultanen Verknüpfung auszugehen. Nach dem Konzept der 'Enactement Processes' sollte die Gestaltung der organisationalen Kontexte auf bereits konstituiertem neuen organisationalen Verhalten basieren, welches wiederum durch die verhaltensdeterminierende Wirkung der organisationalen Kontexte gefördert wird. Die kollektive Konstitution des neuen Verhaltens und die entsprechende Anpassung der organisationalen Kontexte sollten deshalb als ein simultaner Prozeß angelegt werden, indem schrittweise wechselseitige Impulse seitens der 'Gestalter' gesetzt werden.

Die Anpassung der organisationalen Kontexte dient (1) der Umsetzung der organisationalen Handlungstheorie und der entsprechenden Verhaltensweisen in formale und z.t. auch informale Objekte und Artefakte und (2) der Institutionalisierung des Veränderungsmomentums über das formale Programm hinaus. Mit dem ersten Aspekt ist die Anpassung von Anreizsystemen, Aufbau- und Ablaufstrukturen, Führungsmodellen oder auch Zielhierarchien gemeint. Aus der Perspektive des organisationalen Lernens gehört dazu auch die Ergänzung der organisationalen Wissensbasis um neue bzw. veränderte technologische Aussagen. Anpassung der organisationalen Kontexte bedeutet allerdings nicht die lückenlose Determinierung des individuellen Verhaltens durch Vorschriften, Richtlinien und andere Verhaltensanweisungen. Zur Institutionalisierung der Veränderung sollten vielmehr Freiräume zur dezentralen Gestaltung, zur Selbstorganisation und zum organisationalen Lernen vorgesehen werden. Durch den hohen Partizipationsgrad im Rahmen der dezentralen Gestaltung gelingt es, Individualisierung und individuelle Wahlmöglichkeiten bei der Organisations- bzw. Aufgabengestaltung zu ermöglichen. Damit erhöht sich die Wahrscheinlichkeit des Fits zwischen individuellen Bedürfnis- und Fähigkeitsstrukturen und organisationalen Anreiz- und Anforderungsstrukturen. Zwischen der individuell angestrebten und der organisational vorgesehenen Entwicklung läßt sich eine Kongruenz herstellen. Die Mitgliedschaft in der Organisation ermöglicht der Person die Wahrung und Entfaltung der Identität und die Verwirklichung des Selbst.[502] Auf diese Art und Weise kann die organisationale Veränderung eine individuell konstituierte Dynamik erhalten, deren Reichweite und Nachhaltigkeit über das initiierende Programm hinaus reicht. Unterstützend lassen sich Fortschrittsberichte, Workshops und andere Techniken einsetzen, um die

---

[501] Vgl. Kilmann, Holistic Program, 1995, S. 176f..
[502] Vgl. Schein, Organizational Behavior, 1980, S. 246.

Veränderung durch Einleitung neuer Maßnahmen und durch Abbau auftretender Widerstände kontinuierlich auf die Visionen und Ziele auszurichten.[503]

*Lernen über organisationale Veränderung:* Die Umwelt der Organisation und die Organisationen selbst sind ständigem Wandel unterzogen. Folglich ist organisationale Veränderung eine Herausforderung, die zyklisch bewältigt werden muß. Das 'Refreezing' ist kein starres Festschreiben, sondern die Vorstufe zu erneutem 'Unfreezing' und 'Moving'.[504] Das Lernen über das Management organisationaler Veränderung ist deshalb bedeutend für den dauerhaften Erfolg eines Unternehmens. Die technologischen Aussagen zwischen dem Erfolg bzw. Mißerfolg der Veränderung und den Gestaltungselementen des Veränderungsprozesses, die dem Management der Veränderung zugrunde lagen, sollten hinsichtlich ihrer Bewährung geprüft werden. Fragen in diesem Zusammenhang könnten lauten: Hat sich der Einsatz externer Berater bewährt? Oder: Haben sich die Kriterien für Change Champions oder Pilotbereiche bewährt?

Ein Beispiel soll einen solchen Lernprozeß verdeutlichen. Das Unternehmen ABB nutzte zur Dezentralisierung der Stabsabteilungen der Konzernzentrale eine einfache Daumenregel: 10% der Belegschaft sollten in der Zentrale verbleiben, 30% wurden neu geschaffenen Dienstleistungszentren zugeordnet, 30% wurden den Geschäftsbereichen und -einheiten zugeordnet und weitere 30% wurden durch (Früh-)Pensionierung oder Kündigung abgebaut.[505] Durch die Erfahrung mit der Dezentralisierung in verschiedenen Bereichen konnte diese Regel ständig verbessert werden, so daß sie vier Jahre nach der ersten Anwendung wie folgt aussah: nur 5% der Belegschaft verblieben in der Zentrale, nur 15% wurden den Dienstleistungszentren zugeordnet und nur 20% wurden den Geschäftsbereichen und -einheiten zugeordnet.

### 3.4.2.3 Träger der Veränderung

Als Träger der Veränderung können alle Personen, Gruppen oder institutionellen Einheiten, die maßgeblich am Veränderungsprozeß mitwirken, fungieren.[506] Dabei lassen sich interne Träger - also die Organisationsmitglieder - und externe Träger wie z.B. Berater unterscheiden (vgl. Abbildung 3-22). Nach der Untersuchung von Hadamitzky führen erfolgreiche Unternehmen zur Bewältigung des strukturellen Wandels Sekundärorganisationen ein.[507] Die Träger der Veränderung sollten ein reflexives Meta-System zum Lernen und zur organisationalen Veränderung bilden. Dazu werden als Sekundärorganisationen spezifische Übergangsstrukturen gebildet, die dazu dienen, Aufgaben und Verantwortlichkeiten zu definieren und durchzusetzen. Typische Organisationsformen für das Management geplanter Veränderungen sind Steuerungsgremien oder Projektorganisationen. Als Projektleiter fungieren dabei in der Regel

---

[503] Vgl. zu "Progress Reviews": Kilmann, Holistic Program, 1995, S. 184.
[504] Vgl. Schanz, Organisationsgestaltung, 1994, S. 406.
[505] Vgl. Bartlett / Ghoshal, Beyond the M-Form, 1993, S. 37.
[506] Vgl. Krüger, Organisationsmethodik, 1992, Sp. 1582.
[507] Vgl. Hadamitzky, Restrukturierung, 1995, S. 181.

entweder eine Führungskraft aus dem betroffenen Bereich, ein Mitarbeiter aus einer zentralen Stabsabteilung oder ein externer Berater.[508]

Abbildung 3-22: Träger der Veränderung

Für die Auswahl und den Einsatz der Gestaltungsträger lassen sich einige Gestaltungsprinzipien formulieren.[509] Ein ausgewogenes Qualifikationsspektrum und eine qualifikationsbezogene Aufgabenverteilung innerhalb der maßgeblich beteiligten Gestaltungsträger ist für ein erfolgreiches Veränderungsvorhaben von großer Bedeutung. Desweiteren sollten zur Akzeptanzsicherung der Problemlösungen durch die Betroffenen die Veränderungsaktivitäten bzw. -aufgaben nicht nur nach Qualifikations-, sondern auch nach Partizipationskriterien verteilt werden. Die Übergangsstrukturen sollten folglich Mitglieder aller wichtigen Interessengruppen und Funktionsbereiche sowie aller Hierarchieebenen enthalten. Schließlich ist sicherzustellen, daß die Akzeptanz der Methoden und Techniken im Rahmen des Veränderungsprogramms durch die Benutzer gewährleistet wird. Trainingsprogramme, Kommunikationselemente und andere Methoden sollten in ihrer inhaltlichen und sprachlichen Gestaltung an die jeweiligen Anwender angepaßt werden.

Im folgenden sollen die Aufgaben der internen und externen Träger erörtert werden. Im Unterschied zu den Phasenschemata der Berater-Klienten-Beziehung[510] orientiert sich diese Darstellung ausdrücklich am vorgestellten Phasenmodell des 'Unfreezing-Moving-Refreezing'.

### 3.4.2.3.1 Aufgaben der Organisationsmitglieder

Die Träger der Veränderung sind letztlich alle Mitglieder der Organisation, unabhängig von den Rollen, die sie bezüglich des Veränderungsprozesses einnehmen. Die Organisationsmitglieder sind zugleich Subjekt und Objekt des Veränderungsprozesses, sie können als Initiatoren und/oder Promotoren *'Change Catalysts'* und als Betroffene Mitglieder *des 'Client Systems'* sein.[511] Für den Erfolg der Veränderung sind Macht-, Fach- und Prozeßpromotoren von erheblicher Bedeutung.[512] Sie erleichtern nachhaltigen Wandel, indem sie helfen, Willens-

---

[508] Vgl. Beckhard / Harris, Organizational Transitions, 1987, S. 76.
[509] Vgl. dazu: Krüger, Organisationsmethodik, 1992, Sp. 1576ff.
[510] Vgl. z.B. das Schema nach Lippitt / Lippitt: Kontakt/Einstieg, Kontraktformulierung, Planung für eine Problemlösung, Handlungsdurchführung und Kontinuität: Schanz, 1994, Organisationsgestaltung, S. 408f.
[511] Vgl. zur Rollentheorie: Thom, Organisationsentwicklung, 1992, Sp. 1480f.
[512] Vgl. Krüger, Organisationsstrategien, 1994, S. 207f.

und Verhaltensbarrieren zu überwinden, Wissens- und Könnensdefizite abzubauen und Prozeßhindernisse zu beseitigen.

| UNFREEZING | MOVING | REFREEZING |
|---|---|---|
| Wecken von Veränderungsbereitschaft und Förderung von Veränderungsfähigkeit | Veränderung der Determinanten der Leistung und Entwicklung neuer Verhaltensweisen | Breites 'Enactment' bzw. Stabilisierung des neuen Verhaltens |

**Top-Management**

| | | |
|---|---|---|
| - Erkennen, Verstärken/Konstruieren und Kommunizieren von Krisen/Problemen<br>- Bildung einer mächtigen Koalition mit geteiltem Problembewußtsein<br>- Offenheit/Dialogbereitschaft/Konsequenz/Fairness zur Förderung von Kommunikation und Vertrauen<br>- Gewährung v. Kapazität/Befreiung von operativen/hierarchischen/sachlichen Zwängen (Offsite-Workshops) | - Coaching von Krisen- zu Aufbruchstimmung der Veränderungsvision<br>- Eigene Impulse, sokratisches Hinterfragen neuer Visionen/Handlungsth.<br>- Gewährung von Freiräumen zum Experimentieren, Aufweitung von Lösungsräumen<br>- Auswahl geeigneter Pilotbereiche zur Entwicklung, Einübung und Prüfung neuer Verhaltensweisen<br>- Beschleunigung des Verlernens: Belohnung neuen/Bestrafung alten Verhaltens etc. | - Symbolische Führung, Kommunikation der Neuerung in Wort und Tat: Fortschrittsberichte, 'Early Wins' etc.<br>- Schaffung von Freiräumen für dezentrale Gestaltung/Selbstorganisation<br>- Förderung des Führungsnachwuchses: individuelle Karrierepfade nach individuellen/organisationalen Notwendigkeiten/Wünschen |

**Mittel-Management/Ausführende Ebene**

| | | |
|---|---|---|
| - Offene Kommunikation der Signale/ Informationen zur Rekonstruktion der Handlungstheorien/Verhaltensweisen<br>- Partizipation an Rekonstruktionsprozessen<br>- Prüfung des Problemverständnisses an externalen/internalen Fakten in operativen Einheiten | - Gestaltung des Spannungsfeldes zw. visionären und operativen Zielen<br>- Partizipation an Entwicklung von Visionen/Handlungstheorien/Verhaltensweisen<br>- Prüfung des spezifischen Entwicklungspfades der Veränderungsvision<br>- Anpassung der Veränderungsmethodik und der neuen Verhaltensweisen an ihren Kontext<br>- 360°-Beeinflussung als 'Change Champion' und 'Role Model' | - Symbolische Führung, Modellwirkung in operativen Einheiten<br>- Dezentrale Gestaltung von organisationalen Kontexten/Wissen<br>- Nutzung/Weitergabe der Freiräume für Selbstorganisation und Lernen |

*Abbildung 3-23: Phasen der Veränderung und Aufgaben der Organisationsmitglieder*

Die organisationale Verhaltensänderung wird letztlich durch individuelle Verhaltensänderungen konstituiert, so daß eine möglichst große Anzahl von Organisationsmitgliedern quer durch die Hierarchie prinzipiell an allen Phasen der Veränderung teilnehmen sollte. Der Partizipationsgrad sollte allerdings gemäß Inhalt, Phase und Aktivität der Veränderung angepaßt werden. Rein planerische und konzeptionelle Tätigkeiten können in relativ kleinen interfunktionalen Teams durchgeführt werden, während die (Re)Konstruktion von Handlungstheorien oder Verhaltensweisen beispielsweise einer umfangreichen Partizipation in Form von Workshop-Serien kollektiven Techniken bedarf. In der Literatur wurde seit jeher auf die große Bedeutung des Top-Managements für den Erfolg von Veränderungsprozessen hingewiesen.[513] Erst in letzter Zeit - mit zunehmender Dezentralisierung von Verantwortung und Kompetenzen - wird der Rolle des mittleren und unteren Managements größere Beachtung geschenkt (vgl. Abbildung 3-23).[514]

---

[513] Vgl. z.B. Hout / Carter, Firmenchef, 1996.
[514] Vgl. z.B. Katzenbach, Real Change Leaders, 1996.

## Aufgaben des Top-Managements

Die engagierte Führung des 'Unfreezing', 'Moving' und 'Refreezing' durch das Top-Management gilt als eine wesentliche Determinante des erfolgreichen Wandels. Die Führung organisationaler Veränderung ist eine Gratwanderung zwischen der visionären Steuerung und der Gewährung von Freiräumen zur Selbstorganisation, zwischen der Sicherung von Disziplin und der Wahrung von Fairness.[515] Während des Veränderungsprozesses ist ein breites Spektrum an Führungsstilen erforderlich, um Wandel zu initiieren und zu institutionalisieren.

*Aufgaben des 'Unfreezing':* Die Initiative zu organisationaler Veränderung liegt oft in der obersten Führungsebene. Häufig erkennt ein neuer extern oder intern rekrutierter Manager, daß die bestehenden Orientierungsmuster für die externe und interne Problembewältigung versagen. Seine Aufgabe besteht nun darin, die externen und internen Probleme transparent zu machen, um so ein hohes Problembewußtsein in der Organisation zu erzielen. Dazu kann es sogar nützlich sein, die Krise bewußt zu konstruieren bzw. zu verstärken, indem beispielsweise auf bilanztechnisch mögliche Verlustabwendungen verzichtet wird oder externe Gutachten beauftragt werden, die die Problemsituation in aller Deutlichkeit veranschaulichen können.[516] Die Krisenbilder entfalten allerdings erst dann ihre Wirkung, wenn sie kollektiv geteilt werden. Der Initiator der Veränderung sollte also eine *mächtige Koalition* - zunächst nur einige Schlüsselfiguren und später fast alle Mitarbeiter der Organisation - bilden, in der die Einschätzungen über die Leistungslücken, über die Widersprüche zwischen dem formalen Organisationsmodell und dem realen Organisationsverhalten sowie über das Versagen bestehender Orienterungsmuster geteilt werden.[517] Die Führungskräfte sollten durch Offenheit, Dialogbereitschaft, Konsequenz und Fairness dazu beitragen, daß diese Koalition zu einer Plattform der Kommunikation und der Vertrauensbildung wird, in der Widerstände identifiziert und konsequent beseitigt werden können. Eine solche Koalition ist der Kern des reflexiven Meta-Systems zum Lernen und zur Veränderung. Das Top-Management sollte gewährleisten, daß die beteiligten Mitarbeiter über ausreichende Kapazität verfügen, vom operativen Geschäft nicht ständig gestört und abgelenkt werden und frei von hierarchischen, sachlichen und anderen Zwängen reflektieren können. Diese Bedingungen werden durch externe mehrtägig Workshops (*'Offsite Workshops'*) erfüllt, die eine Reflexion aus kritischer Distanz ermöglichen.

*Aufgaben des 'Moving':* In dieser Phase ist das Top-Management gefordert, den Prozeß von einer Krisen- und Problemstimmung falsifizierter Orientierungsmuster zu einer Aufbruchstimmung hinsichtlich einer inspirierenden Veränderungsvision und neuer Orientierungsmuster zu 'coachen'. Einerseits erfordert dies ein *kritisches, sokratisches Hinterfragen* der neuen Visionen und Handlungstheorien in Bezug auf ihr Anspruchsniveau und ihre Eignung; andererseits sind eigene Impulse notwendig, um die Vision in ihrer Bindungskraft zu schärfen und

---

[515] Vgl. Spector, Sequential Path, 1995, S. 387f.; Mastenbroek, Organizational Innovation, 1996, S. 12; Chakravarthy, Process of Transformation, 1996, S. 538.
[516] Vgl. Dixon et al., Reengineering, 1995, S. 108.
[517] Vgl. Kotter, Leading Change, 1995, S. 62.

als Orientierungsmuster zu verankern. In dieser Phase ist eine Hauptaufgabe in der Schaffung und Gewährung von Freiräumen zum Experimentieren mit innovativen Handlungstheorien und Verhaltensweisen zu sehen.[518] Dazu sollte das Top-Management den Lösungsraum ausweiten, indem alles Bestehende vor dem Hintergrund anspruchsvoller Zielsetzungen einer Rechtfertigung ausgesetzt wird oder indem auf unorthodoxe erfolgreiche Veränderungsvorhaben anderer Bereiche oder Unternehmen verwiesen wird. Eine weitere Aufgabe liegt in der Auswahl der Pilotbereiche. Diese sollten eine hohe Erfolgswahrscheinlichkeit aufweisen, ohne allerdings die Glaubwürdigkeit an die Übertragbarkeit auf die gesamte Organisation zu gefährden. Schließlich liegt eine wesentliche Aufgabe auch in der Beschleunigung der organisationalen Verlernprozesse, indem beispielsweise neue Verhaltensweisen belohnt und alte bestraft werden oder indem 'Verweigerer' in wichtigen Schlüsselpositionen ersetzt werden.[519]

*Aufgaben des 'Refreezing':* Die gestaltende Aufgabe des Top-Managements wird in dieser Phase durch eine kommunikative und unterstützende Aufgabenstellung ersetzt. Die kommunikativen Aufgaben liegen vor allem in der symbolischen Führung, in der Kommunikation der Neuerungen in Wort und Tat durch Fortschrittsberichte oder 'Early Wins'.[520] Die unterstützenden Aufgaben liegen in der Einräumung von Freiräumen für die Selbstorganisation und dezentrale Gestaltung bei der Anpassung der organisationalen Kontexte und des organisationalen Wissens. Der Führungsnachwuchs, der das Momentum der Veränderung aufrecht erhalten kann, sollte durch Maßnahmen der Personalentwicklung gezielt gefördert werden. Dazu sollten individuelle Karrierepfade entworfen werden, die die individuelle Wahl und die organisationale Planung sowie die Lernerfordernisse der Person und das Anforderungsprofil der Aufgaben zur Deckung bringen.

*Aufgaben des Mittel-Managements und der ausführenden Ebene*

Nach Katzenbach ist die kritische Ressource im Veränderungsprocess nicht das Top-Management, sondern das Mittel- und das 'Frontline'-Management, da diese Führungsebenen in Bezug auf die Verhaltens- und Leistungsbeeinflussung die größte Reichweite in der Organisation aufweisen.[521] Innerhalb des Veränderungsprozesses ist die Bedeutung des mittleren Managements und der ausführenden Ebene insbesondere in den Phasen des 'Moving' und des 'Refreezing' sehr hoch.

*Aufgaben des 'Unfreezing':* Als Mittler zwischen den Vorstellungen des Top-Managements von der Umwelt und der Organisation und der externen und internen Realität des operativen Geschäfts haben die mittleren und unteren Führungsebenen eine wichtige Aufgabe in den Diagnoseaktivitäten zu Beginn des Veränderungsprozesses. Sie verfügen über Signale und Informationen aus den Erfahrungen mit Wettbewerbern, Kunden und Lieferanten im Markt, die auf entstehende Leistungslücken und Widersprüche verweisen. Teilweise kennen sie sogar

---

[518] Vgl. Spector, Sequential Path, 1995, S. 387f..
[519] Vgl. z.B. Katzenbach, Real Change Leaders, 1996, S. 160f.
[520] Vgl. Kilmann, Holistic Program, 1995, S. 180.
[521] Vgl. Katzenbach, Real Change Leaders, 1996, S. 149.

die wesentlichen Leistungslücken und Widersprüche und wissen, daß die Orientierungsmuster für die interne und externe Problembewältigung versagen. Zu ihrem Aufgabenbereich gehört es folglich, die Signale und Informationen für die Rekonstruktion und Falsifikation der Handlungstheorien offen zu kommunizieren und das partizipativ erarbeitete Problemverständnis an den externen und internen Fakten ihres jeweiligen Bereiches zu prüfen.

*Aufgaben des 'Moving':* Die mittleren und unteren Führungsebenen müssen sich im Rahmen organisationaler Veränderung der Herausforderung stellen, die Spannung und den Übergang zwischen den langfristigen visionären Zielen und den kurzfristigen operativen Zielen zu gestalten.[522] Sie müssen deshalb sicherstellen, daß die Veränderungsvision einen Entwicklungspfad für ihr operatives Geschäft eröffnet, der die organisationalen Ziele und ihre individuellen Ziele besser verwirklicht. Überdies sind sie aufgefordert, die Entwicklung, Erprobung und Einübung neuer Verhaltensweisen in ihrem jeweiligen internen und externen Kontext durchzuführen. Dazu sollten sie die Methoden und Techniken der organisationalen Veränderung für ihre spezifischen Probleme anpassen. Innerhalb der Organisation können sie als *'Change Champions'* das Verhalten in einem 360°-Radius beeinflussen, indem sie als *'Role Model'* für Vorgesetzte, Kollegen und Untergebene auftreten.[523]

*Aufgaben des 'Refreezing':* Letztlich entscheidet das Verhalten der mittleren und unteren Management-Ebene, ob sich die neuen Orientierungsmuster und Verhaltensweisen in der Organisation konstituieren können. Ihre symbolische Führung und Modellwirkung in den operativen Einheiten beeinflußt die Nachhaltigkeit der Veränderung bei den Mitarbeitern der Produktion, Entwicklung oder anderen operativen Bereichen. Ihre dezentrale Gestaltung der organisationalen Kontexte und des organisationalen Wissens beeinflußt die Leistungssteigerung in ihren Einheiten. Eine wichtige Aufgabe ist dabei, die Freiräume zur situativen Anpassung der Organisationsstrukturen, Verfahrensregeln oder Anreizsysteme an die Aufgaben und Mitarbeiter ihrer Einheiten zu nutzen und an die eigenen Mitarbeiter weiter zu geben.

### 3.4.2.3.2 Aufgaben externer Berater

Neben den internen Trägern gibt es auch externe Träger des Veränderungsprozesses, die in unterschiedlichen Funktionen auf die Veränderung einwirken bzw. an ihr beteiligt sind. Dazu können Berater, Kapitalanteilseigner, Kunden, Lieferanten oder auch Wettbewerber gehören. Wir wollen uns auf die Rolle von Beratern konzentrieren, wie sie von Stabsmitarbeitern einer zentralen Unternehmensentwicklung oder -planung, von Unternehmensberatern oder auch zunehmend von Hochschulen und hochschulnahen Instituten ausgeübt wird.

Im Unterschied zu einer reinen Prozeß- oder Fachberatung[524] rekurriert der hier vorgestellte Ansatz auf eine ganzheitliche Beratung, die sich sowohl auf den Prozeß als auch auf die wesentlichen Inhalte der Veränderung bezieht.[525] Einerseits sollte ein Berater

---

[522] Vgl. Bartlett / Ghoshal, Beyond the M-Form, 1993, S. 38.
[523] Vgl. Katzenbach, Real Change Leaders, 1996, S. 151f..
[524] Vgl. zur Prozeß- vs. Fachberatung: Thom, Organisationsentwicklung, 1992, Sp. 1483; Schanz, Organisations-

... seinen Kunden zur Selbstdiagnose anregen ..., ihm Instrumente zur Problemerkennung und -lösung ... anbieten, effizienzhemmende Faktoren aufzeigen und Vorgehenspläne für die Prozeßabwicklung vorstellen.[526]

Andererseits sollte er inhaltliche und fachliche Perspektiven aufzeigen und Fachexperten gezielt einsetzen können. Ein solches Verständnis von Beratung trägt dem Umstand Rechnung, daß sich Inhalt und Prozeß bzw. Ziel und Weg der Veränderung in einem sich ohnehin verändernden selbstreflexiven System nicht sauber abgrenzen lassen. Nach diesem Begriffsverständnis sind inhaltliche Fragestellungen - z.b. die Auswahl des organisationalen Umweltausschnittes oder die anzustrebende organisationale Makrostruktur - ebenso Gegenstand der Beratung wie die Vorgehensweisen zur kollektiven (Re)Konstruktion neuer Handlungstheorien und Verhaltensweisen. Extrem fachspezifische Fragestellungen hingegen, z.b. im Zusammenhang mit Buchhaltungs- oder EDV-Systemen, fallen in den Bereich der Fachberatung, deren möglicher Einsatz im Laufe des Veränderungsprozesses zu spezifizieren ist.

Die Wirksamkeit des Einsatzes von Beratern in Veränderungsprozessen wird in der Literatur kontrovers diskutiert. Als problematisch wird insbesondere der Mangel an organisationaler Akzeptanz gesehen, der vor allem durch einen niedrigen Partizipationsgrad der betroffenen Organisationsmitglieder verursacht werden kann.[527] Desweiteren wird die pauschale Anwendung von vorgeprägten Lösungsmustern und -modellen kritisiert, die die Probleme einer multikausalen, iterariven und selbstreferentiellen Unternehmenswirklichkeit nur kurzfristig und symptomatisch lösen können.[528] Insgesamt resultiert aus diesen Nachteilen die Gefahr, daß die entwickelten Problemlösungen sich nicht durchsetzen lassen, so daß die erarbeiteten Konzepte eher die Aktenschränke füllen, als daß sie die Organisationen nachhaltig verändern.

Entgegen dieser Kritik belegen viele Befunde aus Theorie und Praxis, daß der Einsatz von Beratern die Erfolgswahrscheinlichkeit der organisationalen Veränderung durchaus erhöht. Nach der Untersuchung von Hadamitzky stützen erfolgreiche Unternehmen beispielsweise ihre Lernprozesse in der Logistik auf externe Berater.[529] Die Vorteile eines Beratereinsatzes in organisationalen Veränderungsprozessen liegen neben dem Einbringen von Fach- und Prozeßwissen vor allem in ihrer externen Herkunft. Als *Fachpromotoren* der Veränderung können sie Impulse für die Falsifikation alter und die Konstruktion neuer Handlungstheorien geben, indem sie alternative Modelle aufzeigen. Als *Prozeßpromotoren* bzw. '*Change Agents*' können sie helfen, das methodische, prozessuale Vorgehen zu steuern und verhaltenswissenschaftliche Probleme zwischen den Aktoren zu lösen.[530] Die Neutralität, Fremdheit und Unvereingenommenheit infolge der externen Herkunft erlaubt einen hohen Grad an Sachbezo-

---

gestaltung, 1994, S. 400f..

[525] Vgl. zu ganzheitlicher bzw. systemischer Beratung: Straub / Forchhammer, Berater, 1995, S. 11ff..

[526] Vgl. Thom, Organisationsentwicklung, 1992, Sp. 1483.

[527] Vgl. Baitsch, Organisationen, 1993, S. 187; Schanz, Organisationsgestaltung, 1994, S. 397.

[528] Vgl. Straub / Forchhammer, Berater, 1995, S. 10.

[529] Vgl. Hadamitzky, Restrukturierung, 1995, S. 181.

[530] Vgl. Bouhs, Reorganisation, 1987, S. 33; vgl. zu '*Change Agents*': Thom, Organisationsentwicklung, 1992, Sp. 1480f..

genheit und ein kritisches Hinterfragen bestehender Theorien und Verhaltensweisen auf der Basis 'objektiver' Fakten. Sie können durch ihre Interaktion mit der Organisation "... in Form von bewußtem und reflektiertem Wechsel zwischen Nähe und Distanz"[531] gleichzeitig analytische Tiefe und sachliche Neutralität gewähren. Unabhängig von den herrschenden Macht- und Organisationskonstellationen können sie Mißstände und Defizite aufdecken und alternative Lösungsmodelle vorschlagen.[532] Desweiteren genießen Veränderungsvorhaben, an denen Berater beteiligt sind, oft einen höheren Grad an Aufmerksamkeit und Interesse in der Organisation als rein interne Projekte, da einerseits das Vertrauen in einen erfolgreichen Abschluß größer ist, andererseits die mit einer externen Dienstleistung verbundene Investition höher ist. Schließlich steuern Berater einen Anteil der Personalkapazität für das organisationale Lernen bei, so daß Kapazitätsengpässe im operativen Geschäft mit geringerer Wahrscheinlichkeit auftreten.

| UNFREEZING | MOVING | REFREEZING |
|---|---|---|
| Wecken von Veränderungsbereitschaft und Förderung von Veränderungsfähigkeit | Veränderung der Determinanten der Leistung und Entwicklung neuer Verhaltensweisen | Breites 'Enactment' bzw. Stabilisierung des neuen Verhaltens |
| - Einleitung Diskurs bestehender Handlungstheorien durch Hinterfragen ('Dumme' Fragen)/Moderation<br>- Aufdeckung v. Ignoranz/Verleugnung v. Widersprüchen (Assimilationsproz.)<br>- Anleitung kollektiver Reflexion über vorgelegte Sachzwänge<br>- Einbringung von Informationen über alternative Orientierungsmuster (z.B. Leistungsniveaus von Wettbewerbern/ 'Break-Points' im Markt)<br>- Förderung von Experimenten/'Spielsituationen' zur Annahme innovativen Verhaltens (Pilotprojekte etc.)<br>- Einbringung des Prozeßwissens für Management von Veränderungen:<br>. Übergangsstruk./reflex. Meta-System<br>. Auswahl von 'Change Promotoren'<br>. Steuerung Phasen/Aktivitäten/Träger<br>. Einsatz von Techniken: Problemanalyse, Leistungs-/Organisationsdiagnosen, OE-Techniken etc.<br>- Aufbau v. Vertrauen/Zuversicht durch Fach-/Prozeßkompetenz und Verweis auf Anstrengungspotential | - Moderation der Entwicklung neuer Visionen/Handlungstheorien (Kreativitätstechniken)<br>- Demonstration alternativer Handlungstheorien (intern: Effizienz der organisationalen Kontexte und extern: Umweltbewährung)<br>- Aufzeigen alternativer Verhaltensweisen/technologischer Aussagen (Benchmarking/Zero-Base-Betrachtungen (z.B. Kernkosten-Analyse))<br>- Instrumentalisierung von Change Champions als 'Role Models'<br>- Weitere Förderung der Veränderungsfähigkeit und Aufrechterhaltung der Veränderungsbereitschaft durch ...<br>. Diagnose des Status' von Bereitschaft/Fähigkeit und von potentiellen Widerständen (Workshops, Focus Groups, Surveys, Konfrontationstreffen etc.)<br>. Einleitung von zielgruppenspezifischen Maßnahmen zum Abbau der Barrieren | - Aufzeigen alternativer Verfahrensarten zur Ausweitung und Institutionalisierung der Veränderung/des neuen Verhaltens<br>- Weitere Förderung der Veränderungsfähigkeit und Aufrechterhaltung der Veränderungsbereitschaft durch ...<br>. Diagnose des Status' von Bereitschaft/Fähigkeit und von potentiellen Widerständen (Workshops, Focus Groups, Surveys, Konfrontationstreffen.)<br>. Einleitung von zielgruppenspezifischen Maßnahmen zum Abbau der Barrieren<br>- Erfolgskontrolle ('Performance Gaps') und Nachjustieren des Veränderungsprogramms bei Bedarf |

*Abbildung 3-24: Phasen der Veränderung und Aufgaben externer Berater*

Die Beziehungen zwischen der Organisation und ihren Beratern werden durch Rollentheorien über die Beziehungen zwischen Klientensystem und Beratern[533] und durch Beratungsmodelle[534] beschrieben. Das hier vorgestellte 'Beratungsmodell' orientiert sich an dem Phasenmodell des 'Unfreezing, Moving und Refreezing'. Die Hauptaufgabe der Berater kann dement-

---

[531] Baitsch, Organisationen, 1993, S. 188, vgl. insbesondere auch die Beispiele S. 145ff. und 164ff..
[532] Vgl. Kotter, Leading Change, 1995, S. 60.
[533] Vgl. Thom, Organisationsentwicklung, 1992, Sp. 1477ff..
[534] Vgl. Schanz, Organisationsgestaltung, 1994, S. 397.

sprechend in der Hilfe zur Verwirklichung der aufgeführten Wirkprinzipien des Veränderungsprozesses gesehen werden (vgl. Abbildung 3-24).

*Aufgaben des 'Unfreezing':* Den Beratern kommt insbesondere beim Wecken von Veränderungsbereitschaft und bei der Förderung der Veränderungsfähigkeit eine bedeutende Rolle zu. Bestehende Handlungstheorien besitzen durch ihre faktische Manifestation in den 'gelebten' Verhaltens- und Wahrnehmungsmustern und in den formal gestalteten Objekten der organisationalen Kontexte erhebliche Trägheitstendenzen. Mit Hilfe der moderierenden Anleitung durch den Berater können solche Trägheitstendenzen überwunden werden.[535] Er kann eine Diskussion über bestehende Handlungstheorien einleiten, so daß das Ignorieren oder Verleugnung von Widersprüchen in Form von Assimilationsprozessen aufgedeckt wird und vorgebliche Sachzwänge, die sich in den organisationalen Kontexten manifestieren, kritisch hinterfragt werden.[536] Dabei besteht die Aufgabe des Beraters nicht in der Aufstellung von 'schlüsselfertigen' Handlungstheorien, sondern vielmehr in der moderierenden Anleitung zur kollektiven Selbstreflexion der Organisation über ihre Wahrnehmungs- und Verhaltensmuster, und zwar auf allen Ebenen der Organisation. Um diesen Prozeß in Gang zu setzen, ist es nützlich, wenn durch den Berater auf alternative Wahrnehmungs- und Verhaltensmuster zur internen und externen Problembewältigung hingewiesen wird. Diese alternativen Sichtweisen können sowohl internalen Ursprungs sein - wie z.B. unterschiedliche Wirklichkeitsinterpretationen der führenden und der ausführenden Ebene - als auch externalen Ursprungs - wie z.B. unterschiedliche Verhaltensmuster zur Umweltbewältigung von konkurrierenden Unternehmen. Informationen über das *Leistungsniveau von Wettbewerbern* oder über das *Leistungsniveau von 'Break Points'* im Markt bzw. im Kundennutzen können dazu beitragen, Leistungslücken aufzudecken, die zwischen der tatsächlichen Leistung der Organisation und der selbst wahrgenommenen bzw. der angestrebten Leistung bestehen.

Durch die Einrichtung einer 'Spielsituation' im Veränderungsprozeß kann der Berater gewährleisten, daß das Experimentieren und damit die Entwicklung und Annahme innovativer Verhaltensweisen gefördert wird. Dazu kann er Vorschläge und Hinweise zu der Einrichtung von *Pilotprojekten, Modellversuchen* und anderen *Experimentiermodi* machen. Bei der Einleitung und Durchführung der kollektiven reflexiven Prozesse kann die Organisation das Prozeßwissen des Beraters nutzen, das aus Theorie und Praxis erworben und zu spezifischen Konzepten und Techniken verdichtet wurde. Dazu gehören die Gestaltung von Managementsystemen und -strukturen für das *meta-reflexive System* der Veränderung,[537] die Auswahl geeigneter, d.h. veränderungsfähiger und -bereiter *'Change Champions'*, die Steuerung der einzelnen Phasen und Aktivitäten des Veränderungsprozesses und der Einsatz von Techniken zur Problemdefinition, zur Diagnose von Leistungslücken und zur kollektiven (Re-)Konstruktion von Handlungstheorien und Verhaltensweisen. Schließlich kann seine Fach- bzw. Prozeß-

---

[535] Vgl. Baitsch, Organisationen, 1993, S. 144; vgl. Straub / Forchhammer, Berater, 1995, S. 11f..
[536] Vgl. Baitsch, Organisationen, 1993, S. 144f. und 187.
[537] Vgl. Beckhard / Harris, Organizational Transitions, 1987, S. 75ff..

kompetenz dazu beitragen, daß Zuversicht und Vertrauen in das Erreichen des Veränderungsziels aufgebaut und Widerstände gegen das Veränderungsvorhaben abgebaut werden.

*Aufgaben des 'Moving':* Nach der kollektiven Falsifikation bestehender Handlungstheorien verlagert sich der Aufgabenschwerpunkt des Beraters auf die Moderation der Entwicklung der Veränderungsvision und der kollektiven Konstruktion neuer bzw. veränderter Orientierungsmuster. In dieser Phase sollte der Berater das Suchen bzw. Finden kreativer Lösungen, grundlegend neuer Ideen und innovativer Verhaltensweisen anleiten, indem er die notwendigen kreativ-schöpferischen Prozesse - z.B. durch den Einsatz von *Kreativitätstechniken* - unterstützt. Zusätzlich kann er durch die Demonstration alternativer Handlungstheorien, die sich bezüglich der internen und externen Problembewältigung besser bewähren, einen Alternativenspielraum für zukünftige Verhaltensweisen eröffnen. Er kann so die Konstruktion neuer Theorien und Verhaltensweisen anleiten, indem er durch den Vergleich mit realen Wettbewerbern ('Benchmarking') oder einem idealen Zustand ('Zero-Base-Betrachtung') Verhaltensweisen aufzeigt, die zu einer höheren Leistung führen können. Dabei sollte die Fähigkeit der Organisation zur Selbstorganisation und zum organisationalen Lernen von den Beratern gefördert werden, indem individuelle und kollektive Spielräume geschaffen werden, in denen sich die Veränderung selbstreferentiell vollziehen kann. Bereits in dieser Phase sollte so der rigiden Gestaltung organisationaler Strukturen vorgebeugt werden.

Neben diesen eher inhaltlich orientierten Aufgaben besteht die prozeßorientierte Aufgabenstellung in der weiteren Förderung und Sicherstellung der Veränderungsfähigkeit und -bereitschaft. Zur Diagnose der Veränderungsfähigkeit und -bereitschaft bieten sich Fokusgruppen, Workshops, Surveys oder andere Techniken an, mit denen z.B. das Ausmaß des Problembewußtseins in der derzeitigen Situation, die Akzeptanz der Veränderungsrichtung oder spezifische Widerstände ermittelt werden können. Auf diese Art und Weise lassen sich zielgruppenspezifische Maßnahmen zur Förderung der Veränderungsfähigkeit und -bereitschaft und zum Abbau von Widerständen einleiten.

*Aufgaben des 'Refreezing':* Nach der Veränderung der Determinanten der Leistung und der Entwicklung neuer Verhaltensweisen liegt es nun im Aufgabenbereich des Beraters, das breite 'Enactment' und die Stabilisierung des neuen Verhaltens anzuleiten. In dieser Phase ist das Prozeß-Wissen gefragt, wie die eingeleitete Veränderung auf die gesamte Organisation ausgeweitet werden kann. In diesem Zusammenhang stellt sich insbesondere die Frage, in welchem Umfang und auf welche Art die Verhaltensänderungen institutionalisiert werden können. Desweiteren gilt es, die Veränderungsbereitschaft und -fähigkeit durch gezielte Maßnahmen aufrechtzuerhalten. Schließlich setzt eine Erfolgskontrolle ein, die dem 'Nachjustieren' des Veränderungsprogramms dient.

Zur Erfüllung seiner Aufgaben kann der Berater auf eine Vielzahl von Techniken der Situationsdiagnose, Problemdefinition und Problemlösung, der Leistungs- und Organisationsdiagnose, der Organisationsentwicklung und anderer Disziplinen zurückgreifen. Zu nennen wären

ren beispielsweise *Prognoseverfahren*,[538] *Problemstrukturierungstechniken,*[539] *Kreativitätstechniken*[540] und *Bewertungsverfahren, die der* Analyse der Situation, der Definition und Strukturierung der Probleme sowie der Generierung, Bewertung und Auswahl von alternativen Lösungsideen dienen. Die Techniken des *Benchmarkings* und der *Zero-Base-Betrachtung* (z.B. Kernkosten-/Kernzeitanalysen) können zur Diagnose von Leistungslücken und zur Generierung von alternativen Lösungen eingesetzt werden. *Strukturanalysen* wie z.B. *Ablaufdiagramme* werden eingesetzt, um die Effizienz der organisationalen Prozesse zu prüfen und zu verbessern. Die prozeßorientierten Techniken der Organisationsentwicklung wie *Konfrontationstreffen, Survey-Guided-Feedback, Moderationstechniken* oder *themenzentrierte Interaktion* lassen sich sinnvoll zur (Re-)Konstruktion von Orientierungsmustern und Verhaltensweisen einsetzen.[541] Im Einzelfall können neben den personalen Ansätzen der Organisationsentwicklung auch therapeutische Methoden wie das *Neuro-Linguistic Programming* oder die *systemische Familientherapie* ihre Anwendung finden, um personale Probleme im Veränderungsprozeß zu lösen.[542]

### 3.4.3 Modellskizze zur Gestaltung organisationaler Veränderung

Die Skizze des Modells für die Gestaltung organisationaler Veränderung ergibt sich aus der Verschachtelung des Modells zur Erklärung bzw. Gestaltung des leistungsorientierten organisationalen Verhaltens und des Modells zur Erklärung bzw. Gestaltung der Veränderung desselben (vgl. Abbildung 3-25).

Die *Modellskizze des leistungsorientierten Verhaltens* erklärt das organisationale Verhalten und die resultierende Leistung der Ausgangssituation und der Zielsituation. Die unterschiedlichen singulären Anfangsbedingungen (die Ausprägungen der Leistungsdeterminanten) führen über die gleichen allgemeinen Sätze (die individual- und die organisationstheoretischen Aussagen bzw. Gesetzmäßigkeiten) zu unterschiedlichen Explikandi (den organisationalen Leistungen).

Aus der *Modellskizze zur Gestaltung organisationaler Veränderung* sollen Informationen über die zu wählenden Veränderungsstrategien abgeleitet werden. In der technologischen Verwendung des Modells werden dabei die singuläre Anfangsbedingung (die Ausgangssituation) und das Explikandum (die Zielsituation) als gegeben betrachtet, auch wenn sie im Rahmen der Veränderung in der Regel erst bestimmt werden müssen. In Abhängigkeit von der bestehenden Ausgangs- und der angestrebten Zielsituation sollen also Gestaltungsinformationen über die Inhalts- und Prozeßelemente der Veränderungsstrategie abgeleitet werden. Dazu sollen nachfolgend generische Veränderungsstrategien konzipiert werden, die als 'typische'

---

[538] Vgl. z.B. Harting, Führen, 1992.
[539] Vgl. z.B. Pfohl, Problemorientierte Entscheidungsfindung, 1977.
[540] Vgl. Geschka, Creativity Techniques, 1983; Geschka / Yildiz, Probleme, 1990.
[541] Vgl. Straub / Forchhammer, Berater, 1995, S. 15ff..
[542] Vgl. ebda., a.a.O..

Kombinationen von Inhalts- und Prozeßelementen betrachtet werden können. Anschließend wird die situative Auswahl und Anpassung der Veränderungsstrategien diskutiert. Dabei werden als Kriterien die Differenz von Ziel- und Ausgangssituation und die in der Organisation vorhandenen Veränderungstendenzen herangezogen. Die Gestaltung der organisationalen Veränderung hängt also nicht nur von der Differenz zwischen Ausgangs- und Zielleistung bzw. -verhalten[543] ab, sondern auch von den akzelerierenden und retardierenden Kräften der Veränderung[544] bzw. von den mobilisierbaren Energien für und den auftretenden Widerständen gegen die Veränderung.[545]

Die aus der Modellskizze abgeleiteten Gestaltungsinformationen dürfen hinsichtlich ihres normativen Charakters nicht überbewertet werden. Die Modellskizze basiert zwar auf theoretischen Aussagen der Psychologie und anderer Wissenschaften, bedarf allerdings selbst einer empirischen Prüfung. Insgesamt lassen sich beim gegenwärtigen Kenntnisstand die Erfolgswirkungen organisationaler Maßnahmen nicht exakt und allgemeingültig, sondern nur tendenziell und im Einzelfall voraussagen.[546]

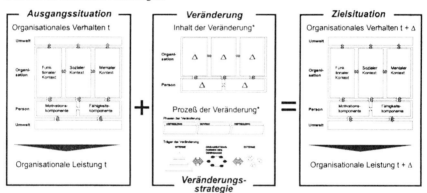

*Abbildung 3-25: Modellskizze: Gestaltung organisationaler Veränderung*

---

[543] Vgl. Muzyka et al., Transformation, 1995, S. 348.
[544] Vgl. Staehle, Organisationsentwicklung, 1992, Sp. 1482.
[545] Vgl. Dickhout et al., Designing Change Programs, 1995, S. 104.
[546] Vgl. Frese / Werder, Organisation, 1994, S. 24.

### 3.4.3.1 Strategien der Veränderung

#### 3.4.3.1.1 Generische Veränderungsstrategien: wesentliche Unterschiede und Gemeinsamkeiten

Als Strategien der Veränderung sollen Kombinationen von Inhalts- und Prozeßelementen und den damit verknüpften Techniken betrachtet werden, die in Abhängigkeit von spezifischen Bedingungskonstellationen die organisationale Leistung nachhaltig steigern können. Zum Management organisationaler Veränderung ist eine Vielzahl von generischen Veränderungsstrategien entworfen worden. Die Klassifikationen reichen von zwei[547] bis hin zu sechs[548] und mehr verschiedenen Strategietypen. Einige Klassifikationen sind als sequentieller Entwicklungspfad in Richtung eines *'Corporate Nirvana'* zu verstehen;[549] andere Klassikationen hingegen gehen von einer prinzipiellen Wahlmöglichkeit - allerdings im situativen Rahmen - aus.[550]

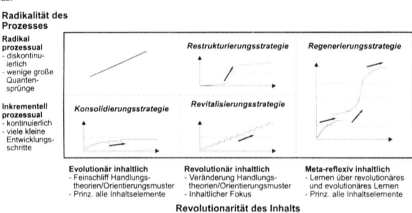

*Abbildung 3-26: Klassifizierung generischer Veränderungsstrategien*

Aus der Kombination der Inhalts- und Prozeßelemente im situativen Kontext kristallisieren sich vier grundlegende generische Veränderungsstrategien heraus. In Anlehnung an verwandte Konzepte vor allem aus der anglo-amerikanischen Forschungsliteratur sollen diese Strategien als *Konsolidierungs-, Restrukturierungs-, Revitalisierungs-* und *Regenerierungsstrategien* be-

---

[547] Nach der Literatureinschätzung von Mintzberg / Westley sind dies: *Turn-Around-* und *Revitalization-*Strategien: Mintzberg / Westley, Cycles, 1992, S. 47.; vgl. die Gegenüberstellung von *Umbruchsmodell* nach Miller / Friesen und *Evolutionsmodell* nach Quinn und Pettigrew in: Krüger, Organisationsstrategien, 1994, S. 202.

[548] Vgl. z.B. die Strategien: *Evolutionary/institution building, Jolt and refocus, Follow the leader, Multifront direct, Systematic redesign, Unit-level mobilizing*: Dickhout et al., Designing Change Programs, 1995, S. 102.

[549] Vgl. die Kritik in: Chakravarthy, Process of Transformation, 1996, S. 529ff.

[550] Vgl. z.B. Strebel, Right Change Path, 1994, S. 31ff..

zeichnet werden. Zur begrifflichen Abgrenzung dieser Strategien läßt sich ein Klassifizierungsschema mit den Dimensionen *inhaltliche Revolutionarität (inhaltliche Tiefe)* und *prozessuale Radikalität (zeitliche Kontinuität)* verwenden (vgl. Abbildung 3-26).

Die *Konsolidierungsstrategie*[551] bezeichnet eine kontinuierliche, inkrementelle Verbesserung der Leistungsdeterminanten der Organisation. Die Prozesse des Lernens und der Selbstorganisation finden auf einem niedrigen Niveau statt, d.h. die organisationalen und personalen Leistungsdeterminanten werden verbessert, ohne allerdings die dominierenden Handlungstheorien und Verhaltensweisen zu hinterfragen und zu verändern.[552] Die Interventionen haben keinen spezifischen inhaltlichen Fokus, sondern sie bezwecken, in allen Inhaltselementen ein evolutionäres Lernen zu erzielen. Zu den Konsolidierungsstrategien gehören beispielsweise die Veränderungsprogramme der *kontinuierlichen Verbesserung (KVP)*, des *Kaizen* und des *Total Quality Management (TQM)*, bei denen das inhaltliche Veränderungsniveau der organisationalen und personalen Leistungsdeterminanten allenfalls als evolutionäre Verbesserung bezeichnet werden kann.

Die *Restrukturierungsstrategie*[553] bezweckt, die dominierenden Handlungstheorien und Verhaltensweisen grundlegend zu verändern, und zwar diskontinuierlich über wenige große Quantensprünge.[554] In der Regel soll über einen abrupten Strukturbruch - vor allem im funktionalen Kontext der Organisation - die organisationale Veränderung eingeleitet werden. Die Interventionen konzentrieren sich also im wesentlichen auf die Gestaltungselemente des funktionalen Kontextes. Diesem Strategietyp können beispielsweise die *Reorientierung (strategische Neuausrichtung)*, das *Turn-Around-Management* und das *Business Process Reengineering* zugeordnet werden.

Die *Revitalisierungsstrategie*[555] bezweckt ebenfalls, die dominierenden Handlungstheorien und Verhaltensweisen grundlegend zu verändern, allerdings nicht diskontinuierlich durch wenige große Quantensprünge, sondern kontinuierlich durch viele kleine Entwicklungsschritte.[556] Die Interventionen konzentrieren sich auf die personale Ebene und auf den sozialen und mentalen Kontext. Zu den Revitalisierungsstrategien gehören beispielsweise Ansätze des *Business Modell Reframing* bzw. der *Remodellierung*, aber auch *Kaizen-* und *TQM-Programme*,

---

[551] Vgl. *Gradual process improvement*: Kilmann, Holistic Program, 1995, S. 178.

[552] Die *Konsolidierungsstrategie* entspricht dem *Evolutionsmodell* nach Quinn / Pettigrew auf einem niedrigen inhaltlichen Veränderungsniveau: Quinn, Strategies for Change, 1980; Pettigrew, Awakening Giant, 1985.

[553] Vgl. *Turn-around*: Mintzberg / Westley, Cycles, 1992, S. 47; *Restrukturierung* und *Reorientierung*: Krüger, Organisationsstrategien, 1994, S.199; *Radical process improvement*: Kilmann, Holistic Program, 1995, S. 178; *Reengineering* und *Restructuring*: Muzyka et al., Transformation, 1995, S. 349; *Restructuring*: Chakravarthy, Process of Transformation, 1996, S. 529ff..

[554] Die *Restrukturierungsstrategie* entspricht dem *Umbruchsmodell* nach: Miller / Friesen, Organizations, 1984.

[555] Vgl. *Revitalization*: Mintzberg / Westley, Cycles, 1992, S. 47; *Revitalisierung* und *Remodellierung*: Krüger, Organisationsstrategien, 1994, S.199; *Renewing*: Muzyka et al., Transformation, 1995, S. 349; *Revitalization*: Chakravarthy, Process of Transformation, 1996, S. 529ff..

[556] Die *Revitalisierungsstrategie* entspricht dem *Evolutionsmodell* nach Quinn oder Pettigrew, allerdings auf einem hohen inhaltlichen Veränderungsniveau: Quinn, Strategies for Change, 1980; Pettigrew, Awakening Giant, 1985.

die ein Niveau der organisationalen Leistung jenseits kontinuierlicher Verbesserung erreichen können. Schließlich lassen sich im weiteren Sinne auch die Ansätze des *Liberation Management* von Tom Peters[557] oder des *Human Potential Development* von Stephen Covey[558] zu den Revitalisierungsstrategien zählen.

Die *Regenerierungsstrategie*[559] schließlich bezeichnet eine kontinuierliche, gleichzeitig inkrementelle und radikale Veränderung der Leistungsdeterminanten der Organisation. Die Prozesse des Lernens und der Selbstorganisation finden auf einem meta-reflexiven und reflexiven Niveau statt, d.h. sowohl die reflexiven Prozesse selbst als auch die dominierenden Handlungstheorien und Verhaltensweisen werden kontinuierlich hinterfragt und in relativ kurzen Intervallen verbessert. Die Interventionen sind nicht inhaltlich fokussiert, sondern konzentrieren sich darauf, den Rahmen für organisationales Lernen zu schaffen und kontinuierlich zu verbessern. Im weiteren Sinne gehört das Konzept der *Fifth Disciplin* nach Peter Senge in den Bereich der Regenerierungsstrategien.[560]

Die generischen Veränderungsstrategien sollen als situativ zu differenzierende Konstellationen der Gestaltungselemente innerhalb des bereits abgeleiteten gemeinsamen theoretischen und konzeptionellen Rahmens verstanden werden. Es gibt also gewisse Gestaltungsprinzipien, die als *sine qua non* allen Strategien gemeinsam sind (vgl. Tabelle 3-14).

| |
|---|
| Verhaltensorientierung aus individueller und organisationaler Perspektive |
| Tiefenorientierung in Bezug auf Handlungstheorien und Orientierungsmuster |
| Ganzheitlichkeit in Bezug auf Inhalte, Phasen und Träger der Veränderung |
| Partizipation der betroffenen Organisationsmitglieder |
| Orientierung an politischen Dimensionen und Veränderungskräften/-widerständen |
| Langzeitorientierung, Offenheit und Institutionalisierung |
| Lernorientierung (evolutionär, revolutionär oder Lernen des Lernens) |

*Tabelle 3-14: Gemeinsame Gestaltungsprinzipien der generischen Veränderungsstrategien*[561]

Dazu gehören die Prinzipien der Verhaltensorientierung, der Tiefenorientierung und der Ganzheitlichkeit in Bezug auf die Inhalte, Phasen und Träger der Veränderung. Die Veränderung der organisationalen Leistung verlangt nach einer Veränderung des individuellen Verhaltens der Organisationsmitglieder. Dies erfordert zumeist, daß die tief verankerten Handlungstheorien und Orientierungsmuster verändert werden und daß das breite Spektrum an Ge-

---

[557] Vgl. Peters, Liberation Management, 1993.
[558] Vgl. Covey, Seven Habits, 1994.
[559] Vgl. *Enclaving*, *Cloning* und *Uprooting*: Mintzberg / Westley, Cycles, 1992, S. 51ff.; *Learning process improvement:* Kilmann, Holistic Program, 1995, S. 178; *Regenerating:* Muzyka et al. Transformation, 1995, S. 350; *Renewal:* Chakravarthy, Process of Transformation, 1996, S. 529ff..
[560] Vgl. Senge, Fifth Disciplin, 1990.
[561] Vgl. Vgl. die Kriterien für die Qualität eines geplanten Wandels nach: Kirsch et al.: Langzeitorientierung, Lernorientierung, Partizipation, politischer Charakter, Verhaltensorientierung, Tiefendimension; in: Gebert, Organisationsentwicklung, 1992, Sp. 3008ff..

staltungselementen ganzheitlich genutzt wird. Es sollte also prinzipiell an allen Inhaltselementen angesetzt werden, es sollten alle Phasen durchlaufen werden und alle Träger beteiligt und eingebunden werden.[562] Die variablen Gestaltungsmöglichkeiten der Veränderungsstrategien bezieht sich folglich auf Reihenfolge, Fokus und Intensität der Inhalts- und Prozeßelemente. Die Partizipation der betroffenen Organisationsmitglieder ist ebenfalls unerläßlich für die Akzeptanzsicherung der Veränderung. Freilich differiert der Partizipationsgrad in Abhängigkeit der gewählten Veränderungsstrategie. Gemeinsam ist den Veränderungsstrategien auch die Orientierung an den politischen Strukturen der Organisation und die Berücksichtigung von Kräften für und Widerständen gegen die Veränderung. Ein weiteres gemeinsames Gestaltungsprinzip ist die Langzeitorientierung, die Offenheit und die Institutionalisierung des Veränderungsprozesses. Schließlich zeichnen sich die Veränderungsstrategien durch eine Lernorientierung aus, die sich allerdings auf einer Intensitätskala zwischen dem evolutionären Lernen als niedrigster Stufe und dem Lernen des Lernens als höchster Stufe bewegt.

### 3.4.3.1.2 Inhaltliche Differenzierung der generischen Veränderungsstrategien

Die generischen Veränderungsstrategien differieren in Bezug auf die Intensität und Reihenfolge der inhaltlichen Gestaltungselemente. Das Postulat der Ganzheitlichkeit in Bezug auf den Inhalt führt zu einem Zwiespalt in der Gestaltung organisationaler Veränderung:

> The perennial paradox [of] all whole system makers [is]: where do you start? Everything requires everything else to stay up, yet you can't levitate the whole thing at once. Some things have to happen first. And in correct order.[563]

Die Komplexität organisationaler Veränderung erfordert, daß die Inhalte in einer spezifischen Reihenfolge und Intensität angegangen werden, allerdings mit der notwendigen Offenheit und Flexibilität zur Anpassung während des Prozesses. Neben der Intensität und der Reihenfolge differenzieren sich die Strategien auch in Bezug auf die Niveaus der Selbstreflexion und des organisationalen Lernens (vgl. Abbildung 3-27).

*Intensität und Reihenfolge der Inhalte*

*Konsolidierungsstrategie:* Mit der Konsolidierungsstrategie ist prinzipiell weder ein bestimmter inhaltlicher Fokus noch eine bestimmte Reihenfolge verknüpft. Die angestrebte kontinuierliche Verbesserung kann sich sowohl auf den funktionalen, sozialen und mentalen Kontext der organisationalen Ebene als auch auf die Motivations- und Fähigkeitskomponente der personalen Ebene beziehen. Gegenstand der Veränderung können also die Kernprozesse, das Interaktionsniveau oder die Führungstile der organisationalen Ebene und die sozialen oder mentalen Fähigkeiten der personalen Ebene sein. Als programmatische Ansätze kommen folglich Programme der kontinuierlichen Prozeßverbesserung wie *KVP* oder *Kaizen*, der Organisations- und Teamentwicklung und des individuellen Trainings in Frage.

---

[562] Vgl. Mintzberg / Westley, Cycles, 1992, S. 43.
[563] Vgl. Kelly, Out of Control, 1992, S. 65.

218    Skizze eines Modells zur Gestaltung von ganzheitlicher organisationaler Veränderung

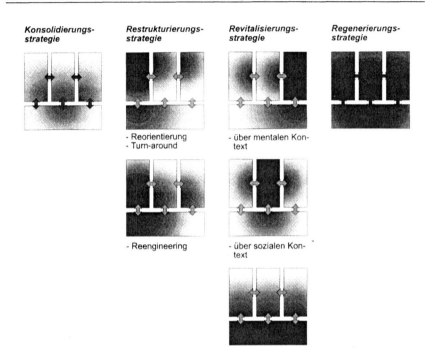

*Abbildung 3-27: Inhaltliche Differenzierung der generischen Veränderungsstrategien*

*Restrukturierungsstrategie:* Die Restrukturierungsstrategie bezweckt, über einen Strukturbruch im funktionalen Kontext einen nachhaltigen Wandel in der Organisation einzuleiten. Dabei kann dieser Umbruch sowohl auf einer strategischen als auch auf einer operativen Ebene erfolgen.[564]

Der 'strategische' Ansatz der Restrukturierung bezweckt, über einen Wandel des funktionalen Leitbilds sowie über eine Restrukturierung des Aufgaben- und Fähigkeitsportfolios und der Makrostrukturen der Organisation vor allem die Ressourcenallokation und damit die finanzielle Leistungsfähigkeit nachhaltig zu steigern.[565] Dazu werden tiefgreifende strukturelle Maßnahmen (*Restrukturierung i.e.S.*) eingesetzt - beispielsweise die Dezentralisierung von Verantwortung und Kompetenzen in kleine autonome Einheiten ('Profit-Center'), die Einführung flacher Hierarchien, die Reduzierung der vertikalen Leistungstiefe ('Outsourcing') und die Rationalisierung der Geschäftseinheiten in Bezug auf Personal und Kapital.[566] Zu diesen

---

[564] Vgl. Mintzberg / Westley, Cycles, 1992, S. 47.
[565] Vgl. Muzyka et al., Transformation, 1995, S. 349.
[566] Vgl. Krüger, Organisationsstrategien, 1994, S. 199; Muzyka et al., Transformation, 1995, S. 349.

Maßnahmen gehören auch die *finanzielle Restrukturierung* der Eigentumsverhältnisse oder der Kapitalstruktur mit Hilfe der Finanzmärkte sowie akute finanzwirtschaftliche Maßnahmen zur Existenzsicherung wie etwa die Beseitigung entstandener Kapitalverluste, die Wiederherstellung der Liquidität, der Abbau der Verschuldung und die Bereitstellung des für leistungswirtschaftliche Restrukturierungsmaßnahmen notwendigen Kapitals.[567]

Die Spannweite der 'strategischen' Restrukturierungsstrategien reicht von *Turn-Around-Strategien* zur Existenzsicherung bis hin zu *Reorientierungsstrategien* zum Aufbau neuer Leistungspotentiale. Die Turn-Around-Strategie nutzt radikale Maßnahmen der Desinvestition, Rationalisierung und finanziellen Restrukturierung, um kurzfristig minimale Liquiditäts- und Profitabilitätsziele zu erreichen. Die Reorientierungsstrategie zielt über die strategische Neuausrichtung des Unternehmens auf mittel- bis langfristige Erfolgssicherung - beispielsweise durch eine Konzentration auf Kerngeschäfte, durch eine Repositionierung im Markt bzw. durch die Bereinigung der Geschäfts-/Produktportfolios oder durch das Eingehen von Allianzen und Partnerschaften.[568]

Der 'operative' Ansatz der Restrukturierung bezweckt, über einen Wandel der Ablauf- und Aufbaustruktur, der Steuerungs- und Entscheidungssysteme und der individuellen Arbeitsaufgaben die organisationale Leistung nachhaltig zu verbessern. An diesen inhaltlichen Elementen setzt beispielsweise die prozeßorientierte Organisationsgestaltung des *Business Process Reengineering* an.[569] Im Mittelpunkt dieses Ansatzes steht die Gestaltung von markt- und kundenorientierten Kernprozessen und die Restrukturierung der Organisation entlang dieser Wertschöpfungsprozesse. Der Gestaltung der Ablaufstruktur folgt die Anpassung der Aufbaustruktur (*'structure follows process'*).[570] Zu den eigentlichen organisationalen Gestaltungsinhalten bzw. -lösungen des *Business Process Reengineering* zählen beispielsweise die Bildung abgegrenzter organisatorischer Einheiten, die betonte Delegation, die Abflachung von Hierarchien, die Prozeßoptimierung i.e.S. und die Lösung von Abstimmungsproblemen durch Schnittstellenmanagement.[571] Ein Schlüsselelement der Veränderung sind dabei die Informations- und Kommunikationsprozesse. Moderne Informations- und Kommunikationstechnologien werden als ein *'Key Enabler'* der durch Reengineering erschließbaren Effizienpotentiale betrachtet.[572] Ausgehend von der Veränderung in den funktionalen Kernelementen sollten allerdings auch die Gestaltungselemente der Person - z.B. prozeßorientierte Zielsetzung-Rückmeldungs- und Anreizsysteme sowie Fähigkeitsprofile - und die Gestaltungselemente des

---

[567] Vgl. Klein / Paarsch, Aufbau eines Restrukturierungskonzepts, 1994, S. 186.
[568] Vgl. dazu die Wandlungsform der Reorientierung: Krüger, Organisationsstrategien, 1994, S. 199.
[569] Vgl. Hammer / Champy, Reengineering, 1993; Davenport, Process Innovation, 1993.
[570] Vgl. Osterloh / Frost, Business Reengineering, 1994, S. 27; Gaitanides, Business Reengineering, 1995, S. 74; Wirtz, Business Process Reengineering, 1996, S. 1024.
[571] Vgl. Theuvsen, Business Reengineering, 1996, S. 67; vgl. die Parallelität zu anderen aktuellen Reorganisationstendenzen wie z.B. Lean Management: Theuvsen, Business Reengineering, 1996, S. 72.
[572] Vgl. Teng et al., Business Process Reengineering, 1994, S. 9ff.; Brecht et al., Business Engineering, 1995, S. 119f.; Theuvsen, Business Reengineering, 1996, S. 67; dagegen die Relativierung der Bedeutung in: Dixon et al., Reengineering, 1995, S. 112.

sozialen und mentalen Kontextes - z.B. Etablierung neuer Führungskonzepte und Verbreitung neuer Werte - angepaßt werden, damit die Veränderung insgesamt eine ausreichende Tiefe erreicht.[573] Der Fokus des Business Process Reengineering auf funktionale und formale Gestaltungselemente sollte also erweitert werden, so daß durch einen Ansatz an der personalen Ebene und an den sozialen und mentalen Kontexten der organisationalen Ebene eine nachhaltige Verhaltensänderung und Leistungssteigerung erzielt werden kann.[574]

*Revitalisierungsstrategie:* Die Revitalisierungsstrategie treibt den organisationalen Wandel über Interventionen in der personalen Ebene und im sozialen und mentalen Kontext der organisationalen Ebene voran.[575] Dabei kann der Impuls prinzipiell von jeder dieser drei Gestaltungsebenen ausgehen. Die Revitalisierungsstrategien mit personalem Fokus bezwecken, die Motivations- und Fähigkeitskomponente individuell zu entwickeln und mit den organisationalen Zielen und Anforderungen zur Kongruenz zu bringen. Solche Veränderungsstrategien versuchen, durch die Gewährung individueller Wahl, Freiheit und Entwicklungsmöglichkeiten die individuellen Leistungspotentiale besser auszuschöpfen. Dazu können die personalen Techniken der Organisationsentwicklung eingesetzt werden. Die Revitalisierungsstrategien mit einem initiierenden Fokus auf dem sozialen Kontext sind bestrebt, die Barrieren und Grenzen der sozialen Interaktion in und zwischen allen Ebenen der Organisation zu sprengen. Durch Interventionen im sozialen Kontext soll ein neues Niveau von Offenheit, Vertrauen, Zugehörigkeit und sozialer Anerkennung erreicht werden, das die individuelle und damit auch die organisationale Leistung nachhaltig verbessert. Als Interventionstechniken bieten sich die prozeß-, gruppen- und organisationsorientierten Techniken der Organisationsentwicklung oder auch Konversations- und Dialogprogramme an. Schließlich bezwecken die Revitalisierungsstrategien mit einem initiierenden Fokus auf dem mentalen Kontext, durch inspirierende Visionen, Ideologien und Ideen organisationalen Wandel einzuleiten. Entsprechende Interventionen nutzen die verhaltensdeterminierende Wirkung der Formulierung und Kommunikation mentaler Leitbilder, Normen, Standards und Symbolsysteme.

Die aus Theorie und Praxis bekannten Revitalisierungsstrategien setzen nur teilweise einen eindeutigen inhaltlichen Fokus. Die Strategien des *Total Quality Management* betonen die mentale Intervention durch die Einführung umfassender Qualitätsphilosophien und -ziele, die soziale Intervention durch die Nutzung von Gruppen- und Teamtechniken wie z.B. Qualitätszirkel und die personale Intervention durch die Einführung von Konzepten der Selbstkontrolle.[576] Die Strategien des *Liberation Management* von Tom Peters[577] oder des *Human Po-*

---

[573] Vgl. Hall et al., Reengineering, 1994, S. 82; Theuvsen, Business Reengineering, 1996, S. 67.

[574] Vgl. dazu die Forderung, die Erkenntnisse der Organisationsentwicklung in Reengineering-Ansätzen einzubeziehen: Osterloh / Frost, Business Reengineering, 1994, S. 27f.; analog: Gaitanides, Business Reengineering, 1995, S. 75.

[575] Vgl. die Veränderungsstrategie des *Renewing*: Muzyka et al., Transformation, 1995, S. 349.

[576] Vgl. zu *Total Quality Management* Konzepten: Deming, Crisis, 1986; Zink / Schildknecht, Total Quality Konzepte, 1989; Juran, Quality Road Map, 1991; Schildknecht, Total Quality Management, 1992; Mehdorn / Töpfer, Qualität, 1992; Powell, Total Quality Management, 1995.

[577] Vgl. Peters, Liberation Management, 1993.

*tential Development* von Stephen Covey[578] konzentrieren sich hingegen stärker auf personale Interventionen.

*Regenerierungsstrategie:* Mit der Regenerierungsstrategie ist prinzipiell weder ein bestimmter inhaltlicher Fokus noch eine bestimmte Reihenfolge verknüpft. Die Interventionen richten sich nicht so sehr auf die Veränderung selber, sondern auf die Schaffung und Verbesserung eines Rahmens für kontinuierliche, zugleich inkrementelle und radikale Veränderung. Das Ziel der Interventionen ist also die Anleitung zum organisationalem Lernen und zur 'Selbstveränderung', und zwar auf einem hohem Niveau.[579] Der Prozeß der Veränderung verliert seinen programmatischen Charakter und wird zu einem Kernprozeß der Organisation.[580] Die Interventionen in den funktionalen, sozialen und mentalen Kontexten der organisationalen Ebene als auch in den Motivations- und Fähigkeitskomponenten der personalen Ebene dienen folglich dazu, die Fähigkeit zur organisationalen Veränderung nachhaltig zu steigern. Zur Umsetzung solcher Regenerierungsstrategien ist ein breiter Ansatz erforderlich; nach Senge gehören dazu fünf *Learning Disciplines* als Gestaltungselemente des organisationalen Lernens: 'Systems Thinking', 'Personal Mastery', 'Mental Models', 'Building Shared Vision' und 'Team Learning'.[581] Unternehmen wie ABB, 3M und J&J nähern sich der Verwirklichung solcher 'Lerndisziplinen' und der Umsetzung von Regenerierungsstrategien, indem sie geteilte inspirierende Visionen entwerfen, offene und vertrauensvolle Interaktion gewähren, dezentrale Freiräume in kleinen autonomen Einheiten schaffen und individuelle Entwicklung fördern.[582]

### *Niveau der Selbstreflexion und des organisationalen Lernens*

Die Veränderungen der Konsolidierungsstrategie liegen auf dem niedrigsten Niveau der Selbstreflexion und des Organisationalen Lernens. Das Niveau des Lernens ist evolutionär, d.h. die bestehenden Handlungstheorien und Orientierungsmuster werden nicht grundlegend hinterfragt und verändert. Auf der 'S-Kurve' der bestehenden Handlungstheorien und Orientierungsmuster werden inkrementelle Leistungssteigerungen mit abnehmendem Grenznutzen erzielt. Die Restrukturierungsstrategie strebt dagegen in der Regel einen Paradigmawechsel der dominierenden Handlungstheorien und Orientierungsmuster vor allem im funktionalen Kontext an.[583] Es findet also ein revolutionärer Lernprozeß statt, bei dem die Leistung sprunghaft in eine höher liegende S-Kurve der organisationalen Leistung aufsteigt. Allerdings verfügen viele Restrukturierungsansätze nicht über einen Mechanismus zur kontinuierlichen Verbesserung des einmal erreichten Leistungsniveaus. Die Revitalisierungsstrategie ermöglicht ebenfalls ein revolutionäres Lernen, und zwar vor allem auf personeller Ebene und im

---

[578] Vgl. Covey, Seven Habits, 1994.
[579] Vgl. Muzyka et al., Transformation, 1995, S. 350.
[580] Vgl. Bartlett / Ghoshal, Beyond the M-Form, 1993, S. 38.
[581] Vgl. Senge, Fifth Discipline, 1990, S. 5ff..
[582] Vgl. Muzyka et al., Transformation, 1995, S. 350; Bartlett / Ghoshal, Beyond the M-Form, 1993, S. 38.
[583] Vgl. zu einer solchen Einschätzung z.B. für das Business Process Reengineering: Dixon et al., Reengineering, 1995, S. 107.

sozialen und mentalen Kontext der organisationalen Ebene. Die Lernprozesse verlaufen zwar relativ langsam, können allerdings trotzdem zu einer Falsifikation der dominierenden Handlungstheorien und Orientierungsmuster führen. Die Regenerierungsstrategie schließlich nutzt das höchste Niveau der Selbstreflexion und des Lernens, die Balancierung von evolutionärem und revolutionärem Lernen und das Lernen über das Lernen selber. Nach Mintzberg / Westley eignen sich drei Modelle für ein solches Lernniveau: das '*Enclaving*', das '*Cloning*' und das '*Uprooting*'.[584] Beim Modell des 'Enclaving' findet der Lernvorgang in einer Enklave der Organisation statt und wird nach seiner Bewährung auf die Organisation ausgedehnt. Im 'Cloning' werden die Lernprozesse durch das Absplittern von autonomen Einheiten, die durch eine gemeinsame Vision verbunden sind, sichergestellt. Das 'Uprooting' schließlich gestaltet den Lernprozeß als eine visionäre Veränderung über einen langen Zeitraum.

#### 3.4.3.1.3 Prozessuale Differenzierung der generischen Veränderungsstrategien

In Bezug auf den Prozeß der Veränderung unterscheiden sich die Veränderungstrategien in der Intensität der Phasen, in der Intensität und Verlaufsrichtung der Trägerbeteiligung, in den Übergangsstrukturen und dem Partizipationsgrad sowie im Übergangsbereich und -verlauf.

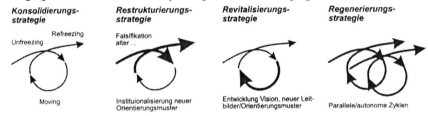

*Abbildung 3-28: Intensität der Phasen*

### Intensität der Phasen

Prinzipiell besteht ein vollständiger Veränderungszyklus aus den drei Phasen: 'Unfreezing', 'Moving' und 'Refreezing'. Die Intensität und Bedeutung der Phasen differiert allerdings in Abhängigkeit der gewählten Veränderungsstrategien (vgl. Abbildung 3-28).[585] In der Konsolidierungsstrategie sind alle drei Phasen - auf einem niedrigen Niveau - von gleicher Intensität und Bedeutung. Die Restrukturierungsstrategie betont die Phasen des 'Unfreezing' und des 'Refreezing'. Das Aufzeigen des Versagens der internen und externen Orientierungsmuster - vor allem im funktionalen Kontext - und die Konstituierung neuer Orientierungsmuster sind von besonderer Bedeutung. Die Krise der institutionalisierten Orientierungsmuster führt zu einer Institutionalisierung verbesserter Muster.[586] In der Revitalisierungsstrategie erhält die

---

[584] Vgl. Mintzberg / Westley, Cycles, 1992, S. 51ff..

[585] Vgl. die Prozeßdimensionen: Inductive Learning, Visionary Leadership, Procedural Planing: Mintzberg / Westley, Cycles, 1992, S. 47f..

[586] Vgl. z.B. die Betonung der formalisierbaren Phasen der Prozeßdiagnose und der Prozeßgestaltung beim Busi-

Phase des 'Moving' ein besonderes Gewicht. Die Veränderungsvision und die neuen Orientierungsmuster entfalten eine Veränderungstendenz, die als Quelle des dezentralen Experimentierens mit neuen Verhaltensweisen und deren Annahme dient. Der Fokus der Revitalisierungsstrategie liegt also in der Entwicklung neuer mentaler Leitbilder und inspirierender Ideen, eines neuen sozialen Interaktionsniveaus und eines neuen Niveaus individueller Entwicklung. In der Regenerierungsstrategie schließlich sind alle drei Phasen - auf relativ hohem Niveau - von gleicher Intensität und Bedeutung. Aufgrund der Autonomie der dezentralen 'Veränderungseinheiten' können allerdings mehrere Phasenzyklen parallel verlaufen. Im Unterschied zu den anderen Strategien gibt es kein zentral angeleitetes Veränderungsprogramm mit einem übergreifenden Thema, abgesehen davon, daß die Veränderung nicht der Weg, sondern das Ziel ist.

*Intensität und Verlaufsrichtung der Trägerbeteiligung*

Die Veränderungsstrategien differenzieren sich auch hinsichtlich der Fragestellung, wann welche Träger mit welcher Intensität eingesetzt werden. Zu dieser Fragestellung sind generische Vorgehensweisen bzw. Strategien entwickelt worden, die insbesondere Gestaltungsinformationen zur Interventions- bzw. Einstiegsebene der Träger geben sollen.[587] Nachfolgende Darstellung klärt die jeweilige Form der trägerbezogenen Intensität und Verlaufsrichtung der verschiedenen Veränderungsstrategien, ohne jedoch das Prinzip der Ganzheitlichkeit in Bezug auf die Träger aufzugeben (vgl. Abbildung 3-29).

*Konsolidierungsstrategie:* Die Konsolidierungsstrategie läßt sich prinzipiell mit einer *Top-Down-Strategie* oder einer *Bottom-Up-Strategie* verknüpfen. Die inkrementelle und evolutionäre Veränderung kann beispielsweise durch hierarchische Zielvorgaben des Top-Managements oder durch kontinuierliche Verbesserungsprogramme in der ausführenden Ebene initiiert werden.

*Restrukturierungsstrategie:* Die Restrukturierungsstrategien werden in der Regel mit einer Top-Down-Strategie verknüpft.[588] Besondere Bedeutung wird dabei neuen Vorstandsmitgliedern oder Geschäftsführern eingeräumt, die als Turn-Around-Manager sich persönlich an die Spitze des Wandels stellen. Die Top-Down-Vorgehensweise erscheint für eine eher strategische Restrukturierung mit tiefen Einschnitten in die Eigenstums-, Geschäfts-/Organisations-, Ressourcen- und Finanzstrukturen geeignet, ist allerdings in der Reinform für eine eher operative Restrukturierung ungeeignet. Eine operative Restrukturierungsstrategie wie z.B. das Business Process Reengineering kann zwar top-down initiiert werden, sollte allerdings von Anfang an auch Elemente der partizipativen Systemgestaltung bzw. der Bottom-Up-Strategie aufweisen, da letztlich die Prozesse der operativen Einheiten und die Aufgabenmerkmale der

---

ness Process Reengineering: Hall et al., Reengineering, 1994, S. 87ff..

[587] Vgl. Glasl / de la Houssaye, Organisationsentwicklung, 1975; Comelli, Training, 1985; Schanz, Organisationsgestaltung, 1994, S. 412ff..

[588] Vgl. zu dieser Einschätzung: Mintzberg / Westley, Cycles, 1992, S. 47; Muzyka et al., Transformation, 1995, S. 349; Gaitanides, Business Reengineering, 1995, S. 75.

Mitarbeiter verändert werden.[589] Ist Widerstand im Bereich des Mittelmanagements zu erwarten, bietet sich auch eine *bipolare Strategie* an, bei der die Veränderung gleichzeitig an der Spitze und an der Basis der Organisation eingeleitet wird.[590]

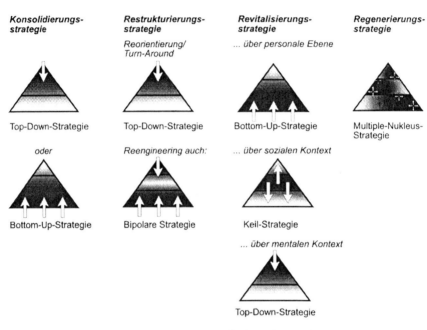

*Abbildung 3-29: Intensität und Verlaufsrichtung der Trägerbeteiligung*

*Revitalisierungsstrategie:* Die Revitalisierungsstrategie wird zumeist mit Konzepten wie *'Empowerment'* und *'Organizational Commitment'* und folglich mit der Bottom-Up-Strategie in Verbindung gebracht.[591] Die Bottom-Up-Strategie scheint für die Revitalisierung besonders dann geeignet zu sein, wenn der Schwerpunkt der Interventionen in der personalen Ebene liegt. Wird die Revitalisierung stärker über Interventionen im sozialen Kontext getrieben, erhält das Mittelmanagement als Garant interhierarchischer Offenheit und Vertrauen eine Schlüsselposition. In diesem Fall kann eine *Keilstrategie* vorteilhaft sein, mit der eine Veränderung der vertikalen und horizontalen sozialen Interaktionsmuster der Organisation über das Mittelmanagement eingeleitet werden kann.[592] Mit einer solchen Keilstrategie kann die Qua-

---

[589] Vgl. zur Kritik der Top-Down-Strategie beim Business Process Reengineering: Osterloh / Frost, Business Reengineering, 1994, S. 27f.; vgl. zu Einsatzkriterien von Bottom-Up-Strategien: Schanz, Organisationsgestaltung, 1994, S. 414f.

[590] Vgl. ebda., S. 417.

[591] Vgl. z.B. Mintzberg / Westley, Cycles, 1992, S. 47; Muzyka et al., Transformation, 1995, S. 349.

[592] Vgl. Schanz, Organisationsgestaltung, 1994, S. 415.

lität der Interaktionen in Bezug auf die gesamte Organisation (Interaktionsniveau der Organisation), zwischen Vorgesetzten und Untergebenen (Führungsinteraktion) sowie innerhalb von Gruppen (Teaminteraktion) nachhaltig verbessert werden. Wenn schließlich die Revitalisierung vor allem über den mentalen Kontext - beispielsweise über die Einführung neuer mentaler Leitbilder - eingeleitet wird, ist der prinzipiellen Bottom-Up-Orientierung eine Top-Down-Komponente hinzuzufügen.[593]

*Regenerierungsstrategie:* Die Regenerierungsstrategie wird am besten durch eine *Multiple-Nukleus-Strategie* unterstützt. Die Einleitung der Veränderung geschieht gleichzeitig durch mehrere über die Bereiche und Hierarchien der Organisation verteilte Träger bzw. Organisationseinheiten.[594] Die Initiierung und Gestaltung ist quasi dezentralisiert, so daß die organisationale Veränderung individuelle Selbstbestimmung und Identitätsentwicklung gewähren kann.[595] Allerdings erfordert die dezentrale Gestaltung der Veränderung eine geteilte Vision, die beispielsweise durch einen top-down initiierten kollektiven Konstruktionsprozeß entwickelt werden kann.

### Partizipationsgrad und Übergangsstrukturen

In Bezug auf die Träger der Veränderung ist auch die Fragestellung von Interesse, in welcher Form und welchem Umfang die Betroffenen bzw. Anwender beteiligt werden. Das Ausmaß der Partizipation kann von der vollständigen Trennung von Entscheidern und Betroffenen über die Partizipation von bestimmten Interessensvertretern, bestimmten Zielgruppen und Organisationsebenen bis hin zur vollständigen Delegation der Verantwortung zur Veränderung reichen.[596] Entsprechend differenzieren sich auch die Übergangsstrukturen, die ihrerseits aus einem einzelnen Führer oder Projektleiter, einem Team oder Steuerungsgremium an der Unternehmensspitze, einem interfunktionalen und interhierarchischen Projektteam, einem kompletten Organisationsbereich oder der bestehenden Primär- und/oder Sekundärorganisation bestehen können.[597] Die Veränderungsstrategien lassen sich nur tendenziell hinsichtlich des Partizipationsgrads und der Form der Übergangsstruktur unterscheiden. In der Regel wechseln der Partizipationsgrad und die Form der Übergangsstruktur innerhalb eines Veränderungsvorhabens, so daß die Differenzierung zwischen den Veränderungsstrategien unscharf ist.

*Konsolidierungsstrategie:* Die Konsolidierungsstrategie verfügt über eine Partizipation und Delegation der Verantwortung. Als Übergangsstruktur dient in der Regel die Primärorganisation, ergänzt durch eine relative schwache Sekundärorganisation, die in Form von Stabsstellen und Steuerungsgremien den Prozeß der evolutionären Verbesserung unterstützt und 'kontrolliert'.

---

[593] Vgl. ebda., 1994, S. 413f..
[594] Vgl. zur Multiple-Nukleus-Strategie: ebda., S. 416f.; Katzenbach, Real Change Leaders, 1996, S. 151.
[595] Nach Schanz fördert die Multiple-Nucleus-Strategie die Individualisierung der Organisation: Schanz, Organisationsgestaltung, 1994, S. 416.
[596] Vgl. Krüger, Organisationsmethodik, 1992, Sp. 1582f.; Krüger, Organisationsstrategien, 1994, S. 208ff..
[597] Vgl. Beckhard / Harris, Organizational Transitions, 1987, S. 75ff..

*Restrukturierungsstrategie:* Die Restrukturierungsstrategie wird häufig mit einem geringen Partizipationsgrad verknüpft, der im Extremfall bis zu einer vollständigen Trennung der Instanzen für Planung und Implementierung reicht.[598] Verknüpft mit einer radikalen Veränderungsrate und einer Geheimhaltung gegenüber den Betroffenen werden solche Vorgehensweisen als *'Strategien des Bombenwurfs'* bezeichnet.[599] Diese eignen sich jedoch allenfalls für den 'strategischen' Typ der Restrukturierungsstrategie. Doch selbst bei solchen Strategien ist eine Partizipation der wesentlichen Interessensvertreter, der Macht- und Fachpromotoren und anderer spezifischer Zielgruppen vorteilhaft (Anwaltsplaner).[600] In der Regel werden dazu als Übergangsstrukturen interfunktionale und interhierarchische Projektteams gebildet, die einen Querschnitt der Organisation repräsentieren. Die Strategien der 'operativen' Restrukturierung erfordern in jedem Fall ein hohes Ausmaß an partizipativer Systemgestaltung.[601] Ohne die Ideen und das Engagement der Mitarbeiter in der ausführenden Ebene können die Interventionen in den operativen Einheiten nicht das volle Verbesserungspotential ausschöpfen. Als Übergangsstruktur wird deshalb häufig ein interfunktionales und -hierarchisches Projektteam in Kombination mit einem Steuerungsteam eingesetzt. Die Aufgaben dieses Projektteams gehen über die Funktion der Anwaltsplanung hinaus, indem - umfassender als bei dem 'strategischen' Restrukturierungstyp - ganze Organisationsebenen und geschlossene Bereiche einbezogen werden.

*Revitalisierungsstrategie:* Für die Revitalisierungsstrategie ist ein hohes Ausmaß an Partizipation und Delegation von Verantwortung unerläßlich. In der Revitalisierung über den mentalen Kontext sollte sichergestellt werden, daß das formulierte und kommunizierte mentale Leitbild sowie die Normen und Standards zu den dominierenden individuellen Werten kongruent sind. Das Mindestmaß an Partizipation wird durch ein repräsentatives Querschnittsteam gewährleistet, das quasi den 'genetischen Code' des Unternehmens repräsentiert ('Mars Group'). In der Revitalisierung über den sozialen Kontext ist eine hohe Partizipation der mittleren Management-Ebene sicherzustellen. Wird die Revitalisierung über den personalen Kontext eingeleitet, sind prinzipiell alle Ebene zu beteiligen. Als Übergangsstruktur werden bei den Revitalisierungsstrategien neben den Formen der Steuerungsteams und Projektteams häufig aufgrund der Langfristigkeit auch Sekundärorganisationen eingesetzt.

*Regenerierungsstrategie:* In der Regenerierungsstrategie sind die Verantwortung und die Kompetenzen zur Veränderung vollständig dezentralisiert. Der organisationale Wandel wird durch die autonomen unternehmerischen Einheiten der Primärorganisation angetrieben, die über Freiräume zur Eigenverantwortung und Selbststeuerung verfügen. Als Sekundärorganisation fungiert ein meta-reflexives System vermaschter Teams und netzwerkartiger Strukturen zur Koordination und zum Transfer des Lernens.[602] Dazu werden thematische Gremien,

---

[598] Vgl. die weitgehende Trennung in: Hammer / Champy, Reengineering, 1993, S. 102ff..
[599] Vgl. Kirsch et al., Management des geplanten Wandels, 1979, S. 180ff..
[600] Vgl. Krüger, Organisationsmethodik, 1992, Sp. 1582f..
[601] Vgl. für das Business Process Reengineering: Osterloh / Frost, Business Reengineering, 1994, S. 27f.; Gaitanides, Business Reengineering, 1995, S. 75.
[602] Vgl. Krüger, Organisationsstrategien, 1994, S. 209f..

Kommunikations- und Dialogplattformen oder spezifische Lernveranstaltungen wie z.B. Unternehmensuniversitäten eingerichtet.

*Übergangsbereich und -verlauf*

Das abschließende prozessuale Differenzierungsmerkmal der Veränderungsstrategien betrifft die Fragestellung, in welchen Bereichen mit welcher Geschwindigkeit der Übergang stattfinden soll. Der Übergang der Veränderung kann über die gesamte Organisation (Gesamtübergang), sukzessiv über verschiedene Organisationsbereiche (sukzessiver Übergang), über einen bzw. mehrere Pilotbereiche (Pilotübergang) oder über multiple, polyzentrische Bereiche (polyzentrischer Übergang) erfolgen. Dabei kann der Übergangsverlauf schlagartig, stufenweise oder parallel sein.[603]

*Konsolidierungsstrategie:* Mit der Konsolidierungsstrategie ist *per definitionem* (evolutionär inhaltliche und inkrementell prozessuale Veränderung) ein stufenweiser Verlauf des Übergangs verbunden, der sich in der Regel auf die gesamte Organisation bezieht und folglich als ein Gesamtübergang bezeichnet werden kann.

*Restrukturierungsstrategie:* Die Restrukturierungsstrategien werden zumeist mit einem schlagartigen Verlauf des Übergangs in Verbindung gebracht.[604] Nach der Untersuchung von Hadamitzky reorganisieren erfolgreiche Unternehmen mit einer größeren Umsetzungsgeschwindigkeit, d.h.

> .... daß die überdurchschnittlich erfolgreichen Unternehmen einen schnelleren Reorganisationstakt erreichen, mehr Mitarbeiter und Funktionsbereiche pro Zeiteinheit in den Veränderungsprozeß einbinden und eine höhere Beeinflussungsquote, gemessen in jährlich reorganisiertem Umsatzvolumen, realisieren ... .[605]

In Bezug auf den Bereich kann der Übergang prinzipiell als ein Gesamtübergang, als ein sukzessiver Übergang oder als ein Pilotübergang konzipiert werden. Mit Hilfe des sukzessiven Übergangs und des Pilotübergangs verlängert sich zwar das Veränderungsvorhaben; jedoch kann der Prozeß der Veränderung rekursiv und offen gestaltet werden. Bei innovativen und tiefgreifenden Veränderungsvorhaben kann dadurch das hohe Risiko des linearen, geschlossenen Vorgehens einer schlagartigen Gesamteinführung ('*Total Systems Approach*') vermieden werden.[606] Mit dem sukzessiven Übergang läßt sich so das Versionenkonzept verwirklichen, bei dem sukzessiv Näherungen an eine Ideallösung entwickelt werden.[607] Der jeweils nachfolgende Organisationsbereich paßt sein Veränderungsprogramm an die Erfahrungen seines Vorgängers an. Als erster Bereich kann dabei eine Organisationseinheit dienen, die beispielsweise besonders große Veränderungsfähigkeit und -bereitschaft oder besonders große Leistungslük-

---

[603] In Anlehnung an: ebda., S. 210f..
[604] Vgl. z.B. für Business Process Reengineering: Theuvsen, Business Reengineering, 1996, S. 67.
[605] Hadamitzky, Restrukturierung, 1995, S. 182.
[606] Vgl. Krüger, Organisationsmethodik, 1992, Sp. 1579.
[607] Vgl. ebda., Sp. 1582.

ken aufweist.[608] Auch mit dem Pilotübergang bzw. mit dem *'Prototyping'* kann die Realitätsnähe der konzipierten Lösung erhöht und das Risiko des Implementierungsfehlschlags erniedrigt werden. Dabei versteht man unter Prototyping "die Erstellung einer anwendbaren Beispiellösung während der Planungsphase ..., welche die wesentlichen Merkmale der später zu verwirklichenden Lösung aufweist."[609]

*Revitalisierungsstrategie:* Die Revitalisierungsstrategie weist einen stufenweisen Verlauf des Übergangs auf. Der Bereich des Übergangs ist in der Regel die gesamte Organisation. Der sukzessive Übergang verschiedener Bereiche und der Übergang mit Hilfe von Piloten lassen sich nur bedingt nutzen, da die Veränderung der typischen Gestaltungselemente der Revitalisierungstrategie relativ langsam vor sich geht. Folglich sind diese Übergangsformen nur für einige abgrenzbare Veränderungselemente sinnvoll, bei denen die Rekursionsschleifen kurz genug sind, um die Interventionen nachträglich zu justieren. Die Rekursion beruht bei den Revitalisierungsstrategien also nicht auf 'abgeschlossenen' Veränderungen in einzelnen Organisations- und Pilotbereichen, sondern auf Zwischenergebnissen der inkrementellen Veränderung der ganzen Organisation. Das Versionenkonzept ergibt sich aus der kontinuierlichen Verbesserung der organisationsweit eingeleiteten Neuerungen.

*Regenerierungsstrategie:* Die Regenerierungsstrategie verfügt *per definitionem* (selbstreflexiv inhaltliche und zugleich inkrementell und radikal prozessuale Veränderung) über eine Balancierung von schlagartigen und stufenweisen Verlaufsformen des Übergangs. Oft entsteht auch eine Parallelität zwischen alten und neuen Strukturen, allerdings nicht geplant aus Sicherheitsgründen, sondern eher ungeplant aufgrund des 'Sonderwegs' einer autonomen Einheit in der Entwicklung neuer Orientierungsmuster ('Enclaving'). Der Übergangsbereich ergibt ein multiples und polyzentrisches Muster, das durchaus die Formen des Gesamtübergangs, des sukzessiven Übergangs oder des Pilotübergangs annehmen kann, ohne allerdings zentral geplant zu sein. Eine innovative Einheit kann beispielsweise dem meta-reflexiven System als ein Pilotbereich dienen, um neue Orientierungsmuster zu entwickeln, zu testen und in der ganzen Organisation zu verbreiten.

### 3.4.3.1.4 Gesamtprofil der generischen Veränderungsstrategien

Die generischen Veränderungsstrategien sind in Tabelle 3-15 zusammengefaßt.

| | Konsolidierungsstrategie | Restrukturierungsstrategie | Revitalisierungsstrategie | Regenerierungsstrategie |
|---|---|---|---|---|
| *Inhaltsgestaltung* • Intensität und Reihenfolge | Prinzipiell alle Elemente, keine spez. Reihenfolge | Fokus auf/Einleitung über funktionalen Kontext | Fokus auf/Einleitung über personale Ebene, sozialen/ mentalen Kontext | Prinzipiell alle Elemente, keine spez Reihenfolge |
| • Niveau Selbstreflexion/Lernen | Evolutionär | Revolutionär | Revolutionär | Meta-reflexiv, d.h. Lernen über Lernen |

---

[608] Vgl. zur Erstintervention: Beckhard / Harris, Organizational Transitions, 1987, S. 73.
[609] Krüger, Organisationsmethodik, 1992, Sp. 1582.

*Fortsetzung Tabelle 3-15*

|  | Konsolidierungs-strategie | Restrukturierungs-strategie | Revitalisierungs-strategie | Regenerierungs-strategie |
|---|---|---|---|---|
| **Prozeßgestaltung** | | | | |
| • Intensität der Phasen | Kein Fokus | Fokus auf Unfreezing und Refreezing | Fokus auf Moving | Kein Fokus, parallele Zyklen |
| • Intensität und Verlaufsrichtung der Trägerbeteiligung | Top-Down- oder Bottom-Up-Strategie möglich | Top-Down-Strategie, bei Reengineering auch bipolare Strategie | • Bottom-Up-Strategie bei Einleitung über personalen Kontext<br>• Keil-Strategie bei Einleitung über sozialen Kontext<br>• Top-Down-Strategie bei Einleitung über mentalen Kontext | Multiple-Nukleus-Strategie |
| • Partizipationsgrad | Umfangreiche Partizipation/Delegation | • Niedrige Partizipation/ Delegation (Anwaltsplaner) bei Reorientierung/ Turn-Around<br>• Höherer Grad bei Reengineering | Sehr umfangreiche Partizipation/Delegation | Vollständige Dezentralisierung von Verantwortung/Kompetenzen zur Veränderung |
| • Übergangsstrukturen | • Primärorganisation<br>• rel. schwache Sekundärorganisation | Interfunktionale/-hierarchische Teams und Steuerungsgremien<br>• Interessensvertreter (Reorientierung/Turn-Around)<br>• Ganze Ebenen/Querschnitte (Reengineering) | Projektteams, Steuerungsgremien, Workshop-/Trainingsserien, z.T. auch Sekundärorganisationen<br>• Querschnittsteam für mentalen Kontext (*genetischer Code*)<br>• Workshop-/Trainingsserien für mittlere Führungsebene (sozialer Kontext) bzw. alle Ebenen (personaler Ansatz) | • Dezentrale, autonome Einheiten der Primärorganisation<br>• Sekundärorganis. zu Ausrichtung, Koordination und Transfer (vermaschte Teams, thematische Plattformen etc.) |
| • Übergangsbereich | Gesamtübergang | Gesamt-, sukzessiver oder Pilotübergang | Gesamtübergang | Polyzentrischer Übergang |
| • Übergangsverlauf | Inkrementell bzw. stufenweise | Radikal bzw. schlagartig | Inkrementell bzw. stufenweise | Inkrementell und radikal, z.T. auch parallel |

*Tabelle 3-15: Gesamtprofil der generischen Veränderungsstrategien*

### 3.4.3.2 Situative Auswahl und Anpassung der Veränderungsstrategien

Die Wahl der Veränderungsstrategie hängt von der Differenz zwischen der bestehenden Ausgangssituation und der angestrebten Zielsituation ab. Diese Differenzbetrachtung läßt sich aus zwei Perspektiven durchführen, aus einer Perspektive der zu schließenden Leistungs- und Verhaltenslücke und aus einer Perspektive der bestehenden bzw. zu erwartenden Veränderungstendenzen in der Organisation. Der Einfluß der Organisationsumwelt geht über diese beiden Perspektiven in die situative Auswahl und Anpassung ein (vgl. Abbildung 3-30).

Die erste Perspektive beschreibt die 'objektiv' definierbare, zu schließende Leistungs- und Verhaltenslücke.[610] Die Leistungslücke ergibt sich aus der Differenz zwischen den erreichten

---

[610] Vgl. z.B. Muzyka, Transformation, 1995, S. 356.

und den gesetzten Zielen - bezogen auf Gegenwartsanalysen und Zukunftsprognosen. Dabei werden die Ziele im Markt- und Wettbewerbskontext bzw. im gesamten Umfeld der Organisation durch die 'Stakeholder' der Organisation gesetzt. Neben der Leistungsdifferenz geht auch die Differenz zwischen dem bestehenden und dem notwendigen organisationalen Verhalten als situativer Faktor ein.[611] Welche Orientierungsmuster und Verhaltensweisen, welche Potentiale und Fähigkeiten haben die bestehende Leistung verursacht und bilden die Ausgangsbasis für die Veränderung? Welches Verhaltensniveau ist notwendig? Wie müssen die organisationalen und personalen Leistungsdeterminanten gestaltet werden, um die angestrebte Leistung zu erreichen?

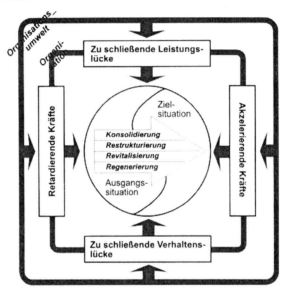

*Abbildung 3-30: Situative Auswahl und Anpassung der Veränderungsstrategien*

In der zweiten Perspektive geht es um den situativen Einfluß der Veränderungstendenz der Organisation auf die Veränderungsstrategie.[612] Das bestehende Verhaltens- und Leistungsniveau und die angestrebte Schließung definierter und kommunizierter Lücken wirken auf das Gleichgewicht zwischen retardierenden und akzelerierenden Kräften der organisationalen Veränderung. Die situative Anpassung der Veränderungsstrategien erfordert also die Berücksichtigung von Fragestellungen wie: Welche Widerstände gegen die Veränderung entstehen durch die dominierenden Orientierungsmuster und Verhaltensweisen in der Organisation?[613]

---

[611] Vgl. die situativen Faktoren 'organization's goals' und 'raw ingredients at its disposal': Dickhout et al., Designing Change Programs, 1995, S. 102.
[612] Vgl. zu diesem Ansatz: Strebel, Right Change Path, 1994.
[613] Vgl. 'systemic barriers' in: Kilmann, Holistic Program, 1995, S. 179.

Welche Kräfte für die Veränderung entstehen durch neue Visionen, Ziele und Verhaltensweisen? Oder: Welche Energiequellen lassen sich für die Veränderung erschließen?[614]

### 3.4.3.2.1 Zu schließende Leistungs- und Verhaltenslücke

*Zu schließende Lücke der organisationalen Leistung*

Zum Zusammenhang zwischen umfangreichen Veränderungsstrategien bzw. -programmen und der Verbesserung der organisationalen Leistung gibt es kaum fundierte empirische Untersuchungen. Die empirische Analyse ganzer Veränderungsprogramme ist aufgrund der Unterschiedlichkeit der Ausgangssituationen, der angestrebten Zielsituationen und sonstiger Kontextvariablen des Wandels sowie der gewählten Maßnahmenkombinationen äußerst schwierig.[615] In der Regel beziehen sich die empirischen Befunde auf singuläre inhaltliche oder prozessuale Maßnahmen. Doch selbst identische Einzelmaßnahmen weisen aufgrund des situativen Einflusses starke Streuungen in ihrer Effektivität auf.[616]

Die empirischen Befunde über singuläre Maßnahmen der Organisationsentwicklung lassen sich nach Gebert zu einer Trendaussage verdichten. Danach korreliert der personale und prozessuale Ansatz der Organisationsentwicklung eher mit der Erzielung 'weicher' Erfolgskriterien wie Arbeitszufriedenheit, Engagement, Organisationsklima, Verbesserung der Wahrnehmung von Kooperation und Kommunikation oder positiver Einstellung gegenüber den Kollegen, den Vorgesetzten bzw. dem Betrieb. Der strukturale Ansatz hingegen ist eher auf die Erzielung 'harter' Erfolgskriterien, d.h. leistungsbezogener (i.e.S.) Kriterien wie verschiedene Indikatoren der Quantität und Qualität von Arbeitsergebnissen ausgerichtet.[617] Übertragen auf die eingeführte Modellskizze würde demnach ein Ansatz am funktionalen Kontext eher zur Erreichung 'harter' Ziele, ein Ansatz an der personalen Ebene und am sozialen (und mentalen) Kontext der organisationalen Ebene zur Erzielung 'weicher' Erfolgskriterien führen. Allerdings relativiert sich die Präzision solcher Aussagen für die Gestaltung durch empirische Befunde, nach denen eine Kombination der Ansätze höhere Erfolgsaussichten aufweist als die singuläre Verfolgung eines einzelnen Ansatzes.[618]

Aufgrund der relativ schwachen empirischen Basis ist man bei der situativen Auswahl und Anpassung von ganzheitlichen Veränderungsstrategien in Abhängigkeit von der zu schließenden Leistungslücke vor allem auf konzeptionelle Überlegungen angewiesen. Aus unserer Modellskizze lassen sich einige Implikationen hierfür ableiten. Dabei können zwei Aspekte betrachtet werden: (1) die zu schließende Leistungslücke im Markt- und Wettbewerbskontext und (2) die zu schließende Leistungslücke differenziert nach den Zielkomponenten.

---

[614] Vgl. Dickhout et al., Designing Change Programs, 1995, S. 102
[615] Vgl. für die Organisationsentwicklung: Gebert, Organisationsentwicklung, 1993, Sp. 3014.
[616] Vgl. Gebert, Organisationsentwicklung, 1993, Sp. 3016.
[617] Vgl. ebda., Sp. 3015f..
[618] Vgl. für die Kombination des personalen und strukturalen Ansatzes: ebda., Sp. 3016.

## 232 Skizze eines Modells zur Gestaltung von ganzheitlicher organisationaler Veränderung

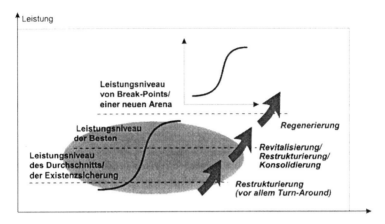

*Abbildung 3-31: Situative Auswahl und Anpassung der Veränderungsstrategien in Abhängigkeit der zu schließenden Leistungslücke im Markt- und Wettbewerbskontext*

*Zu schließende Leistungslücke im Markt- und Wettbewerbskontext:* Als Zielsetzung organisationaler Veränderung im Markt- und Wettbewerbskontext kommen das Leistungsniveau der Existenzsicherung und des Durchschnitts, das Leistungsniveau der Besten und das Leistungsniveau von 'Break-Points' und 'neuen Arenen' in Frage. Die generischen Veränderungsstrategien sind unterschiedlich dazu geeignet, die entsprechenden Leistungsniveaus zu erreichen. Der Existenzsicherung dient in der Regel eine Restrukturierungsstrategie in der Form eines *Turn-Around* mit umfangreichen Desinvestitionen, Rationalisierungen und finanziellen Maßnahmen.[619] Die Zielsetzung einer solchen Veränderungsstrategie liegt in der schnellst möglichen Erreichung von minimalen Liquiditäts- und Profitabilitätszielen.[620] Zur Erreichung des Leistungsniveaus der Besten werden Restrukturierungsstrategien eingesetzt, die sich entweder auf die operative Leistungsfähigkeit (*Reengineering*) oder auf das strategische Leistungspotential (*Reorientierung*) beziehen können. Dabei wird die Orientierung am Markt- und Wettbewerbsniveau durch den Einsatz der Technik des *Benchmarking* unterstützt. Auch die Revitalisierungsstrategie ist geeignet, eine im Markt- und Wettbewerbskontext überdurchschnittliche Leistung zu erreichen. Anders als das auf kurz- und mittelfristige Zielerreichung gerichteten 'Crash-Programm' des Business Process Reengineering[621] zielt die Revitalisierungsstrategie allerdings auf eine mittel- bis langfristige Leistungssteigerung. Die Erreichung von Leistungsniveaus jenseits derzeitiger Grenzen kann am ehesten durch den Einsatz der Regenerierungsstrategie realisiert werden. Durch die ständige Reflexion und durch die Dezentralisierung von organisationalem Lernen und organisationaler Veränderung werden nicht nur

---

[619] Vgl. Mintzberg / Westley, Cycles, 1992, S. 47; Klein / Paarsch, Aufbau eines Restrukturierungskonzepts, 1994, S. 188.
[620] Vgl. Muzyka et al., Transformation, 1995, S. 349; Chakravarthy, Process of Transformation, 1996, S. 529ff..
[621] Vgl. zu dieser Bezeichnung: Theuvsen, Business Reengineering, 1996, S. 65.

'Break-Points' in der Erfolgsmechanik, sondern auch vollkommen neue Markt- und Wettbewerbsarenen mit größter Wahrscheinlichkeit erreicht.

*Zu schließende Leistungslücke differenziert nach den Zielkomponenten:* Zur Analyse der Ziele der Organisation bieten sich zwei verschiedene Gliederungsschnitte an. Einerseits ist eine Gliederung in externe Bewährung und interne Effizienz,[622] andererseits ist eine Gliederung in organisationale Potentialziele, organisationale Operationsziele und individuelle Verhaltensziele möglich. Beide Gliederungsschnitte lassen sich nutzen, um den Beitrag der jeweiligen Veränderungsstrategie zur Schließung einer Leistungslücke in einer der Zielkomponenten abzuschätzen (vgl. Abbildung 3-32).

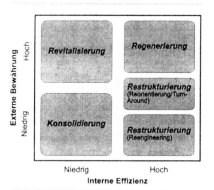
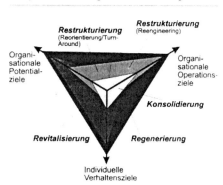

*Abbildung 3-32: Situative Auswahl und Anpassung der Veränderungsstrategien in Abhängigkeit der zu schließenden Leistungslücke differenziert nach den Zielkomponenten*

*Konsolidierungsstrategie:* Die Konsolidierungsstrategie eignet sich insbesondere zur Schließung von relativ kleinen Leistungslücken ohne eine prinzipielle Beschränkung auf spezifische Zieldimensionen. In der Praxis wird sie jedoch zumeist zur kontinuierlichen Verbesserung der internen Effizienz bzw. der organisationalen Operationsziele eingesetzt.

*Restrukturierungsstrategie:* Mit Hilfe der Restrukturierungsstrategie können relativ große Leistungslücken in Bezug auf interne Effizienz und organisationale Operationsziele geschlossen werden, während die Ziele der externen Bewährung und die organisationalen Potentialziele nur bedingt verwirklicht werden können. Der 'operative' Typ der Restrukturierungsstrategien, das *Business Process Reengineering*, richtet sich auf eine sprunghafte Steigerung der internen Effizienz und der organisationalen Operationsziele. Die angestrebte Leistungssteigerung des Reengineerings bezieht sich in der Regel auf die Zielgrößen 'Kosten', 'Zeit' und 'Kundennutzen', die entsprechenden Erfolge werden in der Regel in der Steigerung des Gewinns, der Senkung der Betriebskosten oder der Reduzierung der Durchlaufzeiten ausgewie-

---

[622] Vgl. Muzyka et al., Transformation, 1995, S. 351.

sen.[623] Nach Theuvsen liegt der Effizienzfokus des Reengineering in horizontaler Hinsicht auf der Prozeßeffizienz und in vertikaler Hinsicht auch bedingt auf der Delegationseffizienz, während die anderen organisatorischen Subziele der Markteffizienz, Motivationseffizienz und Ressourceneffizienz untergeordnet werden.[624] In seiner Extremform kann das Business Process Reengineering also weder Leistungslücken der externen Bewährung noch Leistungslücken in Bezug auf organisationale Potentialziele und individuelle Verhaltensziele ausreichend schließen.[625] Die eher strategischen Typen der Restrukturierungsstrategien sind vergleichweise besser geeignet, die Leistungslücken in Bezug auf externe Bewährung und organisationale Potentialziele anzugehen. Die *Turn-Around-Strategie* sichert ein Minimum an externer Bewährung und interner Effizienz zur kurzfristigen Existenzsicherung, während die *Reorientierungsstrategie* durch eine Reallokation und Restrukturierung der Ressourcen anstrebt, mittelfristig Ergebnis-, Shareholder-Value- und andere Ziele auf einem wettbewerbsfähigen Niveau zu erreichen.

*Revitalisierungsstrategie:* Die Revitalisierungsstrategie zielt tendenziell auf die Schließung von Leistungslücken in Bezug auf die externe Bewährung sowie auf organisationale Potentialziele und individuelle Verhaltensziele.[626] Durch den Entwurf inspirierender Ideen für die individuelle Lebens- und organisationale Geschäftsentwicklung, durch die Verbesserung der sozialen Interaktion und durch die Bildung von Vertrauen sowie durch die Steigerung individueller Motivation und Fähigkeiten kann ein Ausmaß von dezentralem Unternehmertum und Geschäftstüchtigkeit geweckt werden, so daß langfristig sowohl die externe Bewährung bzw. die organisationalen Potentialziele als auch die individuellen Verhaltensziele auf einem hohen Niveau realisiert werden können. Hingegen sind in der Regel aufgrund der fehlenden Orientierung an 'harten' Ergebnissen, der vorherrschenden Intervention in 'zähen' Inhalten und des relativ unstrukturierten und offenen Prozesses kurzfristig keine sprunghaften Verbesserungen der internen Effizienz bzw. der organisationalen Operationsziele zu erwarten.[627]

*Regenerierungsstrategie:* Die Regenerierungsstrategie kann den 'Trade-off-Shift' zwischen den Zielkomponenten auf das höchste Leistungsniveau schieben. Mit ihr können gleichzeitig relativ große Leistungslücken in Bezug auf externe Bewährung und interne Effizienz sowie in Bezug auf organisationale Potentialziele, organisationale Operationsziele und individuelle Verhaltensziele geschlossen werden. Die Leistungslücken orientieren sich dabei nicht an dem derzeitigen Markt- und Wettbewerbsniveau, sondern an dem visionären Anspruchsniveau der Organisation.

---

[623] Vgl. z.B. Hammer / Champy, Reengineering, 1993, S. 32f.; Hall et al., Reengineering, 1994, S. 82; Muzyka et al., Transformation, 1995, S. 349.
[624] Vgl. dazu: Theuvsen, Business Reengineering, 1996, S. 74.
[625] Vgl. zu dieser Einschätzung: Muzyka et al., Transformation, 1995, S. 349.
[626] Vgl. Chakravarthy, Process of Transformation, 1996, S. 529ff..
[627] Vgl. Muzyka et al., Transformation, 1995, S. 349.

## Zu schließende Lücke des organisationalen Verhaltens

In die situative Auswahl bzw. Anpassung der Veränderungsstrategie sollte neben dem Ausmaß der Leistungslücke auch das Ausmaß der Verhaltenslücke eingehen (vgl. Abbildung 3-33).

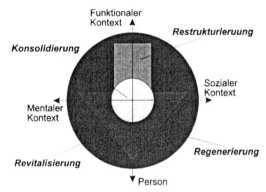

*Abbildung 3-33: Situative Auswahl und Anpassung der Veränderungsstrategien in Abhängigkeit der zu schließenden Verhaltenslücke*

Die Konsolidierungsstrategie eignet sich beispielsweise, um neue organisationale Orientierungsmuster und Verhaltensweisen nach einer radikalen und revolutionären Veränderung zu stabilisieren und kontinuierlich zu verbessern. Die Restrukturierungsstrategie läßt sich hingegen einsetzen, um ineffiziente, verkrustete Orientierungsmuster, Strukturen und Systeme vor allem im funktionalen Kontext der Organisation aufzubrechen.[628] Dabei richtet sich das Business Process Reengineering in erster Linie auf ineffiziente Ablaufstrukturen. Für den erfolgreichen Einsatz des Reengineering sollten einige situative Kriterien in Bezug auf den zu verändernden Prozeß und die Organisation erfüllt sein: der Prozeß sollte langfristige Wettbewerbsvorteile schaffen können, eine einzigartige Kompetenz des Unternehmens darstellen und einen hohen Grad an sequentieller Interdependenz - wie z.B. die Auftragsabwicklung oder Beschaffung - aufweisen, d.h. relativ einfach strukturiert sein.[629] Schließlich sollte die Organisation eine klassisch funktionale Organisationsstruktur mit einem hohen Grad an interfunktionalen Barrieren und Ineffizienzen aufweisen.[630] Die Revitalisierungsstrategie ist hingegen geeignet, Verhaltenslücken zu schließen, die ihren Ursprung in der personalen Ebene oder im sozialen und mentalen Kontext der organisationalen Ebene haben. Schwache mentale und soziale Orientierungsmuster können beispielsweise durch die Entwicklung entlang neuer Leitbilder auf ein neues Niveau der Leistungsdeterminierung gehoben werden. Die Regenerierungsstrategie schließlich kann relativ flexibel Verhaltenslücken in allen Bereichen schließen.

---

[628] Vgl. für Reengineering: Theuvsen, Business Reengineering, 1996, S. 65.
[629] Vgl. Müller-Merbach, Kernprozesse, 1994, S. 100; Gaitanides, Business Reengineering, 1995, S. 73ff..
[630] Vgl. Theuvsen, Business Reengineering, 1996, S. 80.

### 3.4.3.2.2 Bestehende Tendenzen zur organisationalen Veränderung

Die bestehende Veränderungstendenz der Organisation hat einen situativen Einfluß auf die Wahl und Anpassung der Veränderungsstrategien.[631] Die Veränderungstendenz ergibt sich aus einem Kraftfeld im Sinne Lewins zwischen *retardierenden* und *akzelerierenden* Kräften der organisationalen Veränderung, d.h. zwischen Kräften des Widerstandes und Kräften der Beschleunigung.[632] Die akzelerierenden Kräfte der organisationalen Veränderung werden beeinflußt durch die Komplexität und Dynamik des organisationalen Umfelds und die dadurch entstandenen bzw. entstehenden Leistungslücken mit den entsprechenden Chancen und Risiken für die Organisation. Desweiteren werden die Veränderungskräfte durch das Engagement veränderungsbereiter und -fähiger Promotoren und Führer der Veränderung sowie durch die bindende Kraft neuer Visionen und Leitbilder verstärkt.[633] Die retardierenden Kräfte entstehen durch erstarrte Handlungstheorien und Orientierungsmuster, durch strukturelle, systemische oder technologische Barrieren, durch unflexible Fähigkeiten und Ressourcen, durch individuelle Motive und Einstellungen sowie durch in der Vergangenheit initiierte, gegenläufige Veränderungstendenzen.[634] Diese Faktoren führen zu einer niedrigen Veränderungsbereitschaft und -fähigkeit der Organisation und verhindern das Ablegen alter und die Annahme neuer Verhaltensweisen.

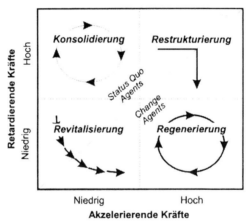

*Abbildung 3-34: Situative Auswahl und Anpassung der Veränderungsstrategien in Abhängigkeit der bestehenden Veränderungstendenzen[635]*

---

[631] Vgl. Strebel, Right Change Path, 1994, S. 29f..

[632] Vgl. auch: Staehle, Organisationsentwicklung, 1992, Sp. 1482.

[633] Vgl. zur Bedeutung der Führung organisationaler Veränderung: Dickhout et al., Designing Change Programs, 1995, S. 107ff..

[634] Vgl. Strebel, Right Change Path, 1994, S. 30; vgl. 'systemic barriers' in: Kilmann, Holistic Program, 1995, S. 176f..

[635] In Anlehnung an: Strebel, Right Change Path, 1994, S. 32.

In Abhängigkeit von der Position der Organisation in dieser Kräftematrix vor und auch während der Veränderung erweisen sich die unterschiedlichen Veränderungsstrategien als mehr oder weniger geeignet, organisationalen Wandel herbeizuführen (vgl. Abbildung 3-34).

Bei hohen Widerstandskräften und niedrigen Beschleunigungskräften ist die Tendenz der Organisation zur Veränderung sehr gering. Es entsteht eine relativ stabile Situation, so daß eine organisationale Veränderung allenfalls durch eine Konsolidierungsstrategie herbeigeführt werden kann. Dies trifft beispielsweise für Unternehmen zu, die, aufgrund von niedrigem Markt- und/oder Wettbewerbsdruck und einer als ausreichend betrachteten Leistung, über niedrige akzelerierende Kräfte und, aufgrund von relativ starren, fein detaillierten und formalisierten Orientierungs- und Verhaltensmustern, über hohe retardierende Kräfte verfügen. Solche Situationen lassen sich in ihrer extremsten Ausprägung bei Unternehmen in (ehemals) regulierten Märkten finden.

Besteht hingegen ein großer Veränderungdruck bei gleichzeitig enormen Widerständen, so kann durch den abrupten Umbruch mittels einer Restrukturierungsstrategie ein relativ 'schmerzhafter' Wandel eingeleitet werden.[636] Dem Überraschungseffekt des vollzogenen Strukturbruchs muß freilich anschließend ein Abbau von Widerständen folgen. Diese Situation trifft auf Unternehmen zu, die sich zwar in einer akuten Krise befinden, aber trotzdem noch hohe Widerstände gegen eine Veränderung aufweisen. Die Orientierungs- und Verhaltensmuster, die sich in der Vergangenheit bewährt haben, üben trotz eines Wandels des Markt- und Wettbewerbskontextes verhaltensdeterminierende Kräfte aus, die sich als Widerstände gegen Verhaltensveränderung auswirken. Teilweise überwiegen auch Assimilationsprozesse, die die Signale der Krise verleugnen oder umdeuten. Häufig läßt sich eine solche Situation z.B. in großen Industrieunternehmen mit einer extrem langen und erfolgreichen Geschichte antreffen.

Sind die Kräfte gegen die Veränderung und für die Veränderung vergleichsweise niedrig, kann durch eine Revitalisierungsstrategie ein relativer 'sanfter' Wandel eingeleitet werden.[637] Die Veränderung der Orientierungsmuster und Verhaltensweisen verläuft in kleinen, kontinuierlichen Schritten, so daß der schmerzhafte Bruch mit der Vergangenheit ausbleibt. Eine solche Situation tritt beispielsweise in Unternehmen auf, die aufgrund hoher Veränderungsbereitschaft und -fähigkeit engagierter Mitarbeiter und fehlender struktureller Barrieren über niedrige Widerstandskräfte verfügen und gleichzeitig aufgrund von niedrigem Umfelddruck und passabler Leistung über niedrige Beschleunigungskräfte verfügen. Eine solche Situation kann beispielsweise für Märkte mittleren Volumens und mittelständische Unternehmen zutreffen.

Bei niedrigen Widerstandskräften und hohen Beschleunigungskräften kommt es quasi automatisch zu kontinuierlichen Veränderungen. In diesem Fall gilt es, mit der Regenerierungsstrategie diese dezentral eingeleiteten Veränderungen zu kanalisieren und einen Lernprozeß über organisationale Veränderung zu institutionalisieren. Ein Umternehmen befindet sich in

---

[636] Vgl. für Reengineering: Dixon et al., Reengineering, 1995, S. 108.
[637] Vgl. 'supportive culture' als Voraussetzung der Revitalisierung: Mintzberg / Westley, Cycles, 1992, S. 47.

einer solchen Situation, wenn niedrige Widerstandskräfte infolge der hohen Veränderungsbereitschaft und -fähigkeit und der fehlenden strukturellen Barrieren herrschen und gleichzeitig aufgrund einer hohen Umfelddynamik und -komplexität sehr hohe Beschleunigungskräfte wirksam sind. Ein derartiges Unternehmen besteht im Extremfall fast ausschließlich aus 'Change Agents', die dezentral Wandel einleiten und steuern. Solche Situationen lassen sich beispielsweise in kleinen Unternehmen bzw. in autonomen Geschäftseinheiten vor allem im High-Tech-Bereich oder auch im Finanzdienstleistungs-Bereich finden.

Das Kräftefeld zwischen den akzelerierenden und retardierenden Kräften ist nicht statisch, sondern kann sich durch bewußte Interventionen verändern. In einer Situation mit hohen Widerstandskräften und niedrigen Beschleunigungskräften ist nicht notwendigerweise die Konsolidierungsstrategie die einzige Alternative für organisationale Veränderung. Wird beispielsweise proaktiv eine drohende Leistungslücke bzw. ein glaubhaftes Krisenszenario aufgezeigt, können die Kräfte für die Veränderung so zunehmen, daß die Bedingungen für eine Restrukturierungsstrategie geschaffen sind. Kotter berichtet von einem Fall, in dem der größte Verlustausweis in der Geschichte des Unternehmens förmlich konstruiert worden ist, um die Dringlichkeit des organisationalen Wandels zu signalisieren.[638] Durch bewußte Interventionen können also die akzelerierenden und retardierenden Kräfte verändert werden, so daß mit einer umfangreichen Veränderungskampagne ein Veränderungspfad innerhalb des Kräftefelds beschritten werden kann.[639] Dabei sollte beachtet werden, daß nicht nur Risiken und Krisenbilder, sondern auch Chancen und Erfolgsvisionen akzelerierenden Kräfte entfalten können.

### 3.4.3.3 Veränderungspfad als Serie von Veränderungsstrategien

Die erfolgreiche Veränderung von Organisationen geschieht nicht mit einer einzigen und 'lupenreinen' Veränderungsstrategie; vielmehr werden in mehreren aufeinanderfolgenden Episoden und in verschiedenen Bereichen - gemäß der situativen Entwicklung - unterschiedliche Schwerpunkte gesetzt.[640] Die Serie von Veränderungsstrategien soll als *Veränderungspfad* bezeichnet werden.

Aus der Sicht des einzelnen Unternehmens ergibt sich der Veränderungspfad durch die regelmäßige situative Auswahl und Anpassung der inhaltlichen und prozessualen Elemente der Veränderung. Abbildung 3-35 zeigt als Beispiel die Veränderungspfade von SAS und Nestlé als situative Auswahl und Anpassung in der *Kräftefeld-Matrix*.[641]

Die skandinavische Airline SAS befand sich in einer Situation von hohen akzelerierenden Kräften infolge einer Rezession und der dadurch verursachten Verluste, aber auch von hohen retardierenden Kräften. Durch eine Restrukturierungsstrategie mit einer Reorientierung der Produktlinie und einem Kostenprogramm gelang es, den Veränderungsdruck und die Wider-

---

[638] Vgl. Kotter, Leading Change, 1995, S. 60; vgl. auch: Dixon et al., Reengineering, 1995, S. 108.
[639] Vgl. Strebel, Right Change Path, 1994, S. 30.
[640] Vgl. Kotter, Leading Change, 1995, S. 59f.; Dickhout et al., Designing Change Programs, 1995, S. 114f..
[641] Vgl. Strebel, Right Change Path, 1994, S. 38 und 45.

stände soweit abzubauen, daß die Bedingungen für eine Revitalisierungsstrategie geschaffen wurden.

**Veränderungspfad von SAS**   **Veränderungspfad von Nestlé**

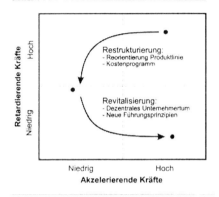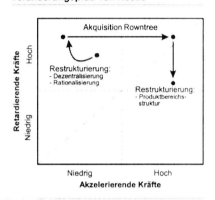

*Abbildung 3-35: Veränderungspfade von SAS und Nestlé[642]*

Das Unternehmen Nestlé befand sich in einer Situation mit niedrigen Kräften für und hohen Kräften gegen organisationale Veränderung. Die Führung von Nestlé antizipierte allerdings die mit der globalen Konsolidierung verbundene Gefahr und versuchte, durch eine Restrukturierungsstrategie mit den Schwerpunkten 'Dezentralizierung' und 'Rationalisierung' eine organisationale Veränderung hin zur Globalisierung einzuleiten. Durch diese Veränderung wurde zwar die Leistung verbessert und damit der Veränderungsdruck verringert, allerdings wurde der Widerstand gegen die Globalisierung durch die Stärkung der nationalen Gesellschaften größer. Erst durch die Akquisition von Rowntree durch Nestlé wurden die akzelerierenden Kräfte für die Globalisierung so stark, daß eine Bereitschaft in der Organisation zur Restrukturierung vorhanden war. Mit Rowntree hatte Nestlé nicht nur den ersten zentralen Bereich mit einer globalen Produktlinie erworben, sondern auch ein internes Modell für neue Orientierungsmuster und Verhaltensweisen geschaffen. Durch den direkten Vergleich der Produktbereichs- mit der Regionenstruktur wuchs die Unzufriedenheit mit dem Status Quo und die Widerstandskräfte sanken.

Angesichts der situativen Bedingtheit erscheint der Entwurf von generischen Veränderungspfaden mit zwingend sequentiellen Episoden auf dem Weg zu einem *'Corporate Nirvana'* für die Erklärung und Gestaltung von organisationaler Veränderung nicht erfolgversprechend.[643] Eine Reihenfolge aus den Strategien der Restrukturierung und Revitalisierung bzw. Regenerierung wird in der Praxis beispielsweise erfolglos sein, wenn in der Restrukturierung die Ba-

---

[642] Vgl. ebda., a.a.O..

[643] Vgl. die Kritik an der 'Restructuring-Revitalization-Renewal-Sequenz': Chakravarthy, Process of Transformation, 1996, S. 529ff..

sis der Revitalisierung und Regenerierung - das Vertrauen, die Offenheit und das Engagement der Mitarbeiter - zerstört wird. Statt generischen Veränderungspfaden zu folgen, scheint es ratsamer, gemäß der situativen Entwicklung offen und flexibel verschiedene Episoden mit unterschiedlichen Veränderungsstrategien einzuleiten.[644] Nach diesen Überlegungen gibt es zwar keine allgemein anwendbaren erfolgsversprechenden generischen Veränderungspfade, es lassen sich allerdings einige typische Muster erkennen.

Einerseits ergeben sich die übereinstimmenden Muster der Veränderungspfade durch die kausale Verknüpfung der Inhalte der Veränderung, und zwar vor allem im funktionalen Kontext. Die Veränderung der Aufbau- und Ablaufstruktur erfordert beispielsweise auch eine Veränderung der Steuerungs- und Entscheidungssysteme oder der Anreizsysteme. Durch diese Zusammenhänge ergibt sich eine logische Sequenz von Erst- und Folge-Reorganisationen (Reorganisationskarussel).[645] Andererseits ergeben sich übereinstimmende Muster der Veränderungspfade durch den zyklischen Wechsel von Veränderungsstrategien. Nach Mintzberg und Westley können Veränderungspfade sich beispielsweise als ein Wechsel von Episoden des revolutionären Umbruchs und der Stabilität oder als ein Wechsel von divergierenden und konvergierenden Episoden darstellen.[646] Das erste Modell entspricht einer Abfolge von Restrukturierungs- und Konsolidierungsstrategien; das zweite Modell kann als ein Wechsel von Revitalisierungs- oder Regenerierungs- und Konsolidierungsstrategien aufgefaßt werden, d.h. als ein Wechsel zwischen Experimentieren und Öffnen des Lösungsraums einerseits und zwischen Optimieren und Institutionalisieren eines Lösungsbündels andererseits. Darüber hinaus gibt es auch Veränderungspfade, die im Prinzip auf *einer* Veränderungsstrategie beruhen. Im Fall der Konsolidierungsstrategie durchläuft das Unternehmen zwischen Gründung und Schließung eine s-förmige Leistungskurve (Lebenszyklusmodell). Im Falle der Regenerierungsstrategie sind der organisationalen Veränderung prinzipiell keine Grenzen gesetzt.[647]

---

[644] Vgl. für technologisch induzierte Veränderungspfade: Orlikowski / Hofman, Improvisational Model, 1997, S. 12.

[645] Vgl. Gabele, Reorganisation, 1992, Sp. 2198.

[646] Vgl. *'Periodic Bumps'* und *'Oscillating Shifts'*: Mintzberg / Westley, Cycles, 1992, S. 49f.; vgl. zur Balancierung von Umbruchs- und Evolutionsmodell: Krüger, Organisationsstrategien, 1994, S. 202; Tushman / O'Reilly, Ambidextrous Organizations, 1996, S. 11.

[647] Vgl. *'Life Cycles'* und *'Regular Progress'*: Mintzberg / Westley, Cycles, 1992, S. 49f..

## 4 Applikation der Modellskizze für die Veränderung der Produkt- und Prozeßentwicklung

> *"Both the anecdotal and statistical evidence suggests that, although TQM can produce competitive advantage, adopting the vocabularies, ideologies, and tools promoted by TQM gurus and advocates matters less than developing the underlying intangible resources that make TQM implementation successful."*[1]

Die Ansätze zur Veränderung der Produkt- und Prozeßentwicklung basieren häufig auf der Einführung singulärer Organisationskonzepte oder vereinzelter Methoden und Instrumente der Qualitätssicherung. Das Defizit solcher 'Veränderungsstrategien' liegt nicht nur in der mangelnden Eignung des zugrunde liegenden Phasenmodells 'Planung-Implementierung-Kontrolle', sondern vor allem auch an der häufig unzureichenden Relevanz dieser Maßnahmen für die Lösung von konkreten Problemen. Dient hingegen als Ausgangspunkt des Veränderungspfads ein bedeutendes Problemmuster der Produkt- und Prozeßentwicklung, das in einem konkreten Entwicklungsprojekt gelöst wird, dann wird sich von Anfang an eine hohe Begeisterung für die Veränderungsinitiative einstellen.[2] Durch die Verankerung der Veränderung in den spezifischen Problemen können die Interventionsmaßnahmen zur Verbesserung von Entwicklungsstrategie und -programm, zum Abbau interfunktionaler Barrieren oder zum Aufbau neuer mentaler Leitbilder wesentlich höhere Veränderungsenergien aktivieren.[3] Die Veränderung verliert ihren programmatischen Charakter und wird zu einem offenen, flexiblen und spezifischen Veränderungspfad, mit dem die "underlying intangible resources" für langfristige Wettbewerbsvorteile aufgebaut und die Leistungsfähigkeit der Produkt- und Prozeßentwicklung nachhaltig gesteigert werden können.[4]

Gemäß der Modellskizze des letzten Kapitels bilden die Ausgangs- und Zielsituationen der Veränderung die singuläre Anfangsbedingung und das Explikandum des Modells. Die wesentliche Voraussetzung zur Beschreibung und Klassifizierung der Ausgangs- und Zielsituation ist die Existenz eines (meta-)organisationalen Zielsystems, dessen Darstellung in der Produkt- und Prozeßentwicklung der Gegenstand des ersten Abschnittes ist. Anschließend werden die möglichen Prozeß- und Inhaltselemente der Veränderung in Bezug auf die Produkt- und Prozeßentwicklung kurz umrissen. Dabei werden auch einzelne Methoden, Techniken und Instrumente vorgestellt. Im Vergleich zu den Inhaltselementen sind die Prozeßelemente der Veränderung nicht spezifisch für die Produkt- und Prozeßentwicklung und können demnach prinzipiell in ähnlicher Form für ein breites Spektrum von Veränderungsprozessen ein-

---

[1] Powell, Total Quality Management, 1995, S. 31.

[2] Vgl. zur Bedeutung des *'Task Alignment'* von Veränderungsinitiativen: Beer et al., Verjüngungskampagnen, 1990, S. 18; analog: Wheelwright / Clark, Revolutionizing, 1992, S. 311ff..

[3] Vgl. die Beispiele in: Clark / Fujimoto, Erfolgsgeheimnis, 1991, S. 34; Bowen et al., Development Projects, 1994, S. 111f..

[4] Vgl. Powell, Total Quality Management, 1995, S. 31.

gesetzt werden. Die Veränderungsstrategien der Produkt- und Prozeßentwicklung geben schließlich Gestaltungsinformationen, wie - in Abhängigkeit von Ausgangssituation und Zielsituation - die Gestaltungselemente der Veränderung ausgewählt und angepaßt werden sollten.

## 4.1 Meta-organisationales Zielsystem der Produkt- und Prozeßentwicklung

Das Zielsystem der Produkt- und Prozeßentwicklung ist das Ergebnis der spezifischen Zielsetzungsprozesse der 'Stakeholder' dieses Kernprozesses. Aufgrund von ähnlichen Anforderungen im Markt- und Wettbewerbskontext an verschiedene Unternehmen ergibt sich jedoch ein *meta-organisationales Zielsystem*, das als eine gemeinsame Basis in Bezug auf Zieldimensionen und -niveaus betrachtet werden kann. Als meta-organisationales Zielsystem der Produkt- und Prozeßentwicklung wird häufig die Zieltriade aus Qualität, Kosten und Zeit verwendet.[5] Clark und Fujimoto nutzen in ihrer Studie beispielsweise die Zielkriterien *'Lead time'*, *'Total Product Quality'* und *'Productivity'*.[6] Ein solches Zielssystem nimmt bereits eine Auswahl und Gewichtung von Zielkriterien vor. Ein Vergleich zu dem im dritten Kapitel vorgestellten Zielssystem verdeutlicht, daß der Fokus solcher Zieltriaden auf den operativen Zielen, und zwar auf den Output- Zielen - Qualität und Kosten des Produktes - und den Transformationszielen - Kosten bzw. Produktivität und Zeit des Entwicklungsprozesses - liegt. Hingegen wird den organisationalen Potentialzielen und den individuellen Verhaltenszielen untergeordnete Bedeutung zugemessen. Als Ausgangspunkt der Applikation der Modellskizze soll ein umfangreiches Zielsystem der Produkt- und Prozeßentwicklung verwendet werden, das die drei Zieldimensionen der organisationalen Operationsziele, der organisationalen Potentialziele und der individuellen Verhaltensziele enthält (vgl. Abbildung 4-1).[7]

### 4.1.1 Organisationale Operationsziele der Produkt- und Prozeßentwicklung

Die operativen Ziele der Produkt- und Prozeßentwicklung sollen zunächst aus der Perspektive eines einzelnen Entwicklungsprojekts bzw. -vorhabens dargestellt werden. Durch die Aggregation über alle Projekte und Vorhaben erhält man das Zielsystem für das gesamte Portfolio von Entwicklungsprojekten bzw. -aktivitäten. Die operativen Ziele lassen sich in Output-, Transformations- und Input-Ziele differenzieren. Als Output-Ziele sollen die Ziele der Ergebnisse der Entwicklung - z.B. Gewinn- oder Umsatzziele - und Ziele des Objektes der Entwicklung - z.B. Qualitäts- oder Kostenziele der Produkte - verstanden werden. Als Objekte der Entwicklung kommen dabei nicht nur neue, sondern auch bestehende Produkte und Prozesse in Frage. Die Transformationsziele sind die Ziele des Prozesses der Entwicklung - z.B.

---

[5] Vgl. z.B. die "Competitive Imperatives speed, efficiency, and quality": Wheelwright / Clark, Revolutionizing, 1992, S. 4.

[6] Vgl. Clark / Fujimoto, Product Development Performance, 1991, S. 67-95.

[7] Vgl. die umfangreichen Zielsysteme in: Tipping et al., Assessing, 1995; Specht / Beckmann, F&E-Management, 1996, S. 126 ff..

Entwicklungszeit oder -kosten. Als Input-Ziele lassen sich schließlich die Ziele der Einsatzfaktoren der Entwicklung bezeichnen.

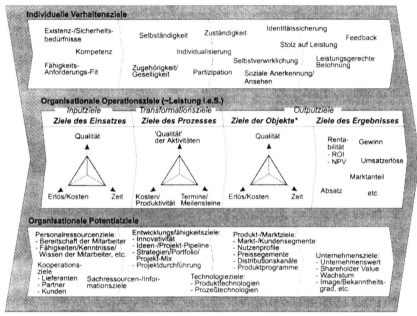

*Zu entwickelnde Produkte (Komponenten, Dienste, etc.) und Prozesse (Produktions-; Distributions- u.a. Prozesse)

*Abbildung 4-1: Zielsystem der Produkt- und Prozeßentwicklung*

#### 4.1.1.1 Ziele des Ergebnisses der Entwicklung

Die Ergebnisziele der Entwicklung können als Bindeglied zwischen den Unternehmenszielen und den Zielen für die Objekte, die Prozesse und die Einsatzfaktoren der Entwicklung betrachtet werden. Sie können als Indikatoren für den vor allem finanziellen Beitrag des einzelnen Projektes zum Erfolg des Unternehmens herangezogen werden. Ein zentrales Kriterium für ein einzelnes Entwicklungsvorhaben ist das Verhältnis von den kumulierten Gewinnen zu den kumulierten Investitionen, das den Kennzahlen des *Return-on-Investment (ROI)* und des *Net-Present-Value (NPV)* zugrunde liegt. Auf diese Rentabilitätskriterien lassen sich Kennzahlensysteme aufbauen, die als weitere Zielkriterien auch die Umsatzerlöse, die Absätze, die Preise, die Marktanteile, die Deckungsbeiträge, die Herstellkosten sowie die Entwicklungskosten - jeweils bezogen auf den gesamten Produktlebenszyklus - enthalten (vgl. Abbildung 4-2).[8] Neben den Rentabilitätskriterien wird häufig auch die *Pay-off-Periode*, d.h. die Armorti-

---

[8] Vgl. zum ROI als Maßgröße für einzelne Entwicklungsvorhaben: House / Price, Return Map, 1991, S. 96; vgl. zu Kennzahlen in F&E: Hichert, Kennzahlen, 1980; Bauer / Brockhoff, Kennzahlenberechnung, 1992.

sationszeit der kumulierten Investitionen als Zielkriterium herangezogen.

Aufgrund der gemeinsamen Nutzung von Entwicklungs- und Kapitalinvestitionen ist es in der Regel sinnvoll, die Rentabilitätskriterien nicht nur für die Entwicklung einzelner Produkte bzw. Prozesse, sondern für die Entwicklung ganzer Produkt- bzw. Prozeßlinien einzusetzen. In diesem Fall wird die Rentabilitätskennzahl als das Verhältnis von kumulierten Gewinnen zu kumulierten Investitionen über den Lebenszyklus der gesamten Produkt- und Prozeßlinie berechnet.

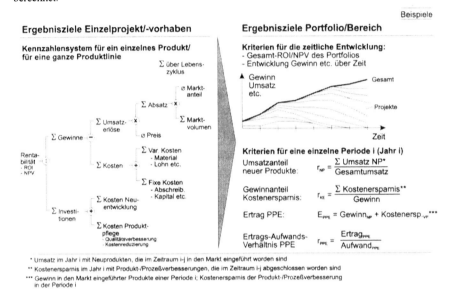

*Abbildung 4-2: Ergebnisziele der Produkt- und Prozeßentwicklung*

Die Zielgrößen für das gesamte Portfolio der Entwicklungsvorhaben können durch Aggregation der Einzelgrößen abgeleitet werden. So lassen sich beispielsweise der Net-Present-Value, die zukünftigen Gewinne oder Umsatzerlöse des gesamten Portfolios zu bestimmten Zeitpunkten ermitteln.[9] Darüber hinaus gibt es Zielkriterien, die nur für das gesamte Portfolio und nur für eine einzelne Periode sinnvoll eingesetzt werden können. Dazu gehören beispielsweise der *Umsatz- bzw. Gewinnanteil neuer Produkte*, der *Gewinnanteil der Kostenersparnis*, der *Ertrag einer Periode* oder das *Ertrags-Aufwands-Verhältnis einer Periode*.[10] Die Problematik solcher Kennzahlen liegt vor allem in der Ermittlung und Zuordnung der wertmäßigen Erträge der Entwicklungsaktivitäten. Die Schwierigkeiten entstehen insbesondere durch die Zeitdifferenz zwischen den Aktivitäten der Entwicklung und der Verwertung im Markt sowie durch

---

[9] Vgl. Wheelwright / Clark, Revolutionizing, 1992, S. 45f..
[10] Vgl. Tipping et al., Assessing, 1995, S. 26.

das Fehlen geeigneter Kriterien für die mengen- und wertmäßige Abschätzung von Ergebnissen, die nicht direkt im Markt verwertet werden.[11] Aufgrund der Bewertungsproblematik der Ergebnisziele überwiegen in Theorie und Praxis objektbezogene und prozeßbezogene Ziele.

### 4.1.1.2 Ziele der Objekte der Entwicklung

Als Objekte der Entwicklung versteht man neue bzw. bestehende Produkte und Prozesse sowie einzelne Module und Teile. Zur Systematisierung der Objektziele eignet sich der *Integrationsrahmen des Produktlebens* (vgl. Abbildung 4-3).[12] In den einzelnen Lebensphasen - Produktion, Beschaffung, Verkauf und Distribution, Nutzung, Wartung und Reparatur sowie Recycling und Entsorgung - werden unterschiedliche Anforderungen an das Produkt bzw. an seine Entstehungs- und Verwertungsprozesse gestellt, die in der Entwicklung identifiziert und gestaltet werden müssen. Die Anforderungen sollen in Bezug auf die Dimensionen 'Qualität', 'Erlöse' und 'Kosten' sowie 'Zeit' unterschieden werden.

*Qualität:* Durch die Bezugnahme auf das ganze Produktleben ergibt sich ein sehr weit gefaßter Qualitätsbegriff. Als Qualität eines Gegenstandes bezeichnet man seine Eignung, die explizit festgelegten und die implizit vorhandenen Anforderungen zu erfüllen.[13] Die Differenz zwischen erwarteter - bzw. erhoffter - und wahrgenommener Qualität eines Produktes bestimmt den Grad der Kundenzufriedenheit.[14] Folglich trägt hohe Qualität wesentlich zur Erreichung der Ergebnisziele - beispielsweise der Renditeziele, Marktanteilsziele, Ziele für Wiederkaufsraten oder Preisziele - und zur Erreichung strategischer Ziele bei.[15] Gegenüber einem eng gefaßten Qualitätsbegriff ergibt sich somit eine Erweiterung in zwei wichtigen Dimensionen.[16]

(1) In Bezug auf die Anforderungsarten umfaßt der verwendete Qualitätsbegriff nicht nur die Anforderungen der Kunden im engeren Sinne, also der Konsumenten, sondern auch die Anforderungen der Kunden anderer Lebensphasen - z.B. die Anforderungen der innerbetrieblichen Kunden. Ein Produkt hoher Qualität zeichnet sich folglich nicht nur durch die Kundenzufriedenheit mit seinen Funktionen und Leistungen, sondern auch durch seine Wartungs- bzw. Reparaturgerechtigkeit oder Recyclinggerechtigkeit aus. Durch diese Erweiterung des Qualitätsbegriffes wird zwei wichtigen Trends Rechnung getragen. Einerseits geraten die Hersteller zunehmend in die Verantwortung für das gesamte Produktleben, andererseits forciert die zunehmende Wettbewerbsintensität in gesättigten Märkten die Integrationsnotwendigkeit

---

[11] Vgl. Specht / Beckmann, F&E-Management, 1996, S. 333f..
[12] Vgl. zur Systematisierung der Objektziele der Entwicklung mit dem Produktlebensansatz: Ebda., S. 127f..
[13] Vgl. Specht / Schmelzer, Qualitätsmanagement, 1990, S. 5.
[14] Vgl. Bailom et al., Kano-Modell, 1996, S. 117.
[15] Vgl. z.B. Specht, Qualitätsmanagement, 1989, S. 142.
[16] Vgl. die Erweiterung des Qualitätsbegriffes in: Garvin, Eight Dimensions of Quality, 1987, S. 104-108; vgl. die Dimensionen der Produktexzellenz: "Functionality", "Coherence of total system" und "Fit of product specifications and customer expectations" in: Bowen et al., Projects, 1994, S. 131.

der Produktlebensanforderungen, d.h.: möglichst viele Anforderungen des Produktlebens müssen auf einem möglichst hohen Niveau verwirklicht werden.

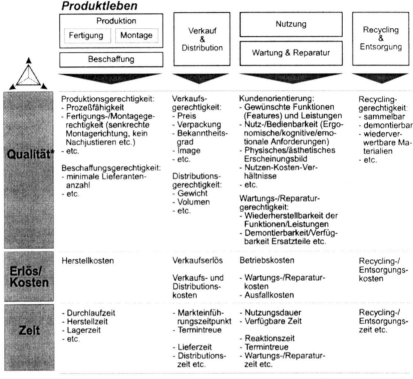

*Abbildung 4-3: Ziele der Objekte der Entwicklung*

(2) In Bezug auf den Erfüllungsgrad bezeichnet der verwendete Qualitätsbegriff nicht nur den *Grad der realisierten Erfüllung von spezifizierten Anforderungen (a)*, sondern auch den *Grad der realisierbaren Erreichung von Kundenzufriedenheit(b)*.[17]

(a) Der erste Aspekt bezeichnet die Beschaffenheit eines Produktes, einer Komponente, eines Teiles oder eines Prozesses, jederzeit die spezifizierten bzw. explizit festgelegten Anforderungen zu erfüllen. Zu diesem Aspekt lassen sich die Qualitätskonzepte der *Konformität*

---

[17] Vgl. die Differenzierung des Qualitätsbegriffes in "Conformance Quality" und "Design Quality": Clark / Fujimoto, Product Development Performance, 1991, S. 69.

('conformance'), der *Zuverlässigkeit* ('reliability') und der *Haltbarkeit* ('durability') zählen.[18]

Als *Konformität* wird der Grad der Abweichungen der spezifizierten Toleranzen und Zielwerte von den tatsächlich realisierten Streuungen und Mittelwerten bezeichnet. Im Herstellungsprozeß des Produktes wird die *Prozeßfähigkeit* als Kennziffer der Konformität einzelner Produktionssprozesse verwendet.[19] Im Nutzungsprozeß durch den Kunden bezeichnet die Konformität entsprechend die Abweichung der spezifizierten von den realisierten Leistungsgrößen. Die Konformitätskomponente der Qualität ist also nicht nur für die innerbetrieblichen Prozesse, sondern für das gesamte Produktleben von Bedeutung. Als Maßgröße für die Konformität kann nach Tagushi der monetär bewertete Qualitätsverlust herangezogen werden, der sich durch die Abweichung zwischen Ist- und Zielwerten im gesamten Produktleben ergibt.[20] Nach diesem Konzept kann der Zusammenhang zwischen den Abweichungen vom Zielwert und dem resultierenden finanziellen Qualitätsverlust für Produzenten und Konsumenten mit einer *Qualitätsverlust-Funktion* ('Quality loss function') abgebildet werden.[21]

Als *Zuverlässigkeit* soll die Wahrscheinlichkeit des Auftretens von Fehlern in Form von Funktionsausfällen oder Leistungsminderungen innerhalb einer bestimmten Periode bezeichnet werden. Im Unterschied zum Konformitätskonzept führt nach dem Zuverlässigskeitskonzept nicht jede Abweichung zwischen Ist- und Zielwert zu einem Qualitätsverlust. Es werden nur solche Abweichungen berücksichtigt, die zu einem Ausfall des gesamten Produktes bzw. Prozesses oder einzelner Funktionen oder zu einer Über- oder Unterschreitung spezifizierter Leistungstoleranzen führen. Gemessen wird diese Qualitätskomponente beispielsweise durch den Anteil fehlerhafter Produkte und Teile an der Gesamtzahl der produzierten bzw. abgesetzten Produkte und Teile. Als weitere Maßgrößen werden die durchschnittliche Zeitspanne bis zum Auftreten des ersten Fehlers oder die durchschnittliche Zeitspanne zwischen zwei Fehlern verwendet.

Die *Haltbarkeit* schließlich ist ein Maß für das Ausmaß bzw. für die Zeitspanne der Nutzung des Produktes, bevor es entsorgt bzw. ersetzt werden muß. Die Bewertung der Haltbarkeit hat eine technische und ökonomische Dimension.[22] Die technische Haltbarkeit kann durch Reparaturen fast beliebig verlängert werden. Die ökonomische Haltbarkeit orientiert sich an einem Vergleich zwischen den Nutzen-Kosten-Verhältnissen des bestehenden Produktes und der für einen Ersatz in Frage kommenden Produkte. Bei gleichem Nutzen wird ein bestehendes Produkt ersetzt, wenn die Anschaffungs- und die gesamten Lebenskosten des Ersatzproduktes geringer sind als die verbleibenden Lebenskosten - vor allem Reparaturkosten - des derzeitig genutzten Produktes. Als Maß für die Haltbarkeit können die durchschnittliche Zeitspanne der Nutzung, z.B. das Alter oder die geleisteten Betriebsstunden des Produktes, das quantifizierte

---

[18] Vgl. Garvin, Eight Dimensions of Quality, 1987, S. 105ff..
[19] Vgl. zur Prozeßfähigkeit: VDA, Sicherung der Qualität, 1987, S. 51-73.
[20] Vgl. Tagushi / Byrne, Tagushi Approach, 1986.
[21] Vgl. Kackar, Tagushi's Quality Philosophy, 1987, S. 67; Gunter, Tagushi Methods, 1987, S. 82; Barker, Tagushi's Philosophy, 1987, S. 73.
[22] Vgl. Garvin, Eight Dimensions of Quality, 1987, S. 106.

248  Applikation der Modellskizze für die Veränderung der Produkt- und Prozeßentwicklung

Ausmaß der Nutzung, z.B. die Anzahl des Gebrauchs oder die kumulierte Gesamtleistung, oder der alters- bzw leistungsbezogene Wertverfall des Produktes in Bezug auf seinen Neupreis herangezogen werden.

(b) Der Grad der Kundenzufriedenheit hängt nicht nur von der Differenz zwischen den explizit spezifizierten und den realisierten Anforderungen ab, sondern auch von der Differenz zwischen den - zum Teil impliziten und latenten - Erwartungen bzw. Hoffnungen des Kunden und dem explizit festgelegten Erfüllungsgrad des Produktes. Diese Komponente der Qualität - der *Grad der realisierbaren Erreichung von Kundenzufriedenheit* - bezieht sich auf die Eignung der Produkte und Prozesse, die richtigen Anforderungen in der richtigen Art und Höhe verwirklichen zu können. Nach dem *Kano-Modell* lassen sich drei Anforderungskategorien unterscheiden, die im unterschiedlichen Ausmaß die wahrgenommene Qualität und damit die Kundenzufriedenheit beeinflussen.[23] Danach führt die Steigerung der Erfüllung von *Basisanforderungen* nur zu einer unterproportionalen Steigerung der Kundenzufriedenheit. Hingegen weisen die *Leistungsanforderungen* einen proportionalen Zusammenhang, die *Begeisterungsanforderungen* einen überproportionalen Zusammenhang auf.

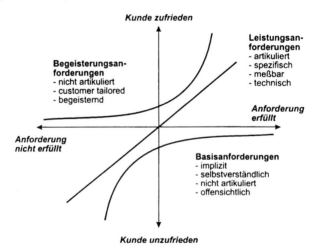

*Abbildung 4-4: Kano-Modell der Kundenzufriedenheit*[24]

Das Kano-Modell spiegelt den Trend wider, mit dem Qualitätsbegriff nicht nur die Erfüllung grundlegender funktionaler Anforderungen ('Pflicht'), sondern auch die 'überraschende Begeisterung' durch die Erfüllung latenter Bedürfnisse und Wünsche ('Kür') zu verstehen.[25] Ne-

---

[23] Vgl. Kano, Attractive Quality, 1984; Berger, Kano's Methods, 1993.

[24] Vgl. Berger, Kano's Methods, 1993.

[25] Vgl. "Produktintegrität": Clark / Fujimoto, Erfolgsgeheimnis, 1991, S. 26ff.; "Metaquality": Walsh, Metaquality Product, 1993, S. 44.

ben den objektiv bewertbaren und materiellen Eigenschaften wie den Funktionen ('Features'), Leistungen, ergonomischen Eigenschaften und dem physischen Erscheinungsbild des Produktes erlangen die eher subjektiv bewertbaren und immateriellen Eigenschaften wie das ästhetische Erscheinungsbild, das Image sowie die kognitiv und emotional stimulierten Erlebnisse in der Interaktion mit dem Produkt zunehmend an Bedeutung.[26] Durch diese Erweiterung des Qualitätsbegriffes wird der Trend berücksichtigt, daß die Kundenzufriedenheit und damit der Produkterfolg zunehmend durch immaterielle Produkteigenschaften, die die Werte und Lebensstile der Kunden ansprechen und prägen, entschieden wird.[27]

Der mit der Erreichung von Kundenzufriedenheit verknüpfte Qualitätsaspekt läßt sich indirekt durch den Marktanteil oder durch die Nutzung von 'Lead Users' messen.[28] Für einige Branchen existieren auch durch Marktforschungsinstitute ermittelte Kundenzufriedenheits-Indices. Für die Automobilindustrie ermitteln beispielsweise die J.D. Power-Indices die Kundenzufriedenheit mit dem Produkt und seinen Dienstleistungen vom Kauf über die Nutzung bis hin zum Verkauf im Wettbewerbsvergleich. Solche Indices enthalten auch die bereits erwähnten Qualitätskenngrößen - z.B. die Kundenbewertung des Funktions- und Leistungsprofils oder der Zuverlässigkeit und Haltbarkeit.

*Kosten:* Die Kostenziele stellen eine weitere Zieldimension für die Objekte der Entwicklung dar. Auch für diese Zieldimension eignet sich das Produktleben als Integrationsrahmen für eine systematische Erfassung. Die Kostenziele umfassen zunächst einmal die Kosten für die Herstellung, den Verkauf und die Distribution der entsprechenden Produkte oder Dienstleistungen durch die beteiligten Unternehmen. Diese enge Kostenperspektive kann durch die Berücksichtigung der Kosten des gesamten Produktlebens erweitert werden.[29] Dazu ist es notwendig, die aus Unternehmenssicht externen Kosten einzubeziehen, die infolge von Nutzung, Wartung und Reparatur sowie Recycling und Entsorgung anfallen und von Konsumenten, staatlichen Institutionen oder der 'Allgemeinheit' getragen werden. Gemeint sind etwa die Betriebskosten der Nutzung, die z.B. bei einer konventionellen Glühlampe ein Vielfaches der Herstellungskosten bzw. des Verkaufspreises betragen können. Durch eine Internalisierung dieser Kostenbestandteile in das Produkt kann für den Konsumenten insgesamt ein besseres Nutzen-Kosten-Verhältnis erzielt werden, während für das Unternehmen ein Wettbewerbsvorteil aufgebaut und der Wertschöpfungsanteil erhöht werden kann.

Vom Kostenziel sind weitere Zielgrößen abgeleitet worden - z.B. die Anzahl der Teile des Produktes, die Anzahl neuer bzw. wiederverwerteter Teile oder die Anzahl von Teilen mit JIT-Lieferung. Die Verbesserung solcher Zielgrößen führt über eine Erhöhung der Produktionsgerechtigkeit, über eine Verbesserung der Beschaffungskonditionen und eine Vereinfachung der Logistik- und Auftragsabwicklungsprozesse zu einer Reduzierung direkter und indirekter Kosten - vor allem auch durch eine Reduzierung der Komplexitätskosten.

---

[26] Vgl. z.B. in Bezug auf die Anforderung der Nutz-/Bedienbarkeit: March, Usability, 1994, S. 144ff..
[27] Vgl. Clark / Fujimoto, Erfolgsgeheimnis, 1991, S. 26ff..
[28] Vgl. Ellis / Curtis, Customer Satisfaction, 1995, S. 45.
[29] Vgl. dazu z.B.: Horváth / Gentner, Integrative Controllingsysteme, 1992, S. 178.

*Zeit:* Die Entstehungs- und Verwertungsprozesse und damit auch die entsprechenden Reaktions- und Durchlaufzeiten des gesamten Produktlebens werden durch die Entwicklung festgelegt. Folglich sind mit den Objekten der Entwicklung phasenspezifische Zeitziele verknüpft - z.B. die Durchlaufzeiten der Produktion, die Liefer- und Distributionszeiten, die Nutzungsdauer oder die Recycling- und Entsorgungszeiten. Die Zeit als Zielgröße ist in zweierlei Hinsicht von Bedeutung. Einerseits bestimmt die benötigte Zeit für zahlreiche Entstehungs- oder Verwertungsprozesse direkt proportional die Höhe der entstehenden Kosten. Beispielsweise bestimmt die Durchlaufzeit der Montage die entsprechenden Montagekosten. Andererseits bestimmen die benötigten Zeiten für die Entstehungs- und Verwertungsprozesse die Prognosezeitspanne und damit die Planungspräzision sowie die Reaktionszeit und damit die Flexibilität bei dynamischen Entwicklungen. Schnelle Reaktionszeiten und kurze Durchlaufzeiten in den einzelnen Prozessen des Produktlebens können zu einem Wettbewerbsvorteil in einem dynamischen Marktkontext führen.[30] Als zeitorientierte Zielgrößen lassen sich für die Produktion z.B. der Anteil der Kernzeit der Wertschöpfung an der Gesamtzeit, der Lagerumschlag oder die Durchlaufzeiten für einzelne Prozeßabschnitte anführen, für den Vertrieb lassen sich z.B. die Reaktionszeit auf Kundenanfragen, der Anteil termintreuer Lieferungen, die Durchlaufzeit einzelner Wartungs- und Reparaturprozesse sowie die Zeitspanne zwischen Kundenanfrage und Auslieferung (Lieferzeit) als Kenngrößen nennen.[31]

### 4.1.1.3 Ziele des Prozesses der Entwicklung

Das oberste Ziel des Entwicklungsprozesses kann darin gesehen werden, Produkte und Prozesse zu entwickeln, die die gesetzten Qualitäts-, Kosten- und Zeitziele erreichen und übertreffen können, so daß die Ergebnisziele des Unternehmens nachhaltig realisiert werden. Desweiteren zielt der Entwicklungsprozeß auf die Realisierung der organisationalen Potentialziele - beispielsweise auf die Verbesserung der Fähigkeit der Entwicklung selber oder auf die Verbesserung von Produkt- und Prozeßtechnologien - sowie auf die Verwirklichung individueller Verhaltensziele. Dieses Zielbündel kann als die Effektivitätskomponente bzw. als die Qualitätskomponente des Zielsystems des Entwicklungsprozesses betrachtet werden, d.h. der Entwicklungsprozeß ist effektiv bzw. von hoher Qualität, wenn durch ihn die Objekt- und Ergebnisziele sowie die organisationalen Potentialziele und individuellen Verhaltensziele erreicht werden. Neben der Effektivitäts- bzw. Qualitätskomponente sind auch die Effizienz- bzw. die Kosten- und Zeitkomponenten zu beachten, so daß sich das Zielsystem des Entwicklungsprozesses insgesamt mit Hilfe einer Triade aus Qualitäts-, Kosten- und Zeitzielen darstellen läßt (vgl. Abbildung 4-5).[32]

*Qualität:* Die Qualität bzw. die Effektivität des Entwicklungsprozesses mißt sich letztlich am Beitrag der Entwicklungsaktivitäten zur Verwirklichung der Objekt- und Ergebnisziele

---

[30] Vgl. zur Reaktionszeit und Durchlaufzeit als Ziele für Herstellungs-, Vertriebs- und andere Prozesse z.B.: Bower / Hout, Fast-Cycle Capability, 1988, S. 74ff.; Stalk, Zeit, 1989, S. 40-43.

[31] Vgl. Horváth / Gentner, Integrative Controllingsysteme, 1992, S. 180.

[32] Vgl. zur Zieltriade für den Entwicklungsprozeß: Summa / Georgiadis, Product Development & Commercialization, 1996, S. 35.

sowie der organisationalen Potentialziele und der individuellen Verhaltensziele. Die Messung dieser Zielkomponente kann prinzipiell auf zwei Wegen geschehen.

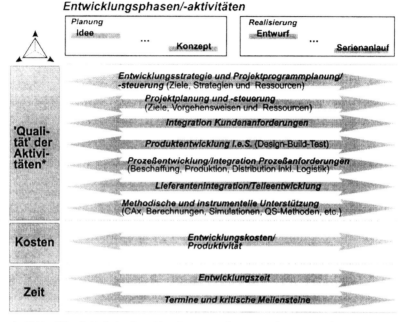

*Qualität i.S.v. Effektivität, d.h. Grad der Zielerreichung übergeordneter Ziele durch den Entwicklungsprozeß

*Abbildung 4-5: Ziele des Prozesses der Entwicklung*

(1) Die Qualität des Entwicklungsprozesses kann direkt bewertet werden, indem sein Beitrag zur Erreichung der übergeordneten Ziele abgeschätzt wird. Auf diese Art und Weise läßt sich eine *Erfolgsrate* bzw. *-wahrscheinlichkeit* für Entwicklungsprojekte ableiten. In diesem Zusammenhang lassen sich auch Kenngrößen der *Änderungsanfälligkeit* oder der *Anzahl von Konstruktionsänderungen* nach bestimmten 'Freeze Points' bzw. in der Serienproduktion verwenden.[33]

(2) Die Qualität des Entwicklungsprozesses kann auch indirekt bewertet werden, indem die Erfüllung von *Erfolgsfaktoren* abgeschätzt wird. Zahlreiche Untersuchungen der Erfolgsfaktorenforschung in der Produkt- und Prozeßentwicklung liefern als Ergebnis ein Bündel *kritischer Aktivitäten*, von deren Durchführungsweise der Erfolg und damit die Effektivität des Entwicklungsprozesses abhängt.[34] Auf der Basis dieser Untersuchungsergebnisse läßt sich für

---

[33] Vgl. zu Konstruktionsänderungen als Zielgröße: Hauser / Clausing, Stimme des Kunden, 1988, S. 59.
[34] Vgl. z.B. Cooper / Kleinschmidt, New Products, 1987; Hise et al., Product Design Activities, 1989; Szakonyi, R&D-Effectiveness - I, 1994; Szakonyi, R&D-Effectiveness - II, 1994; Cooper, Debunking the Myths, 1994;

den Entwicklungsprozeß die Durchführung bestimmter Aktivitäten - nach Art, Intensität und Zeitpunkt - als Zielsetzung formulieren. Als Beispiele für solche Prozeßziele können folgende Forderungen dienen: Nutzung eines Projektmeilensteinsystems, Einrichtung interdisziplinärer Teams, Integration des Kunden bereits in der Konzeptphase, Festlegung aller Lieferanten in der Konzeptphase oder Aufbau der Dauerlaufprototypen bereits mit 100% serienwerkzeugfallenden Teilen.[35] Der Vorteil solcher Prozeßziele liegt in der Möglichkeit, den Entwicklungsprozeß über operationalisierbare Kennziffern zu steuern und auf die Erreichung der übergeordneten Ziele auszurichten. Potentielle Probleme und Fehlerquellen können früh erkannt und entsprechende Gegenmaßnahmen rechtzeitig eingeleitet werden. Der Nachteil liegt in der Schwierigkeit, gültige technologische Aussagen für den Einzelfall abzuleiten. Die Gefahr besteht insbesondere in der mangelnden situativen Anpassung von Aktivitätenbündeln, die sich zwar in einem Fall bewährt haben, sich allerdings nicht beliebig übertragen lassen. Zudem besteht in der Praxis die Tendenz, während des Entwicklungsprozesses die Ergebnis- und Objektziele aufgrund ihrer schwierigen Meßbarkeit im Vergleich zu den Prozeßzielen zu vernachlässigen. Eine solche Verlagerung der Orientierung von Output-Zielen hin zu Input- und Prozeßzielen kann dazu führen, daß gewisse Aktivitäten - z.B. Durchführung umfangreicher QS-Methoden - nicht mehr als Mittel zum Zweck, sondern als Selbstzweck betrachtet werden. Zudem widerspricht die starke Input-Orientierung den Prinzipien der Delegation von Verantwortung und Kompetenzen, die sich förderlich auf die intrinsische Motivation und die individuelle Leistung auswirken. Die kritischen Aktivitäten lassen sich zu Themengebieten gruppieren, die während der Entwicklung in Abhängigkeit vom Unternehmen und seinem Umfeld, dem Projekttyp und der Phase der Entwicklung unterschiedlich ausgestaltet werden müssen (vgl. Abbildung 4-5).

*Kosten:* Eine weitere wichtige Zielgröße des Entwicklungsprozesses sind die Entwicklungskosten. Zu den Entwicklungskosten gehören die Personal- und Sachkosten für die Entwicklung der Produkte und Prozesse, die Abschreibungen und Kapitalkosten der zur Entwicklung genutzten Anlagen sowie zum Teil auch die Werkzeugkosten für Hilfs- und Serienwerkzeuge.

Die Kosten der Entwicklung sind als Zielgröße nur begrenzt aussagefähig, da eine Vergleichsbasis fehlt.[36] Deshalb werden in der Literatur auch häufig Produktivitätskennziffern verwendet.[37] Clark und Fujimoto nutzten beispielsweise in ihrer Untersuchung als Produktivitätskennziffer die Arbeitsstunden für die Entwicklung eines Autos, wobei in Bezug auf die Komplexität und den Neuigkeitsgrad des entwickelten Automobils eine Anpassung vorgenommen wurde.[38]

---

Cooper / Kleinschmidt, Winning Businesses, 1996.
[35] Vgl. zu solchen Prozeßzielen z.B.: Tipping et al., Assessing, 1995, S. 26ff..
[36] Vgl. Specht / Beckmann, F&E-Management, 1996, S. 334.
[37] Vgl. Clark / Fujimoto, Product Development Performance, 1991, S. 69; Wheelwright / Clark, Revolutionizing, 1992, S. 4ff..
[38] Clark / Fujimoto, Product Development Performance, 1991, S. 74ff..

*Zeit:* Seit den 80er Jahren hat insbesondere die Entwicklungszeit eine besondere Bedeutung innerhalb der Ziele des Entwicklungsprozesses eingenommen.[39] Die Entwicklungszeit kann in dreierlei Hinsicht gemessen werden - als verstrichene Kalenderzeit (1), als benötigte Arbeitsstunden (2) und als Soll-Ist-Vergleich der Kalenderdaten geplanter Ereignisse und Aktivitäten (Meilensteine) (3), und zwar jeweils zwischen einem Anfangs- und einem Endzeitpunkt.[40] Dabei wird als Anfangszeitpunkt häufig der Zeitpunkt der Ideengenerierung, des Projektantrags- bzw. der Projektdefinition oder der Konzeptdefinition verwendet; als Endzeitpunkt wird der Start der Serienproduktion bzw. der Start der Markteinführung angegeben.

(1) Die während der Entwicklung verstrichene Kalenderzeit, d.h. die benötigte Zeit zwischen der ersten Idee und der Einführung des neuen Produktes in den Markt, kann als ein Maß für die Reaktionszeit und Flexibilität des Unternehmens auf Trends und Signale des Absatzmarktes betrachtet werden. Die Verkürzung der so gemessenen Entwicklungszeit führt über mehrere Mechanismen zur einer Steigerung des Unternehmenserfolgs.[41] Verkürzte Entwicklungszeiten reduzieren den Prognosezeitraum, so daß die Produktanforderungen der Kunden, der Produktion u.a. nachgelagerter Funktionen sicherer und präziser eingeschätzt werden können. Höhere Qualität - gemessen an der Erfüllung von Kundenwünschen - und höhere Effizienz in den nachgelagerten Prozessen bzw. Funktionen können sich so als Resultate ergeben. Weitere zeitinduzierte Erfolgspotentiale lassen sich durch das Einhalten des marktgerechten Einführungszeitpunkts oder durch hohe Innovationszyklen realisieren. Die Fähigkeit, kurze Entwicklungszeiten und damit auch kurze Innovationszyklen zu erreichen, wird als eine wesentliche Voraussetzung betrachtet, um durch Innovations- und Marktführerstrategien Wettbewerbsvorteile zu erlangen.[42] Allerdings existieren für die Verkürzung der Innovationszyklen bestimmte Grenzwerte, bei deren Erreichen die Ergebnisauswirkung negativ wird, da die Entwicklungskosten sich nicht mehr amortisieren können.[43]

(2) Die benötigten Arbeitsstunden der Entwicklung sind ein Maß für die zeitliche Ressourcenbindung eines Entwicklungsprojektes bzw. -vorhabens. Das Verhältnis der benötigten Arbeitsstunden zu der für die Entwicklung benötigten Kalenderzeit zeigt die Intensität bzw. das Ausmaß der Parallelisierung der Entwicklungsaktivitäten auf. Das Verhältnis des Erfüllungsgrades von Ergebnis- und Objektzielen der Entwicklung zu den benötigten Arbeitsstunden ergibt eine Kennziffer für die Produktivität der Entwicklung (s.o.).

(3) Der Soll-Ist-Vergleich der Kalenderdaten geplanter Ereignisse und Aktivitäten (Meilensteine) dient der Steuerung des Entwicklungsprojektes bzw. -vorhabens zur termingerechten Erreichung des Markteinführungszeitpunktes und zur Abstimmung und Koordination der Ein-

---

[39] Vgl. z.B. Brockhoff / Urban, Entwicklungsdauer, 1988; Schmelzer / Buttermilch, Entwicklungszeiten, 1988; Reichwald / Schmelzer, Durchlaufzeiten, 1990; Wildemann, Zeiteffizienz, 1990.
[40] Vgl. Ellis / Curtis, Speedy R&D, 1995, S. 51.
[41] Vgl. Clark / Fujimoto, Product Development Performance, 1991, S. 69; Specht / Beckmann, F&E-Management, 1996, S. 4.
[42] Vgl. Bower / Hout, Fast-Cycle Capability, 1988; Stalk, Zeit, 1989, S. 44ff..
[43] Vgl. die Untersuchung in: Ellis / Curtis, Speedy R&D, 1995.

zelaktivitäten. In der Regel ist der Markteinführungszeitpunkt das übergeordnete Terminziel, von dem weitere kritische Termine bzw. Meilensteine abgeleitet werden.

#### 4.1.1.4 Ziele des Einsatzes der Entwicklung

Auch für die Einsatzfaktoren der Entwicklung, d.h. für die menschliche Arbeit, für die Betriebsmittel (Anlagen und Werkzeuge), für die Werkstoffe und für die Informationen, lassen sich Ziele formulieren, die sich von den übergeordneten Prozeß-, Objekt- und Ergebniszielen ableiten. Die Ziele für die Einsatzfaktoren lassen sich wiederum mit Hilfe der Zieltriade aus 'Qualität', 'Kosten' und 'Zeit' systematisieren. Das Personal sollte in ausreichender Qualität und Quantität zum richtigen Zeitpunkt zu möglichst niedrigen Kosten zur Verfügung stehen. Als Zielgrößen werden entsprechend die Mitarbeiteranzahl, die Auslastung, die Überstunden, die Kostensätze u.a. Personalkennziffern nach Qualifikation und Position in ihrer zeitlichen Entwicklung verfolgt.

Analog sollten die Betriebsmittel, die Werkstoffe und die notwendigen Informationen in ausreichender Qualität und Quantität zum richtigen Zeitpunkt zu möglichst niedrigen Kosten zur Verfügung stehen. Zu den Zielgrößen zählen beispielsweise die Ausbringung, die Auslastung, die Kostensätze u.a. Kennziffern für die Nutzung von Prüfständen, Testeinrichtungen und anderen Anlagen. Desweiteren werden als Zielgrößen die Einkaufspreise, die Qualität, die Lieferzeit und Termintreue von Hilfs- und Serienwerkzeugen oder von Prototypenteilen verwendet.

Die mit den Einsatzfaktoren verknüpften Ziele werden vor allem durch die Linienorganisation der F&E-Bereiche verfolgt.[44] Nach der Einführung der Projektorganisation als Sekundärorganisation ist häufig eine Aufgabenteilung festzustellen - in der Art, daß die projektbezogenen Prozeß-, Objekt- und zum Teil auch Ergebnisziele in den Verantwortungsbereich der Projektorganisation, die projektübegreifenden Einsatz-, zum Teil auch Prozeß- und Ergebnisziele in den Verantwortungsbereich der Linienorganisation fallen.

### 4.1.2 Organisationale Potentialziele der Produkt- und Prozeßentwicklung

Die Produkt- und Prozeßentwicklung hat neben der kurzfristigen operativen Zieldimension auch eine langfristige strategische Zieldimension. Die erste Zieldimension richtet sich - wie bereits dargestellt - auf die Erreichung der Ergebnis-, Objekt-, Prozeß- und Einsatzziele für die jeweils zu entwickelnden Produkte und Prozesse. Das einzelne Entwicklungsvorhaben ist allerdings ein Bestandteil des Transformationspfades des Unternehmens bzw. einzelner Bereiche zu neuen Geschäftsfeldern und Markt- und Wettbewerbspositionen sowie zu neuen Technologien und Fähigkeiten.[45] Folglich kann ein Entwicklungsvorhaben auch dann als erfolg-

---

[44] Vgl. z.B. Specht / Beckmann, F&E-Management, 1996, S. 347.
[45] Vgl. Saad et al., F&E-Strategie, 1991, S. 31; Wheelwright / Clark, Revolutionizing, 1992, S. 29; Bowen et al., Development Projects, 1994, S. 111.

reich eingestuft werden, wenn die operativen Ziele zwar nicht kurzfristig erreicht werden, aber Erfolgspotentiale in Form von neuen Märkten, Technologien oder Fähigkeiten aufgebaut werden können.[46] Die strategische Zieldimension richtet sich auf die langfristige Verwirklichung von Unternehmenszielen, d.h. auf den Aufbau von Erfolgspotentialen bzw. auf das Öffnen von *'Opportunity Windows'* in Bezug auf Märkte, Technologien, Entwicklungsfähigkeiten, Personal- und Sachressourcen sowie Kooperationen.[47]

*Unternehmensziele:* Der Ausgangspunkt für die Ableitung der Potentialziele der Produkt- und Prozeßentwicklung sind die langfristigen Unternehmensziele wie Unternehmenswert, Shareholder Value oder Gewinn- bzw. Umsatzwachstum als Beispiele für quantitative Ziele und Image bzw. Bekanntheitsgrad als Beispiel für qualitative Ziele. Der erwartete Beitrag der Entwicklung zur Verbesserung der Gesamtkapitalproduktivität[48], der erwartete Share Holder Value - berechnet als Net Present Value - des derzeitigen Portfolios an Entwicklungsprojekten bzw. -vorhaben[49] oder der erwartete Beitrag der Entwicklung zur Senkung der Produktkosten können beispielsweise als Indikatoren verwendet werden, um zu bewerten, ob durch die derzeitigen Entwicklungsaktivitäten ausreichende Erfolgspotentiale für die Zukunft aufgebaut werden.

*Markt-/Produktziele:* Ein wichtiges Potentialziel der Entwicklung ist die langfristige Realisierung von vorteilhaften Markt- bzw. Produktpositionierungen. Entsprechende Markt- und Produktziele beinhalten angestrebte Markt- bzw. Kundensegmente, Nutzenprofile, Preissegmente und Distributionskanäle, die mit einem entsprechenden Produktprogramm im Laufe der Zeit realisiert werden sollen.[50] Dabei erfolgt die Planung und Realisierung dieser Ziele im Wettbewerbsvergleich.

*Technologieziele:* Die Entwicklung und Erprobung neuer Produkt- und Prozeßtechnologien geschieht an sich in der *Technologieentwicklung* und bezogen auf konkrete Produktmodule und -komponenten bzw. bezogen auf ganze Produktkonzepte in der *Vorentwicklung*, um das Risiko des Serieneinsatzes abzufedern. Die technologischen Potentialziele für die seriennahe Produkt- und Prozeßentwicklung ergeben sich folglich aus der Kopplung der Technologie- und Vorentwicklungsstrategien mit dem Produkt- und Prozeßprogramm.

Der Einsatz neuer Produkttechnologien dient letztlich der stetigen Verbesserung des Preis-Leistungs-Verhältnisses der Produkte. Folglich sollten für die Produkttechnologien kontinuierlich anspruchsvollere Ziele entlang der Preis-Leistungs-Dimension definiert werden. Desweiteren läßt sich der Einsatz neuer Technologien an konkrete Produktgenerationen knüpfen. Auf diese Art und Weise wird ersichtlich, welche Produktgeneration mit welcher Technologie welches Preis-Leistungs-Niveau erreichen kann. Verbesserungen entlang der kritischen Lei-

---

[46] Vgl. z.B. ebda., S. 110f..

[47] Vgl. zu "opportunity window" als Erfolgskriterium der Entwicklung: Cooper / Kleinschmidt, New Products, 1987; Kleinschmidt / Cooper, Product Innovativeness, 1991, S. 243.

[48] Vgl. Bean, R&D-Organizations, 1995, S. 25.

[49] Vgl. Summa / Georgiadis, Product Development & Commercialization, 1996, S. 33.

[50] Vgl. dazu "Marketing Maps" in: Wheelwright / Clark, Revolutionizing, 1993, S. 62ff..

stungsdimensionen durch den Einsatz neuer Materialien, neuer Wirkprinzipien oder neuer Module und Komponenten lassen sich so gezielt planen und verfolgen.

Die Entwicklung neuer bzw. die Verbesserung bestehender Prozeßtechnologien richtet sich zumeist auf eine Kostensenkung, Qualitätssteigerung und/oder Durchlaufzeitverkürzung. Diese mit den neuen bzw. verbesserten Prozeßtechnologien einhergehenden Verbesserungen können als Ziele formuliert und entsprechend verfolgt werden. Der angestrebte Einsatz neuer Beschaffungs-, Produktions-, Vertriebs- und Serviceverfahren und -einrichtungen kann ebenfalls nach Produktgenerationen geplant und verfolgt werden. Auf diese Art und Weise läßt sich als Potentialziel ableiten, welche Produktgeneration mit welcher Prozeßtechnologie in Zukunft welches Kosten- und Qualitätsniveau erreichen wird.

*Ziele der Entwicklungsfähigkeiten:* Die Durchführung von Entwicklungsprojekten bzw. -vorhaben soll auch dazu beitragen, die Fähigkeit zur erfolgreichen Entwicklung neuer Produkte und Prozesse selbst ständig zu verbessern. In diesem Zusammenhang wird häufig hohe Innovativität als ein anzustrebendes Ziel genannt. Die Innovativität eines Unternehmens ist seine Fähigkeit, laufend neue Produkte bzw. Prozesse mit einem hohen Neuigkeitsgrad zu entwickeln und in den Markt bzw. in die Serienproduktion einzuführen.[51] Sie läßt sich beispielsweise mit den Kennziffern der Produkt- bzw. Prozeßinnovationsrate, des Gewinn-bzw. Umsatzanteils neuer Produkte oder des Marktanteils bedeutender Innovationen messen.[52] Die Forderung nach hoher Innovativität unterstellt die Gültigkeit der Hypothese, daß mit zunehmender Innovativität die Erfolgswahrscheinlichkeit von Neuprodukten zunimmt. In dieser Einfachheit kann die Hypothese nicht bestätigt werden. Nach der Untersuchung von Kleinschmidt und Cooper ergibt sich beispielsweise ein U-förmiger Zusammenhang zwischen der Innovativität und der Profitabilität, dem Marktanteil und anderen Erfolgsindikatoren von Neuprodukten.[53] Demnach wären sowohl extrem hohe als auch extrem niedrige Innovativität ein anzustrebendes Ziel in Abhängigkeit von der Situation und der Basisstrategie des Unternehmens.

Die Fähigkeit zur erfolgreichen Entwicklung und Einführung neuer Produkte und Prozesse setzt folgende Fähigkeitenbündel voraus: (1) die Fähigkeit zur Ideengenerierung und -selektion, (2) die Fähigkeit zum Management der Entwicklungsstrategie und des Portfolios von Entwicklungsprojekten bzw. -vorhaben und (3) die Fähigkeit zur Durchführung eines einzelnen Entwicklungsvorhabens von der Idee bis zur Markteinführung. In diesen Fähigkeiten müssen Lernerfolge erzielt werden, damit die Entwicklungsfähigkeit sich insgesamt verbessert. Dabei lassen sich mit Hilfe geeigneter Indikatoren Lernziele setzen und verfolgen.

---

[51] Vgl. zu den Begriffen Innovation und Innovativität: Geschka, Innovationsmanagement, 1983, S. 823; Geschka, Innovationsforschung, 1989; Hauschildt, Innovationsmanagement, 1992, S. 3ff..

[52] Vgl. zur Messung von Innovativität: Brockhoff, Produktinnovationsrate, 1981, S. 433ff.; Hauschildt, Innovationsmanagement, 1992, S. 315ff..

[53] Vgl. Kleinschmidt / Cooper, Product Innovativeness, 1991, S. 244ff.; vgl. die Diskussion der normativen Dimension des Innovationsbegriffs in: Hauschildt, Innovationsmanagement, 1992, S. 315ff..

Im Fall der Fähigkeit zur Ideengenerierung und -selektion lassen sich als Indikatoren beispielsweise die Anzahl von Ideen je Mitarbeiter oder die Anzahl von Patenten und Lizenzen je Mitarbeiter verwenden. Darüber hinaus gibt der durch Patente, Lizenzen oder durch sonstige Eigentumsrechte und Eintrittsbarrieren geschützte Umsatzanteil darüber Auskunft, in welchem Umfang es dem Unternehmen durch sein Kreativpotential gelingt, eine kurzfristig nicht imitierbare Monopolstellung zu erreichen.[54]

Die Fähigkeit zum Management von Entwicklungsstrategie und -portfolio läßt sich beispielsweise mit den Kennziffern des Anteils bestimmter Projekttypen an der Gesamtzahl der Projekte, an dem gesamten Investitionsvolumen oder an dem erwarteten gesamten Wert im Portfolio messen.[55] Dabei können die Projekte nach den betroffenen Geschäftsfeldern bzw. -einheiten, nach dem technologischen Neuigkeitsgrad (Applikations-, Plattform-, Durchbruchs- und Vorentwicklungsprojekte), nach dem erwarteten Risiko oder nach anderen Kriterien klassifiziert werden. Aus der Sicht des einzelnen Entwicklungsprojektes bzw. -vorhabens läßt sich die Fähigkeit zum Management von Entwicklungsstrategie und -portfolio mit den Kennziffern der Verfügbarkeit notwendiger Ressourcen - z.B. mit der Anzahl der Projekte je Mitarbeiter oder mit dem Anteil der Personal- und Sachressourcen bzw. Gesamtbudgets je Projekt - beurteilen. Zur Einschätzung des Managements von Entwicklungsstrategie- und portfolio können auch Komplexitätskennziffern herangezogen werden, mit denen sich z.B. im Wettbewerbsvergleich beurteilen läßt, ob ein überdurchschnittlicher Komplexitätsgrad erreicht wird. Dabei lassen sich als Indikatoren der durchschnittliche Umsatz je Variante oder Kunde, die Anzahl der Teile oder Prozeßtypen je Produktfamilie oder die Anzahl der Lieferanten je Teilefamilie verwenden.

Die Fähigkeit zur Durchführung eines einzelnen Entwicklungsvorhabens kann schließlich mit Hilfe des Verhältnisses von generierten Ideen zu erfolgreich eingeführten Produkten und Prozessen, des Anteils erfolgreich entwickelter und eingeführter Produkte und Prozesse an der Gesamtzahl von Neuprodukten und -prozessen oder des zeitlichen Verlaufs der Prozeßziele der Entwicklung verfolgt werden. Beispielsweise kann die Verbesserung einzelner kritischer Aktivitäten - etwa die Verbesserung der Methoden der interfunktionalen Zusammenarbeit oder die Steigerung der CAD-CAM-Durchgängigkeit - bewußt als Ziel für einzelne Projekte gesetzt und verfolgt werden.[56]

*Ziele des Personalressourcenpotentials:* Auch in Bezug auf die Einsatzfaktoren der Entwicklung lassen sich Potentialziele formulieren. Für die Mitarbeiter können Ziele hinsichtlich des Bereitschafts- bzw. Motivationsniveaus sowie des Fähigkeits- und Wissensniveaus gesetzt werden. Weitere Indikatoren für das Potential der Mitarbeiter sind der Verlauf und die Ge-

---

[54] Vgl. zur Kennziffer "Sales protected by proprietary position": Tipping et al., Assessing, 1995, S. 33.
[55] Vgl. zur Kennziffer "Distribution of technology investment": ebda., S. 28f..
[56] Vgl. die Beispiele in: Bowen et al., Development Projects, 1994, S. 112; Leonard-Barton et al., Integrate Work, 1994, S. 122.

schwindigkeit von Lernprozessen, die zeitliche Verfügbarkeit und Fluktuation des Personals oder die Flexibilität und Reaktionsschnelligkeit seines Einsatzes.[57]

*Ziele des Sachressourcen- und Informationspotentials:* Für die Sachressourcen, d.h. die Betriebsmittel und Werkstoffe und die Informationen der Entwicklung werden Potentialziele wie hohe Flexibilität in der quantitativen und qualitativen Verfügbarkeit gesetzt. Von strategischer Bedeutung kann auch ein im Wettbewerbsvergleich überlegener Zugang zu und Nutzung von externen Informationen sein.[58] Neben der reinen Informationsbeschaffung ist insbesondere die interpretative Fähigkeit des Unternehmens erfolgskritisch.

*Kooperationen:* Erfolgspotentiale können schließlich auch durch die auf die Produkt- und Prozeßentwicklung bezogenen Kooperationen zu Lieferanten, gleichberechtigten Partnern oder Kunden aufgebaut und realisiert werden. Die Auswahl und das Management von Lieferanten zielt nicht nur auf die operative Leistung im derzeitigen Teilespektrum, sondern auch auf die aktive Verbesserung des Leistungspotentials. Als entsprechende Indikatoren können die Anzahl der Vorzugslieferanten, Modullieferanten bzw. Entwicklungspartner, die Leistungstiefe von Entwicklung und Produktion oder die Anzahl und die Ergebnisse der gemeinsam durchgeführten Leistungssteigerungsprogramme herangezogen werden. Die Kooperation mit gleichberechtigten Partnern dient häufig der Zusammenstellung sich ergänzender Kompetenzprofile oder auch der Erreichung von notwendigen Größendimensionen in Bezug auf verfügbare Investitionsmittel und absetzbare Mengen. Hier liegen mögliche Potentialziele beispielsweise in der langfristigen Schließung von Kompetenz- und Ressourcenlücken. Die Kooperationen mit Kunden - z.B. mit bedeutenden 'Lead Usern' - können dazu beitragen, die strategischen Marktziele besser zu verwirklichen. Als entsprechende Indikatoren lassen sich der Umsatz-/Absatzanteil der entsprechenden Kunden, der zeitliche Innovationsvorsprung im Marktvergleich oder die entsprechenden Kriterien der Produkt- und Marktziele verwenden.

### 4.1.3 Individuelle Verhaltensziele der Produkt- und Prozeßentwicklung

Die dritte grundlegende Komponente des Zielsystems der Produkt- und Prozeßentwicklung sind die individuellen Verhaltensziele der beteiligten Mitarbeiter. Damit sind die individuellen Bedürfnisse wie Existenz- und Sicherheitsbedürfnisse, Zugehörigkeit, Geselligkeit, soziale Anerkennung und Ansehen sowie Selbständigkeit, Freiheit, Zuständigkeit und Selbstverwirklichung angesprochen. Diese Bedürfnisse entfalten Verhaltens- und Leistungsmotive und wirken sich in Form von Motivationsprozessen auf die individuelle und damit auch auf die organisationale Leistung aus. Im Unterschied zu den beiden organisationalen Zielkomponenten der Operations- und der Potentialziele lassen sich die individuellen Verhaltensziele für die Produkt- und Prozeßentwicklung nicht weiter spezifizieren. Unterschiede in der Bedürfnis- und Motivstruktur zwischen dem 'durchschnittlichen' Mitarbeiter des gesamten Unternehmens und dem 'durchschnittlichen' Mitarbeiter der Produkt- und Prozeßentwicklung können

---

[57] Vgl. Specht / Beckmann, F&E-Management, 1996, S. 342.
[58] Vgl. ebda., a.a.O..

allenfalls tendenziell und pauschal beschrieben werden. Personen mit einem kreativ-geistigen Eigenschafts- und Tätigkeitsprofil scheinen insbesondere eine Befriedigung der Wachstumsmotive anzustreben. Demzufolge überwiegen die Bedürfnisse der Selbständigkeit, Freiheit, Zuständigkeit und Selbstverwirklichung, so daß eher eine intrinsische Motivation über Arbeitsinhalte und Leistungsresultate als eine extrinsische Motivation über Arbeitsentgelt und andere Gratifikationen das leistungsorientierte Verhalten fördert.

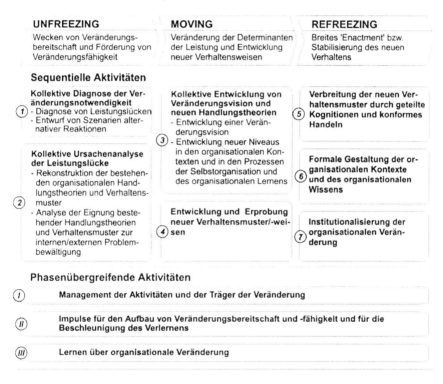

*Abbildung 4-6: Phasen und Aktivitäten des Veränderungsprozesses*

## 4.2 Prozeß der Veränderung und prozeßspezifische Techniken

Die Veränderung der Produkt- und Prozeßentwicklung gestaltet sich aufgrund der enormen Komplexität, des zeitlichen Auseinanderfallens von Ursache und Wirkung und der hohen Interfunktionalität als vergleichsweise schwierig.[59] Der Veränderungsprozeß muß gleichzeitig die tatsächlichen Problemursachen finden und lösen und die am Entwicklungsprozeß betei-

---

[59] Vgl. zu dieser Einschätzung: Wheelwright / Clark, Revolutionizing, 1992, S. 287.

ligten Mitarbeiter auf neue Visionen, Handlungstheorien und Verhaltensweisen einschwören. Individuelles Lernen muß gefördert und organisationales Lernen systematisch angeleitet werden.

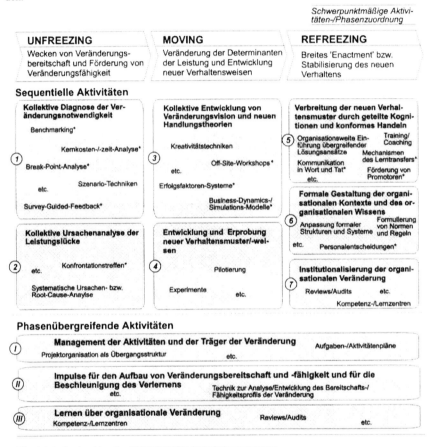

*Abbildung 4-7: Prozeß der organisationalen Veränderung und Beispiele für Methoden, Techniken und Interventionsmaßnahmen*

Nach unserem Prozeßmodell der organisationalen Veränderung sind die in Abbildung 4-6 dargestellten Phasen und Aktivitäten notwendig, um einen tiefgreifenden Wandel einzuleiten.[60] Es erscheint nicht sinnvoll, die einzelnen Aktivitäten irgendwann im Veränderungspro-

---

[60] Vgl. ähnliche sequentielle Phasenmodelle in: Gebert / Rosenstiel, Organisationspsychologie, 1989, S. 275; Beer et al., Verjüngungskampagnen, 1990, S. 19ff.; Spector, Sequential Path, 1995, S. 383; Kotter, Leading

zeß anzugehen. Vielmehr ist eine bewußte Gestaltung der 'Dramaturgie', d.h. des sequentiellen Ablaufs und des Zusammenspiels der Aktivitäten notwendig.[61] Innerhalb des Gesamtprozesses werden nicht alle Inhalte der Veränderung gleichzeitig und parallel gestaltet. Als Ausgangspunkt dient in der Regel ein einzelnes Problem, bei dessen Lösung weitere Probleme auftreten und neue Lösungsprozesse angestoßen werden. Wichtig ist allerdings, daß sich als Dach für diesen offenen Prozeß der Entdeckung von Problemen und des Anstoßes von Lösungszyklen eine konsistente und überzeugende 'Gesamtgeschichte' ergibt, die - entlang der 'Unfreezing-Moving-Refreezing-Dramaturgie' - verdeutlichen kann, wo die Probleme der Ausgangssituation liegen, wie die Lösungen der Zielsituation aussehen und wie der Übergang zu gestalten ist.

Den Phasen und Aktivitäten des Veränderungsprozesses lassen sich bestimmte Methoden, Techniken und Interventionsmaßnahmen zuordnen, mit denen der Veränderungsprozeß eingeleitet wird (vgl. Abbildung 4-7). Viele dieser Techniken - wie z.B. das Benchmarking - können den organisationalen Wandel in mehreren Phasen unterstützen, so daß die in Abbildung 4-7 vorgenommene Zuordnung nur den möglichen Schwerpunkt eines Einsatzes wiedergeben kann. Nachfolgend werden die Phasen und Aktivitäten sowie einige Beispiele für den Einsatz von Methoden, Techniken und Interventionsmaßnahmen detailliert vorgestellt.

### 4.2.1 Sequentielle Aktivitäten des Veränderungsprozesses

#### 4.2.1.1 Kollektive Diagnose der Veränderungsnotwendigkeit

Als Ausgangspunkt der Veränderung dienen konkrete Probleme internaler oder externaler Natur, die die Notwendigkeit und Dringlichkeit der Veränderung unterstreichen. Durch die kollektive Diagnose dieser Probleme wird ein gemeinsames Problemverständnis erzielt und die Bereitschaft zur Veränderung geweckt. Als Probleme sollen die Leistungslücken zwischen 'tatsächlicher' und wahrgenommener bzw. angestrebter Leistung betrachtet werden, wobei diese prinzipiell sowohl durch Risiken bzw. Krisen, als auch durch Chancen induziert werden können. Das Aufzeigen von Leistungslücken ist nur ein Mechanismus, um von der Veränderungsnotwendigkeit zu überzeugen. Vervollständigt wird die Argumentationslogik erst, wenn zudem verdeutlich wird, daß das Schließen der Leistungslücke, d.h. die organisationale Veränderung, die einzige erfolgsversprechende Alternative für das Unternehmen ist.[62] Die Diagnose geschieht kollektiv, d.h. in interdisziplinären Diagnoseteams unter Beteiligung der verschiedenen hierarchischen und funktionalen Bereiche und der verschiedenen Interessensvertreter. Dabei bedeutet kollektive und geteilte Diagnose mehr als den Austausch von Informationen zwischen den verschiedenen Bereichen. Vielmehr wird von jedem Teammitglied ver-

---

Change, 1995, S. 61.
[61] Vgl zur Bedeutung der Dramaturgie von Veränderungen: Beer et al., Verjüngungskampagnen, 1990, S. 24.
[62] Vgl. Beckhard / Harris, Organizational Transitions, 1987, S. 44.

langt, daß es die Problematik aus einer ganzheitlichen Perspektive jenseits des eigenen Verantwortungsbereichs betrachtet.[63]

#### 4.2.1.1.1 Diagnose von Leistungslücken

Die Diagnose von Leistungslücken kann mit quantitativen und qualitativen Verfahren vollzogen werden. Zu den eher quantitativen Verfahren zählen das Benchmarking, die Kernkosten- und Kernzeit-Analyse oder die Analyse von Nutzenschwellen ('Break-Points'), Analysemethoden, mit deren Hilfe die Leistungslücken zwischen dem tatsächlich vorhandenen Leistungsniveau und einem anzustrebenden Leistungsniveau identifiziert werden können. Dabei kann das anzustrebende Leistungsniveau aus dem Niveau der besten Wettbewerber oder branchenfremder Unternehmen (Benchmarking), aus dem theoretisch maximal möglichen Niveau (Kernkosten-/Kernzeiten-Analyse) oder aus dem Niveau marktgegebener Nutzenschwellen (Nutzenschwellen- bzw. Break-Point-Analyse) abgeleitet werden - je nach Ausgangslage des betreffenden Unternehmens.

Zu den eher qualitativen Verfahren zählen Konfrontationstreffen oder Survey-Guided-Feedbacks, mit denen aus einer internen Perspektive möglichst viele Probleme gesammelt und diskutiert werden. Diese Verfahren eignen sich gut, um mögliche Leistungslücken zwischen der im formalen Organisationsmodell unterstellten Leistung und der durch das reale Organisationsverhalten erzielten Leistung herauszuarbeiten. Schließlich kann auch eine Selbstdiagnose anhand etablierter Kriterienkataloge - wie z.B. der Kriterienkatalog des Baldridge Awards - zur Identifikation von Leistungslücken beitragen.[64]

Die nachfolgende Darstellung schildert den Einsatz der Verfahren des Benchmarking und des Survey-Guided-Feedback zur Bestimmung von Leistungslücken im Rahmen der organisationalen Veränderung der Produkt- und Prozeßentwicklung.

*Benchmarking der Produkt- und Prozeßentwicklung*

*Grundidee:* Das Benchmarking ist ein Instrument zum Vergleich der eigenen Leistung mit der Leistung anderer Unternehmen bzw. Unternehmensbereiche, um Leistungslücken zu ermitteln, die Ursachen zu erforschen und mögliche Lösungswege aufzuzeigen.[65] Der Vergleich findet in der Regel mit den 'Klassenbesten' bzw. den 'Besten der Besten' in der jeweiligen Leistungsdimension statt, so daß häufig neben unmittelbaren Wettbewerbern auch branchenfremde Unternehmen als Vergleichsbasis herangezogen werden. Die Gestaltungsparameter des Benchmarking sind die Gegenstände und Leistungsparameter, die Vergleichspartner, die Analysemethoden und die Informationsquellen (vgl. Tabelle 4-1).

---

[63] Vgl. Spector, Sequential Path, 1995, S. 384f..
[64] Vgl. Garvin, Baldridge Award, 1991, S. 83 und 86.
[65] Vgl. Camp, Benchmarking, 1989, S. 3ff.; Wallek et al., Benchmarking, 1991, S. 3ff.; Horváth / Herter, Benchmarking, 1992, S. 5.

| Gegenstand/Leistungs-parameter | Vergleichspartner | Analysemethode | Informationsquelle |
|---|---|---|---|
| • Operative Ziele<br>- Ergebnisziele<br>- Objektziele (Qualität, Kosten u. Zeit von Produkten und Prozessen)<br>- Entwicklungsprozeß-ziele (Zeit, Kosten etc.)<br>- Einsatzziele<br>• Potentialziele (teilweise)<br>- Marktziele<br>- Technologieziele<br>- etc.<br>• Verhaltensziele (nur bedingt möglich) | • Bereiche des eigenen Unternehmens<br>• Branchengleiche Unternehmen<br>- Wettbewerber bzw. Partner gleicher Wertschöpfungsstufe<br>- Lieferanten<br>- Kunden<br>• Branchenfremde Unternehmen | • Allgemeine Methoden<br>- Faktorvergleichsrechnungen<br>- Kriterienkataloge mit Bewertungsmaßstäben<br>- Prozeßdiagramme/ Organigramme<br>- etc.<br>• Spezifische Methoden<br>- QFD<br>- Value Analysis<br>- DFA/DFM<br>- etc. | • Primärquellen<br>- Produkte und Dienstleistungen<br>- Interviews<br>- Firmenbesichtigungen<br>- Extern rekrutierte Mitarbeiter<br>• Sekundärquellen<br>- Geschäftsberichte<br>- Medien<br>- Patentinformationen<br>- Messen & Konferenzen |

*Tabelle 4-1: Gestaltungsparameter des Benchmarking*[66]

Der Vergleich mittels Benchmarking kann sowohl für operative als auch für strategische Leistungsparameter angewandt werden, und zwar prinzipiell auf jeder Ebene des Ursache-Wirkungs-Zusammenhangs organisationaler Leistung. Dazu läßt sich ein breites Spektrum von Analysemethoden einsetzen. Je nach zu messendem Leistungsparameter sind quantitative oder qualitative, allgemeine oder spezifische Methoden anzuwenden. Das Benchmarking der Produktkosten kann z.B. mit einer Faktorvergleichsrechnung durchgeführt werden, bei der die einzelnen Verursacher der Kostendifferenzen - Faktorkosten-, Produktivitäts- und Produktgestaltungsunterschiede - je nach Kostenart - Lohn-, Kapital- und Materialkosten - rechnerisch isoliert werden, um so die Hauptverursacher des Kostenunterschieds zu ermitteln. Das Benchmarking des Entwicklungsprozesses kann beispielsweise mit Kriterienkatalogen durchgeführt werden, indem der Grad und die Art der Erfüllung der entsprechenden Kriterien - d.h. der Erfolgsfaktoren bzw. der kritischen Aktivitäten - im Wettbewerbsvergleich ermittelt wird. Ein detaillierter Vergleich der Produktgestaltung kann durch ein *'Reverse Engineering'* der Wettbewerbsprodukte erzielt werden. Dazu können spezielle Instrumente der Produktgestaltung wie etwa *Quality Function Deployment* (QFD), *Value Analysis* oder *Design for Assembly* (DFA) eingesetzt werden, um die Qualitäts-, Kosten- und Zeitkennziffern der Produkte zu ermitteln und auf entsprechende Gestaltungsunterschiede zurückzuführen.[67]

*Einsatzkriterien:* In der geplanten organisationalen Veränderung läßt sich das Benchmarking gut einsetzen, wenn eine offensichtliche Lücke in wichtigen Leistungsdimensionen zu erwarten ist. Ein intensives Benchmarking in Form von Firmenbesuchen kann zu Beginn des Veränderungsprogramms dazu beitragen, daß sich Promotoren des Wandels herauskristallisieren, die ein gemeinsames Problemverständnis und eine gemeinsame Veränderungsvision entwickeln. Zur Verbesserung der Produkt- und Prozeßentwicklung erscheint es sinnvoll, daß das Benchmarking an eine kontinuierliche Initiative der Prozeßverbesserung in Bezug auf Quali-

---

[66] In Anlehnung an: ebda., S. 7.
[67] Vgl. z.B. Reverse Engineering mit der DFA-Analyse in: Dewhurst / Boothroyd, Design for Assembly, 1990.

täts-, Kosten- und Zeitziele geknüpft wird bzw. in eine solche übergeht.[68] Das volle Potential des Benchmarking-Instrumentariums kann also insbesondere dann realisiert werden, wenn die Benchmarking-Aktivitäten an die Verbesserungsbestrebungen der Fähigkeiten und Prozesse der Entwicklung - z.B. der Software- oder PCB-Entwicklung und des Portfolio- oder Projektmanagements - gekoppelt werden.

| Vorbereitung | | Daten- erhebung | Leistungsanalyse & Maßnahmen- generierung | Umsetzung & Institutionalisie- rung |
| --- | --- | --- | --- | --- |
| Initiierung | Detailierung | | | |

**Aktivitäten**

| | | | | |
| --- | --- | --- | --- | --- |
| - Formierung Kernteam/ Durchführ. Workshops<br><br>- Auswertung Sekundärinform. Branchen/ Unternehmen<br><br>- Grobauswahl . Gegenstand/Leistungsparameter . Vergleichspartner . Analysemethoden . Informationsquellen<br><br>- Analyse/Verständnis eigenes Unternehmen<br><br>- Kontaktaufnahme zu Vergleichspartner | - Entwurf/Test Fragebogen<br><br>- Vorbereitung Benchmarking-Team . Zusammensetzung . Aufgaben-/Rollenverteilung . Training (Literatur/ Testlauf/Rollenspiel)<br><br>- Vorbereitung Vergleichspartner . Kontaktpersonen . Kurzfragebogen . Zusendung Kurzfragebogen | - Qualitative/quantitative Datenerhebung in Interviews/Werksbesichtigungen/etc.<br><br>- Feedback-Sitzungen im Benchmarking-Team mit ersten Analysen<br><br>- Dokumentation . Interviewnotizen . Ausgefüllte Fragebögen . Klärung offener Fragen | - Analyse der Leistungslücken/Root-Causes (zeitliche Entwicklung)<br><br>- Ableitung von Zielen/ Strategien<br><br>- Ableitung von Maßnahmenplänen . Brainstorming . Ideen-/Lösungsbäume . Bewertung/Priorisierung<br><br>- Breite Diskussion der Lücken/Ursachen/Maßnahmen | - Dokumentation der Ergebnisse<br><br>- Rückkopplung/Danksagung beim Vergleichspartner<br><br>- Breite Kommunikation Leistungslücken/Root-Causes/Maßnahmen<br><br>- Implementierung der Maßnahmen/Fortschrittskontrolle entlang Leistungsparam.<br><br>- Wiederholung/Institutionalisierung des Benchmarkings |

**Erfolgsfaktoren**

| | | | | |
| --- | --- | --- | --- | --- |
| - Gegenstand/Leistungsparameter: . Hohe Ergebnisrelevanz . Lücke/Problem wahrscheinlich . Lösung möglich<br><br>- Vergleichspartner . Kooperationsbereitschaft . Deutlich bessere Leistung . Nutzung branchenfremder | - Fragebogenentwurf . Erst offene, dann geschlossene Fragen . Allgemeine qualitative durch spezifische quantitative Fragen absichern etc.<br><br>- Teamzusammensetz. . Wesentl. Bereichs-/ Interessenvertreter . Potentielle Fach-/ Machtpromotoren des Wandels . Prozeßmoderator | - Garantie wechselseitigen Nutzens . Informationsaustausch über Best-Practice/eigenes Unt. . Vertraulichkeit . Gegenbesuch<br><br>- Offene Gesprächsführung . Themen . Leistungsdimensionen<br><br>- Schnelles Feedback wichtiger Eindrücke im Team | - Kollektive (Re-)Konstruktion Probleme/ Ursachen/Lösungen<br><br>- Anspruchsvolle, aber realistische Ziele<br><br>- Maßnahmenpriorisierung nach ... . Ergebnisbeitrag . Einfachheit/Risiko der Implementierung | - Klare Verantwortlichkeiten und harte Meilensteine . Maßnahmen . Fortschrittskontrolle<br><br>- Fähigkeitenausbau zur dezentralen problemspezifischen Nutzung<br><br>- Institutionalisierung horizontaler Wissenstransfer/Koordination/ Weiterentwicklung |

*Abbildung 4-8: Vorgehensweise und Erfolgsfaktoren des Benchmarking*

*Vorgehensweise und Erfolgsfaktoren:* Aufgrund der begrenzten Verfügbarkeit der Vergleichspartner verlangt das Benchmarking ein sehr strukturiertes Vorgehen, bei dem ein besonderes Gewicht auf die Vorbereitung der eigentlichen Benchmarking-Aktivitäten gelegt werden sollte. Der überwiegende Anteil der vorgeschlagenen Vorgehensmodelle besteht im Prinzip aus den Phasen der Vorbereitung, der Datenerhebung, der Leistungsanalyse und Maßnahmengenerierung sowie der Maßnahmenumsetzung und der Institutionalisierung.[69] Bei ei-

---

[68] Vgl. Bean / Gros, R&D Benchmarking, 1992, S. 32ff.; Ransley, R&D-Benchmarking, 1994, S. 51.
[69] Vgl. z.B.: Horváth / Herter, Benchmarking, 1992, S. 8; Ransley, R&D-Benchmarking, 1994, S. 50; Braun / Lawrence, Vergleich, 1995, S. 119.

ner eher 'top-down' eingeleiteten Veränderungsstrategie werden diese Phasen von einem zentralen Querschnittsteam mit einem moderierenden Teammitglied durchlaufen. Bei einer Bottom-Up-Strategie können hingegen mehrere dezentrale Bereichsteams den Benchmarking-Prozeß durchlaufen, wobei zur Steuerung Methoden der moderierten Gruppenarbeit auf Basis der Metaplantechnik angewandt werden können.[70] Für die einzelnen Phasen sind von Praktikern und Theoretikern Erfolgsfaktoren für das Benchmarking abgeleitet worden. Abbildung 4-8 faßt die Aktivitäten und Erfolgsfaktoren je Phase des Benchmarking zusammen.

Die Vorbereitung des Benchmarking erfordert zunächst, daß sich ein Kernteam aus Auftraggeber, Moderator und anderen Promotoren formiert, von dem die Initialzündung des Einsatzes ausgeht. In Abhängigkeit von der Veränderungsstrategie - top-down vs. bottom-up - kann diese Vorbereitungsphase in einem kleinen Team oder bereits auf einer breiteren Basis in mehreren Teams stattfinden. Bei der Wahl einer Bottom-Up-Strategie sollte bereits in dieser Phase mit der moderierten Gruppenarbeit in Form von Workshops begonnen werden, um die Mitarbeiter an die Ziele und Methodiken des Benchmarking heranzuführen. Nützlich ist eine erste frühe subjektive Abschätzung der Leistungsfähigkeit im Wettbewerbsvergleich, damit die Teilnehmer später auf Basis der detaillierten Analyse der tatsächlichen Leistungslücke ihre ursprünglichen Einschätzungen relativieren bzw. falsifizieren können.

Inhaltlich richtet sich diese Phase zunächst auf die Zusammenstellung aller verfügbaren und wichtigen Sekundärinformationen über die Erfolgsfaktoren der betreffenden Branche und das Profil der vorhandenen Wettbewerber bzw. Unternehmen. Vor der ersten Kontaktaufnahme mit dem Vergleichspartner sollte eine Grobauswahl der Gegenstände und Leistungsparameter, der Vergleichspartner, der Analysemethoden und der Informationsquellen des Benchmarking stattgefunden haben.[71] Der Gegenstand des Benchmarking - z.B. ein bestimmter Prozeß oder ein bestimmtes Verfahren - sollte nicht nur eine hohe Ergebnisrelevanz aufweisen, sondern über eine identifizierbare Leistungslücke verfügen, die prinzipiell geschlossen werden kann. In Bezug auf den Vergleichspartner ist sicherzustellen, daß er kooperationsbereit und in der entsprechenden Leistungsdimension deutlich besser ist. Nur eine deutliche Leistungslücke hält den defensiven Rechtfertigungsversuchen - wie z.B. dem Argument der mangelnden Vergleichbarkeit - stand. Neben Unternehmen gleicher Branche sollten auch branchenfremde Vergleichspartner herangezogen werden. Eine Orientierung der einzelnen Prozesse der Wertschöpfungskette an den jeweils führenden Unternehmen fremder Branchen, in denen die entsprechenden Prozesse als Kernkompetenzen die Differenzierung im Wettbewerb ermöglichen, kann die Prozeßkette in ihrer gesamten Leistungstiefe auf Weltklasseniveau heben. Die Verbesserungsbestrebungen und die Leistungstiefe können so auf solche Kompetenzen und Prozesse konzentriert werden, die eine Wettbewerbsdifferenzierung auf hohem Leistungsniveau ermöglichen. Das amerikanische Telekommunikationsunternehmen AT&T nutzte z.B. das Benchmarking mit führenden Unternehmen der Softwarebranche, um die Leistungsfähigkeit

---

[70] Vgl. ebda., S. 123ff.
[71] Vgl. zu möglichen Leistungsparametern das Zielsystem der Produkt- und Prozeßentwicklung; zur Definition der Leistungsparameter im Benchmarking-Prozeß: ebda., S. 119.

der eigenen Softwareentwicklung zu steigern.[72] Das Benchmarking erfordert natürlich auch, daß die betrachteten Prozesse, Verfahren etc. entlang der definierten Leistungsdimensionen im eigenen Unternehmen analysiert werden.

Die detaillierte Vorbereitung beginnt mit dem Entwurf und dem anschließenden Test des Fragebogens. Aus der Vielzahl von Gestaltungskriterien für Fragebögen sollen hier nur zwei hervorgehoben werden. Der Fragebogen sollte mit relativ offenen Fragen beginnen, um den Befragten nicht in eine mögliche Defensivhaltung - als Reaktion auf eine 'Verhörsituation' - zu drängen. Allgemeine qualitative Fragen - z.B. „Verwenden Sie ein Verfahren zur fertigungsgerechten Konstruktion wie DFA/DFM?" - sollten durch spezifische, quantitative Fragen zum gleichen Thema - z.B. „Wie hoch ist der Anteil der Projekte bei denen DFA/DFM eingesetzt wird?" oder „Wie hoch sind der durchschnittliche und der gesamte Aufwand und Ertrag für den Einsatz?" - abgesichert werden, um Fehlinterpretationen zu vermeiden. Ein besonderes Gewicht erhält auch die Vorbereitung des Benchmarking-Teams. Das Team sollte neben dem Prozeßmoderator aus den wesentlichen Bereichs- und Interessensvertretern bestehen, die als zentrale Fach- und Machtpromotoren anschließend auch die Hauptträger der Veränderung sind.[73] Innerhalb des Teams sollten die Aufgaben und Rollen vor dem eigentlichen Benchmarking bereits zugeteilt werden. Durch ein Training des Teams können die notwendigen Fähigkeiten und das Wissen für die Interviewsituation oder die Werksbesichtigung aufgebaut werden. Die Vorbereitungsphase endet schließlich mit der Auswahl der Kontaktpersonen, dem Zusenden eines Kurzfragebogens und der Vereinbarung der organisatorischen Details mit dem Vergleichsunternehmen.

Die Phase der Datenerhebung beinhaltet die eigentliche Durchführung der Interviews, Werksbesichtigungen und anderer Erhebungsformen. Die Gespräche sollten relativ offen geführt werden, um die Überprüfung der Relevanz der vorstrukturierten Themen und Leistungsdimensionen zu ermöglichen. Das Gespräch bzw. der Besuch muß auch dem Vergleichspartner nutzen. In der Regel wird ein Informationsaustausch vereinbart, in der Form, daß die beteiligten Vergleichspartner eine um unternehmensspezifische Datenpunkte bereinigte Ergebniszusammenfassung erhalten, einen Gegenbesuch gewährt bekommen oder die entsprechenden Daten des eigenen Unternehmens erhalten.[74] Unmittelbar nach den Interviews und Besuchen sollten Feedback-Sitzungen vorgesehen werden, um die wichtigsten Eindrücke im Team auszutauschen und erste Analysen und Maßnahmen abzuleiten. Die Aufbruchstimmung infolge der vielfältigen Eindrücke sollte genutzt werden, um eine Veränderungsvision und erste Ziele zu entwerfen. Ebenfalls unmittelbar nach der Datenerhebung sollten alle relevanten Informationen grob dokumentiert werden.

In der Phase der Leistungsanalyse und der Maßnahmengenerierung werden die Leistungslücken und die entsprechenden Ursachen ('Root-Causes') ermittelt, Ziele und Strategien abge-

---

[72] Vgl. Bean / Gros, R&D-Benchmarking, 1992, S. 33.
[73] Vgl. zur Teamzusammensetzung: Horváth / Herter, Benchmarking, 1992, S. 7; Ransley, R&D-Benchmarking, 1994, S. 51; Braun / Lawrence, Vergleich, 1995, S. 118.
[74] Vgl. Ransley, R&D-Benchmarking, 1994, S. 51.

leitet, und die Maßnahmenpläne generiert. In dieser Phase muß die Diskussion der Leistungslücken und -ursachen sowie der Ziele und Maßnahmen auf eine möglichst breite Basis der Partizipation der betroffenen Bereiche und Mitarbeiter gestellt werden. Nur durch die kollektive (Re-)Konstruktion der Probleme, Ursachen und der möglichen Maßnahmen - z.B. im Rahmen eines Ganztags-Workshops - wird die Bereitschaft zu tiefgreifender Veränderung aufgebaut.[75] Zur Generierung von Maßnahmen können Kreativitätstechniken wie Brain-Storming oder vorstrukturierte Ideen- und Lösungsbäume verwendet werden. Die Einzelmaßnahmen können mit Hilfe eines Portfolios mit den Achsen 'Ergebnisbeitrag' und 'Einfachheit' bzw. 'Risiko der Implementierung' bewertet und priorisiert werden.

In der Phase der Umsetzung und Institutionalisierung werden die Ergebnisse dokumentiert, die Zusammenfassung an die Vergleichspartner übermittelt sowie die Maßnahmen implementiert und in Bezug auf die Leistungziele in ihrem Fortschritt kontrolliert. Dabei sollten begleitend die Hintergründe der Veränderung breit kommuniziert werden. Die kontinuierliche Veränderung des eigenen Unternehmens als auch des Markt- und Wettbewerbskontextes verlangt allerdings ein kontinuierliches 'Kräftemessen' mit den Leistungsbesten. Vor diesem Hintergrund erscheint die Institutionalisierung des Benchmarking vorteilhaft, da so die Verbesserung des Benchmarking-Prozesses selber und der Transfer des 'Best-Practice-Wissens' über die internen Bereichsgrenzen hinaus erleichtert werden kann. Die Institutionalisierung erfolgt häufig durch die Einrichtung eines zentralen Kompetenzzentrums zum Training, zur Moderation und zu sonstigen Unterstützungsaktivitäten der dezentralen Anwendung sowie zur Weiterentwicklung des Benchmarking-Instrumentariums.[76] Darüber hinaus schuf beispielsweise AT&T ein Netz von Benchmarking-Anwendern als Mechanismus zum Transfer des Best-Practice-Wissens und zur Koordination der über das Unternehmen verteilten Benchmarking-Aktivitäten. Dazu wurde ein Informationssystem mit Benchmarking-Datenbanken, mit Verzeichnissen von internen Moderatoren und Spezialisten, mit Kontaktpersonen in den Vergleichsunternehmen und mit direkten Kommunikationsmöglichkeiten in 'Bulletin-Boards' eingerichtet.[77]

*Typische Ergebnisse:* Im Rahmen organisationaler Veränderung kann ein breites Spektrum wichtiger Ergebnisse durch das Benchmarking erzielt werden: (1) Aufbau nachhaltiger Veränderungsbereitschaft, (2) Skizzierung der Veränderungsvision, (3) Bestimmung von Leistungslücken und wettbewerbs-/marktorientierten Zielen und (4) Bestimmung der 'Root-Causes' und Verbesserungsmaßnahmen.

Im Rahmen der geplanten organisationalen Veränderung kann das Benchmarking insbesondere in der Form von Firmenbesuchen eine zentrale Rolle für den Prozeß des 'Unfreezing' einnehmen. Die fast schon obligatorischen Japan-Benchmarking-Reisen Ende der 80er und Anfang der 90er Jahre haben erwiesen, daß häufig allein die Besichtigung des operativen Betriebs der Vergleichsunternehmen die Notwendigkeit zur Veränderung derartig unterstreicht,

---

[75] Vgl. Braun / Lawrence, Vergleich, 1995, S. 122.
[76] Vgl. Bean / Gros, R&D Benchmarking, 1992, S. 33; Ransley, R&D-Benchmarking, 1994, S. 51.
[77] Vgl. Bean / Gros, R&D Benchmarking, 1992, S. 36.

daß noch innerhalb der Benchmarking-Reise aus den Indifferenten und den Gegnern die Promotoren des Wandels werden.

*Abbildung 4-9: Benchmarking der Leistungslücke*

Die Vergleichsunternehmen repräsentieren häufig eine Art von 'Rollenmodell' für überlegene Handlungstheorien und Verhaltensmuster im funktionalen, sozialen und mentalen Kontext organisationaler Leistung. Die Eindrücke der Benchmarking-Reise können sich zu einer Veränderungsvision verdichten und neue Lösungsräume und Leistungsniveaus in den organisationalen Kontexten aufzeigen, die eher kultureller und strategischer als operativer Natur sind.

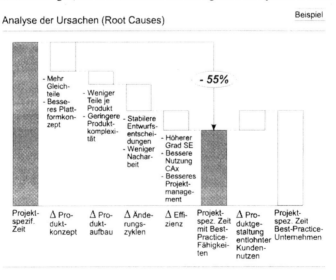

*Abbildung 4-10: Benchmarking der Ursachen von Leistungslücken*

Schließlich können durch das Benchmarking die Leistungslücken bestimmt und damit auch wettbewerbs- und marktorientierte Ziele nach Art und Höhe abgeleitet werden. Die ausschließliche Ermittlung der Leistungslücke ist für die beabsichtigte Leistungssteigerung allerdings nur bedingt hilfreich. Erst durch die Bestimmung der 'Root-Causes' der Leistungslücke können potentielle strategische oder operative Verbesserungsmaßnahmen abgeleitet werden. Abbildung 4-9 und 4-10 zeigen die Leistungslücke und die entsprechenden Ursachen am Beispiel des Benchmarking der Entwicklungszeit. Häufig läßt sich dabei nicht nur die Funktionsweise bestimmter Vorgehensweisen und Verfahren ermitteln, sondern auch die Art und Weise, wie das Vergleichsunternehmen die Vorgehensweisen und Verfahren implementiert und kontinuierlich verbessert.[78]

*Kollektive Rekonstruktion organisationaler Probleme mit der Survey-Guided-Feedback-Technik*

*Grundidee:* Die Technik des Survey-Guided-Feedback gehört zu den organisations- und prozeßorientierten Techniken der Organisationsentwicklung.[79] Bei dieser Technik werden die in der Organisation vorhandenen Sichtweisen der organisationalen Realität mit Hilfe einer gezielten Datensammlung ('Survey') ermittelt und den befragten Organisationsmitgliedern in Form einer moderierten Rückkopplung ('Feedback') vermittelt.[80] Auf diese Art und Weise können die vorhandenen Probleme identifiziert werden, die unterschiedlichen Sichtweisen bezüglich dieser Probleme erkannt und diskutiert sowie ein Konsens über ein gemeinsames Problemverständnis erzielt werden. Damit wird die Basis für die anschließende Definition und Implementierung von Verbesserungsmaßnahmen gelegt.

*Einsatzkriterien:* Die kollektive Rekonstruktion der organisationalen Probleme mit Hilfe des Survey-Guided-Feedback erscheint insbesondere dann sinnvoll, wenn hinsichtlich der Existenz, der Art und des Umfangs von Problemen innerhalb der Organisation höchst unterschiedliche Sichtweisen vorliegen, die ihrerseits wiederum von einer als objektiv erachteten Sichtweise abweichen können. Dabei kann diese Technik sowohl zur Rekonstruktion der Leistungslücken als auch der zugrunde liegenden Ursachen eingesetzt werden.

*Vorgehensweise und Erfolgsfaktoren:* Der Rekonstruktionsprozeß mit Hilfe des Survey-Guided-Feedback läßt sich in die Schritte der Datenauswahl und -erhebung, der Datenrückkopplung und -interpretation sowie der Maßnahmengenerierung und -umsetzung einteilen (vgl. Abbildung 4-11).[81] Der gesamte Prozeß sollte von einem erfahrenen Moderator begleitet werden, der nicht unmittelbar aus der entsprechenden Organisationseinheit stammt. Der Schritt der Datenauswahl und -erhebung erfordert zunächst den Entwurf eines Fragebogens

---

[78] Vgl. ebda., S. 32.

[79] Vgl. den Überblick dieser Techniken in: French et al., Organization Development, 1978, S. 113ff.; Gebert, Organisationsentwicklung, 1992, Sp. 3012ff.; Schanz, Organisationsgestaltung, 1994, S. 417ff..

[80] Vgl. ebda., S. 425.

[81] Vgl. z.B. Bowers / Franklin, Survey-Guided Development, 1978, S. 191; Kieser et al., Organisationsentwicklung, 1979, S. 152.

mit den angestrebten Leistungsdimensionen (Zielaspekte) und den dazu erforderlichen Verhaltensweisen (Mittelaspekte). Anschließend folgt die 'subjektive' Bewertung des Fragekatalogs durch die einzelnen Organisationsmitglieder und eine möglichst 'objektive' Einschätzung durch einen (externen) Moderator anhand quantitativer Analysen, Fallbeispiele und anderer Datenpunkte. Die Zusammenstellung des Fragekatalogs erfordert ein konsistentes Zielsystem bzw. Modell organisationaler Leistung, das die relevanten Zielarten und möglichen Ziel-Mittel-Relationen bereits abbildet.[82] Dabei können die situativen Faktoren der Organisationseinheit durch die umfangreiche Partizipation der Organisationsmitglieder eingebracht werden, während die übergreifenden markt- und wettbewerbsbedingten Faktoren durch die Beteiligung von externen Beratern oder durch den Einbezug der Ergebnisse der Erfolgsfaktorenforschung berücksichtigt werden können.[83]

|  | Datenauswahl & -erhebung | Datenrückkopplung & -interpretation | Maßnahmengenerierung & -umsetzung |
|---|---|---|---|
| Aktivitäten | - Entwurf Fragebogen<br>. Leistungsdimensionen (Zielaspekte)<br>. Verhaltensweisen (Mittelaspekte)<br>- 'Subjektive' Bewertung durch Organisationsmitglieder<br>- 'Objektive Bewertung durch (externen) Moderator anhand Fakten | - Rückkopplung in moderierten Gruppensitzungen<br>- Analyse/Diskussion<br>. Abweichungen Intragruppeneinschätzungen<br>. Abweichungen subj. Einschätzungen Organisationsmitglieder vs. obj. Einschätzung des Externen<br>- Ableitung gemeinsames Problemverständnis (Leistungslücke & Ursachen) | - Definition Lösungsmaßnahmen<br>- Implementierung<br>- Fortschrittskontrolle |
| Erfolgsfaktoren | - Konsistentes Zielsystem/Modell organisationaler Leistung<br>- Moderation durch Externen/Partizipation der Organisationsmitglieder | - Vermeidung Isolation/ Defensivstrategien einzelner Teilnehmer<br>- Bei ausreichendem Problemverständnis: Fokus von Vergangenheitsbewältigung auf Zukunftsgestaltung | - Delegation Verantwortlichkeiten/Kompetenzen<br>- etc. |

*Abbildung 4-11: Vorgehensweise und Erfolgsfaktoren der kollektiven Rekonstruktion organisationaler Probleme mit der Survey-Guided-Feedback-Technik*

---

[82] Vgl. Bowers / Franklin, Survey-Guided Development, 1978, S. 186ff..

[83] Vgl.z.B. die Erfolgsfaktorenkataloge für F&E in: Cooper / Kleinschmidt, New Products, 1987; Hise et al., Product Design Activities, 1989; Szakonyi, R&D-Effectiveness - I, 1994; Szakonyi, R&D-Effectiveness - II, 1994; Cooper, Debunking the Myths, 1994; Cooper / Kleinschmidt, Winning Businesses, 1996.

Prozeß der Veränderung und prozeßspezifische Techniken 271

Der nächste Schritt der Datenrückkopplung und -interpretation dient der Analyse und Diskussion der unterschiedlichen Sichtweisen und der Ableitung eines gemeinsamen Problemverständnisses. Dabei können nicht nur die Einschätzungen der einzelnen Organisationsmitglieder differieren, sondern es können auch Abweichungen der internen Perspektive von der stärker externen Perspektive des Moderators auftreten. In dieser Phase sollte vermieden werden, daß einzelne Teilnehmer in die Isolation und Defensive gedrängt werden. Sobald ein kollektives Problemverständnis und ein ausreichender Sensibilisierungsgrad erreicht worden sind, sollte die Vergangenheits- bzw. Gegenwartsbewältigung durch eine Zukunftsgestaltung abgelöst werden, um die akzelerierenden Kräfte der Veränderung positiv zu verstärken.

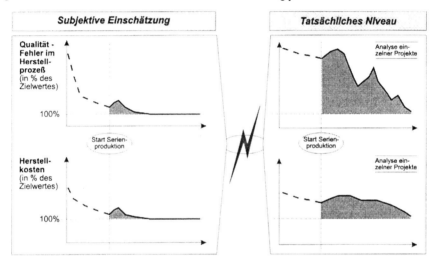

*Abbildung 4-12: Subjektive Einschätzung und 'tatsächliches' Niveau organisationaler Leistungsparameter*

*Typische Ergebnisse:* Die kollektive Rekonstruktion mit Hilfe des Survey-Guided-Feedback kann dazu eingesetzt werden, in einem kollektiven Prozeß organisationale Probleme zu identifizieren und Lösungshypothesen abzuleiten.[84] Der eigentliche Wert liegt vor allem darin, daß auf einer breiten Basis die subjektiven Einschätzungen über die organisationale Leistung und die Erfüllung der zugrunde liegenden Leistungsdeterminanten falsifiziert und zu einer kollektiven, realitätsnäheren Einschätzung verdichtet werden können. Abbildung 4-12 zeigt als Beispiel die subjektive Einschätzung und das tatsächliche Niveau der Leistungsparameter 'Qualität' (Zuverlässigkeit) und 'Kosten' (Herstellkosten). Nach der überwiegenden Einschätzung des Top- und Mittel-Managements werden die Qualitäts- und Kostenziele bereits zu Beginn der Serienproduktion erreicht. Tatsächlich ergibt die Analyse der einzelnen Projekte, daß die Neuprodukte erst sehr spät - oft erst Jahre nach dem Serienstart - das Zielniveau erreichen

---

[84] Vgl. die Beispiele in: Baitsch, Organisationen, 1993, S. 163ff..

können. Damit ergibt sich für die bekannten Qualitäts- und Kostenprobleme eine neue Ursachenperspektive, ein Zusammenhang, der der ausführenden Ebene häufig bekannt ist.

### 4.2.1.1.2 Entwurf von Szenarien alternativer Reaktionen

Einem Unternehmen mit einer identifizierten Leistungslücke stehen prinzipiell drei Alternativen zur Reaktion offen.[85] Erstens, es kann die Leistungslücke ignorieren und den Status-Quo aufrecht erhalten. Zweitens, es kann entlang der bestehenden Handlungstheorien und Verhaltensmuster seinen Anstrengungsgrad erhöhen, um die Leistungslücke zu schließen. Und drittens, es kann durch eine fundamentale Veränderung der bestehenden Handlungstheorien und Verhaltensmuster versuchen, die Leistungslücke zu schließen. Die mit diesen Alternativen verbundenen zukünftigen Konsequenzen lassen sich durch *Szenarien* abschätzen. Auf diese Art und Weise kann die Notwendigkeit zur Veränderung unterstrichen werden, auch wenn die derzeitig wahrgenommene Situation noch unbedrohlich wirkt.

### 4.2.1.2 Kollektive Ursachenanalyse der Leistungslücke

Nach der Identifikation und Priorisierung der zu schließenden Leistungslücken ist der nächste logische Schritt die Analyse der Ursachen. Dabei sollten die tatsächlich zugrunde liegenden Ursachen ermittelt werden, um lediglich symptomatische Interventionen zu vermeiden. Eine tiefe Ursachenanalyse dringt bis in die Ebenen der oft impliziten organisationalen Handlungstheorien und Verhaltensmuster vor. Diese sind nicht immer offensichtlich, sondern müssen oft in einem kollektiven Prozeß rekonstruiert werden, bevor sie in Bezug auf ihre Eignung zur internen und externen Problembewältigung falsifiziert werden können. Dabei sollte eine der Grundregeln für Ursachenanalysen unbedingt eingehalten werden: Die Intervention sollte erst dann erfolgen, wenn die tatsächliche Ursache mit großer Sicherheit festgestellt worden ist. Dazu ist häufig eine Reproduktion des Ursache-Wirkungs-Zusammenhangs - z.B. durch ein Experiment oder eine Simulation - erforderlich.

Im folgenden Abschnitt sollen exemplarisch zwei Techniken vorgestellt werden, mit denen sich die kollektive Ursachenanalyse durchführen läßt: die *systematische Ursachen- bzw. Root-Cause-Analyse* und der Einsatz von *Konfrontationstreffen* zur Rekonstruktion bestehender organisationaler Handlungstheorien und Verhaltensmuster. Prinzipiell läßt sich diese Veränderungsphase durch eine große Anzahl von Techniken unterstützen. Neben den üblichen situativen Faktoren zur Technikauswahl haben insbesondere die Art und das Ausmaß der zuvor identifizierten Leistungslücke einen großen Einfluß auf die Auswahl. Im Falle einer Leistungslücke in Bezug auf Qualitätsziele kann z.B. auch eine Selbstdiagnose mit dem Kriterienkatalog des Baldridge Award oder mit andereren Erfolgsfaktorensystematisierungen erste Anhaltspunkte für mögliche Ursachen liefern.[86]

---

[85] Vgl. Spector, Sequential Path, 1995, S. 384.
[86] Vgl. Garvin, Baldridge Award, 1991, S. 83 und 86ff..

## Systematische Ursachen- bzw. Root-Cause-Analyse

*Grundidee:* Die Ursachen- bzw. Root-Cause-Analyse ist ein strukturiertes Verfahren, um die Ursachen und Ursachenketten ('Root-Causes') von Leistungslücken, Fehlern und anderen Problemen zu ermitteln und nachhaltig zu beseitigen. Durch das wiederholte Fragen nach der jeweils tiefer liegenden Ursache ('Five Whys') soll das betrachtete Problem in seiner ganzen Verursachungskette transparent werden, so daß die Verbesserungsmaßnahmen gezielt an den eigentlichen Ursachen ansetzen können.

| Beschreibung Leistungslücke/ Fehlerbild | Ursachenanalyse | | Ursachenbeseitigung | | Dokumentation und Wissens-transfer |
|---|---|---|---|---|---|
| | Prinzipielle Ursachenanalyse | Analyse der Grundursache | Maßnahmen-erarbeitung | Implementierung | |
| **Aktivitäten** | | | | | |
| - Klassifizierung und Cluster-Bildung zur Bearbeitung<br>- Priorisierung der Bearbeitung | - Einführung Interimslösung<br>- Erstellung Ursachenbaum mit allen prinzipiell möglichen Ursachen (z.B. mit Ishikawa)<br>- Aufstellung und Priorisierung Ursachenhypothesen | - Erstellung Vorgehens-/Versuchs-plan zur Hypothesenbestätigung<br>- Nachweis der Reproduzierbarkeit der Grundursache | - Ableitung und Dokumentation der Lösungsmaßnahmen<br>- Nachweis der Wirksamkeit durch Experiment | - Maßnahmenplan<br>- Fortschrittskon-trolle<br>. Durchführung der Maßnahmen<br>. Wirksamkeit | - Zusammenfassung der Dokumentation<br>- Bereitstellung/ Übertragung Wissen auf andere Bereiche |
| **Erfolgsfaktoren** | | | | | |
| - Systematische Erfassung nach Anzahl, Art, Zeitpunkt der Fehler<br>- Priorisierung nach Kosten und Endkundenrelevanz | - Bildung interdisziplinärer Teams<br>. Personifizierte Verantwortung<br>. Ausreichender Fokus und Kapazität auf Fehler hoher Priorität<br>- Vermeidung des 'Jump into Conclusions' | - Detaillierte Dokumentation von Versuchen und Meßreihen<br>- Eindeutiger Nachweis der Ursachen | - Detaillierte Dokumentation vorgenommener Interventionen<br>- Eindeutiger Nachweis der Wirksamkeit<br>- Prüfung aller Auswirkungen der Änderungen | - Eindeutiger Nachweis der Beseitigung des Fehlers/ der Leistungslücke | - Institutionalisierung . Leitstand zur Fehlerdiagnose . Steuerungsteam zur Fehlerbeseitigung/zum Wissenstransfer<br>- Kontinuierliche Verbesserung der systematischen Ursachenanalyse/ -beseitigung |

*Abbildung 4-13: Vorgehensweise und Erfolgsfaktoren der systematischen Ursachenanalyse und -beseitigung*

*Einsatzkriterien:* Im Rahmen der Produkt- und Prozeßentwicklung wird die systematische Ursachenanalyse und -beseitigung vor allem für operative Leistungslücken eingesetzt. Sie eignet sich gut, um produkt- und prozeßbezogene Qualitätsprobleme, und zwar vor allem in Bezug auf Konformitäts-, Zuverlässigkeits- und Haltbarkeitsmängel zu analysieren. Ausgangspunkt sind dabei die in den Wertschöpfungs- und Verwertungsprozessen des Produktes festgestellten Fehler und Qualitätsmängel, deren Ursachen ermittelt und abgestellt werden sollen. Prinzipiell läßt sich das Instrumentarium für alle Probleme und Leistungslücken einsetzen. Allerdings lassen sich die experimentellen Verfahren zur Bestätigung von Ursachenhypothesen und zur Reproduktion des Fehlers nicht in jedem Problembereich erfolgversprechend einsetzen.

*Vorgehensweise und Erfolgsfaktoren:* Die Ursachenanalyse und -beseitigung erfordert einen sehr systematischen und strukturierten Prozeß, der durch einfache Prozeßdiagramme mit

Meilensteinen, Formblättern und Analyseinstrumenten in einem gewissen Unfang standardisiert werden kann. Dazu werden in der Regel interdisziplinäre Teams gebildet, die sich auf jeweils einen Problemkreis bzw. ein Fehlerbild konzentrieren. Zur Beseitigung des Fehlers sollten anspruchsvolle Zeitziele gesetzt werden, um die fehlerbedingten Verluste zu minimieren und das Verwischen des Fehlersbildes durch saisonale Einflüsse zu vermeiden. Abbildung 4-13 zeigt die einzelnen Aktivitäten und die entsprechenden Erfolgsfaktoren.

*Typische Ergebnisse:* Mit der systematischen Ursachenanalyse können die tatsächlichen Ursachen für Leistungslücken - z.B. für Qualitätsmängel oder Fehler - bestimmt sowie die entsprechenden Maßnahmen definiert werden, die diese Leistungslücken nachhaltig schließen können. Das Ergebnis bezieht sich zunächst auf das mit einer konkreten Produkt- und Prozeßgruppe verknüpfte Fehlerbild. Die entsprechenden Ursachen und Maßnahmen betreffen die unmittelbaren Gestaltungsparameter des Produktes und des Produktionsprozesses. So kann beispielsweise ein Getriebegeräusch eines einstufigen Schneckengetriebes jenseits spezifizierter Grenzen durch Fehler der Schnecke, des Schneckenrades, der Eingriffsgeometrie oder der Welle verursacht werden. Ein Fehler des Schneckenrades kann wiederum durch Abweichungen der Verzahnungsgeometrie, des Rundlaufs, des Kopfkreisdurchmessers etc. hervorgerufen werden. Die Ursachen dieses singulären Fehlerbildes können aufgrund der Analyse identifiziert und durch eine Veränderung der Gestaltungsparameter der entsprechenden Produkte und Prozesse - z.B. konstruktive Veränderung des Achsabstandes oder Veränderung der Schleifparameter - behoben werden.

Ein weiteres Hinterfragen der unmittelbar mit den einzelnen Fehlerbildern verknüpften Ursachen führt wiederum auf tiefer liegende Ursachenmuster, die im Entwicklungsprozeß, im Management der Lieferanten, im Management der Produktion oder in der Durchführung anderer Prozesse angelegt sind.[87] Eine Ursachenanalyse der in der Produktion festgestellten Qualitätsmängel liefert beispielsweise als tiefer liegende Ursachen unrobuste Konstruktionen, instabile Produktionsprozesse im eigenen Unternehmen und bei Lieferanten sowie falsche Zulieferung durch eigene Fertigungsbereiche und Lieferanten. Ein weiteres Hinterfragen kann schließlich zu den Ursachen führen, die die eigentlichen Ansatzpunkte eines Veränderungsprogrammes der Produkt- und Prozeßentwicklung darstellen: hohe Komplexität im Produkt- und Prozeßportfolio, geringe Effektivität und Effizienz der Entwicklungsabläufe sowie niedriges Motivationsniveau infolge umfangreicher organisationaler Barrieren. Solche Ursachenbilder lassen sich nicht exakt in ihrem Ursache-Wirkungs-Zusammenhang reproduzieren. Die oben beschriebene systematische Ursachen-Analyse stößt in der Rekonstruktion der zugrunde liegenden Handlungstheorien und Verhaltensmuster an ihre Grenzen. Sie kann allerdings erste Indizien liefern, die durch die Verfahren zur kollektiven Rekonstruktion der Handlungstheorien und Verhaltensmuster zu einem Gesamtbild der Ursachen verdichtet werden müssen.

---

[87] Vgl. zur Bedeutung systematischer Ursachenanalysen für organisationales Lernen in der Produkt- und Prozeßentwicklung: Wheelwright / Clark, Revolutionizing, 1992, S. 285ff..

## Rekonstruktion bestehender organisationaler Handlungstheorien und Verhaltensmuster mit Konfrontationstreffen

*Grundidee:* Tiefgreifende und nachhaltige organisationale Veränderungs- bzw. Lernprozesse erfordern eine kollektive Reflexion und Falsifikation bzw. Weiterentwicklung der bestehenden Handlungstheorien und Verhaltensmuster. Eine solche kollektive Reflexion kann durch die Techniken der Organsationsentwicklung - wie z.b. durch die Technik der Konfrontationstreffen - eingeleitet werden. Konfrontationstreffen sind

> ... Veranstaltungen mit bis zu ganztägiger Dauer, die das Ziel verfolgen, Probleme der Organisation zu identifizieren und Maßnahmen zu ihrer Behebung zu erörtern.[88]

Der Teilnehmerkreis wird in der Regel von einem breiten funktionalen und hierarchischen Querschnitt der Organisation gebildet und kann aus bis zu 50-60 Personen bestehen. Die Veranstaltung sollte von einem erfahrenen (externen) Moderator geleitet werden.

*Einsatzkriterien:* Die Technik der Konfrontationstreffen eignet sich prinzipiell zur Identifikation und Lösung einer breiten Palette von Problemen, die letztlich in den tiefer liegenden organisationalen Handlungstheorien und Verhaltensmuster ihre Grundursachen haben. Dabei können Verbesserungen sowohl in Bezug auf „operational procedures" als auch auf „organizational health" erzielt werden.[89] Die Technik läßt sich dann erfolgreich einsetzen, wenn vermutet wird, daß die bestehenden Handlungstheorien und Verhaltensmuster sich negativ auf die Verwirklichung individueller Verhaltensziele, organisationaler Operationsziele oder organisationaler Potentialziele auswirken. Der Einsatz sollte nicht nur auf die Anfangsphase der Veränderung beschränkt werden. Mit einem begleitenden Einsatz in späteren Phasen lassen sich Barrieren und Engpässe der Veränderung identifizieren und beseitigen.

*Vorgehensweise und Erfolgsfaktoren:* Das Konfrontationstreffen ist eine moderierte Veranstaltung mit großer Intensität über einen relativ kleinen Zeitraum, die eine strukturierte Vorgehensweise und eine ausgewogene 'Dramaturgie' erfordert. Die Rahmenbedingungen, Aktivitäten und Erfolgsfaktoren sind in Abbildung 4-14 dargestellt.

Als ein Instrument der Veränderungsbemühungen des Unternehmens kann und sollte der Einsatz des Konfrontationstreffens über eine fundierte Vorbereitung verfügen.[90] Durch eine thematische Fokussierung auf bereits identifizierte Probleme und erste Lösungshypothesen kann die Effizienz der Konfrontationstreffen gesteigert werden. Entsprechend anspruchsvoll sind die Anforderungen an den Berater bzw. Moderator. Dieser sollte neben den prozessualen Fähigkeiten auch über ein fundiertes Verständnis der zugrunde liegenden Problematik, der vorherrschenden Sichtweisen und der möglichen Lösungshypothesen verfügen. Dazu eignen sich Einzelgespräche mit den wichtigsten Promotoren des Wandels sowie Analysen möglicher Leistungslücken und ihrer Ursachen im Vorfeld des Konfrontationstreffens.

---

[88] Schanz, Organisationsgestaltung, 1994, S. 424; vgl. auch: Beckhard, Confrontation Meeting, 1978, S. 130.
[89] Vgl. Beckhard, Confrontation Meeting, 1978, S. 133.
[90] Vgl. dagegen: Schanz, Organisationsgestaltung, 1994, S. 424.

| | Vorbereitung | Veranstaltung | | | | | Nachbereitung |
|---|---|---|---|---|---|---|---|
| | | Einführung | Informations-sammlung | Informations-austausch | Priorisierung & Problemlösung | Maßnahmen-planung | |
| Rahmen - Beteiligte - Zeit | Kernteam ca. 3-4 Wochen | Moderator/Plenum 3/4-1 Std. | Kleingruppen 1 Std. | Moderator/Plenum 1-1¼ Std. | Kleingruppen 1 Std. | Moderator/Plenum 1-2 Std. | Alle offen |
| Aktivitäten | - Auswahl Teilnehmer Moderator evtl. spezif. Themen<br>- Erste Diagnosen Einzelgespräche<br>- Analysen Leistungslücken/ Ursachen | - Erläuterung Hintergrund Ziel/Ergebnis Spielregeln<br>- Evtl. kurze thematische Einführung<br>- Ergebnisse anderer Analysen Erste Hypothesen | - Bildung Kleingruppen<br>- Sammlung Informationen zum thematisierten Problemkreis<br>- Vorbereitung Präsentation | - Präsentation der Informationen v. jeder Gruppe<br>- Kategorisierung (Teil-)Probleme durch Moderator | - Bildung neuer Kleingruppen zur Bearbeitung der einzelnen (Teil-) Probleme<br>- Diskussion/Priorisier. Aspekte je (Teil-)Problem<br>- Selbstverpflichtung auf Ziele/ Generierung von Maßnahmen | - Präsentation/ Diskussion von Zielen/Maßnahmenplänen je Gruppe<br>- Unmittelbares Feedback<br>- Ziele<br>- Maßnahmen<br>- Verantwortliche<br>- Termine<br>- Gesamtvision/ -plan | - Anschlußtreffen Top-Manag. Entscheidung offener Maßnahmen/nächster Schritte<br>- Bericht an die Teilnehmer<br>- Kommunikation/ Umsetzung Maßnah. je Bereich<br>- Folgetreffen Fortschrittskontrolle/ Barrierenabbau |
| Erfolgsfaktoren | - Interfunktionale/ interhierarchische Besetzung, wesentliche Promotoren des Wandels<br>- Fundiertes prozessuales (und inhaltliches) Verständnis des Moderators | - Schaffung Atmosphäre von Vertrauen und Offenheit<br>- Persönliche Betroffenheit | - Kleingruppen<br>- Heterogen<br>- Hierarchielos<br>- 6-8 Personen<br>- Evtl. Top-Management-Team extra | - Verständnis des Gesamtzusammenhangs der identifizierten (Teil-)Probleme<br>- Klassifizierung Gesamtproblem in überschaubare Anzahl Teilprobleme (max. 6-8) | - Zuordnung Probleme/Gruppenbildung:<br>- Problemrelevanz<br>- Betroffene Entscheidungs-/ Know-how-Träger | - Symbolisierung von Bereitschaft seitens Top-Management vorgeschlagene Änderungen tatsächlich einzuführen | - Aufrechterhaltung des Momentums<br>- Kommunikation erster Erfolge<br>- etc. |

*Abbildung 4-14: Vorgehensweise und Erfolgsfaktoren von Konfrontationstreffen[91]*

---

[91] Vgl. zur Vorgehensweise: Beckhard, Confrontation Meeting, 1978, S. 134ff.; Böhm, Organisationsentwicklung, 1981, S. 33ff..

Die Veranstaltung selber besteht aus den Phasen 'Einführung', 'Informationssammlung', 'Informationsaustausch', 'Priorisierung & Problemlösung' und 'Maßnahmenplanung', die abwechselnd in Plenums- und Kleingruppensitzungen stattfinden. Erfolgskritisch ist die Schaffung einer Atmosphäre von Vertrauen und Offenheit sowie die Vermittlung persönlicher Betroffenheit und Relevanz. Neben der Analyse der Einzelprobleme sollte der Moderator insbesondere auch zur Rekonstruktion der Gesamtzusammenhänge der Problematik anleiten, die oft eine über Systemgrenzen hinausgehende ganzheitliche Perspektive erfordert. Für die teilnehmenden Führungskräfte ergibt sich schließlich die Forderung, daß sie über eine nachhaltige Bereitschaft und Begeisterung verfügen, die vorgeschlagenen Veränderungen zu unterstützen und zu verfolgen.[92]

*Typische Ergebnisse:* Die möglichen Ergebnisse des Einsatzes von Konfrontationstreffen im Rahmen organisationaler Veränderung liegen auf zwei Ebenen. Einerseits können Leistungsprobleme identifiziert, ihre Ursachen ermittelt und ihre Lösungen abgeleitet werden, deren tiefere Wurzeln oft in den eingeschliffenen und erstarrten Orientierungs- und Verhaltensmustern der Organisation liegen. Die Veranstaltung kann einen Beitrag liefern, diese Muster in einem konstruktiven kollektiven Diskurs zu reflektieren und zu verbessern bzw. zu ersetzen. Andererseits kann der Prozeß der Veranstaltung selber dazu beitragen, daß die Qualität der sozialen Interaktion verbessert wird.[93] Durch den Einsatz von Konfrontationstreffen kann ein neues Niveau des Vertrauens, der Offenheit und der persönlich empfundenen Relevanz, Kompetenz und Verantwortlichkeit geschaffen werden. Die Problemkreise können sich zu Keimzellen informaler Kontakte und Netze entwickeln, die in dem entsprechenden Thema eine kontinuierliche Verbesserung vorantreiben.

*Abbildung 4-15: Problemverstandnis des Managements vor detaillierter Rekonstruktion der Handlungstheorien und Verhaltensmuster*

Folgendes Beispiel soll den möglichen Beitrag dieser Technik zur Veränderung der Produkt- und Prozeßentwicklung erläutern.[94] In einem Unternehmen haben erste Analysen der Produkt- und Prozeßentwicklung ergeben, daß aufgrund eines schlechten Qualitäts- und Kostenniveaus unmittelbar nach der Serieneinführung neuer Produkte die mit der Entwicklung verfolgten Ziele insgesamt nicht erreicht wurden. Zudem signalisierte eine von der Personalabteilung durchgeführte Mitarbeiterbefragung in den Entwicklungsteams, daß das Motivationsniveau

---

[92] Vgl. Beckhard, Confrontation Meeting, 1978, S. 134.
[93] Vgl. ebda., S. 133.
[94] Vgl. zum Aufbau des Beispiels: Baitsch, Organisationen, 1993, S. 157ff..

sich kontinuierlich verschlechterte. Mit diesen beiden Datenpunkten ist die Rekonstruktion einer Ursachenkette naheliegend, die die operative Leistungslücke auf geringe Disziplin und Systematik in der Durchführung der Entwicklungsabläufe zurückführt, welche wiederum durch das niedrige Motivationsniveau verursacht werden (vgl. Abbildung 4-15). Entsprechend dieser Ursachenhypothese wären folglich Maßnahmen erforderlich, die einerseits die Disziplin und Systematik sichern und andererseits die Motivation der Mitarbeiter nachhaltig steigern können.

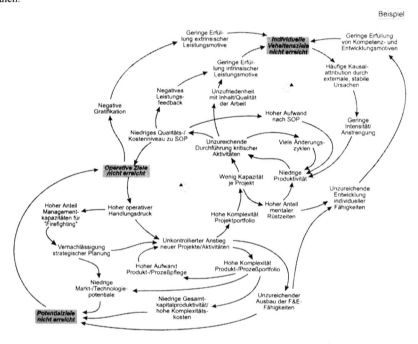

*Abbildung 4-16: Rekonstruktion organisationaler Handlungstheorien und Verhaltensmuster*

Mit Hilfe eines Konfrontationstreffens konnte die Problemsituation in der Entwicklung detaillierter aufgeschlüsselt werden. Es zeigte sich, daß weitere bedeutende Problemaspekte und Ursachenzusammenhänge zu berücksichtigen waren, so daß sich insgesamt ein viel komplexeres Ursachenbild aus den bestehenden Handlungstheorien und Verhaltensmustern ableiten ließ (Abbildung 4-16).

Als eine bedeutende Ursache für das Gesamtproblem wurde beispielsweise die unkontrollierte Aufnahme neuer Entwicklungsprojekte und -aktivitäten identifiziert, die eine hohe Komplexität im Projektportfolio der Entwicklung und im Produkt- und Prozeßportfolio der Serienproduktion verursachte. Viele der identifizierten 'negativen' Verhaltensmuster wurden durch zum Teil implizite Handlungstheorien gedeckt, die sich über Jahrzehnte als kollektiver Bestandteil der Kultur verankert hatten, ohne daß sie jemals kritisch hinterfragt wurden (vgl. Tabelle 4-2).

- *"Erfolgreiche Manager sind bewährte Krisenmanager."*
- *"Ergebnisdruck erfordert hohe Differenzierung und Nischenpositionierung."*
- *"Ergebnisdruck erfordert Konstruktionsänderung an Serienerzeugnissen zur Kostenersparnis."*
- *"Operatives 'Fire Fighting' hat Priorität vor strategischer Planung."*
- *"Hohe Kundenorientierung erfordert die Annahme jedes Projektes."*
- etc.

*Tabelle 4-2: Typische Handlungstheorien der Produkt- und Prozeßentwicklung mit Reflexionsbedarf*

Die Theorie, nach der hohe Kundenorientierung durch die Annahme und Durchführung aller Projekte gewährleistet wird, kann beispielsweise dazu beitragen, daß die Komplexität im Projektportfolio und - nach Serieneinführung des entsprechenden Produktes - auch des Produkt- und Prozeßportfolios im Vergleich zum tatsächlich erzielten Erfolgsbeitrag unverhältnismäßig hoch wird. In ähnlicher Weise stabilisieren die bestehenden Handlungstheorien der Organisation die skizzierten Verhaltensmuster und damit auch die negativen Leistungseffekte. Die abzuleitenden Maßnahmen sollten folglich nicht nur an der Einrichtung neuer Strategien, Strukturen, Prozesse und Systeme - z.B. zur Portfolio-Planung und -Steuerung - sondern auch an der Falsifikation und Verbesserung bestehender Handlungstheorien ansetzen.

### 4.2.1.3 Kollektive Entwicklung von Veränderungsvision und neuen Handlungstheorien

Eine tiefgreifende organisationale Veränderung erfordert einen Paradigmawechsel, bei dem die bestehenden Orientierungsmuster falsifiziert und durch neue, inspirierende ersetzt werden. Zumeist ergibt sich bereits aus der Identifikation der bestehenden Leistungslücken und aus der Falsifikation der zugrunde liegenden Handlungstheorien und Verhaltensmuster ein grobes Bild von der Veränderungsvision und den neuen Handlungstheorien bzw. Orientierungsmustern, das in weiteren kollektiven Konstruktionsprozessen detailliert werden kann.

#### 4.2.1.3.1 Entwicklung einer Veränderungsvision

Die Vision richtet die Veränderungsbestrebungen der gesamten Organisation auf einen gemeinsamen anspruchsvollen Zielzustand aus. Eine begeisternde und inspirierende Vision besteht aus einem anspruchsvollen, geradezu 'kühnen' Ziel und einer 'lebendigen' Beschreibung eines 'Bilds' der Zielsituation.[95] Durch die Leistungsdiagnose und die Ursachenanalyse ergeben sich bereits erste Ideen und eine grobe Richtung für die Veränderungsvision. In der Regel sind allerdings weitere Aktivitäten erforderlich, um ein ausreichendes Niveau an Begeisterungsfähigkeit und Kommunikationsfähigkeit zu erreichen.

---

[95] Vgl. Beckhard / Harris, Organizational Transitions, 1987; S. 46 und 56; Collins / Porras, Vision, 1996, S. 73.

If you can't communicate the vision to someone in five minutes or less and get reaction that signifies both understanding and interest, you are not yet done with this phase of the transformation process.[96]

*Vorgehensweise und Erfolgsfaktoren:* Die Entwicklung einer Vision zur organisationalen Veränderung ist ein kreativer Prozeß, der häufig von einer Führungskraft oder einem kleinen Führungsteam initiiert und getragen wird, bevor er auf die gesamte Organisation ausgedehnt wird.[97] Die Entwicklung der Vision läßt sich durch *Kreativitätstechniken* unterstützen, indem durch Assoziation bzw. Abwandlung oder Konfrontation die Ideenauslösung gezielt gefördert wird.[98] Dabei sollten insbesondere die Techniken zur Verstärkung der Intuition eingesetzt werden, da nicht banale und langweilige, sondern kühne und begeisterungsfähige Zukunftsziele gesucht werden. Folglich lassen sich vor allem die Methoden der *intuitiven Assoziation* wie *Brainstorming* und *Brainwriting* und die Methoden der *intuitiven Konfrontation* wie etwa *synektische Verfahren* einsetzen. Die Wirksamkeit der Vision hängt vor allem von ihrer Fähigkeit ab, in der Organisation auf einer breiten Basis nachhaltige Zielbindungen und Veränderungstendenzen zu entfalten. Die Visionsentwicklung sollte deshalb nicht nur ein kreativer, sondern vor allem auch ein kollektiver Prozeß sein. Dazu eignen sich '*Off-site-Workshops*', auf denen Querschnittsgruppen der Organisation frei von ihrer operativen und hierarchischen Umgebung die Vision entwickeln können.[99] Prinzipiell läßt sich ein solcher Workshop analog zu den Konfrontationstreffen gestalten. Schließlich sollte die formulierte Vision über möglichst viele Kanäle und Medien in Wort und Tat kommuniziert werden.

*Typische Ergebnisse:* Eine wirkungsvolle Vision ist mit einem anspruchsvollen und konkreten Ziel verbunden, das die externen Anforderungen des Markt- und Wettbewerbskontextes in interne Potentiale und Aktionen transformiert. Zudem inspiriert eine wirkungsvolle Vision zu dezentralen Experimenten und Innovationen und zu selbstorganisierten Lernprozessen, die die Leistungsfähigkeit entlang der vorgegebenen Richtung kontinuierlich verbessern. Schließlich ist eine wirkungsvolle Vision eine Quelle nachhaltiger Begeisterung und kontinuierlichen Engagements für dezentrales Unternehmertum. Innerhalb des Veränderungsprozesses kann die Vision das Vertrauen und die Zuversicht in das Gelingen des Wandels verstärken und die Unsicherheit und den Widerstand angesichts der Veränderungen überwinden.[100]

Die Veränderungsprogramme in der Produkt- und Prozeßentwicklung versuchen häufig, die Verbesserung entlang *einer* Zieldimension zur zentralen Idee der Veränderung zu erheben (vgl. Tabelle 4-3). Viele der Veränderungsbestrebungen werden beispielsweise als Qualitätsprogramme konzipiert, wobei sowohl sehr enge Qualitätsziele im Sinne von '*Zero-Defects*' als auch sehr breite Qualitätsziele im Sinne von Kundenzufriedenheit gesetzt werden. Andere Veränderungsbestrebungen werden als Programme zur Verbesserung des Entwicklungsprozesses konzipiert, wobei als Zielsetzung z.B. die Halbierung der Entwicklungszeit oder der

---

[96] Kotter, Leading Change, 1995, S. 63.
[97] Vgl. Beer et al., Verjüngungskampagnen, 1990, S. 21; Spector, Sequential Path, 1995, S. 384.
[98] Vgl. Geschka, Creativity Techniques, 1983, S. 169ff.; Geschka / Yildiz, Probleme, S. 36ff..
[99] Vgl. z.B. Beer et al., Verjüngungskampagnen, 1990, S. 21.
[100] Vgl. Beckhard / Harris, Organizational Transitions, 1987, S. 56.

Entwicklungskosten verfolgt wird. Desweiteren werden als Zielsetzungen für die Veränderung auch potentialorientierte, mitarbeiterorientierte oder wettbewerbsorientierte Ziele eingesetzt. Einige Veränderungsbemühungen versuchen als zentrale Idee das Erlangen eines *Quality Award* - wie z.B. des Deming-Preises in Japan, des Baldridge Award in den USA, des European Quality Award in Europa oder der unternehmensinternen oder zuliefererbezogenen Awards - oder die Durchführung einer Zertifizierung nach DIN ISO 9000ff. und QS 9000 zu etablieren.[101]

| | |
|---|---|
| • Qualitätszielsetzungen (Produkte/Prozesse)<br> - Steigerung Kundenorientierung/-zufriedenheit<br> - 'Zero-Defects'<br> - etc.<br>• Kostenzielsetzungen (Produkte/Prozesse)<br>• Zielsetzungen Entwicklungsprozeß<br> - Reduzierung Entwicklungszeit<br> - Reduzierung Entwicklungskosten<br> - etc.<br>• Ergebniszielsetzungen<br> - Zielrenditen<br> - etc | • Potentialorientierte Zielsetzungen<br> - Innovativität<br> - Technologieführerschaft<br> - etc.<br>• Mitarbeiterorientierte Zielsetzungen<br> - Steigerung Zufriedenheit<br> - etc.<br>• Wettbewerbsorientierte Zielsetzungen:<br> - Marktanteilsverdrängung Wettbewerber x<br> - etc.<br>• Erreichung Quality Awards/Zertifizierungen |

*Tabelle 4-3: Übliche Zielsetzungen für die organisationale Veränderung der Produkt- und Prozeßentwicklung*

Diese Veränderungsziele rekurrieren zwar in der Regel auf mögliche Leistungslücken entlang der verschiedenen Zieldimensionen der Organisation, entfalten allerdings nicht notwendigerweise die Veränderungskräfte, die erforderlich wären, um diese Lücken auch schließen zu können. Eine Prüfung dieser Veränderungsziele anhand der beschriebenen Attribute wirkungsvoller Visionen weist insbesondere auf folgende Defizite hin: (1) Viele dieser Ziele orientieren sich nicht unmittelbar an dem Kernzweck der Organisation, sondern enthalten Zielvorgaben für die zu wählenden Mittel und Wege. Damit wird das Potential selbstorganisierter Lernprozesse nicht ausgeschöpft. (2) Nicht alle Ziele sind unmittelbar im Markt- und Wettbewerbskontext verankert, sondern verfügen oft über eine internale Sichtweise. (3) Viele der Ziele sind aus der technologischen Rationalität organisationaler Leistungsfähigkeit (i.e.S.) formuliert worden und appellieren nur schwach an die Motive und Emotionen der Mitarbeiter, so daß sich nachhaltige Begeisterung und Engagement nur unzureichend einstellen kann.

Die Wirksamkeit einer Veränderungsvision hängt in großem Ausmaß vom situativen Kontext der Organisation ab. Eine Vision, die sich in einem Fall als wirkungsvoll erweist, wird in einem anderem Fall vermutlich nicht das gleiche Potential entfalten können. Ein Unternehmen X setzte sich beispielsweise das Veränderungsziel, auf einem Kundenzufriedenheitsindex innerhalb einer Produktgeneration den ersten Platz einzunehmen. Diese Vision konnte sich aus folgenden Gründen zur zentralen Idee eines erfolgreichen Veränderungsprozesses entwickeln. Die Zielsetzung knüpfte an dem Grundzweck des Unternehmens an, mit exzellenten und qualitativ hochwertigen Produkten dem Kunden ein exklusives und begeisterndes Erlebnis jenseits alltäglicher Zwänge und Routinen zu liefern. Die Zielsetzung war markt- und wettbe-

---

[101] Vgl. z.B. zum Malcolm Baldridge National Quality Award: Garvin, Baldridge Award, 1991; Sims, Baldridge Award, 1992; Stauss / Friege, TQM, 1996, S. 28f..

werbsorientiert. Der Zufriedenheitsindex wurde in dem wichtigsten Auslandsmarkt des Unternehmens gemessen, in dem die anspruchsvollsten Kunden und die besten Wettbewerber vorhanden sind. Die bedeutendsten Konkurrenten mußten folglich von den vorderen Plätzen verdrängt werden. Schließlich traf die Zielsetzung auch einen wichtigen Nerv der Organisationskultur. Nach dem ursprünglichen Selbstverständnis der Mitarbeiter waren die entwickelten Produkte in Bezug auf die erzielte Kundenzufriedenheit, die gewährte Qualität und die eingesetzte Technologie weltweit die besten. Erst durch den Einbruch des Absatzes und durch den Absturz in den Kundenzufriedenheitsindizes der letzten Jahre waren Zweifel an diesem Selbstverständnis, an der organisationalen Leistungsfähigkeit und den zugrunde liegenden Handlungstheorien und Verhaltensmustern geschürt worden. Folglich konnte die Organisation durch die Anknüpfung an das Leistungsniveau und das Selbstverständnis vergangener Tage für eine nachhaltige Veränderung mobilisiert werden.

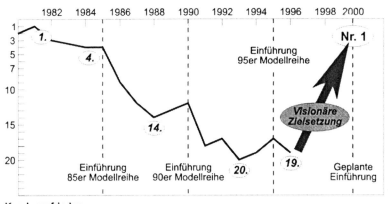

*Abbildung 4-17: Beispiel visionärer Zielsetzung für die Produkt- und Prozeßentwicklung*

### 4.2.1.3.2 Entwicklung neuer Niveaus in den organisationalen Kontexten und in den Prozessen der Selbstorganisation und des organisationalen Lernens

Die Veränderungsvision und die neuen Orientierungs- und Verhaltensmuster ergeben sich unmittelbar aus der Leistungs- und Ursachendiagnose.[102] Entsprechend lassen sich die oben beschriebenen Techniken zur Identifikation der Leistungslücke und des Ursachenbildes sowie der zugrunde liegenden Handlungstheorien und Verhaltensmuster analog für eine Neukonstruktion nutzen. In der Praxis lassen sich die Falsifikation der alten und die Entwicklung der neuen Orientierungsmuster nicht exakt trennen; die Diskussion von Ursachen geht relativ zügig in eine Diskussion von Maßnahmen über. Durch die 'Umpolung' der sich negativ auswir-

---

[102] Vgl. dazu auch die Beispiele in: Baitsch; Organisationen, 1993, S. 144ff..

kenden Mechanismen der Handlungstheorien und Verhaltensmuster ergibt sich unmittelbar eine erste grobe Skizze für verbesserte Orientierungsmuster, die durch weitere kollektive Konstruktionsprozesse detailliert werden kann.

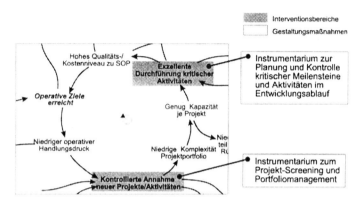

*Abbildung 4-18: Neukonstruktion organisationaler Handlungstheorien und Verhaltensmuster in der Produkt- und Prozeßentwicklung*

Durch die Neukonstruktion der Handlungstheorien und Verhaltensmuster lassen sich die wichtigsten Interventionsbereiche identifizieren, die eine Schlüsselstellung in der Gesamtproblematik einnehmen (vgl. Abbildung 4-18). Für diese Interventionsbereiche sind Gestaltungsmaßnahmen zu definieren, die die negativen Wirkzusammenhänge aufbrechen und umpolen können. Dabei beziehen sich die Gestaltungsmaßnahmen auf die Leistungsdeterminanten der organisationalen Kontexte und auf die organisationalen Prozesse der Selbstorganisation und des Lernens. Wenn die Leistungsdeterminanten der wesentlichen Interventionsbereiche verändert werden, kann sich die negative Gesamtdynamik umdrehen. Aus den negativen selbstverstärkenden Mechanismen werden positive.

Die Neukonstruktion der Orientierungs- und Verhaltensmuster kann in Bezug auf die quantitativen Zusammenhänge durch Simulationsverfahren unterstützt werden.[103] Mit *Business Dynamics-Modellen* und anderen *Simulations-Modellen* lassen sich sowohl die möglichen Ursachen und Ursachenzusammenhänge der Leistungsprobleme als auch die möglichen Gestaltungsansätze identifizieren und in ihrer Ergebnisauswirkung abschätzen. Dabei können die Interventionen in Bezug auf ihre singulären als auch kombinierten Ergebniswirkungen abgeschätzt werden. Die eingesetzten Simulationsmodelle sind das Ergebnis eines strukturierten Interview- und Workshop-Prozesses, in dessen Verlauf die Leistungslücken identifiziert und die Ursache-Wirkungs-Zusammenhänge analysiert werden. Das Ergebnis ist zunächst eine

---

[103] Vgl. zum Einsatz von Simulationsverfahren: Mass / Berkson, Going slow, 1995; Bertsche et al., Simulation, 1996; Adler et al., Product Development Process, 1996, S. 139ff..

qualitative Beschreibung dieser Ursache-Wirkungs-Zusammenhänge (vgl. z.B. Abbildung 4-16), die anschließend in einem quantitativen Modell abgebildet wird. Durch die Simulation tatsächlicher Projekte sollte das Modell getestet und verfeinert werden, bevor es zur Diskussion und Simulation möglicher Interventionen eingesetzt wird.

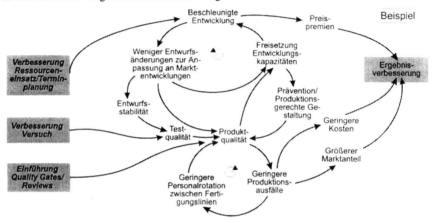

*Abbildung 4-19: Simulation von Verbesserungsmaßnahmen in der Produkt- und Prozeßentwicklung mit einem Business Dynamics-Modell[104]*

Abbildung 4-19 zeigt ein Beispiel für ein Business Dynamics-Modell der Produkt- und Prozeßentwicklung. Nach diesem Modell kann die gezielte Intervention in drei Bereichen - Ressourceneinsatz und Terminplanung, Versuch und 'Quality Gates' bzw. 'Reviews' - das jährliche Ergebnis um bis zu 100% steigern.[105] Die Gestaltungsmaßnahmen umfassen u.a. eine projektbezogene Ressourcenumverteilung auf die frühen Phasen des Entwicklungsprozesses, die Einführung realistischer Terminpläne, die Einführung von Quality Gates bzw. Reviews und die Verbesserung der Versuchsabläufe.

Der Einsatz solcher Modelle hilft, die Ebene der Anekdoten und (Miß-)Erfolgsgeschichten einzelner Projekte zu verlassen und nach grundsätzlichen Problemen und ihren Lösungen zu suchen. In dem interaktiven Prozeß der Konstruktion und Simulation der organisationalen Wirklichkeit wird die Problemsituation für alle beteiligten Mitarbeiter und Manager transparent, so daß sich relativ leicht ein Konsens über die zu wählenden Maßnahmen ergibt. Die zugrunde liegenden quantitativen Input- und Outputgrößen können als Kennzahlensystem verfolgt werden, so daß überprüfbar ist, ob die Interventionen den erwarteten Ergebnisbeitrag liefern. Durch den Einsatz des Modells über einen längeren Zeitraum läßt sich der Interventionsfokus stets auf den jeweiligen Engpaß des Prozesses ausrichten.

---

[104] Vgl. Mass / Berkson, Going slow, 1995, S. 26.
[105] Vgl. ebda., S. 25ff..

### 4.2.1.4 Entwicklung und Erprobung neuer Verhaltensmuster

Die Entwicklung und Erprobung neuer Verhaltensweisen gemäß den neuen Orientierungsmustern kann und sollte sowohl durch eine zentrale Planung als auch durch eine dezentrale Selbstorganisation erfolgen. Für die zentral angeleitete Entwicklung neuer Verhaltensweisen werden vor allem Pilotprojekte eingesetzt, in denen bei begrenztem Risiko mit neuen Strategien und Vorgehensweisen experimentiert werden kann. Die Gestaltung der Pilotprojekte richtet sich nach den in den vorangegangenen Phasen bereits identifizierten Ursachen der Leistungslücken (vgl. Tabelle 4-4).[106]

| Ursache der Leistungslücke | Gestaltung der Pilotprojekte | | |
|---|---|---|---|
| | Bereich | Lösungskonzept | Mögliches Ergebnis |
| Strukturierter Entwicklungsablauf nicht vorhanden | Entwicklungsprojekt in einer frühen Phase | Entwurf/Implementierung eines strukturierten Ablaufs | Phasen-Meilenstein-Ablauf mit instrumenteller Unterstützung |
| Entwicklungsablauf nicht ausreichend auf kritische Aktivitäten/ Meilensteine fokussiert | Mehrere Entwicklungsprojekte in unterschiedlichen Phasen | Restrukturierung Ablauf, Einführung neuer Instrumente | Neuer Ablauf, neue Instrumente (z.B. Design Reviews) |
| Unkontrollierte Annahme neuer Projekte/hohe Komplexität im Projektportfolio | Organisatorische Einheit (z.B. Produkt-/Geschäftsbereich) | Instrumentelle Kopplung Entwicklungsstrategie/ Projektportfolio an Markt-/ Technologiestrategien | Instrumente zum Projekt-Screening und Portfolio-Management |
| Unzureichende Projektmanagementfähigkeiten | Organisatorische Einheit (z.B. Produkt-/Geschäftsbereich) | Projektleiterentwicklung durch Coaching, Training und Job-Rotation | Trainings-/Coaching-Module für individuelle Entwicklung |
| etc. | etc. | etc. | etc. |

*Tabelle 4-4: Gestaltung von Pilotprojekten in Abhängigkeit der diagnostizierten Ursachen der Leistungslücken*

Aus den identifizierten Problemem und Ursachen können unmittelbar die durch den Piloten zu prüfenden Interventionshypothesen bzw. Lösungskonzepte abgeleitet werden. Damit ergeben sich auch die möglichen Bereiche der Pilotaktivitäten. Die Auswahl der Pilotbereiche ist ein sehr erfolgskritischer Schritt in der Vorbereitung der Pilotierung. Einerseits sollte eine hohe Erfolgswahrscheinlichkeit gewährleistet sein, andererseits darf sich der Erfolg auch nicht zu einfach einstellen, da ansonsten die Glaubwürdigkeit in Bezug auf die Übertragung der neuen Strategien, Vorgehensweisen und Instrumente auf andere Bereiche vermindert wird. In der Regel werden projektübergreifende Themen in einem einzelnen Organisationsbereich (Produktbereich oder Geschäftseinheit), rein funktionale Themen in der entsprechenden Organisationseinheit (z.B. Versuch oder Musterbau) und projektspezifische Themen in einem einzelnen Entwicklungsprojekt pilotiert.[107] Bei der Auswahl einzelner Entwicklungsprojekte als Pilotbereiche ist zu prüfen, ob das Projekt sich in Bezug auf seine geschäftspolitische Bedeutung, gemessen an strategischen Aspekten und erwartetem Absatz- und Umsatzvolumen, seine derzeitige Entwicklungsphase, seine verantwortliche Organisationseinheit und seinen Projekttyp für eine Pilotierung eignet.

---

[106] Vgl. dazu auch Wheelwright / Clark, Revolutionizing, 1992, S. 313ff..
[107] Vgl. zu Entwicklungsprojekte als Pilotprojekte: ebda., S. 321ff..

# 286 Applikation der Modellskizze für die Veränderung der Produkt- und Prozeßentwicklung

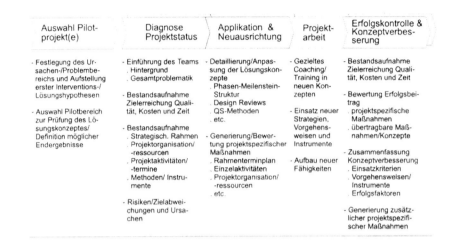

*Abbildung 4-20: Vorgehensweise zur Pilotierung projektspezifischer Lösungshypothesen*

Die Auswahl des Pilotprojektes ist nur der erste Schritt der Pilotdurchführung. Abbildung 4-20 zeigt den Gesamtprozeß für die Pilotierung projektspezifischer Lösungshypothesen. In diesem Fall durchläuft das für den Piloten ausgewählte Entwicklungsprojekt die Phasen der Diagnose des Projektstatus', der Applikation des Lösungskonzepts und Neuausrichtung des Projekts und der Erfolgskontrolle und Konzeptverbesserung. Mit diesem Pilotprozeß können mehrere Ziele gleichzeitig erreicht werden. Die Lösungshypothesen können an einem konkreten Fall detailliert, geprüft und verbessert werden, bevor sie auf einer breiten Basis in der Organisation implementiert werden. Desweiteren kann das 'pilotierte' Entwicklungsprojekt besser auf die Erreichung seiner Qualitäts-, Kosten- und Zeitziele ausgerichtet werden. Schließlich sammelt die Organisation durch die Durchführung des Pilotprojektes wertvolle Erfahrungen mit einem strukturierten Verbesserungsprozeß, der im Anschluß an den Piloten zur Neuausrichtung einer großen Anzahl von Entwicklungsprojekten eingesetzt werden kann.

Die ausschließliche Nutzung zentral geplanter Pilotversuche und Experimente kann nicht die Summe neuer Verhaltensweisen generieren, die erforderlich ist, um nachhaltige organisationale Veränderung einzuleiten. Ein großer Anteil des Experimentierens mit neuen Strategien oder Vorgehensweisen muß dezentral und selbstorganisiert erfolgen. Diese dezentralen Innovationsprozesse können nicht direkt erzwungen werden, sondern müssen indirekt durch die mobilisierende Wirkung der Vision entfacht und durch das Beseitigen aller Widerstände und Barrieren ermöglicht werden.[108] Das Experimentieren mit unkonventionellen Ideen und Vorgehensweisen erfordert eine Kultur der Risikobereitschaft und des Vertrauens in der Organi-

---

[108] Vgl. Kotter, Leading Change, 1995, S. 61.

sation. Erst wenn diese Voraussetzungen erfüllt sind, kann sich die organisationale Veränderung über die dezentralen Innovationsprozesse konstituieren.

#### 4.2.1.5 Verbreitung der neuen Verhaltensmuster durch geteilte Kognitionen und konformes Handeln

In den vorangegangenen Phasen sind die Leistungslücken und Ursachen identifiziert, die zugrunde liegenden Handlungstheorien und Verhaltensmuster falsifiziert und neu konstruiert, die Veränderungsvision entwickelt und erste erfolgreiche Anwendungsfälle geschaffen worden. In dieser Phase gilt es, die neuen Verhaltensmuster durch geteilte kognitive Prozesse und konforme Handlungsweisen in der gesamten Organisation zu verbreiten. Die bislang auf wenige Bereiche konzentrierten Lernprozesse müssen nun orchestriert und diffundiert werden.[109] Dabei müssen die grundsätzlichen Phasen der Veränderung in den bisher unbeteiligten Bereichen nochmals durchlaufen werden. Die Reduktion des Veränderungsprozesses auf einen reinen Implementierungsvorgang der in den Pilotbereichen erarbeiteten Konzepte birgt zwei große Gefahren in sich.[110] (1) Die implementierten Lösungskonzepte können mangels situativer Anpassung an die jeweiligen Leistungslücken und Ursachen scheitern. (2) Die angestrebte Verhaltensveränderung kann sich aufgrund der Dominanz der alten, nicht falsifizierten Handlungstheorien und Verhaltensmuster nicht durchsetzen. Jede Organisationseinheit sollte also das Rad in einem gewissen Umfang neu erfinden dürfen.[111] Diese Phase läßt sich durch nachfolgende Aktivitäten unterstützen.

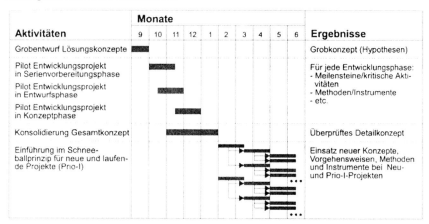

*Abbildung 4-21: Organisationsweite Einführung grundsätzlicher Lösungsansätze*

---

[109] Vgl. Spector, Sequential Path, 1995, S. 383.
[110] Vgl. Beer et al., Verjüngungskampagnen, 1990, S. 22; Spector, Sequential Path, 1995, S. 383.
[111] Vgl. Beer et al., Verjüngungskampagnen, 1990, S. 22.

*Organisationsweite Einführung der grundsätzlichen Lösungsansätze:* Einige der im Pilotbereich detaillierten und geprüften Lösungsansätze können aufgrund ihrer projekt- und bereichsübergreifenden Anwendbarkeit in einem strukturierten Prozeß organisationsweit eingeführt werden. Die dabei erzielten Ergebnisse können wiederum zur kontinuierlichen Verbesserung der Lösungskonzepte verwendet werden. Abbildung 4-21 zeigt ein Beispiel für einen solchen Einführungsprozeß.

*Aufbau kritischer Fähigkeiten durch problemorientiertes Training und Coaching:* Die Einführungsaktivitäten sollten von Trainings- und Coaching-Aktivitäten zum Aufbau kritischer Fähigkeiten begleitet werden. Diese sollten problemspezifisch, am Arbeitsplatz ('On-the-Job') und zum Zeitpunkt der erforderlichen Problemlösung ('Just-in-Time') erfolgen.[112] An die Stelle der großflächigen und umfangreichen Trainingsprogramme treten also selektive und problemorientierte Trainings- und Coaching-Aktivitäten. Dies erfordert eine Organisation des Trainings nach dem *Pull-Prinzip*, d.h. die dezentralen Organisationseinheiten fordern entsprechend dem festgestellten Bedarf die notwendigen Trainingsmodule bzw. -kapazitäten an.

*Schaffung von Mechanismen zum Lerntransfer:* Der überwiegende Anteil der organisationalen Lernprozesse findet selbstorganisiert in dezentralen autonomen Einheiten der Organisation statt. Durch die Schaffung von horizontalen Mechanismen zum Transfer dieser Innovationen kann das Wissen in der Organisation geteilt und durch wechselseitige Impulse weiter entwickelt werden. Solche Mechanismen können durch die Vorstellung vorbildhafter Organisationseinheiten oder durch die Einrichtung themenbezogener Diskussionsplattformen und Konferenzen realisiert werden.

*Kommunikation der Veränderung und ihrer Erfolge in Wort und Tat:* Die kollektive Konstitution der neuen Handlungstheorien und Verhaltensmuster läßt sich insbesondere auch durch die intensive Kommunikation der Veränderung und ihrer Erfolge unterstützen. Wichtig ist z.B. die Kommunikation von Erfolgen in den frühen Phasen der Veränderung, in denen noch große Unsicherheit in Bezug auf die Richtigkeit der eingeschlagenen Richtung herrscht. Deshalb sollten Veränderungsaktivitäten bewußt geplant und realisiert werden, die somit relativ zügig erste Erfolge liefern können.[113]

Durch die Kommunikation der Aktivitäten und Ergebnisse der einzelnen Phasen können auch die nicht unmittelbar beteiligten Organisationsmitglieder an den kollektiven Diskussions-, Konstruktions- und Konstitutionsprozessen der Veränderung partizipieren. Dabei ändern sich der Inhalt und die Aufgabe, die Zielgruppe, die spezifische Botschaft, der Kommunikator und die Medien der Kommunikation während des Veränderungsprozesses. Die Gestaltung der Kommunikationsaktivitäten entlang dieser Parameter sollte für die einzelnen Phasen bewußt geplant werden. Je nach Zielsetzung der Kommunikation können große Informationsveranstaltungen, kaskadierende Workshop-Serien, Artikel in Unternehmenszeitungen, eigene Projektzeitungen, Broschüren, Informationsblätter, zielgruppenspezifische Memos, persönliche

---

[112] Vgl. zu weiteren (Miß-)Erfolgsfaktoren: Schwendner, Trainer, 1995, S. 28ff.
[113] Vgl. Kotter, Leading Change, 1995, S. 61.

Anschreiben, Einzelgespräche oder Telefon-Hot-Lines sich als sinnvoll erweisen. Eine bloße Information über die Veränderung kann allerdings nicht die mobilisierende Wirkung der kollektiven Diskussions-, Konstruktions- und Konstitutionsprozesse erzielen. Die Kommunikation der Veränderungsbotschaft sollte überdies nicht nur in Worten, sondern auch durch Taten geschehen.

*Förderung von Promotoren:* Die Förderung von Promotoren des Wandels durch das Top-Management ist schließlich ein weiterer Mechanismus zur Verbreitung der neuen Verhaltensmuster. Durch die Promotion und Gratifikation der Promotoren der Veränderung signalisiert das Top-Management, daß eine nachhaltige Bereitschaft zur Veränderung erforderlich ist.

### 4.2.1.6 Formale Gestaltung der organisationalen Kontexte und des organisationalen Wissens

Erst wenn sich das neue Verhalten durch geteilte Kognitionen und konformes Handeln kollektiv konstituiert hat, lassen sich die materiellen und formalisierten Orientierungsmuster der organisationalen Kontexte und des organisationalen Wissens sinnvoll ändern. Diese Phase dient der Konsolidierung der Verhaltensveränderung durch Anpassung der Strukturen und Systeme, durch Formulierung von Regeln und Normen oder durch Personalentscheidungen.[114]

*Anpassung der formalen Strukturen und Systeme:* Durch die formale Anpassung der Strukturen und Systeme werden die neu entwickelten Strategien, Vorgehensweisen und Instrumente institutionalisiert. Die organisatorischen Einheiten werden in Bezug auf die Aufgaben- und Kompetenzbereiche, die hierarchische Anordnung und die Berichtsbeziehungen, die Ausstattung mit Personal- und Sachressourcen und die örtliche Lage neu zugeschnitten. Die strukturellen Maßnahmen für die Primärorganisation der Produkt- und Prozeßentwicklung betreffen vor allem die Fragestellungen der Abgrenzung der Technologie- bzw. Vorentwicklung von der Serien- bzw. Applikationsentwicklung, der Anordnung von Konstruktions-, Versuchs- und Musterbaueinheiten sowie des Verhältnisses von Verkaufs- und Vertriebseinheiten zu den Entwicklungseinheiten. Die formalen Gestaltungsmaßnahmen der Sekundärorganisation beziehen sich vor allem auf die Art und den Aufbau der Projektorganisation, der Teamstrukturen und der Budgetierung bzw. des Ressourcenzugriffs. Bei der Anpassung der formalen Strukturen sollte insbesondere die Schnittstelle zwischen Linienorganisation und Projektorganisation klar definiert werden. Dabei sind beispielsweise die Abgrenzungsfragen in Bezug auf die Aufgaben, die Budgets und Ressourcen oder die Mitarbeiterführung zu klären. In dieser Phase der Veränderung sollten auch die unterstützenden Systeme entsprechend der neuen Strategien und Vorgehensweisen verändert werden. Dazu gehören die Kommunikations- und Informationssysteme oder die CAx-Systeme.

*Formulierung von Regeln und Normen:* Die Handlungstheorien und Verhaltensmuster, die

---

[114] Vgl. Beer et al., Verjüngungskampagnen, 1990, S. 23; Kotter, Leading Change, 1995, S. 61; Spector, Sequential Path, 1995, S. 387.

sich in den Pilot- und Experimentierversuchen als 'kritische Erfolgshebel' bewährt haben, können als Regeln und Normen formuliert werden, auf deren Einhaltung sich das Management und die Mitarbeiter der Organisation verpflichten. Diese Regeln und Normen sollten an Kennziffern geknüpft werden, so daß ihre Einhaltung verfolgt werden kann. Im Bereich der Produkt- und Prozeßentwicklung können solche Regeln zur Verstärkung der Ergebnis- und Umsatzorientierung, zur Verstärkung der Kundenorientierung, zur Begrenzung der Komplexität oder zur Förderung der funktionalen Integration definiert werden (vgl. Tabelle 4-5).

| Zielsetzung | Beispiele für Regeln und Normen |
|---|---|
| Verstärkung der Ergebnis-/Umsatzorientierung | • Keine Annahme von Projekten mit ROI < x, mit Umsatz < x oder Umsatzrendite < x! <br> • Ausnahme nur für 'strategische' Projekte! |
| Verstärkung der Kundenorientierung | • Kein Wechsel des Ansprechpartners in der Angebots-/Auftrags-/Projektbearbeitung! |
| Begrenzung der Komplexität | • Keine Produkt- und Prozeßentwicklung außerhalb bestehender bzw. geplanter Plattform- bzw. Baukastenlinien! <br> • Keine neue Applikationsentwicklung nach festgelegtem Auslauftermin der Plattform- bzw. Baukastenlinie! <br> • Keine Neuteilentwicklung ohne Prüfung der Verwendungsmöglichkeit eines vorhanden Teils! <br> • Anzahl der Lieferanten je Teilefamilie < x, Anzahl der Lieferanten je Teil < x! |
| Förderung der funktionalen Integration | • Keine Projektdefinition ohne feste SE-Teammitglieder der Produktion und des Einkaufs! <br> • Keine Konzeptverabschiedung ohne vollständige Festlegung aller Modulierten! |
| Verbesserung der Portfolio-/Ressourcensteuerung | • Keine Projektzusage ohne reservierte Entwicklungskapazitäten! <br> • Anteil Vorentwicklung ~ x %, Plattformentwicklung ~ y %, Applikationsentwicklung ~ z %; Anteil Produktpflege < v %! <br> • Anzahl Projekt je Mitarbeiter < x! |

*Tabelle 4-5: Regeln und Normen in der Produkt- und Prozeßentwicklung*

*Personalentscheidungen:* Spätestens in dieser Phase sollte gewährleistet sein, daß die bedeutendsten Macht- und Fachpromotoren sich persönlich für den organisationalen Wandel verantwortlich fühlen und durch ihr Führungsverhalten einen Rahmen für die Veränderung ihres Bereiches schaffen. Bei unzureichender Veränderungsbereitschaft und -fähigkeit einzelner Führungskräfte kann es unter Umständen erforderlich sein, diese durch intern oder extern rekrutierte Manager zu ersetzen. Die Phase des Experimentierens und der Pilotversuche bietet in der Regel eine gute Gelegenheit, den Führungsnachwuchs zu identifizieren, der sich in Bezug auf die neuen Handlungstheorien und Verhaltensweisen als besonders fähig erweist.

#### 4.2.1.7 Institutionalisierung der organisationalen Veränderung

Die Institutionalisierung der organisationalen Veränderung soll dazu beitragen, daß die Veränderungstendenzen weit über die initiierenden programmatischen Ansätze hinausreichen. Dies wird vor allem dann eintreten, wenn es gelingt, eine Kongruenz zwischen den individuellen und den organisationalen Entwicklungsperspektiven herzustellen, so daß die organisationale Veränderung eine individuell konstituierte Dynamik erhält. Diese Dynamik läßt sich durch zahlreiche Mechanismen institutionalisieren, deren Funktion in der Integration und Koordination, im Transfer und in der wechselseitigen Reflexion der dezentralen Lern- und Veränderungsprozesse liegt. Die Institutionalisierung der Veränderung kann neben den bereits vorgestellten Mechanismen zum Lerntransfer auch durch den Einsatz regelmäßiger *Reviews und Audits* sowie durch die Einrichtung von *Kompetenz- und Lernzentren* unterstützt werden.

*Reviews und Audits:* Ein Review ist eine sehr intensive und strukturierte Veranstaltung zur Diagnose der Wirksamkeit eingeführter Lösungskonzepte und Maßnahmen, zur Identifizierung und Beseitigung von Barrieren und Engpässen und zur Ableitung von Verbesserungsmaßnahmen in Bezug auf die angestrebten Ziele.[115] Durch einen Review abgeschlossener Entwicklungsprojekte läßt sich beispielsweise prüfen, ob die implementierten Lösungskonzepte - z.B. die Phasen-Meilenstein-Struktur, die Design Reviews oder die Simultaneous Engineering Teams - die ursprünglichen Leistungslücken schließen konnten.[116] In der Regel werden solche Projekt-Reviews durch interdisziplinäre Teams durchgeführt, die sich aus den beteiligten Mitarbeitern der abgeschlossenen Entwicklungsprojekte, aus den verantwortlichen Spezialisten, Moderatoren oder Trainern der eingesetzten Konzepte, Methoden und Instrumente sowie aus den Managern der jeweiligen Bereiche zusammensetzen können. Durch die regelmäßige Beteiligung der Projektmitarbeiter kann ein nachhaltiges Engagement zur kontinuierlichen Verbesserung des Prozesses erzeugt werden, so daß mit größerer Wahrscheinlichkeit jenseits von zentralen Programmen zahlreiche Initiativen dezentral ergriffen werden.

In der ersten Phase des Projekt-Review wird diagnostiziert, ob die ursprünglich gesetzten Ziele des Projektes - in der Regel die Ergebnis-, Qualitäts-, Kosten- und Zeitziele - erreicht worden sind. Desweiteren wird das abgeschlossene Entwicklungsprojekt in Bezug auf die Erfüllung der wesentlichen Leistungsdeterminanten und Erfolgsfaktoren untersucht.[117] Dabei werden in der Regel der strategische Rahmen sowie die Projektorganisation und Teamkonstellation des Projektes analysiert. Weitere Diagnosen richten sich auf die Fragestellung, wer welche Aktivitäten wann durchgeführt hat. Dabei werden die Planungs- und Steuerungsaktivitäten, die Aktivitäten zur Kundenintegration, die Entwicklungsaktivitäten i.e.S. (Konstruktion-Musterbau-Versuchs-Zyklen), die Aktivitäten zur Prozeßentwicklung und Integration der Prozeßanforderungen sowie die Aktivitäten zur Teileentwicklung und Lieferantenintegration untersucht. Schließlich wird auch der Einsatz der Methoden und Instrumente - vor allem CAx, Berechnungen, Simulationen, QS-Methoden, Kosten- und Terminplanungssysteme - analysiert. In der zweiten Phase können Verbesserungsmaßnahmen für die bereits eingeführten Konzepte, Vorgehensweisen, Methoden und Instrumente abgeleitet bzw. neue Verbesserungsansätze initiiert werden.

*Kompetenz- und Lernzentren:* Einige der angestoßenen Themen der Veränderung betreffen erfolgskritische Fähigkeiten, die kontinuierlich verbessert werden sollten. Solche themenbezogenen Lernprozesse können institutionalisiert werden, indem einzelne Mitarbeiter oder Or-

---

[115] Vgl. zum Einsatz von Reviews in Veränderungsprozessen z.B.: Beer et al., Verjüngungskampagnen, 1990, S. 23; Tichy / Charan, CEO as Coach, 1995, S. 77.
[116] Vgl. zum Projekt Review bzw. Audit in der Produkt- und Prozeßentwicklung: Wheelwright / Clark, Revolutionizing, 1992, S. 300ff.; Smith, Product Development Process, 1996, S. 37ff..
[117] Vgl. den Analyse-Rahmen in: Wheelwright / Clark, Revolutionizing, 1992, S. 302f..

ganiationseinheiten die Aufgabe übernehmen, diese organisationalen Lernprozesse voranzutreiben. Dabei sollten diese Lernprozesse nicht unbedingt an Stabsabteilungen delegiert werden. Häufig erweist es sich als vorteilhaft, die in den entsprechenden Lernthemen operativ involvierten Mitarbeiter und Einheiten zu den Verantwortlichen des Lernprozesses zu machen. Die Verantwortung für diese Lernprozesse kann auch in den Gremien und Lenkungskreisen des Top-Managements verankert werden, indem einzelne Manager die Führung dieser Initiativen ergreifen und regelmäßig über den Fortschritt berichten.

In den Aufgabenbereich der themenbezogenen Lernzentren fällt die Transformation des dezentral verteilten individuellen Wissens in organisationales Wissen durch die Steigerung der Kommunizierbarkeit, Akzeptanz und Integrierbarkeit. Desweiteren sollten diese Zentren ein Netzwerk der organisationsweit verteilten Anwender bilden und pflegen, das der kontinuierlichen Reflexion und Verbesserung der Konzepte, Strategien, Vorgehensweisen, Methoden und Instrumente der entsprechenden Themen dient. Eine weitere Aufgabe ist die Erschließung externer Wissensquellen einschließlich der Identifikation, Analyse und Übertragung von 'Best-Practices' auf den eigenen Bereich. Schließlich wirken diese Zentren am Aufbau der Fähigkeiten in dem jeweiligen Thema mit, indem sie Trainings- und Coaching-Funktionen übernehmen.

*Abbildung 4-22: Grundsätzliche Lernthemen und konkrete Methoden und Instrumente der Produkt- und Prozeßentwicklung*

In der Produkt- und Prozeßentwicklung sind solche Themen beispielsweise die Projektplanung und -steuerung, die Kundenorientierung, die Funktionalitätssicherung und Fehlervermeidung, die Produktionsgerechtigkeit oder die Lieferantenintegration. Als Themen sollten also nicht einzelne Methoden und Instrumente wie MS-Project, QFD, FMEA, DFA/DFM, sondern grundsätzliche Fragestellungen und Problemkreise gewählt werden, deren Erfüllung kritisch für den Erfolg der Produkt- und Prozeßentwicklung ist. Auf diese Art und Weise wird sichergestellt, daß die Verbesserung von grundsätzlichen Leistungsdeterminanten und Fähigkeiten, und nicht nur die Anwendung von konkreten Methoden und Instrumenten der eigentliche Zweck der Lernprozesse ist. Es wird vermieden, daß der Einsatz von Methoden und Instrumenten - vor allem der Qualitätssicherung - zu einem Selbstzweck wird, ohne daß die eigentlichen Probleme gelöst werden.

### 4.2.2 Phasenübegreifende Aktivitäten des Veränderungsprozesses

#### 4.2.2.1 Management der Aktivitäten und der Träger der Veränderung

Im Laufe des Veränderungsprozesses werden eine Vielzahl von Aktivitäten sowohl zentral als auch dezentral eingeleitet, die von unterschiedlichsten Trägern zu verschiedenen Zeitpunkten begonnen und abgeschlossen werden. Ein Mindestmaß an Koordination und Integration dieser Aktivitäten und Träger ist erforderlich, um die Ausrichtung auf die zentrale Veränderungsvision zu fördern und das Auftreten konkurrierender, einander gegenläufiger Maßnahmen zu vermeiden. Angesichts der Begrenztheit der zur Verfügung stehenden Ressourcen sollte zudem gewährleistet werden, daß eine Fokussierung auf die wichtigsten Stellhebel erfolgen kann. Folglich erscheint die Einrichtung einer Übergangsstruktur zum zentralen Management der Aktivitäten und Träger der Veränderung notwendig, damit ein Mindestmaß an Koordination, Integration und Fokussierung gewährleistet wird. Die Übergangsstrukturen unterscheiden sich in Bezug auf Organisationsform, Mitarbeiterbesetzung, Berichts- und Entscheidungsmechanismen, Aufgabenprofil und andere organisatorische Kriterien. Nachfolgend sollen die Struktur und das Aufgabenprofil der Projektorganisation betrachtet werden, die sehr häufig im Rahmen organisationaler Veränderungsprozesse als Übergangsstruktur eingesetzt wird (vgl. Abbildung 4-23).[118]

Den Mittelpunkt der Projektorganisation bildet häufig ein interfunktionales und -hierarchisches Querschnittsteam, das sich aus den wesentlichen Fach-, Macht- und Prozeßpromotoren des Wandels zusammensetzt.[119] Es fungiert als das *Kernteam*, das den gesamten Veränderungsprozeß von der Identifikation der Leistungslücke bis zur Institutionalisierung begleitet. Einerseits werden durch das Kernteam die wesentlichen Initiativen angestoßen und verfolgt, andererseits werden die dezentral eingeleiteten Initiativen unterstützt und die notwendigen horizontalen Mechanismen zur Koordination und Integration und zum Lerntransfer eingerichtet und gepflegt. Das Kernteam berichtet in der Regel an ein Führungsteam des Top-Managements, das als *Lenkungskreis* die Veränderung auf die visionären Ziele ausrichtet und die wesentlichen, zentral zu treffenden Entscheidungen fällt. Für die Durchführung von detaillierten Analysen, Pilotprojekten und sonstigen Detailaktivitäten kann das Kernteam verschie-

---

[118] Vgl. Beckhard / Harris, Organizational Transitions, 1987, S. 71; vgl. dazu auch die Beschreibung der Träger und ihrer Aufgaben in Kapitel 3.4.2.3.

[119] Vgl. z.B. Kilmann, Holistic Program, 1995, S. 185; Dickhout et al., Designing Change Programs, 1995, S. 112.

dene Subteams bilden, die sich jeweils auf die Bearbeitung eines Problemkreises bzw. Lösungskonzeptes fokussieren. Diese Subteams können die Keimzellen der zukünftigen themenbezogenen Lern- und Kompetenzzentren bilden.

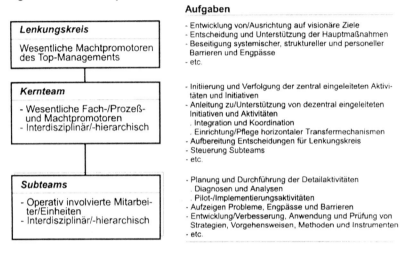

*Abbildung 4-23: Projektorganisation zum Management organisationaler Veränderung*

Eine der Hauptaufgaben der einzelnen Mitarbeiter und Teams der Übergangsstruktur liegt in der Planung, Durchsetzung und Kontrolle der wesentlichen Aufgaben und Aktivitäten des Veränderungsprozesses.[120] Ein effektiver Aufgaben- und Aktivitätenplan zeichnet sich durch die in Tabelle 4-6 beschriebenen Eigenschaften aus.

- Relevanz der Aktivitäten für die Erreichung des visionären Ziels
- Konkretheit und Klarheit der einzelnen Aktivitäten in Bezug auf Ziele, Vorgehensweisen, Budgets und Ressourcen, Verantwortlichkeiten und Termine
- Zwischenschritte und Zwischenziele (Meilensteine) zur Aufrechterhaltung der Zielbindung
- Integration und Koordination der Aktivitäten in Bezug auf die Gesamtvision
- Logische und zeitliche Sequenz der Aktivitäten
- Offenheit, Flexibilität und Anpaßbarkeit in Bezug auf unvorhergesehene Entwicklungen und Situationen

*Tabelle 4-6: Eigenschaften effektiver Aufgaben- und Aktivitätenpläne des Veränderungsprozesses[121]*

---

[120] Vgl. die Übersicht der Aufgabengebiete der organisationalen Veränderung in: Krüger, Organisationsstrategien, 1994, S. 213ff..

[121] Vgl. Beckhard / Harris, Organizational Transitions, 1987, S. 72; Braun / Lawrence, Vergleich, 1995, S. 123.

### 4.2.2.2 Impulse für den Aufbau von Veränderungsbereitschaft und -fähigkeit und für die Beschleunigung des Verlernens

Ein organisationaler Veränderungsprozeß ist - wie bereits mehrfach herausgestellt - kein geschlossener, im Detail plan- und kontrollierbarer Prozeß, sondern ein rekursiver und offener Prozeß, der durch kontinuierliche Impulse seitens der 'Gestalter' auf die visionäre Zielsetzung ausgerichtet werden muß. Die Notwendigkeit kontinuierlicher Impulsgebung erfordert auch eine kontinuierliche Messung des Fortschritts der Veränderung in Bezug auf die angestrebten Ziele. Es gibt verschiedene Möglichkeiten, den Fortschritt des Veränderungsprozesses zu messen. So lassen sich z.B. die zur Diagnose der Leistungslücken und Ursachen verwendeten Analysetechniken auch zur Fortschrittskontrolle und Nachjustierung des Veränderungsprogramms einsetzen. Die wiederholte Selbsteinschätzung der eigenen Leistung und Leistungsdeterminanten mit Hilfe der zu Beginn verwendeten Kriterienkataloge kann genutzt werden, um die Bereiche zu identifizieren, bei denen ein weiterer intensiver Interventionsbedarf gegeben ist.[122] Ebenso kann durch den wiederholten Einsatz der Techniken zur Rekonstruktion, Falsifikation und Neukonstruktion der Handlungstheorien und Verhaltensmuster ermittelt werden, in welchem Umfang die zugrunde liegenden Ursachen beseitigt werden konnten. Mit Techniken zur Analyse und Ermittlung der Veränderungstendenzen kann insbesondere der Status der Veränderungsbereitschaft und -fähigkeit der Organisation diagnostiziert werden, so daß gezielte Impulse für ihren Aufbau gesetzt werden können.[123]

Durch die Fortschrittskontrolle mit den angeführten Techniken kann der Veränderungsprozeß in regelmäßigen Abständen auf die Verwirklichung der jeweils bedeutendsten Leistungspotentiale und -hebel und auf die Beseitigung der jeweils größten Barrieren und Engpässe fokussiert werden. Die Defizite in der Bereitschaft und Fähigkeit zur Veränderung können themen- und gruppenspezifisch identifiziert und abgebaut werden, so daß die Lern- bzw. Verlernprozesse beschleunigt werden können. Nachfolgend soll eine Technik zur Entwicklung der Veränderungsbereitschaft und -fähigkeit vorgestellt werden.

*Technik zur Analyse und Entwicklung des Bereitschafts- und Fähigkeitsprofils der Veränderung*

*Grundidee:* Die Technik zur Analyse und Entwicklung der Veränderungsbereitschaft und -fähigkeit basiert auf den Modellen und Theorien der Motivationspsychologie. Nach dem Ausführungsmodell von Vroom ist das Handlungsergebnis eine Funktion der multiplikativen Verknüpfung von Motivation (Bereitschaft) und Fähigkeit der handelnden Person.[124] Dementsprechend hängt auch die Tendenz, das Verhalten zu verändern, von der multiplikativen Verknüpfung der Veränderungsbereitschaft und -fähigkeit ab. Die Tendenz zur Verhaltensverän-

---

[122] Vgl. z.B. die Fortschrittskontrolle anhand der Kriterien des Baldridge Award: Garvin, Baldridge Award, 1991, S. 89f.; Stauss / Friege, TQM, 1996, S. 28.
[123] Vgl. die Technik des *Commitment Planning* und *Charting* in: Beckhard / Harris, Organizational Transitions, 1987, S. 91ff.
[124] Vgl. Heckhausen, Motivation, 1989, S. 185; Kapitel 3.3.1.2.3.

derung der einzelnen Mitarbeiter kann nach diesem Modell also gesteigert werden, wenn ihre Veränderungsbereitschaft und/oder -fähigkeit erhöht wird. Durch die Diagnose des Erfüllungsgrads der einzelnen Bereitschafts- und Fähigkeitsdeterminanten können die Ursachen für unzureichende Veränderungstendenzen in der Organisation ermittelt und entsprechende Maßnahmen zum Abbau von Barrieren, Engpässen und anderen Hindernissen identifiziert und eingeleitet werden.[125]

*Einsatzkriterien:* Der Einsatz der Technik zur Entwicklung von Veränderungsbereitschaft und -fähigkeit eignet sich insbesondere dann, wenn ein sehr heterogenes Bild der Veränderungstendenzen in der Organisation erwartet wird. Mit dieser Technik kann der Bereitschafts- und Fähigkeitsgrad differenziert nach Themen und Gruppen in der Organisation diagnostiziert werden, so daß sowohl themen- als auch gruppenspezifische Maßnahmen abgeleitet und gezielt eingesetzt werden können.[126]

| Definition Determinanten und Themen | Erhebung Bereitschafts-/Fähigkeitsprofil | Auswertung & Maßnahmengenerierung | Maßnahmenumsetzung und -kontrolle |
|---|---|---|---|
| - Definition der Bereitschafts-/Fähigkeitsdeterminanten<br>- Auswahl der Problemkreise/Themen der Veränderung<br>. Gesamtprogramm<br>. Einzelinitiativen<br>- Entwurf Fragebogen<br>. Bereitschafts-/Fähigkeitsfragen<br>. Barrieren-/Engpaßfragen<br>. Kontrollfragen | - Datenerhebung<br>. Interviews<br>. Fokusgruppen<br>. Mitarbeiterbefragung | - Auswertung und Interpretation<br>. Gesamtprogramm/ Einzelinitiativen<br>. Gesamtorganisation/ einzelne Bereiche und Hierarchieebenen<br>. Gesamttendenz/einzelne Determinanten<br>- Datenrückkopplung<br>. Bereiche/Hierarchieebenen<br>. Promotoren der Initiativen<br>- Maßnahmengenerier.<br>. themenspezifisch<br>. bereichspezifisch<br>. determinantenspezif. | - Maßnahmenimplementierung<br>. durch Bereiche/Hierarchieebenen<br>. durch Promotoren<br>- Fortschrittskontrolle mit wiederholtem Einsatz der Profilanalyse |

*Abbildung 4-24: Vorgehensweise zur Analyse und Entwicklung des Bereitschafts- und Fähigkeitsprofils*

*Vorgehensweise und Erfolgsfaktoren:* Die Vorgehensweise läßt sich in die Phasen der Definition der Determinanten und Themen, der Erhebung des Bereitschafts- und Fähigkeitsprofils, der Dateninterpretation und Maßnahmengenerierung sowie der Maßnahmenumsetzung und Fortschrittskontrolle gliedern (vgl. Abbildung 4-24). In der ersten Phase werden die Determi-

---

[125] Vgl. die Zusammenfassung der Maßnahmen zur Steigerung der Bereitschaft und Fähigkeit: Beckhard / Harris, Organizational Transitions, 1987, S. 93ff.; Rommel et al., Qualität, 1995, S. 49ff.; vgl. auch Kapitel 4.4.1.1, 3.4.1.3.1, 4.3.1 und 4.3.2.

[126] Vgl. dazu die Vorgehensweise des Commitment Planning nach: Beckhard / Harris, Organizational Transitions, 1987, S. 93.

nanten der Bereitschaft und Fähigkeit definiert und die Fragen formuliert, mit denen ihr Erfüllungsgrad gemessen werden kann. Die Bereitschaftskomponente ist nach den *Erwartungsmal-Wert-Theorien* eine Funktion des Bedürfniszustands der Person, der Eigenschaften eines Zielobjektes in der Umwelt und einer Erfahrungs- und Lernvariablen.[127] Entsprechend können die in Abbildung 4-25 dargestellten Fragestellungen genutzt werden, um die Bereitschaft eines Organisationsmitglieds zu ermitteln, sein Verhalten gemäß der propagierten Visionen und Initiativen zu verändern. Die Fähigkeitskomponente wird durch Fragen nach dem spezifischen Wissen und den Fertigkeiten der Person sowie nach der Ermöglichung und Befähigung durch seinen Kontext - jeweils in Bezug auf die Einleitung individueller Verhaltensveränderung - abgeschätzt.

| Determinanten der Verhaltensveränderung | | Beispielfragen | Bewertung Gesamtprogramm/-problem | Einzelinitiativen/-probleme | |
|---|---|---|---|---|---|
| *Bedürfniszustand* | Wahrnehmung der Leistungslücke/der Problemlage | Ich bin mit dem Leistungsniveau in diesem Thema zufrieden. | 1-2-3-4-5 | 1-2-3-4-5 | ... |
| | | Ich erfahre durch meine Arbeit Anerkennung, Selbstverwirklichung und eine klare Entwicklungsperspektive. | 1-2-3-4-5 | 1-2-3-4-5 | ... |
| *Eigenschaft eines Zielobjekts* | Wahrnehmung der Existenz des Zielobjektes | Ich bin über das Veränderungsprogramm/ diese Initiative und seine Ziele informiert. | 1-2-3-4-5 | 1-2-3-4-5 | ... |
| | Interpretation des Anreizes des Zielobjektes | Ich glaube, daß wir das Veränderungsprogramm/diese Initiative benötigen, den Erfolg/ die Existenz des Unternehmens zu sichern. | 1-2-3-4-5 | 1-2-3-4-5 | ... |
| *Erfahrungs-/ Lernvariable* | Vertrauen/Hoffnung auf Erfolg ((Miß-)Erfolgswahrscheinlichkeit der Erreichung des Zielobjekts) | Ich glaube, daß wir die Ziele des Veränderungsprogramms/dieser Initiative erreichen werden. | 1-2-3-4-5 | 1-2-3-4-5 | ... |
| | | Ich glaube, daß das Veränderungsprogramm/ diese Initiative mir hilft, meine Arbeit besser zu erfüllen. | 1-2-3-4-5 | 1-2-3-4-5 | ... |
| *Individuelle Motivation* | Persönliche Relevanz/ Verantwortungsgefühl | Ich fühle mich persönlich verantwortlich für den Erfolg des Veränderungsprogramms/ dieser Initiative. | 1-2-3-4-5 | 1-2-3-4-5 | ... |
| *Wissen* | Verfahrens-/Handlungswissen | Ich weiß, wie ich konkrete Maßnahmen des Veränderungsprogramms/dieser Initiative in meinem Arbeitsbereich einleiten kann. | 1-2-3-4-5 | 1-2-3-4-5 | ... |
| *Fertigkeiten* | Motorische/soziale/ mentale Fertigkeiten | Ich hatte ausreichende Gelegenheit, meine Fähigkeiten und Fertigkeiten zur Verwirklichung der neuen Ziele und Maßnahmen zu trainieren. | 1-2-3-4-5 | 1-2-3-4-5 | ... |
| *Befähigung/ Ermöglichung* | Ressourcen | Ich verfüge über alle Ressourcen, Mittel und Einrichtungen, um zum Erfolg des Veränderungsprogramms/dieser Initiative beizutragen. | 1-2-3-4-5 | 1-2-3-4-5 | ... |
| | Führung | Ich werden von meinen Vorgesetzten ausreichend unterstützt, um zum Erfolg des Veränderungsprogramms/dieser Initiative beizutragen. | 1-2-3-4-5 | 1-2-3-4-5 | ... |
| *Individuelle Fähigkeit* | | Ich könnte morgen bereits konkrete Maßnahmen zur Erreichung der neuen Ziele einleiten. | 1-2-3-4-5 | 1-2-3-4-5 | ... |
| *Individuelle Verhaltensveränderung* | | Ich habe bereits erste konkrete Maßnahmen zur Erreichung der neuen Ziele eingeleitet und erste Erfolge erzielt. | 1-2-3-4-5 | 1-2-3-4-5 | ... |

*Abbildung 4-25. Schema zur Ermittlung des Bereitschafts- und Fähigkeitsprofils*

---

[127] Vgl. Weiner, Motivationspsychologie, 1988, S. 157.

Die entsprechenden Fragen können sowohl für das Gesamtprogramm der Veränderung als auch für seine Einzelinitiativen gestellt werden. Der Fragebogen besteht im Prinzip aus einer Matrix mit den Dimensionen der Bereitschafts- und Fähigkeitsfragen und der Themen des Gesamtprogramms bzw. der Einzelinitiativen (vgl. Abbildung 4-25). Zur Durchführung von Engpaß- und Barriereanalysen und zur Plausibilitätskontrolle sollten Fragen hinsichtlich der Anzahl bzw. des Umfangs erfolgreich eingeleiteter Veränderungen gestellt werden. Ebenfalls sinnvoll sind Fragen, mit denen die möglichen Ursachen identifiziert werden können, die zu einem niedrigen Erfüllungsgrad der Bereitschafts- und Fähigkeitsdeterminanten führen. Dazu gehören beispielsweise Fragen nach der Reichweite der Informations- und Kommunikationsmedien oder nach der Teilnahme an Workshop- oder Trainings-Veranstaltungen.

Die Datenerhebung kann in Form von Interviews, Fokusgruppen und Workshops oder Mitarbeiterbefragungen durchgeführt werden. Um die Auswertung und Interpretation des Fähigkeits- und Bereitschaftsprofils nach Organisationsbereichen und Hierarchieebenen zu ermöglichen, sollten bei einer anonymen Befragung zumindest Abteilungs-, Bereichs- und Hierarchiekürzel erfaßt werden. Die Auswertung, Interpretation und Maßnahmengenerierung können mit Hilfe eines Survey-Guided-Feedback-Workshops unterstützt werden.

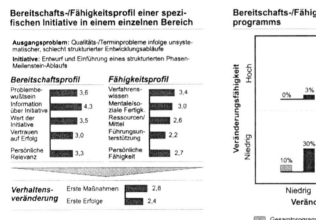
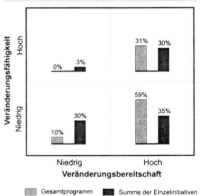

*Abbildung 4-26: Bereitschafts- und Fähigkeitsprofil einer spezifischen Initiative in einem einzelnen Organisationsbereich sowie des Gesamtprogramms*

*Typische Ergebnisse:* Das Bereitschafts- und Fähigkeitsniveau kann differenziert nach Gesamtprogramm und Einzelinitiativen, nach Gesamtorganisation und Organisationsbereichen bzw. Hierarchieebenen sowie nach Veränderungstendenz und Einzeldeterminanten diagnostiziert werden. Entsprechende Maßnahmen können so gezielt für eine spezifische Initiative einen Organisationsbereich oder eine Bereitschafts- und Fähigkeitsdeterminante ergriffen werden. So kann beispielsweise diagnostiziert werden, daß die Information in einzelnen Bereichen oder zu einzelnen Themen unzureichend ist. Dementsprechend können Informations- und Kommunikationsaktivitäten definiert werden, um diese Lücken zu schließen.

In dem Beispiel der Abbildung 4-26 ist die Auswertung des Bereitschafts- und Fähigkeitsprofils für einen einzelnen Organisationsbereich und eine einzelne Initiative sowie für die gesamte Organisation und das gesamte Programm dargestellt. Die Analyse des Gesamtprofils basiert einerseits auf der Bewertung der globalen Einschätzung des Gesamtprogramms und andererseits auf der Aggregation der spezifischen Einschätzungen der einzelnen Initiativen. Während das globale Thema des Veränderungsprogramms eine relativ hohe Veränderungsbereitschaft erzeugen kann, können die konkreten Einzelinitiativen eine vergleichsweise nur niedrige Veränderungsbereitschaft hervorrufen. Die Analyse des Einzelprofils für eine spezifische Initiative in einem einzelnen Organisationsbereich ergibt in diesem Fallbeispiel, daß die Unfähigkeit zur individuellen Verhaltensveränderung vor allem auf eine fehlende Unterstützung durch die Führungskräfte sowie eine unzureichende Verfügbarkeit kritischer Ressourcen zurückzuführen ist.

### 4.2.2.3 Lernen über organisationale Veränderung

Das Lernen über die organisationalen Veränderungs- und Lernprozesse betrifft die technologischen Aussagen über das Verhältnis von Erfolg bzw. Mißerfolg zu den Gestaltungselementen der Veränderung. Die einzelnen Aktivitäten und Techniken im Veränderungsprozeß sollten in Bezug auf ihren Erfolgsbeitrag reflektiert werden. Die Effektivität der Übergangsstrukturen und der Trägerbeteiligung ist ebenfalls zu diagnostizieren. Solche Diagnosen können in *Review-Sitzungen* vorgenommen werden, in denen die wesentlich beteiligten Prozeß-, Fach- und Machtpromotoren die Wirksamkeit der einzelnen Gestaltungselemente der organisationalen Veränderung beurteilen und mögliche Verbesserungsmaßnahmen für die laufenden bzw. zukünftigen Veränderungsinitiativen generieren. Teilweise werden diese *Meta-Lernprozesse* auch institutionalisiert, indem sie in den Aufgabenbereich zentraler Organisationseinheiten - wie etwa der Stäbe der Organisationsentwicklung oder Unternehmensplanung - aufgenommen werden.

## 4.3 Inhalte der Veränderung und inhaltsspezifische Techniken

Für die systematische Darstellung der Inhaltselemente bzw. der Objekte, Ansatzpunkte oder Bausteine des F&E-Managements bzw. der Produkt- und Prozeßentwicklung gibt es - je nach der theoretischen und konzeptionellen Basis - unterschiedlichste Klassifizierungsschemata.[128] Die nachfolgende Klassifizierung beruht auf dem bereits eingeführten Inhaltsmodell der organisationalen Veränderung. Danach lassen sich die Gestaltungselemente der Produkt- und Prozeßentwicklung dem funktionalen, sozialen und mentalen Kontext der Organisation und der

---

[128] Vgl. das "House of Integration" als Klassifizierungsschema: Reiß / Corsten, House of Integration, 1992, S. 26; das Klassifizierungsschema des lernorientierten F&E-Managements in: Schröder, F&E-Aktivitäten als Lernprozesse, 1995, S. 59.

Motivations- und Fähigkeitskomponente der Person zuordnen (vgl. Abbildung 4-27). Die einzelnen Inhaltselemente können in Bezug auf unterschiedliche Gestaltungsdimensionen - gemäß ihrer konzeptionellen, strukturellen und prozessualen, methodischen und instrumentellen Dimensionen - verändert werden.[129]

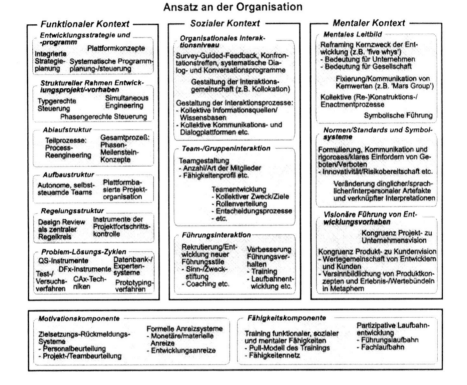

*Abbildung 4-27: Inhalte organisationaler Veränderung der Produkt- und Prozeßentwicklung und Beispiele für Konzepte, Methoden und Instrumente*

Prinzipiell gibt es neben den personalen und organisationalen Gestaltungselementen auch Elemente der unternehmensinternen und -externen Umwelt der Produkt- und Prozeßentwicklung, die Gegenstand einer geplanten Veränderung sein können.[130] Dazu gehören beispiels-

---

[129] Vgl. die Ebenen der Gestaltungsansätze in: Reiß / Corsten, House of Integration, 1992, S. 26; Wheelwright / Clark, Revolutionizing, 1992, S. 308.

[130] Vgl. zur unternehmensinternen und -externen Umwelt der F&E: Specht / Beckmann, F&E-Management, 1996, S. 249.

weise die Forschung und Entwicklung in Kooperationen oder die Entwicklung und Integration der Lieferanten.[131] Aufgrund der Fokussierung dieser Untersuchung auf den 'Kernprozeß' der Produkt- und Prozeßentwicklung und auf die geplante organisationale Veränderung dominiert insgesamt eine internale Gestaltungsperspektive, bei der die externalen Gestaltungen und Interventionen als Rahmenbedingungen vorausgesetzt werden. Die für die Produkt- und Prozeßentwicklung relevanten 'operativen' Beziehungen zur Umwelt - z.B. die Kundenorientierung und die Lieferantenintegration - werden in die jeweiligen personalen und organisationalen Gestaltungselemente integriert.

Die sich anschließende Darstellung der Gestaltungselemente geschieht aus der Perspektive der organisationalen Veränderung. Im Mittelpunkt steht also nicht die detaillierte Beschreibung eines Idealzustandes, sondern die Beschreibung eines Wandels. Dabei werden die einzelnen Gestaltungselemente der Produkt- und Prozeßentwicklung in Bezug auf die typischen Problemmuster der Ausgangssituation und die alternativen Lösungsmuster der Zielsituation dargestellt (Abbildung 4-28). Im Falle von besonderen Abweichungen gegenüber dem bereits beschriebenen allgemeinen Modell sollen auch die spezifische Gestaltung des Veränderungsprozesses und die spezifische Gestaltung der Institutionalisierung der Veränderungs- und Lernprozesse aufgezeigt werden.

*Abbildung 4-28. Darstellung der Elemente der Produkt- und Prozeßentwicklung aus der Perspektive organisationaler Veränderung*

## 4.3.1 Ansatz an der Motivationskomponente der Person

Der direkten Einflußnahme auf die personellen Verhaltensdeterminanten wird insbesondere in Bereichen mit kreativen, innovativen und komplexen Aufgabenstellungen wie der Produkt- und Prozeßentwicklung eine große Bedeutung für die Veränderung der organisationalen Leistung eingeräumt.[132] Innerhalb des breiten Interventionsspektrums des Personalmanagements

---

[131] Vgl. zur unternehmensübergreifenden Integration: Reiß, Unternehmensübergreifende Integration,1992, S. 120ff.; vgl. zur Lieferantenintegration: Kamath / Liker, Japanese Product Development, 1994, S. 154ff..

[132] Vgl. z.B. Bleicher, Effiziente Forschung und Entwicklung, 1990, S. 56ff..

der Produkt- und Prozeßentwicklung sollen hier die direkten Ansätze an der Motivationskomponente und Fähigkeitskomponente betrachtet werden.[133] Dazu gehören das *Zielsetzungs-Rückmeldungs-System* und das *formelle Anreizsystem* einerseits sowie das *Training von Fähigkeiten* und die *Laufbahnentwicklung* andererseits. Die eher indirekten Ansätze an der personalen Ebene - z.B. die externe Beschaffung von motivierten und fähigen Mitarbeitern - werden hingegen nicht behandelt. Allerdings ergibt sich auch in diesen Ansätzen die Zielrichtung, 'All-Star-Teams' zu bilden.

In einer Analyse des Beitrags der einzelnen Mitarbeiter zum Entwicklungsprozeß läßt sich häufig feststellen, daß das wesentliche Wissen durch wenige Mitarbeiter eingebracht wird. Im Falle der Entwicklung eines Automobils reicht prinzipiell ein Wissensträger pro Modul und Funktion, um die wesentlichen Entscheidungen zu treffen. Die restlichen Mitarbeiter sind vor allem mit der Durchführung der *Design-Build-Test-Zyklen* beschäftigt. Mit deren zunehmender intelligenter Automatisierung durch moderne CAx-Technologien, Simulationsverfahren und Prototyping-Techniken werden die Anforderungen an die Kernwissensträger immer größer, während die Träger der Design-Build-Test-Aufgaben unter Rationalisierungsdruck geraten. Nach einem solchen Szenario könnte ein Automobil mit weniger als 100 Mitarbeitern entwickelt werden - statt der 800 - 1500 Mitarbeiter, die heute dazu eingesetzt werden. Strikte Voraussetzung dieser hypothetischen Entwicklung ist jedoch, daß ein extrem hohes Motivations- und Fähigkeitsniveau in der Kernmannschaft erreicht wird.

#### 4.3.1.1 Zielsetzung-Rückmeldungs-Systeme

Nach den Theorien der Motivationspsychologie und der Zielsetzungstheorie haben die Prozesse der Zielsetzung und Rückmeldung einen großen Einfluß auf leistungsorientiertes Verhalten.[134] In der Produkt- und Prozeßentwicklung werden Zielsetzungs-Rückmeldungs-Prozesse in Form der Personalbeurteilung zur Führung und Entwicklung der einzelnen Mitarbeiter und in Form des Projektmanagements zur Lenkung bzw. Regelung von Projektteams eingesetzt. Dabei findet die Personalbeurteilung in der Regel in der Linienorganisation, die Projektbeurteilung in der Regel in der Projektorganisation statt.

*Typische Problemmuster und alternative Lösungsmuster der Zielsetzungs-Rückmeldungs-Systeme*

Verschiedene Indikatoren können auf einen Interventionsbedarf im Zielsetzungs-Rückmeldungs-System verweisen. Ausgangspunkt der Ursachenanalyse in diesem Bereich ist die Feststellung, daß die Organisation unfähig ist, konkrete Projektziele und übergeordnete Verbesserungsziele des Entwicklungsprozesses zu erreichen. Eine tiefere Ursachenanalyse kann schließlich ergeben, daß die Ziele überhaupt nicht gesetzt wurden oder daß sie zwar gesetzt wurden, jedoch keine ausreichende Zielbindung entfalten konnten. Ein niedriges Niveau indi-

---

[133] Vgl. zum Personalmanagement der F&E bzw. der Produkt- und Prozeßentwicklung: Reiß / Corsten, Integrative Führungssysteme, 1992, S. 151; Schröder, F&E-Aktivitäten als Lernprozesse, 1995, S. 58f..

[134] Vgl. Kapitel 3.4.1.1.

vidueller Leistungsmotive und ein generelles Unvermögen, auf einer breiten Ebene individuelle Wachstumsmotive zu verwirklichen, sind weitere mögliche Anzeichen, daß das Leistungspotential der Zielsetzungs-Rückmeldungs-Systeme nicht ausgenutzt wird. Die Ursachen dafür können in den nachfolgend dargestellten leistungshemmenden Verhaltensmustern und Handlungstheorien liegen.

Häufig werden die Zielsetzungs- und Rückmeldungsprozesse gar nicht oder nur unzureichend genutzt, da ihr Einsatz im F&E-Bereich als sehr schwierig und wenig erfolgsversprechend eingeschätzt wird.[135] Die Gründe dafür liegen in der mangelnden Bewertbarkeit und Quantifizierbarkeit der Leistungen, in der Schwierigkeit, die Leistungen einzelnen Personen, Gruppen oder Funktionen zuzuordnen und in der Befürchtung, durch diese Prozesse die Kreativität und Innovativität der Mitarbeiter zu hemmen.[136] Im Vergleich zu anderen Funktionen und Prozessen erscheint diese Argumentation richtig. Allerdings verfügen die Zielsetzung und Rückkopplung nach den motivationspsychologischen Theorien über ein derart großes Potential, die Leistung zu steigern, daß sich auch aufwendigere Prozesse und Systeme der Zielvereinbarung und -verfolgung lohnen. Darüber hinaus setzt ein funktionierender Zielsetzungs- und Rückmeldungsprozeß nicht voraus, daß die Leistungen der Entwicklung quantifiziert werden und einer einzelnen Person oder Gruppe eindeutig zugeordnet werden können. Zudem kann das Instrumentarium an das Anforderungsprofil der Entwicklungsaufgabe angepaßt werden, so daß besonders kreative und innovative Aufgaben über einen entsprechend modifizierten - z.B. visionären, richtungsweisenden und offenen - Prozeß verfügen können.

| Indikatoren für Leistungslücken bzw. Probleme | Mögliche leistungshemmende Verhaltensmuster | Beispiele dominierender Handlungstheorien |
|---|---|---|
| • Unfähigkeit, organisationale Ziele - z.B. konkrete Projektziele und generelle Verbesserungsziele der Entwicklung - zu erreichen<br>• Niedriges Niveau der Zielbindung und der Leistungsmotivation in der Organisation<br>• Niedriges Niveau der wahrgenommenen Verwirklichung individueller Verhaltensziele, insbesondere der Wachstumsbedürfnisse | • Überhaupt keine Zielsetzungs- und Rückmeldungsprozesse im F&E-Bereich<br>• Ungeeigneter Grad der Höhe, Spezifizierung und Konkretisierung in der Zielsetzung<br>• Zielsetzung, aber keine Rückmeldung<br>• Unkonkrete und unspezifische Rückmeldungen; geringe Nutzung von Ergebnisrückmeldungen<br>• Unzureichender Informations- und Kommunikationsgrad gesetzter und erreichter Ziele<br>• Ausschließliche Fokussierung auf individuelle Leistung<br>• Unzureichende Abgrenzung von Zielsetzungs-Rückmeldungs-Prozessen auf individueller Ebene in Form der Mitarbeiterbeurteilung der Linienorganisation und auf Gruppenebene in Form der Projektregelung der Projektorganisation | • "Aufgrund schwieriger Quantifizierbarkeit, niedriger 'Zuordnenbarkeit' und Gefährdung der Kreativität für F&E ungeeignet!"<br>• "Je höher und härter das gesetzte Ziel, desto höher die wahrscheinliche Zielerreichung!"<br>• "Zielvereinbarung und -verfolgung des Projektteams enden mit der Übergabe in die Produktion!"<br>• "Veröffentlichung gesetzter Ziele und erreichter Leistung gefährdet Kooperation, Geheimhaltung etc.!"<br>• "Bei der Vereinbarung und Verfolgung von Gruppenleistungen fühlt sich keiner richtig verantwortlich!" |

*Tabelle 4-7: Typische Problemmuster der Zielsetzung-Rückmeldungs-Systeme*

Die Defizite der Zielsetzung liegen vor allem in einem ungeeigneten Grad der Höhe, Spezifizierung und Konkretisierung der Ziele. Nach der Zielsetzungstheorie sollen die Ziele zwar hoch, spezifisch und konkret sein, allerdings werden diesen Gestaltungsparametern durch die

---

[135] Vgl. Jochum, Personalbeurteilung, 1984, S. 148; Wilson et al., Performance Appraisal, 1994, S. 51f..
[136] Vgl. zur Problematik der Erfolgsmessung von F&E z.B.: Chester, Measurement and Incentives, 1995, S. 14f..

Notwendigkeit zur Aktzeptanz und Internalisierung der Ziele Grenzen gesetzt. Die Spezifizierung und Konkretisierung der Ziele sollten Freiräume zur individuellen Wahl und Entwicklung bieten. Die Kongruenz zwischen persönlichen Motiven und organisationalen Zielen kann insbesondere durch die Vereinbarung der Ziele in einem Dialog zwischen Vorgesetzten und Unterstellten verwirklicht werden. Die Handlungstheorie, nach der extrem anspruchsvolle, nicht realisierbare Ziele gesetzt werden sollten, damit zumindest ein Mindestmaß der Zielerreichung gesichert wird, erweist sich also als kontraproduktiv, da solche Ziele aufgrund der eingeschätzten hohen Schwierigkeit und der daraus resultierenden niedrigen Erfolgswahrscheinlichkeit keine nachhaltige Motivation und Zielbindung entfalten können.

Die Zielsetzung kann nur in der Kopplung mit einer Rückmeldung das Potential der Leistungsbeeinflussung vollständig realisieren. Die Rückmeldung sollte spezifisch und konkret sein und sich auf das Ergebnis und den Prozeß der Handlung beziehen. In der Produkt- und Prozeßentwicklung wird die Rückmeldung über die Ergebnisziele und zum Teil auch über die Objektziele der Entwicklung vernachlässigt. Dies liegt vor allem an der zeitlichen und funktionalen Trennung der Phasen der Entwicklung von den Phasen ihrer Serien- und Markteinführung. Durch diese fehlende Rückmeldung werden sowohl der Motivations- als auch der Lernzyklus unterbrochen. Es sollte also angestrebt werden, die Rückmeldung der Leistung auf die Ergebnisse der Entwicklung vollständig auszudehnen.[137] Dies kann durch die Aufnahme der entsprechenden Kriterien in die Mitarbeiterbeurteilung, durch die Einführung von *Post-Project-Reviews* für das entsprechende Projektteam oder durch die Verschiebung des Übergabezeitpunktes vom Projektteam auf die Produktionsfunktion nach Erreichung aller Ziele in der Serie realisiert werden.

Entscheidend für die Qualität der Zielbindung ist vor allem die Art und Weise der individuellen Wahrnehmung und Interpretation der gesetzten und erreichten Ziele. Durch den Einsatz besonderer Informations- und Kommunikationsinstrumente kann ein gemeinsames Verständnis über die anzustrebenden Ziele und die erreichten Leistungen erarbeitet und dokumentiert werden. Dazu können die *Techniken der Visualisierung* benutzt werden, die allerdings nicht den Auslöser, sondern das Ergebnis des kollektiven Konstruktionsprozesses darstellen.

Ein häufiges Defizit in der Produkt- und Prozeßentwicklung liegt in der ausschließlichen Fokussierung der Zielsetzungs- und Rückmeldungsprozesse auf die individuelle Leistung und die Beurteilung einzelner Mitarbeiter.[138] Die Produkt- und Prozeßentwicklung basiert aber zu einem großen Anteil auf Gruppenleistungen, die von der Gruppenkohäsion und der gemeinsam als gültig betrachteten Leistungsnorm abhängen. Die Fokussierung der Zielsetzungs- und Rückmeldungsprozesse auf individuelle Leistung kann in zweifacher Hinsicht in Konflikt mit der Gruppenleistung stehen. Einerseits kann die Gruppenkohäsion aufgrund sozialer Vergleichsprozesse geschmälert werden, andererseits wird sich keine als gültig betrachtete Lei-

---

[137] Vgl. dazu den Produktdeckungsbeitrag über den gesamten Produktlebenszyklus als 'ideale' Bemessungsgröße: Reiß / Corsten, Integrative Führungssysteme, 1992, S. 163.
[138] Vgl. Bürgel, Japanische Konkurrenz, 1995, S. 9.

stungsnorm ergeben.[139] Insofern ist eine partizipative Zielvereinbarung und -verfolgung auch auf der Gruppenebene erforderlich, damit die Gruppenzugehörigkeit eine ausreichend wahrgenommene Instrumentalität für die Befriedigung individueller Bedürfnisse und die Entfaltung individueller Leistung aufweist.

Durch die Parallelität von Zielsetzungs- und Rückmeldungsmechanismen - auf der individuellen Ebene vor allem durch die Mitarbeiterbeurteilung der Linienorganisation und auf der Gruppen- bzw. Teamebene vor allem durch die Regelungsmechanismen der Projektorganisation - scheinen Konflikte vorprogrammiert, da sich beide Mechanismen letztlich auf dieselben Mitarbeiter beziehen. Diese Konflikte können vermieden werden, wenn die Zielsetzungs-Rückmeldungs-Systeme an die Hauptaufgaben der beiden Organisationsformen angepaßt werden: den Aufbau und die Bereitstellung von Leistungspotentialen durch die Linienorganisation und die Realisierung dieser Leistungspotentiale durch die Projektorganisation. Nach dieser Aufgabenteilung dient die individuenzentrierte Mitarbeiterbeurteilung in erster Linie der Personalentwicklung, d.h. dem Aufbau kritischer Fähigkeiten, dem individuellen Wachstum, der Förderung von Verantwortlichkeit und Vertrauen sowie der Steigerung der Lernfähigkeit.[140] Die teamzentrierte Vereinbarung und Verfolgung von Projektzielen dient in erster Linie der Führung des Projektteams und seiner Mitarbeiter. Bei einer Matrix-Projektorganisation scheint es dementsprechend sinnvoll, wenn an der Beurteilung des einzelnen Mitarbeiters im gleichen Ausmaß sowohl die Linien- als auch die Projektvorgesetzten beteiligt werden. Bei anderen Projektorganisationsformen fällt die Gesamtverantwortung individueller Zielsetzungs- und Rückmeldungsprozesse in den jeweiligen Bereich, der das überwiegende Zuordnungsverhältnis aufweist.

*Spezifische Gestaltung des Veränderungsprozesses der Zielsetzungs-Rückmeldungs-Systeme*

Die Einführung bzw. Verbesserung von Zielsetzungs- und Rückmeldungsprozessen setzt ein konsistentes System von Leistungskriterien voraus, das das wechselseitige Konstitutionsverhältnis zwischen den organisationalen Zielen und den individuellen Zielen widerspiegelt.[141] Einerseits konstituieren die individuellen Ziele und Leistungen die organisationalen Ziele und Leistungen - quasi per Aggregation; andererseits beeinflußt die Setzung organisationaler Ziele und Erreichung bestimmter organisationaler Leistungsniveaus die individuelle Ebene - quasi per Determinierung. Wenn ein solches Zielsystem nicht vorhanden ist, dann beginnt die Einführung des Veränderungsprozesses mit der kollektiven Konstruktion eines solchen Systems. Die zweite Voraussetzung für die Einführung bzw. Verbesserung der Zielsetzungs- Rückmeldungs-Systeme ist das Vorhandensein eines Mechanismus' zur Vereinbarung, Messung und Rückmeldung der Ziele. Im Falle der Mitarbeiterbeurteilung wird dieser Mechanismus durch

---

[139] Vgl. analog: Reiß / Corsten, Integrative Führungssysteme, 1992, S. 163.

[140] Vgl. das Konzept des *"Professional Development Appraisal"* als eine mögliche Realisierungsform: Wilson, Performance Appraisal, 1994, S. 52ff.

[141] Vgl. das Beispiel des Zielsystems in: Reiß / Corsten, Integrative Führungssysteme, 1992, S. 164; vgl. Wilson et al., Performance Appraisal, 1994, S. 52.

die Zusammenfassung der Leistungs-, Fähigkeits- und Wachstumskriterien in Bewertungsformularen, durch das Training der Vorgesetzten oder Mentoren, durch die Einrichtung von Beurteilungsgesprächen und durch die Institutionalisierung bestimmter Personalentwicklungsmaßnahmen geschaffen.[142] Im Falle der Vereinbarung und Verfolgung von Projektzielen wird der angesprochene Mechanismus durch die Regelungsstrukturen des Projektes - insbesondere durch die Design Reviews - realisiert. Folglich sollten entsprechende Interventionen eng mit den Veränderungsmaßnahmen des Design Review verzahnt werden

### 4.3.1.2 Formelle Anreizsysteme

Das formelle Anreizsystem der Produkt- und Prozeßentwicklung ist ein aus dem Zielsystem der Entwicklung abgeleitetes und an die Zielsetzungs- und Rückmeldungsprozesse gekoppeltes System bewußt geplanter und realisierter Anreize zur Förderung der individuellen Motivation.[143] Dabei handelt es sich in erster Linie um die formell geplanten und realisierten Entgelt- und Entwicklungsanreize, die unmittelbar an die erzielten Leistungsergebnisse geknüpft werden. Zu diesen formellen Anreizen gehören monetäre Anreize in der Form von Gehalt, Leistungszulagen und Prämien sowie Entwicklungsanreize in der Form von Karriere- und Aufstiegsoptionen, Trainings- und anderen Qualifikationsmöglichkeiten sowie Freiräumen zur wissenschaftlichen Betätigung.[144] Insgesamt handelt es sich allerdings nur um einen Ausschnitt des gesamten Anreizsystems, das auf die Motivation des einzelnen Mitarbeiters einwirkt. Neben diesen formellen extrinsischen Anreizen wird individuelles Verhalten auch durch die mit der Arbeit und der Leistung selber verknüpften intrinsischen Anreize und durch die ungeplanten und informellen extrinsischen Anreize beeinflußt. Entsprechend darf die Bedeutung des Ansatzes am formellen Anreizsystem für die Veränderung des individuellen und damit auch des organisationalen Verhaltens nicht überschätzt werden - vor allem angesichts der häufig geäußerten Einschätzung, daß im F&E-Bereich die extrinsischen Anreize im Vergleich zu den intrinsischen Anreizen eine niedrige Bedeutung aufweisen.[145]

*Typische Problemmuster und alternative Lösungsmuster der formellen Anreizsysteme*

Der Interventionsbedarf im Gestaltungsbereich der Anreizsysteme kann durch ein allgemein niedriges Niveau der Motivation und der Arbeitszufriedenheit identifiziert werden, das sich beispielsweise in einem niedrigen Niveau der wahrgenommenen Verwirklichung von Bedürfnissen der (sozialen) Anerkennung und der wahrgenommenen Leistungsgerechtigkeit der Gratifikationen äußert.[146] Weitere Indikatoren sind eine im Wettbewerbsvergleich schlechte Position in der Beschaffung von externem Personal und eine hohe Fluktuations- und Kündi-

---

[142] Vgl. ebda., S. 54.

[143] Vgl. zu Anreizsystemen im F&E-Bereich: Domsch, Anreizsysteme, 1984; Staudt et al., Anreizsysteme, 1990.

[144] Vgl. zu Anreizen im F&E-Bereich: Chester, Measurement and Incentives, 1995, S. 16f..

[145] Vgl. Thom, Innovationsmanagement, 1992, S. 410f.; Brockhoff, Stärken und Schwächen, 1990, S. 64ff.; Despres / Hiltrop, Compensation, 1996, S. 53.

[146] Vgl. ebda., S. 49.

gungsrate. Die Ursachen und zugleich auch Lösungsansätze für diese Defizite können der Tabelle 4-8 entnommen werden.

In der Produkt- und Prozeßentwicklung werden formelle Anreizsysteme in nur geringer Intensität genutzt. Dies liegt an der häufig dominierenden Einschätzung, daß ein spezifischer Einsatz aufgrund der ohnehin hohen intrinsischen Motivationswirkung von Entwicklungsaufgaben und aufgrund der Existenz allgemeiner Vergütungs- und Anerkennungssysteme nicht erforderlich ist.[147] Die vergleichsweise hohe Bedeutung der intrinsischen Motivation in der Produkt- und Prozeßentwicklung ist allerdings kein Grund, auf die Nutzung von extrinsischen Anreizen generell zu verzichten. Auch in der Produkt- und Prozeßentwicklung können formelle Anreizsysteme einen bedeutenden Beitrag zur Beeinflussung individuellen Verhaltens liefern.[148] Es ist offensichtlich, daß dieser Beitrag nicht durch die einfache Übertragung von Anreizsystemen aus anderen funktionalen Bereichen erzielt werden kann. Die Übertragung von Gestaltungsprinzipien, die sich beispielsweise für ein Anreizsystem im Strukturvertrieb eines Versicherungsunternehmens bewährt haben, scheitert an dem unterschiedlichen Aufgaben- und Mitarbeiterprofil der Produkt- und Prozeßentwicklung.

| Indikatoren für Leistungs-lükken bzw. Probleme | Mögliche leistungshemmende Verhaltensmuster | Beispiele dominierender Handlungstheorien |
|---|---|---|
| • Niedriges Niveau der Motivation und der Arbeitszufriedenheit<br>• Niedriges Niveau der wahrgenommenen Verwirklichung individueller Verhaltensziele, insbesondere der Bedürfnisse der (sozialen) Anerkennung<br>• Niedriges Niveau der wahrgenommenen Leistungsgerechtigkeit der Gratifikationen<br>• Schlechte Position in der Personalbeschaffung, hohe Fluktuations- und Kündigungsraten | • Unzureichender Grad der Nutzung in der Produkt- und Prozeßentwicklung<br>• Formelle Rollen, hierarchische Positionen und nominale Seniorität als Bemessungsgrundlage und nicht tatsächliche Leistung<br>• Fehlende Balancierung von 'Ich- und Wir-Orientierung' der Bemessungsgrundlage<br>• Fehlende Anpassung der Anreize an durchschnittliche und individuelle Motivstruktur der Entwicklungsmitarbeiter<br>• Beschränkung auf materielle und monetäre Anreize<br>• Fehlende Transparenz, Kalkulierbarkeit und Konsistenz | • "Spezifischer Einsatz nicht notwendig, da Entwicklungsaufgaben *per se* intrinsisch motivieren und allgemeine Vergütungs- und Anerkennungssysteme ausreichend sind!"<br>• "F&E-Mitarbeiter sind introvertiert, auschließlich an wissenschaftlich technischen Neuerungen, nicht aber an kommerzieller Verwertbarkeit interessiert!" |

*Tabelle 4-8: Typische Problemmuster der formellen Anreizsysteme*

Ein Gestaltungsdefizit kann in der unzureichenden Leistungsorientierung der Bemessungsgrundlage liegen. In der traditionellen Form der Anreizsysteme werden die Gratifikationen in der Regel an formelle Rollen, hierarchische Positionen und nominale Senioritäten der Mitarbeiter und nicht an ihre Leistungen geknüpft.[149] Zudem zielt die Gewährung von Gratifikationen in den traditionellen Anreizsystemen in der Regel auf den einzelnen Mitarbeiter. In dieser Fokussierung auf individuelles Verhalten und individuelle Leistung kann ein weiteres Defizit des Anreizsystems bestehen, da die Produkt- und Prozeßentwicklung in einem hohen Ausmaß

---

[147] Vgl. Reiß / Corsten, Integrative Führungssysteme, 1992, S. 162.
[148] Vgl. zur Bedeutung von formellen Entgelt- und Entwicklungsanreizen: Staudt et al., Anreizsysteme, 1990, S. 1190ff.
[149] Vgl. Despres / Hiltrop, Compensation, 1996, S. 49.

auf Gruppen- bzw. Teamarbeit basiert.[150] Folglich sollte das Anreizsystem auch individuelle Verhaltensweisen fördern, in deren Mittelpunkt eher die Leistung der gesamten Gruppe als die der einzelnen Person steht. Insgesamt ist eine Balancierung der 'Ich- und der Wir-Orientierung' des Anreizsystems anzustreben, d.h. eine Balancierung der Gratifikation von individuellen und organisationalen Leistungspotentialen, Leistungsverhalten und Leistungsergebnissen.[151] Eine solche Balancierung kann beispielsweise dadurch erzielt werden, daß die Bemessungsgrundlage des Anreizsystems auf der Leistung der Organisation bzw. der Gruppe beruht, während die Form der Anreize individueller Wahl unterliegt.[152]

Die bereits angesprochene mangelnde Anpassung der Anreizsysteme betrifft insbesondere die Gestaltung des Anreizspektrums. Dabei kann in der Produkt- und Prozeßentwicklung eine unzureichende Anpassung sowohl in Bezug auf die allgemeine Kultur bzw. die 'durchschnittliche Bedürfnisstruktur' des Entwicklungsbereiches, als auch in Bezug auf die spezifische Bedürfnisstruktur der beteiligten Mitarbeiter festgestellt werden. Die Entscheidungen in der Gestaltung von Anreizsystemen beruhen häufig auf Vorurteilen über typische Eigenschaften von Forschern und Entwicklern wie z.B. Introvertiertheit, ausschließliches Interesse an wissenschaftlich-technischen Neuerungen und Desinteresse an kommerzieller Verwertbarkeit.[153] Die Bedürfnisstruktur ist allerdings eine spezifische Eigenschaft der Person, die interindividuell sehr unterschiedlich ist. Auch in einem relativ homogen erscheinenden Bereich ist also eine Individualisierung der Gestaltung des Anreizsystems erforderlich.[154] Dazu kann beispielsweise das *Cafeteria-System* eingesetzt werden.

Ein weiteres Defizit kann in der Beschränkung des Anreizspektrums auf materielle und monetäre Gratifikationen liegen.[155] Dies steht einerseits im Widerspruch zur geforderten Individualisierung des Anreizsystems. So können machtmotivierte Mitarbeiter beispielsweise eher durch eine mit größerer Kontrolle und Verantwortung verbundene Entwicklungsperspektive - also durch immaterielle Anreize - motiviert werden.[156] Andererseits kann durch die ausschließliche Beschränkung auf materielle und monetäre Anreize eine Anpassung an unterschiedliche Aufgabenprofile in der Produkt- und Prozeßentwicklung nicht vorgenommen werden. Nach Corsten wirken immaterielle Anreize tendenziell eher auf die Innovativität der Mitarbeiter bei der Ideengenerierung, während materielle Anreize mehr auf die Innovativität bei der Ideenumsetzung wirken.[157] Zudem verfügen immaterielle Anreizsysteme über eine größere und langfristigere Wirkung auf die Mitarbeiter im Innovationsprozeß als materielle

---

[150] Vgl. ebda., S. 49.
[151] Vgl. Reiß / Corsten, Integrative Führungssysteme, 1992, S. 164f..
[152] Vgl. ebda., S. 165; vgl. das Beispiel der *Results-Based Compensation* in: Chester, Measurement and Incentives, 1995, S. 18.
[153] Vgl. zu stereotype Profile im F&E-Bereich: Saad et al., F&E-Strategie, 1991, S. 165.
[154] Vgl. zur Individualisierung der Anreizsysteme im F&E-Bereich: Staudt, Anreizsysteme, 1990, S. 1197.
[155] Vgl. Despres / Hiltrop, Compensation, 1996, S. 50.
[156] Vgl. zur Anreizwirkung der Karriereentwicklung: Gerpott, Karriereentwicklung, 1988, S. 384ff..
[157] Vgl. Corsten, Innovationsmanagement, 1989, S. 17f.

Anreizsysteme.[158] Neben den materiellen Gratifikationen sollten folglich auch immaterielle Gratifikationen - vor allem in der Form von Entwicklungsanreizen - durch das Anreizsystem gewährt werden.

In der fehlenden Transparenz, Kalkulierbarkeit und Konsistenz der Anreizsysteme kann ein weiterer Mangel bestehen, der sich insbesondere negativ auf die Instrumentalitätserwartung zwischen der erbrachten Leistung und den gewährten Gratifikationen auswirkt. Über soziale Vergleichsprozesse können Gefühle der Ungerechtigkeit und der Benachteiligung entstehen, so daß das Anreizsystem insgesamt eher zur Unzufriedenheit als zur Motivation beiträgt. Insbesondere im Rahmen von Veränderungsprozessen gilt es, durch die Transparenz, Kalkulierbarkeit und Konsistenz der gewährten Gratifikationen die mit den neuen Verhaltensweisen verbundenen Instrumentalitätserwartungen zu entwickeln und zu verstärken.

*Spezifische Gestaltung und Institutionalisierung des Veränderungsprozesses der formellen Anreizsysteme*

Die hohe Abhängigkeit der Anreizwirkung von der individuellen Wahrnehmung der Instrumentalität und der Valenz der Anreize und von der individuellen Bedürfnisstruktur erfordert, daß der Veränderungsprozeß zur Einführung oder Verbesserung des formellen Anreizsystems über einen hohen Partizipationsgrad verfügen sollte. Dementsprechend erscheint es notwendig, die bereits vorgestellten Techniken und Prozesse zur kollektiven Konstruktion und Entwicklung neuer Handlungstheorien und Verhaltensweisen zu nutzen, um die geplanten Veränderungen des formellen Anreizsystems durchzuführen. Mit Hilfe dieser Techniken und Verfahren können die Gestaltungsparameter des Anreizsystems - die *Bemessungsgrundlage*, der *Bemessungsmechanismus* und das *Anreizspektrum* geplant, pilotiert und auf einer breiten Basis eingeführt werden (vgl. Abbildung 4-29).

*Abbildung 4-29: Gestaltungsparameter formeller Anreizsysteme*

Der Bemessungsmechanismus, d.h. der Mechanismus zur Verknüpfung des Anreizspektrums mit der Bemessungsgrundlage, kann durch ein *Zielsetzungs-Rückmeldungs-System* oder auch

---

[158] Vgl. ebda.; a.a.O..

durch ein *Vorschlagswesen* realisiert werden. Bei einer Kopplung des Anreizsystems an *Design Reviews* oder *Projekt Reviews* können dem Projektteam auf Basis der erzielten und im Review gemessenen Leistung verschiedene Gratifikationen gewährt werden. Bei einer Kopplung des Anreizsystems an ein Vorschlagswesen können einzelnen Mitarbeitern oder Gruppen für eingereichte und erfolgreich durchgeführte Verbesserungsmaßnahmen ebenfalls Anreize gewährt werden. In diesem Fall sind die Gratifikationen an den Wert des Verbesserungsvorschlags geknüpft. In der Produkt- und Prozeßentwicklung beziehen sich die prämierten Verbesserungsvorschläge in der Regel auf den Entwicklungsprozeß und nur in Ausnahmefällen auf die Objekte der Entwicklung. Dabei kann das Vorschlagswesen periodisch auf bestimmte Themen fokussiert werden, um die Lernprozesse der Organisation auf einen zentralen Problembereich zu lenken. Solche Themen sind beispielsweise Steigerung der Kundenorientierung, Verringerung der Fehlerhäufigkeit, Verkürzung des Entwicklungsablaufs oder Entbürokratisierung der Entscheidungsprozesse.

Die zeitliche Veränderung der anzustrebenden Ziele, der erbrachten Leistung und der individuellen Bedürfnisstrukturen erfordert eine Institutionalisierung der kontinuierlichen Verbesserung des formellen Anreizsystems. In regelmäßigen Abständen sollte durch Reviews, Audits, Fokus Gruppen und Befragungen ermittelt werden, ob das Anreizsystem das Verhalten auf die wichtigsten Organisationsziele ausrichtet, wertvolle Anreize bereitstellt und nachhaltig die Leistungsbereitschaft fördert. Dabei ist insbesondere zu ergründen, wie der Anreizmechanismus von den Mitarbeitern wahrgenommen wird. Entsprechend der identifizierten Defizite können so auf einer kontinuierlichen Basis Verbesserungsmaßnahmen abgeleitet und umgesetzt werden.

### 4.3.2 Ansatz an der Fähigkeitskomponente der Person

Der Ansatz an der Fähigkeitskomponente der Person beinhaltet alle Interventionen, die als Trainings-, Schulungs- oder Weiterbildungsmaßnahmen entweder an dem individuellen Fähigkeitenprofil selber oder als Maßnahmen der Laufbahn- oder Karriereentwicklung an dem *Fit* zwischen dem Fähigkeitenprofil des Mitarbeiters und dem Anforderungsprofil der Arbeitsaufgabe ansetzen. Im Mittelpunkt stehen die Qualifizierungsmaßnahmen der Personalentwicklung, wobei nachfolgend ein Schwerpunkt auf das Training von funktionalen, sozialen und mentalen Fähigkeiten und auf die Laufbahnentwicklung gesetzt wird.[159]

#### 4.3.2.1 Training funktionaler, sozialer und mentaler Fähigkeiten

Aufgrund der kontinuierlichen Veränderung der Umwelt und der daraus resultierenden Anforderung, kontinuierlich zu lernen und neues Wissen und neue Fähigkeiten kontinuierlich an ihre Einsatzbereiche zu transferieren, gehören Trainings-, Schulungs- und Weiterbildungs-

---

[159] Vgl. zum Maßnahmenspektrum der Personalentwicklung: Neuberger, Personalentwicklung, 1991, S. 1ff.; Thom, Personalentwicklung, 1992, S. 3077ff..

maßnahmen zu den Daueraufgaben im Unternehmen und insbesondere in der Produkt- und Prozeßentwicklung.[160]

***Typische Problemmuster des Trainings funktionaler, sozialer und mentaler Fähigkeiten***

Der Anlaß zur Intervention in bestehende Trainingsaktivitäten ist dann gegeben, wenn der Personalbedarf in qualitativer und/oder quantitativer Hinsicht nicht oder nur unzureichend mit eigenen Mitarbeitern gedeckt werden kann, obwohl die Mitarbeiter prinzipiell über ausreichende Entwicklungspotentiale und -bedürfnisse verfügen. In diesem Fall liegt die Ursache für die unzureichende Bedarfsdeckung in der Art und Weise, wie die Qualifikationsmaßnahmen in dem Unternehmen durchgeführt werden. Dabei kann der unzureichende Fit von Fähigkeiten- und Anforderungsprofil in Bezug auf die unterschiedlichen Fähigkeitenarten differenziert werden. Die Defizite in den funktionalen bzw. fachlichen Fähigkeiten ergeben sich häufig aus einer fehlenden Anpassung an den Wandel des technologischen Umfeldes und an die Veränderung von Zielen und Zielprioritäten des Innovations- und Entwicklungsprozesses. Die Defizite in den sozialen Fähigkeiten können beispielsweise dadurch entstehen, daß neue Organisationsformen - z.B. die Projekt- und Teamorganisationsformen - mit neuen Anforderungsprofilen an die Interaktion, Kommunikation und Kooperation eingeführt worden sind, ohne die individuellen Fähigkeiten durch geeignete Trainings- und Coaching-Maßnahmen entsprechend anzupassen. Dabei bezieht sich die fehlende Anpassung häufig auf die neuen Rollen und Positionen der Projekt- und Teamorganisation. Besonders häufig werden Mängel in den Führungsfähigkeiten der Projektleiter diagnostiziert. Die Defizite in den mentalen Fähigkeiten können schließlich dadurch begründet sein, daß zwar neue Führungsmodelle eingeführt werden sollten, die notwendigen mentalen Fähigkeiten zu Selbstreflexion, Autonomie, Vertrauen, Risikobereitschaft und Unternehmertum jedoch nicht systematisch aufgebaut wurden.

| Indikatoren für Leistungslücken bzw. Probleme | Mögliche leistungshemmende Verhaltensmuster | Beispiele dominierender Handlungstheorien |
|---|---|---|
| • Personalbedarf qualitativ und/oder quantitativ nur unzureichend mit eigenem Personal gedeckt, trotz hoher Entwicklungspotentiale und -bedürfnisse der Mitarbeiter<br>• Kein Fit zwischen funktionalen/sozialen/mentalen Fähigkeits- und Anforderungsprofilen durch:<br>- Wandel des technologischen Umfelds/der Innovations- und Entwicklungsziele<br>- Neue Organisationsformen<br>- Neue Führungsmodelle<br>• Fehlende Realisierung von individuellen Entwicklungspotentialen/-bedürfnissen durch organisationale Qualifizierungsmaßnahmen | • Zentrale Planung, Durchführung und Kontrolle allgemeiner und großflächiger Schulungs-/Weiterbildungsprogramme ('*Push-Prinzip*')<br>• Fehlende Orientierung an spezifischer Arbeitssituation/konkreten Problemen durch:<br>- Ausschließliche Nutzung von *Off-the-Job*-*Schulungen* und situations-/problemfremden Trainern<br>- Große zeitliche Lücke zwischen Schulung und Einsatz<br>• Unzureichende Nutzung primärer und sekundärer Lernstrategien<br>- Zu passives Lernen<br>- Zu hoher/zu niedriger Anforderungsdruck | • "Die Implementierung des TQM-Programms macht gute Fortschritte: 50% aller F&E-Mitarbeiter sind in den sechs wichtigsten Qualitätsinstrumenten geschult worden!"<br>• "Wenn die Mitarbeiter die allgemeinen Konzepte verstanden haben, können sie die Anpassung an ihre Arbeitssituation alleine vornehmen!"<br>• "Keine Bereitschaft/Möglichkeit in Training zu investieren, da die Mannschaft mit operativen 'Fire Fighting' beschäftigt ist!" |

*Tabelle 4-9: Typische Problemmuster des Trainings funktionaler, sozialer und mentaler Fähigkeiten*

---

[160] Vgl. dazu z.B.: Bleicher, Effiziente Forschung und Entwicklung, 1990, S. 105.

Ein weiteres Indiz für die Notwendigkeit einer Intervention ist schließlich die fehlende Realisierung der individuellen Entwicklungspotentiale und Wachstumsbedürfnisse durch die organisationalen Qualifizierungsmaßnahmen, die zu Demotivation, Unzufriedenheit und Perspektivlosigkeit und letztlich auch zu hohen Fluktuations- und Kündigungsraten führen können.

Mit den beschriebenen Indizien läßt sich der Interventionsbedarf in den bestehenden Trainigsaktivitäten feststellen. Mit weiteren Diagnosen lassen sich häufig die in Tabelle 4-9 dargestellten Verhaltensmuster und Handlungstheorien als zugrunde liegende Ursachen für die Leistungslücken und Probleme der Qualifizierungsmaßnahmen identifizieren.[161]

***Alternative Lösungsmuster des Trainings funktionaler, sozialer und mentaler Fähigkeiten***

Als Alternative zu dem häufig vorgefundenen *'Push-Modell'* der zentralen Planung, Durchführung und Kontrolle der Trainingsaktivitäten, soll in diesem Abschnitt ein *'Pull-Modell'* vorgestellt werden, in dem die Planungs-, Durchführungs- und Kontrollaktivitäten des Fähigkeitenaufbaus wesentlich stärker dezentralisiert werden. Dieses Modell eignet sich für den gezielten Aufbau von spezifischen Fähigkeiten in den operativen Einheiten der Produkt- und Prozeßentwicklung. Für den Aufbau von allgemeinen Fähigkeiten zur kreativen Problemlösung oder für die Anreicherung der internen Wissensbasis um Elemente aus weit entfernten Wissensbereichen ist dieses Trainings-Modell hingegen weniger geeignet und muß durch entsprechende Qualifizierungskonzepte ergänzt werden.[162]

Der Bedarf des Trainings wird in dem Pull-Modell von den dezentralen operativen Einheiten in der Linien- und Projektorganisation anhand der auftretenden Leistungslücken und Probleme definiert. Dazu können die Mechanismen und Gremien der Zielsetzungs-Rückmeldungs-Systeme genutzt werden. Im Falle der Projektarbeit bietet sich eine Kopplung der Bedarfsermittlung an die Projekt Reviews und Design Reviews, im Falle der Linienarbeit an die Mitarbeiterbeurteilung an. Der identifizierte Trainings- bzw. Coaching-Bedarf wird entsprechend dem Leistungsthema bzw. dem Problemkreis an die verantwortlichen Stabsstellen, Leitstellen oder Netzwerke vermittelt, die die entsprechenden Trainings- und Coaching-Maßnahmen einleiten und durchführen können.

Im Pull-Modell finden die Trainings- und Coaching-Maßnahmen in den spezifischen Aufgaben und Problemen des Arbeitsplatzes (*'On-the-Job'*) unmittelbar zum Zeitpunkt des Einsatzes (*'Just-in-Time'*) durch interne, problemnahe Spezialisten statt. Dadurch wird ein situations- und problemspezifischer, selektiver und konkreter Fähigkeitenaufbau ermöglicht. Die Träger des Trainings und Coachings entstammen den leistungsthemen- und problemkreiszentrierten Netzwerken, die sich aus den Spezialisten der dezentralen operativen Einheiten und den Moderatoren der zentralen Stabs- und Leitstellen zusammensetzen. Diese Netzwerke tra-

---

[161] Vgl. zu (Miß-)Erfolgsfaktoren im Training: Drumm, Personalwirtschaftslehre, 1989, S. 304ff.; Steiner, Lerntheorien, 1992; Reber, Lernen, 1992; Schwendner, Trainer, 1995, S. 28ff..

[162] Vgl. Schröder, F&E-Aktivitäten als Lernprozesse, 1995, S. 58.

gen die Verantwortung für die organisationalen Verbesserungs- und Lernprozesse in den entsprechenden Leistungsthemen und Problemkreisen, d.h. für die Einleitung, Koordination und Ausrichtung von Lernprozessen, für die Sammlung und Speicherung von Wissen sowie für den Transfer und den Einsatz des Wissens. Durch die interne, an die organisationalen Lernprozesse gekoppelte Trägerschaft des Trainings wird der Zyklus aus Erwerb, Speicherung und Einsatz des organisationalen Wissens geschlossen. Die in den Trainings- und Coaching-Aktivitäten erworbenen Kenntnisse können zur kontinuierlichen Verbesserung der Trainingsinhalte und -verfahren genutzt werden.

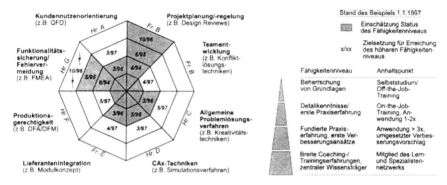

*Abbildung 4-30: Fähigkeitennetz zur dezentralen Planung und Kontrolle des Fähigkeitenaufbaus*

Zur dezentralen Planung und Kontrolle des Fähigkeitenaufbaus von einzelnen Mitarbeitern oder auch von ganzen Projektteams kann das Instrument des *Fähigkeitennetzes* eingesetzt werden. Abbildung 4-30 zeigt die Anwendung dieses Instrumentes für den gezielten Aufbau von kritischen Fähigkeiten in einem Projektteam. Der Einsatz des Fähigkeitennetzes zielt darauf, das notwendige Fähigkeitenspektrum durch das Projektteam insgesamt abzudecken, indem die einzelnen Teammitglieder ein *T-förmiges Fähigkeitenprofil* aufbauen.[163] Dabei steht der Querbalken für ein breites Spektrum von Fähigkeiten und Wissen, um funktionsübergreifende Integration und ganzheitliches Verständnis zu garantieren. Dazu gehören die integrationsfördernden Qualifikationen der generalistischen Fachkompetenz, der Methodenkompetenz und der Interaktionskompetenz.[164] Der Längsbalken hingegen repräsentiert eine große Tiefe von Fähigkeiten und Wissen zur funktionalen Spezialisierung und detaillierten Problemlösung. Die Ermittlung des Status' vorhandener Fähigkeiten, die Setzung von Zielen für das anzustrebende Fähigkeitsniveau und die Festlegung von Coaching- und Trainingsmaßnahmen erfolgt dabei projektspezifisch in enger Kopplung an die Mechanismen zur Planung und Kontrolle der Projekte wie z.B. die Design Reviews. Die Vorgehensweise kann im einzelnen der Abbildung 4-31 entnommen werden.

---

[163] Vgl. zum Fähigkeitsspektrum der Produkt- und Prozeßentwicklung: Wheelwright / Clark, Revolutionizing, 1992, S. 330f.; zum T-förmigen Fähigkeitenprofil: Iansiti, Real-world R&D, 1993, S. 139.
[164] Vgl. Reiß / Corsten, Integrative Führungssysteme, 1992, S. 161.

314   Applikation der Modellskizze für die Veränderung der Produkt- und Prozeßentwicklung

Die Einführung des vorgestellten Trainingskonzeptes geschieht zweckmäßigerweise in enger Kopplung mit den Interventionen in den Zielsetzungs-Rückmeldungs-Systemen, da diese den Mechanismus zur Identifikation des Trainingsbedarfes darstellen können. Entsprechend lassen sich auch die Bestrebungen, das Trainingsinstrumentarium kontinuierlich zu verbessern, an die Auditierungs- und Review-Verfahren der Linien- und Projektorganisation koppeln.

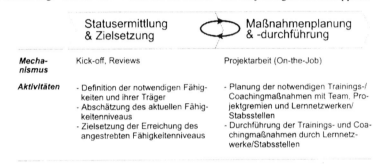

*Abbildung 4-31: Vorgehensweise zur dezentralen Planung und Kontrolle des Fähigkeitenaufbaus mit dem Fähigkeitennetz*

### 4.3.2.2 Partizipative Laufbahnentwicklung

Der zweite wichtige Bereich der Qualifizierungsmaßnahmen zum Aufbau individueller Fähigkeiten ist die Karriereplanung bzw. Laufbahnentwicklung. Die Maßnahmen der Laufbahnentwicklung richten sich auf die gezielte Veränderung des Anforderungsprofils an die einzelnen Mitarbeiter gemäß der individuellen Entwicklungspotentiale und Wachstumsbedürfnisse und dem organisationalen qualitativen und quantitativen Bedarf zu erfüllender Aufgabenprofile. Im Unterschied zu den Trainings-, Schulungs- oder Weiterbildungsmaßnahmen erfolgt die Qualifizierung in der Laufbahnentwicklung durch die stufenweise Veränderung des Anforderungsprofils und die dadurch eingeleitete Veränderung des Fähigkeitenprofils auf einem konsistenten Entwicklungspfad. In der Produkt- und Prozeßentwicklung wird die Laufbahnentwicklung vor allem in der Form der Führungs- und der Fachlaufbahnplanung für die Linien- und Projektorganisation durchgeführt.[165]

Die Notwendigkeit zur Veränderung der bestehenden Form der Laufbahnentwicklung in der Produkt- und Prozeßentwicklung wird durch die bereits vorgestellten Indikatoren für die Leistungslücken in den Trainings-, Schulungs- und Weiterbildungsaktivitäten angezeigt (vgl. Tabelle 4-9). Darüber hinaus werden die Defizite durch eine verstärkte Orientierung der Mitarbeiter an Ersatzlaufbahnen und -maßstäben indiziert, die sich beispielsweise an akademische Karrierekriterien und -maßstäbe - z.B. Anzahl von Veröffentlichungen - anlehnen.[166]

---

[165] Vgl. Domsch / Gerpott, Personalführung, 1988; Domsch, Laufbahnentwicklung, 1993, S. 153ff.; Specht / Beckmann, F&E-Management, 1996, S. 317ff..
[166] Vgl. Saad et al., F&E-Strategie, 1991, S. 172f..

Die Verhaltensmuster und Handlungstheorien, die die Defizite der Laufbahnentwicklung begründen, resultieren vor allem aus der Schwierigkeit, für individuell unterschiedliche Entwicklungspotentiale und -bedürfnisse geeignete Laufbahnen vorzusehen. Die traditionelle Dominanz der Führungslaufbahn der Linienorganisation gegenüber anderen Laufbahnmodellen führt dazu, daß viele Führungspositionen in der Produkt- und Prozeßentwicklung von Mitarbeitern besetzt werden, die zwar über hervorragende Problemlösungsfähigkeiten und über ein fundiertes und detailliertes fachliches Wissen verfügen, in Bezug auf ihre Führungsfähigkeiten jedoch eher ungeeignet für die entsprechende Position sind. In der Diagnose ihres Tätigkeitsprofils läßt sich häufig ein zu hoher Zeitanteil für die Lösung konkreter Qualitäts- und Kostenprobleme einzelner Produkte feststellen, während der systematische Aufbau von Fähigkeiten, die Verbesserung des bestehenden Entwicklungsablaufes oder die Beseitigung von Engpässen und Barrieren nur untergeordnete Aufmerksamkeit genießen. Die mangels tatsächlicher Alternativen eingenommene Führungsposition entspricht nicht dem Entwicklungspotential und -bedürfnis dieser Mitarbeiter.

Dieses Grundproblem der Laufbahnentwicklung im F&E-Bereich kann durch den Aufbau einer Parallelhierarchie, d.h. durch die Einrichtung alternativer Laufbahnmodelle wie der Fachlaufbahn und der Projektlaufbahn gelöst werden.[167] Allerdings können die damit verfolgten Ziele nur dann erreicht werden, wenn die mit diesen Laufbahnmodellen verknüpften Anreize - wie Anerkennung, Bedeutung und Wachstum - einen vergleichbar wahrgenommen Wert wie die Anreize der traditionellen Führungslaufbahn in der Linienorganisation aufweisen.[168] Eine weitere wichtige Voraussetzung ist die Individualisierung und Partizipation bei der Planung der Laufbahn. Durch den Versuch, Lebensplanung und Karriereplanung in Einklang zu bringen, können die individuellen Ziele und Bedürfnisse und die organisationalen Ziele und Anforderungen zur Deckung gebracht werden.

### 4.3.3 Ansatz am funktionalen Kontext der Organisation

#### 4.3.3.1 Entwicklungsstrategie und -programm

Die Verwirklichung des funktionalen Leitbilds, d.h. die Realisierung der Ziele der Produkt- und Prozeßentwicklung, erfordert Aktivitäten und Aufgaben auf einer strategischen und einer taktisch-operativen Ebene. Die strategische Ebene beinhaltet das Management der Entwicklungsstrategie, das auf den Aufbau langfristiger Erfolgs- und Leistungspotentiale ausgerichtet ist. In der taktisch-operativen Ebene liegt das Management eines einzelnen Entwicklungsprojektes bzw. -vorhabens. Die Leistungsfähigkeit der Entwicklungsstrategie mißt sich an der Realisierung der organisationalen Potentialziele, deren Erfüllung letztlich zur langfristigen Erreichung der organisationalen Operationsziele und der individuellen Verhaltensziele beitra-

---

[167] Vgl. Domsch / Gerpott, Personalführung, 1988, S. 65.
[168] Vgl. Kern / Schröder, Forschung und Entwicklung, S. 349; zu Vor- und Nachteilen der Fach- und Projektlaufbahnlaufbahn: Domsch, Laufbahnentwicklung, 1993, S. 170ff..

gen soll. Das Entwicklungsprogramm, d.h. das Portfolio von Entwicklungsprojekten bzw. -vorhaben, bildet das Bindeglied zwischen der strategischen und der taktisch-operativen Ebene.[169] Die Effektivität des Managements des Entwicklungsprogramms mißt sich daran, inwieweit die Summe der einzelnen Entwicklungsprojekte und -vorhaben in ihrer zeitlichen Entwicklung die individuellen Verhaltensziele, die organisationalen Operationsziele und die organisationalen Potentialziele zu verwirklichen vermag.

| Indikatoren für Leistungslücken bzw. Probleme | Mögliche leistungshemmende Verhaltensmuster | Beispiele dominierender Handlungstheorien |
|---|---|---|
| • Struktur des Produkt-/Prozeßprogramms<br>  - Produkt-/Markt- und Technologieziele (Altersstruktur etc.)<br>  - Komplexität<br>    . Umsatz je Variante/je Kunde<br>    . Anzahl Teile/Prozeßtypen je Produktfamilie<br>    . Anzahl Lieferanten je Teilefamilie<br>• Struktur Entwicklungsprogramm:<br>  - Anteilsverhältnis verschiedener Projekttypen im Portfolio<br>  - Ressourcenverteilung vor vs. nach Serieneinführung<br>  - Komplexität<br>    . Anzahl Projekte je Mitarbeiter<br>    . Personal-/Sachressourcen bzw. Budget je Projekt<br>  - Fähigkeitsziele | • Unzureichende Definition von Produkt-/Markt-, Technologie- und Entwicklungsstrategien<br>• Mangelnde Integration der Produkt-/Markt- und Technologiestrategien mit der Entwicklungsstrategie<br>• Ineffektiver Entwicklungsprozeß von der ersten Idee bis zur Projektdefinition<br>• Unzureichende Systematik zur Portfolioplanung/-steuerung | • "Kundenorientierung erfordert reaktives Handeln!"<br>• "Konzentration auf jeweils aktuelle Produkt- und Prozeßgeneration ausreichend!"<br>• "Operatives 'Firefighting' hat Priorität vor strategischer Planung!"<br>• "Zusätzliche Projekte werden den Kapazitätsrahmen nicht sprengen!" |

*Tabelle 4-10: Typische Problemmuster von Entwicklungsstrategien und -programme*

## Typische Problemmuster von Entwicklungsstrategie und -programm

Die Identifikation von Entwicklungsstrategie und -programm als Verursacher der Leistungslücken und Probleme läßt sich anhand einiger Indikatoren des Produkt- und Prozeßprogramms und des Entwicklungsprogramms durchführen (vgl. Tabelle 4-10). Die Defizite können beispielsweise dadurch begründet sein, daß das Produkt- und Prozeßprogramm die langfristigen Produkt-, Markt- und Technologieziele nicht verwirklicht und eine hohe Komplexität aufweist.[170] Auch kann das derzeitige und geplante Entwicklungsprogramm in Bezug auf das Anteilsverhältnis verschiedener Projekttypen und in Bezug auf die Ressourcenverteilung für Entwicklungsaktivitäten vor Serieneinführung versus nach Serieneinführung eine unvorteilhafte Gewichtung aufweisen - beispielsweise zu Ungunsten von innovativen, strategisch bedeutenden Projekttypen und von Entwicklungsaktivitäten in frühen Projektphasen. Ein weiterer Indikator ist die Komplexität des Entwicklungsprogramms, die an der Anzahl von Projekten je Mitarbeiter und an den Personal- und Sachressourcen bzw. Budgets je Mitarbeiter gemessen werden kann.

---

[169] Vgl. Specht / Beckmann, F&E-Management, 1996, S. 197.

[170] Vgl. zum Einfluß von Entwicklungsstrategie und -programm auf die Komplexität des Produktprogramms: Coenenberg / Prillmann, Variantenvielfalt, 1994; S. 1240ff..

Diese Leistungslücken und Probleme werden verursacht durch Defizite in den Verhaltensmustern des Managements von Entwicklungsstrategie und -programm. Dazu gehören die unzureichende Definition und Integration von Produkt-/Markt-, Technologie- und Entwicklungsstrategien, ein ineffektiver Entwicklungsprozeß zur Generierung und Selektion von Ideen und Projekten oder eine unzureichende Systematik der Portfolioplanung und -steuerung.[171] Die Entwicklungsstrategie besteht beispielsweise aus einer Sequenz von Einzelprojekten, die in Bezug auf die Produkt-/Markt- und Technologieziele keinen synergetischen Entwicklungspfad repräsentieren. Die dominierenden Handlungstheorien, die solche Verhaltensmuster unterstützen, entstammen häufig einem 'Trade-off' zwischen der kurzfristigen Lösung von akuten Problemen ('Fire Fighting') und der langfristigen Planung von Erfolgspotentialen.

*Alternative Lösungsmuster für Entwicklungsstrategie und -programm*

Entsprechend den diagnostizierten Problemen der Ausgangssituation ergeben sich als mögliche Lösungen die *Integration der Markt-, Technologie- und Entwicklungsstrategien*, die *Gestaltung der Entwicklungsstrategien nach dem Plattform-Konzept* und die *systematische Planung und Steuerung des Entwicklungsprogramms* (vgl. Tabelle 4-11).

*Integrierte Planung von Produkt-/Markt-, Technologie- und Entwicklungsstrategien:* Die integrierte Planung von Produkt-/Markt-, Technologie- und Entwicklungsstrategien ist immer dann erforderlich, wenn der Aufbau von Erfolgspotentialen eine systematische Verknüpfung von Chancen und Risiken der Umwelt mit Stärken und Schwächen des Unternehmens verlangt. Diese Bedingung ist insbesondere bei äußerst dynamischen und komplexen Unternehmensumfeldern mit hoher Wettbewerbsintensität erfüllt. Ein weitere Bedingung ist die Existenz von unternehmerischen Freiheitsgraden in der Verfolgung von generischen Strategien zur Sicherung langfristiger Wettbewerbsvorteile.

Die integrierte Planung der Produkt-/Markt-, Technologie- und Entwicklungsstrategien kann auf der Ebene von gesamten Geschäftsfeldern, Technologiefeldern und Innovationsfeldern und auf der Ebene von konkreten Produkt-/Markt-Kombinationen, Technologien und Entwicklungsprojekten erfolgen. Für die erste Ebene eignet sich die Planung mit integrierten Markt- und Technologie-Portfolios - wie z.B. das *Marktprioritäts-Technologieprioritäts-Portfolio* von McKinsey oder der *Darmstädter Portfolio-Ansatz* von Michel, Ewald und Specht.[172] Im Darmstädter Ansatz erfolgt eine Integration der Geschäftsfeldstrategie und Technologiestrategie zu einer Innovationsfeldstrategie, mit deren Hilfe Innovationsprojekte ausgewählt werden können, die das größte Erfolgspotential aufweisen.[173] Die Integration konkreter Produkt-Markt-Kombinationen und Produkt- und Prozeßtechnologien in einzelne Entwicklungsprojekte kann beispielsweise mit dem *Mapping Process* nach Wheelwright et al.[174]

---

[171] Vgl. Saad et al., F&E-Strategie, 1991, S. 172; Seifert / Steiner, F+E, 1995, S. 17.

[172] Vgl. Specht / Beckmann, F&E-Management, 1996, S. 92.

[173] Vgl. ebda., S. 95ff..

[174] Vgl. Wheelwright / Sasser, Flops bei Innovationen, 1990, S. 98ff.; Wheelwright / Clark, Revolutionizing, 1992, S. 57ff., insbesondere S. 77.

oder mit dem *Technologiekalender* nach Eversheim et al.[175] unterstützt werden. Die integrierte Planung erfordert die Einrichtung eines interfunktionalen *Lenkungsausschusses*, der für die systematische und strukturierte Durchführung des Planungs- und Steuerungsprozesses verantwortlich ist.[176] Dadurch soll einerseits eine ganzheitliche Ausrichtung auf die übergeordneten Unternehmensziele und andererseits eine Nutzung funktionalen Wissens gewährleistet werden. Dementsprechend ist es notwendig, daß sich Handlungstheorien etablieren, die die Integrations- und Kooperationsbereitschaft im Lenkungsausschuß fördern.[177]

| Situative Einsatzfaktoren | Mögliche leistungsfördernde Verhaltensmuster | Beispiele für notwendige Handlungstheorien |
|---|---|---|
| • Systematische Verknüpfung von Chancen/Risiken der Umwelt mit Stärken/Schwächen des Unternehmens zum Aufbau von Erfolgspotentialen notwendig<br>• Existenz strategischer Freiheitsgrade z.B. *Market Pull* vs. *Technology Push*; *Leader* vs. *Follower* etc. | Integrierte Planung von Produkt-/Markt-, Technologie- & Entwicklungsstrategien<br>- Portfolio-Techniken<br>- Interfunktionaler Prozeß<br>- Lenkungsauschüsse | • "Strategische Planung erfordert Kooperations- und Integrationsbereitschaft im Top-Management-Team!"<br>• "Funktionale Strategien erfordern interfunktionale Integration und ganzheitliche Perspektive!" |
| Vereinbarung von hoher Differenzierung mit breitem Produktprogramm, von hoher Innovativität durch kurze Marktzyklen und von hoher Gesamtkapitalproduktivität/niedrigen Komplexitätskosten | Gestaltung des Produkt-/Prozeß- und des Entwicklungsprogramms nach dem Plattformkonzept<br>- Detaillierte Plattformplanung<br>- Variantenentwicklung nach definierten Plattformkonz./Baukasten<br>- Plattformbasierte Projektteams | • "Kundenorientierung erfordert proaktive Planung von ganzen Produktfamilien!"<br>• "Jede(s) neue Variante/Komponente/Teil führt zu einem Anstieg der Komplexitätskosten, der durch einen Anstieg des Ergebnisbeitrags gedeckt werden muß"! |
| Kontinuierlich sich veränderndes Portfolio unterschiedlichster Typen von Entwicklungsprojekten/-vorhaben | Systematische Planung und Steuerung des Entwicklungsprogramms<br>- Sammlung, Bewertung und Selektion von Ideen/Projekten<br>- Planung/Steuerung des 'Mix' von Projekttypen und der Budgets/Ressourcen nach Projekttypen<br>- Planung/Steuerung des Aufbaus organisationaler/individueller Fähigkeiten | • "Systematische Planungs- und Steuerungsaktivitäten bedeuten zwar kurzfristigen Einsatz, aber langfristige Einsparung von Managementkapazitäten!"<br>• "Zweck der Entwicklung ist nicht nur die Erreichung operativer Produkt-/Prozeßziele, sondern auch die Erreichung potentialorientierter Ziele!" |

Tabelle 4-11: Alternative Lösungsmuster für Entwicklungsstrategien und -programme

*Gestaltung des Produkt-/Prozeß- und des Entwicklungsprogramms nach dem Plattformkonzept:* Ein Ansatz zur Integration der Produkt-/Markt-, Technologie- und Entwicklungsstrategien ist das *Plattformkonzept*. Sein Einsatz erweist sich als besonders wirkungsvoll, wenn gleichzeitig eine hohe Differenzierung mit einem breiten Produktprogramm, eine hohe Innovativität durch kurze Marktzyklen und eine hohe Gesamtkapitalproduktivität bzw. niedrige Komplexitätskosten angestrebt werden.[178]

---

[175] Vgl. Evershein et al., Technologiekalender, 1996.

[176] Vgl. zur Organisationsform des Lenkungsausschusses: Seidel, Gremienorganisation, 1992, Sp. 714.

[177] Vgl. zur Bedeutung des Integrations- und Kooperationsniveaus im Top-Management-Team: Roberts, Strategic Management of Technology, 1995, S. 44.

[178] Vgl. zu Baureihen- und Baukästenpronzipien: Pahl / Beitz, Konstruktionslehre, 1986, S. 411ff; vgl. zur Notwendigkeit einer produkt- und generationsübergreifenden Integration: Liesegang, Integration, 1992, S. 95ff..

Inhalt der Veränderung und inhaltsspezifische Techniken 319

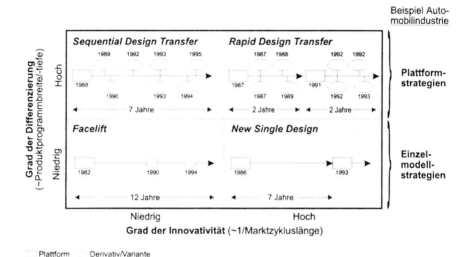

*Abbildung 4-32: Einzelmodell- und plattformbasierte Produktprogramm- bzw. Entwicklungsstrategien[179]*

Das Plattformkonzept bezweckt die Planung und Realisierung von Produktfamilien, deren Varianten trotz hoher Gemeinsamkeit in den innerbetrieblichen Wertschöpfungsprozessen eine möglichst große Differenziertheit im Markt aufweisen. Die Gemeinsamkeit bezieht sich in der Regel auf den modularen Produktaufbau, auf die verwendeten Komponenten und Teile sowie auf die genutzten Prozesse, Fähigkeiten und Ressourcen. Die Differenzierung der Varianten innerhalb einer Plattform kann dabei durch die unterschiedliche Kombination von Modulen oder durch die differenzierte Gestaltung einzelner kundenrelevanter Komponenten und Teile geschehen. Im Unterschied zu traditionellen Entwicklungsstrategien erfordert die plattformbasierte Entwicklung, daß, bevor die erste Variante der Produktfamilie entwickelt wird, eine detaillierte Plattformplanung durchgeführt wird. Mit einer solchen Plattformplanung wird das Konzept der gesamten Produktfamilie und der einzelnen Varianten in Bezug auf Marktpositionierung, Markteinführungszeitpunkte, Styling-, Leistungs- und Ausstattungsprofile, Preissegmente und Distributionskanäle definiert. Dabei werden die Gemeinsamkeiten und Differenzierungsmerkmale innerhalb der Produktfamilie im Detail geplant. Die gemeinsame Systemarchitektur, die gemeinsamen Komponenten und Teile und die gemeinsamen Prozesse und Prozeßparameter werden festgelegt und als Spezifikationen des 'Baukastens' der Produktfamilie eingefroren. Erst nach der Plattformplanung, d.h. nach der Definition des Gesamtkonzepts der Produktfamilie und der Einzelkonzepte der Varianten, wird mit der eigentlichen Entwicklung der ersten Variante begonnen. Durch das Plattformkonzept ergeben sich nicht nur Synergieeffekte in der Nutzung der Produktionsressourcen, sondern auch in der Nutzung

---

[179] McKinsey & Comp., Platform Approach, 1995, S. 11.

der Entwicklungsressourcen selber. Durch die Bildung plattformbasierter Modulteams, die innerhalb einer Plattform die gesamten Entwicklungs- und Applikationsarbeiten an einem spezifischen Modul durchführen, können erhebliche Lernkurveneffekte erzielt und der Wissenstransfer innerhalb der Plattform gesichert werden.[180]

Das Plattform-Konzept wird insbesondere von den 'OEMs' der Konsumgüterindustrie eingesetzt - z.B. 'Kodak's Disposable Cameras', 'Sony's Walkmans', 'Chrysler's LH-Plattform' und 'Honda's Civic Plattform'. Die Lieferanten dieser OEMs - und dies besonders in der Autmobilindustrie - sind hingegen sehr zurückhaltend in der Implementierung dieses Konzeptes, obwohl es auch dort erhebliche Vorteile mit sich bringt. Dies wird vor allem durch die eingeschliffene Handlungstheorie verursacht, nach der 'Kundenorientierung' als spezifische Reaktion auf die individuellen Bedürfnisse des jeweiligen OEMs interpretiert wird. Wird hingegen 'Kundenorientierung' als proaktive Antizipation von Endkundenbedürfnissen aufgefaßt, können aus einer Marktperspektive plattformbasierte Produktfamilien definiert werden. Die entsprechenden Varianten bzw. Applikationen für den einzelnen OEM können bei gleichem Leistungsumfang erheblich kostengünstiger angeboten werden.[181]

*Systematische Planung und Steuerung des Entwicklungsprogramms:* Eine systematische Planung und Steuerung des Entwicklungsprogramms ist prinzipiell immer dann erforderlich, wenn in einem sich kontinuierlich verändernden Portfolio unterschiedlichster Typen von Entwicklungsprojekten und -vorhaben eine hohe Effektivität in Bezug auf die Ausrichtung hinsichtlich der Entwicklungsziele und eine hohe Effizienz in Bezug auf den Budget- bzw. Ressourceneinsatz gewährleistet werden soll.

Aus der Perspektive einer einzelnen Projektidee bzw. eines einzelnen Projektes gibt die Programmplanung und -steuerung den Rahmen für den Prozeß der Projektgenerierung und -selektion vor, d.h. für die Sammlung, Bewertung und Selektion der einzelnen Projektideen und -konzepte.[182] Dazu werden häufig Portfolio-Techniken verwendet, mit denen die relative Bewertung und Auswahl der einzelnen Ideen und Projekte anhand von Risiko- und Attraktivitätskriterien durchgeführt werden kann.[183]

Aus der Perspektive des gesamten Projektprogramms ermöglicht die systematische Programmplanung und -steuerung, einen bestimmten Mix von Projekttypen zu erreichen und die Budgets und Ressourcen auf diese Projekttypen entsprechend zu verteilen, so daß die angestrebten Ziele und Strategien und der beabsichtigte Aufbau von neuen Fähigkeiten und Kom-

---

[180] Vgl. zu plattformbasierten Projektteams: Iansiti, Real-world R&D, 1993, S. 140ff.; Seifert / Steiner, F+E, 1995, S. 20.

[181] Nach der Untersuchung von Coenenberg und Prillmann ist der Anteil der kundenspezifischen Fertigung von Enproduktvarianten bei erfolgreichen Unternehmen deutlich niedriger als bei weniger erfolgreichen Unternehmen: Coenenberg / Prillmann, Variantenvielfalt, 1995, 1242f.

[182] Vgl. die Übersicht zu Bewertungsverfahren des F&E-Projektpotfolios: Horváth / Gentner, Integrative Controllingsysteme, 1992, S. 177; Brockhoff, Forschung und Entwicklung, 1994, S. 253ff..

[183] Vgl. das F&E-Projektportfolio nach Arthur D. Little: Saad et al., F&E-Strategie, 1991, S. 95-117; analog Entwicklungsrisiko-Opportunitätskosten-Portfolio: Krubasik, Königsweg, 1988, S. 130ff.; Feasibility-Utility-Portfolio: Siadat, Technology, 1996; Ertragserwartungs-Risiken-Portfolio: Seifert / Steiner, F+E, 1995, S. 18.

petenzen realisiert werden können. Die Bildung der Projekttypen, die Zuordnung der einzelnen Projekte und die typgerechte Steuerung des Projektprogramms können mit Hilfe eines Projekt-Portfolios vorgenommen werden, das die einzelnen Projekte hinsichtlich des Grads der Produkt- und Prozeßneuigkeit in die Typen *Technologie-/Vorentwicklungsprojekte, Radikale Neuerungsprojekte, Plattformprojekte* und *Weiterentwicklungsprojekte* differenziert (vgl. Abbildung 4-33).[184]

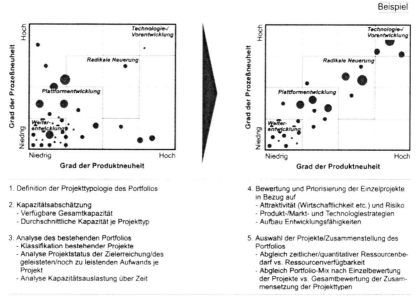

*Abbildung 4-33: Neuausrichtung und Bereinigung des Projektprogramms*[185]

Die aus der integrierten Planung der Markt-/Produkt-, Technologie- und Entwicklungsstrategien abgeleiteten Projekte und Projektideen werden durch die Aggregation in der Projektprogrammplanung in Bezug auf ihre qualitative, quantitative und zeitliche Gesamtstruktur geprüft und gegebenfalls verbessert. Diese Prüfung und Verbesserung bezieht sich auf die definierten Anteilsverhältnisse - nach Anzahl und nach Budget-/Ressourcenbindung - der verschiedenen Projekttypen im Gesamtportfolio, auf den erforderlichen Gesamtbedarf und die verfügbare Gesamtkapazität der Budgets und Ressourcen sowie auf die strategisch notwendige Priorisierung und Fokussierung der Budgets und Ressourcen auf einzelne Projekte. Desweiteren ist zu prüfen, ob die vorgesehene Sequenz der geplanten Projekte einen Aufbau organisationaler und individueller Fähigkeiten ermöglicht. Durch einen Entwicklungspfad von einem Weiterent-

---

[184] Vgl. Wheelwright / Clark, Project Plans, 1992; Wheelwright / Clark, Revolutionizing, 1992, S. 92ff.; vgl. dagegen die Projekttypologie in: Nehls, Innovationen, 1991, S. 49f.

[185] Vgl. Wheelwright / Clark, Project Plans, 1992; Wheelwright / Clark, Revolutionizing, 1992, S. 105ff.

wicklungsprojekt über ein Plattformprojekt zu einem radikalen Neuerungsprojekt können beispielsweise die Fähigkeiten zur Projektleitung gezielt gesteigert werden.

Der systematische Einsatz von Instrumentarien zur Projektprogrammplanung und -steuerung wird häufig infolge eines hohen Kapazitätseinsatzes für operatives 'Firefighting' gefährdet. Angesichts akuter Probleme mit einzelnen Kunden, Produkten oder Projekten erscheint es aus einer kurzfristigen Perspektive nicht erforderlich, umfangreiche Managementaktivitäten für eine langfristige Planung und Steuerung des Projektportfolios zu investieren. Wenn die Handlungstheorien, die den Wert der systematischen Planungs- und Steuerungsaktivitäten verdeutlichen, sich in der Organisation nicht etablieren können, werden diese Aktivitäten in akuten Problem- und Krisensituationen wieder vernachlässigt.

*Spezifische Gestaltung des Veränderungsprozesses von Entwicklungsstrategie und -programm*

Die Intervention in Entwicklungsstrategien und -programmen erfordert in der Regel die Streichung von bestehenden bzw. geplanten Projekten oder die vorübergehende Aufstockung von Entwicklungskapazitäten, da in der Ausgangssituation zumeist eine Überlastung der Personal- und Sachressourcen vorliegt. Der Prozeß der Intervention sollte aufgrund seiner strategischen Implikationen von einem interfunktionalen Management-Team durchgeführt werden, so daß eine ausreichende Transparenz über den Status des Projektportfolios erzielt werden kann, bevor die Bereinigung und Neuausrichtung des Portfolios vorgenommen wird. Im einzelnen kann der Veränderungsprozeß wie in Abbildung 4-33 dargestellt gestaltet werden.

Mit der Neuausrichtung des Portfolios werden zugleich der Prozeß und das Instrumentarium zur systematischen Projektprogrammplanung und -steuerung eingeführt.[186] Nach der Intervention sollte das interfunktionale Management-Team in regelmäßigen Abständen als Lenkungsausschuß mit Hilfe der vorgestellten Analyse- und Bewertungsverfahren das Programm hinsichtlich der Entwicklungsziele und -strategien prüfen, um neue Suchfelder zu definieren, neue Projekte freizugeben, bestehende unattraktive Projekte einzustellen und Personal- und Sachressourcen umzuverteilen. Dabei kann ein aggregierter *Projektleitstand* behilflich sein, in dem der Status aller Projekte in Bezug auf die Qualitäts-, Kosten- und Terminsituation, die Meilensteine, die Budgets, die Personal- und Sachressourcen etc. zusammengefaßt wird.

*Spezifische Gestaltung der Institutionalisierung der Veränderungs- und Lernprozesse von Entwicklungsstrategie und -programm*

Die Fähigkeit zur Planung und Steuerung der Entwicklungsstrategie und des Entwicklungsprogramms bildet einen der kritischsten Erfolgsfaktoren der Produkt- und Prozeßentwicklung

---

[186] Vgl. die Beispiele für Planungsprozesse des Entwicklungsprogramms: Braunstein / Salsamendi, R&D-Planning, 1994; Brenner, Project Prioritization, 1994; Matheson / Menke, Decision Quality Principles, 1994; Lander et al., R&D Decision Process, 1995.

und des gesamten Unternehmens.[187] Deshalb erfordert der Prozeß von der Formulierung der ersten Idee über den Entwurf eines Projektkonzepts bis hin zur Entscheidung der Budget- und Ressourcenfreigabe eine kontinuierliche Verbesserung. In regelmäßigen Abständen sollte die Wirksamkeit dieses Prozesses und seiner Instrumentarien mit Hilfe von Audits und Reviews geprüft werden. Dabei sind insbesondere die Mechanismen zu rekonstruieren, mit denen die Projekte im Lenkungsausschuß selektiert und mit Ressourcen ausgestattet werden. Häufig werden die Sachinteressen von Machtinteressen überlagert. Diese zugrunde liegenden Verhaltensmuster und Handlungstheorien können durch die Techniken der kollektiven Rekonstruktion und Falsifikation in regelmäßigen Abständen reflektiert und verbessert werden.

### 4.3.3.2 Struktureller Rahmen des Entwicklungsprojekts/-vorhabens

Einen häufig vorkommenden Problem- und Interventionsbereich der Produkt- und Prozeßentwicklung bildet der *strukturelle Rahmen* der einzelnen Entwicklungsprojekte bzw. -vorhaben. Als struktureller Rahmen soll die aufeinander abgestimmte Gestaltung der Ablaufstruktur, Aufbaustruktur und Regelungsstruktur zur Durchführung der einzelnen Entwicklungsprojekte bzw. -vorhaben verstanden werden. Dabei steht das zugrunde liegende Gesamtkonzept für das Management der Entwicklungsprojekte bzw. -vorhaben im Mittelpunkt der Betrachtung.

| Indikatoren für Leistungslücken bzw. Probleme | Mögliche leistungshemmende Verhaltensmuster | Beispiele dominierender Handlungstheorien |
|---|---|---|
| • Produkt-/Marktziele nicht erreicht<br>  - Kundenzufriedenheit (Wiederkaufsrate, Qualitätsindizes etc.)<br>  - Marktanteil<br>  - Ergebnis, Umsatz, Absatz<br>• Qualitäts-/Kostenziele zu 'SOP' nicht erreicht<br>  - Fehler im Feld, Fehler im Produktionsprozeß<br>  - Ist-Kosten zu Ziel-Kosten<br>• Ziele des Entwicklungsprozesses nicht erreicht<br>  - Entwicklungszeit/Markteinführungszeitpunkt/ Meilensteine<br>  - Entwicklungskosten<br>  - Entwurfsstabilität (Anzahl Änderungen nach Design Freeze/nach 'SOP') | • Mangelhafte Kundenorientierung<br>• Unzureichende Integration von Funktionen und Phasen/Aktivitäten<br>• Unter- oder Überstrukturiertheit<br>• Unzureichende situative Anpassung<br>• Defizite in der Ablaufstruktur, Aufbaustruktur und Regelungsstruktur des einzelnen Entwicklungsprojektes/-vorhabens | • "Ein technologisch gutes Produkt schafft sich seinen Markt selber!"<br>• "Die Integration lohnt sich erst in den späteren Phasen der Entwicklung, wenn eine konkrete Diskussionsgrundlage vorliegt!"<br>• "Disziplin/Systematik läßt sich durch Formalisierung erzwingen!"<br>• "Die Erfolgsfaktoren von Projekt x werden jetzt für alle Projekte systematisch angewandt!" |

*Tabelle 4-12: Typische Problemmuster des strukturellen Rahmens der Entwicklungsprojekte/-vorhaben*

*Typische Problemmuster des strukturellen Rahmens des Entwicklungsprojekts/-vorhabens*

Wenn auf Dauer die Produkt-/Marktziele nicht erreicht und wiederholt die Qualitäts- und Kostenziele neuer Produkte und Prozesse nach der Serien- bzw. Markteinführung verfehlt werden, liegen die entsprechenden Ursachen mit großer Wahrscheinlichkeit in der Art und Weise, wie der strukturelle Rahmen der Entwicklung insgesamt und die einzelnen strukturellen Komponenten - Ablaufstruktur, Aufbaustruktur und Regelungsstruktur - gestaltet worden sind und

---

[187] Vgl. dazu z.B.: Cooper, Predevelopment Activities, 1988.

sich in der organisationalen Realität konstituieren. Diese erste Ursachenhypothese läßt sich durch die Analyse des Entwicklungsprozesses verifizieren, indem die Leistung in Bezug auf die Zeit-, Kosten- und Qualitätsdimension der Prozeßziele ermittelt wird (vgl. Tabelle 4-12).

In den häufigsten Fällen liegen die Ursachen für diese Probleme in einer mangelhaften Kundenorientierung und einer unzureichenden Integration der Funktionen und Phasen bzw. Aktivitäten, die den Entwicklungsprozeß konstituieren.[188] Weitere Ursachenquellen liegen in der Unter- bzw. Überstrukturierung durch detaillierte Regeln und Verfahrensanweisungen. Schließlich können auch die mangelnde situative Anpassung und einzelne Defizite in den Ablauf-, Aufbau- und Regelungsstrukturen zur Entstehung der beschriebenen Probleme beitragen. Die entsprechenden Handlungstheorien, die diese Verhaltensmuster stützen, können der Tabelle 4-12 entnommen werden.

*Alternative Lösungsmuster für den strukturellen Rahmen des Entwicklungsprojekts/-vorhabens*

Eine Reihe von Konzepten und Prinzipien sind entwickelt worden, um den strukturellen Rahmen der Produkt- und Prozeßentwicklung effektiver und effizienter zu gestalten. Dazu gehören diverse Konzepte und Methoden zur systematischen Identifikation und Realisierung von Kundenanforderungen, zur Integration der Funktionen und Phasen sowie zur typ- und phasengerechten Anpassung des strukturellen Rahmens. Nachfolgend sollen die letzten beiden Ansätze kurz erörtert werden.[189]

*Integration von Funktionen und Phasen:* Durch die Integration der Funktionen und Phasen, die den Entwicklungsprozeß konstituieren, sollen ein synchroner Detaillierungsgrad der zu entwickelnden Produkte und Prozesse und ein optimaler Informationsfluß erzielt werden.[190] Dadurch ergeben sich kurze Rückkopplungsschleifen in einem integrierten Gestaltungsprozeß der Produkt- und Prozeßparameter, so daß die verschiedenen Anforderungen der Entstehungs- und Verwertungsprozesse des Produktes auf einem möglichst hohen Niveau erfüllt werden können.[191]

Das Konzept des *Simultaneous Engineering* greift das Integrationsprinzip auf, wobei dieser Begriff in Bezug auf die Integrationsobjekte unterschiedlich verwendet wird. Simultaneous Engineering im Sinne der Parallelisierung der Produkt- und Prozeßentwicklung bezieht sich vor allem auf die Integration der Phasen bzw. Aktivitäten.[192] Im Sinne von interdisziplinärer Zusammenarbeit bezeichnet Simultaneous Engineering vor allem den organisatorischen

---

[188] Vgl. Ehrlenspiel, Integrierte Produktentwicklung, 1990; Corsten / Reiß, Integrationsbedarfe, 1992, S. 33.

[189] Vgl. die Methoden und Instrumente zur Integration von Kundenanforderungen, z.B. *Quality Function Deployment (QFD)*: Hauser / Clausing, Stimme des Kunden, 1988; Akao, Quality Function Deployment, 1990.

[190] Das Integrationskonzept der Produkt- und Prozeßentwicklung kann sich auf Funktionen, Phasen, Technologien, Produkte/Generationen, Geschäftsfelder und Unternehmungen beziehen: Hanssen, Problem, 1992, S. 6ff..

[191] Vgl. dazu das Konzept der Systemintegration in: Iansiti, Real-world R&D, 1993, S. 139ff..

[192] Vgl. Gerpott, Simultaneous Engineering, 1990, S. 399; Hanssen / Kern, Integrationsmanagement, 1992, S. 44.

Aspekt der funktionalen Integration.[193] Schließlich wird Simultaneous Engineering auch als ein breites Integrationskonzept für Funktionen *und* Phasen aufgefaßt.[194] Diese breite Perspektive erscheint am besten geeignet, um einen konsistenten strukturellen Rahmen für die Produkt- und Prozeßentwicklung abzuleiten. Zudem kann die Parallelisierung von Aktivitäten nur dann das volle Potential des angestrebten Ziels der Zeitverkürzung realisieren, wenn sie gleichzeitig mit einem intensiven Austausch von Informationen - d.h. mit einer Form der funktionalen Integration - kombiniert wird.[195]

Obwohl das Konzept des Simultaneous Engineering und seine wesentlichen Methoden - z.B. die Parallelisierung der Produkt- und Prozeßentwicklung, interfunktionale Projektteams, Job-Rotation zwischen den beteiligten Funktionen und der Einsatz von Qualitätssicherungsinstrumenten - in der Praxis weitgehend bekannt sind, ist ihre fehlende tatsächliche Anwendung eine häufige Ursachenquelle für Qualitäts- und Kostenprobleme. Die wesentlichen Methoden und Instrumente sind zwar oft formal implementiert, aber aufgrund von dominierenden funktionalen Handlungstheorien und Verhaltensmustern häufig wirkungslos. So werden beispielsweise Mitarbeiter der Fertigungsplanung und des Einkaufs bereits in der Konzeptphase 'offiziell' als Projektteammitglieder definiert, die entsprechende funktionale Budget- und Ressourcenfreigabe erfolgt aber erst nach der Konstruktionsfreigabe, so daß in den frühen Phasen der Entwicklung ein unzureichender Kapazitätseinsatz seitens der Produktion und des Einkaufs vorprogrammiert ist. Oder es werden für das Entwicklungsprojekt Qualitäts- und Kostenziele formuliert, deren Erfüllung nur für die Projektteammitglieder des Entwicklungsbereiches positive oder negative Gratifikationen nach sich zieht. Erst wenn diese funktionalen Verhaltensmuster und die dadurch entstehenden interfunktionalen Barrieren überwunden werden, können die Methoden und Instrumente des Simultaneous Engineering ihr volles Erfolgspotential entfalten.

*Typgerechte Anpassung des strukturellen Rahmens:* Im Vergleich zu anderen Prozessen im Unternehmen zeichnet sich der Entwicklungsprozeß durch eine extrem hohe Varianz hinsichtlich der Ziele und Gestaltungsparameter der einzelnen Projekte und Vorhaben aus, so daß eine situative Anpassung des Prozesses und seines strukturellen Rahmens erforderlich wird. Aufgrund seiner hohen Komplexität und seiner unübersichtlichen Ursache-Wirkungs-Zusammenhänge verfügt der Entwicklungsprozeß aber auch über einen hohen Bedarf, organisationales Wissen über Erfolgs- und Mißerfolgsfaktoren zu speichern, effizient bereitzustellen und durch kontinuierliche Reflexion weiterzuentwickeln.[196] Die Balancierung der Notwendigkeit der situativen Anpassung einerseits und des Bedarfs des organisationalen Lernens andererseits kann durch die Bildung von Projekttypen erreicht werden. Die Projekttypologie ermöglicht eine differenzierte Gestaltung des strukturellen Rahmens und eine typgerechte Steuerung der

---

[193] Vgl. Eversheim, Simultaneous Engineering, 1989, S. 6.
[194] Vgl. Warschat / Wasserloos, Simultaneous Engineering, 1991, S. 20.
[195] Vgl. die Untersuchung von de Pay: de Pay, Verkürzung der Innovationszeit, 1995, S. 80.
[196] Vgl. zur Förderung des Erwerbs und der Verwendung von Wissen in F&E durch Maßnahmen der Organisationsgestaltung: Schröder, F&E-Aktivitäten als Lernprozesse, 1995, S. 62ff..

326  Applikation der Modellskizze für die Veränderung der Produkt- und Prozeßentwicklung

Produkt- und Prozeßentwicklung.[197]

| Aufgabentyp<br>Funktionale<br>Aufgabenmerkmale | Typ B | Mischtypen | Typ A |
|---|---|---|---|
| Planbarkeit der<br>Aufgabenerfüllung | Niedrig | | Hoch |
| Informationsbedarf<br>- Zugangsmöglichkeit<br>- Informationsart<br>- Informationsinhalt | Hoch<br>- Schwierig<br>- Qualitativ<br>- Unstrukturiert/unbekannt | | Niedrig<br>- Einfach<br>- Quantitativ<br>- Strukturiert/bekannt |
| Informationsverarbeitung<br>- Neuartigkeit der Lösung<br>- Art des Lösungsweges<br>- Tätigkeitscharakter | Komplex<br>- Generierung<br>- Unbestimmt<br>- Kreativ | | Einfach<br>- Umsetzung<br>- Bestimmt<br>- Schematisch |
| Kommunikationsbedarf<br>- Kommunikationspartner<br>- Kommunikationskanal<br>- Kommunikationskomplexität | Hoch<br>- Wechselnd/viele<br>- Wechselnd<br>- Hoch | | Niedrig<br>- Konstant/wenige<br>- Gleichbleibend<br>- Niedrig |
| Flexibilitätsbedarf | Hoch | | Niedrig |

*Abbildung 4-34: Funktionale Anforderungen unterschiedlicher Typen von Entwicklungsaufgaben[198]*

Die Projekttypen können mit den Merkmalen 'Neuigkeitsgrad', 'Komplexität', 'Variabilität' und 'Strukturiertheitsgrad' eingeordnet werden.[199] Eine radikale Neuerung verfügt - per definitionem - über einen hohen Neuigkeitsgrad und zumeist auch über hohe Komplexität, hohe Variabilität und niedrige Strukturiertheit. Entsprechend der Kombination der Merkmalsausprägungen lassen sich für die einzelnen Projekttypen unterschiedliche funktionale Anforderungen ableiten, die durch die spezifische Gestaltung des strukturellen Rahmens, d.h. der Ablauf-, Aufbau- und Regelungsstrukturen, erfüllt werden können. Eine radikale Neuerung benötigt z.B. einen strukturellen Rahmen, der der niedrigen Planbarkeit der Aufgabenerfüllung, dem hohen Integrationsbedarf, der komplexen Informationsverarbeitung, dem hohen Kommunikationsbedarf und dem hohen Flexibilitätsbedarf gerecht wird (vgl. Abbildung 4-34).[200]

Die Ablauf-, Aufbau- und Regelungsstrukturen sind für die einzelnen Projekttypen entsprechend dem Muster der funktionalen Anforderungen zu gestalten. Tabelle 4-13 zeigt eine mögliche Anpassungsform des strukturellen Rahmens an die Projekttypen des radikalen Neuerungsprojekts, des Plattformprojekts und des Weiterentwicklungsprojekts in Abgrenzung zu

---

[197] Vgl. zur typgerechten Steuerung von Entwicklungsprojekten bzw. -vorhaben: Takeuchi / Nonaka, Product Development Game, 1986, S. 145; Nippa / Reichwald, Theoretische Grundüberlegungen, 1990, S. 72ff.; Nehls, Innovationen, 1991; Wheelwright / Clark, Revolutionizing, 1992, S. 133ff.; Olson et al., Effective New Product Development, 1995.

[198] Vgl. Nippa / Reichwald, Theoretische Grundübelegungen, 1990, S. 81.

[199] Vgl. Nippa / Reichwald, Theoretische Grundüberlegungen, 1990, S. 73.

[200] Vgl. dazu auch die Untersuchung in: Olson et al., Effective New Product Development, 1995.

den Entwicklungsvorhaben im Rahmen der Serienbetreuung. Die typgerechte Anpassung des strukturellen Rahmens hängt natürlich wesentlich von der unternehmens- und aufgabenspezifischen Situation ab. Unter einem Weiterentwicklungsprojekt läßt sich beispielsweise sowohl die Variantenentwicklung eines Sportwagens auf der Basis der Limousinenplattform als auch die Applikationsentwicklung eines ABS-Systems für unterschiedliche Fahrzeugtypen verstehen. Im ersten Fall kann sich eine Matrix-Projektorganisation, im zweiten Fall eine Linienorganisation als vorteilhaft erweisen. Die Projekttypologie und die typgerechte Anpassung des strukturellen Rahmens sollten folglich exakt auf die Situation des entsprechenden Entwicklungsbereichs abgestimmt werden.

| Strukturelemente | Projekttypen | | | Serienbetreuung |
|---|---|---|---|---|
| | Radikales Neuerungsprojekt | Plattformprojekt | Weiterentwicklungsprojekt | |
| **Ablaufstruktur** | | | | |
| • Parallelisierungsgrad | • Vollständig integrierte Problemlösung | • Integrierte Problemlösung | • Überlappende Problemlösung | • Frühe Einbindung, serielle Problemlösung |
| • Phasen/Meilensteine | • Alle Phasen/Meilensteine; evtl. zusätzl. Definitions-/Konzeptschleifen | • Alle Phasen/Meilensteine | • Zusammenlegung Definitions- und Konzeptphase | • Zusammenlegung Definitions-, Konzept- und Entwurfsphase |
| **Aufbaustruktur** | | | | |
| • Organisationsform der Projektorganisation | • Autonome Projektorganisation | • Matrix-Projektorganisation (Plattformbas.) | • Matrix-Projektorganisation (Plattformbas.) oder Linienorganisat. | • Linienorganisation |
| • Teamorganisation | • Autonome(s) Team/ Projektleitung | • 'Heavy-weight' Projektleitung | • 'Light-weight' Projektleitung | • - |
| • Zusammenarbeit Linie-Projekt | • Direktes Berichtverhältnis an oberster Führungsebene, dir. Ressourcenzugriff | • Lenkungsausschuß/ Steuerungskomitees/Informations-/ Beratungskollegien | • Lenkungsausschuß/ Steuerungskomitees/Informations-/ Beratungskollegien | • - |
| **Regelungsstruktur** | | | | |
| • Prozeß der Zielsetzung/-detaillierung | • Vision./anspruchsvolle Ziele, hohe Detaillierungsfreiheit | • Vorgabe Entwicklungsziele/-strategien (Kontrakt) | • Vorgabe Plattformziele/-spezifikationen (Kontrakt) | • Vorgabe konkreter Qualitäts-/Kostenziele |
| • Mechanismus des Regelkreises | • Geschlossener, vollständiger Regelkreis, hohe Rückkopplung auf Gesamtziele/-strategien | • Geschlossener, vollständiger Regelkreis; geringe Rückkopplung auf Gesamtziele/-strategien | • Restriktionen im Ressourcenzugriff; geringe Rückkopplung auf Plattformziele/-strategien | • Geringer Zugriff auf Ressourcen; enger Rahmen für Ziele/ Maßnahmen |
| • Träger der Regelung | • Team | • Team und Gremien | • Team und Plattformleiter/Gremien | • Linienmanager |
| • Zentrales Instrumentarium | • Design Review als "kreativer Off-site-Workshop" | • Design Review als "intensiver interfunktionaler Workshop" | • Design Review als erweitertes Team-Meeting, z.T auch in Berichtsform | • Berichtsformen der Linie |

*Tabelle 4-13: Typgerechte Anpassung des strukturellen Rahmens*

*Phasengerechte Anpassung des strukturellen Rahmens:* Das Aufgabenprofil der Produkt- und Prozeßentwicklung variiert nicht nur hinsichtlich der verschiedenen Projekttypen, sondern auch hinsichtlich der verschiedenen Phasen des Entwicklungsablaufs. Die Anfangsphasen zielen auf die Öffnung eines möglichst breiten Lösungsraumes. Dazu wird eine Vielzahl physischer und virtueller Lösungsmodelle und Prototypen entworfen. In einer zweiten Phase werden die Lösungen selektiert und entsprechende Teillösungen in einer Gesamtlösung integriert. Es findet eine Konvergenz auf eine optimale Lösung statt. Die dritte Phase dient schließlich der materiellen Realisierung dieser Lösung und der Prüfung ihrer Wirksamkeit. Im Entwicklungsablauf entstehen also unterschiedliche Aufgaben- und Anforderungsprofile, die - analog zu den verschiedenen Projekttypen - eine Anpassung der Rahmenstruktur erfordern.

Im klassischen Simultaneous Engineering-Ablauf erfolgt die Divergenz und Konvergenz des Lösungsraumes häufig nur über ein Lösungskonzept, das in einer Vielzahl von iterativen 'Design-Build-Test-Schleifen' realisiert wird. Alternativ läßt sich auch eine Vorgehensweise wählen, bei der mehrere Lösungen konzipiert, entworfen und realisiert werden.[201] Bei diesem Vorgehen - dem sogenannten '*Set-based Concurrent Engineering*' - wird die Konvergenz des Lösungsraumes nicht durch die iterativen Optimierungsschleifen *einer* Lösung, sondern durch die Eliminierung der suboptimalen Lösungsalternativen im Entwicklungsablauf herbeigeführt.[202] Ein solches Vorgehen erfordert bzw. ermöglicht die gleichzeitige Realisierung einiger zusätzlicher Konzepte und Prinzipien der Produkt- und Prozeßentwicklung. Dazu gehören die 'exzessive' Nutzung der Prototypenerstellung und -erprobung, die systematische Verzögerung wichtiger Entscheidungen oder die effektive Nutzung von Methoden des *Robust Design*.[203] Die Vorteile werden vor allem in einer zuverlässigeren und effizienteren Kommunikation, in einer Erhöhung der Parallelisierung des Ablaufs und einer fundierteren analytischen Basis für frühe Entscheidungen gesehen.[204] Darüber hinaus wird organisationales Lernen angeleitet und eine Suche nach einem globalen Optimum der Lösung ermöglicht.

*Spezifische Gestaltung des Veränderungsprozesses und seiner Institutionalisierung*

Der Veränderungsprozeß des strukturellen Rahmens und seiner einzelnen Elemente kann mit den Phasen, Aktivitäten und Techniken des allgemein definierten Veränderungsprozesses vorgenommen werden. Nach der Feststellung der Veränderungsnotwendigkeit in diesem Bereich erfolgt die kollektive Ursachenanalyse der Leistungslücke. Dazu sollte zunächst die tatsächliche Ist-Struktur, d.h. die 'gelebten' Projektabläufe, Projektorganisationen und Regelungsmechanismen diagnostiziert werden. Für diese Diagnoseaktivitäten eignet sich der bereits dargestellte Pilotansatz, bei dem ein interdisziplinäres Team einzelne Entwicklungsprojekte - von unterschiedlichem Typ und in unterschiedlichen Phasen - in Bezug auf die Effektivität und Effizienz der angewandten Vorgehensweisen, Organisationsprinzipien und Steuerungsmechanismen analysiert. Durch eine Analyse der Abweichungen von den formal definierten Soll-Strukturen und den über Benchmarking oder Literaturrecherche ermittelten 'Best-Practice-

---

[201] Vgl. z.B. Seifert / Steiner, F+E, 1995, S. 19.
[202] Vgl. Ward et al., Toyota Paradox, 1995.
[203] Vgl. ebda., S. 49f..
[204] Vgl. ebda., S. 58f..

Strukturen' können mögliche Ursachen und Lösungen für die vorgefundenen Probleme abgeleitet werden. Die detaillierte Entwicklung und Erprobung der neuen Strukturen erfolgt wiederum in den Pilotprojekten.

Die Einführung bzw. Verbesserung der typgerechten Anpassung und Steuerung des strukturellen Rahmens der Entwicklung kann in enger Kopplung mit den Interventionen zur systematischen Projektprogrammplanung erfolgen. In den regelmäßig tagenden interfunktionalen Gremien zur Projektprogrammplanung und -steuerung können die neuen Entwicklungsvorhaben vorgestellt, nach Projekttyp klassifiziert und entsprechend der typgerechten Ablauf-, Aufbau- und Regelungsstrukturen geplant und mit Ressourcen ausgestattet werden.

Die Institutionalisierung der Veränderungs- und Lernprozesse des strukturellen Rahmens insgesamt und der Ablauf-, Aufbau- und Regelungsstrukturen kann mit Hilfe der bereits dargestellten Projekt Reviews erfolgen, deren Ergebnisse zur Verbesserung der bestehenden Strukturen, Methoden und Instrumente eingesetzt werden können.

### 4.3.3.3 Ablaufstruktur des Entwicklungsprojekts/-vorhabens

Die Ablaufstruktur des einzelnen Entwicklungsprojekts bzw. -vorhabens bezeichnet die zeitliche und logische Folge der Phasen und Aktivitäten sowie der verantwortlichen Träger der Entwicklung. Aufgrund der Anpassungsnotwendigkeit an die allgemeine Situation des Unternehmens und an den jeweiligen Projekttyp existiert für die Gliederung der Ablaufstruktur eine Vielzahl unterschiedlicher Konzepte. Häufig basieren diese Konzepte auf einer Phasen-Meilenstein-Struktur, wobei sich Anzahl, Inhalt, Dauer und Träger der einzelnen Phasen sowie Anzahl, Funktion und Position der einzelnen Meilensteine wesentlich unterscheiden können.[205]

Zur Illustration der möglichen Themen, Probleme und Lösungen bei der Veränderung der Ablaufstruktur soll nur eine exemplarische Darstellung möglicher Ausgangs- und Zielsituationen vorgenommen werden. Die nachfolgende Darstellung bezieht sich auf eine Entwicklungsaufgabe, die tendenziell geprägt ist durch niedrige Planbarkeit der Aufgabenerfüllung, hohen Informationsbedarf, komplexe Informationverarbeitung, hohen Kommunikationsbedarf und hohen Flexibilitätsbedarf.[206] Ein solches Anforderungsprofil tritt in der Regel bei radikalen Neuerungsprojekten und bei Plattformprojekten auf. In Bezug auf ein solches Anforderungsprofil können sich nachfolgend geschilderte Problem- und Lösungsmuster ergeben.[207]

*Typische Problemmuster der Ablaufstruktur*

Probleme und Defizite der Ablaufstruktur werden - analog zum strukturellen Rahmen - durch

---

[205] Vgl. z.B. die Beispiele in: Brockhoff / Urban, Entwicklungsdauer, 1988, S. 7ff.; Clark / Fujimoto, Product Development Performance, 1991, S. 98ff.; Wheelwright / Clark, Revolutionizing, 1992, S. 151-161, Anderson, Phased Product Development, 1996, S. 30ff..

[206] Vgl. Nippa / Reichwald, Theoretische Grundübelegungen, 1990, S. 81.

[207] Vgl. die Gegenüberstellung in: Takeuchi / Nonaka, Product Development Game, 1986, S. 137ff..

wiederholtes Verfehlen der Produkt-/Marktziele, der Qualitäts- und Kostenziele zum Zeitpunkt der Markt- bzw. Serieneinführung und der Ziele des Entwicklungsprozesses selber indiziert. Die Ursachen für diese Leistungslücken können in der Struktur des Gesamtprozesses oder in den Einzelprozessen liegen (vgl. Tabelle 4-14).

| Mögliche leistungshemmende Verhaltensmuster | Beispiele dominierender Handlungstheorien |
|---|---|
| • Ineffektive Struktur des Gesamtprozesses<br>  - Vernachlässigung kritischer Phasen/Aktivitäten<br>  - Unsynchroner Detaillierungsgrad/unzureichende Parallelisierung<br>  - Indifferenzierte Behandlung einzelner Module/Teile<br>  - Ungeplanter/unkontrollierter und ineffizienter Ressourceneinsatz nach Markt-/Serieneinführung<br>  - Fehlende Konsistenz Phasen zu Meilensteine<br>  - Unter- oder Überstrukturiertheit<br>  - Keine typgerechte Anpassung<br>• Ineffiziente Einzelprozesse<br>  - Bürokratische Entscheidungs-, Dokumentations- und Änderungsabläufe<br>  - Taylorisierung zusammenhängender Prozesse<br>  - Überflüssige Schritte, Schnittstellen, Engpässe etc. | • "Nachträgliche Konzeptänderungen zur Anpassung an Marktentwicklung/an Kundenwünsche sind ohnehin nicht vermeidbar!"<br>• "Die Fertigungsplanung kann erst anfangen, wenn die Konstruktion sich nicht mehr ändert!"<br>• "Die unzureichende Durchführung von kritischen Aktivitäten kann durch Aufnahme in Verfahrensvorschriften und Checklisten behoben werden!"<br>• "Fassadenartiges Einhalten von Formalien, statt tiefgreifendes Verständnis und tatsächliche Problemlösungen!" |

*Tabelle 4-14: Typische Problemmuster der Ablaufstruktur*

In Bezug auf den Gesamtprozeß liegen die Defizite häufig in der Vernachlässigung kritischer Phasen und Aktivitäten insbesondere der frühen Definitions- und Konzeptphasen. Ein weiterer Mangel ergibt sich aus dem unsynchronen Detaillierungsgrad bzw. der fehlenden Parallelisierung von Produkt- und Prozeßentwicklung. Durch den zu späten Start der Prozeßentwicklung im eigenen Unternehmen und beim Lieferanten werden die Rekursionsschleifen zur Integration von Produkt- und Prozeßanforderungen erst dann durchgeführt, wenn die Produktparameter schon weitgehend detailliert sind. Als Resultat ergeben sich späte Konstruktionsänderungen, wobei an sich notwendige konzeptionelle Veränderungen - beispielsweise im modularen Produktaufbau - unter Umständen nicht mehr berücksichtigt werden können. Die mangelnde Parallelisierung ist häufig in Form von funktionalen Meilensteinen - wie z.B. der Konstruktions- oder Fertigungsfreigabe - institutionalisiert, an denen der Aktivitäten- und Verantwortungsschwerpunkt von der Entwicklungs- zur Produktionsfunktion übergeben wird. Dies führt insbesondere dann zu einer unzureichenden Parallelisierung, wenn auch die Entscheidung über die Freigabe von Personalressourcen an diese Meilensteine geknüpft ist.

Ein weiteres Defizit liegt in der fehlenden Differenziertheit des Vorgehens nach dem Neuigkeits- und Komplexitätsgrad einzelner Produktmodule/-teile und Prozesse. Neue und komplexe Module und Teile erfordern in der Regel eine Vorverlegung der frühen Entwicklungsaktivitäten, z.B. eine frühere Festlegung und Einbindung der Lieferanten und eine frühere Freigabe der Werkzeuge, damit die späteren Aktivitäten und Meilensteine - z.B. Erprobung und Pilotserien, die sich auf das Gesamtsystem beziehen - sach- und termingerecht durchgeführt werden können. Die Defizite der Aktivitäten vor der Markt- bzw. Serieneinführung führen dazu, daß nach der Einführung noch erheblicher Entwicklungsaufwand erbracht werden muß, der in der Regel ungeplant, unkontrolliert und ineffizient ist und so die Kapazitäts- und Produktivitätssituation des gesamten Portfolios verschlechtert.

Bei der Diagnose der tatsächlichen Ist-Abläufe läßt sich häufig eine zeitliche und inhaltliche Inkonsistenz zwischen den Instrumentarien der Meilensteine und den Entwicklungsphasen feststellen, die teilweise dadurch entsteht, daß die einzelnen Phasen durch häufige Änderungszyklen verlängert werden, während die Meilensteininstrumente zum ursprünglich geplanten Zeitpunkt durchgeführt werden. Weitere Schwächen liegen in der bereits erwähnten Unter- bzw. Überstrukturiertheit sowie der mangelnden situativen Anpassung an Situation und Projekttyp. Als Gesamtbild der Diagnose der Ausgangssituation kann sich der in Abbildung 4-35 dargestellte Ablauf ergeben.

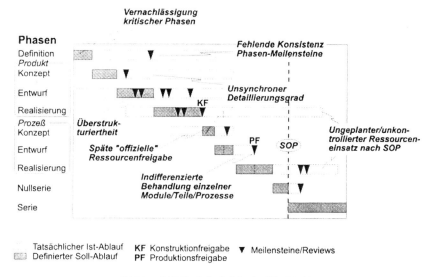

*Abbildung 4-35: Typische Defizite der Ablaufstruktur*

Zahlreiche, oft implizite Handlungstheorien tragen dazu bei, daß die geschilderten leistungshemmenden Verhaltensmuster immer wieder auftreten. Die unzureichende Konzeptabsicherung in den frühen Phasen der Entwicklung wird beispielsweise damit gerechtfertigt, daß spätere Konzeptänderungen infolge von Anpassungen an neue Markttrends oder von Änderungen von Kundenwünschen ohnehin unvermeidbar sind.

*Alternative Lösungsmuster der Ablaufstruktur*

Entsprechend der diagnostizierten Ausgangsprobleme liegen die wesentlichen Ansätze zur Restrukturierung des Ablaufs in der Steigerung der Qualität und Quantität des Aufwands der Definitions- und Konzeptphase,[208] in der Parallelisierung von Produkt- und Prozeßentwick-

---

[208] Vgl. Iansiti, Real-world R&D, 1993, S. 143f.; Bacon et al., Managing Product Definition, 1994, S. 32ff., insbesondere S. 36.

lung,[209] in der differenzierten Behandlung einzelner Produktmodule und -teile und in der Reduzierung des Ressourceneinsatzes nach Markt- bzw. Serieneinführung auf ein minimales Niveau (vgl. Abbildung 4-36).

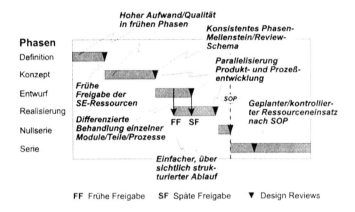

*Abbildung 4-36: Mögliche Ansatzpunkte zur Verbesserung der Ablaufstruktur*

Desweiteren richten sich die Interventionsmaßnahmen auf die Gestaltung eines strukturierten Ablaufs mit einer konsistenten Phasen-Meilenstein-Struktur. Dabei sollten die Prozeßdiagramme des Gesamtablaufs (Rahmenterminplan) und der Teilabläufe sowie die Formblätter und Checklisten der Meilensteine einen Strukturiertheits- und Formalisierungsgrad erreichen, der einerseits hohe Disziplin und Systematik, klare Verantwortlichkeit und effizienten Wissenstransfer und andererseits hohe Flexibilität, hohe Selbstorganisation und Autonomie und hohe Kreativität ermöglicht.[210]

Durch dieses Maßnahmenbündel können eine hohe Konzeptabsicherung, eine hohe Aussagefähigkeit früher Prototypen, eine frühe Stabilisierung der Serienprozesse und effiziente Design-Build-Test-Zyklen gewährleistet werden. Die Gesamtstruktur des Ablaufs wird im Vergleich zur Ausgangssituation in den Anfangsphasen gedehnt und in den Endphasen gestaucht. Dadurch können die Entscheidungen, die die umfangreichen Anlagen- und Werkzeuginvestitionen betreffen, zu einem späteren Zeitpunkt mit größerer Treffsicherheit getroffen werden.[211] Insgesamt ergibt sich durch die Reduktion der Rekursionsschleifen eine Verkürzung des Entwicklungsprozesses.[212]

---

[209] Vgl. Bürgel / Gentner, Phasenübegreifende Integration, 1992, S. 70ff..

[210] Vgl. zur Bedeutung der F&E-Berichterstattung und -Dokumentation für organisationales Lernen: Schröder, F&E-Aktivitäten als Lernprozesse, 1995, S. 64.

[211] Vgl. zur Verzögerung von Entscheidungen im Entwicklungsablauf: Ward et al., Toyota Paradox, 1995, S. 44f..

[212] Nach Gupta und Wilemon kann durch 'bessere' Produktdefinition die Entwicklungszeit verkürzt werden:

Neben der Verbesserung der Gesamtstruktur des Entwicklungsablaufs kann auch die Leistungssteigerung der Einzelprozesse hohe Potentiale realisieren. Dabei kann auf das bereits vorgestellte Spektrum der konkreten Gestaltungsmaßnahmen des Process Reengineering bzw. Prozeßmanagements zurückgegriffen werden.[213]

### 4.3.3.4 Aufbaustruktur des Entwicklungsprojekts/-vorhabens

Die Aufbaustruktur der Produkt- und Prozeßentwicklung gliedert sich in eine Primärorganisation und eine Sekundärorganisation, die in der Regel in der Form der Linien- und der Projektorganisation gestaltet sind.[214] In der Produkt- und Prozeßentwicklung dient die Primärorganisation in erster Linie der funktionalen Spezialisierung, d.h. dem Aufbau und der Bereitstellung von Wissen und Fähigkeiten in strategisch bedeutenden Technologie- und Kompetenzfeldern. Die Sekundärorganisation ist hingegen eine produkt(linien)-, projekt- und/oder prozeßorientierte Organisation, die das optimale Zusammenwirken aller Funktionen und die Integration eigener und fremder Fähigkeiten und Kompetenzen in der Entwicklung gewährleisten soll.[215] Die nachfolgende Untersuchung konzentriert sich in erster Linie auf die Sekundär- bzw. Projektorganisation.

Den wichtigsten Bestandteil der Projektorganisation in der Produkt- und Prozeßentwicklung stellen die Projektgruppen bzw. Projektteams dar, die über einen kontinuierlichen, aber befristeteten Zeitraum für die Durchführung eines Entwicklungsprojektes bzw seiner Teilprojekte aktiv werden. Je nach Größe und Zusammenhang der Entwicklungsprojekte werden zur Integration und Koordination der einzelnen Projektgruppen verschiedene Gremien - wie z.B. Lenkungsausschüsse, Steuerungskomitees und Informations- und Beratungskollegien - gebildet, die der Entscheidung, Kontrolle, Information und Beratung dienen können.[216] Die Form der Projektorganisation, d.h. die Art der Organe und ihrer organisatorischen Verknüpfung, hängt wiederum vom Anforderungsprofil der Entwicklungsaufgaben ab. Prinzipiell werden als Grundformen der Projektorganisation die *autonome Projektorganisation*, die *Matrix-Projektorganisation*, die *Einfluß-Projektorganisation* und das *Projektmanagement in der Linie* unterschieden.[217] Tendenziell eignen sich die Organisationsformen der autonomen Projektorganisation und der Matrixorganisation für Entwicklungsaufgaben mit niedriger Planbarkeit der Aufgabenerfüllung, hohem Informationsbedarf, komplexer Informationsverarbeitung, hohem Kommunikationsbedarf und hohem Flexibilitätsbedarf. Dieses Profil ist nach der definierten Projekttypologie bei radikalen Neuerungsprojekten und Plattformprojekten gegeben. Die Or-

---

Gupta / Wilemon, Accelerating the Development, 1990, S. 24f..

[213] Vgl. dazu auch die "Deliberation Analysis" nicht-linearer, know-how-getriebener Arbeitsprozesse: Spain, Team Work Process, 1996, S. 44ff..

[214] Vgl. Specht / Beckmann. F&E-Management, 1996, S. 244ff..

[215] Vgl. Bürgel / Gentner, Phasenübergreifende Integration, 1992, S. 71ff.; Reiß / Corsten, Integrative Führungssysteme, 1992, 156ff..

[216] Vgl. Specht / Beckmann, F&E-Management, 1996, S. 272ff..

[217] Vgl. z.B. Platz / Schmelzer, Projektmanagement, 1986, S. 73ff.; Burghardt, Projektmanagement, 1988, S. 77ff.; Grün, Projektorganisation, 1992, Sp. 2107ff..

ganisationsformen des Projektmanagements in der Linie und der Linienorganisation sind hingegen eher für Entwicklungsaufgaben - wie z.B. einfache Weiterentwicklungsprojekte und Serienbertreuungsaufgaben - geeignet, die das entgegengesetzte Anforderungsprofil aufweisen.

Die nachfolgende Darstellung möglicher Problem- und Lösungsmuster im Rahmen des Veränderungsprozesses der Aufbaustruktur bezieht sich wiederum auf Entwicklungsaufgaben, die tendenziell durch hohe Komplexität, hohen Neuigkeitsgrad, hohe Variabilität und niedrigen Strukturiertheitsgrad gekennzeichnet sind.

*Typische Problemmuster der Aufbaustruktur*

Die Defizite der Aufbaustruktur der Entwicklungsprojekte bzw. -vorhaben können auf den Ebenen der Organisationsform der Projektorganisation, der Teamorganisation und der Zusammenarbeit zwischen Projekt- und Linienorganisation liegen (vgl. Tabelle 4-15).

| Mögliche leistungshemmende Verhaltensmuster | Beispiele dominierender Handlungstheorien |
|---|---|
| • Organisationsform der Projektorganisation<br>  - Mangelnder Wissenstransfer in/zwischen Plattform-/Produktlinien und -generationen<br>  - Problematischer Transfer von Personal-/Sachressourcen in/zwischen Plattform-/Produktlinien und -generationen<br>  - Unzureichende Entwicklungsperspektive für Projektmitarbeiter<br>• Teamorganisation<br>  - Mangelnde Akzeptanz der Projektleiter<br>  - Unklare Teamrollen/-kompetenzen<br>  - Mangelndes Fähigkeiten-Profil von Projektleitern/-mitarbeitern<br>  - Unzureichende Integration der Einkaufs- und Produktionsfunktionen sowie der Lieferanten<br>  - Zu geringe Kapazitätsanteile der Teammitglieder<br>• Zusammenarbeit Projektorganisation-Linienorganisation<br>  - Unzureichende Integration des Know-Hows der Linie<br>  - Kompetenzkonflikte bezügl. Ressourcenzugriff, Personalbeurteilung, Personalentwicklung<br>  - Zu früher Übergang Projektteam- zu Linienverantwortung | • "Anerkennung und Gratifikation wird ohnehin durch die Linie ausgesprochen!"<br>• "Lieferantenintegration auf Spezifikationsvorgabe beschränkt. Keine ausreichende Nutzung von früher integrierter Problemlösung!"<br>• "Zur Einrichtung von Simultaneous Engineering-Projekt-Teams ist die Benennung von Teammitgliedern und das Ansetzen von Team-Sitzungen ausreichend!"<br>• "Produktion, Einkauf und Verkauf/Marketing entsenden unterdurchschnittliche Leistungsträger!"<br>• "Simultaneous Engineering-Teammitglieder sind Informanden und Botschafter, keine echten Entscheider und Gestalter!"<br>• "Linienmanager auch nach der Einführung der Projektorganisation mit der Lösung detaillierter Projekt- und Konstruktionsprobleme statt mit dem Aufbau und der Bereitstellung von Fähigkeiten und Komptenzen beschäftigt!" |

*Tabelle 4-15: Typische Problemmuster der Aufbaustruktur*

Der erste Problemkreis ist im Zusammenhang mit der gewählten Entwicklungsstrategie zu sehen. Die klassischen Organisationsformen der autonomen Projektorganisation und der Matrix-Projektorganisationen sichern häufig nur unzureichend den für eine plattformbasierte Entwicklungsstrategie notwendigen Wissenstransfer zwischen den einzelnen Weiterentwicklungsprojekten innerhalb der Plattform. Es besteht die Gefahr, daß durch eine unzureichende personelle Durchgängigkeit in den Projektteams die definierten Baukastenrichtlinien nicht eingehalten werden, so daß die Vorteile gemeinsamer Teile, Prozesse, Anlagen und Einrichtungen nicht vollständig realisiert werden können. Zudem gestaltet sich die Ressourcenverlagerung zwischen den Weiterentwicklungsprojekten einer Plattform sehr schwierig, da die entsprechenden Entscheidungen nicht aus einer Perspektive der gesamten Plattform, sondern aus einer funktionalen und projektbezogenen Perspektive getroffen werden. Schließlich ergibt sich häufig auch die Gefahr, daß im Ressourcenkonflikt zwischen Projekt und Linie die individuelle Entwicklungsperspektive für den einzelnen Mitarbeiter auf der Strecke bleibt.

Der zweite Problemkreis betrifft die Defizite der Teamorganisation selber. Mögliche Probleme können aus der mangelnden Akzeptanz der Projektleiter entstehen, die durch fehlende Durchgriffsmöglichkeiten verstärkt werden können.[218] Als weitere Defizite lassen sich häufig unklare Rollen- und Kompetenzverteilungen im Team sowie mangelhafte Fähigkeitsprofile der Projektleiter und der einzelnen Teammitglieder diagnostizieren.[219] Desweiteren findet eine tatsächliche Integration der Einkaufs- und Produktionsfunktionen sowie der wesentlichen Modullieferanten auf der Arbeitsebene des Teams oft nur unzureichend statt. Dies wird sowohl durch einen zu niedrigen Kapazitätseinsatz der Funktionen für das gesamte Projekt, als auch durch zu kleine Kapazitätsanteile der einzelnen Teammitglieder je Projekt verursacht. Nach einer Schätzung von Wheelwright und Clark erreicht ein Konstrukteur die höchste Produktivität - gemessen als Anteil wertschöpfender Aktivitäten an der Gesamtzeit - bei einer Beteiligung an zwei Projekten. Bereits die gleichzeitige Bearbeitung von fünf Projekten halbiert die Produktivität von einem 80%-Anteil auf einen 40%-Anteil wertschöpfender Aktivitäten.[220] Die Probleme bezüglich der Teamorganisation entstehen oft, weil der Aufwand und der Schwierigkeitsgrad der Einführung von effektiven Simultaneous Engineering Teams unterschätzt wird. Die formale Einrichtung durch Benennung der Teammitglieder und das Ansetzen von Teamsitzungen reichen in der Regel nicht aus, vielmehr sind umfangreiche Veränderungen des sozialen Kontextes erforderlich.

Der dritte Problemkreis betrifft die Zusammenarbeit der Projektorganisation und der Linie. Hier liegen die Probleme zumeist in der unzureichenden Integration des Wissens der Linie und in den Kompetenzkonflikten bezüglich des Ressourcenzugriffs, der Personalbeurteilung und der Personalentwicklung. Ebenfalls problematisch wirkt sich ein zu früher Übergang der Verantwortung vom Projektteam zur Linienverantwortung aus. Das Projektteam sollte prinzipiell erst dann aus der Verantwortung entlassen werden, wenn die angestrebten Projektziele in der Markt- bzw. Serieneinführung erreicht wurden.[221] Nur so lassen sich individuelle und organisationale Lernzyklen über Ursache-Wirkungs-Zusammenhänge schließen.

*Alternative Lösungsmuster der Aufbaustruktur*

Ein Beitrag zur Lösung der angesprochenen Probleme der Projektorganisation und der Teamorganisation kann durch die Einrichtung *plattformbasierter Projektorganisationen* und durch die Einführung von *autonomen, selbststeuernden Teams* erzielt werden. Die Defizite in der Zusammenarbeit von Projektorganisation und Linie können vor allem durch die Projektprogrammplanung und -steuerung über die Lenkungsausschüsse und durch die Regelungsstruktu-

---

[218] Vgl. z.B. Saad et al., F&E-Strategie, 1991, S. 172f..
[219] Vgl. z.B. Seifert / Steiner, F+E, 1995, S. 21.
[220] Vgl. Wheelwright / Clark, Revolutionizing, 1992, S. 91.
[221] Vgl. Iansiti, Real-world R&D, 1993, S. 143.

ren der Einzelprojekte in Form von Design Reviews und Steuerungs-, Beratungs- und Informationsgremien überwunden werden.

*Plattformbasierte Projektorganisation:* Als plattformbasierte Projektorganisation soll eine Matrix-Projektorganisation bezeichnet werden, bei der die funktionale Berichtsdimension klassischer Matrix-Projektorganisationen durch eine plattform- oder modulorientierte Berichtsdimension substituiert wird. Abbildung 4-37 zeigt die Struktur für ein Unternehmen, das parallel mehrere Plattformen entwickelt und dessen Produkte sich modular aufbauen lassen.

Im Vergleich zur klassischen Matrix-Projektorganisation ermöglicht diese Organisationsform einen optimalen Transfer von Personal und Wissen für die Entwicklung der einzelnen Module innerhalb der gesamten Plattform. Die Integration von Produkt- und Prozeßentwicklung findet auf der Modulebene statt, so daß auftretende Konflikte auf einer problemnäheren Entscheidungsebene gelöst werden können. Insgesamt kann die angestrebte Zielsetzung der Plattformstrategie - hohe Differenzierung mit einem breiten Produktprogramm, hohe Innovativität durch kurze Marktzyklen und hohe Gesamtkapitalproduktivität bzw. niedrige Komplexitätskosten - besser erreicht werden.

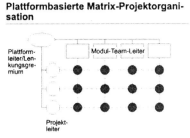

*Abbildung 4-37: Klassisch funktionale vs. plattformbasierte Matrix-Projektorganisation*

*Autonome, selbststeuernde Teams:* Zentrale Leitideen vieler Konzepte zur Verbesserung der Projekt- und Teamorganisation in der Entwicklung sind die Erhöhung der Autonomie und die Verbesserung der Selbststeuerung und Selbstorganisation der Projektteams.[222] Diese Konzepte eignen sich insbesondere für die Aufgabenprofile der radikalen Neuerungsprojekte und zum Teil auch der Plattformprojekte. Die entsprechenden Maßnahmen beinhalten beispielsweise die Vorgabe und Kontrolle weit gefaßter Ziele, die Einführung selbststeuernder Problemlösungszyklen, die Verbesserung des Zugriffs auf Personal- und Sachressourcen, die Bereitstellung und direkte Zuordnung von vollständig dedizierten Teammitgliedern oder die örtliche Zusammenlegung des Teams.[223] Durch diese Maßnahmen wird die Position der Projektleitung

---

[222] Vgl. *Rugby-Teams:* Takeuchi / Nonaka, Product Development Game, 1986, S. 137ff.; *Shusha-Teams:* Womack et al., Machine, 1990, S. 119ff.; Brecht, Effiziente F&E-Organisation, 1990, S. 85; *Heavyweight Project Teams* und *Dedicated, Autonomous Teams:* Bowen et al.; Projects, 1994, S. 132ff..

[223] Vgl. Taylor et al., Self-Directed R&D-Teams, 1995.

und des Teams gegenüber der Linienorganisation gestärkt, und das Team entwickelt nachhaltige und hohe Motivation, die gesetzten Ziele zu erreichen.

**4.3.3.5 Regelungsstruktur des Entwicklungsprojekts/-vorhabens**

Die Produkt- und Prozeßentwicklung ist ein Prozeß, in dem zu Beginn die Zielsetzungsaktivitäten und zum Schluß die Zielrealisierungsaktivitäten überwiegen.[224] Im Vergleich zu anderen Prozessen läßt sich die Zielsetzungsphase nicht eindeutig von der Zielrealisierungsphase trennen. Vielmehr verlaufen Zielsetzung und Zielrealisierung parallel und sind über iterative Regelungsschleifen miteinander verbunden. Diese Eigenschaft des Entwicklungsprozesses erfordert eine Regelungsstruktur, die einerseits Ziele setzt und detailliert und andererseits den Einsatz von Ressourcen und die Durchführung von Aktivitäten auf die gesetzten Ziele ausrichtet.[225] Die Strukturen, Methoden, Instrumente und Tätigkeiten der Regelung sind folglich ein fester Bestandteil des operativen Systems der Produkt- und Prozeßentwicklung. Die Regelung ist dementsprechend eine Kernaufgabe der operativen Einheiten, d.h. des Projektteams und der entsprechenden Gremien. Die Unternehmensfunktion des Controlling unterstützt diesen Regelungsprozeß, indem sie die Informationen für die Regelung bereitstellt und die dazu notwendigen Systeme und Prozesse unterhält.[226]

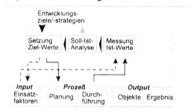 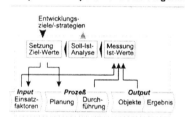

*Abbildung 4-38: Regelungskreise der Produkt- und Prozeßentwicklung*

---

[224] Vgl. zu Zielsetzungsprozessen in der Entwicklung: Hauschildt, Innovationsmanagement, 1992, S. 201ff..
[225] Vgl. zu Regelkreismodellen z.B.: Flamholtz, Organizational Control, 1996, S. 599ff..
[226] Vgl. dagegen das umfangreichere Aufgabenspektrum des F&E-Controllers in: Horváth / Gentner, Integrative Controllingsysteme, 1992, S. 175f..

Die Regelungsstruktur eines Entwicklungsprojektes bzw. -vorhabens läßt sich in Bezug auf die Zielorientierung in verschiedene Regelkreise einteilen (vgl. Abbildung 4-38). Der erste und zugleich einfachste Regelkreis prüft, ob die geplanten Aktivitäten auch termingerecht durchgeführt worden sind. Hier setzen die Instrumentarien der *terminorientierten Projektfortschrittskontrolle* wie etwa Aktivitäten-Checklisten, Rahmenterminpläne, Balken- und Meilensteindiagramme oder Netzpläne an.[227] Dieser Regelkreis läßt sich erweitern durch die Berücksichtigung des Ressourceneinsatzes der Entwicklung. Dieser zweite größere Regelkreis entspricht der *klassischen Projektfortschrittskontrolle*, die sich vor allem auf die Termin-, Kapazitäts- und Entwicklungskostensituation des Projektes bezieht.[228] Erst durch die zusätzliche Berücksichtung der Ouput-Ziele, d.h. der Objekt- und der Ergebnisziele wird der operative Regelkreis der Entwicklung ganz geschlossen. Der dritte Regelkreis ermöglicht also eine Rückkopplung der Zielerreichung der Prozeß-, Objekt- und Ergebnisziele auf den Ressourceneinsatz sowie die Planung und Durchführung der Entwicklungsaktivitäten. Für diesen umfangreichsten und geschlossensten Regelkreis läßt sich vor allem das erweiterte Instrumentarium des *Design Reviews* einsetzen.[229]

Die Gestaltung der Regelungsstruktur orientiert sich wiederum an der allgemeinen Unternehmenssituation und am Aufgabenprofil des entsprechenden Entwicklungsprojektes. Die nachfolgende Darstellung möglicher Problem- und Lösungsmuster bezieht sich wiederum auf ein Aufgabenprofil, wie es tendenziell von radikalen Neuerungsprojekten und Plattformprojekten erfüllt wird.

*Typische Problemmuster der Regelungsstruktur*

Die Defizite in der Regelung von Entwicklungsprojekten und -vorhaben lassen sich hinsichtlich der Gestaltungsparameter der Regelungsstruktur klassifizieren. Demnach können die Problemursachen im Prozeß der Zielsetzung und -detaillierung, im Mechanismus des Regelkreises, in der Einbindung der Träger der Regelung und ihrer Kompetenzen sowie im Instrumentarium der Regelung liegen (Tabelle 4-16).

Die Defizite im Prozeß der Zielsetzung und -detaillierung können in einer zu hohen Zielrigidität einerseits und einer zu hohen Zielvariabilität andererseits liegen.[230] Das anfangs gesetzte Ziel sollte eine visionäre Richtung und ein anspruchsvolles Zielniveau vorgeben und nicht aufgrund zu hoher Konkretheit und Detailliertheit prinzipielle Lösungsräume vorschnell einengen.[231] In der Endphase hingegen verursacht gerade der Mangel an Konkretheit und Detailliertheit die Fokussierung der Aktivitäten auf eine optimale Lösung.

---

[227] Vgl. z.B. Madauss, Projektmanagement, 1994, S. 191ff..
[228] Vgl. z.B. Schmitz / Windhausen, Projekt-Planung, 1986, S. 116.
[229] Vgl. zum Design Review: DIN ISO 9004, 1987, S. 16.
[230] Vgl. zur Zielrigidität: z.B. Hauschildt / Pulczynski, Rigidität oder Flexibilität, 1992, S. 74ff..
[231] Vgl. Takeuchi / Nonaka, Product Development Game, 1986, S. 138f..

Aufgrund der Schwierigkeit der Abschätzung der Output-Ziele der Entwicklung - wie z.B. die Qualität oder der Absatz des Produktes - besteht häufig die Tendenz, das Projekt ausschließlich über Input-Ziele - wie z.B. die Durchführung bestimmter Aktivitäten oder der Einsatz bestimmter Qualitätssicherungsinstrumente - zu steuern. Dadurch kann der Einsatz von Aktivitäten und Instrumenten zu einem Selbstzweck werden, ohne daß die angestrebten Ziele notwendigerweise erreicht werden. Ein weiteres Problem entsteht durch das zeitliche und personelle Auseinanderfallen von Diagnoseaktivitäten und Entscheidungen über einzuleitende Maßnahmen und einzusetzende Ressourcen. Wenn beispielsweise die Freigabeentscheidungen für Werkzeug- und Anlagenbudgets nicht unmittelbar auf aktuellen Projektstatusdiagnosen basieren, besteht die Gefahr, daß die Ressourcen fehlgeleitet werden. Ein weiteres Defizit liegt in der mangelnden Kopplung des Anreizsystems an den Regelungsmechanismus. Die mit den Regelungskreisen verbundenen Zielsetzungs- und Rückkopplungmechanismen bilden geradezu eine ideale Basis zur Gewährung formaler und informaler Anreize.

| Mögliche leistungshemmende Verhaltensmuster | Beispiele dominierender Handlungstheorien |
|---|---|
| • Prozeß der Zielsetzung und -detaillierung<br> - Zu hohe Zielrigidität oder zu hohe Zielvariabilität ('Moving Target')<br> - Zu geringe Anpassung an verschiedene Phasen<br>• Mechanismus des Regelkreises<br> - Zu lockere oder zu straffe Regelung<br> - Ausschließliche Input-Orientierung oder Vernachlässigung von Input-Faktoren als Frühindikatoren für Output-Faktoren<br> - Zeitliches und personelles Auseinanderfallen von Projektstatus-Diagnose und Freigabeentscheidungen von Ressourcen/Budgets<br> - Fehlende Kopplung an (in-)formale Anreize<br>• Träger der Regelung und ihre Kompetenzen<br> - Fehlende Verantwortung/Kompetenz für gesamten Regelkreis beim Projektteam<br> - Fehlende Einbindung von Entscheidungsträgern, Fach-/Methodenspezialisten, Lieferanten etc.<br>• Instrumentarium<br> - Fehlender Einsatz in frühen Phasen; unzureichende Anpassung an verschiedene Phasen<br> - Getrennte Gremien/Instrumente/Zeitpunkte für Kontrolle der verschiedenen Zielgrößen<br> - Fehlende Quantifizierung kritischer Aktivitäten/Ziele<br> - Fehlende Steuerungsgrößen/zu viele Steuerungsgrößen<br> - Fokus auf Berichterstattung und nicht auf Problemidentifikation/-lösung | • "Hohe Zielbindung und Motivation läßt sich durch das Setzen 'harter', d.h. extrem hoher und rigider Ziele realisieren!"<br>• "Output-Ziele wie z.B. die Qualität oder der Absatz des Produktes lassen sich vor der Markteinführung nicht messen und folglich auch nicht berücksichtigen!"<br>• "Umfangreiche Delegation von Entscheidungskompetenzen bedeutet Macht- und Prestigeverlust!"<br>• "Nur externe Kontrolle sichert die Zielerreichung!"<br>• "Die Verantwortung für die Kontrolle der Produktkosten und Entwicklungskosten hat die Controlling-Funktion, die Verantwortung für die Kontrolle der Produktqualität liegt bei der Qualitätssicherungsabteilung, ...!" |

*Tabelle 4-16: Typische Problemmuster der Regelungsstruktur*

In Bezug auf die Träger und ihre Kompetenzen kann ein Defizit in der fehlenden Gesamtverantwortung des Projektteams für den Regelkreis liegen.[232] Ein Projektteam, das zwar für die Erreichung der Ziele verantwortlich ist, aber nur über unzureichende Informationen des Projektstatus' verfügt oder nur eingeschränkte Zugriffsrechte auf die notwendigen Ressourcen hat, wird nicht in der Lage sein, schnell und flexibel auf auftretende Probleme zu reagieren.[233] Aus dem geschlossenen Regelkreis wird eine offene Steuerkette ohne Rückkopplung. Die Ba-

---

[232] Vgl. zu dieser Kritik: ebda., S. 143f.; Anderson, Phased Product Development, 1996, S. 30ff..
[233] Vgl. zum Grad der Autonomie von Projektteams: Taylor et al., Self-Directed R&D Teams, 1995, S. 22.

sis für Selbstorganisation und Selbststeuerung wird entzogen. Angesichts des Umstandes, daß das Team nicht über alle Informationen und Ressourcen verfügen kann, ist sicherzustellen, daß die notwendigen Entscheidungsträger, Fach- und Methodenspezialisten, Lieferanten und anderen Funktionen gezielt in den Regelkreis einbezogen werden.

Häufig beschränkt sich der Einsatz von Instrumentarien zur Regelung des Projektes auf die späten Phasen der Entwicklung. In den frühen Phasen der Entwicklung werden hingegen weniger häufig Regelungsinstrumente eingesetzt, obwohl die dort getroffenen Entscheidungen eine wesentlich größere Reichweite aufweisen. Ein weiteres Defizit kann in der fehlenden Anpassung der Regelungsinstrumente an die jeweilige Phase der Entwicklung bestehen. Innerhalb des Entwicklungsprozesses hat die Konzeptphase beispielsweise ein wesentlich anderes Aufgabenprofil als die Pilotserien-Phase. Folglich sollten auch die zur Regelung eingesetzten Instrumente andere Fragen und Kriterien haben, um den Projektfortschritt zu beurteilen und korrigierende Maßnahmen einleiten zu können. Weitere instrumentelle Defizite können der Tabelle 4-16 entnommen werden.

*Alternative Lösungsmuster der Regelungsstruktur (Design Reviews)*

In der Produkt- und Prozeßentwicklung wird eine große Anzahl von Instrumenten eingesetzt, die in unterschiedlicher Art und Weise die aufgezeigten Regelkreise umsetzen können.[234] Eine zentrale Funktion zur Integration dieser Instrumente und zur Abbildung eines geschlossenen vollständigen Regelkreises kann das Instrument des *Design Review* einnehmen. Auf seine Darstellung beschränkt sich dieser Abschnitt.

Unter Design Review wird in der Regel ein Instrument zur systematischen Überprüfung der Entwicklungsergebnisse zum Ende einer jeden Entwicklungsphase verstanden.[235] Im Unterschied zu der häufig vorgefundenen Beschränkung des Design Review auf eine Kontroll-, Berichts- oder Dokumentationsfunktion soll nachfolgend ein Design Review-Instrumentarium vorgestellt werden, daß im Entwicklungsprozeß die zentrale Regelungsfunktion einnehmen kann.[236]

*Situative Anpassung des Design Review:* Die Gestaltung der Design Reviews hängt wesentlich von der allgemeinen Unternehmenssituation und dem speziellen Projekttyp ab. Bei Unternehmen mit komplexen und modular aufgebauten Produkten - wie z.B. den Automobilherstellern - ist es erforderlich, daß die Design Reviews zunächst für die einzelnen Produktmodule - z.B. Fahrwerk - durchgeführt werden, bevor sie auf der Systemebene aggregiert bzw. für einzelne Systemthemen - z.B. Package - vorgenommen werden. Neben den Design Reviews auf Modulebene gibt es in diesem Fall also auch Design Reviews auf Systemebene, deren Aufgabe vor allem im Integrationsmanagement der verschiedenen Module und der an ihrer Entwicklung beteiligten Funktionen liegt. Bei Unternehmen mit relativ einfachen Produkten -

---

[234] Vgl. z.B. für das Qualitäts-Management: Specht / Schmelzer, Qualitätsmanagement, 1990.
[235] DIN ISO 9004, 1987, S. 16.
[236] Vgl. zu dieser Kritik auch: Gaynor, Monitoring Projects, 1996, S. 46.

wie z.B. '2$^{nd}$- oder 3$^{rd}$-Tier-Lieferanten' der Automobilindustrie - findet der Design Review hingegen ausschließlich auf der Produktebene statt. In vielen Fällen verfügen solche Unternehmen aber über ein vergleichsweise komplexes Projektportfolio mit einem hohen Anteil an Weiterentwicklungsprojekten, so daß der Schwerpunkt des Design Review auf dem Komplexitätsmanagement und auf der Fokussierung knapper Ressourcen liegt.

Die Gestaltung des Design Review muß auch in Bezug auf die Projekttypen angepaßt werden. Bei hohem Neuigkeits- und Komplexitätsgrad des Projektes ist der Design Review in erster Linie ein interfunktionales Zielsetzungs- und -realisierungsgremium zur integrierten Problemlösung. Bei extrem niedrigem Neuigkeits- und Komplexitätsgrad kann der Design Review hingegen die Funktion eines Kontrollgremiums übernehmen, das die Realisierung von bereits im Vorfeld definierten Zielen - z.B. Baukastenspezifikationen für ein Weiterentwicklungsprojekt - überprüft. Die nachfolgende Darstellung bezieht sich wiederum tendenziell auf Projekte mit hohen Neuigkeits- und Komplexitätsgrad.

| Ziele | Gestaltungsprinzipien zur Zielverwirklichung |
| --- | --- |
| Ausrichtung auf Entwicklungsziele und -strategien | Kollektiver Prozeß der Zielvereinbarung und -verfolgung von Projektteam und Lenkungsausschuß/Steuerungskomitee |
| Erreichung von Transparenz im Status der Zielerreichung | Strukturierte Diagnose, Präsentation und Diskussion des Status' der Zielerreichung |
| Systematische Integration aller Produkt- und Prozeßanforderungen | Beteiligung aller notwendigen Unternehmensfunktionen, Lieferanten und Kunden |
| Frühe Problemidentifikation und Beschleunigung der Problemlösung | Beteiligung der wesentlichen Fach-/Methodenspezialisten, Entscheidungsträger und Ressourcenverantwortlichen |
| | Intensive Diskussion aller Problempunkte, gemeinsame Definition von Maßnahmen (inkl. QS-Instrumente) und schnelle Bereitstellung einzusetzender Ressourcen |
| Problem- und zeitgerechter Aufbau kritischer Fähigkeiten | Gemeinsame Identifikation von Fähigkeitslücken und Definition notwendiger Coaching- und Trainingsmaßnahmen |
| Steigerung der Motivation der Beteiligten | Leistungs-Feedback und (in-)formale Gratifikationen von Lenkungsgremien an Projektteam |

*Tabelle 4-17: Ziele und Grundprinzipien des Design Review als zentrales Regelungsinstrument*

*Ziele und Grundprinzipien des Design Review:* Die Ziele, die mit dem Einsatz des Design Review verbunden sind, liegen entsprechend dem weit gefaßten Funktionsspektrum nicht nur in der Ausrichtung des Entwicklungsprojektes auf die Entwicklungsziele und -strategien und in der Erreichung von Transparenz im Status der Zielrealisierung, sondern auch in der systematischen Integration aller Produkt- und Prozeßanforderungen, in der frühen Problemidentifikation und in der Beschleunigung der Problemlösung. Desweiteren soll durch den Einsatz dieses Instruments auch die Leistungsfähigkeit nachhaltig gesteigert werden, indem kritische Fähigkeiten der Entwicklung problem- und zeitgerecht aufgebaut werden und die Motivation der Beteiligung gesteigert wird. Die Gestaltungsprinzipien, mit denen diese Ziele verwirklicht werden sollen, können der Tabelle 4-17 entnommen werden.

*Phasenspezifische Aufgaben und Diagnosekriterien der Design Reviews:* Als zeitliche Position der Design Reviews im Entwicklungsablauf können die wichtigsten Meilensteine des Ablaufes, d.h. die jeweiligen Endpunkte der Phasen gewählt werden. Diese Position ist für ein zentrales Regelungsinstrument vorteilhaft, da zu diesem Zeitpunkt anhand des Projektstatus' und der Ergebnisse der beendeten Phasen die wesentlichen Entscheidungen über die Maßnahmen und Ressourcen der nächsten Phase getroffen werden können. Auf diese Art und Weise kann gewährleistet werden, daß die zu treffenden Entscheidungen auf der Basis einer aussagefähigen Statusdiagnose getroffen werden.

Die Aufgaben, Inhalte und Diagnosekriterien der Design Reviews ändern sich phasenspezifisch im Entwicklungsablauf. In den Anfangsphasen wird vor allem geprüft, ob ein konsistentes Zielsystem für das Projekt definiert worden ist, das die übergeordneten Entwicklungsziele und -strategien erfüllen kann. In den Endphasen liegt der Schwerpunkt hingegen auf der Prüfung der Realisierung der anfangs gesetzten Ziele. Abbildung 4-39 zeigt ein mögliches Schema für die Einbettung der Design Reviews in den Entwicklungsablauf.

Der Design Review der Definitionsphase dient der Absicherung, ob der Rahmen des Projektes in Bezug auf die angestrebten Ziele, die gewählten Strategien, die einzusetzenden Ressourcen und die notwendigen Fähigkeiten realisierbar ist und in das Gesamtkonzept des aggregierten Projektportfolios paßt. Der nächste Design Review kann zur Prüfung des integrierten Produkt- und Prozeßkonzeptes benutzt werden. Dabei werden beispielsweise die konzeptionellen Fragen der Kundennutzenorientierung, der Produktionsgerechtigkeit oder der Plattform- und Baukastenkonformität berücksichtigt. Die Design Reviews der Entwurfs- und Realisierungsphase dienen vor allem der Absicherung der Funktionstüchtigkeit, der Prozeßfähigkeit und anderer kritischer Entwurfs- und Realisierungsaspekte. Diese Reviews basieren vor allem auf den Funktionalitäts- und Zuverlässigkeitsprüfungen der hergestellten Prototypen und Muster. Vor dem Beginn der Serienfertigung kann in einem weiteren Design Review die Serientauglichkeit und -stabilität der Prozesse und Einrichtungen geprüft werden. Dies erfolgt auf Basis der Null- bzw. Pilotserie. Entsprechend der jeweiligen Diagnoseergebnisse können mit Hilfe der Design Reviews die Hauptentscheidungen der jeweiligen Meilensteine getroffen werden.

Die Diagnosekriterien der Design Reviews lassen sich einerseits aus den Zielkriterien der Entwicklung und andererseits aus bestimmten kritischen Aktivitäten mit Erfolgsfaktorencharakter ableiten. Zu der ersten Gruppe gehören die Ergebnisziele (z.B. Gewinn, Umsatz oder Absatz), die Produkt- und Prozeßziele (z.B. Qualitäts- und Kostenziele) und die Ziele für den Entwicklungsprozeß selber (z.B. Entwicklungskosten und Entwicklungszeit/Termine). Zu der zweiten Gruppe gehören kritische Aktivitäten, die zu einem bestimmten Zeitpunkt abgeschlossen sein sollten, damit im nachhinein die Ziele der ersten Gruppe erfüllt werden können. Die kritischen Aktivitäten lassen sich in Aktivitäten zur Kundenorientierung, zur Funktionalitätssicherung und Fehlervermeidung, zur Sicherung der Produktionsgerechtigkeit oder zur Lieferantenintegration differenzieren. Ein Beispiel für ein Diagnosekriterium zur Lieferantenintegration ist der Anteil kritischer Teile mit festgelegten Lieferanten, wobei der 100%-Sollwert nach der Konzeptphase, d.h. im *Konzept Review* erreicht werden sollte. Ein Beispiel für ein Diagnosekriterium zur Sicherung der Produktionsgerechtigkeit ist der Anteil neuer Produktionsprozesse mit einer Prozeßfähigkeit $c_p > 1,33$, wobei der 100%-Sollwert am Ende der Entwurfsphase erreicht werden sollte.

Inhalt der Veränderung und inhaltsspezifische Techniken 343

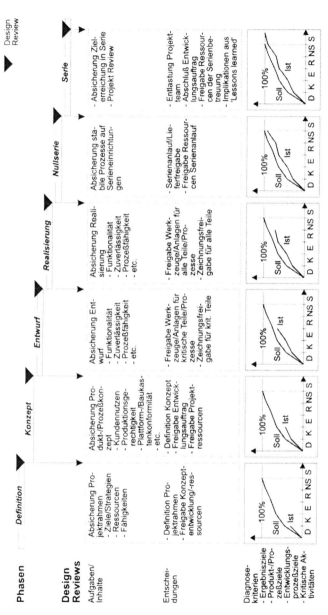

*Abbildung 4-39: Phasenspezifische Aufgaben/Inhalte, Entscheidungen und Diagnosekriterien der Design Reviews*

Die Diagnosekriterien werden in den frühen Phasen der Entwicklung entsprechend der übergeordneten Zielsetzung des Projektes und dem Aufgabenprofil des Projekttyps definiert. Dabei kann ein Großteil der Zielgrößen aus dem Lastenheft, aus dem Erprobungplan und anderen Planungsinstrumenten übernommen werden. Die Bewertung kann qualitativ mit Hilfe von nominalen oder ordinalen Skalen oder quantitativ mit Hilfe von Intervallskalen vorgenommen werden. Für jedes Diagnosekriterium ist der Ziel-/Soll-Wert und sein zeitlicher Realisierungsverlauf bzw. -punkt festzulegen. In den Design Reviews werden dann für die einzelnen Diagnosekriterien die aktuellen Ist-Werte ermittelt und mit den Soll-Werten für diesen Zeitpunkt im Entwicklungsablauf verglichen. Mit einer Abweichungsanalyse lassen sich die Probleme und Lösungen in den entsprechenden Zieldimensionen identifizieren.

*Ablauf und Träger des Design Review:* Aufgrund der angestrebten Intensität und Kompaktheit erfordert der Design Review einen strukturierten Ablauf, der mit Hilfe eines einheitlichen Berichtsformats unterstützt werden kann. Eine Vorbereitungsphase dient der Aufbereitung der relevanten Diagnosedaten, der Einladung der Teilnehmer und der Zusammenstellung aller notwendigen Dokumente und Muster. Dazu gehören beispielsweise aktuelle Prototypen, einzelne Musterteile, Konstruktionszeichnungen, Ergebnisse von Berechnungen, Simulationen und Erprobungen sowie die Problempunktlisten der FMEAs. Die Diagnose des Projektstatus' kann mit einem phasenspezifisch formalisierten Leitfaden vorstrukturiert werden. Die eigentliche Design Review-Veranstaltung ist ein moderierter Workshop, bei dem der Projektstatus vorgestellt, der Entwicklungsstand ausführlich diskutiert, Problempunkte identifiziert und konkrete Lösungsmaßnahmen erarbeitet werden. Die entsprechenden Maßnahmen, Verantwortlichen und Termine sollten in einem Entscheidungsprotokoll festgehalten werden. In der Nachbereitungsphase werden die Ergebnisse vom Projektteam zusammengefaßt und die festgelegten Maßnahmen durchgeführt. Zudem kann ein Leistungs-Feedback von den Lenkungsgremien an das Team erfolgen.

Neben dem Projektteam mit dem Projektleiter und den funktionalen Vertretern sollten vor allem die wesentlichen Entscheidungsträger und Budget- bzw. Ressourcenverantwortlichen sowie die notwendigen Fach- und Methodenspezialisten teilnehmen. Desweiteren sollten die Lieferanten partizipieren, die für die Entwicklung und Herstellung ganzer Module oder einzelner qualitäts-, kosten- und terminkritischer Teile beauftragt wurden.

## *Bedeutung des Design Review im Veränderungsprozeß*

Aufgrund seiner zentralen Bedeutung zur Regelung des Entwicklungsprozesses kann der Design Review als ein Hebel benutzt werden, um den Entwicklungsprozeß insgesamt zu verändern. Durch die Einführung bzw. durch die Verbesserung des Design Review können neben der Regelungsstruktur gleichzeitig auch die anderen strukturellen Elemente - d.h. die Ablauf- und Aufbaustrukturen - nachhaltig verändert werden. Durch die Konzeptionierung, Pilotierung und Implementierung des Design Review werden gleichzeitig mehrere Effekte erzielt. Die Ziele, Aktivitäten und Träger der einzelnen Entwicklungsphasen können nicht nur definiert und eingeführt, sondern mit Hilfe der Diagnose des Design Review auch getestet und verbessert werden. Zudem kann das Instrumentarium selbst mit seinen Vorgehensweisen,

Checklisten und Formblättern geprüft und verbessert werden. Darüber hinaus ermöglicht die intensive Diagnose im Rahmen der Pilotierungs- und Implementierungsaktivitäten, die bestehenden Fähigkeitslücken in der Entwicklung zu identifizieren und Maßnahmen des Coaching und des Trainings einzuleiten.

### 4.3.3.6 Problem-Lösungs-Zyklen der Entwicklungsaufgaben

Auf der Aufgabenebene wird die Produkt- und Prozeßentwicklung durch Problem-Lösungs-Zyklen vor allem in der Form von '*Design-Build-Test-Zyklen*' konstituiert.[237] Die Entwicklungsaufgabe ist geprägt von iterativen Lernzyklen, die die bestmögliche Integration der unterschiedlichen Anforderungen aus den einzelnen Lebensphasen des Produktes in eine optimale Lösung bezwecken. Die Zielerreichung der Entwicklung hängt wesentlich davon ab, wieviele dieser Lern- bzw. Problemlösungszyklen in welcher Qualität, in welcher Geschwindigkeit und mit welchen Kosten durchlaufen werden können.[238]

Die Vielzahl der zu integrierenden Anforderungen und ihre wechselseitige Verknüpfung über die Gestaltungsparameter machen die Entwicklungsaufgabe zu einem äußerst komplexen und riskanten Optimierungsproblem.[239] Eine Vielzahl von Konzepten, Methoden und Instrumenten sind entwickelt worden, um die Komplexität und das Risiko zu reduzieren bzw. zu beherrschen und damit die Effektivität und die Effizienz der Problem-Lösungs-Zyklen zu steigern. Diese Instrumente geben einen einheitlichen Rahmen für eine strukturierte Informationsverarbeitung und Kommunikation vor und fördern so die funktionale Integration. Dazu gehören allgemeine Konzepte auf der strukturellen Ebene wie die Trennung der Vorentwicklung von der Serienentwicklung, das Simultaneous Engineering oder die Design Reviews. Desweiteren zählen dazu konkrete Methoden und Instrumente auf der Aufgabenebene bzw. auf der Ebene der Design-Build-Test-Zyklen. Zu dieser zweiten Gruppe gehören die Instrumente zur Sicherung der Qualität (Kundenorientierung und Funktionalitätssicherung/Fehlervermeidung), der Produktionsgerechtigkeit und der Lieferantenintegration, die verschiedenen Verfahren des Prototyping, die CAx-Instrumente sowie die Datenbank-Systeme und Expertensysteme.[240]

Im Mittelpunkt dieses Abschnitts stehen die Methoden und Instrumente zur Sicherung der Qualität, der Produktionsgerechtigkeit und der Lieferantenintegration. Dabei liegt der Fokus nicht auf einer detaillierten Beschreibung der Methoden und Instrumente, sondern auf den möglichen Defiziten und Verbesserungsansätzen bezüglich ihres Einsatzes zur Problemlösung. Der Einsatz von Methoden und Instrumenten auf der Arbeitsebene ist zwar nur ein Teilaspekt der Gestaltung der gesamten individuellen Arbeitsaufgabe, aber auch für diesen Aus-

---

[237] Vgl. zu Problem-Lösungs- und Design-Build-Test-Zyklen in der Produkt- und Prozeßentwicklung: Clark / Fujimoto, Product Development Performance, 1991, S. 205ff.; McDonough / Barczak, Effects, 1992, S. 44ff.; Wheelwright / Clark, Revolutionizing, 1992, S. 218ff.; Iansiti, Real-world R&D, 1993, S. 146.

[238] Nach einer Untersuchung von McKinsey&Comp. verfügen erfolgreiche Unternehmen über eine wesentlich größere Anzahl an Änderung als weniger erfolgreiche Unternehmen: Rommel et al., Qualität gewinnt, 1995, S. 92ff..

[239] Vgl. zu Komplexität und Risiko in der Entwicklung Kapitel 1.2.2.

[240] Vgl. Corsten / Reiß, Integrationsbedarfe, 1992, S. 40; Specht / Beckmann, F&E-Management, 1996, S. 160ff..

schnitt der Aufgabengestaltung können sich die Prinzipien der 'Variabilität', 'Ganzheitlichkeit' und 'Bedeutung', der 'Autonomie' und des 'Feedback' als nützlich erweisen. Eine nähere Analyse der Defizite zeigt, daß der Einsatz von Methoden und Instrumenten in der Entwicklung von sehr mechanistischen und zentralistischen Handlungstheorien dominiert wird, so daß die Berücksichtigung von eher partizipativen und dezentralen Gestaltungsaspekten wertvolle Verbesserungsansätze liefern kann.

*Typische Problemmuster des Einsatzes von Methoden und Instrumenten der Design-Build-Test-Zyklen*

Mögliche Defizite im Einsatz von Methoden und Instrumenten der Design-Build-Test-Zyklen können beispielsweise durch die fehlende Führungsunterstützung im Projekt und in der Linie hervorgerufen werden (vgl. Tabelle 4-18). So können sich beispielsweise ein mangelndes Verstehen der Kriterien und des Nutzens und dementsprechend eine unzureichende Unterstützung des Methodeneinsatzes als leistungshemmend erweisen. In den Lenkungsgremien der Projekte sollte ein umfassendes Wissen über die Einsatzkriterien und Erfolgspotentiale der verschiedenen Instrumente und Methoden vorhanden sein, damit in den Design Reviews ein problemorientierter Bedarf des Methodeneinsatzes festgestellt werden kann und entsprechende Maßnahmen eingeleitet werden können.

| Mögliche leistungshemmende Verhaltensmuster | Beispiele dominierender Handlungstheorien |
|---|---|
| • Mangelndes Verständnis und unzureichende Unterstützung durch Projekt- und Linienführung | • "Qualität erfolgt erst nach regulärem Arbeitstag!" |
| • Hohe Vielfalt an theoretischen Konzepten und Instrumenten ohne situative Anpassung | • "Ableitung einer Tool-Box mit den 27 wichtigsten Instrumenten aus der Analyse von Best-Practices!" |
| • Keine eigene Anpassung und Weiterentwicklung eingeführter Methoden und Instrumente | • "Nach einigen geringfügigen Anpassungen der Prozesse und Systeme konnte das Instrument eingesetzt werden!" |
| • Breite, unspezifische 'Off-the-Job-Schulungs-programme' | • "Instrument erfolgreich implementiert: Alle Ingenieure haben an der Tagushi-Schulung teilgenommen!" |
| • Delegation der Problem- und Leistungsverantwortung von operativen Einheiten an Stabsstellen | • "Die Sicherung der Qualität fällt in die Verantwortung unserer QS-Abteilung!" |
| • 'Methoden-Myopie': Methode als Selbstzweck; Erfolgsmessung an Input-Indikatoren | • "FMEA-Einsatz erfolgreich durchgeführt: 175 geplant, 173 durchgeführt!" |
| • Fehlende systematische Integration in die Regelungsmechanismen des Ablaufs | • "Fehler wurden zwar identifiziert, aber nur unzureichend beseitigt!" |
| • Begrenzter Einsatz auf eigene Entwicklungsfunktion | • "Hauptsache der Lieferant liefert innerhalb der Toleranzen, egal mit welchem Qualitätssicherungsaufwand!" |

*Tabelle 4-18: Typische Problemmuster des Einsatzes von Methoden und Instrumenten der Design-Build-Test-Zyklen*

In der Bestrebung, die Leistungslücken der Entwicklung zu schließen, haben viele Unternehmen eine verwirrende Vielfalt unterschiedlichster Methoden und Instrumente zusammengestellt, ohne eine Anpassung und Weiterentwicklung unter Berücksichtigung des eigenen situativen Kontext vorzunehmen. Die Implementierung dieser Methoden und Instrumente erfolgt häufig durch die Schaffung von institutionalisierter Verantwortung in Stabsstellen der Qualitätssicherung und durch die Durchführung von umfangreichen, unspezifischen Schulungsprogrammen. Dieses Verhaltensmuster führt zu hohen Aufwendungen für Schulungsprogramme und zum Aufbau neuer zentraler Funktionen, ohne daß die zugrunde liegenden

Leistungslücken und Probleme in vollem Umfang beseitigt werden. Hingegen kann durch eine fokussierte Auswahl und situative Anpassung von wenigen Methoden und Instrumenten, die exakt an den Grundursachen der Leistungsprobleme ansetzen, die Effektivität und Effizienz der Design-Build-Test-Zyklen wesentlich gesteigert werden. Durch ein problemspezifisches Training und Coaching, dessen Bedarf beispielsweise in den Design Reviews festgestellt wird, kann auch die Implementierung wesentlich verbessert werden.

Die Verantwortung für die Coaching-, Trainings- und Weiterentwicklungsaktivitäten in diesen Methoden und Instrumenten sollte nicht alleine von den Stabsstellen, sondern auch von Netzwerken aus zentralen Spezialisten und dezentralen Anwendern getragen werden. Diese Netzwerke sollten dabei nicht um einzelne Methoden und Instrumente - z.B. FMEA - sondern um grundsätzliche Leistungsthemen und Problemkreise - z.B. Funktionalitätssicherung und Fehlervermeidung - geschnitten werden, um eine kurzfristige Perspektiveneinengung auf inkrementelle Verbesserungs- und Lernprozesse im Sinne einer *'Methoden-Myopie'* zu vermeiden. Die Methoden-Myopie äußert sich vor allem darin, daß nicht die Lösung der Probleme, sondern der Einsatz von Methoden und Instrumenten im Mittelpunkt der Planungs- und Kontrollaktivitäten steht. Dementsprechend wird in der Praxis der Methodeneinsatz häufig über Input-Indikatoren - z.B. die Anzahl geplanter vs. durchgeführter FMEA-Einsätze - und nicht über Output-Indikatoren - z.B. die Anzahl identifizierter und beseitigter Probleme und Fehler vor vs. nach Markteinführung - geregelt. Weitere Schwächen des Methodeneinsatzes liegen in der fehlenden systematischen Integration in die Regelungsmechanismen des Entwicklungsablaufes und der Beschränkung auf die Entwicklungsfunktion des eigenen Unternehmens.

*Alternative Lösungsmuster des Einsatzes von Methoden und Instrumenten der Design-Build-Test-Zyklen*

Ein Hauptansatzpunkt zur Steigerung der Effektivität und Effizienz der Problem-Lösungs-Zyklen liegt im fokussierten und problemorientierten Einsatz von Methoden und Instrumenten. Die in der Literatur angegebenen Erfolgspotentiale sind enorm. Toyota soll beispielsweise durch den Einsatz von QFD eine Reduzierung der Produktkosten von 60% erzielt haben.[241] NCR soll hingegen durch den Einsatz von DFA die Herstellkosten um 44% gesenkt haben.[242] Ein solcher Erfolg kann allerdings nicht erzielt werden, wenn die Auswahl und der Einsatz losgelöst vom situationsspezifischen Kontext des Unternehmens und des Entwicklungsprojektes erfolgen. Aus der Vielzahl von Methoden und Instrumenten müssen also diejenigen ausgewählt, angepaßt und eingesetzt werden, die in Bezug auf die allgemeine Unternehmenssituation, die zugrunde liegenden Leistungslücken und Problemursachen und die vorhandenen Anforderungsprofile der Projekttypen die größte Effektivität und Effizienz in der Verbesserung der Design-Build-Test-Zyklen aufweisen.[243] Darüber hinaus ist auch eine Anpassung des

---

[241] Vgl. Sullivan, Quality Function Deployment, 1989, S. 39.
[242] Vgl. Coleman, NCR, 1990, S. 222.
[243] Vgl. zur situativen Anpassung von Auswahl und Einsatz: Stoll, Design for Manufacture, 1988; Specht / Beckmann, F&E-Management, 1996, S. 185ff..

Einsatzes der verschiedenen Instrumente und Methoden an die Phasen des Entwicklungsablaufes vorzunehmen. Abbildung 4-21 zeigt eine Einordnung von Methoden und Instrumenten in Bezug auf die Leistungsthemen bzw. Problemkreise und die Phasen der Entwicklung.

### 4.3.4 Ansatz am sozialen Kontext der Organisation

Der Ansatz am sozialen Kontext wird im Vergleich zu den personenzentrierten Ansätzen und den Ansätzen am funktionalen Kontext der Organisation im F&E-Bereich bzw. in der Produkt- und Prozeßentwicklung eher vernachlässigt. Viele der Interventionsmaßnahmen, die auf die Verbesserung des Interaktionsniveaus der Organisation, der Gruppeninteraktionen und der Führungsinteraktionen gerichtet sind, kommen über das Niveau formeller struktureller Maßnahmen - z.B. die Einrichtung von Projektorganisationsformen oder die Definition von Simultaneous Engineering Abläufen - nicht hinaus. Das zugrunde liegende soziale Leitbild und die bestehenden Handlungstheorien und Verhaltensmuster werden durch diese Interventionen mit einem Schwerpunkt im funktionalen Kontext nur unzureichend modifiziert. Die angestrebten Werte der umfangreichen Kollaboration und Kommunikation, der kollektiven Verantwortung, der hohen Offenheit und des gegenseitigen Respekts und Vertrauens können nicht in vollem Ausmaß realisiert werden. Das Potential der Mitgliedschaft in einer sozialen Gemeinschaft für die Befriedigung individueller Bedürfnisse kann nicht vollständig ausgeschöpft werden.

#### 4.3.4.1 Organisationales Interaktionsniveau der Produkt- und Prozeßentwicklung

Das organisationale Interaktionsniveau der Produkt- und Prozeßentwicklung mißt sich an der Qualität der Interaktionen zwischen den am Entwicklungsprozeß beteiligten Funktionen, d.h. an der Qualität des Austausches von Informationen, Ressourcen und Wissen durch Kommunikation und Zusammenarbeit. Die Verbesserung des Interaktionsniveaus ist ein wesentlicher Hebel zur Leistungssteigerung in der Produkt- und Prozeßentwicklung.[244] Der große Einfluß des Interaktionsniveaus auf die Entwicklung läßt sich aus zwei Perspektiven betrachten.

*(1)* Die Entwicklung ist ein Prozeß, der in seiner tatsächlich realisierten Struktur in der Praxis häufig durch einen niedrigen Grad wechselseitiger Zusammenarbeit und einen hohen Grad an Prozeßsequenzierung bestimmt wird.[245] Der Veränderungspfad von dieser häufig vorgefundenen Ausgangssituation zu der bereits beschriebenen Zielsituation - d.h. zu einem hohen Grad wechselseitiger Zusammenarbeit und einem niedrigen Grad an Prozeßsequenzierung bzw. einem hohen Grad an Prozeßparallelisierung - erfordert eine Veränderung des Interaktionsniveaus in zwei Dimensionen. Einerseits müssen Informationen zwischen vor- und nach-

---

[244] Vgl. z.B. Edelheit, Renewing, 1995, S. 14ff.; Purdon, R&D Effectiveness, 1996.
[245] Vgl. Teng et al., Business Process Reengineering, 1994, S. 20; Gaitanides, Business Reengineering, 1995, S. 74.

gelagerten Funktionen besser generiert, verbreitet und genutzt werden. Andererseits müssen die beteiligten Funktionen formal und informal intensiver miteinander kommunizieren.[246]

*(2)* Der Entwicklungsprozeß konstituiert sich aus einer Vielzahl von Lernprozessen und ist seinerseits Gegenstand organisationalen Lernens.[247] Die Effektivität dieser reflexiven und meta-reflexiven organisationalen Prozesse hängt wesentlich von der Qualität der Interaktionen ab, d.h. von der Art der Verknüpfung individueller Lernprozesse und individuellen Wissens.[248]

***Typische Problemmuster des organisationalen Interaktionsniveaus der Produkt- und Prozeßentwicklung***

Ein unmittelbares Anzeichen für eine niedrige Qualität der organisationalen Interaktionen ist die unzureichende Verwirklichung von Zielen, die mit dem Entwicklungsprozeß zusammenhängen. Zu lange Entwicklungszeiten, zu hohe Entwicklungskosten und eine niedrige Entwurfsstabilität, die sich beispielsweise aus zahlreichen konzeptionellen Änderungen in den späten Realisierungsphasen ergeben kann, sind erste Anzeichen dafür, daß der Informationsfluß zwischen den Funktionen und Phasen uneffektiv ist. Diese erste Interventionshypothese läßt sich durch die Diagnose einer Lücke zwischen den tatsächlich praktizierten und den an sich anforderungsgerechten Interaktions- und Kommunikationsmustern bestätigen.[249] Aus der individuellen Perspektive ergeben sich Indikatoren für den Handlungsbedarf, wenn die Mitgliedschaft in der Organisation nicht instrumentell zur Verwirklichung der sozialen Bedürfnisse wie Anerkennung, Ansehen, Geselligkeit oder Zugehörigkeit beiträgt.

Die Defizite des organisationalen Interaktionsniveaus beruhen auf verschiedenen leistungshemmenden Verhaltensmustern und Handlungstheorien (vgl. Tabelle 4-19). Durch die Gestaltungsform der Interaktionsgemeinschaft, d.h. durch die Art und Anzahl ihrer Mitglieder, durch die strukturell begründeten Interaktionsformen und Machtverhältnisse der Funktionsbereiche oder durch die Form des physischen Lay-outs, kann sich die Interaktionsarmut manifestieren.[250]

Ein weiterer Grund für ein niedriges Interaktionsniveau kann auch in der mangelnden systematischen Förderung von kollektiver Verantwortung und kollaborativem Verhalten durch die individuellen Zielsetzungs-Rückmeldungs-Systeme und Anreizsysteme liegen. Fehlende Mechanismen zur kollektiven Vermittlung und Interpretation von Informationen und die ausschließliche Nutzung von bürokratischen und formellen Kommunikationsformen und -wegen

---

[246] Vgl. zur Bedeutung informaler Kommunikation in F&E: Wise, Evolving Partnership, 1995, S. 38.
[247] Vgl. Schröder, F&E-Aktivitäten als Lernprozesse, 1995.
[248] Vgl. Mastenbroek, Organizational Innovation, 1996, S. 9; für F&E: Schröder, F&E-Aktivitäten als Lernprozesse, 1995, S. 64.
[249] Vgl. zur Analyse von Kommunikationsmustern: Burt / Minor, Network Analysis, 1983; Krackhardt / Hanson, Informelle Netzwerke, 1994.
[250] Vgl. zum negativen Einfluß der Machtverhältnisse zwischen den Funktionen: Leonard-Barton et al., Integrate Work, 1994, S. 126.

wirken sich ebenfalls negativ auf die Qualität der Interaktion aus. In der Produkt- und Prozeßentwicklung haben insbesondere auch interfunktionale Barrieren in der Form von Sprachbarrieren und *Defensive Routines* einen erheblichen Einfluß auf die Effektivität der Interaktionen.[251] Diese werden häufig durch erstarrte Strukturen, Verhaltensweisen, Riten und Einstellungen sogar noch gefördert und gepflegt. Dazu gehört die Existenz rein funktionaler Entwicklungspfade und enger funktionaler Verantwortungsbereiche. Diese Interaktionsbarrieren haben ihre tiefen Wurzeln in vielen Handlungstheorien, die den persönlichen und organisationalen Erfolg mit engen Bereichszielen und kurzfristigem Bereichsdenken verknüpfen. Dazu gehört beispielsweise die Selektion von Informationen, um Fehlentscheidungen oder eingeleitete Änderungen des eigenen Bereichs zu verschleiern. Desweiteren zählt dazu die Verzögerung der Mitteilung und Diskussion von frühen Gestaltungsentscheidungen bis zur abschließenden Detaillierung aller Parameter durch die entsprechende Funktion. Dieses Verhalten wird in der Regel durch ein mangelndes Vertrauen zwischen den Funktionsbereichen und durch eine unzureichende Kultur der Akzeptanz von Fehlern begründet. Schließlich gehört zu den Barrieren der Interaktion auch die fehlende Bereitschaft, Ideen, Konzepten und Lösungen aus anderen Bereichen zu trauen und sie einzusetzen.[252]

| Indikatoren für Leistungslücken bzw. Probleme | Mögliche leistungshemmende Verhaltensmuster | Beispiele dominierender Handlungstheorien |
|---|---|---|
| • Ziele des Entwicklungsprozesses nicht erreicht<br>- Entwicklungszeit/Markteinführungszeitpunkt/Meilensteine<br>- Entwicklungskosten<br>- Entwurfsstabilität (Anzahl Änderungen nach Design Freeze/nach SOP)<br>• Ungeeignete Interaktions- und Kommunikationsmuster (z.B. serielle Muster bei Notwendigkeit zur synchronen Detaillierung der Gestaltungsparameter)<br>• Fehlende Verwirklichung individueller sozialer Bedürfnisse durch die Mitgliedschaft in der Organisation | • Manifestierung von Anonymität und Interaktionsarmut durch Gestaltungsformen der Gemeinschaft<br>• Mangelnde systematische Förderung von kollektiver Verantwortung und kollaborativem Verhalten<br>• Fehlende Mechanismen zur kollektiven Vermittlung und Interpretation von Informationen<br>• Ausschließlich bürokratische, formelle Kommunikationsformen und -wege<br>• Pflege von funktionalen Barrieren - z.B. Sprachbarrieren/'Defensive Routines' - durch funktionale Entwicklungspfade, enge Verantwortungsbereiche oder örtliche Trennung | • "Vermeintliche Interaktionseffektivität: Ausschließlicher Austausch von Informationen, die ein gutes Licht auf den eigenen Bereich werfen und nur einen spezifischen Problemausschnitt betreffen!"<br>• "Vermeintliche Interaktionseffizienz: Ausschließlicher Austausch von Informationen zwischen den Funktionen über 'sichere' Produkt- und Prozeßeigenschaften, d.h. über weitgehend detaillierte, nicht mehr veränderliche Entscheidungen!" |

*Tabelle 4-19: Typische Problemmuster des organisationalen Interaktionsniveaus der Produkt- und Prozeßentwicklung*

*Alternative Lösungsmuster des organisationalen Interaktionsniveaus der Produkt- und Prozeßentwicklung*

Die Interventionsmaßnahmen zur Verbesserung des Interaktionsniveaus lassen sich hinsichtlich ihrer Wirkrichtung in eher 'weiche' Maßnahmen zur Schaffung neuer sozialer Leitbilder

---

[251] Vgl. Saad et al., F&E-Strategie, 1991, S. 80f. und 172.
[252] Vgl. zum Not-invented-Here-Syndrom: Hauschildt, Innovationsmanagement, 1993, S. 81.

und in eher 'harte' Maßnahmen zur Schaffung vielfältiger formaler und informaler Interaktionsmöglichkeiten einteilen. Für die erste Maßnahmengruppe können die Techniken der *Datenerhebung und Rückkopplung* (*Survey-Guided Feedback*) und des *Konfrontationstreffens* sowie die *systematischen Dialogprogramme* und *Konversationstechniken* eingesetzt werden.[253] In den so eingeleiteten kollektiven Prozessen wird das Fundament für eine interfunktionale Gemeinschaft und für zahlreiche formale oder auch informale *Netzwerke* der Entwicklung geschaffen, die geprägt sind durch Offenheit, Vertrauen, gegenseitige Anerkennung, Respekt und Kollaboration.[254] Dabei lassen sich der Prozeß der Veränderung und die angestrebte Zielsituation der Interaktion prinzipiell nicht unterscheiden, da die eingesetzten Techniken zugleich im Übergangsstadium und in der Zielsituation eingesetzt werden. Die zweite Maßnahmengruppe beinhaltet hingegen Gestaltungsmaßnahmen, die an der Interaktionsgemeinschaft und den Interaktionsprozessen ansetzen. Dazu werden vor allem auch moderne Kommunikationstechnologien und Informations- und Datenbanksysteme eingesetzt.[255] Nachfolgend soll die zweite Maßnahmengruppe in ihrer Applikation auf die Produkt- und Prozeßentwicklung kurz vorgestellt werden.

*Gestaltung der Interaktionsgemeinschaft:* Die Gestaltung der Parameter der Interaktionsgemeinschaft - Zweck und Aufgabe der Gemeinschaft, Art und Anzahl der Mitglieder, Art und Anzahl der Führer und physisches Lay-out der Arbeitsstätte - ist ein bedeutender Interventionsansatz zur Steigerung der Interaktionsqualität. Als Zweck und Aufgabe der interdisziplinären Gemeinschaft der Entwicklung werden in einengender Perspektive häufig der Entwurf und die Realisierung von Produkten (und Prozessen) verstanden. Diese Perspektive fördert an sich nicht die Integration, da für diesen Zweck bereits ein eigener funktionaler Bereich - eben der F&E-Bereich - existiert. Eine wesentlich stärkere Integrationsperspektive ergibt sich aus dem Verständnis, daß der eigentliche Zweck der Entwicklungsaktivitäten in der kontinuierlichen Erneuerung des gesamten Unternehmens liegt. Diese Zweck- und Aufgabeninterpretation erscheint wesentlich geeigneter, unterschiedliche Funktionen auf ein gemeinsames Ziel hin zu verpflichten. Diese Ausrichtung auf ein gemeinsames Ziel wird durch verschiedene strukturelle Maßnahmen - wie z.B. die Einrichtung überlappender Verantwortungsbereiche, die Kopplung von Anreizen an Gemeinschaftsleistungen oder die systematische Nutzung von Job Rotation - unterstützt, die ebenfalls die Qualität der Kommunikation und Kooperation verbessern.[256]

Die Interaktionsgemeinschaft der Entwicklung kann durch die Einhaltung gewisser Grenzbereiche in Bezug auf Mitgliederanzahl und -profil wesentlich verbessert werden. Durch eine Beschränkung der Mitgliederzahl der Entwicklungsgemeinschaft auf 80 bis 100 Interaktionsträgern können die Interaktionskomplexität erniedrigt, die Interaktionsdichte erhöht und das

---

[253] Vgl. den Einsatz von General Electrics "Work-Out-Processes" in der Produkt- und Prozeßentwicklung: Edelheit, Renewing, 1995, S. 17.
[254] Vgl. zur Gestaltung sozialer Netzwerke: Cook / Emerson, Exchange Networks, 1984; Charan, Networks, 1991; Krackhardt / Hanson, Informelle Netzwerke, 1994.
[255] Vgl. Teng et al., Business Process Reengineering, 1994, S. 24.
[256] Vgl. Majchrzak / Wang, Functional Mind-sets, 1994, S. 94f..

Knüpfen persönlicher Kontakte erleichtert werden. Dabei sind die Träger des Interaktionsnetzes sowohl in den Projektteams als auch in den projektnahen Linienfunktionen angesiedelt. Entsprechend dieser vorgegebenen Obergrenze können die Interaktionsgemeinschaften der Entwicklung auf einzelne Projekte, auf einzelne Plattformen oder Produktlinien oder auf den gesamten Entwicklungsbereich zugeschnitten werden. In Bezug auf das Profil der Mitglieder kann durch eine niedrige Differenz zwischen den individuellen Bedürfnis- und Fähigkeitsstrukturen die wahrgenommene Instrumentalität der Gemeinschaft für individuelle Wachstumsbedürfnisse gesteigert werden. Mit der größeren Wahrscheinlichkeit der Zielbindung durch kollektive Orientierungsmuster steigt auch die Interaktionsdichte.

Viele der Interventionsmaßnahmen zur Verbesserung der Interaktionsqualität in der Produkt- und Prozeßentwicklung setzen an der Gestaltung des physischen Lay-outs der Arbeitsstätte an.[257] Eine häufig eingesetzte Maßnahme ist dabei die räumliche Zusammenlegung der an der Entwicklung beteiligten Funktionen (*Kollokation*). Nach einer Untersuchung von Allen steigt die Wahrscheinlichkeit der Kommunikation mit abnehmender räumlicher Distanz exponential an.[258] Durch die Kollokation kann also die Interaktionsqualität im Entwicklungsprozeß gesteigert werden. Allerdings wird die Interaktionsqualität innerhalb der Funktionen entsprechend geschwächt, so daß der zu wählende Grad der Kollokation in Abhängigkeit der auftretenden Vor- und Nachteile situativ zu bestimmen ist.[259] Als Einflußfaktoren sind dabei das Anforderungsprofil der Entwicklungsaufgabe, das Ausgangsniveau der Interaktionsqualität und die Effektivität und Effizienz der Kollokation im Vergleich zu alternativen Maßnahmen - z.B. elektronischen Kommunikationsnetzen - zu berücksichtigen.[260]

*Gestaltung der Interaktionsprozesse:* Viele Ansätze zur Verbesserung der Interaktion im F&E-Bereich beruhen auf dem Einsatz moderner Informations- und Kommunikationstechnologien. Dazu gehören lokale bzw. weltweite Datennetze, Videokonferenzen, Electronic Mail- und Mailbox-Systeme, Datenbanksysteme, modulare Informationssysteme oder Groupware-Systeme.[261] Mit Hilfe dieser Technologien können einerseits kollektive Informationsquellen und Wissensbasen geschaffen werden, die eine direkte Zugriffsmöglichkeit und Weiterverarbeitung von Informationen ermöglichen. Dadurch wird die parallele Aktualisierung des Informationsstandes in bestimmten Lernthemen oder Entwicklungsprojekten durch weltweit verteilte Mitarbeiter und Funktionen ermöglicht. Andererseits kann mit Hilfe dieser Technologien eine *virtuelle Kollokation* durch direkte und unmittelbare Kommunikation zwischen dezentral verteilten Mitarbeitern realisiert werden.[262]

---

[257] Vgl. z.B. Bürgel et al., Japanische Konkurrenz, 1995, S. 8.
[258] Vgl. Allen, Flow of Technology, 1985, S. 241.
[259] Vgl. z.B. die fehlende Kollokation bei Toyota: Ward et al.; Toyota Paradox, 1995, S. 44; die Beispiele in: Rafii, Physical Collocation, 1995, S. 78.
[260] Vgl. ebda., S. 79ff..
[261] Vgl. Seifert / Steiner, F+E, 1995, S. 17; Schröder, F&E-Aktivitäten als Lernprozesse, 1995, S. 64; Orlikowski / Hofman, Improvisational Model, 1997, S. 13.
[262] Vgl. Raffii, Physical Collocation, 1995, S. 82.

Inhalt der Veränderung und inhaltsspezifische Techniken 353

Die Einrichtung solcher Systeme schafft jedoch lediglich die technische Voraussetzung zum Informationsaustausch und zur Kommunikation.[263] Die organisationalen Lern- und Verbesserungsprozesse entstehen erst dann, wenn individuelles Wissen und individuelle Lernprozesse auch tatsächlich kollektiv geteilt und miteinander verknüpft werden. Das erfordert die Bildung von Kommunikations- und Dialogplattformen, die in der Regel um bestimmte Leistungsthemen oder Problemkreise zentriert sind. In der Produkt- und Prozeßentwicklung bilden solche Leistungsthemen und Problemkreise z.B. die Kundennutzenorientierung oder die Produktionsgerechtigkeit. Erst durch die Einrichtung solcher Interaktionsplattformen entstehen Netzwerke von Mitarbeitern, die in bestimmten Themen funktions-, projekt- und bereichsübergreifend Wissen erwerben, speichern, vermitteln und einsetzen.[264] Dabei werden die relevanten Informationen nicht nur vermittelt, sondern auch interpretiert, so daß ein gemeinsames Problemverständnis und gemeinsam getragene Maßnahmen abgeleitet werden können. Die Kommunikations- und Dialogplattformen können als Ausgangspunkt für eine Reihe von weiteren formalen oder auch informalen Informations- und Kommunikationsmedien dienen. Dazu gehören Diskussionsforen, Gesprächskreise, interfunktionale Zusammenkünfte und andere '*Network-Forming-Devices*'[265], die spontan oder regelmäßig zumeist themenbezogen eingerichtet werden können.

### 4.3.4.2 Team- und Gruppeninteraktion der Produkt- und Prozeßentwicklung

Die Ansätze zur Verbesserung der Team- und Gruppeninteraktionen sind in der Produkt- und Prozeßentwicklung insbesondere bei den Projektorganisationsformen bedeutend, bei denen die Entwicklungsaufgaben in dedizierten, relativ autonomen Projektgruppen durchgeführt werden.[266] Dies ist bei den Organisationsformen der autonomen Projektorganisation und der Matrix-Projektorganisation gegeben, die vor allem für Entwicklungsaufgaben mit hohem Neuigkeitsgrad, hoher Komplexität, hoher Variabilität und niedrigem Strukturiertheitsgrad eingesetzt werden. Im folgenden Abschnitt soll die Verbesserung der Team- bzw. Gruppeninteraktion in der Durchführung von Projekttypen mit diesem Aufgabenprofil diskutiert werden. Dabei werden insbesondere die Techniken der *Teamentwicklung* erörtert.[267]

*Typische Problem- und alternative Lösungsmuster der Team- und Gruppeninteraktion*

Der Notwendigkeit, das Niveau der Team- bzw. Gruppeninteraktion zu verändern, wird durch

---

[263] Vgl. dazu das "Productivity Paradox" der Informations- und Kommunikationstechnologien: Miller, Broader Mission for R&D, 1995, S. 27.

[264] Vgl. das multimediale Informationssystem als Gedächnisspeichers und Diskussionsforum für die individuellen Lernerfahrungen dezentral verteilter Servicemitarbeiter und seine Nutzung für die Ausbildung neuer Mitarbeiter und die Entwicklung neuer Produkte: Brown, Research, 1991, S. 40ff..

[265] Vgl. Bleicher, Effiziente Forschung und Entwicklung, 1990, S. 159.

[266] Vgl. zur Teaminteraktion in der Produkt- und Prozeßentwicklung: Thamhain / Wilemon, Project Teams, 1988; Ancona / Caldwell, Demography and Design, 1992; Katz, High Performance R&D-Teams, 1994; Leavitt / Lipman-Blumen, Hot Groups, 1995; Taylor et al., Self-Directed R&D-Teams, 1995.

[267] Vgl. Beckhard, Team-Building Efforts, 1978, S. 149f..

die mangelnde Zielerreichung der Entwicklungsprojekte insbesondere in Bezug auf die Prozeßziele indiziert. In der Analyse der Ursachen zeigt sich häufig, daß diese Leistungslücken auf unzureichende Interaktions- und Kommunikationsmuster in den Projektteams zurückzuführen sind. Die fehlende Verwirklichung individueller sozialer Bedürfnisse durch die Mitgliedschaft in der Gruppe vervollständigt schließlich das Problembild und verdichtet die Hypothesenbasis, daß durch die Intervention in diesem Gestaltungselement ein Beitrag zur Leistungssteigerung der Produkt- und Prozeßentwicklung geliefert werden kann.

In vielen Fällen bestehen Defizite in der Team- bzw. Gruppeninteraktion, obwohl im Rahmen der Projektorganisation ein Projektteam formal eingerichtet worden ist. Die formale Einrichtung des Teams durch die Definition von Teammitgliedern, die Bereitstellung von Kapazitäten und die Einberufung von Team-Meetings ist allerdings nur in den wenigsten Fällen ausreichend, um die Determinanten der Teamleistung - die Attraktivität bzw. Kohäsion der Gruppe und die als gültig erachtete Leistungsnorm[268] - optimal zu erfüllen. Solange die in der Tabelle 4-20 zusammengefaßten leistungshemmenden Verhaltensmuster und Handlungstheorien bestehen, kann das Leistungspotential der Teamarbeit nicht in vollem Umfang realisiert werden.

| Indikatoren für Leistungslücken bzw. Probleme | Mögliche leistungshemmende Verhaltensmuster | Beispiele dominierender Handlungstheorien |
|---|---|---|
| • Prozeßziele der Entwicklungsprojekte häufig nicht erreicht<br>- Entwicklungszeit/Markteinführungszeitpunkt/Meilensteine<br>- Entwicklungskosten<br>- Entwurfsstabilität (Anzahl Änderungen nach Design Freeze/SOP)<br>• Ungeeignete Interaktions- und Kommunikationsmuster im Team/-in der Gruppe<br>• Fehlende Verwirklichung individueller sozialer Bedürfnisse durch die Mitgliedschaft in der Gruppe/im Team | • Zu viele Teammitglieder mit niedrigen Kapazitätsanteilen<br>• Unzureichende Fähigkeitsprofile<br>• Fehlendes kollektives Verständnis für den 'tieferen Zweck' des Projektes<br>• Fehlende(s) 'Commitment' und Begeisterung für die kollektiven Ziele und Aufgaben<br>• Willkürliche und unzureichende Arbeitsansätze, Rollenverteilungen, Entscheidungsabläufe und Konfliktlösungsmechanismen<br>• Desinteresse am persönlichen Wachstum und Erfolg der Teamkollegen<br>• Fehltritte im Balanceakt zwischen Autonomie und Selbstorganisation des Teams und Unterstützung und Einbindung der Organisation | • "Die Definition von Mitgliedern, die Bereitstellung von Kapazitäten und die Einberufung von Teammeetings ist vollkommen ausreichend zur Teambildung!"<br>• "Individuelle Brillanz auf Kosten kollektiver Mittelmäßigkeit!"<br>• "Meine Ziele vor den Zielen meines Bereiches vor den Zielen meines Teams!"<br>• "Vertrauen ist gut, Kontrolle ist besser!" |

*Tabelle 4-20: Typische Problemmuster der Team- und Gruppeninteraktion*

Ein Defizit kann bereits in der Zusammenstellung des Teams bestehen.[269] Mit der steigenden Anzahl der Teammitglieder sinkt die Wahrscheinlichkeit der interpersonalen Kontakte und der Instrumentalität persönlicher Beziehungen für Geselligkeits- und Zugehörigsbedürfnisse. Eine optimale Teamgröße kann in Abhängigkeit vom betrieblichen Umfeld und der Aufgabenstellung zwischen 5-10 Mitarbeitern liegen.[270] Ein weiteres Defizit der Teamstruktur kann aus einem unzureichenden Fähigkeitsprofil erwachsen. Die Summe individueller Fähigkeiten kann beispielsweise nach Art und Niveau ungeeignet sein, das Anforderungsprofil der Teamaufgabe zu erfüllen. Zudem können die Differentiale zwischen den Fähigkeitsprofilen

---

[268] Vgl. Gebert / Rosenstiel, Organisationspsychologie, 1989, S. 122ff..
[269] Vgl. Taylor et al., Self-Directed R&D-Teams, 1995, S. 23.
[270] Vgl. dagegen: Leavitt / Lipmann-Blumen, Hot Groups, 1995, S. 112.

der einzelnen Teammitglieder so groß sein, daß die gegenseitige Angezogenheit und der gegenseitige Respekt leiden. Solche Defizite können überwunden werden, wenn die individuellen Fähigkeitenprofile einerseits überlappend und andererseits komplementär in Summe das breite Spektrum der notwendigen funktionalen, sozialen und mentalen Fähigkeiten abdecken können.[271]

Häufig besteht der eigentliche Zweck des Entwicklungsprojektes nicht im Entwurf und in der Realisierung eines Produktes, sondern in der Einleitung eines 'Turn-Around-Programmes' oder einer Aufholjagd zur Schließung von enormen Ergebnis- und Umsatzlücken, zur Überwindung großer Qualitätsprobleme oder zur Lösung großer gesellschaftlicher Probleme. In diesen Fällen liegt der 'tiefere Zweck' des Projektes in der Wiedererlangung von attraktiven Markt- und Wettbewerbspositionen nach einem 'beschämenden' und desillusionierenden Absturz der organisationalen Leistung oder in der Steigerung der allgemeinen Wohlfahrt durch die Lösung dringender gesellschaftlicher Probleme. Die gemeinsame Teamaufgabe erhält eine moralisch aufbauende Dimension, die die einzelnen Teammitglieder im Selbstverständnis berührt und emotional bindet. Fehlt das kollektive Verständnis für diesen 'tieferen Zweck' des Projektes, können die aus der starken emotionalen Bindung resultierenden Effekte auf die Motivation nicht erzielt werden.[272]

Eng mit dem fehlenden Verständnis für den tieferen Zweck des Projektes hängt auch das unzureichende Niveau des 'Commitment' und der Begeisterung für die kollektiven Ziele und Aufgaben des Teams zusammen.[273] Häufig agieren die Teammitglieder eher als funktionale Repräsentanten, die die Teamziele nur innerhalb eng gesteckter funktionaler Grenzen unterstützen, oder als individuelle Einzelkämpfer, die die Teamziele nur in der Bandbreite der Instrumentalität für ihre eigenen Ziele unterstützen. Ein ausreichendes Niveau der Zielbindung wird dadurch erreicht, daß die Teammitgliedschaft auf freiwilliger Basis beruht.[274] Förderlich ist auch ein Zielsetzungsprozeß, der eine Kongruenz zwischen den individuellen Wachstumsbedürfnissen und den Zielen des Projektes herstellt. Schließlich trägt auch die Kopplung der Zielsetzungs-Rückmeldungs- und der Anreizsysteme an die kollektive Leistung zu einer Erhöhung des Commitment und der Begeisterung für die Teamziele und -aufgaben bei.

Weitere Defizite können schließlich auch in willkürlichen und unzureichenden Arbeitsansätzen, Rollenverteilungen, Entscheidungsabläufen und Konfliktlösungsmechanismen sowie in einem Desinteresse an persönlichem Wachstum und Erfolg der Teamkollegen liegen. Häufig wird auch der Balanceakt zwischen der Autonomie und der Selbstorganisation des Teams einerseits und der Unterstützung durch und der Einbindung in die Organisation andererseits nicht angemessen beherrscht. Dabei liegen die Defizite in einer zu starken Steuerung des Teams durch die entsprechenden Führungskräfte und Lenkungsgremien oder in einer unzurei-

---

[271] Vgl. Katzenbach / Smith, Teams, 1993, S. 114 und 127.
[272] Vgl. Katz, High Performance R&D-Teams, 1994, S. 251; Leavitt / Lipmann-Blumen, Hot Groups, 1995, S. 110 und 113.
[273] Vgl. Bürgel, Japanische Konkurrenz, 1995, S. 9; Taylor et al., Self-Directed R&D-Teams, 1995, S. 23.
[274] Vgl. Katz, High Performance R&D-Teams, 1994, S. 250.

chenden Unterstützung durch die Projekt- und Linienorganisation mit Informationen, Ressourcen und Wissen.[275]

Desweiteren resultiert aus der losen Einbindung des Teams in die Organisation die Gefahr, daß das Projekt zwar technisch erfolgreich ist, aber aufgrund der fehlenden Akzeptanz in der Organisation kommerziell scheitert. Insbesondere bei innovativen Aufgabenstellungen sollte das Team also den Diffusionsprozeß neuer Ideen und Lösungen in der Organisation aktiv gestalten, indem bedeutende Macht- und Fachpromotoren identifiziert und als Sponsoren des Projektes gewonnen werden.[276] Dies erfordert seitens des Teams außerordentliche soziale und politische Kompetenzen und Fähigkeiten, um politische Strukturen zu erkennen, Netzwerke von Promotoren zu knüpfen und Interessenskonflikte zu regeln.[277]

Zusammenfassend zeichnet sich ein *Hochleistungsteam* in der Produkt- und Prozeßentwicklung durch folgende Merkmale aus: eine geringe Anzahl von Personen, austauschbare und komplementäre Fähigkeiten, ein tieferer Sinn für die gemeinsame Sache, gemeinsame spezifische und ambitionierte Leistungsziele, sorgfältig ausgearbeitete Arbeitsansätze und umfassende gegenseitige Verantwortung sowie Engagement der einzelnen Mitglieder für die persönliche Entwicklung und den Erfolg ihrer Teamkollegen.[278]

### *Spezifische Gestaltung des Veränderungsprozesses der Team- und Gruppeninteraktion*

Insbesondere die Techniken der Teamentwicklung können zur Verbesserung der Team- bzw. Gruppeninteraktion in der Produkt- und Prozeßentwicklung eingesetzt werden. Entsprechend den diagnostizierten Problemen wird dabei an der Größe und der Zusammensetzung des Teams, an seinen Zielen und Aufgaben oder den dafür notwendigen Rollenverteilungen und Entscheidungsmechanismen angesetzt.

Ausgangspunkt der Intervention bilden Fragen zur Gestaltung der Teamstruktur: Gewährleistet die Größe des Teams eine ausreichende Interaktionsdichte? Entspricht das Fähigkeitsniveau des Teams dem Schwierigkeitsgrad der Aufgabe? Ergänzen sich die Fähigkeiten, so daß das notwendige Spektrum an funktionalen bzw. technischen Fähigkeiten, Problemlösungs- und Entscheidungsfindungsfähigkeiten sowie sozialen Fähigkeiten abgedeckt ist?[279] Nach der Gestaltung der Teamstruktur rückt die eigentliche Entwicklung des Teams in den Mittelpunkt der Veränderungsbemühungen. Dabei wird vor allem in die Entwicklung eines gemeinsamen sinngebenden Leitbilds bzw. Zwecks und kollektiver Ziele investiert, um eine Kongruenz zwischen den individuellen Bedürfnissen der Teammitglieder und den organisationalen Projektzielen zu realisieren. Weitere Interventionsmaßnahmen richten sich auf die Lösung von

---

[275] Vgl. Taylor et al., Self-Directed R&D-Teams, 1995, S. 23.
[276] Vgl. Katz, High Performance R&D-Teams, 1994, S. 250.
[277] Vgl. Kelley / Caplan, Star Performers, 1989.
[278] Vgl. Katzenbach / Smith, Teams, 1993, S. 114 und 127; analog: Katz, High Performance R&D-Teams, 1994, S. 245.
[279] Vgl. die Check-Liste für ein "echtes Team" in: Katzenbach / Smith, Teams, 1993, S. 93.

konkreten Problemen der Zusammenarbeit im Team. Dazu gehören die Ziel- und Prioritätensetzung, die Analyse und Allokation der Aufgaben und die Steuerung der Arbeitsprozesse durch Normen und Standards, Informations- und Kommunikationsweisen oder Entscheidungsregeln. Desweiteren zielt die Teamentwicklung auf den Aufbau und Erhalt von effektiven zwischenmenschlichen Beziehungen sowie auf eine effektive Rollenverteilung zwischen den Teammitgliedern.[280] Konkrete Ansätze der Teamentwicklung werden in Tabelle 4-21 zusammengefaßt.

| |
|---|
| Dringlichkeit und Richtung der Ziele und Aufgaben festlegen |
| Teammitglieder nach Fähigkeiten und Leistungspotential auswählen |
| Den ersten Meetings und Taten besondere Beachtung schenken |
| Klare Verhaltensgrundsätze festlegen |
| Einige unmittelbare, leistungsorientierte Aufgaben und Ziele festlegen und in Angriff nehmen |
| Die Gruppe regelmäßig mit neuen Fakten und Informationen fordern |
| Viel Zeit miteinander verbringen |
| Wirkung von positivem Feedback, Anerkennung und Belohnungen nutzen |

*Tabelle 4-21: Gängige Ansätze zum Aufbau von Teamleistung[281]*

Bei diesen Interventionen ist insbesondere die Partizipation der Mitglieder bei der Gestaltung der Team- und Gruppenmerkmale - z.B. in Form der Zielvereinbarung - bedeutend, da nur so sichergestellt werden kann, daß die Mitgliedschaft in der Gruppe ausreichend wahrgenommene Instrumentalität für die Befriedigung individueller Bedürfnisse bereitstellt.

### 4.3.4.3 Führungsinteraktion der Produkt- und Prozeßentwicklung

In der Produkt- und Prozeßentwicklung ergeben sich Führungsinteraktionen - d.h. Interaktionen zur unmittelbaren absichtlichen und zielbezogenen Einflußnahme einer Person auf das Verhalten der Mitglieder einer Arbeitsgruppe[282] - sowohl in der Linien- als auch in der Projektorganisation. Im Mittelpunkt steht also die direkte Einflußnahme von Führungskräften der Entwicklung - z.B. Projektleitern oder Linienmanagern - auf die Motivation und die Fähigkeit der am Entwicklungsprozeß beteiligten Mitarbeiter.[283] Auch in der Produkt- und Prozeßentwicklung zeichnet sich der vor allem in der anglo-amerikanischen Literatur propagierte Paradigmawechsel der Führungsstile und -modelle von dem autoritären Führungsstil des *'Command and Control'* zu dem partizipativen Führungsstil des *'Engage and Empower'* ab.[284] Dieser Paradigmawechsel der Führungsstile ist insbesondere im Kontext von Entwicklungsaufga-

---

[280] Vgl. Beckhard, Team-Building Effort, 1978, S. 149; Schanz, Organisationsgestaltung, 1994, S. 423.

[281] Vgl. Katzenbach / Smith, Teams, 1993, S. 161ff..

[282] Vgl. Gebert / Rosenstiel, Organisationspsychologie, 1989, 150.

[283] Vgl. Domsch / Gerpott, Personalführung, 1988, S. 64.

[284] Vgl. zu diesem Paradigmawechsel z.B.: Bartlett / Ghoshal, Beyond the M-Form, 1993; Argyris, Richtig motivieren, 1995; Simons, Control, 1995; zu diesem Pradigmawechsel in F&E: Takeuchi / Nonaka, Product Development Game, 1986, S. 143f., Bowen et al., Projects, 1994, S. 138ff.; Schröder, F&E-Aktivitäten als Lernprozesse, 1995; S. 60f.; Specht / Beckmann, F&E-Management, 1996, S. 329.

ben bedeutend, die sich durch einen hohen Grad von Neuigkeit, Komplexität und Variabilität und einen niedrigen Grad von Strukturiertheit auszeichnen.

Mit Hilfe einiger Indikatoren läßt sich ein mangelhaftes Führungsniveau als Ursache von Leistungslücken der Produkt- und Prozeßentwicklung ermitteln. Eine anhaltend niedrige Innovativität der Projektergebnisse kann beispielsweise durch einen zu autoritären Führungsstil verursacht werden, der mit detaillierten Zielvorgaben und rigiden Kontrollen die Kreativität einschränkt. Hohe 'Flop-Raten' hingegen können eine Ursache fehlender Richtungsvorgabe und zu loser Kontrolle sein. Die niedrige Verwirklichung der individuellen Bedürfnisse der Zuständigkeit und Selbständigkeit können wiederum das Resultat zu autoritärer Führung und zu großer Kontrolle sein, während die fehlende Verwirklichung von Leistungsbedürfnissen und Bedürfnissen der sozialen Anerkennung und des Ansehens eher auf unzureichende Leistungs-Feedbacks und Gratifikationen hinweisen können.

Ein Hauptdefizit der Führung im F&E-Bereich bzw. in der Produkt- und Prozeßentwicklung besteht darin, daß das Führungsverhalten insgesamt sowohl zur Förderung der Bereitschaft als auch zur Förderung der Fähigkeit der unterstellten Mitarbeiter im Vergleich zu anderen Bereichen bzw. Prozessen unterentwickelt ist. Nach Domsch und Gerpott werden beispielsweise die Führungsaufgaben der Zielsetzung und Rückmeldung und der Laufbahnentwicklung im F&E-Bereich nur unzureichend durchgeführt.[285] Die Ursachen dafür können in einer Personalentwicklung liegen, die geprägt ist von der Dominanz fachlicher Leistungs- und Kompetenzkriterien, so daß die Fähigkeitenprofile von Führungskräften des F&E-Bereichs häufig Schwachstellen in der sozialen Kompetenz aufweisen. Entsprechend diesem häufig vorzufindenden Ursachenzusammenhang setzen die Verbesserungsmaßnahmen an der stärkeren Berücksichtigung sozialer Kompetenzen in der Auswahl und der Entwicklung des Führungsnachwuchses im F&E-Bereich an. Desweiteren kann durch die Institutionalisierung der Zielsetzung-Rückmeldungs-Systeme - z.B. in Form der Mitarbeiterbeurteilung - und der Anreizsysteme ein 'Mindestniveau' des 'idealen' Führungsverhaltens erreicht werden. Schließlich kann durch die Gestaltung der personalen Elemente der Führungsebene, d.h. durch die Gestaltung der Zielsetzung-Rückmeldungs-Systeme, der Anreizsysteme, der Trainingsmaßnahmen und der Laufbahnentwicklung auf das Führungsverhalten eingewirkt werden.[286]

Neben der generellen Vernachlässigung der Führungsaufgaben liegt ein häufiges Defizit auch im Mißlingen des Balanceakts zwischen der Gewährung von Autonomie und der Ausübung von Kontrolle und Unterstützung. Im Kontext innovativer Aufgabenstellungen ist nicht ein 'Trade-off' zwischen diesen Elementen gefordert, sondern eine Balancierung auf möglichst hohem Niveau.[287] Dieser *Trade-off-Shift* wird möglich, wenn die traditionellen Formen der Autonomie und Kontrolle durch neue Formen ersetzt werden.

---

[285] Vgl. Domsch / Gerpott, Personalführung, 1988, S. 70.
[286] Vgl. dazu auch: Gerpott, Karriereentwicklung, 1988, S. 387ff..
[287] Vgl. White, Stimulating Innovative Thinking, 1996, S. 31.

Inhalt der Veränderung und inhaltsspezifische Techniken 359

In modernen Ansätzen wird die traditionelle Führung über detaillierte Zielvorgabe, strikte Ressourcenplanung und rigide Kontrolle der Entwicklungsprojekte ersetzt durch eine Führung über richtungsweisende Visionen und anspruchsvolle, aber undetaillierte Ziele, große Freiheitsgrade und subtile Kontrolle.[288] Die Gewährung von Autonomie erfolgt durch die Einräumung selbständiger Wahlmöglichkeite bezüglich der Ressourcen und Mittel zur Erreichung von anspruchsvollen Zielen. Die Ausübung von Kontrolle erfolgt über die Sinn- und Zweckstiftung anspruchsvoller Visionen, über konstruktive Rückmeldung erzielter Leistungen und über kritisches Hinterfragen des Status Quo.[289] Die Führungskräfte sind nicht mehr die 'Chefentwickler' bzw. 'Chefproblemlöser', sondern die 'Sponsoren', 'Berater' und 'Coaches' der Problemlösung, die systematisch die Fähigkeiten und Kompetenzen ihrer Mitarbeiter zur Generierung und Realisierung innovativer Geschäfte, Produkte oder Prozesse ausbauen.[290] Insofern ähneln sie *'Venture Capitalists'*, die nicht die Geschäftsideen und Problemlösungen vorgeben, sondern in die Kompetenzen und Fähigkeiten der Träger von Geschäftsideen investieren.[291] Desweiteren sind die Führungskräfte nach dem neuen Paradigma nicht nur Spezialisten in ihrer Funktion, sondern vor allem auch Generalisten, die die Fähigkeit besitzen, ganzheitlich zu denken und verschiedene Funktionen zu integrieren.[292] Schließlich sind sie nicht der Initiator, Planer und Implementierer detaillierter Verbesserungsmaßnahmen, sondern sie fungieren als Einrichter und Impulsgeber von Lernarenen und kontinuierlichen Verbesserungsprozessen.

Der propagierte Paradigmawechsel der Führungsstile erfordert auch neue Führungstechniken. Nach White kann der Balanceakt von Autonomie und Kontrolle in der Führung innovativer Entwicklungsaufgaben mit der Hilfe von "*Cognitive Coaching Dialogues*" erreicht werden.[293] Cognitive Coaching Dialogues können eingesetzt werden, um das innovative und kreative Denken durch provozierende Anreize im Dialog zu stimulieren. Dabei nutzt der Führende bzw. der 'Coach' im Dialog eine Kombination von möglichen *Denkmustern* und *Dialogtechniken*, um die Gedanken des Geführten bzw. des Entwicklers auf eine optimale Problemlösung zu lenken. Als mögliche Denkmuster kommen Metaphern und Analogien, Theorien und Hypothesen, logische Analyse und deduktive Ableitung, Modelle und Diagramme, subjektive Erfahrungen sowie modifizierende Heuristiken und Perspektiven in Frage. Als mögliche Dialogtechniken dienen die sprachlichen und habituellen Techniken, mit denen Fragen gestellt und Aussagen formuliert werden. Dazu gehören offene und geschlossene Fragen zur Sammlung von Informationen oder Zusammenfassungen und Paraphrasierungen zur Betonung und Klarstellung wichtiger Informationen. Desweiteren zählen dazu klärende Äußerungen zur Fokussierung des Dialogs oder Vorschläge und Hinweise zur Einengung des Lösungsspektrums.

---

[288] Vgl. Takeuchi / Nonaka, New Product Development Game, 1986, S. 138 und 143.
[289] Vgl. Bowen et al., Projects, 1994, S. 133.
[290] Vgl. Bowen et al., Projects, 1994, S. 133; Schröder, F&E-Aktivitäten als Lernprozesse, 1995, S. 60; White, Stimulating Innovative Thinking, 1996.
[291] Vgl. Katz, High Performance R&D Teams, 1994, S. 251.
[292] Vgl. Bowen et al., Projects, 1994, S. 138; Leavitt / Lipman-Blumen, Hot Groups, 1995, S. 115.
[293] Vgl. White, Stimulating Innovative Thinking, 1996.

Der Verweis des Coaches auf die Ähnlichkeit einer technischen Problemstellung zu Phänomenen in der Natur rekurriert beispielsweise auf die Kombination eines Denkmusters der Analogie mit der Dialogtechnik des Vorschlags bzw. des Hinweises. Durch die geeignete Kombination der Denkmuster und Dialogtechniken kann der Aufbau des Dialogs so gelenkt werden, daß zunächst eine Atmosphäre des Vertrauens durch aufrichtiges Interesse, gegenseitigen Respekt und minimale Kritik geschaffen wird, bevor konkrete Lösungen und Maßnahmen diskutiert werden.

### 4.3.5 Ansatz am mentalen Kontext

Der mentale Kontext der Produkt- und Prozeßentwicklung beinhaltet die mentalen und ideellen Vorstellungs- und Orientierungsmuster, die das Verhalten und die Leistung der am Innovations- bzw. Entwicklungsprozeß beteiligten Mitarbeiter beeinflussen.[294] Der mentale Kontext wird im wesentlichen durch das mentale Leitbild - Kernideologie und Vision - konstituiert, das sich in der Produkt- und Prozeßentwicklung in zweierlei Hinsicht konkretisieren kann: einerseits in Form von Normen, Standards und Symbolsystemen für die generelle Ausrichtung der Entwicklungsaktivitäten und andererseits in Form eines visionären Projektmanagements zur spezifischen Ausrichtung einzelner Entwicklungsvorhaben.

Der mentale Kontext ist für den Erfolg oder Mißerfolg von Innovationen von zentraler Bedeutung.[295] Dabei wird insbesondere die Bedeutung von mentalen Leitbildern sowie von Normen und Standards hervorgehoben, die zu kooperativen und integrativen Verhaltensweisen der Organisationmitglieder im Innenverhältnis führen.[296] Dies ist ein zentraler Aspekt von Veränderungsbestrebungen des mentalen Kontexts der Produkt- und Prozeßentwicklung, da die mentalen Orientierungsmuster des F&E-Bereichs häufig ein Subsystem bilden, das nicht notwendigerweise mit dem Gesamtsystem der im Unternehmen dominierenden Orientierungsmuster kongruent ist. Dies liegt an der häufig vorherrschenden Orientierung der Werte und Verhaltensweisen des F&E-Bereichs an einem wissenschaftlichen Bezugssystem bzw. an der engen Anbindung der Forscher und Entwickler an die *'Scientific Community'*.[297] Diese interfunktionalen Barrieren, die durch unterschiedliche Wertsystem entstanden sind, lassen sich durch die Förderung von Leitbildern und Werten der kooperativen und integrativen Zusammenarbeit überwinden. Insgesamt sind die kooperations- und integrationsfördernden Orientierungsmuster allerdings nur ein Ausschnitt aus dem Einflußspektrum des mentalen Kontexts auf individuelles Verhalten.

---

[294] Vgl. zur Abgrenzung zur Organisationskultur: Kapitel 3.3.1.3.3 und Kapitel 3.3.2.2.

[295] Vgl. zum Zusammenhang (Miß-)Erfolg von Innovationen und Unternehmenkultur: Kieser, Unternehmenskultur, 1986, S. 44.

[296] Vgl. Corsten, Innovationsmanagement, 1989, S. 13; Kieser, Innovation und Kooperation, 1990, S. 159ff.; Reiß / Corsten, Integrative Führungssysteme, 1992, S. 165ff..

[297] Vgl. Saad et al., F&E-Strategie, 1991, S. 161; Schröder, F&E-Aktivitäten als Lernprozesse, 1995, S. 63.

Neben dem unzureichenden Niveau kooperativer und integrativer Verhaltensweisen können die Defizite des mentalen Kontexts vor allem durch ein nachhaltiges Verfehlen der organisationalen Potentialziele und der individuellen Verhaltensziele - vor allem in Bezug auf soziale Bedürfnisse und Wachstumsbedürfnisse - indiziert werden (vgl. Tabelle 4-22). Der fehlende Aufbau von Leistungspotentialen kann beispielsweise seine Ursache in einer zu engen Definition des Grundzwecks der Entwicklung oder in innovationsfeindlichen Werten und Einstellungen haben. Ein niedriges Niveau in der Verwirklichung individueller Bedürfnisse der Anerkennung und Selbstverwirklichung kann beispielsweise dadurch verursacht werden, daß die Qualität und Dichte der ideellen und emotionalen Impulse durch die Ideen und Projekte der Entwicklung weder motivieren noch begeistern kann. In diesem Zusammenhang kann auch die fehlende soziale Anerkennung durch das Unternehmensumfeld als Indikator für Defizite des mentalen Kontextes aufgefaßt werden, insbesondere dann, wenn der Grundzweck und die zentralen Werte in ihrer Verkörperung durch die Produkte und Dienstleistungen des Unternehmens nicht honoriert werden.[298]

| Indikatoren für Leistungslücken bzw. Probleme |
|---|
| • Potentialziele der Entwicklung nicht erreicht<br>   - Langfristiger Unternehmenswert<br>   - Produkt-/Marktziele<br>   - Technologieziele<br>   - Innovations-/Entwicklungsfähigkeitsziele<br>   - Personal-/Sachressourcenziele<br>   - Kooperationsziele<br>• Fehlende Verwirklichung individueller Bedürfnisse durch Mitgliedschaft in der Organisation<br>   - Soziale Anerkennung/Zugehörigkeit (auch gegenüber Dritten)<br>   - Selbständigkeit und Kompetenz<br>   - Selbstverwirklichung |

*Tabelle 4-22: Indikatoren für Leistungslücken bzw. Probleme im mentalen Kontext*

Durch die Diagnose der Defizite der mentalen Orientierungsmuster kann ein Interventionsbedarf identifiziert werden. Allerdings ergeben sich bei der Intervention zwei wesentliche Probleme, die bei den Veränderungsbemühungen des mentalen Kontexts beachtet werden sollten. (1) Die Zielsetzung der Veränderungsbemühungen ist zwar der 'Art nach', aber jedoch nur eingeschränkt der 'Höhe' nach definierbar. In Bezug auf das angestrebte Wertesystem lassen sich die 'richtigen Werte' - z.B. Förderung von Vertrauen, Respekt, Kooperation etc. - zwar prinzipiell identifizieren. Die 'richtige' Höhe, d.h. die 'optimale' Stärke der verhaltensdeterminierenden Wirkung der Werte, läßt sich allerdings nur schwer ermitteln, da sich Argumente sowohl für ein hohes als auch für ein niedriges Niveau von Prägnanz, Verbreitungsgrad und Verankerungstiefe der Orientierungsmuster finden lassen.[299] In dynamischen Umfeldern kann sich sogar eine schwache verhaltensdeterminierende Wirkung der Orientierungsmuster als vorteilhaft erweisen, da sich so die Spielräume für dezentrale Lern- und Anpassungsprozesse

---

[298] Vgl. zum Einfluß des Markterfolgs auf das Motivationsniveau: Wheelwright/Clark, Revolutionizing, 1992, S. 6.

[299] Vgl. Schreyögg, Organisationskultur, 1992, Sp. 1530ff..

vergrößern. (2) Der mentale Kontext ist als ein Resultat der wechselseitigen Konstitutionsprozesse zwischen individuellen und organisationalen Wahrnehmungs - und Handlungsprozessen aufzufassen. Der Einfluß der geplanten, formalen Gestaltung auf dieses Konstitutionsverhältnis darf nicht überschätzt werden. Interventionen in den mentalen Kontext sind folglich langfristige kollektive Prozesse. Entsprechend darf auch die Wirkung einzelner Interventionsmaßnahmen - wie die schriftliche Fixierung von Leitbildern und Werten oder die Durchführung symbolischer Aktionen - nicht überbewertet werden.

### 4.3.5.1 Mentales Leitbild der Produkt- und Prozeßentwicklung

Das mentale Leitbild der Produkt- und Prozeßentwicklung setzt sich aus der auf die Gegenwart gerichteten eher statischen Komponente der *Kernideologie* und aus der auf die Zukunft gerichteten eher dynamischen Komponente der *Vision* zusammen.[300] Die Kernideologie besteht wiederum aus dem *Kernzweck* und den *Kernwerten*. Nachfolgend werden mögliche Interventionen im Bereich des mentalen Leitbilds und in dem der Kernwerte der Produkt- und Prozeßentwicklung dargestellt. Die Ansätze der visionären Komponente können der Darstellung des Veränderungsprozesses entnommen werden.

| Mögliche leistungshemmende Verhaltensmuster und Handlungstheorien | Beispiel |
|---|---|
| • Kernzweck des Innovations- bzw. des Entwicklungsprozesses zu eng gefaßt | • Entwicklung dient der kurzfristigen Gewinnmaximierung und der Beseitigung aktueller Qualitäts-/Kostenprobleme |
| • Kernwerte zu sehr extrinsisch begründet und unzureichend von kurz- und mittelfristigen Zielen und Strategien differenziert | • Qualität als Wert oder als Zielsetzung operativer und strategischer Programme? |

*Tabelle 4-23: Typische Problemmuster des mentalen Leitbilds der Produkt- und Prozeßentwicklung*

*Kernzweck der Produkt- und Prozeßentwicklung:* Ein häufiger Ansatzpunkt für Interventionsmaßnahmen im Bereich des mentalen Leitbilds ist ein zu eng gefaßtes Verständnis des Kernzwecks, d.h. der *raison d'être* der Innovations- und Entwicklungsprozesse.[301] Wenn der wesentliche Zweck der Entwicklung in der kurzfristigen Gewinnmaximierung und Umsatzgenerierung oder in der Beseitigung akuter Qualitäts- und Kostenprobleme gesehen wird, dann verwundert es nicht, daß die mittel- bis langfristigen Potentialziele des Unternehmens nicht verwirklicht werden können und daß den Entwicklungsaufgaben kein intrinsischer Wert beigemessen wird. Analog zu den Ansätzen des *Business Modell Reframing* oder der *Remodellierung* auf Unternehmensebene lassen sich auch auf der Ebene des Innovations- bzw. Entwicklungsprozesses durch eine Erweiterung des Zweckverständnisses positive Leistungseffekte erzielen. Dabei sind zwei Erweiterungsstufen vorstellbar.

Die erste Erweiterungsstufe des Zweckverständnisses betrifft die Bedeutung der Innovation bzw. Entwicklung für das gesamte Unternehmen. Die häufig festzustellende Fokussierung der

---

[300] Vgl. Collins / Porras, Vision, 1996, S. 66.
[301] Vgl. z.B. Miller, Broader Mission for R&D, 1995.

Entwicklung auf ein singuläres, isoliertes Projekt oder Produkt kann in Richtung der Fokussierung auf einen Entwicklungspfad integrierter Projekte oder Produkte verlagert werden. Dementsprechend sollte der Zweck nicht nur in der Entwicklung der nächsten Generation von Produkten oder Prozessen liegen, sondern vor allem im systematischen, schrittweisen Aufbau strategisch bedeutender Fähigkeiten und Kompetenzen sowie neuer Leistungs- und Geschäftspotentiale. Insofern dient die Entwicklung der kontinuierlichen Neuerschaffung des gesamten Unternehmens.[302] Dies wird insbesondere dann deutlich, wenn im Rahmen eines Restrukturierungs- bzw. Turn-Around-Programmes die Existenz des Unternehmens von der nächsten Produktgeneration abhängt. In solchen Fällen sichert die Entwicklung und Vermarktung neuer Produkte nicht nur den Fortbestand des Unternehmens, sondern kann darüber hinaus auch das desillusionierte und 'ramponierte' Selbstverständnis der Organisation nach den Mißerfolgen der Vergangenheit wieder aufbauen.

Die zweite Erweiterungsstufe des Zweckverständnisses betrifft die Bedeutung der Innovation bzw. Entwicklung für das soziale Umfeld des Unternehmens. Diese Erweiterung entspricht den Ansätzen des *Business Model Reframing* bzw. der *Remodellierung* auf der Unternehmensebene. Dabei wird der Kernzweck der Entwicklung und Vermarktung von Produkten nicht ausschließlich im oberflächlichen und kurzfristigen Nutzenbeitrag für eine konkrete Kundengruppe, sondern vor allem in einem wesentlichen und nachhaltigen Beitrag zur gesellschaftlichen Wohlfahrt gesehen. Dieses Zweckverständnis bietet sich beispielsweise für Entwicklungsprojekte im Rahmen der Raumfahrtindustrie, der pharmazeutischen Industrie oder der Umweltindustrie im weitesten Sinne an. Die Verankerung des Kernzwecks der Produkt- und Prozeßentwicklung in bedeutenden gesellschaftlichen Problemen und Herausforderungen schafft hohe intrinsische Motivation.

*Kernwerte der Produkt- und Prozeßentwicklung:* Als Kernwerte der Produkt- und Prozeßentwicklung soll eine geringe Anzahl von Leitprinzipien verstanden werden - bezüglich der Art und Weise, wie die Organisation Wert schöpft, bezüglich des angestrebten Leistungsniveaus und der Verhaltensweisen der Organisationsmitglieder im Innen- und Außenverhältnis. In der Produkt- und Prozeßentwicklung findet man eine Vielzahl solcher Leitprinzipien. In Bezug auf die Art und Weise der Wertschöpfung gehören dazu die Werte, die mit der Innovation selber - wie z.B. Innovativität und Risikobereitschaft - verknüpft sind.[303] Im Zusammenhang mit diesen Leitprinzipien wird beispielsweise die optimale Förderung von Innovatoren oder die Toleranz gegenüber individuellen Fehlern gefordert. In Bezug auf das angestrebte Leistungsniveau wird vor allem die hohe Qualität von Produkten und Prozessen als ein zentraler Wert angesehen, auf dessen Verwirklichung zahlreiche Veränderungsinitiativen hinzielen.[304] In Bezug auf die Verhaltensweisen der Organisationsmitglieder werden vor allem die

---

[302] Vgl. Entwicklung des digitalen Kopierens bei Xerox als neues Denkmodell von der Organisation: Brown, Research, 1991, S. 38f. und 43ff..

[303] Vgl. Pearson, Innovation, 1990; Corsten, Innovationsmanagement, 1989, S. 14; Kieser, Innovation, 1990, S. 169; Saad et al., F&E-Strategie, 1991, S. 79.

[304] Vgl. z.B. zur Total Quality Culture: Zink, Qualität, 1989, S. 23 ff..

Leitprinzipien der Integration und Kooperation als anzustrebende Werte betrachtet.[305] Diese beruhen auf den im sozialen Leitbild bereits angesprochenen Werten der Offenheit, des Vertrauens, des Respekts und der Anerkennung. Schließlich kann auch das Lernen insgesamt als ein grundlegender Wert betrachtet werden, dessen Verwirklichung die Einrichtung einer lernorientierten Organisationkultur erfordert.[306] Diese zeichnet sich aus

> ... durch die Bereitschaft aller Mitarbeiter, ihr Wissen zu teilen, die Offenheit der Organisation nach außen, die Bereitschaft, Erreichtes ständig infragezustellen und zu experimentieren sowie die Fähigkeit, (auch) aus Fehlschlägen zu lernen ... .[307]

Die der Innovation und Entwicklung zugrunde liegenden Wertesysteme können hinsichtlich der Zusammensetzung grundsätzlich verschieden sein. Entscheidend ist also nicht die Kopie eines vermeintlich besten Wertesystems, sondern die Entdeckung und Förderung eines eigenen Wertesystems, das einerseits auf den intrinsischen Motiven der Mitarbeiter beruht und andererseits zur Verwirklichung der organisationalen Ziele beitragen kann. In der fehlenden intrinsischen Fundierung und der unzureichenden Abgrenzung des Wertesystems zu den kurz- und mittelfristigen Zielen und Strategien liegt auch ein häufiges Defizit.[308] Im Rahmen der 'Total-Quality-Management-Bewegung' des letzten Jahrzehnts ist hohe Qualität zum zentralen Wert der Produkt- und Prozeßentwicklung erhoben worden, obwohl es sich in vielen Fällen eher um eine Zielsetzung eines strategischen oder operativen Programms handelt. Hohe Qualität - aus einer objektiven Perspektive - ist nicht in jedem Fall zu den organisationalen Zielen kongruent und ist nur selten durch die individuellen Bedürfnisse und Motive unmittelbar konstituiert. Ähnlich verhält es sich mit hoher Integration und Kooperation als zentraler Wert der Zusammenarbeit im Innenverhältnis. Im Bemühen der letzten Jahre, die Leistungslücke zu japanischen Unternehmen zu schließen, orientierten sich viele Unternehmen an der Integrations- und Kooperationskultur von 'Best-Practice-Unternehmen' in Japan. Allerdings lassen sich diese Werte nur bedingt in den europäischen und nordamerikanischen Unternehmen fördern, da in diesen Kulturräumen durch individuelle Verantwortung und Leistung tendenziell eine höhere intrinsische Motivation erzielt wird, als dies durch kollektive Verantwortung und Leistung möglich wäre.[309] Folglich muß ein Mix integrationsfördernder und individuenzentrierter Werte angepeilt werden, wobei integrationsfördernde Werte in der Regel mit extrinsischen Anreizen verstärkt werden können.

Der Veränderungsprozeß des mentalen Leitbilds ist eher ein Entdeckungs-, Detaillierungs- und Kommunikationsprozeß als ein Prozeß der Neukonstruktion. Zur Entdeckung lassen sich die bereits geschilderten Verfahren der 'Five Whys' und der 'Mars Group', zur Detaillierung

---

[305] Vgl. Corsten, Innovationsmanagement, 1989, S. 13; Kieser, Innovation und Kooperation, 1990, S. 159ff.; Reiß / Corsten, Integrative Führungssysteme, 1992, S. 165ff..

[306] Vgl. Schröder, F&E-Aktivitäten als Lernprozesse, 1995, S. 62f.; analog: Bowen et al., Development Projects, 1994, S. 111f..

[307] Schröder, F&E-Aktivitäten als Lernprozesse, 1995, S. 62f..

[308] Vgl. Collins / Porras, Vision, 1996, S. 67ff..

[309] Vgl. Reiß / Corsten, Integrative Führungssysteme, 1992, S. 167.

die beschriebenen Konstruktionsprzesse und 'Enactment Processes' und zur Kommunikation die schriftliche Fixierung und die symbolische Führung verwenden.

### 4.3.5.2 Normen, Standards und Symbolsysteme zur generellen Ausrichtung der Entwicklungsaktivitäten

Die Normen und Standards der Produkt- und Prozeßentwicklung sind die konkretisierten Wertvorstellungen und Verhaltensleitlinien, mit denen das individuelle Verhalten zur Wahrung von Chancen und zur Vermeidung von Risiken in Bezug auf die zentralen Ziele und Werte beeinflußt wird. In der Form von Geboten und normativen Aufforderungen werden beispielsweise innovatives Verhalten, Risikobereitschaft und Toleranz gegenüber Fehlern gefördert. Dazu gehören Regeln, nach denen jeder Mitarbeiter einen festen Anteil seiner Arbeitszeit für die Entdeckung und Förderung kreativer Ideen aufwenden soll, nach denen jeder Mitarbeiter innerhalb eines vorgegebenen Budgets eigene Ideen und Projekte vorantreiben darf oder nach denen die Risikoträger bei Fehlschlägen nicht automatisch in der Karriereentwicklung benachteiligt werden.[310]

Mit der zunehmenden Dezentralisierung von unternehmerischer Verantwortung werden Normen und Standards vor allem in der Form von Geboten formuliert, um schädigendes Verhalten bei einem minimalen Eingriff in die unternehmerische Autonomie und Selbstorganisation zu vermeiden. Dazu gehören Regeln, die die kurzfristige Gewinn- und Umsatzmaximierung zu Lasten des langfristigen Aufbaus von Leistungspotentialen vermeiden sollen. Mit solchen Regeln können die Ergebnis- und Umsatzorientierung verstärkt, die Kundenorientierung gefördert, die Komplexität begrenzt, die interfunktionale Zusammenarbeit gestärkt und die Portfolio- und Ressourcensteuerung verbessert werden (vgl. Tabelle 4-5).

Innerhalb des Veränderungsprozesses können die Normen und Standards gemäß den identifizierten Leistungslücken, den gesetzten Zielen und den geförderten Werten formuliert und kommuniziert werden. Die nachhaltige Verankerung dieser Normen und Standards verlangt ein rigides Einfordern seitens der Führungskräfte. Neben dem Ansatz an den Normen und Standards können durch die Veränderung der Symbolsysteme positive Signale für eine Verhaltensveränderung gesetzt werden. Beispielsweise können durch die spontane Teilnahme 'hoher' Führungskräfte an Trainings- und Coaching-Maßnahmen oder an neu geschaffenen Regelungsmechanismen der Projektarbeit positive Impulse für die Akzeptanz der neuen Verhaltensweisen gesetzt werden.

### 4.3.5.3 Visionäre Führung zur spezifischen Ausrichtung einzelner Entwicklungsvorhaben

An einem einzelnen Entwicklungsprojekt sind in der Regel viele Mitarbeiter aus verschiedenen Funktionen in unterschiedlichen Subteams beteiligt. Die Gestaltungsentscheidungen be-

---

[310] Vgl. die Förderung der Initiative von 'informalen' Projekten bei DEC: Leonard-Barton et al., Integrate Work, 1994, S. 125.

züglich einzelner Komponenten, Teile und Prozesse werden in der Regel dezentral in den entsprechenden Subteams getroffen. Diese dezentrale Parametergestaltung erfordert ein Mindestmaß an Integration und Koordination, damit aus der Kundenperspektive ein attraktives Produkt und aus der Unternehmensperspektive ein optimales Wertschöpfungssystem und ein nachhaltiger Beitrag zum Aufbau von Leistungspotentialen geschaffen werden. Zur notwendigen Integration und Koordination kann neben den strukturellen Mechanismen wie Phasen-Meilenstein-Abläufen, Simultaneous Engineering Teams und Design Reviews auch eine visionäre Führung genutzt werden. Dabei lassen sich zwei Perspektiven unterscheiden. Aus der Unternehmensperspektive sollte die visionäre Führung gewährleisten, daß das einzelne Projekt auf dem von der Gesamtvision des Unternehmens vorgezeichneten Entwicklungspfad liegt.[311] Dadurch können durch das einzelne Projekt entsprechend der Veränderungsvision des gesamten Unternehmens die notwendigen Fähigkeiten und Kompetenzen geschaffen und die förderlichen Werte und Normen verstärkt werden, ohne daß diese Entwicklung in Form von konkreten Maßnahmen und Verantwortlichkeiten den einzelnen Mitarbeitern und Teams detailliert vorgegeben werden muß.

Aus der Kundenperspektive sollte die visionäre Führung gewährleisten, daß das Produkt ein Nutzenbündel bereitstellt, das nicht nur die Basis- und Leistungsanforderungen, sondern auch die Begeisterungsanforderungen erfüllt.[312] Dies erfordert weit mehr als die technische Integration der Subsysteme und Teile zu einem funktionierenden Produkt. Vielmehr muß den potentiellen Käufern eine in sich stimmige Botschaft vermittelt werden, die mit ihren bestehenden Leitbildern, Werten und Lebensstilen im Einklang steht bzw. neue attraktive mentale Modelle anbietet.[313] Entscheidend sind dabei die Wahrnehmungs- und Interpretationsprozesse, die der Kunde aus dem direkten Gebrauch bzw. Produkterlebnis und den sonstigen indirekten Informationsquellen wie etwa der Werbung ableitet. Die visionäre Führung des Entwicklungsprojektes sollte folglich eine Art von Wertegemeinschaft zwischen den Entwicklern und den Kunden ermöglichen. Die dezentral getroffenen Gestaltungsentscheidungen können durch eine kollektiv geteilte, zentrale Vision des Produktes angeleitet werden, so daß insgesamt ein konsistentes Produkterlebnis vermittelt werden kann.

Die visionäre Führung des Entwicklungsprojektes bzw. die Ausrichtung der Gestaltungsentscheidungen auf ein zentrales Wertebündel ist eng mit dem Entwurf des Produktkonzeptes verknüpft. Das Konzept ist quasi die Seele des Produktes, mit dem die Fragen nach dem Zweck und Nutzen, nach der potentiellen Zielgruppe, nach dem Charakter, Image und der Persönlichkeit sowie nach der Bedeutung und den Gefühlswerten aus der Sicht des Kunden beantwortet werden.[314] Zur Einrichtung dieses zentralen Leitbilds bzw. Wertebündels als Führungsinstrument des Innovations- bzw. Entwicklungsprozesses bedarf es kollektiver *Enact-*

---

[311] Vgl. Bowen et al., Development Projects, 1994, S. 113 und 134ff..

[312] Vgl. Kano, Attractive Quality, 1984; Berger, Kano's Methods, 1993.

[313] Vgl. das Konzept der *"Produktintegrität"*: Clark / Fujimoto, Erfolgsgeheimnis, 1991, S. 26ff.; das Konzept des *"Metaquality Product"*: Walsh, Metaquality Product, 1993, S. 44.

[314] Vgl. Clark / Fujimoto, Erfolgsgeheimnis, 1991, S. 29 und 33.

*ment-Processes*, in denen unter Anleitung des Projektleiters oder eines Moderators ein möglichst großer Anteil der Entwicklungsmannschaft Antworten auf obige Fragen entwirft und diskutiert. Dabei können Kunden in Form von Fokus-Gruppen oder zu einem späteren Zeitpunkt auch in Form von *Product Clinics* beteiligt werden. Bei der Entwicklung der vierten Generation des Honda Akkords führte ein solcher kollektiver und mentaler Enactment-Prozeß zu dem Entwurf der Produktbotschaft "eines ausgemachten Gefühls der Zuverlässigkeit", des Images "eines Rugbyspielers im Nadelstreifenanzug" und der Imageattribute: "ohne alte Zöpfe, freundlich im Umgang, robust im Fahrverhalten, frei von Streß und für immer davon angetan."[315] Eine solche Versinnbildlichung des Produktkonzepts in Metaphern bietet den am Entwicklungsprozeß beteiligten Mitarbeitern ein klaren mentalen Rahmen für die technische Detaillierung der einzelnen Module und Komponenten.[316]

## 4.4 Veränderungsstrategien und -pfade der Produkt- und Prozeßentwicklung

Die Veränderungsstrategien der Produkt- und Prozeßentwicklung sollen als Kombinationen von Inhalts- und Prozeßelementen und den damit verknüpften Techniken betrachtet werden, die in Abhängigkeit von den jeweiligen spezifischen Bedingungskonstellationen die Leistung dieses Kernprozesses nachhaltig steigern können. Nachfolgend werden die generischen Veränderungsstrategien der Produkt- und Prozeßentwicklung in Bezug auf ihre inhaltliche Gestaltung kurz beschrieben.[317] Anschließend wird auf die situative Auswahl und Anpassung der Veränderungsstrategien eingegangen, bevor abschließend mögliche Veränderungspfade exemplarisch dargestellt werden.

### 4.4.1 Generische Veränderungsstrategien der Produkt- und Prozeßentwicklung

Insgesamt wird der Einsatz ganzheitlicher Veränderungsstrategien der Produkt- und Prozeßentwicklung in der Praxis - trotz großer Leistungslücken - nicht häufig realisiert.[318] Dies resultiert in vielen Fällen aus einem kurzsichtigen und engen Verständnis des eigentlichen Zwecks der Entwicklung. Solange der Entwicklungsprozeß auf einer nur kurzfristigen Fokussierung singulärer Produkte und einzelner Probleme basiert, werden auch die eingeleiteten Veränderungsprogramme sich hauptsächlich auf die Schließung kurzfristiger Leistungslücken beziehen. Hingegen bleibt die Leistungslücke zum Niveau bedeutender Wettbewerber oder zum Niveau eines nachhaltigen Wettbewerbsvorteils ungeschlossen.

---

[315] Vgl. Clark / Fujimoto, Erfolgsgeheimnis, 1991, S. 29.
[316] Vgl. auch das Beispiel des Honda City in: Nonaka, Japanische Konzerne, 1992, S. 99.
[317] Die Gestaltung der prozessualen Elemente der Veränderungsstrategien kann Kapitel 3.4.3.1.3 entnommen werden.
[318] Vgl. Wheelwright / Clark, Revolutionizing, 1992, S. 335ff..

368  Applikation der Modellskizze für die Veränderung der Produkt- und Prozeßentwicklung

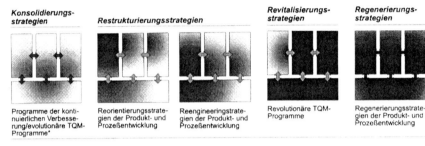

*Abbildung 4-40: Generische Veränderungsstrategien der Produkt- und Prozeßentwicklung (Inhaltliche Differenzierung)*

Entsprechend dem häufig festzustellenden engen Zweckverständnis überwiegen in der Produkt- und Prozeßentwicklung singuläre Veränderungsansätze an einzelnen Inhaltselementen, die man allenfalls den Konsolidierungsstrategien zuordnen kann. Dazu gehören beispielsweise die Implementierung vereinzelter Elemente der Ablauf-, Aufbau- oder Regelungsstrukturen oder die Einführung einzelner Methoden und Instrumente des Projektmanagements oder der Qualitätssicherung. Als ganzheitliche Veränderungsstrategien werden in der Produkt- und Prozeßentwicklung vor allem die Konsolidierungsstrategien in Form von Programmen der kontinuierlichen Verbesserung, die Restrukturierungsstrategien in Form von Programmen der Entwicklungszeitverkürzung und die Revitalisierungsstrategien in Form von TQM-Programmen eingesetzt.[319] Die Regenerierungsstrategien sind hingegen gegenwärtig lediglich in Ansätzen zu finden.

### 4.4.1.1 Konsolidierungsstrategien der Produkt- und Prozeßentwicklung

Die Konsolidierungsstrategie kann zur kontinuierlichen, inkrementellen Verbesserung der Leistung der Produkt- und Prozeßentwicklung eingesetzt werden.[320] Dabei treten vor allem evolutionäre Lernprozesse auf, d.h. die dominierenden Handlungstheorien und Verhaltensweisen der einzelnen inhaltlichen Elemente werden nicht grundlegend hinterfragt, sondern entlang der eingeschlagenen Richtung optimiert und verfeinert. Prinzipiell ist mit Konsolidierungsstrategien kein inhaltlicher Fokus verknüpft. In der Praxis der Produkt- und Prozeßentwicklung ist allerdings häufig eine Fokussierung bzw. eine Beschränkung auf den funktionalen Kontext - vor allem auf die Ablauf-, Aufbau- und Regelungsstrukturen sowie auf die Problem-Lösungs-Zyklen - festzustellen. Im wesentlichen lassen sich folgende Interventionsmaßnahmen und -strategien unterscheiden, die im weitesten Sinne als Konsolidierungsstrategien aufgefaßt werden können.

---

[319] Vgl. Clark / Fujimoto, Erfolgsgeheimnis, 1991, S. 35.
[320] Vgl. die Analogie zu *"Kaizen"*: Imai, Kaizen, 1986, S. 15.

*Einführung und kontinuierliche Verbesserung einzelner Methoden und Instrumente:* Ein großer Teil der Interventionsmaßnahmen der Produkt- und Prozeßentwicklung betrifft die Einführung und anschließende kontinuierliche Verbesserung einzelner Methoden und Instrumente der Problem-Lösungs-Zyklen.[321] Dazu gehören Methoden und Instrumente zur systematischen Identifizierung und Integration der Produkt- und Prozeßanforderungen. In erster Linie sind dies Methoden und Instrumente zur Kundenorientierung (z.b. QFD und Target Costing), zur Funktionalitätssicherung und Fehlervermeidung (z.b. FMEA und Tagushi) und zur Produktionsgerechtigkeit (DFA/DFM/DFx und Prozeßfähigkeit).[322] Desweiteren zählen dazu besondere Test- und Versuchsverfahren, Prototyping-Verfahren, CAx-Instrumente und Datenbank- und Expertensysteme. Eine zweite Gruppe von Interventionsmaßnahmen bildet die Einführung und kontinuierliche Verbesserung von Methoden und Instrumenten des Projektmanagements bzw. der Projektregelung. Dazu gehören die Methoden und Instrumente der Projektfortschrittskontrolle wie Terminplansysteme oder Ressourcenplanungs- und -kontrollsysteme.

Die Wirkung des singulären Einsatzes dieser Interventionsmaßnahmen auf die Verbesserung der Gesamtleistung der Produkt- und Prozeßentwicklung sollte nicht überschätzt werden. Durch die Implementierung dieser Methoden und Instrumente strahlen zwar auch positive Effekte auf die Qualität der sozialen Interaktionen in den Projektteams und in der Projektführung und auf das Niveau individueller Fähigkeiten aus. Der unmittelbare Ansatz an diesen Elementen zur nachhaltigen Verbesserung der Leistung kann allerdings durch diese Effekte nicht ersetzt werden.

*Einführung und kontinuierliche Verbesserung einzelner struktureller Elemente:* Im letzten Jahrzehnt richteten sich viele der Veränderungsbemühungen auf die Einführung und kontinuierliche Verbesserung einzelner struktureller Elemente zur Überwindung des durch funktionale Isolation und sequentiellen Ablauf geprägten *'Over-the-Wall-Approach'*.[323] Im Unterschied zu der noch darzustellenden Restrukturierungsstrategie handelt es sich dabei häufig nur um die Verbesserung einzelner struktureller Elemente und nicht um eine über den funktionalen Kontext eingeleitete ganzheitliche Veränderungsstrategie. Beispielsweise werden häufig Projekt- und Teamorganisationen zur Verbesserung der Aufbaustruktur oder Phasen-Meilenstein-Abläufe zur Verbesserung der Ablaufstruktur eingeführt, ohne allerdings den gesamten strukturellen Rahmen oder die Regelungsstruktur anzupassen. Als Resultat dieser Veränderungsbemühungen ergibt sich häufig eine Leistungsverbesserung, die allerdings aufgrund des mangelnden Vollzugs revolutionärer Lernprozesse und der fehlenden Vollständigkeit des inhaltlichen Interventionsspektrums nicht dem maximal realisierbaren Verbesserungspotential entspricht.

---

[321] Vgl. die Zusammenfassung in: Specht / Schmelzer, Qualitätsmanagement, 1990; Specht / Beckmann, F&E-Management, 1996, S. 160ff..

[322] Vgl. zu Methoden und Instrumente der Produktionsgerechtigkeit z.B.: Bogard et al., Concurrent Engineering, 1991, S. 30ff..

[323] Dean / Susman, Organizing, 1991, S. 341; analog: Ehrlenspiel, Integrierte Produktentwicklung, 1990.

*Implementierung und Zertifizierung von Qualitätsmanagement-Systemen nach den standardisierten Normen DIN ISO 9000ff. und QS 9000:* Viele Veränderungsbemühungen in der Produkt- und Prozeßentwicklung basieren auf Programmen der Implementierung und Zertifizierung von Qualitätsmanagementsystemen nach DIN ISO 9000ff. und QS 9000.[324] Diese standardisierten Normen enthalten Leitfäden mit Gestaltungselementen, durch deren Erfüllung die 'Qualitätsfähigkeit' eines Unternehmens gewährleistet werden soll. Der Beitrag dieser Implementierungs- und Zertifizierungsbestrebungen zur tatsächlichen Verhaltensänderung und Leistungssteigerung hängt im wesentlichen davon ab, in welchem Umfang die in diesen Verfahren angelegten Defizite sich im Einzelfall auswirken.[325]

Ein wesentliches Defizit der Nutzungsmöglichkeit der Implementierungs- und Zertifizierungsverfahren nach den standardisierten Normen DIN ISO 9000ff. und QS-9000 liegt in dem zu starken Fokus auf formaler Gestaltung und formaler Programmierung des organisationalen Verhaltens. Im Mittelpunkt der Gestaltungsprozesse steht häufig die Erstellung von formalen Dokumenten in der Form von Qualitäts-Management-Handbüchern, Verfahrensanweisungen und Arbeitsanweisungen, die zu einer erfolgreichen Zertifizierung benötigt werden. Die Erarbeitung dieser Dokumente geschieht in der Regel durch Mitarbeiter von Stabsabteilungen der Qualitätssicherung oder von kleinen Querschnittsteams. Die Implementierung der so geplanten Systeme und Prozesse erfolgt häufig nur durch die Verteilung der Dokumente in den Unternehmen. Durch die fehlende Nutzung von kollektiven Prozessen der Rekonstruktion, Falsifikation und Neukonstruktion organisationaler Handlungstheorien und Verhaltensweisen bleiben die eingeleiteten Veränderungsbemühungen häufig oberflächlich und fassadenhaft. Ein zweites Defizit ergibt sich aus der Fokussierung der Interventionsmaßnahmen auf den funktionalen Kontext.[326] In den QM-Elementen der DIN ISO 9001 sind zwar beispielsweise auch Führungsaspekte enthalten - allerdings in erster Linie aus einer strukturellen Perspektive. Insgesamt wird der Einfluß des sozialen und des mentalen Kontextes der Organisation und der Motivations- und Fähigkeitskomponente der Person auf die organisationale Leistung vernachlässigt bzw. lediglich aus einer ausschließlich strukturellen und formalen Perspektive berücksichtigt. Dies ergibt sich allein aus dem Umstand, daß die Beschreibung dieses Einflusses mit der Hilfe standardisierter Normen sich äußerst schwierig darstellen dürfte. Ein drittes Defizit kann sich schließlich daraus ergeben, daß die Implementierung und Zertifizierung auf die Einführung und Existenz der Gestaltungselemente hinwirkt, ohne allerdings die situative Auswahl und die spezifische Ausgestaltung zur Leistungssteigerung im Einzelfall systematisch anzuleiten.[327] Die Fragestellung, ob und wie die vorgeschlagenen Gestaltungselemente die Leistungslücken und Probleme des Unternehmens schließen können, kann nicht durch ein

---

[324] Vgl. zur Implementierung und Zertifizierung von QM-Systemen nach DIN ISO 9000ff. und QS 9000: Bey, Quallitätsmanagement, 1994, S. 172ff.; Bläsing / Göppel, Trends des industriellen Qualitätsmanagements, 1996; Rademacher, Qualitätsmanagementsystem, 1996.
[325] Vgl. zu Defiziten: Bläsing / Göppel, Trends des industriellen Qualitätsmanagements, 1996, S. 15f.; Stauss / Friege, TQM, 1996, S. 32.
[326] Vgl. ebda., S. 32.
[327] Zertifikate nach DIN ISO 9001 bestätigen z.B. die 'Regelwerkskonformität' des QM-Systems bezgl.den in den 20 Gestaltungselementen enthaltenen Forderungen: Rademacher, Qualitätsmanagementsystem, 1996, S. 11.

'Abhaken' standardisierter Normen beantwortet werden. Die situative Priorisierung und Anpassung der Gestaltungselemente erfordert eine unternehmensspezifische Diagnose der Leistungslücken und der zugrunde liegenden Ursachen. Durch die Implementierungs- und Zertifizierungsverfahren ergibt sich insofern die Gefahr, daß die unternehmensspezifische Auswahl und Anpassung der Gestaltungselemente nicht oder nur oberflächlich erfolgen, da sie im Prinzip nicht erforderlich scheinen und zudem in der Praxis nicht nachprüfbar sind. Entsprechend selbstkritisch sind sogar die Einschätzungen der Zertifizierungsindustrie, nach denen der Beitrag der standardisierten Normen allenfalls in der Erreichung der prinzipiellen "Qualitätsfähigkeit des Unternehmens"[328] oder in der Bereitstellung eines Modells "zur Darlegung der firmenspezifischen QM-Systeme"[329] liegen kann.

Das Implementierungs- und Zertifizierungskonzept der Qualitätsmanagementsysteme nach DIN ISO 9000ff. und QS 9000 kann angesichts der beschriebenen Defizite nur in der Kombination mit tiefgreifenden inhaltlichen und prozessualen Elementen zu ganzheitlicher und nachhaltiger organisationaler Veränderung der Produkt- und Prozeßentwicklung führen. Es stellt Checklisten mit Gestaltungsoptionen und Bewertungskriterien zur Verfügung und bietet ein System zur regelmäßigen Auditierung durch interne und externe Bewerter. Insofern kann durch dieses Konzept ein hilfreicher Rahmen für kontinuierliche Verbesserung und für evolutionäres Lernen entlang vorgegebener standardisierter Dimensionen geboten werden.

*Programme der kontinuierlichen Verbesserung und evolutionäre Total Quality Management (TQM)-Programme:* Die Programme der kontinuierlichen Verbesserung und viele der praktizierten TQM-Programme können als Beispiele für eine Konsolidierungsstrategie im Sinne der obigen Definition betrachtet werden. Dabei können sich die Programme der kontinuierlichen Verbesserung auf Qualitäts-, Kosten- und/oder Zeitziele sowohl in Bezug auf die Ergebnisse und Objekte der Entwicklung, als auch in Bezug auf den Prozeß der Entwicklung richten. Die TQM-Programme hingegen fokussieren die Veränderungsbestrebungen auf die Verbesserung der unternehmensweiten Qualität - im Fall der Produkt- und Prozeßentwicklung auf die Qualitätsziele der zu entwickelnden Produkte und Prozesse und/oder auf die Qualitätsziele des Entwicklungsprozesses selber. Beide Veränderungsstrategien bzw. -programme basieren auf evolutionären Lernprozessen.

Häufig werden im Rahmen dieser Programme konkrete Zielsetzungen - z.B. in der Form von *Ratiozielen* - für die angestrebten jährlichen Verbesserungen formuliert. Der Veränderungsprozeß wird in der Regel durch die Einrichtung einer Projektorganisation aus einem zentralen Lenkungskreis und verschiedenen Verbesserungsteams institutionalisiert.[330] Die einzelnen Verbesserungsprozesse betreffen ein breites Spektrum von Gestaltungselementen der funktionalen, sozialen und mentalen Kontexte der Organisation sowie der Motivations- und Fähigkeitskomponenten der Person.

---

[328] Ebda., S. 10.
[329] Dietz, Qualitätsmanagement, 1996, S. 6.
[330] Vgl. z.B. das *"Total Quality Culture"* Programm von Texas Instruments: Schwerdtner, Total Quality Culture, 1993, S. 8ff..

Im funktionalen Kontext werden kontinuierliche Verbesserungsprozesse beispielsweise durch *Audits* oder *Reviews* und *Vorschlagswesen* sowie durch den kontinuierlichen Einsatz von Techniken des *Business Process Reengineering* oder des '*Plan-Do-Check-Act-Zyklus*' erreicht. Häufig werden Post-Projekt-Reviews eingesetzt, die dem systematischen Lernen aus abgeschlossenen Projekten und der dadurch möglichen kontinuierlichen Verbesserung der Ablauf-, Aufbau- und Regelungsstrukturen sowie der Problem-Lösungs-Zyklen der Entwicklungsprojekte dienen.[331] Als eine weitere Komponente dieser kontinuierlichen Verbesserungsprozesse können auch *Vorschlagswesen* eingesetzt werden, mit denen die Generierung, Auswertung, Umsetzung und Gratifikation von Verbesserungsvorschlägen initiiert und organisiert wird. Häufig werden auch die Techniken des *Business Process Reengineering* oder des '*Plan-Do-Check-Act-Zyklus*' auf einer kontinuierlichen Basis von den operativen Einheiten genutzt, um stetige Verbesserungen entlang der Qualitäts-, Kosten- und Zeitziele zu erreichen.[332]

Auch im sozialen und mentalen Kontext richten sich die Veränderungsbemühungen auf eine kontinuierliche evolutionäre Verbesserung. Dazu werden beispielsweise die Techniken des Konfrontationstreffens und des Survey-Guided-Feedback und die Interventionsmaßnahmen zur Führung durch Visionen, Werte, Normen und Standards eingesetzt, um die Qualität der sozialen Interaktionen und das Niveau der ideellen Bindung zu verbessern. Auf der personalen Ebene basieren die Verbesserungsprozesse vor allem auf den Maßnahmen des Trainings und der Laufbahnentwicklung.[333]

#### 4.4.1.2 Restrukturierungsstrategien der Produkt- und Prozeßentwicklung

Die Restrukturierungsstrategien bezwecken, diskontinuierlich über wenige große Quantensprünge die dominierenden Handlungstheorien und Verhaltensweisen grundlegend zu verändern, um so die organisationale Leistung nachhaltig zu verbessern. In der Produkt- und Prozeßentwicklung läßt sich der Strukturbruch des funktionalen Kontexts über eine *Reorientierung* der Entwicklungsstrategie und des Entwicklungsprogramms oder über ein *Reengineering* des strukturellen Rahmens, der Ablauf-, Aufbau- und Regelungsstrukturen sowie der Problem-Lösungs-Zyklen der Entwicklungsprojekte bzw. -vorhaben einleiten.

*Reorientierungsstrategien der Produkt- und Prozeßentwicklung:* In den Reorientierungsstrategien der Produkt- und Prozeßentwicklung wird der Prozeß der Leistungssteigerung über eine Neuausrichtung der Entwicklungsstrategie und des Entwicklungsprogramms eingeleitet.[334] Dabei liegt der Fokus der Intervention zunächst auf der Prüfung und Verbesserung der integrierten Planung der Produkt-/Markt-, Technologie- und Entwicklungsstrategien. Als ein möglicher Ansatz kommt beispielsweise die Einführung bzw. Verbesserung von plattformba-

---

[331] Vgl. Smith, Product Development Process, 1996.

[332] Vgl. zu Process Redesign: Spain, Team Work Process, 1996; zu Plan-Do-Check-Act-Zyklus: Imai, Kaizen, 1986, S. 88.

[333] Vgl. z.B. das "*Total Quality Culture*"-Programm von Texas Instruments: Schwerdtner, Total Quality Culture, 1993, S. 8ff..

[334] Vgl. Zur Wandlungsform der Reorientierung: Krüger, Organisationsstrategien, 1994, S. 199.

sierten Entwicklungsstrategien in Frage. Entsprechend der neuen strategischen Ausrichtung wird anschließend das Programm der Entwicklungsprojekte und -vorhaben bereinigt und fokussiert.[335]

Der Eingriff in die Entwicklungsstrategie und das Entwicklungsprogramm ist nur der erste Schritt der Veränderungsbemühungen der Reorientierungsstrategie. Im funktionalen Kontext ziehen die Veränderung der strategischen Ausrichtung auch eine Veränderung des strukturellen Rahmens und seiner einzelnen Komponenten sowie der Problem-Lösungs-Zyklen nach sich. Beispielsweise werden durch den Eingriff in das Projektportfolio auch die Anforderungen an eine typgerechte Steuerung von Entwicklungsprojekten verändert. In vielen Fällen bilden die Restrukturierung des Entwicklungsprogramms und die Einführung einer systematischen Programmplanung und -steuerung erst den eigentlichen Ausgangspunkt für die Interventionsmaßnahmen der typgerechten Steuerung der einzelnen Entwicklungsprojekte bzw. -vorhaben. Die Veränderung des Aufgabenspektrums der Entwicklung auf der strategischen Ebene zieht notwendigerweise auch eine Veränderung des Aufgabenspektrums auf der operativen Ebene nach sich. Auch die Prinzipien, Verfahrensweisen, Instrumente und Methoden der Problem-Lösungs-Zyklen müssen im Rahmen der Reorientierungsstrategie verändert werden, damit die strategische Neuausrichtung die erwünschten Effekte auf die organisationale Leistung erzielt.

Im sozialen Kontext erfordert die strategische Neuausrichtung der Entwicklungsstrategie und des Entwicklungsprogramms häufig eine neue Qualität der interfunktionalen Zusammenarbeit und Kooperation. Zunächst ist diese Verbesserung der sozialen Interaktionen auf der Ebene der Strategie- und Programmplanung zu erzielen. Erst mit der Umsetzung der neuen Strategien sind auch vermehrt die Ansätze an der Team- und Gruppeninteraktion und an der Führungsinteraktion notwendig, um die operative Leistung nachhaltig zu verbessern.

Im mentalen Kontext werden die strategischen Fragestellungen häufig auch von einer Thematisierung des Kernzwecks und der Kernwerte der Entwicklung begleitet. Entsprechend gilt es, die Restrukturierungsmaßnahmen des funktionalen Kontextes durch kollektive (Re-)Konstruktionsprozesse und 'Enactment Processes' in Bezug auf das zugrunde liegende mentale Leitbild und die domierenden Normen, Standards und Symbolsysteme zu ergänzen. Unmittelbar an eine strategische Neuausrichtung ist auch die visionäre Führung von Entwicklungsprojekten bzw.- vorhaben geknüpft. Eine Repositionierung im Markt ist in der Regel auch mit anderen Nutzen- und Wertebündeln des Produktes und dementsprechend auch mit anderen Leitideen und Metaphern für die 'mentale Ausrichtung' der einzelnen Projekte bzw. Produkte verknüpft.

Das Interventionsspektrum der Reorientierungsstrategie beinhaltet schließlich auch Interventionsmaßnahmen auf der personalen Ebene. Die Neuausrichtung von Entwicklungsstrategie und -programm erfordert in der Regel auch eine Neugestaltung der Bezugsbasis bzw. der Bemessungsgrundlage für die Zielsetzung-Rückmeldungs-Systeme und Anreizsysteme. Mit der

---

[335] Vgl. Kapitel 4.3.3.1 und Abbildung 4-31.

Veränderung des Projekt- und Aufgabenspektrums ist zudem in der Regel auch ein Wandel bezüglich der Anforderung an die Fähigkeitskomponente verknüpft, so daß das Maßnahmenspektrum des Trainings und der Laufbahnentwicklung entsprechend angepaßt werden muß.

*Reengineeringstrategien der Produkt- und Prozeßentwicklung:* Der zweite Strategietyp, bei dem die organisationale Veränderung über den funktionalen Kontext eingeleitet wird, setzt an der operativen Ebene der Entwicklung - d.h. am strukturellen Rahmen, an den Ablauf-, Aufbau- und Regelungsstrukturen und an den Problem-Lösungs-Zyklen - an. Dieser Strategietyp kann als Reengineeringstrategie bezeichnet werden, wobei die 'Reengineering-Komponente' nur der Ausgangspunkt bzw. die Initialzündung eines ganzheitlichen Veränderungsprozesses sein kann und sollte.[336]

Mit der zunehmenden tatsächlichen und wahrgenommenen Bedeutung der Zeit als entscheidendem Wettbewerbsfaktor richten sich viele Veränderungsprozesse der Produkt- und Prozeßentwicklung auf die Verkürzung der Entwicklungszeit.[337] Zur Realisierung dieses Zeitziels werden häufig Veränderungsstrategien eingesetzt, die zu den Reengineeringstrategien gezählt werden können.[338] Im Mittelpunkte der Interventionen stehen die Gestaltung des strukturellen Rahmens entsprechend den Prinzipien des Simultaneous Engineering sowie die Verbesserung der typ- und phasengerechten Steuerung der Entwicklungsprojekte. Die Restrukturierung des Ablaufs richtet sich einerseits auf eine Veränderung des Gesamtablaufs (Rahmenterminplan), indem beispielsweise durch die Einführung bzw. Verbesserung der Phasen-Meilenstein-Struktur der Grad der Parallelisierung erhöht und die Phasengerechtigkeit des Ressourcen- und Aktivitätenfokus' verbessert wird. Andererseits richten sich die Interventionsmaßnahmen auf die Verbesserung der Einzelabläufe der Produkt- und Prozeßentwicklung. So können beispielsweise die Prozesse der Detailkonstruktion, der Prototypenherstellung oder der Test- und Dauerläufe Gegenstand des Process Reengineering sein. Mögliche Verbesserungsmaßnahmen beinhalten die Reduktion von Einzelschritten, die Überwindung von Engpässen, die Beseitigung von Schleifen und andere Lösungen der prozeßorientierten Organisationsgestaltung. Entsprechend dem neuen Gesamtkonzept des strukturellen Rahmens und des restrukturierten Ablaufs werden auch die Aufbau- und Regelungsstrukturen sowie die Problem-Lösungs-Zyklen der Entwicklung verändert - beispielsweise durch die Einführung einer plattformbasierten Projektorganisation, autonomer Teams, Design Reviews oder spezifischer Instrumente integrierter Problemlösung wie Qualitätssicherungs- und DFx-Instrumente.

Die beschriebenen Maßnahmen auf der operativen Ebene des funktionalen Kontextes sind der unmittelbare Ansatzpunkt dieser Veränderungsstrategie. Ausgehend von dieser Einstiegsebene sind zahlreiche parallele und sequentielle Initiativen auf der strategischen Ebene des funktio-

---

[336] Vgl. dagegen das Konzept des *"Business Process Reengineering"* nach: Hammer / Champy, Reengineering, 1993; Davenport, Process Innovation, 1993.
[337] Vgl. Kern, Problem, 1992, S. 23; Corsten / Reiß, Integrationsbedarfe, 1992, S. 33; Ellis / Curtis, Speedy R&D, 1995; Hout, Time-based Competition, 1996.
[338] Vgl. dazu die Übertragung von Reengineering- und Prozeßmanagementansätzen auf die Produkt- und Prozeßentwicklung: Adler et al., Product Development Process, 1996; Angus et al., Reengineering, 1996.

nalen Kontextes, auf der Ebene der anderen organisationalen Kontexte und auf der personalen Ebene notwendig, damit die strukturellen Interventionen zu tiefgreifender und nachhaltiger organisationaler Veränderung führen.

Die enge Kopplung der operativen Restrukturierungsmaßnahmen an die strategische Ebene wird als eine wesentliche Voraussetzung für deren Erfolg angesehen.[339] Das Vorhandensein 'optimaler' Entwicklungsstrategien und -programme ist folglich eine wichtige Voraussetzung, um mit einer Reengineeringstrategie die Leistungslücke insgesamt schließen zu können. Wenn diese Voraussetzung nicht gewährleistet ist, werden viele Ursachenketten operativer Defizite ihre Wurzeln in der strategischen Ebene haben. Beispielsweise liegen die tieferen Ursachen für lange Entwicklungszeiten und viele Terminprobleme nicht immer in den Mängeln der Ablauf-, Aufbau- und Regelungsstrukturen der Einzelprojekte, sondern häufig auch in den Kapazitätsengpässen einzelner Prozeßschritte oder Funktionen, die sich ihrerseits aus einer mangelhaften Projektprogrammplanung und -steuerung ergeben.[340] Die Interventionsmaßnahmen auf der operativen Ebene des einzelnen Projektes sind also von zahlreichen Rekursionsschleifen in die strategische, projektübergreifende Ebene hinein begleitet, die entweder zu einer Feinabstimmung oder zu einer Neuausrichtung der Entwicklungsstrategie, des Entwicklungsprogramms und der Ressourcenplanung führen können.

Im sozialen Kontext sollten die eingeleiteten strukturellen Reformen der interfunktionalen Zusammenarbeit von einer Verbesserung des gegenseitigen Verständnisses, Respekts und Vertrauens begleitet werden.[341] Nur so können die formal und strukturell angelegten neuen Formen der Zusammenarbeit auch tatsächlich zu einer Verbesserung der Integration und Kooperation führen. Die einzuleitenden Maßnahmen gehen weit über den bloßen Einsatz moderner Kommunikations- und Informationstechnologien als 'Key-Enabler' hinaus.[342] Erforderlich sind die Ansätze zur nachhaltigen Verbesserung der Interaktionsgemeinschaft und -prozesse, der Team- und Gruppeninteraktion sowie der Führungsinteraktion. Entsprechendes gilt auch für den mentalen Kontext.

Mit der Verwirklichung der Gestaltungsprinzipien der prozeßorientierten Organisation und des Simultaneous Engineering ergeben sich auch zahlreiche Implikationen für die Ansätze an der Motivations- und Fähigkeitskomponente der Person.[343] Mit der Einführung der Gesamtprozeßverantwortung eines Teams für ein Entwicklungsprojekt von der ersten Idee bis zur Erreichung der Serienziele erhalten die Zielsetzungs-Rückmeldungs- und Anreizsysteme eine andere Bezugsbasis. Durch die Erweiterung des Aufgabenspektrums und der Verantwortungs- und Kompetenzbereiche und durch die Erhöhung des Grads an interfunktionaler Zu-

---

[339] Vgl. Edwards / Peppard, Business Strategy and Business Reengineering, 1994, S. 407ff.; Garvin, Leveraging Processes, 1995, S. 81f..
[340] Vgl. Adler et al., Product Development Process, 1996, S. 134f..
[341] Vgl. Angus et al., Reengineering, 1996, S. 28ff..
[342] Vgl. Teng et al., Business Process Reengineering, 1994, S. 9ff.; Theuvsen, Business Reengineering, 1996, S. 67.
[343] Vgl. Hout, Time-Based Competition, 1996, S. 15.

sammenarbeit verändern sich die Anforderungen an das Fähigkeitsprofil der am Entwicklungsprozeß beteiligten Mitarbeiter. Entsprechend sind die Trainingsmaßnahmen für den gleichzeitigen Aufbau funktionaler, sozialer und mentaler Fähigkeiten und die Maßnahmen der Laufbahnentwicklung für den gleichzeitigen Aufbau von Fach- und Führungsqualifikationen zu erweitern.

### 4.4.1.3 Revitalisierungsstrategien der Produkt- und Prozeßentwicklung

Als Revitalisierungsstrategien sind inkrementell prozessuale und revolutionär inhaltliche Veränderungsstrategien zu verstehen, bei denen die organisationale Veränderung über eine Intervention im sozialen und/oder mentalen Kontext der Organisation und/oder in der personalen Ebene eingeleitet wird. Im Unterschied zur Restrukturierungsstrategie erfolgt die Veränderung der dominierenden Handlungstheorien und Verhaltensweisen kontinuierlich über viele kleine Entwicklungsschritte.

In der Produkt- und Prozeßentwicklung findet man die Revitalisierungsstrategien häufig in der Form von *Total Quality Management (TQM)-Programmen*.[344] Im Unterschied zu einem inhaltlich evolutionären Typ des Total Quality Management, der in der Form eines kontinuierlichen Verbesserungsprogramms die dominierenden Handlungstheorien und Verhaltensweisen nicht hinterfragt und falsifiziert, sondern sie detailliert und verfeinert, soll nachfolgend ein revolutionärer Typ des Total Quality Management vorgestellt werden. Dieser kann der häufig geäußerten Kritik bezüglich einer unzureichenden Tiefe der Lernprozesse, einer fehlenden Visions- und Zielausrichtung, einer mangelnden Konkretheit der Maßnahmen und eines insgesamt unzureichenden Niveaus nachhaltiger Leistungssteigerung überzeugend begegnen.[345]

Als zentrale Zielsetzung von TQM-Programmen kann die unternehmensweite und teilweise auch unternehmensübergreifende Erreichung von Qualitätszielen - im Sinne der Erfüllung von Kundenanforderungen - durch die Produkt- und Dienstleistungen und die dazu notwendigen Wertschöpfungsprozesse angesehen werden. Dabei beziehen sich die Qualitäts-, Kunden-, Produkt- und Prozeßbegriffe in der Regel auf ein jeweils weit gefaßtes Begriffsverständnis.[346] Nach dem hier vorgestellten Modellansatz zeichnen sich erfolgsversprechende TQM-Programme durch eine Interventionsstrategie aus, bei denen die organisationale Veränderung in erster Linie über den mentalen und sozialen Kontext und über die personale Ebene eingeleitet wird, um die Bereitschaft und Fähigkeit der Organisation und ihrer Mitarbeiter zur Realisierung der Qualitätsziele und -philosophien nachhaltig zu entwickeln.[347] Auf diese Art und

---

[344] Vgl. zu TQM-Programmen: Deming, Crisis, 1986; Zink / Schildknecht, Total Quality Konzepte, 1989; Juran, Quality Road Map, 1991; Schildknecht, Total Quality Management, 1992; Mehdorn / Töpfer, Qualität, 1992; Powell, Total Quality Management, 1995; vgl. zu TQM-Programmen in der Produkt- und Prozeßentwicklung: Fisher et al., Total Quality Management, 1992; Wood / McCamey; Total Quality in R&D, 1993; Braver, TQM, 1995.

[345] Vgl Mintzberg / Westley, Cycles, 1992, S. 45; Garvin, Leveraging Processes, 1995, S. 80f.; Argyris, Richtig motivieren, 1995, S. 9f.; Powell, Total Quality Management, 1995, S. 16; Stauss / Friege, TQM, 1996.

[346] Vgl. die Definitionen im Zielsystem; analog: Töpfer / Mehdorn, Total Quality Management, 1992, S. 15.

[347] Vgl. die Auflistung von Gestaltungsansätzen des TQMs: *Crosby's 14 Quality Steps*: Crosby, Quality, 1979, S.

Weise kann ein vielschichtiger Prozeß der Qualitätssicherung auch im funktionalen Kontext initiiert werden, der die gesamte betriebliche Innovations- und Wertschöpfungskette auf die kundengerechte Entwicklung und Herstellung von Produkten und Dienstleistungen ausrichtet.[348]

Im mentalen Kontext wird die Basis für ein unternehmenweites Qualitätsdenken gelegt.[349] Der Kernzweck und die Kernwerte der Produkt- und Prozeßentwicklung können in einem erweiterten Qualitätsverständnis verankert sein, nach dem die Qualität nicht nur mit der Erfüllung von materiellen Anforderungen konkreter Kunden an die Produkte oder Dienstleistungen, sondern auch mit der Erfüllung immaterieller Anforderungs- und Wertebündel der Gesellschaft gleichgesetzt wird. Allerdings eignet sich die Qualität nicht in jedem Fall als ein Kernwert, der in der Lage ist, an die intrinsischen Motive der Organisationsmitglieder anzuknüpfen und so inspirierend und motivierend auf das individuelle Verhalten einzuwirken. Im Unterschied zu der häufig festzustellenden Praxis vieler TQM-Programme lassen sich qualitätsorientierte Werte nicht per Diktat in der Organisation verankern. Vielmehr sind kollektive 'Enactment Processes' notwendig, um das wechselseitige Konstitutionsverhältnis individueller und organisationaler Werte zu beeinflussen. Die qualitätsorientierten Werte lassen sich durch zahlreiche Normen und Standards, durch die Symbolsysteme und durch die Formen der visionären Führung von Entwicklungsprojekten konkretisieren. Mit diesem Bündel an Interventionsmaßnahmen kann ein Prozeß der Bewußtseinsbildung hin zu einem erweiterten Qualitätsverständnis eingeleitet werden.[350]

Im sozialen Kontext nutzen die TQM-Programme eine breite Palette von Interventionsmaßnahmen des organisationalen Interaktionsniveaus, der Team-/Gruppeninteraktion und der Führungsinteraktion, um die Basis für eine qualitätsbezogene, vertrauensvolle Zusammenarbeit und offene Kommunikation zu ermöglichen.[351] Die Ansätze des organisationalen Interaktionsniveaus umfassen neben den bereits dargestellten Maßnahmenbündeln vor allem die Schaffung interner Kunden-Lieferanten-Verhältnisse, beispielsweise durch die Einrichtung interner Qualitätsgarantien.[352] Dadurch können die interfunktionalen Barrieren überwunden und eine kollektive Verantwortung für die gemeinsamen Qualitätsziele geschaffen werden. Neben den Maßnahmen zur Gestaltung und Entwicklung der Projektteams gehören zu den Ansätzen an der Team- und Gruppenebene des sozialen Kontexts auch die Einrichtung von Qualitätszirkeln oder die Verwirklichung von Lernstatt-Konzepten.[353] Im Rahmen von TQM-

---

132-139 und 175-259; *Deming's 14 Points*: Deming, Quality, 1982; *Juran's Breakthrough Sequence*: Juran / Gryna, Quality Planning, 1982, S. 100-129; *12 TQM Factors*: Powell, Total Quality Management, 1995, S. 19.

[348] Vgl. Bantel et al., Qualitätssicherung, 1989, S. 19; Haist / Fromm, Qualität, 1989 S. 15ff..

[349] Vgl. Witzig / Breisig, Umsetzung, 1994, S. 739; Powell, Total Quality Management, 1995, S. 19; Stauss / Friege, TQM, 1996, S. 24f..

[350] Vgl. Töpfer / Mehdorn, Total Quality Management, 1992, S. 15.

[351] Vgl. Witzig / Breisig, Umsetzung, 1994, S. 746; Powell, Total Quality Management, 1995, S. 19.

[352] Vgl. Fisher et al., Total Quality Management, 1992, S. 25; zu internen Qualitätsgarantien: Hart, Qualitätsgarantien, 1995.

[353] Vgl. Fisher et al., Total Quality Management, 1992, S. 25; Wood / McCamey, Total Quality in R&D, 1993, S. 40.

Programmen können mit diesen Instrumenten dezentrale Lernmechanismen eingerichtet werden, mit denen entlang der vorgegebenen Qualitätsvisionen und -ziele in interfunktionalen Kleingruppen beispielsweise Qualitätsprobleme von Serienerzeugnissen analysiert und beseitigt und die entsprechenden Implikationen für die vorbeugende Qualitätssicherung der Produkt- und Prozeßentwicklung abgeleitet werden können. Auch die Ansätze der Führungsinteraktion zeichnen sich in erster Linie nicht durch eine Verordnung und Kontrolle, sondern durch eine Ermöglichung und Befähigung von qualitätsorientierten Verhaltensweisen aus. Entsprechend basiert die angestrebte Veränderung der Führungsstile und des Führungsverhaltens im Rahmen von TQM-Programmen auf dem Führungsparadigma *'Engage and Empower'*.

Im Mittelpunkt der TQM-Strategien stehen insbesondere auch Interventionsmaßnahmen auf der personalen Ebene.[354] Zu dem Maßnahmenspektrum gehört beispielsweise die Ermöglichung von Selbstorganisation und Selbstkontrolle durch die in der Produkt- und Prozeßentwicklung eingesetzten Zielsetzung-Rückmeldungs-Systeme.[355] Desweiteren wird ein breites Spektrum an Maßnahmen hinsichtlich der Führungskräfte- und Mitarbeiterqualifizierung eingesetzt, um die notwendigen Fähigkeiten aufzubauen, die zur Verwirklichung anspruchsvoller Qualitätsziele notwendig sind.[356] Als Trainingsinhalte werden beispielsweise die TQM-Prinzipien oder die Fähigkeiten zur Zusammenarbeit im Team und zur Problemlösung vermittelt.[357]

Die hohe Fehlschlagsrate der TQM-Programme läßt sich häufig auf eine zu geringe Wirkung der eingeleiteten Interventionen im mentalen und sozialen Kontext der Organisation sowie in der personalen Ebene auf die verhaltensdeterminierenden Elemente des funktionalen Kontextes zurückführen.[358] Die eingeleiteten Maßnahmen der internen Qualitätsgarantien, der Qualitätszirkel oder der Führungskräfte- und Mitarbeiterqualifizierung können die strategischen, prozessualen und strukturellen Defizite des funktionalen Kontexts oft nicht nachhaltig beseitigen. Dies liegt insbesondere an einer zu geringen verhaltensdeterminierenden Wirkung des mentalen Kontexts und einer zu geringen Nutzung von tiefgreifenden Lernprozessen.[359] Nach Mintzberg und Westley müssen viele TQM-Programme als *"mindless change processes"* scheitern, da die Lernprozesse quasi ohne situative Anpassung importiert und nicht selbständig durchlaufen werden und dementsprechend die Veränderungsvision nicht ausreichend internalisiert wird.[360] Nach den Untersuchungen von Powell hängt der Erfolg von TQM-Initiativen eher von immateriellen mentalen und sozialen Faktoren - wie "open culture, employee empowerment, and executive commitment" - als von materiellen Faktoren - wie "quality trai-

---

[354] Vgl. Crosby, Quality, 1979, S. 132ff.; Witzig / Breisig, Umsetzung, 1994, S. 739; Powell, Total Quality Management, 1995, S. 19.
[355] Vgl. Töpfer, Total Quality Management, 1992, S. 12.
[356] Vgl. Töpfer / Mehdorn, Total Quality Management, 1992, S. 15; Wood / McCamey, Total Quality in R&D, 1993, S. 40; Braver, TQM, 1995, S. 43.
[357] Vgl. Powell, Total Quality Management, 1995, S. 19.
[358] Vgl. die Zusammenfassung der empirischen Forschung zum Ergebnisbeitrag von TQM: ebda., S. 18ff..
[359] Vgl. dazu für die Produkt- und Prozeßentwicklung: Braver, Overcoming Resistance, 1995, S. 40 und 44.
[360] Vgl. Mintzberg / Westley, Cycles, 1992, S. 45.

ning, process improvement, and benchmarking" - ab.[361] Der überwiegend instrumentelle Fokus und die starke 'Bottom-up-Orientierung' der vorherrschenden Interventionen in der personalen Ebene und im sozialen Kontext sollten also durch mentale Leitbilder, Normen und Standards sowie eine visionäre Führung so ergänzt werden, daß die dezentral eingeleiteten Veränderungen im funktionalen Kontext entlang einer zentralen Entwicklungsrichtung stattfinden können.

#### 4.4.1.4 Regenerierungsstrategien der Produkt- und Prozeßentwicklung

In den Regenerierungsstrategien konzentriert sich der Prozeß der organisationalen Veränderung auf die Schaffung und Verbesserung eines institutionellen Rahmens für kontinuierlichen Wandel, der sich gleichzeitig in inkrementellen Entwicklungsschritten und in radikalen Quantensprüngen vollzieht. Die Prozesse des Lernens und der Selbstorganisation finden sowohl auf einem reflexiven Niveau als auch auf einem meta-reflexiven Niveau statt. Neben den evolutionären oder revolutionären Lernprozessen werden also auch Lernprozesse über die Veränderung selbst aktiviert. Dabei bezieht sich die organisationale Veränderung prinzipiell in gleicher Intensität auf alle Inhaltselemente.

Die Notwendigkeit für den Einsatz von Regenerierungsstrategien in der Produkt- und Prozeßentwicklung wird insbesondere durch den Umstand forciert, daß sich der Innovations- bzw. Entwicklungsprozeß von einem Managementprozeß der Informationsverarbeitung zunehmend zu einem Lernprozeß der Wissensgenerierung und einem Interpretationsprozeß der Sinn- und Zweckstiftung verändert. Dies führt dazu, daß auch in der Produkt- und Prozeßentwicklung sich in der Zukunft dynamische lernorientierte Organisationsformen durchsetzen werden. Diese Organisationsformen der Produkt- und Prozeßentwicklung lassen sich als "virtual, networked organizations" oder "collaborative learning systems" bezeichnen.[362] Durch diese Organisationsformen werden kontinuierliche Lernprozesse geschaffen, die die konventionellen interdisziplinären und interorganisationalen Grenzen überschreiten können, so daß der Innovations- und Entwicklungsprozeß in zahlreiche formale und informale Netzwerke des weltweiten Transfers und Handelns mit neuen Ideen und Wissen eingebettet wird. Die angestrebten Organisationsformen und der Weg zu ihrer Realisierung lassen sich prinzipiell nicht mehr trennen. Der Prozeß der Veränderung verliert seinen programmatischen Charakter und wird zu einem 'Kernprozeß' der Organisation.[363]

Im mentalen Kontext manifestieren sich die Regenerierungsstrategien der Produkt- und Prozeßentwicklung durch die kollektive (Re-)Konstruktion eines mentalen Leitbilds, das die Entwicklung bzw. ihren Kernzweck als *"creation of intellectual assets"* und als *"collaborative innovation system"* für eine kontinuierliche Neuschaffung des ganzen Unternehmens und für einen wertvollen Beitrag zum Erfolg der Partner und des gesamten Umfeldes des Un-

---

[361] Vgl. Powell, Total Quality Management, 1995, S. 15 und S. 29ff.
[362] Vgl. Rogers, Fifth Generation R&D, 1996, S. 33f.; ähnlich: Miller, Broader Mission for R&D, 1995, S. 24.
[363] Vgl. Bartlett / Goshal, Beyond the M-Form, 1993, S. 38; Muzyka et al., Transformation, 1995, S. 350.

ternehmens sieht.[364] Entsprechend dieser weiten Zweckdefinition werden vor allem die Werte gefördert, die den Respekt für Ideen und ihre Quellen betonen und die Notwendigkeit kontinuierlicher Lern- und Innovationsprozesse unterstreichen. Insbesondere soll dadurch die Fähigkeit gefördert werden, neue Ideen zu generieren, zu assimilieren und in der gesamten Organisation zu nutzen. Im Unterschied zu den kontinuierlichen Verbesserungsprozessen mit evolutionärem Charakter richtet sich die ständige Suche nach inspirierenden Ideen auch auf das Auffinden grundlegend neuer Wege zur Steigerung der internen Effizienz und der externen Bewährung.[365]

Im sozialen Kontext der Organisation werden die Veränderungs- und Lernprozesse der Produkt- und Prozeßentwicklung durch die Einrichtung von *"symbiotic learning networks"* initiiert und gefördert, die durch moderne Informations- und Kommunikationstechnologien ermöglicht und durch leistungsthemen- und problemkreisbezogene Kommunikations- und Dialogplattformen inhaltlich gebildet werden.[366] Diese Netzwerke bilden sich - spontan, zentral oder dezentral initiiert, aus verschiedenen Disziplinen, Kunden, Lieferanten und anderen Interessenten zusammengesetzt - zur Lösung einzelner Probleme oder zur Umsetzung einzelner Ideen. Dabei liegt der Engpaß nicht in den technischen Prozessen der Informationsverarbeitung, sondern in den sozialen bzw. kollektiven Prozessen der Wissensgenerierung und der Sinn- und Zweckstiftung angesichts einer Fülle von bereitgestellten Informationen. Die elektronischen Netzwerke können per se nur dem Transfer von Informationen und kodifiziertem Wissen dienen.[367] Die Interpretation und Sinngebung dieser Informationen findet hingegen in den Interaktionsgemeinschaften der Produkt- und Prozeßentwicklung - in den *"communities of practice"* - statt, und zwar durch kollektive *Enactment-Processes*.[368] Die dazu notwendige Interaktionsbereitschaft und -fähigkeit kann durch den systematischen Einsatz von Dialogprogrammen, Konfrontationstreffen oder anderen Techniken in der interfunktionalen und -institutionellen Gemeinschaft des Innovations- und Entwicklungsprozesses gefördert werden. Auch die Interventionen bezüglich der Team- und Gruppeninteraktion richten sich auf die Einrichtung kontinuierlicher Lernprozesse und zwar gemäß der Prinzipien "unifying purpose, independent members, voluntary links, multiple leaders, and integrated levels".[369] Die Führungsinteraktionen schließlich wandeln sich von der Kontrolle konkreter Ergebnisse und aufgewandter Ressourcen zur Schaffung der Rahmenbedingungen für organisationales Lernen und internalen und externalen Wissenstransfer.

Die Interventionen des funktionalen Kontexts konzentrieren sich auf die Einführung von *virtuellen organisationalen Strukturen*, d.h. auf die organisationale Fähigkeit, kontinuierlich op-

---

[364] Vgl. Rogers, Fifth Generation R&D, 1996, S. 36f.
[365] Vgl. Miller, Broader Mission of R&D, 1995, S. 28.
[366] Vgl. Rogers, Fifth Generation R&D, 1996, S. 37.
[367] Vgl. "Productivity Paradox" der Informationstechnologien: Miller, Broader Mission of R&D, 1995, S. 27.
[368] Vgl. ebda., a.a.O..
[369] Vgl. Rogers, Fifth Generation R&D, 1996, S. 39.

portunistische Allianzen dezentral verteilter Kernkompetenzen zu bilden.[370] In der Produkt- und Prozeßentwicklung wird dies beispielsweise durch die Beteiligung der Kunden an der Entdeckung ihrer latenten Bedürfnisse und an der Definition des Werte- und Anforderungsbündels bezüglich der Produkte und Dienstleistungen realisiert. Mit der Anwendung des Konzepts des *"Participatory Design"* und mit einem *"Iterative Protoytyping in Usability Labs"* werden die potentiellen Kunden in die 'Learning Networks' und 'Communities of Practice' der Produkt- und Prozeßentwicklung einbezogenen.[371] Durch die Interventionen der Regenerierungsstrategie werden die strukturellen Grenzen zwischen den an der Entwicklung beteiligten Funktionen, dem Unternehmen und dem Unternehmensumfeld transparenter. An die Stelle von Wettbewerbsstrategien treten Kollaborationsstrategien. An die Stelle der Abschottung von Wissen tritt die Partizipation am weltweiten Handel mit neuen Ideen und Wissen. In solchen Unternehmen partizipieren beispielsweise die Experten der Qualitätssicherung an der weltweiten Entwicklung des Wissens zu ihrem Thema, um durch ständig neue Impulse die eigenen Lernprozesse zu beschleunigen und den Anschluß an das Wissen der 'Best Practices' zu gewährleisten.

Die Ansätze an der Person richten sich vor allem auf die Verwirklichung der Selbstorganisation und auf die Verbesserung des reflexiven Modus' des individuellen Handelns. Die angestrebte Zielsetzung der Interventionen bildet dabei die Steigerung individuellen Engagements für die Entwicklung des Unternehmens und die Verbesserung der individuellen Lernfähigkeit. Durch die Schaffung einer Kongruenz zwischen den individuellen Wachstumsbedürfnissen und den organisationalen Veränderungszielen wird die intrinsische Motivation nachhaltig gesteigert und damit das individuelle Engagement nachhaltig gestärkt. In Bezug auf die Förderung der individuellen Fägigkeiten wird der passive Charakter vieler Trainings- und Entwicklungsprogramme immer mehr in den aktiven Charakter des *"Real-time Learning"* transformiert.[372] Dabei können die Impulse für ein solches Lernen in der Produkt- und Prozeßentwicklung mit Hilfe von Führungstechniken wie die des 'Cognitive Coaching' oder mit Hilfe selbstgesteuerter Experimente erzeugt werden.

### 4.4.2 Situative Auswahl und Anpassung der Veränderungsstrategien der Produkt- und Prozeßentwicklung

Die situative Auswahl und Anpassung der Veränderungsstrategien der Produkt- und Prozeßentwicklung läßt sich aus einer Perspektive der zu schließenden Leistungs- und Verhaltenslücke und aus einer Perspektive der bestehenden bzw. erwarteten Veränderungstendenzen in der Organisation vornehmen.

---

[370] Vgl. ebda., S. 38
[371] Vgl. Miller, Broader Mission of R&D, 1995, S. 29; vgl. zum lernorientierten Prototyping: Horváth et al.; Rapid Prototyping, 1994, S. 53.
[372] Vgl. Rogers, Fifth Generation R&D, 1996, S. 34.

### 4.4.2.1 Zu schließende Leistungs- und Verhaltenslücke

Die Gestaltungsentscheidungen bezüglich der Auswahl und Anpassung der Veränderungsstrategien richten sich in erster Linie nach der zu schließenden Leistungs- und Verhaltenslücke, d.h. nach der Differenz zwischen der erreichten Leistung und der angestrebten Leistung in Bezug auf die Ziele der Produkt- und Prozeßentwicklung.[373] Die Art und der Umfang der zu schließenden Leistungslücken lassen sich einerseits aus der Perspektive des Markt- und Wettbewerbskontexts und andererseits aus der Perspektive der Komponenten des organisationalen Zielsystems der Produkt- und Prozeßentwicklung definieren.

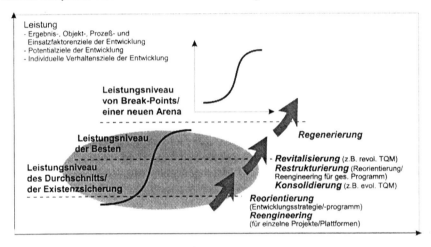

*Abbildung 4-41: Situative Auswahl und Anpassung der Veränderungsstrategien der Produkt- und Prozeßentwicklung in Abhängigkeit der zu schließenden Leistungslücke im Markt- und Wettbewerbskontext*

Im Markt- und Wettbewerbskontext kommen als mögliche Zielsetzungen der Veränderung der Produkt- und Prozeßentwicklung das Leistungsniveau der Existenzsicherung bzw. des Durchschnitts, das Leistungsniveau der Besten und das Leistungsniveau von Break-Points und neuen Arenen in Frage (vgl. Abbildung 4-41). Wenn die Existenzsicherung des Unternehmens die dringlichste Zielsetzung des Veränderungsprogramms ist, dann beziehen sich die Veränderungsbemühungen der Produkt- und Prozeßentwicklung häufig auf die Entwicklung einer Produktlinie oder eines Produktes der nächsten Generation. In diesem Fall gilt es, durch das Reengineering des strukturellen Rahmens, der Ablauf-, Aufbau- und Regelungsstrukturen sowie der Problem-Lösungs-Zyklen in der laufenden Entwicklung die Voraussetzungen zu schaffen, daß die Ergebnis-, Qualitäts-, Kosten- und Terminziele der benötigten Produkt- und Prozeßgeneration erreicht werden. Häufig ist zur Erreichung des Leistungsniveaus der Existenzsicherung bzw. des Durchschnitts auch eine Neuausrichtung der Entwicklungsstrategie

---

[373] Vgl. zur situativen Auswahl und Anpassung an die Verhaltenslücke: Kapitel 3.4.3.2.1.

und des Entwicklungsprogramms erforderlich - beispielsweise infolge der fehlenden Integration mit den Produkt-/Markt- und Technologiestrategien oder der zu hohen Komplexität des Entwicklungsprogramms. Zur Erreichung des Leistungsniveaus der Besten lassen sich hingegen die beschriebenen Revitalisierungs-, Restrukturierungs- und Konsoliodierungsstrategien einsetzen - je nach dem erforderlichen inhaltlichen Schwerpunkt und den bestehenden Veränderungstendenzen der Organisation. Dabei wird insbesondere die Technik des Benchmarking eingesetzt, um die eigenen Produkte und Prozesse, den eigenen Entwicklungsprozeß oder das eigene Management der Ressourcen und Potentiale an dem Leistungsniveau der Wettbewerber zu messen. Der Ausbau der Produkt- und Prozeßentwicklung zu einem sich ständig selbsterneuernden und nachhaltigen Wettbewerbsvorteil erfordert schließlich eher den Einsatz von Regenerierungsstrategien, mit denen die Grenzen des meta-organisationalen Zielsystems bzw. Leistungsniveaus ständig in höhere Sphären geschoben werden können.

Die situative Auswahl und Anpassung der Veränderungsstrategien sollte auch in Abhängigkeit des möglichen Beitrags des Strategietyps zur Schließung von Leistungslücken in den einzelnen Komponenten des Zielsystems der Produkt- und Prozeßentwicklung vorgenommen werden (vgl. Abbildung 4-42).

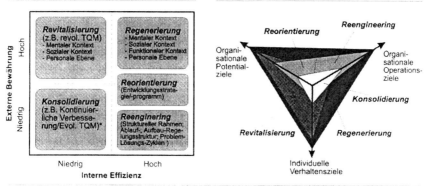

*Zum Teil auch: Einführung/kontinuierliche Verbesserung einzelner Methoden und Instrumente; Einführung/kontinuierliche Verbesserung einzelner struktureller Maßnahmen; Implementierung/Zertifizierung QM-Systeme

*Abbildung 4-42: Situative Auswahl und Anpassung der Veränderungsstrategien in Abhängigkeit der zu schließenden Leistungslücke differenziert nach den Zielkomponenten*

Die Konsolidierungsstrategien eignen sich am besten zur Schließung relativ kleiner Leistungslücken ohne eine prinzipielle Beschränkung auf eine einzelne Zieldimension. In der Praxis überwiegen allerdings die Veränderungsprogramme mit einer Fokussierung auf die organisationalen Operationsziele. Häufig umfaßt die Zielsetzung kontinuierlicher Verbesserungsprogramme und 'evolutionärer TQM-Programme' der Produkt- und Prozeßentwicklung vor allem die Qualitätssteigerung und Kostensenkung laufender und neuer Produkte und die

Zeitverkürzung und Produktivitätssteigerung des Entwicklungsprozesses.[374] Hingegen sind die organisationalen Potentialziele und die individuellen Verhaltensziele nur in wenigen Fällen Gegenstand von Konsolidierungsstrategien.

Durch den Einsatz von Restrukturierungsstrategien können Leistungslücken der internen Effizienz und auch der externen Bewährung geschlossen werden. Dabei eignen sich die Interventionsstrategien zur Neuausrichtung der Entwicklungsstrategie und des Entwicklungsprogramms besonders gut, um die Erreichung organisationaler Potentialziele zu verbessern. Die Reengineeringsstrategien richten sich hingegen vor allem auf die Verbesserung der internen Effizienz. Dabei können diese Strategien prinzipiell zur Verwirklichung eines breiten Spektrums von organisationalen Operationszielen - von Ergebniszielen über Qualitäts- und Kostenziele der Objekte bis hin zu Zeit- und Kostenzielen des Prozesses der Entwicklung - dienen.[375] Mit der zunehmenden Bedeutung der Zeit als Wettbewerbsfaktor lag der Fokus der Reengineeringstrategien der Produkt- und Prozeßentwicklung häufig auf der Verkürzung der Entwicklungszeit.[376]

Die Revitalisierungsstrategien eignen sich eher für die Schließung von Leistungslücken der externen Bewährung und bedingt auch der internen Effizienz. Der Zielfokus liegt vor allem auf der Verwirklichung von organisationalen Potentialzielen und individuellen Verhaltenszielen, um so langfristig die Voraussetzung für die Realisierung der organisationalen Operationsziele zu schaffen. In der Produkt- und Prozeßentwicklung werden Revitalisierungsstrategien am ehesten in der Form von 'revolutionären TQM-Strategien' verwirklicht. Oberflächlich betrachtet liegt der wesentliche Beitrag von TQM-Strategien in der Realisierung von operativen Zielen - wie Qualitäts- und Kostenziele der Produkte oder Zeit- und Produktivitätsziele des Prozesses der Entwicklung.[377] Dies ist für den Strategietyp des evolutionären TQMs, der an sich einem kontinuierlichen Verbesserungsprogramm mit Qualitätsfokus entspricht, sicherlich zutreffend. Der wesentliche Beitrag revolutionärer TQM-Strategien liegt allerdings in der Ebene der organisationalen Potentialziele und der individuellen Verhaltensziele. Nach der Untersuchung von Powell kann die Verwirklichung der Philosophien und Prinzipien von TQM eine ökonomisch wertvolle und nicht imitierbare Ressource darstellen, die für das Unternehmen einen nachhaltigen Wettbewerbsvorteil begründet.[378] Dieser Erfolgsbeitrag und Wettbewerbsvorteil wird vor allem durch den Aufbau von "... certain tacit, behavioral, imperfectly imitable features - such as open culture, employee empowerment, and executive commitment ..." realisiert und zwar unabhängig davon, ob der Realisierung dieser "tacit resources" ein formales TQM-Programm zugrunde liegt.[379]

---

[374] Vgl. z.B. Spain, Team Work Process, 1995, S. 46; Smith, Product Development Process, 1996, S. 44.

[375] Vgl. für die Produkt- und Prozeßentwicklung: Angus et al., Reengineering, 1996, S. 26.

[376] Vgl. Kern, Problem, 1992, S. 23; Corsten / Reiß, Integrationsbedarfe, 1992, S. 33; Ellis / Curtis, Speedy R&D, 1995; Hout, Time-based Competition, 1996.

[377] Vgl. z.B. Fisher et al., Total Quality Management, 1992, S. 26f.; Wood / McCamey, Total Quality in R&D, 1993, S. 40.

[378] Vgl. Powell, Total Quality Management, 1995, S. 29.

[379] Vgl. ebda., S. 15.

Veränderungsstrategien und -pfade der Produkt- und Prozeßentwicklung          385

Durch die Etablierung von Regenerierungsstrategien kann der 'Trade-off-Shift' zwischen externer Bewährung und interner Effizienz und zwischen den organisationalen Potentialzielen, den organisationalen Operationszielen und den individuellen Verhaltenszielen auf dem höchsten Niveau vollzogen werden. Durch die Kollaboration in funktions- und institutionsübergreifenden Netzwerken und Lernprozessen zur Lösung gemeinsamer Probleme und zur Generierung und Umsetzung gemeinamer Ideen verschwimmen die Grenzen zwischen Organisation und Umwelt und damit auch zwischen interner Effizienz und externer Bewährung.[380] Die traditionelle Konkurrenz zwischen individuellen Verhaltenszielen, organisationalen Potential- und Operationszielen kann aufgehoben werden.

### 4.4.2.2 Bestehende Tendenzen zur organisationalen Veränderung

Die Veränderungstendenz ergibt sich aus dem Kräftefeld zwischen retardierenden und akzelerierenden Kräften der organisationalen Veränderung, d.h. zwischen Kräften der Beschleunigung und Kräften des Widerstands.[381] In Abhängigkeit von der Ausgangslage und der Entwicklung der Position in diesem Kräftefeld sollten die in der Produkt- und Prozeßentwicklung eingesetzten Veränderungsstrategien ausgewählt und angepaßt werden (vgl. Abbildung 4-43).

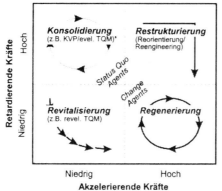

*Abbildung 4-43: Situative Auswahl und Anpassung der Veränderungsstrategien der Produkt- und Prozeßentwicklung in Abhängigkeit der bestehenden Veränderungstendenzen*

Bei hohen retardierenden und niedrigen akzelerierenden Kräften läßt sich in der Regel nur über eine Konsolidierungsstrategie eine geplante organisationale Veränderung einleiten. In einer relativ stabilen Situation richten sich die Veränderungsbemühungen auf die kontinuierliche Verbesserung entlang der Zieldimensionen der Produkt- und Prozeßentwicklung. Bei hohen Widerstands- und Beschleunigungskräften kann die organisationale Veränderung häufig durch einen abrupten Strukturbruch eingeleitet werden. Einen solchen radikalen Wandlungs-

---

[380] Vgl. Rogers, Fifth Generation R&D, 1996, S. 40.
[381] Vgl. Staehle, Organisationsentwicklung, 1992, Sp. 1482; Strebel, Right Change Path, 1994.

prozeß nutzen die Reorientierungs- und Reengineeringstrategien der Produkt- und Prozeßentwicklung. Bei gleichzeitig niedrigen retardierenden und akzelerierenden Kräften erweisen sich häufig die Revitalisierungsstrategien als erfolgsversprechend. Die hohe Bereitschaft und Fähigkeit der Organisation zur Veränderung kann für langfristig angelegte kollektive 'Enactment Processes' neuer Handlungstheorien und Verhaltensmuster - z.B. auf Basis von TQM-Philosophien und -Prinzipien - genutzt werden. Schließlich ermöglichen hohe akzelerierende Kräfte und niedrige retardierende Kräfte die Nutzung von Regenerierungsstrategien. In diesem Fall gilt es, die von den *Change Agents* dezentral eingeleiteten Veränderungen zu kanalisieren und die Rahmenbedingungen für kontinuierliches Lernen und Verändern zu schaffen.

### 4.4.3 Veränderungspfade der Produkt- und Prozeßentwicklung

In der Regel läßt sich der Innovations- bzw. Entwicklungsprozeß nicht mit einer einzigen 'lupenreinen' Veränderungsstrategie in seiner Leistung nachhaltig steigern. Vielmehr ist eine Serie von Veränderungsstrategien und Interventionsmaßnahmen erforderlich, deren akuter Schwerpunkt von der jeweils bedeutendsten Leistungs- und Verhaltenslücke und der jeweils bestehenden Veränderungstendenz situativ bestimmt wird. Auch wenn sich gelegentlich übereinstimmende Muster in den Veränderungspfaden unterschiedlicher Unternehmen abzeichnen, ist die Verfolgung von 'Normentwicklungspfaden' - z.B. Restrukturierung und Konsolidierung im drei- bis fünfjährigen Wechsel - aufgrund der vielfältigen situativen Konstellationen vermutlich nicht erfolgsversprechend. Vielmehr sollte ein Veränderungspfad beschritten werden, bei dem entsprechend der situativen Entwicklung offen und flexibel verschiedene Episoden mit unterschiedlichen Veränderungsstrategien und Interventionsmaßnahmen eingeleitet werden. Die nachfolgenden Beispiele sollen einen solchen Veränderungspfad exemplarisch darstellen.[382]

Der Veränderungspfad des ersten Fallbeispiels startet in einer Situation, in der verschiedene Indikatoren darauf verweisen, daß die Markteinführung der nächsten Produktgeneration von enormen Qualitätsproblemen begleitet sein wird (vgl. Abbildung 4-44). Einerseits verzeichnet das Unternehmen eine kontinuierliche Abnahme in den wichtigsten Qualitäts- und Kundenzufriedenheitsindizes seiner Industrie über die letzten drei Produktgenerationen. Andererseits läßt die Qualitäts-, Kosten- und Terminsituation beim derzeitigen Entwicklungsstand der einzuführenden Produkte darauf schließen, daß zum Zeitpunkt der Serieneinführung die gesetzten Qualitäts- und Kostenziele nicht erreicht werden können. Als Anhaltspunkte für diese Einschätzung dienen beispielsweise die Anzahl nicht gelöster schwerwiegender Probleme und der geringe Anteil serienwerkzeugfallender Teile. Ein 3/4 Jahr vor der Serieneinführung beschließt der Lenkungskreis der Entwicklung, ein *kurzfristiges Restrukturierungsprogramm für das laufende Projekt (1)* aufzusetzen, um die Qualitäts- und Kostenprobleme bis zur Markteinführung zu beseitigen. Für die wichtigsten Problemkreise werden besondere Simultaneous Engineering Teams gebildet. Zur Identifizierung und schnellstmöglichen Beseitigung von

---

[382] Vgl. z.B. den Veränderungspfad der Entwicklung von Goodyear: Gault, Responding to Change, 1994.

Fehlern werden vereinfachte Ablauf- und Regelungsstrukturen eingeführt und neue Methoden und Instrumente der Qualitätssicherung und Kostenverfolgung angewandt. Mit Hilfe dieses kurzfristigen Restrukturierungsprogramms kann die Qualitäts- und Kostensituation deutlich verbessert werden. Dementsprechend mindert sich der Druck der akzelerierenden Kräfte der organisationalen Veränderung. Die retardierenden Kräfte der Veränderung bleiben hingegen weitgehend unberührt, da die dominierenden Handlungstheorien und Verhaltensmuster nicht falsifiziert und die vorhandenen strukturellen Barrieren nicht beseitigt werden.

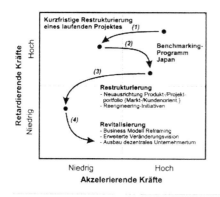 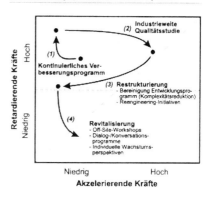

*Abbildung 4-44: Fallbeispiele für Veränderungspfade in der Produkt- und Prozeßentwicklung*

Erst durch das anschließende *Benchmarking-Programm mit japanischen Unternehmen (2)* werden Veränderungstendenzen in der Organisation erzeugt, die eine nachhaltige Leistungssteigerung ermöglichen. Diese Benchmarking-Reise ist der Ausgangspunkt für die Entwicklung eines kollektiven Problemverständnisses und einer gemeinsamen Veränderungsvision. Es zeigt sich, daß das Unternehmen nicht nur in der Qualitäts- und Kostendimension der Produkte, sondern auch in der Zeit- und Produktivitätsdimension des Entwicklungsprozesses eindeutig unterlegen ist. Besonders desillusionierend für das Selbstverständnis der Entwicklungsmannschaft ist dabei die Erkenntnis, daß sich die Leistungslücke in den Qualitätszielen nicht nur auf die erreichte Konformität, Zuverlässigkeit und Haltbarkeit in Bezug auf die Basis- und Leistungsanforderungen, sondern auch auf die erreichte Kundenzufriedenheit in Bezug auf die Begeisterungsanforderungen bezieht. Es zeigt sich zudem, daß aufgrund überlegener Strategien, Ablauf-, Aufbau- und Regelungsstrukturen sowie Problem-Lösungs-Zyklen die Leistungslücke in der Zukunft eher zunehmen als abnehmen wird. Das tatsächliche Ausmaß der Leistungslücke wird offensichtlich, so daß die akzelerierenden Kräfte für eine organisationale Veränderung enorm ansteigen. Aufgrund dieser Erkenntnisse lassen sich die Mißerfolge der Vergangenheit nicht mehr durch zufällige Ereignisse oder durch mangelnde Anstrengung erklären. Mit dem Zwang zur Attribution der Mißerfolge durch die eigene Unfähigkeit werden die bestehenden Widerstände gegen nachhaltigen Wandel gebrochen. Die verhaltensdeterminierende Wirkung der alten Handlungstheorien und Verhaltensmuster nimmt ab, und damit wird auch die Stärke der retardierenden Kräfte reduziert.

Entsprechend der sich im Japan-Benchmarking bereits abzeichnenden Veränderungsvision wird anschließend ein *Restrukturierungsprogramm (3)* initiert, das einerseits eine Neuausrichtung des Produkt- und Projektportfolios und andererseits ein Reengineering der Ablauf-, Aufbau- und Regelungsstrukturen sowie der Problem-Lösungs-Zyklen vorsieht. Zu den Interventionsmaßnahmen der Restrukturierung zählen die Verwirklichung eines Vorentwicklungskonzeptes und die Neugestaltung des Lieferantenmanagements hinsichtlich der Definition und Vergabe der Entwicklungs- und Herstellungsumfänge sowie des Prozesses der Zusammenarbeit. Desweiteren bezieht sich die Restrukturierung auf den Gesamtablauf der Entwicklung (Rahmenterminplan), auf die Verbesserung zahlreicher Einzelabläufe - z.B. Prototypenherstellung oder Test-/Versuchsabläufe - sowie auf die Verbesserung der bestehenden Regelungsstrukturen durch die Einführung eines Design Review-Konzeptes. Die Problem-Lösungs-Zyklen der Entwicklung werden durch die Einführung bzw. Verbesserung von Instrumenten und Methoden zur Sicherung der Kundenzufriedenheit, der Konformität, Zuverlässigkeit und Haltbarkeit sowie der Prozeß- und Produktionsgerechtigkeit bzw. -fähigkeit in ihrer Effektivität und Effizienz gesteigert. Parallel zu den strukturellen Maßnahmen werden die identifizierten Probleme und die möglichen Lösungen in Konfrontationstreffen in der gesamten Entwicklungsmannschaft diskutiert, um die kollektiven 'Enactment Processes' der neuen Handlungstheorien und Verhaltensmuster auf eine breitere Basis zu stellen. Die neuen Philosophien, Prinzipien, Methoden und Instrumente der Produkt- und Prozeßentwicklung werden in zahlreichen weiteren Veranstaltungen diskutiert und kommuniziert, in einer Broschüre beschrieben und in zahlreichen Trainings- und Coaching-Maßnahmen bedarfsgerecht in der Organisation verankert. Die ersten Erfolge der Restrukturierungsbemühungen stärken das Vertrauen in der Organisation, die anspruchsvolle Veränderungsvision tatsächlich erreichen zu können, so daß die retardierenden Kräfte gegen einen nachhaltigen Wandel zunehmend sinken. Mit der erfolgreichen Markteinführung des ersten Produktes der restrukturierten Entwicklung reduzieren sich auch die akzelerierende Kräfte wieder.

Das Unternehmen verfügt nun über ein strategisch fokussiertes Produkt- und Projektportfolio und über effiziente Ablauf-, Aufbau- und Regelungsstrukturen und Problem-Lösungs-Zyklen. Die Entwicklungsmannschaft weist nach der Falsifikation der alten Handlungstheorien und Verhaltensmuster eine vergleichsweise hohe Veränderungsbereitschaft und -fähigkeit auf. Aufgrund der erfolgreichen Markteinführung der neuen Produkte gibt es allerdings keine offensichtliche Leistungslücke, die die akzelerierenden Kräfte für weitere Veränderungsbestrebungen auf dem erreichten Niveau halten kann. In dieser Situation gelingt es den Führungskräften, eine neue Episode der Veränderung einzuleiten, die dem Strategietyp der *Revitalisierung (4)* weitgehend entspricht. Mit der Hilfe von weiteren Konfrontationstreffen und einem Dialog- und Konversationsprogramm kann ein 'Business Modell Reframing' eingeleitet und damit ein erweitertes Verständnis des Grundzwecks des Unternehmens und dementsprechend auch der Entwicklung etabliert werden. Die so initiierte Erweiterung der Veränderungsvision schafft bei gleichzeitiger Erweiterung der Autonomie, der Selbstorganisation und des Unternehmertums ein Spannungsfeld für neue Geschäfts- und Produktideen, für dezentral eingeleitete Experimente und für kontinuierliche Verbesserungs- und Lernprozesse.

Im zweiten Fallbeispiel ist durch ein *kontinuierliches Verbesserungsprogramm (1)* mit starkem Kostenfokus eine Situation entstanden, die gekennzeichnet ist durch hohe Widerstände gegen jegliche tiefgreifende organisationale Veränderung (vgl. Abbildung 4-44). Infolge der evolutionären Veränderungsbemühungen der letzten Jahre sind die bestehenden Handlungstheorien und Verhaltensmuster immer feiner detailliert worden. Dabei ist ein so hoher Grad der Formalisierung und Bürokratisierung in der Produkt- und Prozeßentwicklung erreicht worden, daß das reale organisationale Verhalten von der formalen Modellvorstellung zwangsläufig abweichen muß. Die Entwicklungsmannschaft reagiert auf das hohe Ausmaß an Kontroll- und Programmierungsversuchen vermehrt mit dem Simulieren fassadenartiger Leistungskonformität. In den Kosten- und Qualitätsinitiativen werden Erfolge ausgewiesen, die zum Teil bewußt konstruiert sind, sich aufgrund nicht berücksichtigter Effekte in der Realität nicht einstellen oder im Vergleich zu den tatsächlichen Risiken und Chancen einen nur marginalen Gesamtbeitrag liefern. Aufgrund der ausgewiesenen Erfolge sind die akzelerierenden Kräfte für eine radikale Veränderung, die über das kontinuierliche Verbesserungsprogramm hinausgeht, nicht ausreichend.

Erst durch eine *industrieweit durchgeführte Qualitätsstudie (2)* unter Federführung des Industrieverbandes wird in dem Unternehmen ein Problembewußtsein erzeugt, das die Falsifikation der dominierenden Handlungstheorien und Verhaltensmuster einleitet. Im Vergleich zu den Wettbewerbern schneidet das Unternehmen in den wesentlichen Qualitäts- und Kostenindikatoren deutlich schlechter ab. Das Ergebnis dieser Studie ist konsistent mit den direkten Signalen aus der eigenen Organisation und aus dem Absatzmarkt, Signale, die bisher assimiliert, umgedeutet oder ignoriert worden sind.

Aufgrund dieser Erkenntnisse leitet die Unternehmensführung ein umfangreiches *Restrukturierungsprogramm (3)* ein, dessen frühe Phasen sich zunächst auf eine kollektive Ursachenanalyse der identifizierten Leistungslücke fokussieren. Mit der Hilfe einer Serie von Konfrontationstreffen in der Entwicklungsmannschaft und mit dem Einsatz von systematischen Root-Cause-Analysen für die Qualitäts- und Kostenprobleme können die zugrunde liegenden Ursachen identifiziert werden. Im funktionalen Kontext lassen sich als Ursachen für diese Leistungslücken eine zu hohe Komplexität des Produkt- und Projektprogramms, eine unzureichende Projektprogrammplanung und -steuerung und zahlreiche Mängel in den Ablauf-, Aufbau- und Regelungsstrukturen der Entwicklungsprojekte ermitteln. Der soziale Kontext ist geprägt von hohen interfunktionalen Barrieren und starkem Bereichsdenken, so daß die Qualität der Interaktionen sowohl auf der Ebene des gesamten Entwicklungsbereichs als auch auf der Ebene der konkreten Simultaneous Engineering Teams vollkommen unzureichend ist. Die Führungsstile zeichnen sich durch die persönliche Involvierung der Vorgesetzten in die detaillierte Problemlösung und durch die Vernachlässigung der Ressourcenentwicklung und des Fähigkeitenaufbaus der Mitarbeiter aus. Im mentalen Kontext überwiegt ein sehr enges Zweckverständnis des Innovations- bzw. Entwicklungsprozesses als Mittel zur kurzfristigen Gewinn- und Umsatzgenerierung und zur Lösung akuter Qualitäts- und Kostenprobleme. Entsprechend dieser Defizite in den organisationalen Kontexten ist das Bereitschafts- und Fähigkeitsniveau der Mitarbeiter weit unter dem erreichbaren Potential. Zur Beseitigung dieser Defizite konzentrieren sich die Restrukturierungsbemühungen auf die Neuausrichtung der Entwicklungsstrategie und des Entwicklungsprogramms und auf das Reengineering der Ablauf-, Aufbau- und Regelungsstrukturen der Entwicklungsprojekte. Parallel dazu wird in Off-Site-Workshops und mit systematischen Dialog- und Konversationsprogrammen ein kollektiver Prozeß zur Schaffung neuer sozialer und mentaler Leitbilder eingeleitet. Zudem setzen erste Initiativen zur nachhaltigen Steigerung des Bereitschafts- und Fähigkeitsniveaus auf der individuellen Ebene ein, indem beispielsweise vermehrt die Kongruenz individueller und organisationaler Entwicklungspfade angestrebt wird. Diese Ansätze am sozialen und mentalen Kontext und an der personalen Ebene werden nach dem Auslaufen der Restrukturierungsmaßnahmen als wesentlicher Gegenstand der nächsten Episode der Veränderung fortgeführt. Diese Episode entspricht weitgehend dem Strategietyp der *Revitalisierung (4)*.

# Literaturverzeichnis

Abel, B. [Denken in theoretischen Modellen, 1979]: Denken in theoretischen Modellen als Leitidee der Wirtschaftswissenschaften, in: Wissenschaftstheoretische Grundfragen der Wirtschaftswissenschaften, hrsg. von H. Raffée / B. Abel, München 1979, S. 138-160.

Abel, B. [Kritischer Rationalismus, 1979]: Kritischer Rationalismus und das Wertfreiheitsprinzip, in: Wissenschaftstheoretische Grundfragen der Wirtschaftswissenschaften, hrsg. von H. Raffée / B. Abel, München 1979, S. 215-234.

Abel, B. [Grundlagen, 1983]: Grundlagen der Erklärung menschlichen Handelns - Zur Kontroverse zwischen Konstruktivisten und Kritischen Rationalisten, Tübingen 1983.

Adler, P. S. et al. [Product Development Process, 1996]: Getting the Most out of Your Product Development Process, in: Harvard Business Review, 74. Jg. (1996), Heft 2, S. 134-152.

Akao, Y. (Hrsg.) [Quality Function Deployment, 1990]: Quality Function Deployment - Integrating Customer Requirements into Product Design, Cambridge, MA 1990.

Albach, H. [Ansätze zu einer empirischen Theorie, 1971]: Ansätze zu einer empirischen Theorie der Unternehmung, in: Wissenschaftsprogramm und Ausbildungsziele der Betriebswirtschaftslehre, hrsg. von G. v. Kortzfleisch, Berlin 1971, S.133-156.

Albert, H. [Theorie und Prognose, 1971]: Theorie und Prognose in den Sozialwissenschaften, in: Die Logik der Sozialwissenschaften, hrsg. von E. Topitsch, 7. Auflage, Köln und Berlin 1971, S. 126-143.

Albert, H. (Hrsg.) [Konstruktion und Kritik, 1972]: Konstruktion und Kritik - Aufsätze zur Philosophie des kritischen Rationalismus, Hamburg 1972.

Albert, H. (Hrsg.) [Theorie und Realität, 1972]: Theorie und Realität - Ausgewählte Aufsätze zur Wissenschaftslehre der Sozialwissenschaften, 2. Auflage, Tübingen 1972.

Albert, H. [Theorien, 1972]: Theorien in den Sozialwissenschaften, in: Theorie und Realität, hrsg. von ders., 2. Auflage, Tübingen 1972.

Albert, H. [Gesetzesbegriff, 1973]: Der Gesetzesbegriff im ökonomischen Denken, in: Macht und ökonomisches Gesetz - Schriften des Vereins für Sozialpolitik, hrsg. von H. K. Schneider / C. Watrin, Band 74/1, Berlin 1973, S. 129-162.

Albert, H. [Individuelles Handeln, 1977]: Individuelles Handeln und soziale Steuerung - Die ökonomische Tradition und ihr Erkenntnisprogramm, in: Handlungstheorien - interdisziplinär, hrsg. von H. Lenk , Band 4, München 1977.

Albert, H. [Wissenschaft, 1982]: Die Wissenschaft und die Fehlbarkeit der Vernunft, Tübingen 1982.

Albert, H. [Traktat, 1991]: Traktat über die kritische Vernunft, 5. Auflage, Band 1, Tübingen 1991.

Alderfer, C. P. [Empirical Test, 1969]: An empirical test of a new theory of human needs, in: Organizational Behavior and Human Performance, 4. Jg. (1969), S. 142-175.

Allen, T. J. [Managing the Flow, 1985]: Managing the Flow of Technology, 2. Auflage, Boston, Mass. 1985.

Allport, G. W. [Structuronomic Conception, 1962]: A structuronomic conception of behavior: Individual and Collective, in: Journal of Abnormal and Social Psychology, 64. Jg. (1962), S. 3-30.

Amsden, R. T. et al. [TQM, 1996]: TQM: Core Paradigm Changes, in: Business Horizons, 39. Jg. (1996), Heft 6, S. 6-14.

Ancona, D. / Caldwell, D. F. [Demography and Design, 1992]: Demography and Design - Predictors of New Product Team Performance, in: Organization Science, 3. Jg. (1992), S. 321-341.

Anderson, R. E. [Phased Product Development, 1996]: Phased Product Development: Friend or Foe?, in: Business Horizons, 39. Jg. (1996), Heft 6, S. 30-36.

Angus, F. R. et al. [Reengineering, 1996]: Reengineering for Revenue Growth, in: Research Technology Management, 39. Jg. (1996), Heft 2, S. 26-31.

Argyris, C. [Strategy, 1985]: Strategy, Change, and Defensive Routines, Boston 1985.

Argyris, C. [Strategy Implementation, 1989]: Strategy Implementation: An experience in learning, in: Organizational Dynamics, 2. Jg. (1989), S. 5-15.

Argyris, C. [Organizational Defenses, 1990]: Overcoming Organizational Defenses, Boston 1990.

Argyris, C. [Organizational Learning, 1992]: On Organizational Learning, Cambridge, MA 1992.

Argyris, C. [Richtig motivieren, 1995]: Richtig motivieren können wenige Chefs, in: Harvard Business Manager, 1995, Heft 1, S. 9-18.

Argyris, C. / Schön, D. [Theory in Practice, 1974]: Theory in practice: Increasing professional effectiveness, London 1974.

Argyris, C. / Schön, D. [Organizational Learning, 1978]: Organizational Learning, Reading, MA 1978.

Ascari, A. et al. [Reengineering and Organizational Change, 1995]: Reengineering and Organizational Change - Lessons from a Comparative Analysis of Company Experiences, in: European Management Journal, 13. Jg. (1995), Heft 1, S. 1-30.

Atkinson, J. W. [Motivational Determinants, 1974]: Motivational Determinants of intellectual performance and cumulative achievement, in: Motivation and Achievement, hrsg. von J. W. Atkinson / J. O. Raynor, Washington, D. C. 1974, S. 389-410.

Atkinson, J. W. [Strength of Motivation, 1974]: Strength of motivation and efficiency of performance, in: Motivation and Achievement, hrsg. von J. W. Atkinson / J. O. Raynor, Washington, D. C. 1974, S. 193-218.

Atkinson, J. W. [Motivationsforschung, 1975]: Einführung in die Motivationsforschung, Stuttgart 1975.

Bacon, G. et al. [Managing Product Definfition, 1994]: Managing Product Definition in High-Technology Industries: A Pilot Study, in: California Management Review, 37. Jg. (1994), Heft 1, S. 32-56.

Bailom, F. et al. [Kano-Modell, 1996]: Das Kano-Modell der Kundenzufriedenheit, in: Marketing ZFP, 1996, Heft 2, S. 117-126.

Baitsch, C. [Organisationen, 1993]: Was bewegt Organiationen? - Selbstorganisation aus psychologischer Perspektive, Frankfurt a.M. 1993.

Balachandra, R. / Brockhoff, K. [Termination Factors, 1995]: Are R&D Project Termination Factors Universal?, in: Research Technology Management, 38. Jg. (1995), Heft 4, S. 31-36.

Bandura, A. [Social Learning Theory, 1977]: Social Learning Theory, Englewood Cliffs, NJ 1977.

Bandura, A. [Social Foundations, 1986]: Social Foundations of Thought and Action, Englewood Cliffs, NJ 1986.

Bantel, W. et al. [Qualitätssicherung, 1989]: Qualitätssicherung als Führungsaufgabe - Integration der Qualitätssicherung in die strategische Unternehmensführung, in: Journal für Betriebswirtschaft, 39. Jg. (1989), Heft 1, S. 18-38.

Barker, T. B. [Tagushi's Philosophy, 1987]: Quality Engineering by Design: Tagushi's Philosophy, in: Quality Assurance, 13. Jg. (1987), Heft 3, S. 72-80.

Barney, J. B. [Organizational Culture, 1986]: Organizational Culture: Can it be a source of sustained competitive advantage, in: Academy of Management Review, 11. Jg. (1986), S. 656-665.

Bart, C. K. [Chaos, 1994]: Gagging on Chaos, in: Business Horizons, 37. Jg. (1994), Heft 5, S. 26-36.

Bartlett, C. A. / Ghoshal, S. [Beyond the M-Form, 1993]: Beyond the M-Form: Toward a Managerial Theory of the Firm, in: Strategic Management Journal, 14. Jg. (1993), S. 23-46.

Bate, P. [Organizational Culture, 1984]: The Impact of Organizational Culture on Approaches to Organizational Problem-Solving, in: Organization Studies, 5. Jg. (1984), S. 43-66.

Bauer, P. / Brockhoff, K. [Kennzahlenberechnung, 1992]: Kennzahlenberechnung für Forschung und Entwicklung, in: RKW-Handbuch Forschung und Entwicklung, hrsg. von H. H. Moll / H. J. Warnecke, Berlin 1992, S. 1-22.

Bean, A. S. [R&D-Organizations, 1995]: Why Some R&D Organizations Are More Productive Than Others, in: Research Technology Management, 38. Jg. (1995), Heft 1, S. 25-29.

Bean, T. J. / Gros, J. G. [R&D Benchmarking, 1992]: R&D Benchmarking at AT&T, in: Research Technology Management, 35. Jg. (1992), Heft 4, S. 32-37.

Beck, U. et al. [Reflexive Modernization, 1994]: Reflexive Modernization, Cambridge, MA 1994.

Beckhard, R. [Confrontation Meeting, 1978]: The Confrontation Meeting, in: Organization Development - theory, practice, and research, hrsg. von W. L. French et al., Dallas 1978, S. 130-136.

Beckhard, R. [Team-Building Efforts, 1978]: Optimizing Team-Building Efforts, in: Organization Development - theory, practice, and research, hrsg. von W. L. French et al., Dallas 1978, S. 149-155.

Beckhard, R. / Harris, R. T. [Organizational Transitions, 1987]: Organizational Transitions - Managing Complex Change, 2. Aufl., Reading, MA et al. 1987.

Beekun, R. J. [Assessing the effectiveness, 1989]: Assessing the effectiveness of sociotechnical interventions, in: Human Relations, 1989, S. 877-897.

Beer, M. et al. [Verjüngungskampagnen, 1990]: Wie Verjüngungskampagnen ein sicherer Erfolg werden, in: Harvard Manager (Hrsg.), Innovationsmanagement, Band 2, 1990, S. 16-25.

Behrens, G. [Wissenschaftstheorie, 1993]: Wissenschaftstheorie und Betriebswirtschaftslehre, in: Handwörterbuch der Betriebswirtschaftslehre, hrsg. von W. Wittmann, 5. Auflage, Band 3, Stuttgart 1993, Sp. 4763-4772.

Berger, N. et al. [Kano's Methods, 1993]: Kano's Methods for Understanding Customer-defined Quality, in: Hinshitsu: The Journal of the Japanese Society for Qualiy Control, 1993, Heft Fall, S. 3-35.

Berger, P. L. / Luckmann, T. [Konstruktion der Wirklichkeit, 1969]: Die gesellschaftliche Konstruktion der Wirklichkeit, Frankfurt 1969.

Berthel, J. [Personalmanagement, 1989]: Personalmanagement, 2. Auflage, Stuttgart 1989.

Bertsche, D. et al. [Simulation, 1996]: Is Simulation Better than Experience?, in: The McKinsey Quarterly, 1996, Heft 1, S. 50-57.

Bey, I. [Qualitätsmanagement, 1994]: Forschung für das Qualitätsmanagement - Programm Qualitätssicherung 1992-1996 des BMFT, in: Technologie und Management, 43. Jg. (1994), Heft 4, S. 169-174.

Blake, R. R. / Mouton, J. S. [Overview of the Grid, 1978]: An Overview of the Grid, in: Organization Development - theory, research, and practice, hrsg. von W. L. French et al., Dallas 1978, S. 175-183.

Blake, R. R. / Mouton, J. S. [Verhaltenspsychologie, 1986]: Verhaltenspsychologie im Betrieb, 2. Auflage, Düsseldorf-Wien 1986.

Bläsing, J. P. / Göppel, R. [Trends des industriellen Qualitätsmanagements, 1996]: Trends des industriellen Qualitätsmanagements im Überblick, in: Industrie Management, 12. Jg. (1996), Heft 4, S. 14-17.

Bleicher, F. [Effiziente Forschung und Entwicklung, 1990]: Effiziente Forschung und Entwicklung - Personelle, organisatorische und führungstechnische Instrumente, Wiesbaden 1990.

Bleicher, K. [Betriebswirtschaftslehre, 1985]: Betriebswirtschaftslehre als systemorientierte Wissenschaft vom Management, in: Systemorientiertes Management, hrsg. von G. J. B. Probst / H. Siegwart, Stuttgart 1985, S. 65-91.

Bleicher, K. [Organisatorische Gestaltung, 1992]: Organisatorische(n) Gestaltung, Theorie der, in: Handwörterbuch der Organisation, hrsg. von E. Frese, 3. Auflage, Stuttgart 1992, Sp. 1883-1900.

Bleicher, K. [Unternehmungskultur, 1992]: Unternehmungskultur, in: Handwörterbuch des Personalwesens, hrsg. von E. Gaugler / W. Weber, 2. Auflage, Stuttgart 1992, Sp. 2241-2252.

Bleicher, K. [Management of Change, 1994]: Zum "Management of Change", in: Technologie und Management, 43. Jg. (1994), Heft 2, S. 65-69.

Bogard, T. et al. [Concurrent Engineering, 1991]: Concurrent Engineering Environments - Texas Instruments implements design for manufacture, in: Printed Circuit Design, June 1991, S. 30-37.

Böhm, J. [Organisationsentwicklung, 1981]: Einführung in die Organisationsentwicklung - Instrumente - Strategien - Erfolgsbedingungen, Heidelberg 1981.

Bouhs, G. [Reorganisation, 1987]: Management der Reorganisation - Eine empirische Untersuchung zur Zusammenarbeit der Unternehmensleitung mit Unternehmensberatern und Organisationsmitgliedern in Reorganisationsprojekten, Münster 1987.

Bowen, H. K. et al. [Development Projects, 1994]: Development Projects: The engine of renewal, in: Harvard Business Review, 72. Jg. (1994), Heft 5, S. 110-120.

Bowen, H. K. et al. [Projects, 1994]: Make Projects the School for Leaders, in: Harvard Business Review, 72. Jg. (1994), Heft 5, S. 131-140.

Bower, J. L. / Hout, T. M. [Fast-Cycle Capability, 1988]: Fast-Cycle Capability for Competitive Power, in: Harvard Business Review, 66. Jg. (1988), Heft 6, S. 74-84.

Bowers, D. G. [OD-Techniques, 1973]: OD techniques and their results in 23 organizations, in: Journal of Applied Behavioral Science, 1973, Heft 1, S. 21-43.

Bowers, D. G. / Hausser, D. L. [Work Group Types, 1977]: Work group types and intervention effects in organizational development, in: Administrative Science Quaterly, 22. Jg. (1977), S. 76-95.

Bowers, D. G. / Franklin, J. L. [Survey-Guided Development, 1978]: Survey-Guided Development: Using Human Resources Measurement in Organizational Change, in: Organization Development - theory, practice, and research, hrsg. von W. L. French et al., Dallas 1978, S. 184-193.

Brandstätter, H. [Verhaltens- und Leistungsbedingungen, 1993): Persönliche Verhaltens- und Leistungsbedingungen, in: Lehrbuch Organisationspsychologie, hrsg. von H. Schuler, Bern et al. 1993, S. 213-234.

Braun, K. / Lawrence, C. [Vergleich, 1995]: Den Vergleich mit den Vorbildern wagen, in: Harvard Business Manager, 1995, Heft 3, S. 118-125.

Braun, W. [Transsubjektivitätsprinzip, 1979]: Das Transsubjektivitätsprinzip, in: Wissenschaftstheoretische Grundfragen der Wirtschaftswissenschaften, hrsg. von Hans Raffée / Bodo Abel, München 1979, S. 209-214.

Braun, W. [Forschungsmethoden, 1993]: Forschungsmethoden der Betriebswirtschaftslehre, in: Handwörterbuch der Betriebswirtschaftslehre, hrsg. von W. Wittmann et al., 5. Auflage, Band 1, Stuttgart 1993, Sp. 1220-1236.

Braunstein, D. M. / Salsamendi, M. C. [R&D Planning, 1994]: R&D Planning at ARCO Chemical, in: Research Technology Management, 37. Jg. (1994), Heft 5, S. 33-37.

Braver, N. A. C. [TQM, 1995]: Overcoming Resistance to TQM, in: Research Technology Management, 38. Jg. (1995), Heft 5, S. 40-44.

Brecht, L. et al. [Business Engineering, 1995]: Business Engineering: Von einer Mode zur Methode, in: Harvard Business Manager, 1995, Heft 4, S. 118-123.

Brecht, W. [Effiziente F&E-Organisation, 1990]: Effiziente F&E-Organisation - Strukturelle Aspekte zur F&E-Organisation als Modul eines integrierten Innovationsmanagement-Konzeptes, in: Integriertes Technologie und Innovationsmanagement, hrsg. von Booz ° Allen & Hamilton, 1990, S. 75-91.

Brenner, M. S. [Project Prioritization, 1994]: Practical R&D Project Prioritization, in: Research Technology Management, 37. Jg. (1994), Heft 5, S. 38-42.

Brockhoff, K. [Produktinnovationsrate, 1981]: Die Produktinnovationsrate im Lagebericht, in: Der Betrieb, 34. Jg. (1981), S. 433-437.

Brockhoff, K. [Produktivität, 1986]: Die Produktivität der Forschung und Entwicklung eines Industrieunternehmens, in: Zeitschrift für Betriebswirtschaft, 56. Jg. (1986), S. 525-537.

Brockhoff, K. [Stärken und Schwächen, 1990]: Stärken und Schwächen industrieller Forschung und Entwicklung, Stuttgart 1990.

Brockhoff, K. [Forschung und Entwicklung, 1994]: Forschung und Entwicklung - Planung und Kontrolle, 4. Auflage, München et al. 1994.

Brockhoff, K. / Urban, C. [Entwicklungsdauer, 1988]: Die Beeinflussung der Entwicklungsdauer, in: Zeitmanagement in Forschung und Entwicklung, ZFbF Sonderheft 23, hrsg. von K. Brockhoff et al., 1988, S. 1-42.

Brown, S. [Research, 1991]: Research that Reinvents the Corporation, in: Harvard Business Review, 69. Jg. (1991), Heft 1, S. 102-111.

Bühner, R. [Mitarbeiter, 1995]: Mitarbeiter mit Kennzahlen führen, in: Harvard Business Manager, 1995, Heft 3, S. 55-63.

Bullinger, H.-J. (Hrsg.) [F&E-heute, 1990]: IAO-Studie: F&E-heute - Industrielle Forschung und Entwicklung in der Bundesrepublik Deutschland, Stuttgart 1990.

Bunge, M. [Models, 1969]: Models in Theoretical Science, in: Logik, Erkenntnis- und Wissenschaftstheorie, Sprachphilosophie, Ontologie und Metaphysik - Akten des XIV. Internationalen Kongresses für Philosophie, Band 3, Wien 1969, S. 208-217.

Bürgel, H. D. et al. [Japanische Konkurrenz, 1995]: Die japanische Konkurrenz - Anstöße für Überlegungen zur Effektivitäts- und Effizienzsteigerung des westlichen F&E-Prozesses, in: Zeitschrift für Betriebswirtschaft-Ergänzungsheft 1, 1995, S. 1-25.

Bürgel, H. D. / Gentner, A. [Phasenübergreifende Integration, 1992]: Phasenübergreifende Integration zur Steuerung der Entwicklungs- und Anlaufphasen bei Serienprodukten - Prozeßmanagement und Überleitungsphasen als wirkungsvolle Integrationsmechanismen, in: Integrationsmanagement für neue Produkte, hrsg. von R. A. Hanssen / W. Kern, Düsseldorf - Frankfurt 1992, S. 69-92.

Burghardt, M. [Projektmanagement, 1988]: Projektmanagement - Leitfaden für die Planung, Überwachung und Steuerung von Entwicklungsprojekten, München 1988.

Burt, R. / Minor, M. (Hrsg.) [Network Analysis, 1983]: Applied Network Analysis, Beverly Hills 1983.

Caldwell, D. F. et al. [Organizational Commitment, 1990]: Building Organizational Commitment, in: Journal of Occupational Psychology, 1990, S. 245-261.

Camp, R. C. [Benchmarking, 1989]: Benchmarking - The Search for Industry Best Practices that Lead to Superior Performance, Milwaukee, Wisc. 1989.

Campbell, J. P. et al. [Managerial Behavior, 1970]: Managerial Behavior, Performance, and Effectiveness, New York 1970.

Carl-Sime, C. [Interview, 1994]: Interview mit James Champy, in: Top Business, 1994, Heft 11, S. 86-89.

Carlson, C. F. / LaFasto, F. [Teamwork, 1989]: Teamwork, Newbury Park, CA 1989.

Chakravarthy, B. S. [Adaptation, 1982]: Adaptation: A promising metaphor for strategic management, in: The Academy of Management Review, 7. Jg. (1982), S. 35-44.

Chakravarthy, B. S. [Process of Transformation, 1996]: The Process of Transformation - In Search of Nirvana, in: European Management Journal, 14. Jg. (1996), Heft December, S. 529-539.

Charan, R. [Networks, 1991]: How Networks Reshape Organizations - For Results, in: Harvard Business Review, 69. Jg. (1991), Heft 5, S. 104-115.

Checkland, P. [Systemdenken im Management, 1985]: Systemdenken im Management: Die Entwicklung der "weichen" Systemmethodik und ihre Bedeutung für die Sozialwissenschaften, in: Integriertes Management, hrsg. von G. J. B. Probst / H. Siegwart, Bern-Stuttgart 1985, S. 217-234.

Chester, A. N. [Aligning Technology, 1994]: Aligning Technology with Business Strategy, in: Research Technology Management, 37. Jg. (1994), Heft 1, S. 25-32.

Chester, A. N. [Measurement and Incentives, 1995]: Measurement and Incentives for Central Research, in: Research Technology Management, 38. Jg. (1995), Heft 4, S. 14-22.

Child, J. / Kieser, A. [Development of organizations, 1981]: Development of organizations over time, in: Handbook of Organizational Design, hrsg. von P. C. Nystrom / W. H. Starbuck, Oxford 1981, S. 28-41.

Chin, R. / Benne, K. D. [Strategien zur Veränderung, 1975]: Strategien zur Veränderung sozialer Systeme, in: Änderung des Sozialverhaltens, hrsg. von W. G. Bennis et al., Stuttgart 1975, S. 43-78.

Chmielewicz, K. [Forschungskonzeptionen, 1979]: Forschungskonzeptionen der Wirtschaftswissenschaften, 2. Auflage, Stuttgart 1979.

Clark, D. L. [Paradigmatic Shift, 1985]: The context of the paradigmatic shift, in: Organizational Theory and Inquiry, hrsg. von Y. S. Lincoln, Beverly Hills 1985, S. 43-78.

Clark, K. B. / Fujimoto, T. [Erfolgsgeheimnis, 1991]: Das Erfolgsgeheimnis integrer Produkte, in: Harvard Manager, 1991, Heft 2, S. 113-123.

Clark, K. B. / Fujimoto, T. [Product Development Performance, 1991]: Product Development Performance - Strategy, Organization, and Management in the World Auto Industry, Boston, Mass. 1991.

Coenenberg, A. G. / Prillmann, M. [Variantenvielfalt, 1995]: Erfolgswirkungen der Variantenvielfalt und Variantenmanagement - Empirische Erkenntnisse aus der Elektronikindustrie, in: Zeitschrift für Betriebswirtschaft, 65. Jg. (1995), Heft 11, S. 1231-1253.

Cohen, W. M. / Levinthal, D. A. [Absorptive Capacity, 1990]: Absorptive Capacity: A new perspective on learning and innovation, in: Administrative Science Quaterly, 35. Jg. (1990), Heft 1, S. 128-152.

Coleman, J. R. [NCR, 1990]: NCR cashes in on Design For Assembly, in: Simultaneous Engineering - Integrating Manufacturing and Design, hrsg. von C. W. Allen, Dearborn, MI 1990, S. 222-224.

Collins, J. C. / Porras, J. I. [Vision, 1996]: Building your Company's Vision, in: Harvard Business Review, 74. Jg. (1996), Heft 5, S. 65-77.

Comelli, G. [Training, 1985]: Training als Beitrag zur Organisationsentwicklung, München-Wien 1985.

Condit, P. M. [Focusing on the Customer, 1994]: Focusing on the Customer: How Boing Does It, in: Research Technology Management, 37. Jg. (1994), Heft 1, S. 33-37.

Cook, K. S. / Emerson, R. M. [Exchange Networks, 1984]: Exchange Networks and the Analysis of Complex Organizations, in: Research in the Sociology of Organizations, 3. Jg. (1984), S. 1-30.

Cooper, R. G. [Predevelopment activities, 1988]: Predevelopment activities determine new product success, in: Industrial Marketing Management, 17. Jg. (1988), S. 237-247.

Cooper, R. G. [Debunking the Myths, 1994]: Debunking the Myths of New Product Development, in: Research Technology Management, 37. Jg. (1994), Heft 4, S. 40-50.

Cooper, R. G. / Kleinschmidt, E. J. [New Products, 1987]: New Products - what separates winners from loosers, in: Journal of Product Innovation Management, 4. Jg. (1987), Heft 3, S. 169-184.

Cooper, R. G. / Kleinschmidt, E. J. [Winning Businesses, 1994]: Winning Businesses in Product Development: The Critical Success Factors, in: Research Technology Management, 39. Jg. (1996), Heft 4, S. 18-29.

Cooper, R. / Markus, M. L. [Menschen, 1996]: Den Menschen reengineeren - geht das denn?, in: Harvard Business Manager, 1996, Heft 1, S. 77-89.

Corsten, H. [Innovationsmanagement, 1989]: Überlegungen zu einem Innovationsmanagement - Organisationale und personale Aspekte, in: Die Gestaltung von Innovationsprozessen, hrsg. von ders., Berlin 1989, S. 1-56.

Corsten, H. / Reiß, M. [Integrationsbedarfe, 1992]: Integrationsbedarfe im Produktentstehungsprozeß, in: Integrationsmanagment für neue Produkte, hrsg. von R. A. Hanssen / W. Kern, Düsseldorf - Frankfurt 1992, S. 31-49.

Corsten, H. / Reiß, M. [Systemische Integrationsansätze, 1992]: Systemische Integrationsansätze im Produktentstehungsprozeß, in: Integrationsmanagement für neue Produkte, hrsg. von R. A. Hanssen / W. Kern, Düsseldorf - Frankfurt 1992, S. 213-229.

Covey, S. R. [Seven Habits, 1994]: The seven habits of highly effective people, Sydney 1994.

Creese, R. C. / Moore, T. [Cost Modeling, 1990]: Cost Modeling for Concurrent Engineering, in: Cost Engineering, 32. Jg. (1990), Heft 6, S. 23-27.

Crosby, P. B. [Quality, 1979]: Quality is Free, New York 1979.

Daft, R. L. / Weick, K. E. [Interpretation Systems, 1984]: Toward a Model of Organizations as Interpretation Systems, in: The Academy of Management Review, 9. Jg. (1984), S. 284-295.

Daft, R. L. et al. [Scanning, 1988]: Chief executive scanning, environmental characteristics, and company performance - An empirical study, in: The Academy of Management Review, 13. Jg. (1988), Heft 4, S. 137-151.

Davenport, T. H. [Process Innovation, 1993]: Process Innovation: Reengineering Work Through Information Technology, Boston 1993.

de Pay, D. [Verkürzung der Innovationszeit, 1995]: Organisationsmaßnahmen zur Verkürzung der Innovationszeit europäischer Unternehmen, in: Zeitschrift für Betriebswirtschaft-Ergänzungsheft 1, 1995, S. 77-101.

Dean, J. W. / Susman, G. I. [Organizing, 1991]: Organizing for Manufacturable Design, in: Design for Manufacture - Strategies, Principles and Techniques, hrsg. von J. Corbett et al., Wokingham, UK 1991.

Deming, W. E. [Quality, 1982]: Quality, Productivity, and Competitive Position, Cambridge, MA 1982.

Deming, W. E. [Crisis, 1986]: Out of the crisis, Cambridge, MA 1986.

Deschamps, J. P. [Creating the Products, 1989]: Creating the products the market wants, in: Marketing And Research Today, 1989, Heft 2, S. 4-28.

Despres, C. / Hiltrop, J.-M. [Compensation, 1996]: Compensation for Technical Professionals in the Knowledge Age, in: Research Technology Management, 39. Jg. (1996), Heft 5, S. 48-56.

Dewhurst, P. / Boothroyd, G. [Design for Assembly, 1990]: Design for Assembly in Action, in: Simultaneous Engineering - Integrating Manufacturing and Design, hrsg. von C. W. Allen, Dearborn, MI 1990, S. 5-7.

Dickhout, R. et al. [Designing Change Programs, 1995]: Designing change programs that won't cost your job, in: The McKinsey Quarterly, 1995, Heft 4, S. 101-116.

Dietz, W. [Qualitätsmanagement, 1996]: Qualitätsmanagement - Verantwortung für die Unternehmensführung, in: Industrie Management, 12. Jg. (1996), Heft 4, S. 6-9.

DIN (Hrsg.): DIN ISO 9004, Qualitätsmanagement und Elemente eines Qualitätssicherungssystems - Leitfaden, Berlin 1987.

Dixon, J. R. et al. [Reengineering, 1995]: Reengineering II: Mit Ausdauer ist es machbar, in: Harvard Business Manager, 1995, Heft 2, S. 105-113.

Domsch, M. [Anreizsysteme, 1984]: Anreizsysteme für Industrieforscher, in: Personal-Management in der industriellen Forschung und Entwicklung, hrsg. von M. Domsch / E. Jochum, Köln et al. 1984, S. 249-270.

Domsch, M. [Laufbahnentwicklung, 1993]: Laufbahnentwicklung für Industrieforscher, in: F&E-Management, hrsg. von M. Domsch et al., Stuttgart 1993, S. 153-178.

Domsch, M. / Gerpott, T. J. [Personalführung, 1988]: Personalführung als Erfolgsfaktor in Forschung und Entwicklung, in: Harvard Manager, 1988, Heft 2, S. 64-70.

Domsch, M. et al. [Schnittstelle, 1991]: Qualität der Schnittstelle zwischen F&E und Marketing, in: Zeitschrift für betriebswirtschaftliche Forschung, 43. Jg. (1991), Heft 12, S. 1048-1069.

Drumm, H. J. [Personalwirtschaftslehre, 1989]: Personalwirtschaftslehre, Berlin et al. 1989.

Drumm, H. J. [Organisationsplanung, 1992]: Organisationsplanung, in: Handwörterbuch der Organisation, hrsg. von E. Frese, 3. Auflage, Stuttgart 1992, Sp. 1589-1602.

Duncan, R. / Weiss, A. [Organizational Learning, 1979]: Organizational Learning: Implications for Organizational Design, in: Research in Organizational Behavior, hrsg. von B. M. Staw, Band 1, Grennwich, Con. 1979, S. 75-123.

Dyer, W. G. [Cycle of Cultural Evolution, 1985]: The Cycle of Cultural Evolution in Organizations, in: Gaining Control of the Corporate Culture, hrsg. von R. H. Kilmann et al., San Francisco 1985, S. 200-229.

Ebers, M. [Organisationstheorie, 1992]: Situative Organisationstheorie, in: Handwörterbuch der Organisation, hrsg. von E. Frese, 3. Auflage, Stuttgart 1992, Sp. 1817-1838.

Eccles, R. G. / Nohria, N. [Beyond the Hype, 1992]: Beyond the Hype - Rediscovering the Essence of Management, Harvard, Cambridge, MA 1992.

Edelheit, L. S. [Renewing, 1995]: Renewing the Corporate R&D Laboratory, in: Research Technology Management, 38. Jg. (1995), Heft 6, S. 14-18.

Edwards, C. / Peppard, J. [Business Strategy and Business Reengineering, 1994]: Forging a Link Between Business Strategy and Business Reengineering, in: European Management Journal, 12. Jg. (1994), Heft 4, S. 407-416.

Ehrlenspiel, K. [Integrierte Produktentwicklung, 1990]: Auf dem Weg zur integrierten Produktentwicklung, in: Rechnerunterstützte Produktentwicklung - Integration von Konstruktionsmethodik und Rechnereinsatz, Tagung Bad Soden 1. und 2. März, Düsseldorf 1990, VDI Berichte 812, S. 165-180.

Eichhorn, W. [Modell und Theorie, 1979]: Die Begriffe Modell und Theorie in der Wirtschaftswissenschaft, in: Wissenschaftstheoretische Grundfragen der Wirtschaftswissenschaften, hrsg. von H. Raffée / B. Abel, München 1979, S. 60-104.

Elden, M. [Democratization, 1983]: Democratization and participative research in developing local theory, in: Journal of Occupational Behavior, 4. Jg. (1983), S. 21-33.

Ellis, L. W. / Curtis, C. C. [Customer Satisfaction, 1995]: Measuring Customer Satisfaction, in: Research Technology Management, 38. Jg. (1995), Heft 5, S. 45-49.

Ellis, L. W. / Curtis, C. C. [Speedy R&D, 1995]: Speedy R&D - How Beneficial, in: Research Technology Management, 38. Jg. (1995), Heft 4, S. 42-51.

Engelhard, J. [Leistungsdeterminanten, 1992]: Leistungsdeterminanten, in: Handwörterbuch des Personalwesens, hrsg. von E. Gaugler / W. Weber, 2. Auflage, Stuttgart 1992, Sp. 1254-1264.

Eversheim, W. [Simultaneous Engineering, 1989]: Simultaneous Engineering - eine organisatorische Chance, in: Tagung Frankfurt, 18. und 19. April 1989: Neue Wege des Projektmanagements, VDI-Gesellschaft Produktionstechnik (ADB), Düsseldorf, VDI-Verlag, 1989, VDI-Berichte 758, S. 1-24.

Eversheim, W. et al. [Technologiekalender, 1996]: Innovativer mit dem Technologiekalender, in: Harvard Business Manager, 1996, Heft 1, S. 105-112.

Festinger, L. A. [Theorie, 1978]: Theorie der kognitiven Dissonanz, Bern 1978.

Feyerabend, P. [Consolations, 1974]: Consolations for the Specialist, in: Criticism and the Growth of Knowledge, hrsg. von I. Lakatos / A. Musgrave, Cambridge 1974, S. 197-230.

Feyerabend, P. [Wider den Methodenzwang, 1983]: Wider den Methodenzwang, 2. Auflage, Frankfurt am Main 1983.

Filley, A. C. / Aldag, R. J. [Organizational Growth, 1980]: Organizational growth and types - lessons from small institutions, in: Research in Organizational Behavior, 1980, S. 279-307.

Fiol, M. / Lyles, M. A. [Organizational Learning, 1985]: Organizational Learning, in: The Academy of Management Research, 10. Jg. (1985), S. 803-813.

Fisher, J. et al. [Total Quality Management, 1992]: Total Quality Management of Canadian R&D Activities, in: CMA Magazine, 1992, Heft 9, S. 25-28.

Flamholtz, E. [Managing Organizational Transitions, 1995]: Managing Organizational Transitions - Implications for Corporate and Human Resource Management, in: European Management Journal, 13. Jg. (1995), Heft 1, S. 39-51.

Flamholtz, E. [Organizational Control, 1996]: Effective Organizational Control - A Framework, Applications, and Implications, in: European Management Journal, 14. Jg. (1996), Heft 6, S. 596-611.

Foerster, H. v. [Self-Organization, 1984]: Principles of Self-Organization - In a Sociomanagerial Context, in: Self-Organization and Management of Social Systems, hrsg. von H. Ulrich / G. J. B. Probst, Berlin et al. 1984, S. 2 -24.

Foerster, H. v. [Sicht, 1985]: Sicht und Einsicht, Braunschweig 1985.

Fombrun, C. J. / Ginsberg, A. [Shifting Gears, 1990]: Shifting Gears: Enabling change in corporate aggressiveness, in: Strategic Management Journal, 11. Jg. (1990), Heft 4, S. 297-307.

French, E. G. [Effects, 1958]: Effects of the interaction of motivation and feedback on task performance, in: Motives in fantasy, action, and society, hrsg. von J. W. Atkinson, Princeton 1958, S. 400-408.

French, W. L. et al. (Hrsg.) [Organization Development, 1978]: Organization Development - theory, practice, and research, Dallas, Texas 1978.

Frese, E. [Organisationstheorie, 1992]: Organisationstheorie, in: Handwörterbuch der Organisation, hrsg. von ders., 3. Auflage, Stuttgart 1992.

Frese, E. / Werder, A. v. [Organisation, 1994]: Organisation als strategischer Wettbewerbsfaktor - Organisationstheoretische Analyse gegenwärtiger Umstrukturierungen, in: Organisationsstrategien zur Sicherung der Wettbewerbsfähigkeit - Lösungen deutscher Unternehmen, ZfbF Sonderheft 33, hrsg. E. Frese / W. Maly, Düsseldorf 1994, S. 1-27.

Gabele, E. [Reorganisation, 1992]: Reorganisation, in: Handwörterbuch der Organisation, hrsg. von E. Frese, 3. Auflage, Stuttgart 1992, Sp. 2196-2211.

Gaitanides, M. [Business Reengineering, 1995]: Je mehr desto besser? - Zu Umfang und Intensität des Wandels bei Vorhaben des Business Reengineering, in: Technologie und Management, 44. Jg. (1995), Heft 2, S. 69-76.

Galbraith, J. [Complex Organizations, 1973]: Designing Complex Organisations, Reading, MA, 1973.

Garvin, D. A. [Eight Dimensions of Quality, 1987]: Competing on the Eight Dimensions of Quality, in: Harvard Business Review, 65. Jg. (1987), Heft 6, S. 101-109.

Garvin, D. A. [Baldridge Award, 1991]: How the Baldridge Award Realy Works, in: Harvard Business Review, 69. Jg. (1991), Heft 6, S. 80-93.

Garvin, D. A. [Leveraging Processes, 1995]: Leveraging Processes for Strategic Advantage - A Roundtable with Xerox's Allaire, USAA's Herres, Smithkline Beecham's Leschly and Pepsi's Weatherup, in: Harvard Business Review, 73. Jg. (1995), Heft 5, S. 77-90.

Gault, S. C. [Responding to Change, 1994]: Responding to Change, in: Research Technology Management, 37. Jg. (1994), Heft 3, S. 23-26.

Gaynor, G. H. [Monitoring Projects, 1996]: Monitoring Projects - It's More than Reading Reports, in: Research Technology Management, 39. Jg. (1996), Heft 2, S. 45-47.

Gebert, D. [Organisationsentwicklung, 1974]: Organisationsentwicklung - Probleme des geplanten organisatorischen Wandels, Stuttgart 1974.

Gebert, D. [Organisationsentwicklung, 1993]: Organisationsentwicklung, in: Handwörterbuch der Betriebswirtschaftslehre, hrsg. von W. Wittmann, 5. Auflage, Band 2, Stuttgart 1993.

Gebert, D. / Rosenstiel, L. v. [Organisationspsychologie, 1989]: Organisationspsychologie - Person und Organisation, 2. Auflage, Stuttgart et al. 1989.

Gebhardt, W. [Organisationsentwicklung, 1989]: Organisationsentwicklung am Scheideweg, in: Gruppendynamik, 20. Jg. (1989), Heft 2, S. 191-208.

Gerpott, T. J. [Karriereentwicklung, 1988]: Karriereentwicklung von Industrieforschern - Positionswechsel in derselben Unternehmung?, Berlin - New York 1988.

Gerpott, T. J. [Simultaneous Engineering, 1990]: Simultaneous-Engineering, in: Die Betriebswirtschaft, 50. Jg. (1990), Heft 3, S. 399-400.

Gerpott, T. J. / Wittkemper, G. [Business Process Redesign, 1995]: Business Process Redesign - Der Ansatz von Booz ° Allen & Hamilton, in: Prozeßmanagement und Reengineering, hrsg. von M. Nippa / A. Picot, Frankfurt - New York 1995, S. 144-164.

Gerum, E. [Konstruktivismus, 1979]: Prinzipien des Konstruktivismus, in: Wissenschaftstheoretische Grundfragen der Wirtschaftswissenschaften, hrsg. von H. Raffée / B. Abel, München 1979, S. 205-208.

Geschka, H. [Forschung & Entwicklung, 1968]: Forschung und Entwicklung - ein Lernprozeß, in: Betriebswirtschaftliche Forschung und Praxis, 20. Jg. (1968), S. 644-650.

Geschka, H. [Creativity Techniques, 1983]: Creativity Techniques in Product Planing and Development - A View from West Germany, in: R&D Management, 13. Jg. (1983), S. 169-183.

Geschka, H. [Innovationsmanagement, 1983]: Innovationsmanagement, in: Managementenzyklopädie, hrsg. von Verlag Moderne Industrie, Landsberg/Lech 1983, S. 823-837.

Geschka, H. [Innovationsforschung, 1989]: Erkenntnisse der Innovationsforschung - Konsequenzen für die Praxis, in: Neue Produkte Anstöße, Wege, realisierte Strategien, Tagung Bad Soden, hrsg. von VDI-Verlag, VDI-Berichte 724, Düsseldorf 1989, S. 21-48.

Geschka, H. / Yildiz, A. [Probleme, 1990]: Probleme in den Griff bekommen - Kreativitätstechniken, in: Gabler's Magazin, 1990, Heft 4, S. 36-40.

Gesellschaft für Organisationsentwicklung (GOE) e.V. [Leitbild, 1980]: Leitbild und Grundsätze - Gründungsversammlung vom 4. Juni 1980.

Ghoshal, S. / Bartlett, C. A. [Organizational Context, 1994]: Linking Organizational Context and Managerial Action - The Dimensions of Quality Management, in: Strategic Management Journal, 15. Jg. (1994), S. 17-41.

Glasersfeld, E. v. [Wissen, 1987]: Wissen, Sprache und Wirklichkeit, Braunschweig - Wiesbaden 1987.

Glasl, F. / de la Houssaye, L. [Organisationsentwicklung, 1975]: Organisationsentwicklung, Bern-Stuttgart 1975.

Glaubitz, W. G. / Krebs, R. O. [Kulturelle Blockaden, 1994]: Wie Daimler-Benz kulturelle Blockaden überwand, in: Harvard Business Manager, 1994, Heft 3, S. 66-73.

Goldberg, W. H. [Organisation, 1986]: Zur Organisation interner Innovationsvorhaben in älteren und größeren Unternehmungen, in: Die Betriebswirtschaft, 46. Jg. (1986), S. 128-139.

Grochla, E. [Lernprozesse, 1978]: Lernprozesse im Rahmen der Organisationsplanung und Organisationsentwicklung, in: Lebenslanges Lernen, hrsg. von H. Albach et al., Wiesbaden 1978, S. 51-66.

Grün, O. [Projektorganisation, 1992]: Projektorganisation, in: Handwörterbuch der Organisation, hrsg. von E. Frese et al., 3. Auflage, Suttgart 1992, Sp. 2102-2116.

Grün, O. [Lerntheorien, 1993]: Lerntheorien und Betriebswirtschaftslehre, in: Handwörterbuch der Betriebswirtschaft, hrsg. von W. Wittmann, 5. Auflage, Band 2, Stuttgart 1993, Sp. 2594-2608.

Guba, S. et al. [Business Process Reengineering, 1993]: Business Process Reengineering, in: Information Systems Management, 1993, Heft Summer, S. 1-22.

Gunter, B. [Tagushi Methods, 1987]: A Perspective on the Tagushi Methods, in: Quality Assurance, 13. Jg. (1987), Heft 3, S. 81-87.

Gupta, A. K. / Wilemon, D. [Accelerating the Development, 1990]: Accelerating the Developement of Technology-Based Products, in: California Management Review, 33. Jg. (1990), Heft Winter, S. 24-43.

Hackmann, J. R. [Group influences, 1976]: Group influences on individuals, in: Handbook of industrial and organizational psychology, hrsg. von M. D. Dunnette, Chicago 1976, S. 1455-1526.

Hackman, J. R. / Oldham, G. R. [Work Redesign, 1980]: Work Redesign, Reading, MA 1980.

Hadamitzky, M. C. [Restrukturierung, 1995]: Restrukturierung, organisatorisches Lernen und Unternehmenserfolg - Explorative Befunde aus 34 Reorganisationskonzepten in der Logistik, in: Zeitschrift für Betriebswirtschaft, 65. Jg. (1995), Heft 3, S. 173-189.

Haist, F. / Fromm, H. [Qualität, 1989]: Qualität im Unternehmen - Prinzipien-Methoden-Techniken, München - Wien 1989.

Hall, G. et al. [Reengineering, 1994]: Reengineering: Es braucht kein Flop zu werden, in: Harvard Business Manager, 1994, Heft 4, S. 82-93.

Hammer, M. / Champy, J. [Reengineering, 1993]: Reengineering the Corporation: a manifesto for business, New York 1993.

Handy, C. [Beyond Certainty, 1995]: Beyond Certainty - The Changing World of Organisations, London 1995.

Hannan, M. / Freeman, J. [Population Ecology, 1977]: The Population Ecology of Organizations, in: American Journal of Sociology, 82. Jg. (1977), S. 929-964.

Hannan, M. / Freeman, J. [Structural Inertia, 1984]: Structural Inertia and Organizational Change, in: American Sociological Review, 49. Jg. (1984), S. 149-164.

Hanssen, R. A. [Problem, 1992]: Das Problem aus Sicht der betrieblichen Praxis, in: Integrationsmanagement für neue Produkte, hrsg. von R. A. Hanssen / W. Kern, Düsseldorf - Frankfurt 1992, S. 2-19.

Hanssen, R. A. / Kern, W. [Integrationsmanagement, 1992] (Hrsg.): Integrationsmanagement für neue Produkte, Düsseldorf 1992.

Harrigan, K. R. [Turnarounds, 1994]: Management Concepts for Turnarounds - Creating and Nurturing Competencies, in: Technologie und Management, 43. Jg. (1994), Heft 1, S. 14-18.

Hart, C. W. L. [Qualitätsgarantien, 1995]: Vom Nutzen interner Qualitätsgarantien, in: Harvard Business Manager, 1995, Heft 3, S. 78-86.

Harting, D. [Führen, 1992]: Führen mit strategischen Unternehmensplänen - Methoden, Instrumente und Entscheidungshilfen für die Praxis, Stuttgart 1992.

Hauschildt, J. [Innovationsmanagement, 1992]: Innovationsmanagement, München 1992.

Hauschildt, J. / Pulczynski, J. [Rigidität oder Flexibilität, 1992]: Rigidität oder Flexibilität in Innovationsprozessen, in: Zeitschrift für Führung und Organisation, 61. Jg. (1992), Heft 2, S. 74-81.

Hauser, J. R. / Clausing, D. [Stimme des Kunden, 1988]: Wenn die Stimme des Kunden in die Produktion vordringen soll, in: Harvard Business Manager, 1988, Heft 4, S. 57-70.

Heckhausen, H. [Motivation, 1981 und 1989]: Motivation und Handeln, 1. und 2. Auflage, Berlin et al. 1989.

Heckhausen, H. [Perspektiven, 1987]: Perspektiven einer Psychologie des Wollens, in: Jenseits des Rubikon - Der Wille in den Humanwissenschaften, hrsg. von H. Heckhausen et al., Berlin et al. 1987, S. 121-142.

Hedberg, B. L. T. [How Organizations Learn, 1981]: How Organizations Learn and Unlearn, in: Handbook of Organizational Design, hrsg. von P. Nystrom / W. H. Starbuck, Band 1, New York 1981, S. 3-27.

Heinen, E. [Zum Wissenschaftsprogramm, 1969]: Zum Wissenschaftsprogramm der entscheidungsorientierten Betriebswirtschaftslehre, in: Zeitschrift für Betriebswirtschaft, 39. Jg. (1969), S. 207-223.

Heinen, E. [Der entscheidungsorientierte Ansatz, 1971]: Der entscheidungsorientierte Ansatz der Betriebswirtschaftslehre, in: Wissenschaftsprogramm und Ausbildungsziele der Betriebswirtschaftslehre, hrsg. von G. v. Kortzfleisch, Berlin 1971, S. 21-37.

Heinen, E. [Grundfragen, 1976]: Grundfragen der entscheidungsorientierten Betriebswirtschaftslehre, München 1976.

Hejl, P. M. [Soziale Systeme, 1990]: Soziale Systeme: Körper ohne Gehirne oder Gehirne ohne Körper? - Rezeptionsprobleme der Theorie autopoietischer Systeme in den Sozialwissenschaften, in: Zur Biologie der Kognition, hrsg. von V. Riegas / C. Vetter, Frankfurt 1990, S. 205-236.

Hempel, C. G. [Erklärungen, 1972]: Wissenschaftliche und historische Erklärungen, in: Theorie und Realität - Ausgewählte Aufsätze zur Wissenschaftslehre der Sozialwissenschaften, hrsg. von H. Albert, 2. Auflage, Tübingen 1972, S. 237-262.

Hendry, J. [Process Reengineering, 1995]: Process Reengineering and the Dynamic Balance of the Organisation, in: European Management Journal, 13. Jg. (1995), Heft 1, S. 52-57.

Hendry, J. / Hope, V. [Cultural Change, 1994]: Cultural Change and Competitive Performance, in: European Management Journal, 12. Jg. (1994), Heft 4, S. 401-406.

Herbst, P. [Kontextbezogene Vernetzung, 1988]: Kontextbezogene Vernetzung von Arbeit, Forschung und Lernen, in: Zukunft der Arbeit - Psychosozial, hrsg. von C. Baitsch / E. Ulich, Band 33, München 1988, S. 113-121.

Herzberg, F. et al. [Motivation, 1967]: The motivation to work, 2. Auflage, New York 1967.

Hichert, R. [Kennzahlen, 1980]: Kennzahlen des Entwicklungs- und Konstruktionsbereichs, in: Planung in Entwicklung und Konstruktion, hrsg. von W. J. Bartz, Grefenau 1980.

Hiltrop, J.-M. [Human Resource Management, 1996]: The Impact of Human Resource Management on Organizational Performance - Theory and Research, in: European Management Journal, 14. Jg. (1996), Heft 6, S. 628-637.

Hise, R. T. et al. [Product Design Activities, 1989]: The Effect of Product Design Activities on Commercial Success Levels of New Industrial Products, in: The Journal of Product Innovation Management, 6. Jg. (1989), Heft 1, S. 43-50.

Hodgetts, R. M. et al. [New Paradigm Organizations, 1994]: New Paradigm Organizations - From Total Quality to Learning to World-Class, in: Organizational Dynamics, 1994, S. 5-19.

Holland, J. L. [Making vocational choices, 1985]: Making vocational choices, 2. Auflage, Englewood Cliffs 1985.

Holling, H. / Müller, G. F. [Organisationspsychologie, 1993]: Theorien der Organisationspsychologie, in: Lehrbuch Organisationspsychologie, hrsg. von H. Schuler, Bern et al. 1993, S. 49-70.

Homans, G. C. [Soziale Prozesse, 1972]: Grundlegende soziale Prozesse, in: Grundfragen soziologischer Theorie, hrsg. von ders., Obladen 1972, S. 59-105.

Hoover, W. E. et al. [Order to payment, 1996]: Order to payment, in: The McKinsey Quarterly, 1996, Heft 1, S. 38-49.

Horváth, P. [Controlling, 1990]: Controlling, 3. Auflage, München 1990.

Horváth, P. / Gentner, A. [Integrative Controllingsysteme, 1992]: Integrative Controllingsysteme, in: Integrationsmanagmement für neue Produkte, hrsg. von R. A. Hanssen / W. Kern, Düsseldorf - Frankfurt 1992, S. 169-183.

Horváth, P. / Herter, R. N. [Benchmarking, 1992]: Benchmarking - Vergleich mit den Besten der Besten, in: Controlling - Zeitung für Erfolgsorientierte Unternehmensführung, 4. Jg. (1992), Heft 1, S. 4-11.

Horváth, P. et al. [Rapid Prototyping, 1994]: Rapid Prototyping - der schnelle Weg zum Produkt, in: Harvard Business Manager, 1994, Heft 3, S. 42-53.

House, C. / Price, R. [Return Map, 1991]: The Return Map - Tracking Produkt Teams, in: Harvard Business Review, 69. Jg. (1991), Heft 1, S. 92-100.

Hout, T. M. [Time-based competition, 1996]: Time-based Competition Is Not Enough, in: Research Technology Management, 39. Jg. (1996), Heft 4, S. 15-17.

Hout, T. M. / Carter, J. C. [Firmenchef, 1996]: Es liegt beim Firmenchef, ob der Wandel gelingt, in: Harvard Business Manager, 1996, Heft 2, S. 59-67.

Iansiti, M. [Real-world R&D, 1993]: Real-world R&D: Jumping the Product Generation Gap, in: Harvard Business Review, 71. Jg. (1993), Heft 3, S. 138-147.

Imai, M. [Kaizen, 1986]: Kaizen: The Key to Japan's Success, New York 1986.

Irle, M. [Sozialpsychologie, 1975]: Lehrbuch der Sozialpsychologie, Göttingen 1975.

Jehle, E. [Fortschritt, 1973]: Über Fortschritt und Fortschrittskriterien in betriebswirtschaftlichen Theorien - Eine erkenntnis- und methodenkritische Bestandsaufnahme betriebswirtschaftlicher Forschungsprogramme, Tübingen 1973.

Jennings, D. F. / Seaman, S. L. [Organizational Adaptation, 1994]: High and Low Levels of Organizational Adaptation: An Empirical Analysis of Strategy, Structure, and Performance, in: Strategic Management Journal, 15. Jg. (1994), S. 459-475.

Jochum, E. [Personalbeurteilung, 1984]: Personalbeurteilung in der industriellen F&E, in: Personalmanagement in der industriellen Forschung und Entwicklung, hrsg. von M. Domsch / E. Jochum, Köln 1984, S. 146-164.

Jung, M. / Meier, J. [Invisible Palaces, 1996]: Invisible Palaces - Understanding the Architecture of Organizational Performance, McKinsey & Comp. Special Initiative, Interim Summary Paper, August 1996.

Jung, R. H. [Selbstorganisationsleistung, 1987]: Selbstorganisationsleistung zur Gestaltung der betrieblichen Mikroorganisation, in: Zeitschrift Führung und Organisation, 56. Jg. (1987), S. 313-319.

Juran, J. M. [Quality Road Map, 1991]: Juran's New Quality Road Map: Planning, Setting, and Reaching Quality Goals, New York 1991.

Juran, J. M. / Gryna, M. [Quality Planning, 1980]: Quality Planning and Analysis, New York 1980.

Kackar, R. N. [Tagushi's Quality Philosophy, 1987]: Tagushi's Quality Philosophy - Analysis and Commentary, in: Quality Assurance, 13. Jg. (1987), Heft 3, S. 65-71.

Kamath, R. R. / Liker, J. K. [Japanese Product Development, 1994]: A Second Look at Japanese Product Development, in: Harvard Business Review, 72. Jg. (1994), Heft 6, S. 154-170.

Kamlah, W. / Lorenzen, P. [Logische Propädeutik, 1973]: Logische Propädeutik, Vorschule des vernünftigen Redens, Mannheim et al. 1973.

Kano, N. [Attractive Quality, 1984]: Attractive Quality and Must-be Quality, in: Hinshitsu: The Journal of the Japanese Society for Quality Control, 1984, Heft April, S. 39-48.

Kanter, R. M. / Brinkerhoff, D. [Organizational Performance, 1981]: Organizational Performance: Recent Developments in Measurement, in: Annual Review of Sociology, 7. Jg. (1981), S. 321-349.

Kappler, E. [Menschenbilder, 1992]: Menschenbilder, in: Handwörterbuch des Personalwesens, hrsg. von E. Gaugler / W. Weber, 2. Auflage, Stuttgart 1992, Sp. 1324-1342.

Kasper, H. [Prozeßorientierung, 1988]: Die Prozeßorientierung in der Organisationstheorie, in: Funktionelle Managementlehre, hrsg. von M. Hofmann / L. v. Rosenstiel, Berlin 1988, S. 353-382.

Katz, R. [High Performance R&D Teams, 1994]: Managing High Performance R&D Teams, in: European Management Journal, 12. Jg. (1994), Heft 3, S. 243-252.

Katzenbach, J. R. [Real Change Leaders, 1996]: Real Change Leaders, in: The McKinsey Quarterly, 1996, Heft 1, S. 148-163.

Katzenbach, J. R. / Smith, D. K. [Teams, 1993]: Teams - Der Schlüssel zur Hochleistungsorganisation, Wien 1993.

Kelly, K. [Out of Control, 1992]: Out of Control - The New Biology of Machines, Social Systems, and the Economic World, Reading, MA 1992.

Kelley, R. / Caplan. J. [Star Performers, 1993]: How Bell Labs Creates Star Performers, in: Harvard Business Review, 89. Jg. (1993), S. 128-139.

Kern, M. [Klassische Erkenntnistheorien, 1979]: Klassische Erkenntnistheorien und moderne Wissenschaftslehre, in: Wissenschaftstheoretische Grundfragen der Wirtschaftswissenschaften, hrsg. von H. Raffée / B. Abel, München 1979, S. 11-27.

Kern, W. [Problem, 1992]: Das Problem aus theoretischer Sicht, in: Integrationsmanagement für neue Produkte, hrsg. von R. A. Hanssen / W. Kern, Düsseldorf - Frankfurt a. M. 1992, S. 19-24.

Kern, W. / Schröder, H.-H. [Forschung und Entwicklung, 1977]: Forschung und Entwicklung in der Unternehmung, Reinbeck 1977.

Kieser, A. et al. [Organisationsentwicklung, 1979]: Organisationsentwicklung - Ziele und Techniken, in: Wirtschaftswissenschaftliches Studium, 8. Jg. (1979), S. 149-155.

Kieser, A. [Unternehmenskultur, 1986]: Unternehmenskultur und Innovation, in: Das Management von Innovationen, hrsg. von E. Staudt, Frankfurt a. M. 1986, S. 42-50.

Kieser, A. [Strukturale Ansatz, 1987]: Der strukturale Ansatz, in: Motivation durch Mitwirkung, hrsg. von L. v. Rosenstiel et al., Stuttgart 1987, S. 48-59.

Kieser, A. [Innovation und Kooperation, 1990]: Innovation und Kooperation, in: Innovation und Kooperation, hrsg. von R. Wunderer, Stuttgart 1990, S. 159-175.

Kieser, A. [Organisationstheorie, 1992]: Organisationstheorie, evolutionsorientierte, in: Handwörterbuch der Organisation, hrsg. von E. Frese, 3. Auflage, Stuttgart 1992; Sp. 1758-1777.

Kieser, A. (Hrsg.) [Organisationstheorien, 1993]: Organisationstheorien, Stuttgart u.a. 1993.

Kieser, A. / Kubicek, H. [Organisation, 1992]: Organisation, 3. Auflage, Berlin - New York 1992.

Kilmann, R. [Holistic Program, 1995]: A Holistic Program and Critical Success Factors of Corporate Transformation, in: European Management Journal, 13. Jg. (1995), Heft 2, S. 175-186.

Kirsch, W. [Verhaltenswissenschaftliche Fundierung, 1979]: Die verhaltenswissenschaftliche Fundierung der Betriebswirtschaftslehre, in: Wissenschaftstheoretische Grundfragen der Wirtschaftswissenschaften, hrsg. von H. Raffée / B. Abel, München 1979, S. 105-120.

Kirsch, W. [Evolutionäres Management, 1985]: Evolutionäres Management und okzidentaler Rationalismus, in: Integriertes Management, hrsg. von G. J. B. Probst / H. Siegwart, Bern 1985, S. 331-350.

Kirsch, W. [Betriebswirtschaftslehre, 1993]: Betriebswirtschaftslehre - Eine Annäherung aus der Perspektive der Unternehmensführung, in: Münchener Schriften zur angewandten Führungslehre, hrsg. von ders., München 1993.

Kirsch, W. [Strategische Unternehmensführung, 1993]: Strategische Unternehmensführung, in: Handwörterbuch der Betriebswirtschaftslehre, hrsg. von W. Wittmann et al., 5. Auflage, Stuttgart 1993, Sp. 4094-4111.

Kirsch, W. et al. [Management des geplanten Wandels, 1979]: Das Management des geplanten Wandels von Organisationen, Stuttgart 1979.

Klein, W. / Paarsch, A. [Aufbau eine Restrukturierungskonzeptes, 1994]: Aufbau eines Restrukturierungskonzeptes, in: Betriebswirtschaftliche Forschung und Praxis, 46. Jg. (1994), Heft 3, S. 177-189.

Kleinbeck, U. [Arbeitsmotivation, 1996]: Arbeitsmotivation - Entstehung, Wirkung und Förderung, Weinheim - München 1996.

Kleinbeck, U. / Quast, H.-H. [Motivation, 1992]: Motivation, in: Handwörterbuch der Organisation, hrsg. von E. Frese, 3. Auflage, Stuttgart 1992, Sp. 1420-1434.

Kleinschmidt, E. J. / Cooper, R. G. [Product Innovativeness, 1991]: The Impact of Product Innovativeness on Performance, in: Journal of Product Innovation Management, 8. Jg. (1991), S. 240-251.

Kluge, J. et al. [Wachstum durch Verzicht, 1994]: Wachstum durch Verzicht - Schneller Wandel zur Weltklasse: Vorbild Elektronikindustrie, Stuttgart 1994.

Knyphausen-Aufseß, D. zu [Theorie, 1995]: Theorie der strategischen Unternehmensführung - State of the Art und neue Perspektiven, Wiesbaden 1995.

Koch, H. [Handlungstheoretische Konzeption, 1977]: Zur Diskussion über die handlungstheoretische Konzeption in der Betriebswirtschaftslehre, in: Empirische und handlungstheoretische Forschungskonzeptionen in der Betriebswirtschaftslehre, hrsg. von R. Köhler, Stuttgart 1977, S. 283-300.

Köhler, R. [Forschungskonzeption, 1977]: Die empirische und die handlungstheoretische Forschungskonzeption im Sinne Eberhard Wittes bzw. Helmut Kochs - Stand und Entwicklungsmöglichkeit, in: Empirische und handlungstheoretische Forschungskonzeptionen in der Betriebswirtschaftslehre, hrsg. von ders., Stuttgart 1977, S. 301-336.

Köhler, R. [Research Methods, 1990]: Research Methods in Business Administration, in: Handbook of German Business Management, hrsg. von E. v. Grochla et al., Stuttgart et al. 1990, Sp. 2134-2149.

Kosiol, E. [Erkenntnisgegenstand, 1960]: Erkenntnisgegenstand und methodologischer Standort der Betriebswirtschaftslehre, in: The Annuals 1960 of the School of Business Administration, Kobe University, 1960, S. 5-13.

Kosiol, E. [Unternehmung, 1966]: Die Unternehmung als wirtschaftliches Aktionszentrum, Reinbeck bei Hamburg 1966.

Kotter, J. P. [Leading Change, 1995]: Leading Change: Why Transformation Efforts Fail, in: Harvard Business Review, 73. Jg. (1995), Heft 2, S. 59-67.

Krackhardt, D. / Hanson, J. R. [Informelle Netzwerke, 1994]: Informelle Netzwerke - die heimlichen Kraftquellen, in: Harvard Business Manager, 16. Jg. (1994), Heft 1, S. 16-24.

Kramer, F. [Produktpolitik, 1987]: Innovative Produktpolitik - Strategie - Planung - Entwicklung - Durchsetzung, Berlin u.a. 1987.

Kretschmann, J. [Diffusion, 1990]: Die Diffusion des kritischen Rationalismus in der Betriebswirtschaftslehre, Stuttgart 1990.

Krieg, W. [Kybernetische Grundlagen, 1971]: Kybernetische Grundlagen der Unternehmungsgestaltung, Bern 1971.

Krohn, W. / Küppers, G. [Selbstorganisation, 1990]: Selbstorganisation - Aspekte einer wissenschaftlichen Revolution, Braunschweig - Wiesbaden 1990.

Krubasik, E. G. [Königsweg, 1988]: Der Königsweg zum neuen Produkt, in: Harvard Manager (Hrsg.), Innovationsmanagement, Band 2, 1990, S. 130-136.

Krüger, W. [Organisationsmethodik, 1992]: Organisationsmethodik, in: Handwörterbuch der Organisation, hrsg. von E. Frese, 3. Auflage, Stuttgart 1992, Sp.1572-1589.

Krüger, W. [Organisationsstrategien, 1994]: Umsetzung neuer Organisationsstrategien: Das Implementierungsproblem, in: Organisationsstrategien zur Sicherung der Wettbewerbsfähigkeit - Lösungen deutscher Unternehmen, ZfbF Sonderheft 33, hrsg. v. E. Frese / W. Maly, Düsseldorf 1994, S. 197-221.

Kubicek, H. [Heuristische Bezugsrahmen, 1977]: Heuristische Bezugsrahmen und heuristisch angelegte Forschungsdesigns als Elemente einer Konstruktionsstrategie empirischer Forschung, in: Empirische und handlungstheoretische Forschungskonzeptionen in der Betriebswirtschaftslehre, hrsg. von R. Köhler, Stuttgart 1977, S. 3-36.

Kubicek, H. et al. [Organisationsentwicklung, 1980].: Organisationsentwicklung: Entwicklungsbedürftig und entwicklungsfähig, in: Organisationsentwicklung in Europa, hrsg. von K. Trebesch, Band 1 A Konzeptionen, Bern - Stuttgart 1980, S. 281-319.

Kuhn, T. S. [Struktur, 1967]: Die Struktur wissenschaftlicher Revolutionen, Frankfurt 1967.

Kumpe, T. / Bolwijn, P. T. [Innovative Firm, 1994]: Toward the Innovative Firm - Challenge for R&D Management, in: Research Technology Management, 37. Jg. (1994), Heft 1, S. 38-44.

Lakatos, I. [Falsification, 1974]: Falsification and the Methodology of Scientific Research Programs, in: Criticism and the Growth of Knowledge, hrsg. von I. Lakatos und A. Musgrave, Cambridge 1974, S. 91-196.

Lander, L. et al. [R&D Decision Process, 1995]: Improving the R&D Decision Process, in: Research Technology Management, 38. Jg. (1995), Heft 1, S. 41-43.

Laux, H. [Organisationstheorie, 1992]: Organisationstheorie, entscheidungslogisch orientierte, in: Handwörterbuch der Organisation, hrsg. von E. Frese, 3. Auflage, Stuttgart 1992, Sp. 1733-1745.

Lawler, E. E. [Motivierung, 1977]: Motivierung in Organisationen, Stuttgart 1977.

Leavitt, H. J. / Lipman-Blumen, J. [Hot Groups, 1995]: Hot Groups - die Spezialteams, in: Harvard Business Manager, 1995, Heft 4, S. 109-116.

Lehmann, H. [Organisationstheorie, 1992]: Organisationstheorie, systemtheoretisch-kybernetisch orientierte, in: Handwörterbuch der Organisation, hrsg. von E. Frese, 3. Auflage, Stuttgart 1992, Sp. 1838-1853.

Leonard-Barton, D. et al. [Integrate Work, 1994]: How to Integrate Work and Deepen Expertise, in: Harvard Business Review, 72. Jg. (1994), Heft 5, S. 121-130.

Levinthal, D. A. / March, J. G. [Myopia of Learning, 1993]: The Myopia of Learning, in: Strategic Management Journal, 14. Jg. (1993), S. 95-112.

Lewin, K. [Frontiers, 1947]: Frontiers in Group Dynamics, in: Human Relations, 1. Jg. (1947), Heft HR, S. 5-41.

Lewin, K. [Feldtheorie, 1963]: Feldtheorie in den Sozialwissenschaften, Bern et al. 1963.

Liebel, H. [Verhaltensmodifikation, 1992]: Verhaltensmodifikation, in: Handwörterbuch des Personalwesens, hrsg. von E. Gaugler / W. Weber, 2. Auflage, Stuttgart 1992, Sp. 2263-2276.

Liesegang, D. G. [Integration, 1992]: Produkt- und generationsübergreifende Integration, in: Integrationsmanagement für neue Produkte, hrsg. von R. A. Hanssen / W. Kern, ZfbF-Sonderheft 30, Düsseldorf-Frankfurt 1992, S. 93-102.

Lippitt, G. L. [Developing Life Plans, 1978]: Developing Life Plans: A new Concept and Design for Training and Development, in: Organization Development - theory, practice, and research, hrsg. von W. L. French et al., Dallas 1978, S. 231-238.

Lippitt, G. L. et al. [Implementing, 1985]: Implementing Organizational Change, San Francisco et al. 1985.

Locke, E. A. et al. [Goal Commitment, 1988]: The Determinants of Goal Commitment, in: Academy of Management Review, 13. Jg. (1988), S. 23-39.

Locke, E. A. / Latham, G. P. [Goal setting, 1984]: Goal setting: A motivational technique that works, Englewood Cliffs, NJ 1984.

Locke, E. A. / Latham, G. P. [High Performance Circle, 1990]: The High Performance Circle, in: Work Motivation, hrsg. von U. Kleinbeck et al., Hillsdale, NJ 1990, S. 3-25.

Lorsch, J. W. [Managing Culture, 1986]: Managing Culture: The Invisible Barrier of Strategic Change, in: California Management Review, 28. Jg. (1986), Heft 2, S. 95-109.

Luhmann, N. [Soziale Systeme, 1984]: Soziale Systeme - Grundriß einer allgemeinen Theorie, Frankfurt 1984.

Luhmann, N. [Selbstreferentielle Systeme, 1988]: Selbstreferentielle Systeme, in: Lebende Systeme, hrsg. von F. B. Simon, Heidelberg 1988, S. 47-53.

Luthans, F. / Kreitner, R. [Organizational behavior modification, 1985]: Organizational behavior modification and beyond, Glenview 1985.

Madauss, B. J. [Projektmanagement, 1994]: Handbuch Projektmanagement - Mit Handlungsanleitungen für Industriebetriebe, Unternehmensberater und Behörden, 5. Auflage, Stuttgart 1994.

Majchrzak, A. / Wang, Q. [Functional Mind-Set, 1996]: Breaking the Functional Mind-Set in Process Organizations, in: Harvard Business Review, 74. Jg. (1996), Heft 5, S. 93-99.

Malik, F. [Strategie, 1984]: Strategie des Managements komplexer Probleme - Ein Beitrag zur Management-Kybernetik, Bern - Stuttgart 1984.

Malone, T. W. [21st Century, 1996]: How will you Manage in the 21st Century? - From Command and Control to Cultivate and Coordinate, Center for Coordination Theory, MIT, Camebridge, MA 1996.

Mansfield, E. [Speed and Cost of Industrial Innovation, 1988]: The Speed and Cost of Industrial Innovation in Japan and the United Staates: External versus Internal Technology, in: Management Science, 34. Jg. (1988), S. 1157-1168.

Manz, C. C. / Sims, H. P. [Leading Workers, 1987]: Leading workers to lead themselves - The external leadership of selfmanaging work teams, in: Administrative Science Quaterly, 32. Jg. (1987), S. 106-128.

March, A. [Usability, 1994]: Usability: The New Dimension of Product Design, in: Harvard Business Review, 72. Jg. (1994), Heft 5, S. 144-149.

Marr, R. / Kötting, M. [Implementierung, 1992]: Implementierung, organisatorische, in: Handwörterbuch der Organisation, hrsg. von E. Frese, 3. Auflage, Stuttgart 1992, Sp. 827-840.

Maslow, A. E. [Motivation, 1977]: Motivation und Persönlichkeit, Olten 1977.

Mass, N. J. / Berkson, B. [Going slow, 1995]: Going slow to go fast, in: The McKinsey Quarterly, 1995, Heft 4, S. 19-29.

Mastenbroek, W. F. G. [Organizational Innovation, 1996]: Organizational Innovation in Historical Perspective: Change as Duality Management, in: Business Horizons, 39. Jg. (1996), Heft 4, S. 5-14.

Masuch, M. [Vicious Circles, 1985]: Vicious Circles in Organizations, in: Administrative Science Quaterly, 30. Jg. (1985), S. 14-33.

Matheson, J. E. / Menke, M. M. [Decision Quality Principles, 1994]: Using Decision Quality Principles to Balance Your R&D Portfolio, in: Research Technology Management, 37. Jg. (1994), Heft 3, S. 38-43.

Maturana, H. / Varela, F. J. [Autopoiesis, 1980]: Autopoiesis and Cognition - The realization of the living, Dordrecht 1980.

Maturana, H. / Varela, F. J. [Erkenntnis, 1987]: Der Baum der Erkenntnis, Bern 1987.

McClelland, D. C. [Achieving Society, 1961]: The achieving Society, New York 1961.

McClelland, D. C. [Human Motivation, 1985]: Human Motivation, Cambridge 1985.

McDonough, E. / Barczak, G. [Effects, 1992]: The Effects of Cognitive Problem-Solving Orientation and Technological Familiarity on Faster New Product Development, in: The Journal of Product Innovation Management, 9. Jg. (1992), S. 44-52.

McGill, M. E. / Slocum, J. W. [Unlearning the Organization, 1993]: Unlearning the Organization, in: Organizational Dynamics, 1993, Heft Autumn, S. 67-79.

McKelvey, B. [Organizational Systematics, 1982]: Organizational Systematics: Taxonomy, Evolution, Classification, New York 1982.

McKelvey, B. / Aldrich, H. [Populations, 1983]: Populations, natural selection, and applied organizational science, in: Administrative Science Quaterly, 28. Jg. (1983), S. 101-135.

McKinsey & Comp. [Platform Approach, 1995]: The platform approach to product development, in: Internes Konferenzpapier, European Assembly Conference, 1995.

Mehdorn, H. / Töpfer, A. [Qualität, 1992]: Eine hohe Qualität ist in immer kürzerer Zei bei günstigen Kostenstrukturen zu erreichen, in: Handelsblatt, 10.8.1992, Heft 152, S. 16.

Menke, M. M. [Improving R&D Decisions, 1994]: Improving R&D Decisions and Execution, in: Research Technology Management, 37. Jg. (1994), Heft 5, S. 25-32.

Meyer, J. / Rowan, B. [Institutionalized Organizations, 1977]: Institutionalized Organizations: Formal Structure as Myth and Ceremony, in: American Journal of Sociology, 83. Jg. (1977), S. 340-363.

Meyer, W. [Falsifikationslehre, 1979]: Falsifikationslehre und ökonomische Theorie: Anwendungsprobleme des Kritischen Rationalismus, in: Wissenschaftstheoretische Grundfragen der Wirtschaftswissenschaften, hrsg. von H. Raffée / B. Abel, München 1979, S. 44-59.

Meyer, W. [Methodologie, 1979]: Die Methodologie des Kritischen Rationalismus, in: Wissenschaftstheoretische Grundfragen der Wirtschaftswissenschaften, hrsg. von H. Raffée / B. Abel, München 1979, S. 28-43.

Miles, R. H. [Macro Organization Behavior, 1980]: Macro Organization Behavior, Santa Monica, CA 1980.

Miller, D. / Friesen, P.H. [Organisations, 1984]: Organisations: A Quantum View, Englewood Cliffs 1984.

Miller, G. A. et al. [Strategien des Handelns, 1973]: Strategien des Handelns - Pläne und Strukturen des Verhaltens, Stuttgart 1973.

Miller, W. L. [Broader Mission for R&D, 1995]: A Broader Mission for R&D, in: Research Technology Management, 38. Jg. (1995), Heft 6, S. 24-35.

Mintzberg, H. [Structuring, 1979]: The Structuring of Organizational Change, Englewood Cliffs, NJ 1979.

Mintzberg, H. [Organization Life Cycles, 1984]: Power and organization life cycles, in: The Academy of Management Review, 9. Jg. (1984), S. 207-234.

Mintzberg, H. / Westley, F. [Cycles, 1992]: Cycles of Organsational Change, in: Strategic Management Journal, 13. Jg. (1992), Heft 1, S. 39-59.

Morgan, G. [Waves of Change, 1988]: Riding the Waves of Change, San Francisco 1988.

Morscher, E. / Simons, P. (Hrsg.) [Wissenschaftstheorie, 1988]: Wissenschaftstheorie am Ende der 80er Jahre - Einführende Bemerkungen, in: Wissenschaftstheorie am Ende der 80er Jahre, hrsg. von dies., Band 25, Heft 3-4 der Philosophie Naturalis, Meisenheim-Glan 1988, S. 229-238.

Morton, M. S. [Organizational Forms, 1995]: Emerging Organizational Forms - Work and Organization in the 21st Century, in: European Management Journal, 13. Jg. (1995), Heft 4, S. 339-345.

Müller-Merbach, H. [Kernprozesse, 1994]: Operative und strategische Kernprozesse: Die gesamte Unternehmung als Objekt des Reengineering, in: Technologie und Management, 43. Jg. (1994), Heft 3, S. 99-102.

Muzyka, D. et al. [Transformation, 1995]: On Transformation and Adaptation - Building the Entrepreneurial Corporation, in: European Management Journal, 13. Jg. (1995), S. 346-362.

Nadler, D. A. [Effective Management, 1987]: The Effective Management of Organizational Change, in: Handbook of Organizational Behavior, hrsg. von J. W. Lorsch, Englewood Cliffs, NJ 1987, S. 358-369.

Nadler, D. A. / Tushmann, M. L. [Model, 1982]: A Model for Diagnosing Organizational Behavior, in: Readings in the Management of Innovation, hrsg. von M. L. Tushman / W. L. Moore, Boston 1982, S. 153-168.

Nehls, R. G. [Innovationen, 1991]: Innovationen typgerecht steuern - was es bedeutet, was es bringt, in: Harvard Business Manager, 1991, Heft 4, S. 49-55.

Neuberger, O. [Moden und Mythen, 1987]: Moden und Mythen der Führung, in: Handwörterbuch der Führung, hrsg. von A. Kieser et al., 1. Auflage, Stuttgart 1987, S. 1495-1510.

Neuberger, O. [Personalentwicklung, 1991]: Personalentwicklung, Stuttgart 1991.

Neuman, G. A. et al. [Interventions, 1989]: Organizational development interventions, in: Personal Psychology, 1989, S. 461-483.

Nevins, J. L. / Whitney, D. E. [Concurrent Design, 1989]: Concurrent Design of Products & Processes - A Strategy for the Next Generation in Manufacturing, New York 1989.

Nicholas, J. M. / Katz, M. [Research Methods, 1985]: Research methods and reporting practices in organization development, in: The Academy of Management Review, 10. Jg. (1985), S. 737-749.

Nippa, M. [Anforderungen, 1995]: Anforderungen an das Management prozeßorientierter Unternehmen, in: Prozeßmanagement und Reengineering: Die Praxis im deutschsprachigen Raum, hrsg. von M. Nippa / A. Picot, Frankfurt a.M. - New York 1995, S. 39-60.

Nippa, M. / Klemmer, J. [Praxis, 1995]: Zur Praxis prozeßorientierter Unternehmensgestaltung - Von der Analyse bis zur Umsetzung, in: Prozeßmanagement und Reengineering: Die

Praxis im deutschsprachigen Raum, hrsg. von M. Nippa / A. Picot, Frankfurt a.M. - New York 1995, S. 165-186.

Nippa, M. / Reichwald, R. [Theoretische Grundüberlegungen, 1990]: Theoretische Grundüberlegungen zur Verkürzung der Durchlaufzeit in der industriellen Entwicklung, in: R. Reichwald / H. J. Schmelzer, Durchlaufzeiten in der Entwicklung, München et al. 1990, S. 65-114.

Niven, D. [TQM, 1993]: When Times Get Tough, What Happens to TQM?, in: Harvard Business Review, 71. Jg. (1993), Heft 3, S. 20-34.

Nonaka, I. [Japanische Konzerne, 1992]: Wie Japanische Konzerne Wissen erzeugen, in: Harvard Business Manager, 1992, Heft 2, S. 95-103.

Nordsieck, F. [Betriebsorganisation, 1961]: Betriebsorganisation, 3. Auflage, Stuttgart 1961.

Olson, E. M. et al. [Effective New Product Development, 1995]: Organizing for Effective New Product Development - The Moderating Role of Product Innovativeness, in: Journal of Marketing, 59. Jg. (1995), Heft 1, S. 48-62.

Orlikowski, W. J. / Hofman, J. D. [Improvisational Model, 1997]: An Improvisational Model for Change Management: The Case of Groupware Technologies, in: Sloan Management Review, 39. Jg. (1997), Heft 1, S. 11-21.

Osterloh, M. / Frost, J. [Business Reengineering, 1994]: Business Reengineering: neuer Wein in alten Schläuchen?, in: Management-Zeitschrift Industrielle Organisation, 63. Jg. (1994), Heft 9, S. 27-28.

Pahl, G. / Beitz, W. [Konstruktionslehre, 1986]: Konstruktionslehre - Handbuch für Studium und Praxis, 2. Auflage, Berlin - Heidelberg 1986.

Pawlowsky, P. [Betriebliche Qualifikationsstrategien, 1992]: Betriebliche Qualifikationsstrategien und organisationales Lernen, in: Managementforschung, hrsg. von W. H. Staehle / P. Conrad, Band 2, Berlin - New York 1992, S. 177-237.

Pearson, A. E. [Innovation, 1990]: Die fünf Geheimnisse der Innovation, in: Harvard Manager (Hrsg.), Innovationsmanagement, Band 2, 1990, S. 9-15.

Peters, T. J. [Liberation Management, 1993]: Liberation Management, New York 1993.

Peters, T. J. / Waterman, R. H. [Excellence, 1983]: In Search of Excellence, New York 1983.

Pettigrew, A. M. [Awakening Giant, 1985]: The Awakening Giant - Continuity and Change in Imperial Chemical Industries, Oxford 1985.

Pfeffer, J. [Organizations, 1982]: Organizations and Organization Theory, Boston et al. 1982.

Pfeffer, J. [Competitive Advantage, 1994]: Competitive Advantage through People, in: California Management Review, 37. Jg. (1994), Heft Winter, S. 9-27.

Pfeffer, J. / Salanick, G. R. [External Control, 1978]: The External Control of Organizations - A Resource Dependent Perspective, New York 1978.

Pfeiffer, W. / Weiß, E. [Zeitorientiertes Technologie-Management, 1990]: Zeitorientiertes Technologie-Management als Kombination von "just in time design", "just in time production" und "just in time distribution", in: Technologie-Management, hrsg. von dies., Göttingen 1990, S. 1-39.

Pfohl, H.-C. [Problemorientierte Entscheidungsfindung, 1977]: Problemorientierte Entscheidungsfindung in Organisationen, Berlin - New York 1977.

Phadke, M. S. [Quality Engineering, 1989]: Quality Engineering Using Robust Design, Prentice Hall 1989.

Picot, A. / Franck, E. [Prozeßorganisation, 1995]: Prozeßorganisation - Eine Bewertung der neuen Ansätze aus Sicht der Organisationslehre, in: Prozeßmanagement und Reengineering - Die Praxis im deutschsprachigen Raum, hrsg. von M. Nippa / A. Picot, Frankfurt a.M. - New York 1995, S. 13-38.

Platz, J. / Schmelzer, H. [Projektmanagement, 1986]: Projektmanagement in der industriellen Forschung und Entwicklung, Berlin et al. 1986.

Popper, K. R. [Elend, 1971]: Das Elend des Historizismus, 3. Auflage, Tübingen 1971.

Popper, K. R. [Naturgesetze, 1972]: Naturgesetze und theoretische Systeme, in: Theorie und Realität - Ausgewählte Aufsätze zur Wissenschaftslehre der Sozialwissenschaften, hrsg. von H. Albert, 2. Auflage, Tübingen 1972, S. 45-58.

Popper, K. R. [Conjectures and Refutations, 1972]: Conjectures and Refutations - The Growth of Scientific Knowledge, 4. Auflage, London 1972.

Popper, K. R. [Offene Gesellschaft (Band 1), 1973]: Die offene Gesellschaft und ihre Feinde - Band 1: Der Zauber Platons, 3. Auflage, Bern 1973.

Popper, K. R. [Logik der Forschung, 1994]: Logik der Forschung, 10. Auflage, Tübingen 1994.

Popper, K. R. [Objektive Erkenntnis, 1995]: Objektive Erkenntnis - Ein evolutionärer Entwurf, 3. Aufl., Hamburg 1995.

Porter, M. [Wettbewerbsvorteile, 1989]: Wettbewerbsvorteile, 2. Auflage, Frankfurt, New York 1989.

Powell, T. C. [Total Quality Management, 1995]: Total Quality Management as Competive Advantage - A Review and Empirical Study, in: Strategic Management Journal, 16. Jg. (1995), S. 15-37.

Prahalad, C. K. / Hamel, G. [Kernkompetenzen, 1991]: Nur Kernkompetenzen sichern das Überleben, in: Harvard Manager, 1991, Heft 2, S. 66-78.

Prim, R. / Tilmann, H. [Grundlagen, 1975]: Grundlagen einer kritisch-rationalen Sozialwissenschaft - Studienbuch zur Wissenschaftstheorie, 2. Auflage, Heidelberg 1975.

Pritchard, R. D. [Effects, 1988]: Effects of Group Feedback, Goal Setting, and Incentives on Organizational Productivity, in: Journal of Applied Psychology, 2. Jg. (1988), S. 337-358.

Probst, G. J. B. [Selbst-Organisation, 1987]: Selbst-Organisation - Ordnungsprozesse in sozialen Systemen aus ganzheitlicher Sicht, Berlin-Hamburg 1987.

Probst, G. J. B: [Selbstorganisation, 1992]: Selbstorganisation, in: Handwörterbuch der Organisation, hrsg. von E. Frese, 3. Auflage, Stuttgart 1992, Sp. 2255-2270.

Purdon, W. A. B. [R&D Effectiveness, 1996]: Increasing R&D Effectiveness: Researchers as Business People, in: Research Technology Management, 39. Jg. (1996), Heft 4, S. 48-56.

Quigley, J. V. [Vision, 1994]: Vision: How Leaders Develop It, Share It, and Sustain It, in: Business Horizons, 37. Jg. (1994), Heft 5, S. 37-41.

Quinn, J. B. [Strategies for Change, 1980]: Strategies for Change - Logical Incrementalism, Homewood, Ill. 1980.

Quinn, R. E. / Cameron, K. [Organizational Life Cycles, 1983]: Organizational Life Cycles and Shifting Criteria of Effectiveness: Some Preliminary Evidence, in: Management Science, 83. Jg. (1983), S. 33-61.

Rademacher, H. [Qualitätsmanagementsysteme, 1996]: Der Weg zum zertifizierten Qualitätsmanagementsystem, in: Industrie Management, 12. Jg. (1996), Heft 4, S. 10-13.

Raduchel, W. J. [Managing Change, 1994]: Managing Change in the Information Age, in: Research Technology Management, 37. Jg. (1994), Heft 4, S. 36-39.

Raffée, H. [Gegenstand, 1993]: Gegenstand, Methoden und Konzepte der Betriebswirtschaftslehre, in: Vahlens Kompendium der Betriebswirtschaftslehre, hrsg. von M. Bitz et al., 3. Auflage, Band 1, München 1993, S. 1-46.

Raffée, H. / Abel, B. [Aufgaben und aktuelle Tendenzen, 1979]: Aufgaben und aktuelle Tendenzen der Wissenschaftstheorie in den Wirtschaftswissenschaften, in: Wissenschaftstheoretische Grundfragen der Wirtschaftswissenschaften, hrsg. von dies., München 1979, S. 1-10.

Rafii, F. [Physical Collocation, 1995]: How Important is Physical Collocation to Product Development Success, in: Business Horizons, 1995, Heft 1, S. 78-84.

Ransley, D. L. [R&D Benchmarking, 1994]: Do's and Don'ts of R&D Benchmarking, in: Research Technology Management, 37. Jg. (1994), Heft 5, S. 50-56.

Ransley, D. L. / Rogers, J. L. [Best R&D Practices, 1994]: A Consensus on Best R&D Practices, in: Research Technology Management, 37. Jg. (1994), Heft 2, S. 19-26.

Reber, G. [Lernen, 1992]: Lernen, organisationales, in: Handwörterbuch der Organisation, hrsg. von E. Frese, 3. Auflage, Stuttgart 1992, Sp. 1240-1255.

Reichwald, R. / Schmelzer, H. J. [Durchlaufzeiten, 1990]: Durchlaufzeiten in der Entwicklung, München - Wien 1990.

Reiß, M. [Unternehmensübergreifende Integration, 1992]: Unternehmensübergreifende Integration, in: Integrationsmanagement für neue Produkte, hrsg. von R. A. Hanssen / W. Kern, Düsseldorf - Frankfurt a.M. 1992, S. 119-139.

Reiß, M. / Corsten, H. [House of Integration, 1992]: Das "House of Integration" als Leitidee, in: Integrationsmanagement für neue Produkte, hrsg. von R. A. Hanssen / W. Kern, Düsseldorf - Frankfurt a.M. 1992, S. 25-28.

Reiß, M. / Corsten, H. [Integrative Führungssysteme, 1992]: Integrative Führungssysteme, in: Integrationsmangement für neue Produkte, hrsg. von R. A. Hanssen / W. Kern, Düsseldorf - Frankfurt a.M. 1992, S. 150-169.

Remer, A. [Organisation, 1985]: Zur Organisation des Organisationsprozesses - Ergebnisse einer Untersuchung in Wirtschaft und Verwaltung, in: Betriebswirtschaftliche Forschung und Praxis, 37. Jg. (1985), S. 353-373.

Ringlstetter, M. / Knyphausen, D. zu [Ansatzpunkte, 1992]: Ansatzpunkte zur Beschreibung und Veränderung von Wettbewerbsstrukturen, in: Zeitschrift für Planung, 3. Jg. (1992), S. 125-144.

Roberts, E. B. [Strategic Management of Technology, 1995]: Benchmarking the Strategic Management of Technology - I, in: Research Technology Management, 38. Jg. (1995), Heft 1, S. 44-56.

Rommel, G. et al. [Einfach Überlegen, 1993]: Einfach Überlegen - Das Unternehmenskonzept, das die Schlanken schlank und die Schnellen schnell macht, Stuttgart 1993.

Rommel, G. et al. [Qualität gewinnt, 1995]: Qualität gewinnt - Mit Hochleistungskultur und Kundennutzen an die Weltspitze, Stuttgart 1995.

Rosenstiel, L. v. [ Arbeits- und Organisationspsychologie, 1992]: Arbeits- und Organisationspsychologie, in: Handwörterbuch des Personalwesens, hrsg. von E. Gaugler / W. Weber, 2. Auflage, Stuttgart 1992, Sp. 279-292.

Rosenstiel, L. v. [Organisationsklima, 1992]: Organisationsklima, in: Handwörterbuch der Organisation, hrsg. von E. Frese, 3. Auflage, Stuttgart 1992, Sp. 1514-1524.

Rosenstiel, L. v. [Organisationspsychologie, 1992]: Organisationspsychologie, in: Handwörterbuch der Organisation, hrsg. von E. Frese, 3. Auflage, Stuttgart 1992, Sp. 1620-1633.

Rühli, E. [Beiträge, 1975]: Beiträge zur Unternehmensführung und Unternehmenspolitik, Bern - Stuttgart 1975.

Rush, H. M. F. / McGrath, P. S. [Transactional Analysis, 1978]: Transactional Analysis moves into Corporate Training, in: Organization Development, hrsg. von W. L. French et al., Dallas 1978, S. 231-238.

Saad, K. N. et al. [F&E-Strategie, 1991]: Management der F&E-Strategie, Wiesbaden 1991.

Sackmann, S. [Role of Metaphors, 1989]: The role of metaphors in organizations transformation, in: Human Relations, 1989, S. 463-485.

Sanderson, S. W. [Design for Manufacture, 1991]: Design for Manufacture in an environment of continuous change, Working Paper, Center for Science and Technology Policy, Rensselaer Polytechnic Institute, 1991.

Sattelberger, T. (Hrsg.) [Lernende Organisation, 1991]: Die lernende Organisation, Wiesbaden 1991.

Schanz, G. [Industrielle Forschung und Entwicklung, 1975]: Industrielle Forschung und Entwicklung und Diversifikation - Theoretische Überlegungen und empirische Befunde, in: Zeitschrift für Betriebswirtschaft, 45. Jg. (1975), S. 449-462.

Schanz, G. [Betriebswirtschaftslehre, 1979]: Die Betriebswirtschaftslehre und ihre sozialwissenschaftlichen Nachbardisziplinen: Das Integrationsproblem, in: Wissenschaftstheoretische Grundfragen der Wirtschaftswissenschaften, hrsg. von H. Raffée / B. Abel, München 1979, S. 121-137.

Schanz, G. [Erkennen, 1988]: Erkennen und Gestalten, Stuttgart 1988.

Schanz, G. [Methodologie, 1988]: Methodologie für Betriebswirte, 2. Auflage, Stuttgart 1988.

Schanz, G. [Ausgewählte Entwicklungslinien, 1990]: Ausgewählte Entwicklungslinien der Organisationsforschung, in: Die Betriebswirtschaftslehre als Gegenstand kritisch-konstruktiver Betrachtungen, hrsg. von ders., Stuttgart 1990, S. 169-186.

Schanz, G. [Gestaltung, 1990]: Gestaltung von Wirtschaftsorganisationen, in: Die Betriebswirtschaftslehre als Gegenstand kritisch-konstruktiver Betrachtungen, hrsg. von ders., Stuttgart 1990, S. 203-224.

Schanz, G. [Jenseits von Empirismus$_1$, 1990]: Jenseits von Empirismus$_1$, in: Die Betriebswirtschaftslehre als Gegenstand kritisch-konstruktiver Betrachtungen, hrsg. von ders., Stuttgart 1990, S. 141-158.

Schanz, G. [Metaphysik, 1990]: Von der Metaphysik zur Systemgestaltung - Der logische Aufbau einer verhaltenstheoretisch orientierten Managementwissenschaft, in: Die Betriebswirtschaftslehre als Gegenstand kritisch-konstruktiver Betrachtungen, hrsg. von ders., Stuttgart 1990, S. 191-202.

Schanz, G. [Methodologische Anmerkungen, 1990]: Methodologische Anmerkungen zur neueren deutschen Betriebswirtschaftslehre, in: Die Betriebswirtschaftslehre als Gegenstand kritisch-konstruktiver Betrachtungen, hrsg. von ders., Stuttgart 1990, S. 89-98.

Schanz, G. [Pluralismus, 1990]: Pluralismus in der Betriebswirtschaftslehre, in: Die Betriebswirtschaftslehre als Gegenstand kritisch-konstruktiver Betrachtungen, hrsg. von ders., Stuttgart 1990, S. S. 99-124.

Schanz, G. [Sozialwissenschaftliche Integration, 1990]: Betriebswirtschaftslehre und sozialwissenschaftliche Integration - Prolegomena zu einem verhaltenstheoretisch fundierten Erkenntnisprogramm, in: Die Betriebswirtschaftslehre als Gegenstand kritisch-konstruktiver Betrachtungen, hrsg. von ders., Stuttgart 1990, S. 31-50.

Schanz, G. [Vom Menschenbild zum Systementwurf, 1990]: Vom Menschenbild zum Systementwurf, in: Die Betriebswirtschaftslehre als Gegenstand kritisch-konstruktiver Betrachtungen, hrsg. von ders., Stuttgart 1990, S. 225-252.

Schanz, G. [Wider das Selbstverständnis, 1990]: Wider das Selbstverständnis der Betriebswirtschaftslehre als "praktisch-normative" Disziplin, in: Die Betriebswirtschaftslehre als Gegenstand kritisch-konstruktiver Betrachtungen, hrsg. von ders., Stuttgart 1990, S. 125-140.

Schanz, G. [Wirtschaftslichkeitsprinzip, 1990]: Wirtschaftlichkeitsprinzip oder "wirtschaftende" Individuen?, in: Die Betriebswirtschaftslehre als Gegenstand kritisch-konstruktiver Betrachtungen, hrsg. von ders., Stuttgart 1990, S. 23-30.

Schanz, G. [Arbeitsverhalten, 1992]: Arbeitsverhalten, in: Handwörterbuch des Personalwesens, hrsg. von E. Gaugler / W. Weber, Stuttgart 1992, Sp. 405-415.

Schanz, G. [Verhaltenswissenschaften, 1993]: Verhaltenswissenschaften und Betriebswirtschaftslehre, in: Handwörterbuch der Betriebswirtschaftslehre, hrsg. von W. Wittmann, 5. Auflage, Band 3, Stuttgart 1993, Sp. 4521-4772.

Schanz, G. [Organisationsgestaltung, 1994]: Organisationsgestaltung, München 1994.

Schein, E. H. [Organizational Psychology, 1980]: Organizational Psychology, 2. Auflage, Englewood Cliffs, NJ 1980.

Schein, E. H. [Organizational Culture, 1984]: Coming to a New Awareness of Organizational Culture, in: Sloan Management Review, 25. Jg. (1984), Heft 2, S. 3-16.

Schein, E. H. [Organizational Culture, 1985]: Organizational culture and leadership, San Francisco et al. 1985.

Schein, E. H. [Process Consultation, 1987]: Process Consultation, 2. Auflage, London 1987.

Schein, E. H. [Dialogue, 1993]: On Dialogue, Culture, and Organizational Learning, in: Organizational Dynamics, Autumn 1993, S. 40-51.

Schildknecht, R. [Total Quality Management, 1992]: Total Quality Management - Konzeption und State of the Art, Frankfurt a. M. 1992.

Schlegel, F. [Jugendschriften, 1882]: Friedrich Schlegel 1794-1802 - Seine prosaischen Jugendschriften, 2. Band, hrsg. v. J. Minor, Wien 1982.

Schmelzer, H. J. / Buttermilch, K.-H. [Reduzierung der Entwicklungszeiten, 1988]: Reduzierung der Entwicklungszeiten in der Produktentwicklung als ganzheitliches Problem, in: Zeitmanagement in Forschung und Entwicklung, ZfbF Sonderheft 23, hrsg. von K. Brockhoff et al., 1988, S. 43-73.

Schmitz, H. / Windhausen, M. P. [Projekt-Planung, 1986]: Projekt-Planung und Project-Controlling - Planung und Überwachung von besonderen Vorhaben, 3. Auflage, Düsseldorf 1986.

Scholz, C. [Management, 1987]: Strategisches Management - ein integrativer Ansatz, Berlin - New York 1987.

Scholz, C. [Effektivität und Effizienz, 1992]: Effektivität und Effizienz, organisatorische, in: Handwörterbuch der Organisation, hrsg. von E. Frese, Stuttgart 1992, Sp. 533-552.

Scholz, C. / Andres, F. [Produktstrategieplanung, 1991]: Produktstrategieplanung: Vorgehensweisen, Methoden, Tools, Siemens AG, München 1991.

Schreyögg, G. [Organisationskultur, 1988]: Kann und darf man Organisationskultur ändern?, in: Organisationskultur, hrsg. von E. Dülfer, Stuttgart 1988, S. 155-168.

Schreyögg, G. [Organisationskultur, 1992]: Organisationskultur, in: Handwörterbuch der Organisation, hrsg. von E. Frese, 3. Auflage, Stuttgart 1992, Sp. 1525-1537.

Schreyögg, G. [Organisationstheorie, 1992]: Organisationstheorie, entscheidungsprozeßorientierte, in: Handwörterbuch der Organisation, hrsg. von E. Frese, 3. Auflage, Stuttgart 1992, Sp. 1746-1757.

Schröder, H.-H. [Parallelisierung, 1994]: Die Parallelisierung von Forschungs- und Entwicklungs (F&E)-Aktivitäten als Instrument zur Verkürzung der Projektdauer in Lichte des "Magischen Dreiecks" aus Projektdauer, Projektkosten und Projektergebnissen, in: Tagungsband der Hochschullehrer für Betriebswirtschaft in Stuttgart, Stuttgart 1994.

Schröder, H.-H. [F&E-Aktivitäten als Lernprozesse, 1995]: F&E-Aktivitäten als Lernprozesse: Lernorientiertes F&E-Management, in: Zeitschrift für Betriebswirtschaft, ZfB-Ergänzungsheft 3, 1995, S. 49-77.

Schwendner, R. [Trainer, 1995]: Wenn Trainer falsch ausbilden, in: Harvard Business Manager, 1995, Heft 1, S. 27-34.

Schwerdtner, H. [Total Quality Culture, 1993]: Total Quality Culture - Managementprogramm und Resultate am Praxisbeispiel, in: Qualität und Zuverlässigkeit, 38. Jg. (1993), Heft 8, S. 454-456.

Seidel, E. [Gremienorganisation, 1992]: Gremienorganisation, in: Handwörterbuch der Organisation, hrsg. von E. Frese, Stuttgart 1992, Sp. 714-724.

Seifert, H. / Steiner, M. [F+E, 1995]: F+E: Schneller, schneller, schneller, in: Harvard Business Manager, 1995, Heft 2, S. 16-22.

Semmer, N. / Udris, I. [Bedeutung, 1993]: Bedeutung und Wirkung von Arbeit, in: Lehrbuch Organisationspsychologie, hrsg. von H. Schuler, Bern et al. 1993, S. 133-165.

Senge, P. M. [Fifth Discipline, 1990]: The Fifth Discipline - The Art & Practice of The Learning Organization, New York 1990.

Siadat, B. [Technology, 1996]: Technology Delivery Challenges at W. R. Grace, in: Research Technology Management, 39. Jg. (1996), Heft 5, S. 36-43.

Simon, H. [Michael Hammer und James Champy, 1994]: Michael Hammer und James Champy: Reengineering the Corporation - A Manifesto for Business Revolution, in: Zeitschrift für Betriebswirtschaft, 64. Jg. (1994), Heft 2, S. 255-256.

Simons, R. [Control, 1995]: Control in an Age of Empowerment, in: Harvard Business Review, 73. Jg. (1995), Heft 2, S. 80-88.

Sims, A. C. [Baldridge Award, 1992]: Does the Baldridge Award Really Work?, in: Harvard Business Review, 70. Jg. (1992), Heft 1, S. 126-147.

Singh, J. [Performance, slack and risk taking, 1986]: Performance, slack and risk taking in organizational decision making, in: Academy of Management Journal, 29. Jg. (1986), S. 562-585.

Six, B. / Kleinbeck, U. [Motivation, 1989]: Motivation und Zufriedenheit in Organisationen, in: Organisationspsychologie - Enzyklopädie der Psychologie, hrsg. von E. Roth, Göttingen 1989, S. 348-398.

Slater, S. F. [Learning to Change, 1995]: Learning to Change, in: Business Horizons, 38. Jg. (1995), Heft 6, S. 13-20.

Smith, P. G. [Product Development Process, 1996]: Your Product Development Process Demands Ongoing Improvement, in: Reserach Technology Management, 39. Jg. (1996), Heft 2, S. 37-44.

Spain, D. R. [Team Work Process, 1996]: To Improve Quality in R&D, Improve the Team Work Process, in: Research Technology Management, 39. Jg. (1996), Heft 4, S. 42-47.

Specht, G. [Qualitätsmanagement, 1989]: Qualitätsmanagement im Innovationsprozeß unter besonderer Berücksichtigung der Schnittstellen zwischen F&E und Vertrieb, in: Marketing-Schnittstellen, hrsg. von G. Specht et al., W.H., 1989, S. 141-163.

Specht, G. [Einführung, 1990]: Einführung in die Betriebswirtschaftslehre, Stuttgart 1990.

Specht, G. / Beckmann, C. [F&E-Management, 1996]: F&E-Management, Stuttgart 1996.

Specht, G. / Schmelzer, H. J. [Qualitätsmanagment, 1990]: Qualitätsmanagement in der Produktentwicklung, Stuttgart 1990.

Spector, B. [Sequential Path, 1995]: The Sequential Path to Transformation Management, in: European Management Journal, 13. Jg. (1995), Heft 4, S. 382-389.

Spinner, H. [Modelle, 1969]: Modelle und Experimente, in: Handwörterbuch der Organisation, hrsg. von E. Grochla, Stuttgart 1969, Sp. 1000-1010.

Spinner, H. [Theoretischer Pluralismus, 1971]: Theoretischer Pluralismus - Prolegomena zu einer kritizistischen Methodologie und Theorie des Erkenntnisfortschritts, in: Sozialtheorie und soziale Praxis - E. Baumgarten zum 70. Geburtstag, hrsg. von H. Albert, Meisenheim am Glan 1971, S. 17-41.

Spinner, H. [Pluralismus, 1974]: Pluralismus als Erkenntnismodell, Frankfurt 1974.

Stacey, R. [Science of Complexity, 1995]: The Science of Complexity: An Alternative Perspective for Strategic Change Processes, in: Strategic Management Journal, 16. Jg. (1995), S. 477-495.

Stadler, M. / Kruse, P. [Wirklichkeitskriterien, 1990]: Über Wirklichkeitskriterien, in: Zur Biologie der Kognition, hrsg. v. V. Riegas / C. Vetter, Frankfurt a.M. 1990, S. 133-158.

Staehle, W. H. [Empirische Analyse, 1977]: Empirische Analyse von Handlungssituationen, in: Empirische und handlungstheoretische Forschungskonzeptionen in der Betriebswirtschaftslehre, hrsg. von R. Köhler, Stuttgart 1977, S. 103-116.

Staehle, W. H. [Management, 1991]: Management - Eine verhaltenswissenschaftliche Perspektive, 6. Auflage, München 1991.

Staehle, W. H. [Organisationsentwicklung, 1992]: Organisationsentwicklung, in: Handwörterbuch des Personalwesens, hrsg. von E. Gaugler / W. Weber, 2. Auflage, Stuttgart 1992, Sp. 1476-1488.

Stalk, G. [Zeit, 1989]: Zeit - die entscheidende Waffe im Wettbewerb, in: Harvard Manager, 11. Jg. (1989), S. 37-46.

Stalk, G. et al. [Breaking Compromises, 1996]: Breaking Compromises, Breakaway Growth, in: Harvard Business Review, 74. Jg. (1996), Heft 5, S. 131-139.

Stata, R. [Organizational Learning, 1989]: Organizational Learning - The Key to Management Innovation, in: Sloan Management Review, 31. Jg. (1989), Heft Spring, S. 63-74.

Staudt, E. [Forschung und Entwicklung, 1993]: Forschung und Entwicklung, in: Handwörterbuch der Betriebswirtschaftslehre, hrsg. von W. Wittmann et al., Stuttgart 1993, Sp. 1185-1198.

Staudt, E. et al. [Anreizsysteme, 1990]: Anreizsysteme als Instrument des betrieblichen Innovationsmanagements - Ergebnisse einer empirischen Untersuchung im F+E-Bereich, in: Zeitschrift für Betriebswirtschaft, 60. Jg. (1990), Heft 11, S. 1183-1204.

Stauss, B. / Friege, C. [TQM, 1996]: Zehn Lektionen in TQM, in: Harvard Business Manager, 1996, Heft 2, S. 20-32.

Staw, B. M. [Motivation, 1976]: Intrinsic and Extrinsic Motivation, Morristown, New York 1976.

Steiner, G. [Lerntheorien, 1992]: Lerntheorien, in: Handwörterbuch des Personalwesens, hrsg. von E. Gaugler / W. Weber, 2. Auflage, Stuttgart 1992, Sp. 1264-1274.

Steinmann, H. / Schreyögg, G. [Management, 1993]: Management, 3. Auflage, Wiesbaden 1993.

Steinmann, H. / Braun, W. [Prinzip der Wertfreiheit, 1979]: Zum Prinzip der Wertfreiheit in der Betriebswirtschaftslehre, in: Wissenschaftstheoretische Grundfragen der Betriebswirtschaftslehre, hrsg. von H. Raffée / B. Abel, München 1979, S. 191-204.

Stoll, H. W. [Design for Manufacture, 1988]: Design for Manufacture, in: Manufacturing Engineering, 1988, Heft 1, S. 67-73.

Stolz, H.-J. / Türk, K. [Individuum, 1992]: Individuum und Organisation, in: Handwörterbuch der Organisation, hrsg. von E. Frese, 3. Auflage, Stuttgart 1992, Sp. 841-855.

Straub, W. G. / Forchhammer, L. S. [Berater, 1995]: Berater können erfolgreicher werden, in: Harvard Business Manager, 1995, Heft 3, S. 9-18.

Strebel, P. [Right Change Path, 1994]: Choosing the Right Change Path, in: California Management Review, 37. Jg. (1994), Heft Winter, S. 29-51.

Sullivan, L. P. [Quality Function Deployment, 1989]: Quality Function Deployment, in: Quality Progress, 1989, Heft June, S. 39-46.

Summa, D. / Georgiadis, P. [Product Development & Commercialization, 1996]: Is your Product Development & Commercialization spending, creating or destroying value?, in: Innovation & Technology Management - A Conference Series for Top Management, Vol. 4, hrsg. von McKinsey & Comp., Inc., 1996, S. 33-43.

Szakonyi, R. [R&D Effectiveness - I, 1994]: Measuring R&D Effectiveness - I, in: Research Technology Management, 37. Jg. (1994), Heft 2, S. 27-32.

Szakonyi, R. [R&D Effectiveness - II, 1994]: Measuring R&D Effectiveness - II, in: Research Technology Management, 37. Jg. (1994), Heft 3, S. 44-55.

Tagushi, G. [Quality Engineering, 1989]: Quality Engineering in Production Systems, New York 1989.

Tagushi, G. / Byrne, D. [Tagushi Approach, 1986]: The Tagushi Approach to Parameter Design, in: Proceedings, ASQC Quality Congress, 1986.

Takeuchi, H. / Nonaka, I. [Product Development Game, 1986]: The new Product Development Game, in: Harvard Business Review, 64. Jg. (1986), Heft 1, S. 137-146.

Tannen, D. [Power of Talk, 1995]: The Power of Talk: Who gets Heard and Why?, in: Harvard Business Review, 73. Jg. (1995), Heft 5, S. 138-148.

Taylor, B. [Turnaround Management, 1994]: Turnaround Management - The Second Wave, in: Technologie und Management, 43. Jg. (1994), Heft 2, S. 58-64.

Taylor, G. L. et al. [Self-Directed R&D Teams, 1995]: Self-Directed R&D Teams: What Makes Them Effective, in: Research Technology Management, 38. Jg. (1995), Heft 6, S. 37-41.

Teng, J. T. C. et al. [Business Process Reengineering, 1994]: Business Process Reengineering: Charting a Strategic Path for the Information Age, in: California Management Review, 37. Jg. (1994), Heft Spring, S. 9-29.

Thamhain, H. J. / Wilemon, D. L. [Project Teams, 1988]: Building High Performing Engineering Project Teams, in: Managing Professionals in Innovative Organizations - A Collection of Readings, hrsg. von R. Katz, New York 1988, S. 301-314.

Theuvsen, L. [Business Reengineering, 1996]: Business Reengineering - Möglichkeiten und Grenzen einer prozeßorientierten Organisationsgestaltung, in: Zeitschrift für betriebswirtschaftliche Forschung, 48. Jg. (1996), Heft 1, S. 65-82.

Thom, N. [Innovationsmanagement, 1992]: Innovationsmanagement, in: Die Orientierung, hrsg. von Schweizerische Volksbank, Bern 1992.

Thom, N. [Organisationsentwicklung, 1992]: Organisationsentwicklung, in: Handwörterbuch der Organisation, hrsg. von E. Frese, 3. Auflage, Stuttgart 1992, Sp. 1477-1491.

Thom, N. [Personalentwicklung, 1993]: Personalentwicklung, in: Handwörterbuch der Betriebswirtschaft, hrsg. von W. Wittmann, 5. Auflage, Band 2, Stuttgart 1993, Sp. 3075-3091.

Tichy, N. M. / Charan, R. [CEO as Coach, 1995]: The CEO as Coach - An Interview with AlliedSignal's Lawrence A. Bossidy, in: Harvard Business Review, 73. Jg. (1995), Heft 2, S. 69-79.

Tichy, N. M. / Sherman, Stratford [Control your destiny, 1993]: Control your destiny or someone else will - How Jack Welsh is making General Electric the world's most competitive corporation, New York 1993.

Tipping, J. W. et al. [Assessing, 1995]: Assessing the Value of Your Technology, in: Research Technology Management, 38. Jg. (1995), Heft 5, S. 22-39.

Töpfer, A. [Total Quality Management, 1992]: Total Quality Management - der Schlüssel zum Erfolg, in: Personalwirtschaft, 19. Jg. (1992), Heft 8, S. 12-16.

Töpfer, A. / Mehdorn, H. [Total Quality Management, 1992]: Total Quality Management (I) - Der Zeit- und Qualitätswettbewerb wird zu einem erfolgsbestimmenden Faktor, in: Handelsblatt vom 13.1.1992, S. 15.

Tucker, F. G. et al. [How to Measure, 1987]: How to Measure Yourself against the Best, in: Harvard Business Review, 65. Jg. (1987), Heft 1, S. 2-4.

Türk, K. [Organisationsforschung, 1989]: Neuere Entwicklungen in der Organisationsforschung - Ein Trend Report, Stuttgart 1989.

Türk, K. [Organisationssoziologie, 1992]: Organisationssoziologie, in: Handwörterbuch der Organisation, hrsg. von E. Frese, 3. Auflage, Stuttgart 1992, Sp. 1633-1648.

Tushman, M. L. / O'Reilly, C. A. [Ambidextrous Organizations, 1996]: Ambidextrous Organizations: Managing Evolutionary and Revolutionary Change, in: California Management Review, 38. Jg. (1996), Heft 4, S. 8-30.

Uexküll, T. v. [System, 1978]: Autopoietisches oder autokinetisches System?, in: Wahrnehmung und Kommunikation, hrsg. von P. M. Hejl et al., Bern 1978, S. 141-149.

Ulich, E. [Gestaltung, 1993]: Gestaltung von Arbeitstätigkeiten, in: Lehrbuch Organisationspsychologie, hrsg. von H. Schuler, Bern et al. 1993, S. 189-208.

Ulrich, H. [Der systemorientierte Ansatz, 1971]: Der systemorientierte Ansatz in der Betriebswirtschaftslehre, in: Wissenschaftsprogramm und Ausbildungsziele der Betriebswirtschaftslehre, hrsg. von G. v. Kortzfleisch, Berlin 1971, S. 43-60.

Ulrich, H. [Betriebswirtschaftslehre, 1981]: Die Betriebswirtschaftslehre als anwendungsorientierte Sozialwissenschaft, in: Die Führung des Betriebs, hrsg. von M. Geist / R. Köhler, Stuttgart 1981, S. 1-25.

Ulrich, H. et al. [Praxisbezug, 1976]: Zum Praxisbezug einer systemorientierten Betriebswirtschaftslehre, in: Zum Praxisbezug der Betriebswirtschaftslehre, hrsg. von Hans Ulrich, Bern - Stuttgart 1976, S. 135-152.

Ulrich, H. / Krieg, W. [Management-Modell, 1971]: Das St. Galler Management-Modell, 2. Auflage, Bern 1973.

Ulrich, H. / Probst, G. J. B. [Self-Organization, 1984]: Self-Organization and Management of Social Systems, Heidelberg 1984.

Ulrich, H. / Probst, G. J. B. [Anleitung zum ganzheitlichen Denken, 1988]: Anleitung zum ganzheitlichen Denken und Handeln - Ein Brevier für Führungskräfte, Bern - Stuttgart 1988.

Ulrich, P. / Fluri, E. [Management, 1992]: Management - Eine konzentrierte Einführung, 6. Auflage, Bern - Stuttgart 1992.

Ulrich, P. / Hill, W. [Wissenschaftstheoretische Grundlagen, 1979]: Wissenschaftstheoretische Grundlagen der Betriebswirtschaftslehre, in: Wissenschaftstheoretische Grundfragen der Wirtschaftswissenschaften, hrsg. von H. Raffée / B. Abel, München 1979, S. 161-190.

Varela, F. [Kognitionswissenschaft, 1987]: Kognitionswissenschaft - Kognitionstechnik, Frankfurt a.M. 1990.

VDA (Hrsg.) [Sicherung der Qualität, 1986]: Sicherung der Qualität vor Serieneinsatz, Schriftenreihe Qualitätskontrolle in der Automobilindustrie, 2. Auflage, Band 4, Frankfurt a.M. 1986.

Vroom, V. H. [Work and Motivation, 1964]: Work and Motivation, New York 1964.

Walleck, A. et al. [Benchmarking, 1991]: Benchmarking World Class Performance, in: The McKinsey Quarterly, 1991, S. 3-24.

Walsh, W. J. [Metaquality Product, 1992]: Developing the Metaquality Product, in: Research Technology Management, 35. Jg. (1992), Heft 5, S. 44-49.

Ward, A. et al. [Toyota Paradox, 1995]: The Second Toyota Paradox: How Delaying Decisions Can Make Better Cars Faster, in: Sloan Management Review, 37. Jg. (1995), Heft Spring, S. 44-61.

Warschat, J. M. / Wasserlos, G. [Simultaneous Engineering, 1991]: Simultaneous Engineering, in: FB/IE, 40. Jg. (1991), S. 22-27.

Watkins, K. E. / Marsick, V. J. [Learning Organization, 1993]: Sculpting the Learning Organization - Lessons in the Art and Science of Systematic Change, San Francisco 1993.

Weber, M. [Wirtschaft, 1964]: Wirtschaft und Gesellschaft, Köln - Berlin 1964.

Weick, K. E. [Enactment processes, 1977]: Enactment processes in organizations, in: New directions in organizational behavior, hrsg. von B. R. Staw / G. R. Salancik, Chicago 1977, S. 267-300.

Weick, K. E. [Organization Design, 1977]: Organization Design - Organizations as self-designing systems, in: Organization Dynamics, 6. Jg. (1977), S. 31-46.

Weick, K. E. [Cognitive Processes, 1979]: Cognitive Processes in Organizations, in: Research in Organizational Behavior, 1. Jg. (1979), S. 41-74.

Weick, K. E. [Prozeß des Organisierens, 1985]: Der Prozeß des Organisierens, Frankfurt a.M. 1985.

Weick, K. E. / Bougon, M. [Cognitive Maps, 1986]: Organizations as cognitive maps, in: The thinking organization, hrsg. von H. P. Jr. Sims et al., San Francisco 1986, S. 102-135.

Weiner, B. [Motivationspsychologie, 1988]: Motivationspsychologie, 2. Auflage, München - Weinheim 1988.

Weinert, A. B. [Motivation, 1992]: Motivation, in: Handwörterbuch des Personalwesens, hrsg. von E. Gaugler / W. Weber, 2. Auflage, Stuttgart 1992, Sp. 1429-1442.

Wheelwright, S. C. [Competitive Edge, 1987]: Restoring the Competitive Edge in U.S. Manufacturing - Strategies for Industrial Innovation and Renewal, hrsg. v. D. J. Teece, Cambridge, MA 1987, S. 83-100.

Wheelwright, S. C. / Sasser, W. E. [Flops bei Innovationen, 1990]: Mit einer neuen Technik Flops bei Innovationen vermeiden, in Harvard Manager (Hrsg.), Innovationsmanagement, Band 2, 1990, S. 98-107.

Wheelwright, S. C. / Clark, K. B. [Project Plans, 1992]: Creating Project Plans to Focus Product Developement, in: Harvard Business Review, 70. Jg. (1992), Heft 2, S. 70-82.

Wheelwright, S. C. / Clark, K. B. [Revolutionizing, 1992]: Revolutionizing Product Development, New York 1992.

White, D. [Stimulating, 1996]: Stimulating Innovative Thinking, in: Research Technology Management, 39. Jg. (1996), Heft 5, S. 31-35.

Wiener, Y [Forms of Value Systems, 1988]: Forms of Value Systems: A Focus on Organizational Change and Maintenance, in: Academy of Management Review, 13. Jg. (1988), S. 534-545.

Wildemann, H. [Fabrik als Labor, 1990]: Die Fabrik als Labor, in: Zeitschrift für Betriebswirtschaft, 60. Jg. (1990), Heft 7, S. 611-630.

Wildemann, H. [Just-in-Time Konzept, 1990]: Das Just-in-Time Konzept - Produktion und Zulieferung auf Abruf, 2. Auflage, München 1990.

Wildemann, H. [Zeiteffizienz, 1990]: Höhere Zeiteffizienz von F+E, Produktion und Zulieferung - Der Faktor Zeit kann entscheidendes Element im Wettbewerb werden, in: Integrierte Produktentwicklung, hrsg. von Handelsblatt Dokumentation, Düsseldorf 1990, S. 24-26.

Wilson, D. K. et al. [Performance Appraisal, 1994]: New Look at Performance Appraisal for Scientists and Engineers, in: Research Technology Management, 37. Jg. (1994), Heft 4, S. 51-55.

Wirtz, B. W. [Business Process Reengineering, 1996]: Business Process Reengineering - Erfolgsdeterminanten, Probleme und Auswirkungen eines neuen Reorganisationsansatzes, in: Zeitschrift für betriebswirtschaftliche Forschung, 48. Jg. (1996), Heft 11, S. 1023-1037.

Wise, J. J. [Evolving Partnership, 1995]: An Evolving Partnership, in: Research Technology Management, 38. Jg. (1995), Heft 6, S. 37-41.

Witte, E. [Lehrgeld, 1977]: Lehrgeld für empirische Forschung - Notizen während einer Diskussion, in: Empirische und handlungstheoretische Forschungskonzeptionen in der Betriebswirtschaftslehre, hrsg. von Richard Köhler, Stuttgart 1977, S. 269-282.

Witte, E. H. [Verhalten, 1979]: Das Verhalten in Gruppensituationen, Göttingen 1979.

Witte, E. H. [Sozialpsychologie, 1994]: Lehrbuch Sozialpsychologie, 2. Auflage, Weinheim 1994.

Witzig, T. / Breisig, T. [Umsetzung, 1994]: Umsetzung aktueller Konzepte des Qualitätsmanagements, in: Zeitschrift für Betriebswirtschaft, 64. Jg. (1994), Heft 6, S. 737-763.

Wöhe, G. [Einführung, 1986]: Einführung in die Allgemeine Betriebswirtschaftslehre, 16. Auflage, München 1986.

Wollnik, M. [Explorative Verwendung, 1977]: Die explorative Verwendung systematischen Erfahrungswissens - Plädoyer für einen aufgeklärten Empirismus in der Betriebswirtschaftslehre, in: Empirische und handlungstheoretische Forschungskonzeptionen in der Betriebswirtschaftslehre, hrsg. von R. Köhler, Stuttgart 1977, S. 37-64.

Womack, J. et al. [Machine, 1990]: The Machine that Changed the World, New York 1990.

Womack, J. P. [Hammer und Champy, 1995]: Neues von Hammer und Champy, in: Harvard Business Manager, 1995, Heft 1, S. 15-18.

Wood, L. V. / McCamey, D. A. [Total Quality in R&D, 1993]: Implementing Total Quality in R&D, in: Research Technology Management, 36. Jg. (1993), Heft 4, S. 39-41.

Woodman, R. W. / Wayne, S. J. [Investigation, 1985]: An investigation of positive-findings bias in evaluation of organizational development, in: Academy of Management Journal, 28. Jg. (1985), S. 889-913.

Woodruff, D. / Phillips, S. [Smarter Way, 1990]: A smarter way to manufacture, in: Business Week, 30. April 1990, S. 110-117.

Wossidlo, P. R. [Zur Empirischen Theorie der Unternehmung, 1977]: Zur empirischen Theorie der Unternehmung - Einige Thesen und Einwendungen, in: Empirische und handlungstheoretische Forschungskonzeptionen in der Betriebswirtschaftslehre, hrsg. von R. Köhler, Stuttgart 1977, S. 117-127.

Zajac, E. J. / Kraatz, M. S. [Diametric Forces Model, 1993]: A diametric forces model of strategic change - Assessing the antecedents and consequences of restructuring in the higher education industry, in: Strategic Management Journal, 14. Jg. (1993), Summer Special Issue, S. 83-103.

Zink, K. J. [Qualität, 1989]: Qualität als Herausforderung, in: Qualität als Managementaufgabe - Total Quality Management, hrsg. von ders., Landsberg a. L. 1989, S. 9-46.

Zink, K. J. [Total Quality Management, 1994]: Total Quality Management, in: Qualität als Managementaufgabe, hrsg. von ders., 3. Auflage, Landsberg, Lech 1994, S. 9-52.

Zink, K. J. / Schildknecht, R. [Total Quality Konzepte, 1989]: Total Quality Konzepte - Entwicklungslinien und Überblick, in: Qualität als Managementaufgabe, hrsg. von K. J. Zink, Landsberg/Lech 1989, S. 67-100.